이사야 벌린의
자유론

LIBERTY
INCORPATING FOUR ESSAYS ON LIBERTY

대우학술총서 581

이사야 벌린의
자유론

이사야 벌린 지음
박동천 옮김

아카넷

스티븐 스펜더*를 기리며

1909–1995

* 스티븐 스펜더(Stephen Spender): 사회정의와 계급투쟁을 주제로 글을 쓴 영국의
  시인, 문필가.

자유의 정수는 언제나 각자 선택하고 싶은 대로, 어떤 거창한 체계에 사로잡히거나 강압이나 협박에 의해서가 아니라 각자 그렇게 원하기 때문에 선택하는 능력 안에 들어 있다. 그리고 저항할 권리, 인기가 없어도 될 권리, 순전히 자기가 그렇게 확신한다는 이유 때문에 자기 확신을 신봉할 권리에 들어 있다. 그것이 진정한 자유다. 그것이 없다면 종류를 막론하고 자유는 있을 수 없고, 심지어 자유가 아닌 것을 자유로 착각하는 일조차 있을 수 없다.

———이사야 벌린, 『자유와 배신(*Freedom and its Betrayal*)』[1]

---

1) (편집자) London and Princeton, 2002, pp. 103-4. 『자유와 배신』에 들어 있는 강연들은 1952년에 행해졌다. 벌린은 영어 단어 freedom과 liberty를 특별히 구분하지 않고 같은 뜻으로 사용했다.

차례

were established as an accepted truth, our world would be trans-
formed far more radically than was the teleological world of the
classical and middle ages by the triumphs of mechanical prin-
ciples or those of natural selection. Our words—our modes
of speech and thought—would be transformed in literally un-
imaginable ways; the notions of choice, of voluntary action, of
responsibility, freedom, are so deeply embedded in our outlook,
that our new life, as creatures in a world genuinely lacking in these
concepts, can, I should maintain, be conceived by us only with
the greatest difficulty. But there is, as yet, no need to alarm our-
selves unduly. We are speaking only of pseudo-scientific ideals;
the reality is not in sight. The evidence for a thoroughgoing
determinism is not to hand; and if there is a persistent tendency
to believe in it in some theoretical fashion, that is surely due far
more to the lure of a 'scientistic' or metaphysical ideal, or a wish,
on the part of those who desire to change society, to believe that
the stars in their courses are fighting for them. Or it may be due
to a longing to lay down moral burdens, or minimize individual
responsibility and transfer it to impersonal forces which can be
safely accused of causing all our discontents, than to any increase
in our powers of critical reflection or any improvement in our
scientific techniques. Belief in historical determinism of this
type is, of course, very widespread, particularly in what I should
like to call its 'historiosophical' form, by which I mean meta-
physico-theological theories of history, which attract many who
have lost their faith in older religious orthodoxies. Yet perhaps
this attitude, so prevalent recently, is ebbing; and a contrary
trend is discernible today. Our best historians use empirical tests
in sifting facts, make microscopic examinations of the evidence,
deduce no patterns, and show no false fear in attributing responsi-
bility to individuals. Their specific attributions and analyses may
be mistaken, but both they and their readers would be surprised
to be told that their very activity had been superseded and
stultified by the advances of sociology, or by some deeper meta-
physical insight, like that of oriental stargazers by the dis-

As for the attempt to 'reinterpret' these notions so as to bring them into conformity
with determinism, this can be achieved only at the cost of altering their meaning of such
concepts beyond applicability to our normal experience. Cf. p.   , footnote.

『자유에 관한 네 편의 논문』 교정지

『자유에 관한 네 편의 논문』 초판 제1쇄의 표지(1969년 영국판)

John Stallworthy, Esq.,
Oxford University Press,
Ely House,
57, Dover Street,
London, W.I.

                                        8th February, 1968.
_____

Dear Mr. Stallworthy,

        I see that gradually but inexorably I am becomming
if not your most intolerable (though I may be that too)
certainly your most time consuming author.   At the risk
of inflicting a blow upon you which may seriously endanger
your health such health and optimisim as you may have
regained during your recent holiday I proposeto inflict yet
another hideous blow upon you.   Before I do this however
let me assure you that I have carefully gone through your
most valuable list of queries and answered them all.   I
enclose the answers on separate sheets.   I enclose a copy
of your questionaire but the answers have proved somewhat
more extensive than could comfortably be accommodated on
it.   Hence the extra sheets which I hope will not be a
nusience.

        The blow is this: it has been represented to me by
kind friends (for once genuinely kind) that the book might
be improved by the inclusion in it of yet another essay on
the same subject namely my Presidential Address to the
Ariscotelian Society a few years ago the title of which was
"From Hope and Fear Set Free".   This would make a fifth essa
in the book and the title could be altered from "Four Essays
on Liberty" either to "Five Essays on Liberty" or simply
"Essays on Liberty", since five essays perhaps begin to desc
that title.   The piece in question is not the worst that I
have written, and I should like it included.   To ease the
birth pangs I am prepared to make the following promises:

                                        Contd...

『자유에 관한 다섯 편의 논문』이라는 제목이 생겨난 출전
(벌린의 비서 가운데 뛰어난 축에 들지 못하는 사람의 타자 솜씨)

My intellectual path

「나의 지적 여정」을 준비하면서 써놓은 벌린의 메모

아룬델 기숙학교 시절, 열두 살 때의 벌린, 1921년 7월

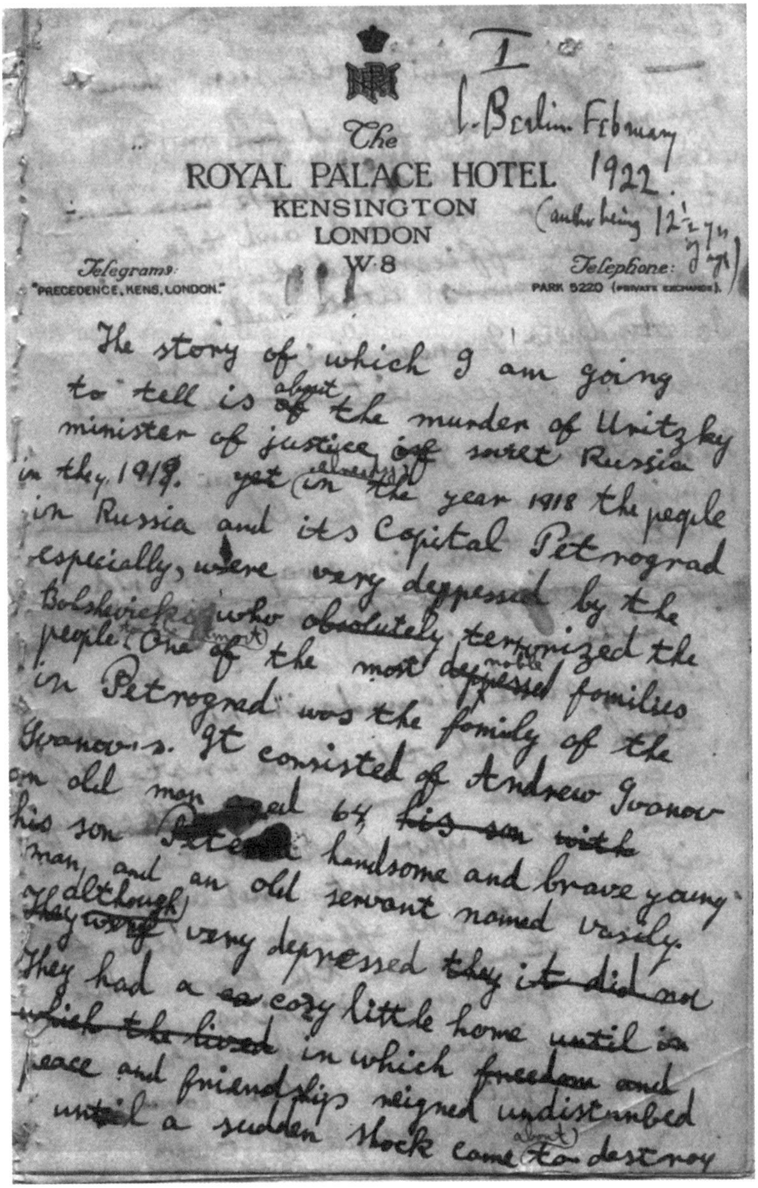

The central issue in political philosophy from the days of the Greeks to our own ... at the root of considerable simplification, he reduced to the question: "Why should any man obey any other man or body of men?". No doubt what may comprehensively be called political thought has occupied itself with many other questions, such as the actual behaviour of man and societies, the motives hidden and explicit of individuals and the causes which, whether they know it or not, affect their lives, acts, opinions, feelings. It includes, at ... of human beings, or the analysis of concepts and categories involved in the thoughts and words of human beings concerning their relations to one another, and to the institutions past, present, and future, actual and imaginary, such as liberty and sovereignty, rights and duties, state and society, freedom and slavery; and all the other familiar terms of political discourse as well as more radical questions such as the logic of political argument or deliberation, how such crucial connecting links as "because" and "therefore", "true" and "false", "valid" and "invalid" employed in the thinking about political issues in comparison with their function in the thought of logicians or historians, or chemists, or architects or mathematicians. And there is much else that political thought, in the largest sense, has embraced: the possibility of general laws governing human behaviour and the limits of their application, practical advice for both rulers and ruled, the relations of political theory and practice to other fields of human belief and action, religion, economics, science, ethics, and law. And while it may be readily conceded that it is blind, pedantic, or foolish to distinguish too rigorously between these activities, and to pretend that these fields can be insulated from one another and be made subject to separate disciplines, yet not to distinguish at all, ... the imagination, and ... valuable aperçus, ... to the prevailing rich confusion of ... subject. Political philosophy, if not identical with ...

「낭만주의 시대의 정치사상」 타자 원고의 첫 장

1. 원주(저자의 주)와 영어본 편집자의 주, 그리고 옮긴이의 주를 번호로는 구분하지 않고 다같이 하나의 일련번호에 통합하였다. 영어본 편집자의 주와 옮긴이 주는 각각 (편집자) 및 (옮긴이)로 하여 원주와 구별하였다. 때때로 본문에서 원문에는 다만 묵시적으로만 표현되어 있는 의미를 한국어 번역에서 명시적으로 드러낸 경우가 있는데, 그처럼 옮긴이 또는 영어본 편집자가 삽입한 부분은 〔 〕부호 안에 넣어 구별하였다.

2. 각주의 출전 표시는 더욱 전문적인 관심을 가진 사람들에게나 해당할 것이므로, 그리고 그 출전들 가운데 한국어로 번역된 것은 거의 없으므로, 책 제목이나 논문 제목을 번역하지 않고 원문대로 표기했다.

   문헌의 제목을 표시할 때, 로마자 표기의 경우 영국식 관행을 따랐다. 즉, 단행본의 경우 이탤릭으로 표시하고 단행본이나 정기간행물에 수록된 논문의 경우는 글자체로는 구별하지 않고 다만 앞뒤에 따옴표를 붙여 표시하였다. 한국어로 제목을 번역하여 표기하는 경우, 단행본은 『 』안에 넣어 표시하였고, 논문은 「 」안에 넣어 표시하였다.

   vol., p., pp., chap., col., 등 출전 위치 표시는 번역하지 않았다. 마찬가지로 앞에 인용된 책을 가리키는 약칭의 경우, ibid.는 그대로 두었고 op. cit.이나 loc. cit.은 사용하지 않고 반복해서 출전을 그대로 표시했다.

3. 큰따옴표와 작은따옴표의 용례는 영국 관행과 한국 관행이 반대이므로 본 번역에서는 원문대로 따르지 않고 한국식으로 고쳤다.

4. 벌린의 문체에서 문단 하나가 때때로 몇 페이지에 걸쳐서 계속되는 경우가

있는데, 한국 독자에게 너무 지나친 집중력의 부담을 준다고 보아 옮긴이가 판단하기에 내용상 작은 매듭이 있다고 생각되는 곳에서 문단을 나누었다.

5. 한국어 문장에서 잘 안 쓰이지만, 때때로 매우 유용하게 사용될 수 있는 부호인 쌍반점(;)과 쌍점(:)을 사용하였다. 쌍반점은 의미상 휴지(休止)의 크기가 마침표보다는 작지만 쉼표보다는 커야 하는 경우에 사용하였고, 쌍점은 앞에 나온 표현의 의미를 바로 부연하여 구체적으로 설명하는 경우에 사용하였다. 벌린이 쌍반점을 활용하여 한 문장 안에서 부연 설명을 아주 길게 이어가는 문체를 즐겨 사용하기 때문에, 그 말하기 방식의 분위기를 재현하고자 번역문에서도 여러 개의 절들이 병렬적으로 이어지는 아주 긴 문장을 감내하였다. 물론 어떤 경우에는 원문의 문장을 번역문에서는 여럿으로 자르기도 하였고, 그 사실을 굳이 일일이 밝히지는 않았다.

6. 영어식 표기에서 −us 어말을 가지는 고유명사 가운데에는 라틴어에서 비롯된 것이 많다. 그리고 그와 같은 라틴어 어원 가운데에는 그리스어의 −os 어말에서 비롯된 것이 많다. 본 번역에서는 그리스어 어원이 라틴어로 음역될 때에 어말이 바뀐 경우는 가능한 한 영어식 (즉 라틴어식) 표기를 취하지 않고 그리스어 어원에 따라 "−오스"로 표기했다. 그러나 로마자 표기를 괄호 안에 병기할 때에는 그리스어를 따르지 않고 벌린이 쓴 대로 영어 표기를 병기했다.

7. 강조체는 벌린이 이탤릭으로 표시한 것은 고딕과 사체로, 벌린이 대문자로 표시한 것은 진한 고딕으로 나타냈다.

편집 과정의 사연

오직 자유만이 진정한 재산이다.
——윌리엄 해즐릿[1]

이사야 벌린이 사망한 해에 나는 신문사《더 타임스》에서 고급 독자를 위해 따로 발간하는 자매지《더 타임스 하이어 에듀케이션 서플리먼트(*The Times Higher Education Supplement*)》로부터 "스피킹 볼륨스(Speaking Volumes)"라는 제목의 시리즈를 기획하는데 도와달라는 의뢰를 받았다. 필진 각자로 하여금 자기에게 가장 큰 영향을 준 책에 관해서 짤막한 글을 쓰게 하여 책으로 내는 기획이었다. 나는 주저 없이 벌린의 『자유에 관한 네 편의 논문(*Four Essays on Liberty*)』을 꼽았다. 그 책은 처음 읽었을 때 나를 완전히 감복시켰을 뿐만 아니라, 결국은 벌린의 저술에 대한 편집자가 되도록 나를 인도했고, 그리하여 그 후 30년이 지난 지금 그 책의 증보판을 출간하게

---

1) (편집자) "Common Places"(1823): vol. 20, p. 122, *The Complete Works of William Hazlitt*, ed. P. P. Howe(London and Toronto, 1930-4).

끔 이끌었다.

《더 타임스》사의 시리즈에 기고한 내 소개문은 벌린의 사망 직전에 작성되어 직후에 출판되었다.[2] 거기서 내가 한 말 일부를 여기서 반복할 가치가 있을 것 같다.

옥스퍼드의 울프선 칼리지(Wolfson College)에 대학원생으로 들어간 1972년 당시에 나는 평생의 직업을 찾을 순간이 가까워지고 있다는 사실을 전혀 알 수 없었다. 그 칼리지의 학장은 이사야 벌린이었다. 그를 만나자마자 (장학금과 관련된 면접이었는데 그날 나는 자동차 사고를 당하는 바람에 늦게 도착했고, 벌린은 점심 약속이 있어서 데리러 온 택시가 도착했나 면접 내내 창밖을 연신 내다보았다) 그 사람이 얼마나 괄목할 만한 인물인지 분명해졌다. 그러나 그때까지 나는 그의 저술을 하나도 읽은 적이 없었고 따라서 그에 관해 아는 바가 전무에 가까웠다.

무엇부터 읽어야 할지를 물었더니 3년 전에 출간된 『자유에 관한 네 편의 논문』을 제대로 추천받았다. 방학을 맞아 멀리 떨어진 엑스무어[3]의 통나무집으로 친구들과 함께 가면서 나는 그 책을 가지고 갔다. 그리고는 꼼짝 못하게 되어 버렸다. 결코 착각이 섞일 수 없는 감각을 언급하면서 벌린은 "최고의 바다를 항해할 때"와 같은 감각이라는 표현을 즐겨 썼는데, 내가 경험한 감각이야말로 바로 그런 것이었다. 그 책에 담겨 있는 주요 명제들의 설득력도 그렇거니와, 인간의 본성에 관하여 아주 희귀한 통찰력을 갖춘 인물, 벌린 자신이 다른 사람에게서 발견할 때마다 환영해 마지않았던 "현실 감각"을 풍부하게 갖춘 인물이 거기에 있었다. 이런 점

---

2) (편집자) 1997년 11월 21일에 출간되었고, 벌린은 11월 5일에 사망했다. 이 글은 *http://berlin.wolf.ox.ac.uk*에서 "Writing about Berlin"을 클릭하면 찾아볼 수 있다. 여기 인용된 대목은 21쪽의 일부로서 원래 문장에서 조금 수정되었다.

3) (옮긴이) 엑스무어(Exmoor): 잉글랜드 남서부 브리스톨 해협 연안에 있는 국립공원.

또는 저런 점에서 동의할 수 없는 부분은 있었지만 큰 문제에 관해서 안정감을 심어 주는 책이었다.

그 책의 중심 논지는 벌린의 가치 다원주의, 즉 사람들이 추구하는 가치는 여러 가지일 뿐만 아니라 때때로 서로 조화되지 않으며, 이는 특정 문화나 개인 내부의 가치 사이에서만이 아니라 서로 다른 문화들 사이의 수준에서도 마찬가지라는 그의 믿음이다. 구원으로 가는 길은 오직 하나뿐이고 옳은 삶의 방식도 하나며 진정한 가치 구조도 하나뿐이라는 주장이 위대한 일원론적 종교들과 정치 이데올로기들에서 나타나는 핵심적인 특징이다. 그리고 그런 주장이 광신적으로 표현되기 시작하면 근본주의와 박해와 불관용으로 이어진다. 다원론은 그러한 위험에 대한 예방약이고, 자유주의와 관용의 원천이다—착각한 사람이 빛을 볼 때까지 기다려 준다고 하는 불안정한 관용만이 아니라 우리가 신봉하며 살아가는 삶의 지향과는 다른 지향을 인정하고 환영한다고 하는 깊고도 지속적인 관용의 원천이다.

이밖에도 『네 편의 논문』에는 「역사적 불가피성」의 역사주의와 결정론을 겨냥한 치명적인 비판, 「자유의 두 개념」의 "적극적 자유"와 "소극적 자유"에 관한 유명한 논의, 그리고 「존 스튜어트 밀과 인생의 목적」에서 전개되는 밀의 사상에 내재하는 긴장에 관한 검토 등, 많은 보석이 그득하다. 이는 내가 읽어 본 중에서 가장 풍부하고 가장 인간적인 책에 속하며, 이제 하나의 고전의 지위를 누리게 된 것은 마땅한 결과다.

그때 이렇게 말해 놓고 이제 와서 그 책에 다시 손을 댄다는 것은 어쩌면 불경스러운 일로 보일 수도 있겠다. 그러나 잠시 후에 분명해지겠듯이 증보 작업의 첫 단계는 저자 자신이 간절히 원해서 시작되었던 일이며, 나로서는 일단 시작된 작업의 논리적인 귀결을 향해 나아갈 수밖에 없었다.

『네 편의 논문』에서 다원주의보다 자유주의가 우선이라고 볼 사람도 있겠지만 내가 쓴 소개문에서 자유주의보다 다원주의를 중심에 놓은 점을 사과할 생각은 없다. 내가 보기에 벌린의 다원주의는 더 심오하고 더 독창적인 주장으로 보인다—벌린 식 판본의 자유주의와 그 심장부에 위치하는 인간성에 관한 견해, 상호 교환 가능하지 않은 여러 가능성 중에서 선택하는 자유를 핵심으로 삼는 견해가 필수불가결하다는 점을 부인하는 의미는 아니다. 실로 다원주의와 자유주의는 벌린의 철학적 시야를 인도하는 두 요소이며 (그래서 때때로 그의 사상은 "자유주의적 다원주의"라는 적절한 명칭으로 일컬어지기도 한다), 서로가 서로를 의존하며 지지한다.[4] 그래서 나는 가끔 이 증보판의 제목을 "자유와 다양성(*Freedom and Diversity*)"이라고 할까 생각하기도 했다. 그러나 잘 알려진 종전 제목을 유지하는 것이 바람직하다는 실용적인 고려와 더불어 같은 값이면 짧은 것이 좋다는 오컴의 명령이 결국은 이겼다.

자유에 관한 다섯 편의 논문

> 벌린에 관해 다시 이야기할 때가 왔다. 리넷이 스톨워디에게.
>
> — 옥스퍼드 대학 출판사의 캐서린 리넷이 뉴욕에서 런던의 존 스톨워디에게 보낸 통신문. 1967년 6월 21일.

---

4) (편집자) 이 점에서 나는 존 그레이(John Gray)와 의견이 다른 사람들 편에 선다. 그는 탁월한 저서 *Isaiah Berlin*(London, 1995)에서 벌린의 자유주의는 그의 다원주의로 말미암아 정당화될 수 있는 폭이 좁아진다고 본다. 그레이의 책, 제6장, "Agnostic Liberalism"을 볼 것.

벌린의 저작들이 "정확하면서도 과감하다"고 묘사한 아이라 카츠
넬슨(Ira Katznelson)의 표현은[5] 약간 쌀쌀이 식이기는 하지만 충분히
이해할 수 있다. 벌린의 문체가 광채를 띠고 차분하고 확신에 차 있
다는 점은 널리 공인과 평가를 받고 있다. 그러나 이와 같이 의심할
나위 없는 자질에도 불구하고 그의 저작들이 현재와 같은 모습을 갖
추기 위해 고문에 가깝도록 뒤틀리고 어려운 길을 거쳐야만 했다는
것은 하나의 역설이다. 그 "정확성"이라는 것은 첫 번째 시도는커녕
심지어 열아홉 번째 시도에서도 달성되지 않았고 그 과감성이라는
것 역시 거기에 상응하는 자기 확신으로 뒷받침된 것이 아니다. 「자
유의 두 개념」을 인정해 줘서 고맙다고 카를 포퍼에게 쓴 편지에서
벌린은 "나 자신의 지적 과정이 타당한지 자신이 별로 없다"[6]고 썼
다. 비록 무대 위에서는 관객을 휘어잡았지만 그도 무대 뒤에서는
떨고 있었던 것이다.

『자유에 관한 네 편의 논문』의 탄생[7]은 내가 벌린의 편집자로 되
기 전에 출판된 논문 모음집, 즉 『비코와 헤르더(*Vico and Herder*)』
(1976)의 탄생만큼[8] 지리한 우여곡절을 거치고서야 이루어졌다. 이

---

5) (편집자) "Isaiah Berlin's Modernity"에서 카츠넬슨은 "벌린의 저작이 정확하면서
도 과감하다는 말이 그토록 직관적으로 맞는 까닭은 무엇일까?"라고 물었다.
Arien Mack(ed.), *Liberty and Pluralism*, pp.1079-1101, 인용된 문장은 p.1079.
카츠넬슨의 논문은 원래 *Social Research* 66:4(Winter 1999)에 실렸던 것이다.

6) (편집자) 1959년 3월 16일의 편지.

7) (편집자) 옥스퍼드 대학 출판사에 의해 1969년에 런던과 뉴욕에서 출판되었다. 이
책을 인용하는 많은 저자들이 때때로 참고문헌 목록에 이 책이 옥스퍼드에서 출
판되었다고 표기하는 잘못을 저지른다.

8) (편집자) 이 책은 나중에(2000) 『계몽주의를 비판한 세 사람: 비코, 하만, 헤르더
(*Three Critics of the Enlightenment: Vico, Hamann, Herder*)』(London, 2000:
Chatto and Windus; Princeton 2000: Princeton University Press)로 확장되었고,
그 우여곡절 중 일부를 나는 거기서(pp. vii-viii) 밝힌 바 있다.
(옮긴이) 대우학술총서로 이종흡과 강성호가 번역한 한국어본 『비코와 헤르더』

책에 관하여 옥스퍼드 대학 출판사에 보관되어 있는 자료철은 좌절, 오해, 이중적 화법, 우유부단, 변덕, 비현실적 기대 등으로 가득 차 있는 비화의 보고와 같다. 옥스퍼드 대학 출판사 측에서 보자면 해마다 반복되다시피 한 일정 변경은 거의 광란에 가까웠고, 때로 보완적인 것도 있었지만 때로는 이 책과 모순되는 기획들이 느닷없이 안개 속에서 튀어나와 논의되다가는 사라진 경우도 많았다. 시간이 소모적으로 흘러갈수록 출판사는 점점 절박해져서 내부 인사들끼리 주고받은 통신문에 표현된 뒤틀린 심사들은 아주 흥미로운 읽을거리를 제공한다. 이 자료철이 읽기에 재미있는 것은 사실이지만 내가 지금 이 이야기를 전하는 이유는 재미를 자아내기 위해서가 아니다. 그 유명하고 중요한──저자 스스로 자신의 저작 중 가장 중요하다고 여겼던──책이 탄생하기까지 복잡한 과정의 세세한 부분들을 이처럼 전체적인 관점에서 드러냄으로써 벌린이라는 인물에 관하여 더욱 잘 알 수 있게 되기 때문이다. 또한 내가 지금 그 책이 태어난 과정을 이야기하는 바탕에는 사찰을 위한 칼날보다는 애정이 깔려 있다는 사실을 서두에서 내가 한 말로부터 누구나 명백하게 이해하기를 바란다. 왜냐하면 그 과정에서 벌린의 행동은 순진함에서 비롯되었지만 기념되리만큼 엉성하기 짝이 없어서 출판사 측에서 느낀 모든 짜증에 정당한 원인을 제공했기 때문이다. 길은 바위투성이였지만 목적지는 여정의 괴로움을 대가로 치를 만한 가치가 있었고, 더구나 그보다 짧은 지름길로는 결코 도달할 수 없기도 했다.

그 사연을 주마간산 격으로 한번 훑어 보기로 한다. 자료철에 들어간 첫 번째 문서는 지금과 같이 그때도 벌린의 저작권 대리 법인이었고 그 책의 출판 계약을 주도했던 커티스 브라운 사의 뉴욕 사무

(민음사, 1997)는 확장되기 전의 것이다.

실에서 옥스퍼드 대학 출판사의 뉴욕 지사에 1953년 11월에 보낸 편지다. 그 시점에서는 네 편의 논문 가운데 두 편만이 완성되어 있었고, "정치적 주제"에 관한 논문들로 책을 한 권 내보자는 이야기가 전부터 논의되어 오던 상태였다. "벌린 씨로부터 논문의 목록을 가능한 한 빨리 받도록 노력하겠다"고 커티스 브라운 사의 존 커쉬맨은 쓰고 있다. 그 책이 마침내 세상에 나오기까지 그로부터 16년의 세월이 걸리리라는 사실을 그때 알았다면 뭐라고 말했을지 그저 상상에 맡길 수밖에 없다.

당시 옥스퍼드 대학 출판사는 영국 안의 두 곳, 옥스퍼드(학술적인 출판을 맡은 클러렌던 출판사)와 런던의 아멘 하우스(Amen House)에 지사를 두고 있었다. 아멘 하우스는 옥스퍼드 페이퍼백 시리즈와 같이 일반 독자를 겨냥한 책들을 담당하였는데, 이 책의 영국판은 바로 그 시리즈의 일환으로 나오게 된다. 런던 지사장 조프리 컴벌리지는 관심은 가졌지만 비관적이었다. "벌린은 …… 명석하지만 저술이 별로 없을 뿐만 아니라 약속에 비해 실행이 따르지 않아요."

벌린은 1958년에 옥스퍼드 대학의 사회정치이론 분야의 치첼리 교수[9]로 부임하면서 기념비적인 취임 강연 「자유의 두 개념」을 발표하고, 1959년에는 로버트 웨일리 코언 기념 강연에서 「존 스튜어트 밀과 인생의 목적」을 발표한다. 이 두 논문은 이후 그 책에 포함되는 구성소로 간주되기 시작하는데, 1960년에 뉴욕 지사에서는 잠정적인 책 제목으로 괴상망측하게도 "전집"을 생각하고 있었다.

그해 초 뉴욕 지사에서 일의 진척 상황을 물어 오자 옥스퍼드 대학 출판사의 서기(Secretary, 즉 우두머리) 콜린 로버츠는 클러렌던 출판사

---

9) (옮긴이) 치첼리 교수(Chichele Professor): 옥스퍼드 올솔즈 칼리지 설립자 헨리 치첼리(Henry Chichele, 1364년경~1443)를 기념하는 명칭.

에서 답신을 쓰면서 벌린에게서 받은 편지를 인용했다. 자료철에 남아 있기로는 이것이 벌린에게서 나온 의사 표시의 최초 기록이다.

이런! 자유에 관한 보급판 단행본에 서문을 쓰는 일은 기꺼이 타이프를 치기만 하면 되는 일은 아닙니다 — 나는 제발 그랬으면 좋겠습니다. 귀하께서 너무나 잘 아시겠지만 마지막 순간까지 고치는 것이 제게는 거의 팔자와 같습니다만, 지금 일이 늦어지는 것은 그 때문이 아닙니다. 토론하는 형식의 머리말을 — 사실은 후기 비슷한 것을 — 쓰고 싶습니다. 세 편의 논문[10]들이 이런저런 방식으로 봉착해 온 수많은 논점들과 반론에 대해 거기서 내가 할 수 있는 한 — 이름이나 주소를 거명하기까지는 아니더라도 상당히 일반적인 차원에서 응답하고 싶은 것입니다. 이 일은 제가 잠깐 사이에 할 수 있는 일이 아닙니다 — 저는 일꾼으로서 빠르지 못합니다. 그래서 여름에 할 수 있기를 바라고 있습니다.

아멘 하우스는 클러렌던 출판사에 있던 옥스퍼드 대학 출판사의 부서기(Deputy Secretary) 댄 대빈에게 1961년 3월에 편지를 썼다: "벌린이 그토록 필요하다고 고집을 부린 머리말을 쓰기 시작이라도 했다고 볼 수 있는 희미한 가능성이라도 있습니까?" 같은 달 나중에 벌린에게서 받았다고 대빈이 보고한 편지에는 이렇게 적혀 있다.

세 편의 논문은 이제 밀이 추가되어 네 편이 되었습니다……. 서문에 관해서는 7월과 8월 여름 동안에 쓸 것입니다. 서문은 이 논문들이 지금까지 받아 왔고 지금도 받고 있는 무수하고 사나운 반론 모두에 대한 일

---

10) (편집자) 밀에 관한 논문은 아직 추가되기 전이다. 이때까지 이 저작은 통상 "자유에 관한 세 편의 논문"으로 일컬어지고 있었다.

반적인 응답의 성격을 가져야 할 것입니다. 그래야 비평가들에 대한 내 응답에 나타난 새로운 전거들을 보면서 뉴욕의 출판계가 무언가를 놓치고 있다고 생각하지 않을 테니까요. 그들은 적어도 잠정적인 독자 한 사람은 얻을 수 있을 것입니다(가장 최근의 공격으로는 어제 도착한 《이견(*Dissent*)》이라는 제목의 잡지에 실린 것[11]이 있습니다). 나에게는 놀라울 따름이지만 내 의견이 비평가들에게 채찍질할 수 있도록 살아 있는 말〔馬〕을 한 마리 제공해 주는 한, 그 논문들을 다시 출간하는 것이 시대에 뒤떨어진 일은 아닐 것입니다.

존 브라운(컴벌리지의 후임자)의 질문에 답장을 보내면서 벌린의 타자수 올리브 셸던은 9월에 벌린을 대신해서, "자유에 관한 논문들" 또는 "추세를 거슬러" 또는 "강물의 흐름에 맞서서"라는 제목이 붙게 될 책의 서문을 쓰고 있다고 썼다. 이 여비서를 통해서 그는 밀에 관한 논문과 20세기 정치사상에 관한 논문의 가치에 대해서 의심을 표했고, 심사자를 한 명 선정해서 논문들을 보낼 필요가 있다고 제안했다. 서문은 1962년 1월까지 완성하기로 약속되었다. 아멘 하우스의 해럴드 비버는 뉴욕의 캐서린 리넷에게, "자기 글을 다른 사람에게 보내 심사받겠다는 말에는 벌린이 단지 갈팡질팡하고 있다는 뜻밖에 없다고 확신한다"고 11월에 썼다. 그러나 그 논문들은 하버드 대학의 정치학 교수 애덤 울람(Adam Ulam)이 읽었고 기대되었던 바와 같이 우호적인 평가를 받았다. 울람은 다음과 같은 건전한 관찰로써 평문의 서두를 삼았다: "명망 있는 학자가 나름대로 문체와 논점을 가지고 쓴 저술을 다른 사람에게 보내서 도마 위에 올리고 난도질하게 만드는 관습에 전적으로 동조하지는 않습니다."

---

11) (편집자) David Spitz, "The Nature and Limits of Freedom", *Dissent* 8(1961–2), 78–86을 가리킨다.

1962년 1월 벌린이 존 브라운에게 보낸 편지는 여기에 전문을 인용할 가치가 있다.

자유 그리고 연관된 일반적 주제에 관한 제 논문들로써 이루어질 책에 대한 서문에 관한 죄책감으로 짓눌려 있습니다. 여름 전에 서문이 달성되리라 믿지 않습니다. 그 이유는 (1) 이 책에 들어갈 여러 논문에 대하여 그동안 쌓여 온 비판들을 읽어야 하기 때문에——서문을 새로 달아야 할 까닭이 거기에 있으므로——많은 시간과 심사숙고와 반론에 대한 응답을 조심해서 작성해야 할 필요가 있습니다. 저는 시한을 1962년 1월 1일로 잡고 그 후로 나오는 것들은 고려하지 않을 작정이지만, 비판적인 논평들이 결코 끊이지 않을 듯이 나오고 있습니다.

(2) 저는 지금 옥스퍼드에서 맡고 있는 과목 이외에 너무 많은 외부 강연을 맡고 너무 많은 위원회에 참여하고 있으며, 제가 가지고 있는 에너지를 일반적으로 매우 비경제적이다 못해 사실 말도 안 되는 방식으로 분산시키고 있습니다. 냉정하게 생각할 때에는 이러한 상황을 크게 유감으로 여겨서 학부 학생들의 동아리에서 부르는 초청을 거절하고 합리적인, 다시 말해서 보다 집중된 삶을 살겠다고 항상 다짐합니다. 그러나 이처럼 훌륭한 다짐들은 모두 장애물, 즉 진리를 듣고 싶어 하는 겉모습을 아주 잘 갖춘 학생들에게 진리를 들려 주는 일을 교수로서 거부할 수는 없다는 느낌 앞에서 흩어져 버립니다. 각종 위원회에 관해서 말하자면, 런던이나 외국에 갈 수 있는 유일한 구실이 그것이기 때문에, 본질적으로 시간을 소모하고 정력을 망가뜨리는 일임을 잘 알고 있지만 저는 내심으로는 거기에 매달려 있습니다.

이런 사정으로 말미암아 이 서문을 학기 중에는 쓸 수 없다는 사실을 깨닫기에 충분할 만큼 저는 저 자신을 잘 압니다——4월에는 강연과 위원회 활동 때문에 여행 중일 것입니다. 그러나 5월이나 6월에는 글을 쓸 것이고, 7월 중순까지는 출판사에 보낼 수 있을 것입니다. 이 일이 어떤 상황인지를 알려 드리는 것이 귀측에게 공정하리라고 느낍니다. 만약 이 때문에 출판이 늦어진다고 해도 제가 눈물을 쏟지는 않을 것입니다. 그러나 귀사의 출판 계획에는 차질이 생기지 않기를 진심으로 바랍니다.

이 편지는 비버로 하여금 리넷에게 한마디 하게 만들었다: "위대하게 굼뜬 이사야 벌린께서 머리말 쓰기를 다시 한 번 연기했군요."

5월에 커티스 브라운 사의 버드 맥레나는 존 브라운에게 100파운드의 선인세를 요청했다. 존 브라운이 자리에 없는 사이 그의 동료가 50 또는 75파운드는 지불할 수 있다고 말했다: "그렇지만 이 숫자를 넘어갈 수 있다고는 생각할 수 없네요." (이 책은 출판된 후 지금까지 계속 수요가 있어서 나오고 있는데 당시 옥스퍼드 대학 출판사에서 판매량을 어느 정도로 예상했는지 궁금하지 않을 수 없다.) 『자유에 관한 네 편의 논문』이라는 이름으로 이제 불리게 된 책을 위한 계약이 7월에 체결되어 『자유에 관한 세 편의 논문』을 위해 뉴욕 지사와 1959년에 맺은 계약을 대체하였다. 10월에 존 브라운은 뉴욕의 셸던 마이어에게 "벌린이 서문을 썼다고 가정할 수만 있다면 모든 일이 만족스럽게 짜여져 있다고 생각"한다고 썼다.

벌린은 1963년 2월에 "『자유에 관한 네 편의 논문』에 붙을 서문은 …… 복잡한 문제"라고 존 브라운에게 썼다. 다른 일을 하나 기획하고 있는데 거기에 우선순위를 두고 있기 때문이라는 것이었다. "정치사상사의 세 차례 전환점"이라는 제목으로 1962년 예일 대학에서 행한 스토어스 강연(Storrs Lectures)을 바탕으로 책을 한 권 낸다는 기획이 그것이었다(다른 경우에도 여러 차례 그랬듯이, 이 기획은 실현되지 않았다).

1964년 3월에 아멘 하우스의 존 스톨워디는 옥스퍼드 페이퍼백 시리즈 담당 책임자가 되어 있었는데 커티스 브라운 사에 편지를 보내

물었다: "이사야 벌린 경의『자유에 관한 네 편의 논문』에 들어갈 서문에 관해 의견을 마지막으로 나눈 지도 일 년이 넘었습니다. 이 문제에 관하여 어떤 진척이 있다는 소식을 들을 수 있을지 궁금합니다." 그 글은 적어도 일 년 안에는 완성될 수 없다는 대답과 함께 출판사로서 계약을 취소하기를 원하느냐는 질문이 돌아왔다. 스톨워디는 옥스퍼드의 피터 서트클리프에게 편지를 썼다: "머리말을 쓰기로 약속한 지 4년이라는 세월이 흘렀습니다. 이제는——아마 벌린마저도 포함해서——모든 사람이 그 서문을 결코 볼 수 없으리라는 사실을 깨달았다고 생각합니다." 스톨워디는 서문 없이 출판할 수 있도록 허락해 달라고 커티스 브라운 사에 요청했다. 커티스 브라운 사의 리처드 사이먼은 벌린이 1966년 4월까지는 틀림없이 서문을 완성할 것이며, 그 기한도 어기면 서문 없이 출판해도 좋다고 답했다. 스톨워디도 이 조건을 받아들였다.

그 기한도 지나가 버렸음은 말할 필요도 없다. 외견상으로 명백한 이유는 벌린이 아팠기 때문이다. 스톨워디는 서문이 도착하기 전에 네 편의 논문을 조판할 수 있도록 승인을 받아 놓고 있었다.[12] 타자 원고를 인쇄소로 보내기 전, 그는 두 가지 가능한 조판 방식에 관하여 벌린과 상의했다. 활자 조판 방식과 사진 식자 방식이 있는데 만약 수정할 것이라면 활자 조판 방식으로 해야 한다고 설명했다. 벌린이 수정하지 않겠다고 하자, 스톨워디는 성급하게 그 말만 믿고 사진 식자 방식으로 하기로 했다.[13] 다시금 서문은 8월 말까지로 연

---

12) (편집자)『자유에 관한 네 편의 논문』 1969년 판에서 서문의 페이지가 로마 숫자로 된 것은 이 때문이다.

13) (편집자)「자유의 두 개념」에 관련된 자료철을 스톨워디가 충분히 살펴보지 않은 것으로 보인다. 거기에는 콜린 로버츠가 인상적이리만큼 절제된 언어로써 1958년 11월 6일에 벌린에게 보낸 편지가 있다: "수정하느라 무척 고생하셨겠군요." 강연 원고를 인쇄하여 내면서 광범한 수정으로 말미암아 조판을 완전히 새로 짜고

기되었다. 그때까지도 준비되지 않으면 서문 없이 책을 낸다는 양해
도 반복되었다.

새로 정해진 기한을 나흘 앞두고 벌린이 스톨워디에게 다음과 같
은 편지를 보냄으로써 또 한 번의 반전이 이루어졌다. 이 편지는 그
가 부재중일 때 비서 베일리 내피스가 대신 서명한 것이다.

맨 먼저 저를 지극히 —— 저의 값어치에 과분하게 —— 인내심을 가지고
사려 깊게 대접해 준 데에 서둘러 감사를 표하고 싶습니다. 뉴욕의 옥스
퍼드 출판사에서 저를 이 모든 지연으로 말미암아 틀림없이 매우 불만스
러운 고객으로 간주하고 있음을 알고 있습니다. 그러나 이렇게 된 은밀한
원인 가운데에는 그들이 친절하게 보급판으로 다시 출간하려는 작품들이
어떻게 보면 그럴 만한 가치가 거의 없다는 저 자신의 의심이 있습니다.
「역사적 불가피성」을 다시 한 번 검토해 보았더니 잘못된 것이 한둘이 아
님을 발견했습니다. 만약 그 글이 바뀌지 않고 세상에 나간다면 수치스러
운 일일 것입니다. 그 논문에게 가해진 가장 험악한 부류의 비판들을 ——
제가 가지고 있는 것 중에 한해서 말입니다, 더 격렬하고 덧없는 비판들
은 거의 보자마자 즉시로 잃어 버렸거나 어디에 두었는지 잊어 버렸기 때
문이지요 —— 들여다보는 불쾌한 작업을 해왔습니다. 일부 비평가들의 말
은 맞는 것으로 보입니다. 그러므로 독자들의 이익과 일반적인 성실의 원
칙을 위해서 내용을 전혀 고치지 않을 수는 없습니다. 그리하여 아마도
필요한 만큼 근본적이기에는 비록 한참 미치지 못하지만 수정을 가했고,
다음 주까지 완성하려고 마음먹고 있는 서문에서 모자란 부분을 보완하
기를 바라고 있습니다. 그러는 사이에 저의 가필과 정정이 출판사를 절망
에 빠뜨리지 않기를 희망합니다. 인쇄소에서 해야 할 일이 있으리라는 점

나서 한 말이다.

을 압니다.[14] 그것이 만약 재정적으로 불편하게 간주된다면, 이 일이 행해져야 한다고——즉 교정 사항이 포함되어야 한다고 열망하는 만큼 (내용이 수정 없이 세상에 나가는 것은 부끄럽기 짝이 없는 일이며, 따라서 그런 경우는 실로 상상할 수조차 없습니다) 예기치 못한 비용을 출판사에 보상할 용의도 있습니다. 사실 저로서 생각할 수 없는 유일한 경우는 수정 사항들이 포함되지 않는 것입니다.

이토록 까다롭게 구는 것을 용서하기 바랍니다. 저자들은 모두 까다롭다는 점을 알고 있고, 아마 제가 그중에서 최악은 아닐 것입니다. 어쨌든 일부 저자들과는 달리 저는 출판사들에 대하여 진심을 가지고 있으며, 한판 붙어야 할 속물스러운 상대라기보다는 지적인 활동을 위해 진정한 협력자라고 생각합니다. 특히 옥스퍼드 출판사는 그렇습니다. 그러므로 제 고유한 값어치에는 과분하지만 저를 한 번 더 인내해 주시기 바랍니다. 왜냐하면 교정 없이 나갈 때에만 출판이 가능하다고 한다면 저로서는 차라리 아무것도 출판되지 않고 이 논문들이 현재와 같이 알려지지는 않았지만 품위를 유지하는 상태로 남아 있기를 원하기 때문입니다. ……

지금 제가 구하는 것은 정의보다는 자비라고 생각합니다. 그러나 귀하께서 제게 자비를 베풀지 않을 가능성을 저는 사실 생각할 수 없습니다. 저보다도 훨씬 더 피곤한 저자들을 여럿 겪어 보았을 테니까요. 혹시 지금 저의 요청이 너무나 끔찍하게 불합리한 것은 아닐 수도 있을 것입니다. 어쨌든 저는 매우 감사하고 있습니다.

네 편의 논문에 대한 교정쇄는 11월 말에 나왔다. 그러나 아직도 서문은 없었다. 마침내 1967년 5월에 서문이 도착했지만 벌린이 스

---

14) (편집자) 우리 시대에서 나온 축소 진술 가운데 최대 수준이다. 결국 책 전체의 조판을 처음부터 다시 짜게 되었다.

튜어트 햄프셔와 허버트 하트에게서 논평을 듣고 싶어 했기 때문에 도착하자마자 유예 상태로 들어갔다. 그 사이에 그는 고치지 않겠다고 한 약속에도 불구하고 논문들을 크게 고치는 작업을 계속했다. 이 때문에 스톨워디가 이를 갈면서 다음과 같은 촌평을 내놓게 되었다.

납으로 지형을 뜨는 것이 아니라 네거티브 필름을 사용하는 모노포토 기계를 통해서 책은 이미 조판이 되어 있음을 언급해야 〔"상기시켜 드려야"라고 말하고 싶은 것을 요령 있게 에두른 표현〕할 것 같습니다. 모든 교정에는 마치 사람의 눈에서 백내장을 제거하는 일에 비견할 만큼 섬세한 수술이 요구됩니다. 네거티브 필름의 표면을 벗겨 잘라낸 다음 새 글자나 선을 이식해 넣어야 합니다. 이런 수정 작업은 비용이 아주 많이 듭니다.

벌린은 8월에 논문 네 편의 교정지를 돌려보냈다. 한 달 후에 서문의 수정본을 출판사로 보내면서 표지에 이렇게 밝혔다: "제 글에 대해 가해진 곤혹스러운 비판들 때문에 글을 수정했습니다. 비평가들을 만족시킬 수준에는 근접하지 못하겠지만 착오의 결과를 떠들썩하게 공표하는 짓을 피하기에는 혹시 충분할지도 (또는 불충분할지도) 모릅니다." 이 시기에 스톨워디는 출판사 내부 통문에 이렇게 썼다: "사진 식자 조판을 수정하는 비용에 관한 나의 모든 설명과 제안과 호소와 추가적 설명과 추가적 제안과 추가적 호소에도 불구하고 벌린은 전반적으로 고쳐 썼다." 워드 프로세서와 현대의 조판 기술이 아쉽다고밖에 할 수 없는 노릇이다.

11월에 스톨워디는 서문의 최종 원고에 관한 질문의 기다란 목록을 벌린에게 보냈다. 그러나 벌린은 1968년 2월로 접어든 다음에야 답장을 보냈다. 여기에 (이 편지는 도판 11쪽에 들어 있다) 쓰기를:

제가 귀하에게 가장 참아주기 어려운 저자는 아닐지 몰라도 (어쩌면 그 항목에도 해당될 수도 있겠지만) 시간을 가장 많이 잡아먹는 저자로 되는 길을 서서히 그러나 확실한 방향성을 가지고 따라 왔음을 봅니다. 귀하의 건강──최근의 휴가를 통해서 혹시 회복하셨을 건강과 낙관을 심각한 위험으로 몰아넣을 타격이 될 수도 있다는 부담을 무릅쓰고, 소름끼치는 타격을 귀하에게 한 번 더 제안합니다. …… 제 친절한 (진심으로 친절한) 친구 몇 분이 저에게 깨우치기를 같은 주제에 관해서 제가 쓴 논문 하나를 더 포함시키게 되면 그 책이 좀 더 나아질 수 있겠다고 합니다. 그 논문은 「희망과 공포에서 해방」이라는 제목으로 몇 년 전에 아리스토텔레스 협회의 회장 취임 강연 원고입니다. 이것이 포함되면 다섯 번째 논문이 될 테니, 책의 제목은 『자유에 관한 네 편의 논문』에서 『자유에 관한 다섯 편의 논문』으로 하든지 아니면 다섯 편쯤 된다면 아예 『자유에 관한 논문들』로 하는 것도 괜찮을 것 같습니다. 이 논문은 제가 쓴 글 중에서 최악은 아니니 저로서는 이것도 포함되면 좋겠습니다.

서문의 첫째 문단에 대한 수정 사항도 동봉되었고 겉봉에 육필로 쓰기를: "귀하에게 엎드려 빌 수밖에 없습니다. 저는 어떤 경우라도 이런 식으로밖에 일할 수 없습니다. 그렇지만 왜 하필 귀하가 (그리고 그 인쇄소가) 저 때문에 고통을 겪어야 하겠습니까? 이런 점들을 고려하면 결정론 그리고 인간은 속수무책이라는 말이 결국 맞는 것이 틀림없습니다."

다섯 번째 논문에 관한 스톨워디의 답은 이랬다:

다섯 번째 논문을 포함시킨다는 생각에 끌리지 않는 것은 아니지만, 이제는 너무 늦었을까 두렵습니다. 수많은 홍보용 소책자들을 통해서 이미 『네 편의 논문』으로 광고가 나갔고, 표지 작업도 이미 끝났으며, 현재의 분량을 기초로 판매 가격도 계산되었을 뿐만 아니라, 마지막도 아니고 사소하지도 않은 점을 덧붙이자면 인쇄된 모든 책장의 한 쪽 면에 "자유에 관한 네 편의 논문"이라고 머리글이 붙어 있습니다.

벌린의 답장은:

「희망과 공포에서 해방」을 포함시키기에는 너무 늦은 것 같다고 하시니 당연히 실망스럽습니다. 철학적 주제에 관한 저의 논문들이 모여 책으로 나올 일이 다시 있으리라 확신할 수 없습니다. …… 그러나 이 논문은 귀하가 이제 막 출판하려고 하는 그 최초의 모음집에 이치상으로 속하는 글입니다. 거기에 포함되지 않는다면 어떤 책에도 포함될 수 없습니다. 그렇더라도 누구에게 대단한 손실이 되는 것은 아니라고 귀하에게는 (그리고 잘 생각해 보면 저에게도) 비칠지 모릅니다. 그럼에도 불구하고 저는 마지막 탄원으로서, 「20세기의 정치사상」을 빼고, 그것보다는 이것이 훨씬 나으니까, 그 대신에 이 논문을 넣을 수 있지 않은지를 최종 순간의 고려 사항으로 삼아 주기를 빕니다. 그렇다고 할 때 필요한 변경은 결국 그다지 심각하지 않을 것입니다. 부록 하나에다가[15] 지금 시점에서 보자면 케케묵은 논문 한 편을 뺄 따름이고, 사실 그 논문이 가치가 있다면 다른 모음집에 들어갈 수도 있을 것입니다. 제가 지금 귀하를 얼마나 성가시게 하고 있는지 과소평가하는 것은 아닙니다만, 이 교체가 책의 질을 의심할 나위 없이 향상시킬 것이기 때문에, 이처럼 싫증나는 변경과 도끼질에 대한 책임이 제게 있다는 사실로 말미암아 제 맘속에 금세 일어나는 가책보다는 책을 더 낫게 만들어야겠다는 욕구가 훨씬 큽니다. 이 문제를

---

15) (편집자) 1969년 판에서 부록으로 들어갔던 이 부분은 현재 판에서는 본문 아래 각주로 처리되었다. 아래 184쪽 각주 37번.

재고할 수는 없겠습니까? 뉴욕에 있는 동료들의 (지금까지는) 야만적인 가슴을 부드럽게 만들 시도를 할 수는 없겠습니까? 이 문제를 한 번 다시 생각해 주기를 간청합니다.

뉴욕의 야만적인 가슴을 부드럽게 만들기는커녕 이 편지는 도리어 옥스퍼드의 심장마저 딱딱하게 만들었다. 직설적으로 말해야 할 때가 왔다고 판단하여 스톨워디는 벌린더러 회사로 만나러 오라고 청했다. 이제 이야기를 그의 말로 들어보자.

벌린은 올솔즈[16]에서 점심이나 같이 하자고 응수했다. "고맙습니다만 안 되겠습니다." 내가 대답했다. 어차피 대결이 불가피하다면 내 텃밭의 지리적 이점을 취하고 싶었기 때문이다. 벌린 역시 그러한 전략을 간파하고 업무의 압박을 구실 삼아 회합 장소로 여러 다른 곳들을 제안했다. 그러나 나는 모두 안 된다고 말했다. "우리가 현 상황을 논의하기 위해 만나기——출판사에서——전에는 책은 진척될 수 없습니다." 그는 몇 주일 동안 시간을 끌더니 결국 동의했다.

그날 아침 나는 내 옷 중에서 가장 어두운 정장을 입고 내가 할 수 있는 한에서 가장 어둡게 찡그린 표정으로 그를 기다렸다.

"이사야 경……."

그는 한 손을 들어 내 선제공격을 가로막고 빠른 어조로 딴청을 부리는 작전으로 나왔다. "귀하가 블로크를 번역한다고 하던데,[17] 위대한 혁명

---

16) (옮긴이) 옥스퍼드의 All Souls College. 벌린은 1958년부터 1967년까지 이 칼리지에서 사회정치이론 분야의 치첼리 교수로 있었고, 1966년에 새로 만들어진 대학원 울프선 칼리지의 학장(President)에 취임했다.

17) (편집자) "벌린에게 이 사실을 알려준 이는 보우라(Maurice Bowra)와 헤이워드 (Max Hayward)임에 틀림없다. 보우라는 내게 러시아 시인 블로크(Alexander Blok, 1880~1921)를 소개해 주었고, 헤이워드는 그때 나와 함께 나중에

시인이지요. 그의 부인을 아시나요? 몰라요? 나는 그녀를 만나 봤지요. 그녀에 대해 말해 주어야겠군요." 그리고는 그 이야기를 이어갔다——아주 훌륭하게.

"이사야 경……."

다시 손이 올라가고——딴청 작전은 노회하게 길을 바꿨다. "나 때문에 피곤하겠지요. 그러나 제가 워낙 바쁩니다. 이 새 칼리지에서 오갈 데 없는 강사들 때문에 너무 신경이 쓰인다구요." 34년이 지나 그 칼리지의 펠로(Fellow)가 되어, 늙은 마술사의 혁명적인 웅변을 회상하면 저절로 즐거워진다. "나는 그들을 고속도로에서도 데려오고 골목길에서도 데려옵니다. 그들은 거리의 쓰레기가 될 것입니다. 그러나 그들이 지구를 상속받을 겁니다!"

그는 불가항력이었다. 다섯 번째 논문에 관해서는 권총을 꼭 잡고 놓치지 않았지만, 그가 그토록 막무가내로 수정해 버린 논문 네 편의 조판을 새로 하는 데에는 나약하게도 동의하고 말았다.

하지만 다섯 번째 논문이 그 책에서 영원히 추방된 것은 아니었다. 그 다음 번 편지에서 스톨워디는 "새 판을 찍게 되면「희망과 공포에서 해방」을 추가하기로 우리는 동의했다"고 썼다. 1968년의 스톨워디 조약이 2002년에 준수되는 영예가 실현된 것이다.

벌린은 스스로 인정한 바에 의거하여 말하자면 서문의 교정 과정에서 "늘 그렇듯이" 너무 많이 고쳤다. 그는 스튜어트 햄프셔에게 자기가 응수한 비판에 대답하는 각주를 하나 써 달라고 부탁했다.[18] 그

Alexander Blok, *The Twelve and Other Poems*, trans. Jon Stallworthy and Peter Franco(London, 1970)에서 맨 앞에 들어가게 되는 시를 번역하고 있었다." ——존 스톨워디의 말.
18) (편집자) 아래 88쪽의 각주 30번이 그것이다. 그 각주를 보내면서 햄프셔는 "외

리고 자기가 보기에는 E. H. 카도 기꺼이 그렇게 할 것이라고 스톨워디에게 말했다: "부탁만 하면 그럴 거예요! 믿을 수 있어요? 그러나 기본적으로 내 자신의 견해인 주장들을 다른 사람들에게, 더구나 그런 주장을 펼친 적이 없다고 격렬하게 부인하는 사람들에게 전가하는 내용으로 책을 가득 채울 수는 없겠지요." 교정의 폭을 축소하라고 제안한 바 있는 스톨워디는 "지금까지 고친 것만으로도 서문의 절반은 조판을 새로 해야 한다고 해도 과언이 아니"라고 대답했다 (결국 서문 전부의 조판을 새로 했다). 스톨워디의 호소에 대하여 벌린은 어떤 부분을 고칠 때에 삭제되는 말의 길이에 새로 들어갈 말의 길이를 맞추려고 줄곧 애를 썼다고 대답했다. 덧붙이기를: "이제 드디어, 말하자면 증기 압력을 최고로 높이고 출발하게 되었군요. 내가 엔진 발동을 오래 가로막았다는 느낌만 빼면, 지금부터는 멈추든지 뒤로 가든지 나는 불평하지 않을 겁니다." 교정 사항에 관한 최종 질문에 대답하느라 쓴 나중의 한 편지는 이렇게 마무리 된다: "올해 정치학 분야의 학사(Bachelor of Philosophy in Politics) 시험에서 내가 믿는 신조들이 워낙 지독하게 공격을 받고 보니 폭풍이 다가온다는 예상이 듭니다. 전의에 불타는 학생들로부터만이 아니라 그토록 인기 없는 내 신조들이 출판되는 날 생각할 수 있는 모든 진영에서 폭풍이 오겠지요. 그렇거나 아니면 싸늘한 침묵, 고작 *TLS*[19]나 비슷한 부류의 간행물에서 온건하게 경멸을 섞어서 일축하는 평 몇 개가 나

부인의 각주는 새로운 문학 장르"라고 한마디 했다. 이에 뒤질세라, 나는 바로 앞의 각주를 스톨워디의 말로 달았을 뿐만 아니라 벌린과의 결정적인 만남에 관한 그의 기억 한 대목을 본문에 넣음으로써 외부인의 글을 삽입하는 희귀한 장르를 사용했다.

19) (옮긴이) *The Times Literary Supplement*: 《더 타임스》 사에서 발행하는 문학 분야의 자매지. 여기서 문학이란 소설, 시, 희곡 및 이것들에 대한 평론뿐만 아니라 철학, 역사, 정치, 경제를 포함하는 모든 분야의 지적인 저술을 뜻한다.

올 때에나 가끔 깨지는 그런 침묵 말입니다. 어떤 경우든 나는 그저 따를 것입니다. 적어도 나는 내가 마음을 비웠다고 봅니다."

이제부터는 비록 작은 고비가 아직 몇 개 남아 있지만 전체적으로는 순항만이 남았다. 9월에 스톨워디는 리넷에게 "벌린은 계속 최후의 수문장이라도 된 양 싸워 보자고 애를 먹이지만 우리는 이를 극복해야" 한다고 썼다. 다음 달에 리넷이 작성한 통문은 대담하게도 "우리는 이 책을 다음 시즌 카탈로그에 포함시킬까 말까 주판알을 튕기며 놀고 있다"고 말한다. 벌린은 10월에 최종 교정쇄를 보고, 단지 찾아보기에서 페이지 표시에 관한 질문 몇 개에만 대답해 달라고 요청받았음에도 불구하고, 아직 문장에 오류가 여럿 있음을 발견했다. 발간된 책에 이 오류 중 몇이 그대로 남아 있다는 점이 새 판을 준비해야 할 까닭에 첨가된 작은 이유이기도 하다.

시험 인쇄본이 마침내 벌린에게 도달한 것은 1969년 3월이었다. 출간일이 5월 15일로 예정되어 있다는 통보와 함께였다. 처음부터 의도되었듯이 그 책은 옥스퍼드 페이퍼백 시리즈 가운데 하나로 보급판으로만 출판되었다. 이 전략은 내가 보기에 (아마도 후견지명에서 도움을 받아 가능한 지적이겠지만) 실수였거나 혹은 아무리 좋게 말해도 미숙한 실험 출판이었다. 왜냐하면 그 때문에 그 책에 대한 서평이 거의 나오지 않게 되었기 때문이다. 처음 나온 보급판보다는 양장본을 더 무게 있게 취급하는 것이 출판계의 편집자들 사이에 심지어 오늘날까지도 확립되어 있는 관습이다.[20] 어쩌면 이 책 덕분에 옥

---

20) (편집자) 그러나 뉴욕에서는 양장본이 1970년에 출간되었다. 또한 옥스퍼드 대학 출판사 편집자로 있던 1979년에 나는 이 책을 새로 찍으면서 일부를—최후의 수문장 노릇을 해보려는 의도에서—양장본으로 제본했다. 그러나 그때는 보급판 시리즈에서 사용하는 저급 용지를 그냥 썼기 때문에 불만스러운 잡종이 만들어졌을 뿐이다. 이 책에게 알맞은 종류의 물리적 형체가 갖추어진 것은 오직 이번 증보판에서의 일이다.

스퍼드 페이퍼백 시리즈 전체의 위상이 높아졌을지도 모른다. 그러나 출판된 외모는 책의 초기 운세를 저해했다——자신을 약간 감추려는 듯한 제목도 거기에 한몫 거들었을 가능성이 없지 않다.

시험 인쇄본에 대한 벌린의 반응에는 이런 내용도 있었다:

> 표지에서 나처럼 생긴 사진을 보고 나는 당연히 질려 버렸습니다——이에 관해 아무런 경고도 받은 적이 없었고 이 때문에 나는 기가 아주 많이 꺾였습니다. 이것이 절대로 필수불가결한 일인가요? 그러나 일은 벌어졌고, 내가 보기에 입맛을 약간 버린 정도의 일에 울어맬 수는 없을 것입니다(귀하도 내심 그렇게 생각하지 않나요?). 이 점만 빼면 책은 아주 잘 만들어진 것으로 보입니다. 이제 기다릴 일은 끔찍한 혹평이겠지요. 비록 그런 혹평 때문에 제가 수치를 느낄 것도 아니고 물러설 것도 아닌 데다가, 늙거나 젊거나 대부분 사람들에게 유난히도 "상관이 없는" 것으로 비칠 이런 문제에 관해 어떤 기분이 들지를 논할 시점으로는 지금이 최악인 것 같지만 말입니다. 어쨌든 괘념할 필요는 없을 겁니다. 아마 후세에는 사람들이 더 친절해질지도 모르고, 또는 친절이고 말고 할 후세 자체가 없을지도 모릅니다. 어쩌면 책, 저자, 반응 따위 모든 일이 잊히는 것이 마땅해서 모두 잊힐지도 모릅니다.

거의 이백 명에 달하는 사람의 명단을 출판사로 보내 증정본을 우송해 달라고 하면서 비용은 자기가 부담하겠다고 했는데, 덧붙이기를: "제 예상으로 이 책을 실제로 사 보려고 생각할 만한 사람으로는 이들이 대충 전부일 것 같습니다. 좌우지간 크게 신경 쓸 일은 아닙니다."

스톨워디는 대답했다: "표지가 맘에 들지 않는다시니 유감입니다. 일요일 아침에 캐롤 버크로이드가 교정쇄를 들고 댁에 찾아 갔던 일

이 기억나시리라 확신합니다. 그때 노란색 글자가 싫다시며 댁의 서가에 꽂힌 책 중에서 밝은 파란색을 골라 그렇게 바꾸자고 하셨습니다." 그래서 그 책은 밝은 파란색 옷을 입고, 쉽게 부서지는 아교로 제본되어, 드디어 세상에 나왔다.

* * *

이 증보판은 이렇게 해서 『네 편의 논문』의 제2판이면서 동시에 「희망과 공포에서 해방」이 추가되어 "다섯 편의 논문"이다. 네 편의 논문과 서문에 대해서는 당시 너무 늦게 고쳐서 초판에 반영되지는 못했지만 벌린 자신이 교정했던 바대로 너무 긴 문장과 문단을 잘라 여러 개로 만들었고, 인용문, 전거, 번역 사항 등의 표시를 필요한 만큼 추가하고 수정했으며, 초판에서 저자가 마지막 순간에 고치고자 했지만 여건상의 이유로 출판사가 받아들이지 못한 사항 몇 가지를 재생했고, 주름진 곳들을 전반적으로 다림질해서 폈다——물론 내용이 바뀌지는 않도록 했다.[21] 「자유의 두 개념」과 「역사적 불가피성」은 벌린의 저술을 한 권의 선집으로 묶어낸 1997년의 『인간에 관한 올바른 연구(*The Proper Study of Mankind*)』에서 이미 그러한 치료를 받았기 때문에 여기서 의미 있는 수정이 추가로 이루어지지는 않았다. 그러나 『네 편의 논문』이 워낙 널리 인용되어 왔기 때문에 초판의 페이지가 여기서 몇 페이지에 해당하는지를 견주어 볼 수 있도

---

21) (편집자) 그러나 인용과 전거와 관련해서는 세부 내용의 변경이 필요한 경우가 있었다. 이 차원의 정확성에 관심이 있는 독자라면 본 증보판에 수정된 내용을 초판보다 우선시하거나 아니면 초판에 곁들여 참고하기 바란다. 특히, 그가 이차 자료로 읽은 책의 저자들이 전거를 잘못 단 데서 대개 기인한 착오지만, 벌린이 인용하면서 밝힌 전거 가운데에는 말한 사람을 틀리게 지목한 경우도 있었다.

록 이 수정판의 말미에 대조표를 제시하였다.[22]

자유에 관한 다른 논문들

이미 출판된 논문을 재수록하여 출판하는 짓은 원칙적으로 비난받아야 한다.
그러나 이번과 같이 사정상 정상참작이 되는 경우가 있다.
— 존스(A. H. M. Jones), 『아테네 민주주의(*Athenian
Democracy*)』(Oxford, 1960), p. v

자유라고 하는 동일 주제에 관해 저술된 다른 글 여러 편도 여기에 추가하였다. 한 군데서 찾아 보기에 편리를 위해서이다. 사실 그리스 개인주의에 관한 논문은 지금까지 재수록된 적이 없고, 조지 케넌에게 보낸 편지는 이전에 출판된 적이 없다. 내가 편집한 모음집 중에 동일한 논문이 포함되게 하지 않는다는 개인적인 규칙을 가지고 있는데, 「자유」라는 제목이 붙은 글, 그리고 「마지막 회고」라는 제목으로 「나의 지적 여행기」에서 발췌한 일부로 말미암아 그 규칙을 어겼다.[23] 그러나 이 둘은 짧은 글이기 때문에 아마 여기에 다시 수록하더라도 별 문제는 아닐 것이고, 두 편의 글 모두 내용상으로 명백히 여기에 속한다. 「희망과 공포에서 해방」도 이미 『개념과 범주(*Concepts and Categories*)』(1978)에 수록되었기 때문에 내 규칙에 대해서는 예외에 해당하지만, 그 논문이 여기 포함된 특별한 이유는 이미 위에서 밝힌 바와 같다. 『러시아 사상가(*Russian Thinkers*)』(1978)에 수록된 「헤르첸과 바쿠닌의 개인 자유에 관한 입장(Herzen and

---

22) (옮긴이) 본 번역본에서 이 대조표는 생략되었다.

23) (편집자) 『인간에 대한 올바른 연구』도 그보다 먼저 나왔던 논문 모음집들로부터 뽑아낸 선집으로서 이 규칙을 어겼다.

Bakunin on Individual Liberty)」도 포함할까 말까를 두고 망설였다. 이 책의 주제에 대해 많은 빛을 뿌려 주는 글이기 때문이었는데, 그 논문은 자체로 상당히 길고 접근 방식이 인물사 중심이기 때문에 여기에 포함할 필요는 없었다. 벌린이 1952년에 행한 일련의 강연 원고들도 일견 여기 들어와야 될 성싶은 후보였는데, 그것은 『자유와 배신(*Freedom and its Betrayal*)』이라는 제목 아래 별도의 단행본으로 묶여, 본 『자유론(*Liberty*)』과 같은 시기에 차토와 윈더스(Chatto and Windus) 및 프린스턴 대학 출판사에서 출간하게 되었다.

여기 추가된 글 각각이 가진 사연들을 순서대로 밝힌다.

「자유」

자유에 대한 벌린의 생각을 요약한 이 짧은 글은 처음 접하는 독자가 방향을 잡는 데 유용한 안내가 될 것이다. 연합 텔레비전 (Associated Television)에서 1962년 뱀버 가스코인의 책임 아래 〈네 가지 자유(*The Four Freedoms*)〉라는 제목으로 다섯 편의 프로그램을 제작할 때, 표현의 자유를 다룬 첫 편을 준비하면서 벌린은 이 글의 초고를 썼다. 프로그램에 막상 나가서 한 말은 늘 그랬듯이 사전에 준비한 내용과 크게 달랐다. 게다가 거의 10분에 달하는 녹화 분량 중에서 (녹취록이 남아 있다) 단지 2분의 분량만 방송되었다.

테드 혼더리치는 1993년에 『옥스퍼드 철학 해설(*The Oxford Companion to Philosophy*)』을 편집하면서 벌린에게 자유에 관한 기고를 써 달라고 초빙했다. 당시 벌린은 글을 하나 새로 쓸 수 있을 것이라고 생각할 수 없는 상태였다. 그가 비중 있는 글을 쓴 것은 1988년에 윤리학에 기여한 공로로 제1회 아넬리 상(The Agnelli Prize)을 받은 답으로 자신의 지적 신조를 담아 출판한 「이상의 추구에 관하여」

("On the Pursuit of the Ideal")가 마지막이었다.[24] 그의 지력은 감퇴하지 않았고 일이 생길 때마다 짧은 글은 계속 썼지만, 저술가로서 펜은 이미 놓은 것이 분명한 것처럼 보였다— 팔순의 나이를 감안하면 충분히 수긍이 가는 일이었다.

그러나 그는 자기가 전에 써 놓은 글 가운데 적당한 것이 있겠느냐고 내게 물어 왔다. 내가 이 짧은 글이 어떻겠냐고 제안했더니 처음에는 쓸모없는 글로 일축했었다. 그러므로 나중에 그가 이 글을 "나쁘지 않다"고 보고 수정하여 혼더리치에게 주었을 때 나는 약간 놀랐다. 혼더리치가 행복한 마음으로 받아들인 원고가 여기 실린 것과 동일하다.

「그리스 개인주의의 탄생」

《공통 지식(*Common Knowledge*)》의 편집자 제프리 펄이 벌린에게 편지를 써서 자기네 잡지가 그의 저술, 특히 다원주의를 주제로 한 작품의 영향 아래 탄생했다고 전하면서 기고를 부탁한 것도 1993년의 일이다. 답장에서 벌린은 그 말이 과연 참말일까 약간 의심이 들지 않는 것은 아니지만, 그 말이 "참말이라면 말할 것도 없겠지만 참말일지 모른다는 것만으로도 떠받들어진 느낌이 깊게" 드는 것을 억누르지 않고 용인했다. 그러면서 그는 잡지에 기고해 달라는 청탁을 받아들이지 못해 유감을 표했다. 새로운 글을 맡지 않으려는 — 위에 언급한— 일반적인 태도도 부분적인 이유였지만, 펄 교수가 제시한 주제를 자기가 다룰 태세가 되어 있지 않다고 믿었기 때문이기도 했다.

---

24) (편집자) 이 글은 1988년, 《뉴욕 서평(*New York Review of Books*)》에 발표되었고, 『인간성이라는 뒤틀린 목재(*The Crooked Timber of Humanity*)』(1990) 및 『인간에 대한 올바른 연구』에도 수록되었다.

벌린의 사망 후 얼마 되지 않아 나는 그의 서류 가운데에서 이때 교환된 서신을 보게 되었다. 그리하여 펄에게 원래의 원고 청탁을 염두에 두고 벌린 사후 저술 관리를 위임받은 대리인단은 그의 미출간 원고 중 하나를 그 잡지에 기꺼이 내놓을 용의가 있다고 말했다. 내가 이 논문을 선택한 까닭은 여기서 벌린이 다른 어떤 저술에서도 단지 스쳐지나가기만 했던 주제를 다루고 있다는 점과 그 논문이 언젠가 쓸모가 있으리라 생각한다는 말을 벌린에게서 들은 적이 있었기 때문이다.

이 논문은 벌린이 1962년 예일 대학에서 행한 세 차례 스토어스 강연 중 첫 번째를 위해 준비했던 원고를 편집의 목적으로 손본 것이다. 위에서 언급했던 바와 같이 이 강연의 전체 제목은 "정치사상사의 세 차례 전환점"이었고, 그가 두 번째와 세 번째 전환점으로 꼽은 마키아벨리와 낭만주의는 다른 저술, 특히 『추세를 거슬러 (*Against the Current*)』(1979)와 『인간에 관한 올바른 연구』에 함께 수록된 논문 「마키아벨리의 독창성」, 그리고 『현실 감각(*The Sense of Reality*)』(1996)에 수록된 논문 「낭만주의 혁명」에서 제대로 논의되었다. 더구나 이제는 『낭만주의의 뿌리(*The Roots of Romanticism*)』(1999)도 책으로 나와 있다.

「마지막 회고」

인생이 저물어 가던 무렵 벌린은 지난 일들을 회고하는 자전적 개관 「나의 지적 여행기」를 썼는데, 거기서 두 대목을 발췌한 것이 이 글이다. 여든일곱 살이 된 1996년 2월에 그는 중국 우한 대학의 철학 교수 캉 오우양에게서 편지를 한 통 받았다. 지금까지 대체로 중국어로는 접근할 수 없었던 현대 영미철학을 중국의 철학자와 학생들에게 소개하는 책을 기획하고 있는데, 중국어로 번역하여 그 책에 포함될 수 있도록 벌린의 사상을 요약해서 보내 달라는 청이었다.

사실상 저술가로서는 은퇴한 상태였지만 중국의 기획은 그의 상상력을 사로잡았다. 이 새로운 독자층을 중요하게 여겼고 그들에게 말을 전할 의무를 느꼈다. 그래서 무언가를 써 보겠노라고 중국 교수에게 대답했다. 요점 몇 가지를 정리한 노트 한 장을 앞에 놓고 녹음기에 첫 번째 초고를 구술했다. 녹취록의 편집을 부탁하길래 보니, 녹취록에 토막 난 부분이 있고 부분적으로 손볼 대목도 있었으나 원고의 가독성을 위해 특별히 지적인 작업이 추가로 필요한 상태는 아니었다. 내가 손본 수정본에 마지막 가필과 정정을 몇 군데 더 한 다음, 자기 작품을 다시 읽을 때마다 드러내는 특유의 싫증을 표하면서 다시는 그 글을 보고 싶지 않다고 말했다. 그 글은 그가 죽은 이듬해 《뉴욕 서평》에 게재되었고 다시 『관념의 힘(*The Power of Ideas*)』(2000)에도 수록되었으며, 그가 쓴 마지막 논고가 되었다. 그중에서 가장 직접적으로 관계되는 두 대목을 여기에 포함시켰는데, 그 까닭은 "자유에 관한 다섯 편의 논문"에 대한 「서문」의 대부분을 할애하여 논의되는 비판자들의 견해를 더욱 축약해서 다룬 최신판이기 때문이다. 다른 대목들, 특히 일원론, 다원론, 이상의 추구 등을 다룬 대목들까지 포함시킬 수도 있었겠지만, 「서문」의 구조를 가능한 한 대칭시키는 것이 낫다는 고려에서 그렇게 하지 않았다.

자전적 부록

인간의 문제에 관한 중심적인 신조들은 모두
개인적인 곤경에서 튀어나온다.
—진 플라우드(Jean Floud)에게 쓴 벌린의 편지, 1968년 7월 5일

「목적이 수단을 정당화한다」

벌린이 영국에 처음 발을 디딘 것은 1921년 초 이민 가족의 일원
으로였는데, 사실상 영어를 전혀 모르는 열한 살배기 소년이었다.
이 이야기는 (수고에는 제목이 없었다) 1922년 2월 그가 열두 살 때 쓴
것으로, 어떤 어린이 잡지의 글짓기 대회에서 "이야기 보따리 상"을
받은 작품이라고 내게 말한 적이 있다.[25] 알 수 있는 한도 안에서 그
가 쓴 글로서 남아 있는 최초의 것이고 그의 유일한 소설이며, 그의
전반적인 조숙함과 아울러 겨우 일 년 만에 그의 영어가 얼마나 발
전했는지를 잘 말해 주고 있다.[26]

---

25) (편집자) 새 거처로 옮기는 사이에 머물렀던 켄싱턴의 로열 팰리스 호텔에서 로
고가 찍힌 호텔의 메모 용지에 썼다. 종잇장들은 실로 꿰매서 묶여 있는데 추정
컨대 벌린의 모친 솜씨일 것 같다. 첫 장의 상단에는 오른쪽으로 내려가면서 다
른 필체로 적어 넣은 글귀가 보이는데 저자 자신이 후일 쓴 것으로 보인다: 'I.
Berlyn. 1922년 2월.(저자 나이 12살).' 수고의 끝에는 'I. Berlyn'이라는 서명이
있다. 함스워드 형제[대중지 *Daily Mail*과 *Daily Mirror*의 창립 사주]가 운영하
던 주간지 《소년 헤럴드(*The Boy's Herald*)》에서 당시 "이야기 보따리 자랑
(Tuck Hamper Competition)"이라는 글짓기 대회를 열면서 "작은 이야기들
(storyettes)"을 공모했다. 그러나 1922년 초의 수상자 명단에 벌린의 이름은 실
망스럽게도 보이지 않는다. 그렇지만 거기서 "작은 이야기"란 백 단어 내외의 웃
음거리 이야기를 뜻할 따름이었기 때문에, 어쩌면 벌린이 받은 상은 해당 장르
는 아니지만 인상적인 이야기를 출품해 준 데 대한 "특별히 고마운 보따리 상"이
었는지도 모를 일이다.

이는 모이세이 유리츠키(Moisei Solomonovich Uritsky)라는 실존 인물을 소재로 삼은 허구적인 이야기다. 유리츠키는 소련 성립기에 북부 지역 소비에트의 내무위원과 페트로그라드 비밀경찰의 위원장을 맡았던 인물로, 1918년 8월 31일 카네가이저(Leonid Kannegeiser)라는 이름의 사회주의 혁명가에 의해서 실제로 암살되었다. 벌린이 후일 반복해서 주장한 바와 같이, 미래의 가상적인 축복 상태로 가는 도정이라는 명분으로 현재의 고통이 정당화될 수는 없다는 신조를 지향하는 방향성이 이 이야기에 뚜렷하기 때문에 나는 유리츠키의 "좌우명"을 제목으로 삼았다. 이런 의미에서 이 작은 작품은 74년 후에 「나의 지적 여행기」에서 요약된 여행길, 즉 일생을 통한 지성의 여정을 시작하는 첫 발자국의 기록인 셈이다.

벌린은 항상 말하길 폭력, 특히 이데올로기를 위한다는 명분으로 발생하는 폭력을 일생 동안 혐오하게 된 것은 일곱 살 때인 1917년 페트로그라드에서 2월 혁명이 벌어지고 있을 때 목격한 일 때문이라고 했다. 바깥 거리를 걸어가다가 차르에게 충성한 경찰이 공포로 하얗게 질려버린 얼굴로 군중에게 린치를 당하고 끌려 다니다가 마침내 죽임을 당하는 광경을 본 것이다. 이러한 초기 경험에 깃드는 힘을 이 작품은 확실하고 생생하게 반영하고 있으며, 장성한 후 벌린의 자유주의가 어디에 근원을 두고 있는지를 드러낸다.

---

26) (편집자) 약간 오락가락한 철자법을 표준화하고 구두점과 문단 나누기 등을 손보았고, 독자들이 읽기 쉽도록 몇 부분을 가볍게 수정한 것을 빼면, 나머지는 모두 어린 벌린이 쓴 그대로다. 1998년에 이 작은 소설이 처음 출판될 때에는(아래의 출전 목록 참조) 이와 같은 변경이 없었다. 이 책에 들어 있는 성인기의 본격적인 저술들 사이에 끼려면 그 정도는 수정하는 것이 적당하다고 보았다.

「조지 케넌에게 보낸 편지」

벌린이 남긴 글 중에는『자유에 관한 네 편의 논문』의 내용에 관하여 (종종 아주 세밀한 문제를 논의하느라) 여러 사람과 주고받은 서신들이 굉장히 많다. 그 책이 출판된 후뿐만 아니라 전에 주고받은 편지도 있는데, 이것들은 적당한 시기에 다른 서신들과 함께 연도의 순서도 제대로 맞춰서 출판될 날이 있을 것이다. 다만 그중에 한 통의 편지는 이 분야 저술 뒤에 자리 잡은 벌린 개인의 시대전망을 강력하게 개진한다는 점에서 나머지에 비해 특별히 두드러진다. 버트런드 러셀이『서양철학사(History of Western Philosophy)』에서, 한 철학자의 견해를 이해하려면 "그가 어떤 상상력을 바탕으로 삼아 생각하는지를 파악해야" 한다고 말한 대목을 벌린은 즐겨 인용했었다.[27]

모든 철학자에게는 세상을 향해 공표하는 공식적인 체계에 더하여, 어쩌면 자신도 전혀 의식하지 못할 수도 있는 훨씬 단순한 체계가 하나 더 있다. 만약 그 사실을 자각하고 있다면 그것만으로는 충분하지 않다는 점도 깨닫고 있을 것이다. 그래서 그것을 감추고 그보다 훨씬 정교하게 짜인 것을 내놓는다. 정교한 체계를 그가 옳다고 믿는 것은 조잡한 체계와 비슷하기 때문이지만, 남이 반증할 수 없게 만들어 놓았다고 믿기 때문에 남들에게 받아들이라고 요구한다. 정교함은 반박을 다시 반박하는 것과 같은 방식으로 얻어진다. 그러나 이것만으로는 결코 실질적인 결과를 얻을 수 없다. 정교함은 기껏해야 한 이론이 진리일 수밖에 없음이 아니라 진리일 수도 있음을 보여줄 뿐이다. 실질적인 결과는, 그 철학자가 이 점을 전혀 깨닫지 못하고 있더라도, 상상력을 작동시키는 선재 관념들, 달리 표현하

---

27) (편집자) 예컨대 아래 471쪽, 521쪽.

면 산타야나[28]가 "동물적 신앙"이라고 불렀던 것에 기인한다.[29]

이 그림이 벌린의 경우에 얼마나 부합하는지에 관해서는 논란이 있을 수 있다. 예를 들어 벌린이 자신의 "상상력을 작동시키는 선재(先在) 관념들"을 의식하지 못했다는 점은 확실하다. 어쨌든 케넌에게 보낸 편지는 벌린 자신의 "내면의 성채"[30]에 있는 큰 방 중 하나의 특성을 생생하게 표현한다. 이러한 까닭에 나는 이 편지를 벌린의 서간집에 포함되어 출판되기 전에 여기에 포함시키기로 결정했다. 이 편지는 「20세기 정치사상」에 대하여 조지 케넌이 보내온 따뜻한 공감의 편지에 대한 답장으로서, 그 자체만으로도 말하고자 하는 내용을 분명하게 담고 있다.

「편견에 관한 초고」

벌린이 1981년에 한 (정체가 공표되기를 원치 않는) 친구를 위해 급하게 쓴 초고에서 내면의 성채에 있는 방 하나가 더 짧지만 생생함에서는 비슷하게 양지로 나오게 되었다. 그 친구는 강연이 예정되어 있었는데, 벌린에게 편지로 자기가 맡은 주제를 어떤 식으로 다루어야 할지 조언을 부탁했다. 벌린은 편지를 받은 날 일찍 해외여행 길

---

28) (옮긴이) 산타야나(George Santayana, 1863~1952): 에스파냐 태생의 미국 철학자, 시인, 문학평론가. 관념론에 반대하면서 자연주의에 입각한 영혼의 삶을 주장하고 실천했다. "동물적 신앙"이란 우리의 의미나 가치가 우리의 물리적 생김새와 상호작용하면서 생성된다는 의미이다.

29) (편집자) *History of Western Philosophy*(New York, 1945; London, 1946), p. 226.

30) (편집자) 이는 벌린 자신이 사용한 은유다. 아래 471-472쪽, 540쪽을 볼 것. 한편 그는 "내면의 성채"를 이와는 다른 의미로도 사용했다. 아래 369쪽, 523-524쪽, 567-569쪽을 볼 것.

에 나서야 했다. 그래서 손으로 직접 초고를 급하게 쓰고 수정이나 확장할 시간을 가지지 못했다. 그렇게 쓴 글이다 보니 의심할 나위 없이 어딘지 숨이 가쁘고 전보문 비슷하다.[31] 그러나 그만큼 직설적으로 불관용과 편견, 특히 광신적 일원론, 고정관념, 공격적 민족주의에 대한 벌린의 반대 입장을 전달하고 있다. 그 글은 이 책을 통해 최초로 출판될 예정이었는데, 2001년 9월 11일에 일어난 사건에 대하여 워낙 적절한 글이었기 때문에 나는 그 사건 이후 출간되는《뉴욕 서평》의 첫 호에 그 글을 실었다.[32]

출전

『자유론』에 포함된 글 각각이 최초로 출판된 전거는 다음과 같다:

자유에 관한 다섯 편의 논문

「서문」 : *Four Essays on Liberty* (London and New York, 1969: Oxford University Press)

「20세기의 정치사상」 : *Foreign Affairs* 28:3 (April 1950)

「역사적 불가피성」 : 런던 정치경제대학(London School of Economics and Political Science)에서 제1회 오귀스트 콩트 기념 강연으로 "알리바이가 된 역사(History as an Alibi)"라는 제목 아래 1953년 5

---

31) (옮긴이) 영어본에는 and가 사용될 곳 대부분에 &가 대신 적혔다. 한국어 번역에서는 이 차이를 반영할 수 없었다.

32) (편집자) *New York Review of Books*, 18 October 2001, p. 12. 그 잡지에 실린 원고에서는 잡지사 편집진에 의해 몇 대목이 수정되었다. 이 책에서는 오기만을 정정하고 벌린이 손으로 쓴 원고를 그대로 (밑줄 그은 부분은 이탤릭으로 바꾸어) 싣는다. 당시 상황에 특유했던 내용은 생략했다.

월 12일에 발표 (London, 1954: Oxford University Press); *Auguste Comte Memorial Lectures 1953–1962* (London, 1964: Athlone Press) 에 재수록.

「자유의 두 개념」: 옥스퍼드 대학, 사회정치이론 분야의 치첼리 교수 (Chichele Professor) 취임 강연, 1958년 10월 31일에 출판 (Oxford, 1958: Clarendon Press).

「존 스튜어트 밀과 인생의 목적」: 1959년의 로버트 웨일리 코언 (Robert Waley Cohen) 기념 강연, 1959년 12월 2일에 출판 (London, 1959: Council of Christians and Jews).

「희망과 공포에서 해방」: 아리스토텔레스 협회 회장 취임 연설, 1963 년 10월 14일에 출판, *Proceedings of the Aristotelian Society* 64 (1963–4).

자유에 관한 다른 논문들

「자유」: Ted Hoderich(ed.), *The Oxford Companion to Philosophy* (Oxford, 1995: Oxford University Press); Berlin, *The Power of Ideas* (London, 2000: Chatto and Windus; Princeton, 2000: Princeton University Press)에 재수록.

「그리스 개인주의의 탄생」: "A Turning–Point in Political Thought"이 라는 제목으로 *Common Knowledge* 7:3(Winter 1998)에 게재.

「마지막 회고」: "My Intellectual Path"에서 발췌. "My Intellectual Path"는 "The Purpose Justifies the Ways"와 함께 "The First and the Last"라는 제목으로 *New York Review of Books*(1988.5.14)에 게재 (pp. 53–60); *The First and the Last*(New York, 1999: New York Review of Books; London, 1999: Granta) 및 *The Power of Ideas*에 재수록.

자전적 부록

「목적이 수단을 정당화한다」(1922) : *New York Review of Books*(1988.5.14)에 "The First and the Last"라는 제목으로 게재(pp. 52-3); *The First and the Last*(New York, 1999: New York Review of Books; London, 1999: Granta)에 재수록.

「조지 케넌에게 보낸 편지」(1951) : 이 책을 통해 최초 출판.

「편견에 관한 초고」(1981) : 이 책의 원고에는 반영되지 않은 수정을 거쳐서 *New York Review of Books*(2001.10.18), p. 12에 게재.

헨리 하디(Henry Hardy)

옥스퍼드 울프선 칼리지

라 테예드, 라게피(La Taillède, Laguépie)

2001년 9월 22일.

자유에 관한
다섯 편의 논문

서문

> 사람들은 추상적인 존재에게 구체적인 존재를 제물로 바친다.
> 사람들은 또한 개별적인 인간들을 전체로서의 인간을 위하여 제공한다.
> ─방자맹 콩스탕,[1] 『정복의 혼(*De l'esprit de conquête*)』

I

여기에 실린 다섯 편의 논문 가운데 첫 번째 것은 뉴욕에서 출판되는 정기간행물인 《포린 어페어스(*Foreign Affairs*)》에서 20세기의 반이 지나갔음을 기념하는 특별호를 간행할 때에 기고하였던 것이다. 그리고 나머지 네 편은 강연 원고들을 기초로 하여 보완하고 다듬은 것이다. 이 논문들은 개인의 자유에 함축되어 있는 여러 양상들을 다루고 있다. 각 논문은 구체적으로 다음과 같은 주제에 초점을 맞

---

1) "……l'on immole à l'être abstrait les êtres réels; l'on offre au peuple en masse l'holocauste du peuple en détail." *De l'esprit de conquête et de l'usurpation dans leur rapports avec la civilisation européenne*, part 1, chapter 13, "De l'uniformité"; Benjamin Constant, *Écrits politiques*, ed. Marcel Gauchet(Paris, 1997).

추고 있다. 첫 번째 논문은 자유라는 개념이 20세기의 이데올로기 투쟁 속에서 겪어 온 동요와 변천에 관한 것이며, 둘째는 역사가들, 사회과학자들, 그리고 역사학 또는 사회학의 기본 전제 및 방법을 탐구하는 저술가들이 그 개념에 어떤 의미를 부여하고 있는지를 검토하고 있다. 셋째는 자유를 인식함에 있어 두 갈래로 나뉘는 주요 사고방식이 사상사에서 어떠한 중요성을 가지고 있는지를 살피고 있으며, 넷째는 개인의 자유라는 이상을 가장 헌신적으로 대변한 존 스튜어트 밀의 인식틀에서 그 이상이 어떤 역할을 수행하고 있는지를 식별하려는 시도이며, 마지막 논문은 지식과 자유 사이의 관계를 논한다.

이 글들 가운데 첫 번째와 네 번째, 다섯 번째는 다른 사람들의 반응을 거의 불러 일으키지 못하였다. 두 번째와 세 번째 것은 광범위한 — 그리고 적어도 내가 생각하기에는 상당한 결실을 거둔 — 논쟁의 주제가 되었다. 그 논쟁에서 나를 비판하였던 사람들 중에는 내 스스로 생각하기에도 정당하고 적확한 반대 논지를 펼친 경우도 있기 때문에, 내가 착오를 저질렀거나 문제의 본질을 얼버무린 점들에 관해서 내가 지금 생각하는 바를 분명하게 표명하고자 한다. 여타 비판과 반론들은 내가 보기에 초점을 잘못 짚은 데에 기인한 것으로 판단되며, 이 점 또한 아래의 논의를 통하여 분명해질 수 있기를 희망한다. 나를 가장 혹독하게 비판한 사람들 중에는 구체적인 사실이나 주장을 전혀 적시하지 않은 채 비판으로 일관하거나 내가 주장하지 않은 의견을 나에게 덮어씌운 경우도 있었다. 어쩌면 내가 논지를 보다 분명하게 제시하지 못하여 그런 일이 발생했을 수도 있겠으나, 어쨌든 그런 점들에 대하여 굳이 내 입장을 방어할 필요를 느끼지 못하거니와 새삼스럽게 다시 거론할 생각도 없다. 왜냐하면 그러한 반론들이 나에게 덮어씌우는 입장이라는 것들은 — 적어도 그중 몇 개는——그 사람들의 눈에 말도 안 되는 것으로 비친 만큼이나 내가 보기에도 애당초 말이 되지 않기 때문이다.[2]

　나를 비판하는 사람들과 나 자신 사이에 존재하는 심각한 차이는 대략 네 개의 주제로 요약할 수 있을 것 같다. 첫째는 결정론의 문제이다. 여기에는 결정론이라는 사고방식이 우리가 가지고 있는 인간관 및 역사관에 대하여 어떠한 연관을 맺고 있느냐는 문제가 포함된다. 둘째는 역사 및 사회에 관한 사유에서 가치판단 특히 도덕적 판단이 어떤 위상을 차지하느냐는 문제이다. 셋째는 정치이론의 분야에서 현대의 저술가들이 "적극적" 자유 및 "소극적" 자유라 일컫는 것들을 구분할 수 있는지 그리고 구분하는 것이 바람직한지에 관한 문제이다. 나아가 이 구분이 이와는 다른 구별, 즉 자유와 자유의 조건을 구별하는 일과 어떤 상관이 있으며, 아울러 적극적이든 소극적이든 자유라는 것을 본질적으로 추구할 만한 가치가 있게끔 그리고 소유할 만한 가치가 있게끔 만드는 것이 무엇이냐는 문제가 여기에 포함된다. 마지막 주제 영역은 일원론의 문제, 다시 말해서 인간이 추구하는 목적들이 하나로 귀일하느냐 또는 조화롭게 통합될 수 있느냐는 문제이다. 내가 생각하기로는 통일, 조화, 평화, 합리적 능동성, 정의, 자치, 질서, 공통 목적을 추구하기 위한 협력 등등, 인간이 추구하는 사회적 정치적 목적 가운데 보다 명백히 적극적인 부류의

---

2) 이 논문들이 다른 곳에서 출판될 때의 원형에 비하여 이 책에 실린 내용이 크게 다른 바는 전혀 없다. 다만 그 글들에 관하여 오해에 기인한 비판 및 평론을 초래하였던 주요 논지 몇 가지를 보다 명확하게 제시하려는 의도에서 몇 군데를 수정하기는 하였다. 나 자신의 실수 및 얼버무림을 지적해 준 데에 대하여 햄프셔(S. N. Hampshire), 하트(H. L. A. Hart), 네이글(Thomas Nagel), 가디너(Patrick Gardiner) 제위에게 심심한 감사를 표하고 싶다. 그러한 오류들을 나로서는 최선을 다해 시정하기는 하였지만, 여전히 그들 탁월하고도 건설적인 비평가들에게 전적으로 만족스럽지는 못하리라는 점을 나는 확실히 느끼고 있다.

자유 곁에다 이른바 "소극적" 자유를 대조시키는 데에는 때때로 후자의 중요성을 축소시키려는 의도가 섞이는 것 같다. 그리고 그러한 의도는 종종 진정으로 좋은 것들은 모두 하나의 단일하며 완벽한 전체 속에서 서로서로 결부되어 있다거나 아니면 적어도 그것들이 서로 상충하지는 않는다는 오래된 신조에 그 뿌리를 두고 있다고 생각된다. 이러한 신조의 논리적 귀결은 진정으로 좋은 것들이 모여 형성하는 통합된 질서를 실현하는 일이야말로 합리적 활동이라면 공과 사를 막론하고 추구해야 할 유일한 진짜 목적이라는 발상으로 연결된다. 만일 이와 같은 발상이 틀린 것으로 또는 자체 모순을 담고 있는 것으로 판명된다면, 현재 및 과거의 수많은 생각과 행동들이 존립의 근거를 상실하거나 손상받는 결과로 이어질 수 있다. 또는 적어도 개인적 사회적 자유가 무엇인지에 관하여 널리 퍼져 있는 생각의 상당 부분이 영향을 받게 될 것이며 따라서 그렇게 인식된 자유에 부여된 가치의 상당 부분 역시 영향을 받게 될 것이다. 그러므로 이 문제 역시 나와 반대자들 사이에 근본적으로 중요한 쟁점으로서 존재한다.

우선 인간의 본성에 관한 함축을 담고 있는 문제로서 가장 유명한 주제인 결정론의 문제에서부터 논의를 시작해 보자. 인과적 의미의 결정론이든 목적론적 의미의 결정론이든 여기서는 상관없다. 나를 가장 강경하게 비판한 사람들의 해석과는 달리, 내 입장은 결정론이 확실히 틀렸다는 것도 아니고, 내가 그 점을 논증할 수 있다는 것은 더구나 아니다. 내 입장은 다만 결정론 편에서 제시되는 주장들이 확증을 제시하지는 못한다는 것뿐이며, 만약 결정론이 하나의 믿음으로 널리 수락되고 그리하여 일반적 사유와 행동의 골간을 형성하게 되는 날이 온다면 인간의 사유에서 핵심적인 개념 및 단어 몇 개가 현재 지니고 있는 의미 및 효용이 폐기되거나 전면 수정되어야 하리라는 것이다. 이와 같은 나의 입장은 논리적으로 다음과 같은 결론으로 필연적으로 연결된다. 그것은 그처럼 기본적인 단어 및 개념들이 현재 의미를 가지고 사용되고 있다는 사실이 곧 결정론이 틀렸다는 명제에 대한 증거는 물론 될 수 없지만, 결정론의 편을 드는 많은 사람들이 자신들의 교의를 그대로 실행하는 경우가 거의 없다는 가설에 대한 약간의 증거는 된다는 점이다. 나아가 (그 불일치에 관한 내 관찰이 맞다면) 그들이 표방하는 이론과 그들의 실제 언행으로써 표현되는 그들의 진짜 믿음 사이에, 적어도 겉으로 보기에는, 일치가 결여되어 있다는 사실을 흥미롭게도 그들이 깨닫지 못하고 있다는 가설에 대해서도 약간의 증거가 된다는 말이다. 철학적 문제 가운데 결정론이 독특한 지위를 차지하게 된 데에는 자유의지와 관련된 다음과 같은 사실들이 배경으로 작용하였다. 그것은 자유의지의 문제가 적어도 스토아학파까지는 거슬러 올라갈 정도로 오래되었다는 점; 그 문제로 인하여 전문적인 철학자들뿐만 아니라 보통사람들도 골치를 썩였다는 점; 그 문제가 어떤 문제인지 분명하게 형상화하기가 유례를 찾기 어려울 정도로 어렵다는 점; 중세 이래 지금까지 그 문제에 대한 논의가 이어졌고, 그러한 논의의 결과 그 문제의 주변에 덩어리째 서로 얽히어 붙어 있던 여러 가지 개념들을 섬세하게 분석해 내는 데에는 성과가 있었으나, 여전히 실질 문제의 핵심에 관해서는 명확한 해답에 한 걸음도 가까이 가지 못한 상태라는 점; 어떤 사람은 그 문제를 앞에 두고 자연히 무언가 당혹스러운 궁금증을 느끼는 반면에 다른 사람들은 그 당혹스러운 궁금증을 단지 하나의 혼동으로 간주하여 어떤 강력한 철학적 용매(溶媒)가 하나 나와 그러한 혼동을 제거해야 한다고 생각한다는 점 등이다.

여기 수록된 글에서 나는 자유의지의 문제 그 자체에 대한 체계적인 논의를 시도하지는 않았고, 역사의 인과성이라는 관념에 대하여 그 문제가 어떻게 상관되는지에 주안점을 두었다. 표현을 바꾸어 말하자면 내 입장은 이것이다: 한편으로는 모든 사건이 그렇게 되게끔 다른 사건들에 의하여 전적으로 결정되어 있다고 (이 명제가 어떤 종류의 명제이든)[3] 주장하면서, 동시에 인간이 적어도 두 가지 행동 경로 사이에서 선택할—인간들이 스스로 선택한 일을 할 수 있다는 의미에 (그리고 그들이 그것을 하기로 선택했기 때문에 자유롭다는 의미에) 국한되는 것이 아니라 그들이 선택한 그것을 선택하도록 자신들이 통제할 수 없는 원인에 의하여 결정되어 있지는 않다는 의미에서—자유를 가진다고 주장하는 것은 명백한 모순이다. 의지나 선택에 따른 행동이 모두 그 각각의 선행 요인에 의하여 결정되어 있다고 믿는 사람이 있다면, 여전히 내가 보기에 (내 입장에 대하여 지금까지 제기된 모든 반론에도 불구하고) 그러한 믿음은 보통 사람들이 통상 가지고 있는 선택의 개념 그리고 철학자들이 의식적으로 결정론의 입장을 변호하려 하는 경우를 제외한 경우에 가지고 있는 선택의 개념과 양립할 수 없다. 더 세밀하게 꼬집어 말하자면, 이런저런 행동을 했다는 이유로 사람들을 칭찬하거나 잘못을 묻는 데에는 그 사람들이 그 행동에 책임이 있다는 함축이 들어 있는 것이며, 이는 다시 말하여 그들이 꼭 그렇게 행동해야 할 필요는 없었다든지 또는 달리 행동할 수도 있었다는 (순전히 논리학이나 법학에서 말하는 "필연성"이나 "가능성"의 의미에서가 아니라 보통 사람들이든 역사가들이든 일상적인 경험에 관한 대화에서 "……할 수도 있었다"든지 "……할 수밖에 없었다"고 말할 때의 의미에서) 점이 전제된다는 이야기가 되는데, 이와 같이 어떤 행동과 관련하여 그 사람을 도덕적으로 찬양하거나 비난하는

---

3) 겉으로만 보면 이 명제는 마치 사물의 본질에 관한 보편적 명제인 것처럼 보인다. 그러나 이것이 경험적인 명제라고 잘라 말할 수는 없다. 왜냐하면 이 명제를 반증할 수 있는 경험으로서 무엇이 있을 수 있겠는가?

지극히 통상적인 관행을 무너뜨리지 않고는 결정론의 신조가 유지될 수 없다는 점을 어떻게 비켜갈 수 있을지 나로서는 전혀 생각할 수 없다. 당연히 결정론자들도 그 똑같은 단어들을 인간의 성격이나 행동에 대하여 상찬이나 멸시를 표현하는 의미 또는 특정한 기질 또는 행위를 장려하거나 억지(抑止)하는 의미로 여전히 사용할 것이다. 그 단어들은 아마도 인류 역사의 초창기부터 줄곧 그렇게 기능해 왔을 것이다. 어쨌든 칸트가 의미하였던 바와 같이 선택의 자유가 없이는 책임도 있을 수 없다는 전제가 바탕이 되지 않는다면, 지금의 통상적 용례에서 그러한 단어들이 지니는 여러 가지 의미의 방식 가운데 적어도 하나의 방식은 소멸되고 말리라고 말할 수 있다.

도덕적 표현들이 의미를 가지는 영역 전체의 생명력을 결정론이 말살하는 것은 분명하다. 그러나 그 영역이 어디까지를 포섭하는지, 그 영역이 제거된다면 (그것이 바람직하든지 말든지) 우리의 사고나 언어가 어떠한 영향을 받게 될 것인지에 관하여 결정론을 옹호하는 사람들이 관심을 기울이는 경우는 거의 없다. 이러한 연유로 하여, 결정론 중의 일부는 진실인지 아니면 모든 형태의 결정론이 틀렸는지에 관한 논란과는 상관없이, 책임과 결정론이 양립불가능하지는 않다고 주장하는 역사가 및 역사철학자들은 오류를 범하고 있다고 나는 믿는다.[4] 반복하건대, 도덕적 책임이라는 것이 실재한다는 믿음

---

4) 그들이 부인하는 양립불가능성이 논리적, 개념적, 심리적 또는 그 밖에 어떤 종류의 양립불가능성인지는 내가 자진해서 대답할 문제는 아니다. 사실에 관한 믿음이 도덕적 태도에 (또는 믿음에) 대하여 어떤 관계에 ─ 논리적 차원의 관계이든지 심리적 차원의 관계이든지 ─ 있는지는 내가 보기에 보다 세밀한 철학적 탐구를 요하는 문제인 것 같다. 그 둘이 별로 상관이 없다는 명제, 다시 말하여 흔히 흄(Hume)에서 기인한다고 일컬어지는 사실과 가치의 분리는 내가 보기에 별로 수긍할 만하지 않다. 그 명제는 기껏해야 따져 보아야 할 문제가 무엇인지를 가리킬 따름이지 그 해답을 말해 주는 것은 아니다.

이 얼마나 정당화될 수 있는지 여부와 상관없이, 책임과 결정론이라는 두 갈래 길이 상호배타적이라는 점만은 분명한 것으로 보인다. 그 두 방향의 신조가 모두 근거 없는지도 모르겠다. 어쨌든 그 둘이 모두 다 옳을 수는 결코 없는 것이다. 이 두 갈래 길 사이를 중재해 보려는 시도는 전혀 나의 의도가 아니다. 내 주장은 다만 인간은 언제나 그 어떤 시대에나 일상적 언어생활에서 선택의 자유를 당연시하고 있다는 것일 따름이다. 그리고 한 걸음 더 나아가, 〔일상 언어의 용례에 함축되어 있는〕 그 믿음이 오류였다는 방향으로 사람들의 진심이 기울어지는 날이 만일 오게 된다면, 그러한 새로운 깨달음으로 인하여 기본적 단어와 관념들이 겪어야 할 수정과 변혁은 현대의 결정론자 대부분이 예상하는 것보다 훨씬 대규모일 것이며 훨씬 천지개벽에 가까울 것이라는 점이 내 주장의 요지이다. 이것 이상은 과거에도 내가 주장해 본 적이 없고 지금도 주장할 생각이 없다.

세간에는 내가 결정론은 틀렸다는 명제를 증명하려 애썼다는 평이 있고, 내 주장에 대하여 제기된 반론의 상당 부분이 그러한 평에 입각하여 이루어졌지만, 그러한 평은 근거가 없는 것이다. 내가 지금 이 점을 특별히 강조해야 할 필요를 느끼는 까닭은 나를 비판하는 사람들 중에 결정론이 틀렸음을 마침내 밝혀냈다고 마치 내가 주장한 것처럼 덮어씌우는 사람들이——E. H. 카를 비롯하여——아직도 있기 때문이다. 그러나 그런 입장은, 나에게 덮어씌워진 또 하나의 괴상망측한 견해 즉 역사가에게는 도덕 설교를 행해야 할 적극적 의무가 있다는 견해와 마찬가지로, 내가 옹호한 적도 없고 주장한 적도 없다. 그러나 이 문제에 관해서는 조금 있다가 다시 거론하기로 하겠다. 나에게 가해진 혐의 중에서 보다 초점이 분명한 것으로는 내가 결정론과 운명론을 혼동했다는 말도 있었다.[5] 하지만 이 역시 완벽한 오해일 뿐이다. 내 나름대로 짐작해 보면, 운명론이라는 단어는 인간의 결단은 단지 주변적이며 지엽적인 종속변수에 불과할 뿐으로 인간의 소원과 상관없이 제 갈 길을 가는 물리적 세계의 진행에 아무런 영향을 미칠 수 없다는 견해를 의미하거나 아니면 적어도 그러한 내용을 의미의 일부로 포함하고 있는 것 같다. 그런데 이 입장은 그 자체로서 별로 수긍할 만하지 않다는 것이 내 생각일 뿐더러, 나는 내 논적 그 어느 누구에게도 이러한 입장을 덮어씌운 적이 결코 없다. 대부분의 결정론자들은 이른바 "자아결정론(self-determinism)"이라 불리는 입장을 공유하고 있다. 이 입장에 따르면, 인간의 성격, "인성 구조", 감정, 태도, 선택, 결정, 그리고 그 모든 요소에서 나오는 행위 등이 외부 세계의 진행을 좌우하는 데에 충분한 작용을 한다. 다만 그것들 자체가 또한 심리적이든 물리적이든 사회적이든 개인적이든 어떤 원인에 따른 결과이다. 나아가 이 두 번째 차원의 원인들도 다시 그 자체의 원인을 가지고 그에 따라 나타나는 결과이고, 이와 같은 인과의 고리는 무한정으로 그러나 끊을 수 없는 형태로 계속된다. 이러한 입장 가운데 가장 널리 알려진 형태에 따를 것 같으면, 나는 내가 원하는 바를 할 수 있을 때, 그러니까 아마 두 개의 행동 경로 사이에서 어떤 것을 따라가야 할지를 선택할 수 있을 때에, 나는 자유롭다는 말이 된다. 하지만 나의 선택은 그 자체가 인과적으로 결정되어 있다. 왜냐하면 만약 그렇지 않다고 한다면 결국 선택이라는 것이 철저하게 무작위에 내맡겨진 사건이 되는 셈인데, 결정되어 있을 가능성과 무작위일 가능성 사이에 중간 영역은 있을 수 없기 때문이다. 따라서 선택이 자유라고 말하면서 그때 자유란 인과적으로 결정되어 있지도 않으면서 그렇다고 철저

---

5) 예컨대 A. K. Sen, "Determinism and Historical Predictions", *Enquiry 2*(Delhi, 1959), pp. 99–115, 그리고 Gordon Leff, *The Tyranny of Concepts: A Critique of Marxism*(London, 1961), pp. 146–9를 보라.

한 무작위에 맡겨지지도 않았다는 제삼의 의미라고 말하는 것은 결국 무의미한 소리를 언표화하려는 시도에 지나지 않게 된다는 것이다. 이는 상당히 세련되어 보이는 형태의 입장으로서, 이로써 자유의지의 문제가 최종적으로 해소되었다고 대부분의 철학자들이 간주할 정도로 이제는 고전이 되다시피 한 입장이다. 하지만 내가 보기에는 이 역시 결정론의 일반적 주장이 가지를 뻗어나가 생겨난 하나의 변종일 따름으로, 책임의 의미를 사상해 버린다는 점에서는 그보다 "강경한" 부류의 결정론과 대동소이하다. 스토아 현자 크뤼시포스(Chrysippus)에 의하여 창안된 이후 그와 같은 "자아결정론" 또는 "온건한 결정론"에서 많은 사상가들이 안식을 찾을 수 있었던 것은 사실이지만, 칸트는 그것을 "가련한 도피처(a miserable subterfuge)"라고 묘사하였다.[6] 윌리엄 제임스는 그것을 "부드러운 결정론"이라 명명하는 동시에, 어쩌면 너무 심한 표현일지 모르겠지만, "회피의 수렁(a quagmire of evasion)"이라 일컬었다.[7]

예를 들어 트로이전쟁이 누구나 한 번 보면 반할 수밖에 없는 헬레네의 출중한 미모 때문에 발발하기는 했지만, 그러나 헬레네가 남편을 버리고 파리스와 함께 도망가기로 자유의지에 따라 선택한 결과로 전쟁이 발생한 것이 아닐 뿐만 아니라 헬레네로서는 애당초 파리스와 함께 도망칠 것인지 말 것인지를 고려하여 무슨 결단을 내려야 할 처지에 있지도 않았다고 보아야 한다면, 이와 같은 경우에 대하여 헬레네의 미모 때문에 천여 척의 배가 출동하게 되었다는 정도에 그치지 않고, 한 걸음 더 나아가 그녀가 전쟁의 발발에 (단순히 원인

---

6) "Elender Behelf", *Critique of Practical Reason*: *Kant's gesammelte Schriften* (Berlin, 1900–), vol. 5, p. 96, line 15.

7) William James, "The Dilemma of Determinism", p. 149; *The Will to Believe, and Other Essays in Popular Philosophy*(New York, 1897).

을 제공한 것이 아니라) 책임이 있다는 말을 도대체 어떻게 할 수 있을지 나로서는 도무지 상상이 되지 않는다. 센(A. K. Sen)은 명료하고 절제된 언어로써 나를 비판하는 도중에, 일상적 도덕 판단의 내용에 부착되어 있는 여러 가지 의미들과 결정론 사이에는 정도야 어찌 되었든 일종의 괴리가 존재한다는 점을——그의 동지들 몇 사람은 부인하는 이 점을——인정하였다. 그러나 결정론을 신봉한다는 전제로부터 합리적 도덕 판단의 가능성을 멸절시킨다는 귀결이 도출되어야 할 필연성은 없다고 그는 주장하였다. 왜냐하면 결정론을 인정하더라도 일상적 도덕 판단은 여전히 자극 또는 억지의 기능을 할 수 있으므로 인간 행동에 영향을 미치기 위하여 활용될 수 있다는 것이다. 어니스트 네이글(Ernest Nagle) 교수 역시 그다운 개성이 잘 드러나는 치밀하고 분명한 형태로 이와 비슷한 주장을 펼친 바 있다. 그는 말하기를, 결정론을 인정한다고 하더라도 칭찬이나 비난 그리고 책임을 묻는 일 등은 여전히 인간의 행태에 일반적으로 영향을 미칠 수 있다고 하였다. 즉, 그러한 일들이 (미루어 짐작건대) 인체의 소화 과정이나 혈액 순환에 영향을 미치지는 않겠지만 인간의 자제력이나 노력 등에는 영향을 미칠 수 있다는 것이다.[8]

이 말은 어쩌면 맞을지도 모르겠다. 하지만 설령 그렇다고 하더라도 핵심적인 사항이 달라지지는 않는다. 우리가 가치에 관하여 판단을 내리는 것이——옛날 사람들, 이미 죽은 사람들의 성격 및 행동에 대하여 찬사를 보내거나 비난을 가하는 것이——순전히 공리주의적인 의도에서, 다시 말하여 현재의 사람들에게 경고를 주기 위한 의

---

8) *The Structure of Science: Problems in the Logic of Scientific Explanation* (London, 1961), pp.599–605. 아울러 네이글 교수의 논문 "Determinism in History", *Philosophy and Phenomenological Research* 20(1959–60) 중에서 pp.311–16을 보라.

도 또는 후손들에게 도덕적 지침을 제공해 주기 위한 의도에서 나오는 것은 아니다. 공리주의적 의도는 여기서 일차적으로 중요한 것도 아니다. 우리가 그러한 단어들을 사용하여 말한다고 해서, 곧 우리가 오로지 (물론 개별적 실제 상황에서 그런 목적을 가지고 그렇게 말하는 경우도 있는 것은 사실이지만) 미래의 행동에 영향을 미치기 위해서 그리하는 것은 아니며, 또는──마치 다른 사람들의 (또는 우리 자신의) 아름다움이나 추함, 지성이나 미련함, 관대함이나 인색함 등을 증언하려 할 때에 그리하듯이──가치에 관한 일정한 척도에 따라서 사람들의 다양한 속성들에게 단순히 등급을 매길 때 미학적 판단에 버금하는 무언가를 형성하려는 목적만을 위해서 그리하는 것도 아니다. 내가 무언가를 선택하였는데 누군가가 그 선택을 가지고 나를 찬양하거나 비난할 때에, 나의 대응이 항상 "나는 원래 그렇게 생겼는 걸 어떡해, 나로서는 그렇게밖에 행동할 수 없어" 아니면 "그 말 참 좋은 말이오, 그 말을 들으니 어떻게 행동해야 할지 알겠소. 참전하려고 했었는데 또는 공산당에 입당하려고 했었는데 그 생각이 강화되는군요 (또는 약화되는군요)" 따위로만 이루어지는 것은 아니다.

찬사나 비난의 단어들이, 마치 예상되는 보상이나 처벌이 그러하듯이, 행동에 대하여 중요한 방식으로 영향을 미치는 경우가 없는 것은 아니며, 그러한 점에서 그 단어들이 유용하거나 위험할 수 있는 경우가 없는 것도 아니다. 그러나 그것이 현재 쟁점의 핵심은 아닌 것이다. 문제의 핵심은 그러한 찬사나 비난 또는 기타 유사한 사항들이 나올 만하니까 나오는가, 다시 말하여 도덕적으로 맞는 것인지 여부인 것이다. 우리가 보기에 도덕적 비난을 받아 마땅한 사람이지만 그 말을 그에게 했다가 오히려 역효과만 커지리라는 고려에서 침묵을 지키는 경우를 얼마든지 생각해 볼 수 있다. 그러한 경우 언표화되지 않았다고 해서 그 사람의 도덕적 품격이 달라지는 것은 아니다. 그리고 바로 이 사실에서, 그 사실을 어떻게 분석하더라도, 그 사람이 달리 행동할 수도 있었다는 점뿐만 아니라 그 사람이 다른 선택을 내릴 수도 있었다는 점이 분명해지는 것이다. 어떤 사람의 어떤 행위가 정말로 인과성에 의하여 결정되었다고, 다시 말하여 그 사람이 달리 행동할 (느낄, 생각할, 원할, 선택할) 수가 전혀 없었다고 내가 판단한다는 것은 곧 그 사람의 행동을 지금 논하는 종류의 찬사나 비난의 대상으로 간주하는 일 자체가 부당하다고 내가 생각한다는 것과 같다. 그러므로 결정론이 만일 맞다면 통상적으로 이해되는바, 도덕적 자질이나 품격 등의 개념이 쓰임새를 상실하게 되는 것이다. 모든 일, 모든 사건, 모든 인격이 인과성에 의하여 결정되어 있다면, 그렇다면 칭찬이나 비난이란 순전히 ─ 잘한다고 추켜올리든지 못하게 가로막는 식으로 ─ 어떤 교훈을 남기기 위한 장치에 불과하게 되든지, 아니면 어떤 이상적 기준을 준거로 하여 거기서 얼마나 떨어져 있는지에 따라 등급을 매기고 아무개의 어떤 행동은 어떤 등급에 해당한다고 서술하는 데에 불과하게 될 것이다. 도덕적 언어들은 저 사람이 어떤 사람이며 어떤 사람이 될 수 있으며 무엇을 할 수 있는지 등등, 한 인간의 자질에 관한 자리매김으로 사용될 것이며, 마치 보상과 처벌을 통하여 ─ 우리가 인간을 대할 때에는 상대와 의사소통이 가능하다는 전제 위에서 대하지만 동물을 대할 때에는 그럴 수 없다는 점만을 제외하면 ─ 동물을 훈련시킬 때 그리하듯이 때때로 그 품격을 변화시키는 역할도 할 것이며, 따라서 그러한 목적을 위한 의도적 수단으로서 활용될 수도 있을 것이다.

바로 이것이 소위 "부드러운" 결정론, 이른바 홉스-흄-슐릭 (Hobbes-Hume-Schlick) 판 신조에서 핵심을 이루는 내용이다. 이러한 견지에서는, 만약 품격이나 자질 및 책임 등등의 개념들이 이와는 달리 선택의 개념을 바탕으로 삼고 있고 선택이란 그 자체로서 인과성에 의하여 결정되어 있지 않다고 한다면 결국 그 모두가 비합리적이며 정합적이지 못하다는 말이 될 수밖에 없다고 본다. 따라서 합리적인 사람이라면 그 개념들을 내버리게 되리라는 것이다. 스피노자[9]의 주석가 대다수는 스피노자가 주장한 요체가 바로 이것이라고 해석하고 있으며, 다시 그 가운데 많은 사람들은 스피노자가 옳다고 생각한다. 그러나 스피노자가 정말로 그러한 입장을 견지하였는지 여부에 상관없이, 그리고 그가 그 점에서 옳았는지 여부에 상관없이, 내가 주장하고 싶은 바는 스피노자야 어찌 되든지 철학자, 역사가, 보통 사람을 막론하고 대부분의 사람들은 실제 언행에서 결정론의 논리적 함축과는 어긋나는 방식으로 말하고 행동한다는 점이다. 왜냐하면 결정론의 명제를 진심으로 받아들인다는 것은, 적어도 합리적이기를 그리고 일관적이기를 원하는 사람에게는, 아주 근원적인 차이를 초래하고 말 터이기 때문이다. 센은 말하기를, 결정론자로서 도덕적 찬양과 비난의 언사를 사용한다는 것은 마치 여전히 신을 운위하는 무신론자나 또는 "시간이 끝날 때까지" 상대방을 사랑하겠노라는 연인들과 비슷하다고 하면서,[10] 그런 식의 이야기가 허풍이기는 하지만 그렇기 때문에 액면 그대로를 뜻하는 것은 아니라고 설명하였는바, 센의 일관성과 솔직성은 존경할 만하다고 하겠다. 이는 적어도 만약 그러한 언사들을 액면 그대로 받아들이게 되면 무언가가 상실되리라는 (대부분의 결정론자들이 인정하지 않는) 점을 인정하는 셈이다. 나 자신으로 말할 것 같으면, 미

---

9) (옮긴이) 바루크 스피노자(Baruch Spinoza, 1632~1677): 유대교에서 기독교로 개종하면서 유대식 이름 바루크에서 베네딕트(Benedict)로 이름을 바꿨다. 근대 철학자 중 대표적인 스토아주의자.

10) A. K. Sen, "Determinism and Historical Predictions", *Enquiry* 2(Delhi, 1959), p.114.

래가 되었든 과거가 되었든 복수의 대안 사이의 선택을 함축하는 그
러한 단어들을 사용하는 사람들 대다수가 그 말들을 액면 그대로의
뜻으로가 아니라 피크위크[11] 식으로, 또는 형이상학적인 의미로, 또
는 수사적 방식으로 사용하는 것이라고 생각해야 할 이유를 전혀 찾
을 수 없다. 어니스트 네이글은 지적하기를, 보쉬에(Jacques Bénigne
Bossuet, 1627~1704)와 같이 전지전능한 섭리가 인간의 만사를 주재
한다고 믿는 결정론자이면서도 여전히 개인들에게 도덕적 책임을
지우는 데에 아무런 거리낌을 느끼지 않았던 사람도 있고, 무슬림이
나 칼뱅주의자 등에서 나타나듯이 결정론적 신앙의 소유자이면서도
행위의 책임이 개인에게 있다고 말하기를 주저하지 않고 찬사와 비
난의 언어를 자유로이 사용하는 사례들이 있다고 하였다.[12] 네이글
의 말에 옳은 점이 한둘이 아니듯이, 이 지적은 완전히 옳다.[13] 하지

---

11) (옮긴이) 새뮤얼 피크위크(Samuel Pickwick): 디킨즈(Charles Dickens)가 1836~
   7년에 발표한 소설 *Pickwick Papers*의 주인공. 지나치게 단순하고 지나치게 마
   음이 좋아서 행동보다 말이 앞서는 전형적인 인물.
12) *The Structure of Science*, pp.603-4.
13) 내용에서도 그리고 설득력이 없다는 점에서도 이와 비슷한 주장으로는 셰필드
   대학(Sheffield University)의 시드니 폴라드(Sydney Pollard)가 취임 강연에서 펼
   친 주장이 있다. "Economic History——a Science of Society?", *Past and Present*
   30 (April 1965), pp.3-22. 폴라드의 주장 상당 부분은 내가 보기에도 타당하며
   중요하다. 하지만 사람들의 언명과 사람들의 실제 행동 사이에 괴리는 있을 수
   없다는 입장을 그는 역사에서 찾아낸 근거를 제시하면서 주장하였는데, 역사가
   가 그러한 주장을 펼친다는 것은 표현을 아무리 절제하면서 평하더라도 기상천
   외라 하겠다. 네이글은 (*The Structure of Science*, p.602) 주장하기를, 자유의지
   에 대한 믿음과 결정론 사이의 관계는 비유하자면 책상의 표면이 딱딱하다는 확
   신과 불규칙적으로 운동하는 전자들로써 그 표면이 이루어져 있다는 이론 사이
   의 관계와 대동소이하다고 하였다. "딱딱하다"는 서술과 "전자들이 운동하고 있
   다"는 서술은 서로 다른 수준의 질문에 대한 대답이기 때문에 그 두 서술이 상충
   하지 않는다는 것이다. 그러나 내가 보기에는 이 비유 자체가 적절하지 않은 것
   같다. 책상이 평평하다든지 딱딱하다든지 정지 상태에 있다든지 등등을 믿는 데
   에서 전자의 운동에 관한 어떤 믿음이 도출될 수 없기 때문에 전자 운동에 관한

만 이러한 지적은 현재의 주제와 아무런 상관이 없는 것이다. 사람들의 모든 믿음이 정합적이지는 않다는 것은 전혀 새로운 발견이 아닌 것이다. 위의 사례들은 단지 연구실에서는 결정론에 가담하다가 실제 삶에서는 그것을 망각하는 일이 완벽하게 가능하다는 사실을 알아챈 사람들이 적지 않다는 증거가 될 수 있을 뿐이다. 무슬림 사회에서 운명론으로 인하여 수동적 성향이 자라나지는 않았다. 칼뱅주의자나 마르크스주의자들의 열기가 결정론 때문에 식지는 (비록 마르크스주의자들 가운데에는 그렇게 될까 봐 우려한 이들이 있기는 하였지만) 않았다. 사람들이 말로써 표현하는 바가 장본인들로서는 아무리 진심에서 우러나는 것이라고 하더라도, 행동은 때때로 언명과 상치된다.

카는 몇 걸음을 더 나아간다. 그는 천명하기를, "진상을 말한다면, 인간의 모든 행동은 어떤 관점에서 보느냐에 따라서 자유롭기도 하고 결정되어 있기도 하다"고 하였다. 그는 또 "성숙한 인간이라면 자신의 인간성에 대하여 책임이 있다"고도 말하였다.[14] 내가 보기에 카는 이로써 독자들에게 아무도 풀 수 없는 수수께끼 하나를 내놓고 있는 것 같다. 만약 다른 선행 조건들이 똑같은 상태에서 인간이 자기 인간성의 본바탕을 변화시킬 수 있다는 것이 카의 의도라면, 그

어떤 이론도 원칙적으로 [책상에 관한 일상적 믿음과] 양립할 수 있으며, 따라서 그 두 수준이 서로 접촉하지 않는다는 말은 맞다. 그러나 이와는 달리, 만일 내가 어떤 사람의 행위에 관하여 그의 자유로운 의지에 따른 것이라고 생각하고 있었는데 나중에 그가 그렇게 행동한 것은 "그렇게 만들어졌기" 때문이며 따라서 그로서 달리 행동할 여지가 전혀 없었다는 말을 듣게 된다면, 그러한 경우에 나는 전에 내가 믿었던 바 중에서 일부분이 지금 내가 들은 말에 의하여 부인되고 있다고 생각할 것이 확실하다.

14) Edward Hallett Carr, *What is history?*(London, 1961), p.89. (편집자) 하몬즈워스(Harmondsworth)에서 1964년에 나온 보급판으로는 p.95. 뒤에 나오는 각주에서도 괄호 안에 표시된 숫자는 이 보급판의 페이지이다.

는 인과성을 부정하는 셈이다. 왜냐하면 만일 인간이 자신의 인간성을 혁신할 수 없다고 한다면, 즉 모든 행동이 성격에 의하여 빠짐없이 설명될 수 있다고 한다면, 책임을 (도덕적 비난을 함축하는 이 단어의 일상적 의미에서) 운위하는 것 자체가 말이 될 수 없을 터이기 때문이다. "할 수 있다(can)"의 의미가 매우 복잡다기하다는 점은 틀림없다. 현대의 철학자들이 매우 치밀하고 중요한 분변들을 행한 덕택으로 그 복잡다기성이 상당히 정리되었다는 점도 틀림없다. 하지만 그 복잡성에 관한 철학적 논쟁이야 어찌 되었든, 현재의 내 성격 또는 행태를 내가 바꾸기로 선택함으로써 (한 번의 선택이든지 또는 여러 개의 선택으로 이어진 일련의 고리든지) 바꿀 수 있는 ── 문자 그대로의 의미에서 ── 것이 아니라면, 나의 성격 또는 나의 행동과 관련하여 내가 도덕적으로 책임을 져야 한다고 정상적 합리성의 범위를 벗어나지 않고 주장할 수 있는 이치를 나는 전혀 찾을 수가 없다. 사실 도덕적으로 책임 있는 존재라는 관념 자체가 기껏해야 일종의 신화와 비슷한 것으로 되어 버린다. 그 관념은 그리하여 유아용 동화책에나 나올 법한 요정 및 센토[15]와 같은 부류로 편입되고 말 것이다.

이 난제는 마치 뿔이라도 달려 있는 양, 2천 년 이상 우리 곁에서 우리를 성가시게 해왔다. 그런 만큼 문제를 어떤 관점에서 바라보느냐에 따라서 모든 것이 좌우된다는 식의 편안한 주장을 가지고 그 난제를 피하거나 완화하려 드는 것은 부질없는 일이다. 밀(John Stuart Mill)을 붙잡고 놓아주지 않았고 (그리고 밀은 끝까지 이 문제에 대하여 지극히 혼란스러운 답밖에 내놓지 못하였다), 윌리엄 제임스 역시 르누비에(Renouvier)[16]를 읽고 나서야 비로소 이 문제로 인한 괴로움

---

15) (옮긴이) 센토(centaur): 몸뚱이의 반은 말이고 나머지 반은 사람으로서 그리스 반도의 동북부 산악 지방인 테살리아에 살고 있다고 동화에서 자주 인용되는 상상적 존재. 그리스 신화에 나오는 켄타우로스(Kentauros)의 영어식 표기이다.

에서 벗어날 수 있었으며, 지금도 철학적 관심의 최전방에 위치하고 있는 이 문제가 단순히 과학적 결정론이 응답하고자 하는 질문은 자유의지론이나 복수의 대안에 대한 선택의 자유 이론 등이 응답하고자 하는 질문과 다르다든지, 그 두 형태의 질문들은 각각 서로 다른 "수준"에서 제기되는 것으로서 그 두 "수준"들을 (또는 용어는 다를지라도 결국 그것에 상당하는 범주들을) 혼동하면 사이비 문제가[17] 생겨나기 마련이라는 식으로 말을 한다고 해서 빗자루에 쓸려나가듯이 청소될 수는 없는 노릇이다. 결정론과 불확정론 각각의 내부에 상당한 애매모호함이 내포되어 있는 것은 사실이지만, 그것과는 상관없이 그 두 가지 입장은 두 개의 서로 다른 문제가 아니라 하나의 같은 문제에 대하여 서로 상반되는 방향에서 시도된 대답인 것이다. 그 문제가 어떤——경험적, 개념적, 형이상학적, 실천적, 언어적 등등의 부류 중에서 어디에 해당하는——문제인지, 그리고 논쟁에서 사용되는 개념과 용어들 안에 인간에 관한 어떤 구도 또는 모델이 내포되어 있는지는 커다란 철학적 주제이다. 하지만 여기서 그러한 주제들에 관하여 논하게 되면 현재 논의의 흐름에서 벗어나게 될 것이다.

그렇기는 하지만, 내 논지에 대한 가장 날카로운 비판에 해당하는 반론들이 주로 그 핵심 문제에 관심을 가진 철학자들로부터 나왔다는 사실 때문에라도 그 문제를 전혀 다루지 않을 수는 없다. 예컨대 패스모어[18]는 나에 대한 반박으로서 다음 두 가지 점을 고려하라고

---

16) (옮긴이) 르누비에(Charles Bernard Renouvier, 1815~1903): 프랑스 철학자. 물자체, 무한한 정신적 실체 등등, "알 수 없는 일"들은 없는 것이며, 우리의 인식이 개인 경험의 타당성에 얼마나 의존하고 있는지를 강조하였다.

17) (옮긴이) 사이비 문제(pseudo-problem): 실제로는 내용이 없지만 어떤 착각에 의해 문제인 것처럼 보이는 문제.

18) J. A. Passmore, "History, the Individual, and Inevitability", *Philosophical*

촉구하였다: (a) 라플라스[19]의 관찰자 개념은, 즉 선행하는 유관 조건과 그 상황에서 필요한 법칙에 관한 모든 지식을 보유함으로써 미래를 오류 없이 예측할 수 있는 능력을 갖춘 관찰자의 개념은 원칙적으로 성립될 수 없다. 왜냐하면 어느 한 사건에 대한 모든 선행 조건을 빠짐없이 수록한 목록이라는 발상 자체가 정합적일 수 없기 때문이다. 우리는 그 어떤 종류의 사태를 두고서도 "여기 이것들이 이 세상에 있는 모든 선행 조건들이다. 완벽하게 망라되었다"고는 결코 말할 수 없다. 이 지적은 분명히 옳다. 하지만, 설령 〔패스모어가 의도하는 바와 같이〕 결정론이라는 것이 단지 일종의 실용적 방침으로서 제창되는 데에 지나지 않는다고 할지라도, 다시 말하여 "나는 모든 사건에는 충분한 원인 또는 원인들이 있고 그 원인들을 찾아낼 수 있다는 가정 아래 생각하고 행동하고자 한다"는 방침에 불과하다고 하더라도, 결정론자가 주장하는 요지는 모두 충족될 것이다. 그러나 문제의 핵심은 바로 그 정도로만 단호하다고 할지라도 그 같은 방침 자체가 근본적인 차이를 낳는 데에 있다. 칸트적인 의미의 책임이니, 도덕적 자질이니, 자유니 하는 등등의 개념들과 어우러져 작동하는 도덕에서 생명력을 박탈하는 효과를 자아내는 데에는 그러한 방침만으로도 충분하기 때문이다. 그 생명력이 어떤 방식으로 쇠락하는지 그리고 그 논리적 귀결은 무엇인지에 관하여, 결정론자들은 남의 일 다루듯이 검토하거나 아니면 그러한 고려를 사소하다고 치부할 뿐이라는 점에서 한결같다.

(b) 언뜻 보아 도덕적으로 비난할 만한 행동이라고 하더라도 전반적 사정, 행위자의 특별한 성격, 그 행동에 작용한 여러 가지 선행

Review 68(1959), 93~102.

19) (옮긴이) 피에르 시몽 드 라플라스 후작(Marquis Pierre Simon de Laplace, 1749~1827): 프랑스의 천문학자, 수학자.

요인 등을 자세히 알면 알수록, 우리 생각에 그가 택했어야 하는 다양한 행보들을 그 행위자 본인으로서는 택할 수 없었다는 점을 깨닫게 되기 십상이다. 그가 할 수 없었던 일을 하지 않았다는 이유로, 그가 될 수 없었던 유형의 인간으로 그가 되지 못했다는 이유로, 우리는 그 사람을 너무나 쉽게 정죄하고 만다. 무지, 둔감, 성급함, 상상력의 결여 등은 판단력을 흐리게 하고 사실의 진상을 향한 우리의 시선을 가로막는다. 우리의 판단력이라는 것은 대개 얄팍하고, 교조적이며, 자아도취적이고, 무책임하며, 정의롭지 못하고, 야만적이다. 패스모어로 하여금 이러한 결론에 도달하도록 인도한 인간적이며 개명된 배려에 대해서는 나도 공감하는 편이다. 피할 수도 있었던 무지와 편견, 독단과 몰이해로 인하여 많은 불의와 잔인이 자행되어 온 것은 틀림없는 사실이다. 그렇다고 하더라도 그 점을 일반화하는 것은——내가 보기에는 패스모어가 그러고 있다——현대식으로 세련된 호의의 허울 아래 "다 알아야 된다"는 낡은 오류[20]에 빠지는 격이다. 우리 자신에 대하여 더 많이 알게 될수록 (순수한 형태의 자아비판 능력을 갖춘 사람의 경우에서 발견되듯이) 우리가 우리 자신을 용서하려는 경향이 줄어들 수도 있는 것이 사실일진대, 왜 다른 사람에 대해서는 그 역이 타당하다고 가정해야 하나? 왜 우리 자신에 대해서는 자유를 인정하면서 다른 사람의 행동은 인과적으로 결정되어 있다고 생각해야 하나? 무지나 무책임에서 비롯되는 숨겨진 해악을 노정하는 것은 나름대로 의미 있는 일이다. 그러나 모든 도덕적 분개가 오로지 무지와 무책임 때문이라고 추정하는 것은 부당한

---

20) (옮긴이) "다 알아야 된다"는 오류(the *tout comprendre* fallacy): 모든 것을 다 알기 전에는 아무것도 할 수 없다는 태도. 아무도 모든 것을 다 알 수는 없기 때문에 이 요구는 오류이며, 같은 이유로 이 요구에 걸리게 되는 사람과 이 요구를 면제받는 사람의 구분은 언제나 자의적으로 이루어지게 된다.

외삽(外揷)[21]이다. 스피노자 식의 전제에서 출발하면 그러한 결론이 도출되겠지만 모든 전제로부터 그러한 결론이 반드시 도출되는 것은 아니다. 다른 사람에 대한 우리의 판단이 피상적이며 불공정한 경우가 많다는 이유만으로 아무런 판단도 내려서는 안 된다는 결론 또는 판단을 마냥 피할 수 있다는 어처구니없는 결론이 나올 수는 없다. 그것은 마치 몇 사람이 덧셈을 정확하게 못한다는 이유로 아무도 셈을 못하게 금지하는 격이다.

모턴 화이트는 약간 다른 각도에서 내 주장을 비판하였다.[22] 행위 당사자가 저지르지 않을 수 없었던 (예컨대 링컨을 암살한 부스[23]를 두고, 그런 행동을 선택하게끔 인과적으로 촉발되었다거나 아니면 그가 그렇게 선택했든지 않았든지 좌우지간 그는 링컨을 암살했을 것이라고 추정할 때) 행위를 (잘못이라고) 정죄해서는 안 된다는 하나의 일반적 규범을 그는 인정한다. 적어도 화이트는 인과적으로 결정된 행동 때문에 어떤 사람을 비난하는 것이 자비는 아니라고 생각하는 것 같다. 자비롭지 않고, 공평하지도 않지만, 그것이 결정론의 신조와 괴리를 일으키지는 않는다는 것이다. 그러한 도덕적 평결이 지극히 정상적인 것으로 통용되는 문화를 우리는 충분히 상상할 수 있다고 화이트는

---

21) (옮긴이) 부당한 외삽(illicit extrapolation): 상관없는 외부적 속성을 근거 없이 삽입함으로써 발생하는 논리적 오류. "어떤" 경우에 맞는 말에서 시작하여 "모든" 경우로 일반화시키거나 "오로지" 그렇다는 식으로 축약하는 것도 "모든" 및 "오로지"가 "어떤"에 내포되지 않는다는 점에서 부당한 외삽에 해당한다.

22) Morton White, *Foundations of Historical Knowledge*(New York and London, 1965), pp. 275 ff. 화이트 교수의 빛나는 저서에 표명된 복잡하면서도 흥미로운 논지를 내가 여기서 제대로 음미하여 논할 수 있다고 한다면 가식일 것이다. 짧막하게 응답하려다 보니 그의 논지를 어느 정도 거두절미할 수밖에 없었다는 점에 관하여 화이트 교수의 너그러운 양해를 빈다.

23) (옮긴이) 부스(John Wilkes Booth, 1838~1865): 남군의 신조에 동조하여 링컨을 암살한 미국 배우.

생각한다. 따라서 인과적으로 결정된 행위를 두고 잘했느니 못했느니를 따질 때에 우리 마음이 편치만은 않다는 것을 가지고 그러한 느낌을 보편적이라고 상정하는 것은, 그리하여 있을 수 있는 모든 사회의 인간적 경험을 통솔하는 기본 범주에서 나오는 느낌이라고 생각하는 것은, 어쩌면 단지 우리 자신의 촌스러운 편협성을 말해 줄 뿐이라는 것이다.

화이트가 논의하는 초점은 어떤 행동을 "잘못"이라고 일컫는 데에 어떤 의미가 함축되는지에 집중된다. 반면에 내가 관심을 가지는 것은 "욕먹을 만하다", "그렇게는 하지 말았어야 했다", "비난받을 짓을 했다" 등등의 표현이다. 이러한 표현들은 그 어느 것도 "잘못"과 같은 값을 지니는 것이 아니고, 그 표현들끼리도 반드시 똑같은 의미인 것은 아니다. 나아가 설령 그 의미들이 똑같다손 치더라도, 가령 화이트 자신이 중증 도벽 환자를 만났다고 할 때에, 그 환자에게 "훔치는 것이 잘못임을 그대가 알고 있다고 하더라도 그대 자신은 훔치는 길을 택하지 않을 수 없었던 것이 맞아. 그렇지만 그래서는 안 돼. 무슨 일이 있어도 훔치는 길을 가지 않으려고 노력해야 돼. 계속 그런 짓을 하면 우리는 그대를 범법자로 판정할 뿐만 아니라 도덕적으로도 비난받아 마땅하다고 판정하게 될 거야. 도덕적 비난이 그대의 절도 행각을 억지할 수 있든지 없든지, 좌우지간 마찬가지로 그대는 그 비난을 받아 마땅해"와 같이 말하는 것이 말이 된다고 생각하는지 나는 궁금하다. 이런 식의 접근에 무언가 매우 심각한 것이 빠져 있다고, 우리네 사회에서만 그런 것이 아니라 그러한 도덕적 표현들이 의미를 가질 수 있는 모든 세상에서 그러리라고, 화이트 자신도 느끼지 않을까? 아니면 화이트는 이런 식의 질문 자체가 질문하는 사람의 도덕적 상상력이 얼마나 빈약한지를 보여주는 증거라고 생각할까? 당사자로서는 도저히 피할 수 없어서 저지른 행위를 가지고 그 사람을 꾸짖는 것이 단지 자비롭지 못하고 공평하지 못할 뿐인가, 아니면 잔혹과 불의의 많은 사례들이 그렇듯이 합리성에 대한 배신이기도 한 것인가? 어떤 사람이 고문에 못 이겨 친구를 배신하였을 때에, 당신이 아는 그 사람의 성품이나 기질에 입각하여 그 사람으로서는 그렇게밖에 할 수 없었겠다고 당신 자신이 확실히 납득하고 있으면서도, 당신은 그 사람에게 그렇게 하지 말았어야 했고 그러한 행위는 도덕적으로 잘못이라고 말했다고 가정해 보자. 이러한 경우 당신의 평결에 대하여 합당한 이유를 아무리 애를 쓴다고 하더라도 짜낼 수 있을까? 어떤 이유가 나올 수 있을까? 그 사람이 (또는 다른 사람들이) 다음부터는 그렇게 행동하지 않기를 바라서? 아니면 당신이 느끼는 역겨움을 배설하고 싶어서?

이런 정도가 그 이유의 전부라면, 여기에는 당사자 그 사람을 정의롭게 대해야 한다는 고려는 아예 전혀 포함되어 있지 않다. 가령 당신이 어떤 사람을 비난하는데, 그 사람이 겪어야만 했던 어려움들과 그 사람이 느꼈던 압박감 등을 일일이 애써서 추적하지 않았기 때문에, 당신의 그와 같은 비난은 공평하지 못할 뿐만 아니라 잔인한 무지이기조차 하다는 비평을 들었다고 해보자. 이런 종류의 꾸지람은 당신이 비난하는 그 사람으로서 문제되는 방향의 선택을 피하는 일이 항상 ─아니면 적어도 어떤 경우─ 당신이 예상하는 것만큼 쉽지는 않아서, 어쩌면 순교를 또는 무고한 사람의 희생을 또는 당신을 비판하는 사람이 생각할 때에 당신과 같은 설교꾼에게는 요구할 자격이 없는 종류의 어떤 다른 대가를 치렀어야 피할 수 있었으리라는 전제 위에서 이루어진다. 이러한 점에서 당신의 해로운 무지와 무자비에 대한 꾸지람은 올바를 수 있다. 그러나 이와 달리 만일 당신 판단에 그 사람이 선택했더라면 더 나았겠다고 생각되는 그 길을 그 사람으로서는 택하기가 (인과적으로) 불가능했다고 당신이 정말로 믿으면서도 여전히 그럼에도 불구하고 그 사람은 다른 선택을 내렸어야 했다고 말한다면 이치가 통하는가? 그러한 사람에게, 절도중독증, 알코올중독증, 기타 등등과 같이 선택 자체가 본인의 의사와 상관없이 외부적으로 결정된 경우에는 적용할 수 없다고 누구나 간주하는 도덕 규칙을 (예컨대 칸트의 도덕률, 수락할 수 있는지 여부와 상관없이 그것을 도덕률의 한 사례로서 이해할 수는 있다) 그런 사람에게 적용하거나 책임을 묻기 위해서——원칙적인 수준에서——동원할 수 있는 이치가 과연 무엇일까? [도덕률을 적용할 수 있는 경우와 없는 경우를] 구분하는 경계는 어디이며, 그 근거는 무엇인가?

　이 모든 경우에 문제되는 선택이 모두, 원인의 내용들은 서로 다르겠지만, 인과적으로 결정되어 있다고 치면, 그리고 다만 어떤 경우에는 그 원인들이 이성의 행사와 양립할 (또는 관점에 따라서는 일치한다고 볼 수도 있겠지만) 수 있고 어떤 경우에는 그렇지 않을 따름이라고 한다면, 어떤 경우에는 비난이 합리적이고 어떤 경우에는 그렇지 않게 되는 까닭은 무엇인가? 칭찬이나 비난이나 위협이나 또는 여타 유인(誘因)들에 관하여 공리주의적인 견지에서 의미를 찾는 견해는, 화이트도 그 방향의 관심은 무시하는 만큼 그리고 나도 그 점에서는 의견이 같기 때문에, 일단 배제하고 비난의 도덕적 성격에만 논의를 집중하기로 한다. 육체적인 기형을 타고난 사람에게 왜 기형적인 팔다리를 가지고 있느냐고 비난하는 것과 비교할 때에, 심리적으로 그러지 않을 능력이 전혀 없어서 잔인하게밖에는 행동할 수 없는 사람에게 왜 그렇게 행동하느냐고 비난하는 것이 (부질없다는 점에서도 못지않을 뿐만 아니라) 말이 안 된다는 점에서도 조금도 덜하지 않다고 나는 생각한다. 살인자를 비난하는 것이 그가 사용한 칼을 비난하는 것보다 이치에 더 부합할 것도 없고 더 어긋날 것도 없다는 논리를 고드윈[24]은 펼친 바 있다. 적어도 고드윈은 광신적인 태도를 일관적으로는 유지하였다. 비록 그의 저서 중에서 가장 유명한 책의 제목이 『정치적 정의(*Political Justice*)』이지만, 결정론을 확신하고 있는 사람에게 정의라는 것이 도덕적 개념으로서 어떤 의미를 지닐 것인지를 명확하게 식별해 내기는 쉽지 않다. 나는 무엇이 합법적 행위에 해당하고 무엇이 불법적 행위에 해당하는지 구분하듯이, 그리고 숙성한 복숭아와 설익은 복숭아를 구분할 수 있듯이, 정의로운 행동과 정의롭지 못한 행동을 분별할 수 있다. 그러나 그렇게 행동할 수밖에 없어서 그렇게 행동한 사람에 대하여 가해진 어떤 조치로써 "정의가 행사되었다"고 말한다면 그것이 무슨 뜻을 가질 수 있을까? 사태가 그와 같다면, 응보적 정의,[25] 정당한 몫, 또는 도덕적 품격의 고하 등등의 개념 자체가 적용될 수 없다는 정도가 아니라 아예 이해할 수조차 없는 것으로 되고 말 것이다.

새뮤얼 버틀러[26]가 『에류원(*Erewhon*)』에서 범죄를 동정과 연민의 대상으로 그리면서 건강하지 못한 육체를 제재받아야 할 위법행위로 묘사했을 때, 그는 도덕적 가치의 상대성을 강조하려던 것이 아니라 자기가 살고 있는 사회의 도덕이 얼마나 불합리인지를— 육체적이거나 심리적 비정상은 가만 놔두면서 도덕적 또는 정신적 비정상을 비난하는 불합리를— 강조하기로 작정하였던 것이다. 만약 우

---

24) (옮긴이) 고드윈(William Godwin, 1756~1836): 영국의 정치적 저술가이자 소설가로서 공리주의와 자유주의적 무정부주의의 선구자로 간주된다. 인간의 덕과 악은 모두 선행하는 사건의 결과라는 결정론을 믿으면서, 따라서 선행 사건에서 부적절한 요소를 제거하면 모든 악이 뿌리 뽑힌다는 낙관론도 동시에 믿었다.

25) (옮긴이) 응보적 정의(應報的 正義, poetic justice): 한 사람이 저지른 죄에 상응하게 그가 가한 고통과 본질적으로 흡사한 형태로 고통을 받게 됨으로써 정의가 실현된다는 생각. 인과응보.

26) (옮긴이) 새뮤얼 버틀러(Samuel Butler, 1835~1902): 영국의 작가. 『에류원』은 그의 1872년 작품으로서 존재하지 않는 사회의 묘사를 통해 현대 사회를 풍자하였다. 그 제목 Erewhon은 Nowhere의 철자를 뒤섞어 만들어 낸 단어이다.

리 모두가 혹자의 주장대로 철저한 과학적 결정론자로 되었을 때에 우리의 도덕적 언어와 도덕적 행위가 얼마나 달라질 것인지를 이보다 생생하게 표현할 방법은 없을 것이다. 실제로 사회학적 결정론자들 중에서 보다 강경한 축에서는 바로 그것이 자신들이 주장하는 핵심이라고 주장하고 있다. 다시 말하여 보복이나 복수가 심리적 미숙이나 오류에 기인하는 과학 이전 시대의 유물인 것은 두말 할 나위도 없고, 가변적인 규칙에 의하여 결정되지 않는 도덕적 표준 또는 원리로서 이해되는──사법적 의미의 경계 밖에 위치하는──정의 역시 그들은 마찬가지 유물이라고 본다. 스피노자나 센이 이러한 견해에 반대하는 것은 내가 보기에 올바르다. 어쨌든 우리가 결정론을 심각하게 받아들여야 하는 날이 온다면, 그날 우리는 현재 우리가 사용하고 있는 단어 일부를 더 이상 사용해서는 안 되거나, 사용하더라도 마치 지금 우리가 마녀라든지 올림포스 산의 신들을 운위하는 것처럼 매우 특이한 방식으로만 사용하게 될 것이다. 정의, 형평, 응분(應分), 공정 등등의 개념들은 재검토되지 않는 한 그때에는 단어로서 생명력을 상실할 것이며, 용도 폐기된 장식──이성의 행진께서 적어도 해는 끼치지 않는다고 보아 넘어가 준 덕택으로 남아 있는 환상, 채 이성에 도달하지 못했던 어린 시절에는 강력했지만 과학적 지식이 진보함에 따라 산산조각이 나버린, 또는 특별히 해롭지는 않아서 용인될 뿐인 신화──따위로 전락하고 말 것이 확실하다. 바로 이것이 만에 하나 결정론이 옳은 경우에 우리가 치러야 할 대가이다. 우리에게 그런 날을 겨냥한 대비가 갖추어져 있는지는 모르겠으나, 이 사실을 최소한 외면해서는 안 될 것이다.

만약 우리의 도덕적 개념들이 오직 우리네 문화 및 사회에만 속한 것이라고 한다면, 화이트가 의미하는 바와 같이, 우리에게 생소한 문화의 구성원에 대하여 말로는 결정론을 신봉하면서도 실제 삶에서는 칸트적인 의미의 도덕적 판단을 명시적 또는 묵시적으로 드러냄으로써 자가당착을 노정한다고는 말할 수 없고, 단지 그가 앞뒤가 안 맞기는 하지만 그가 그러한 도덕적 단어들을 어떤 의미로 사용하는지 우리는 알 길이 없고, 그의 언어가 실제 세상사와 어떤 연관을 가지는지가 우리에게는 충분히 이해가 되지 않는다고 말할 수밖에 없게 될 것이다. 물론 한편으로는 결정론에 대한 믿음을 표명하면서도 동시에 지금 문제되고 있는 종류의 도덕적 칭찬과 비난을 자유로이 사용하는 데에 아무런 금제(禁制)를 느끼지 못할 뿐만 아니라 나아가 다른 사람들에게 어떤 선택을 내려야 할지 충고까지 하는 철학자들은 우리 자신의 문화에서도 언제나 있어 왔던 것이 사실이다. 다만 이러한 사실은, 내가 옳다면, 단지 전체적으로는 매우 명료한 정신을 소유하고 자신을 돌아볼 능력을 갖춘 사상가라고 할지라도 때로는 혼동에 빠질 수 있다는 점을 보여줄 뿐이다. 다른 말로 표현하자면, 나는 다만 대부분의 사람들이 의심하지 않는 당연한 이야기를 명확하게 언표화하려 할 따름이다. 즉, 인간의 선택이 인과적으로 결정되어 있다고 믿으면서, 동시에 어떤 행동을 하거나 하지 않기로 선택했다는 이유로 그 당사자를 비난 또는 분개[27]의 (또는 칭찬이나 찬양의) 대상이 되어 마땅하다고 간주하는 것은 합리적인 태도가 아니라는 이야기일 뿐이다.

만약 결정론이 타당하다고 판명되는 날이 온다면 윤리적 언어가 획기적으로 수정되어야 하리라는 주장은 윤리에 관한 가설이 당연

---

27) (옮긴이) 분개(indignation): 영어의 뉘앙스에 있어 분노(anger)는 주로 개인적 입장으로 인하여 발생하는 거부 또는 부인의 감정을 가리키는 반면에 분개는 목불인견의 참상이나 명백하면서도 뻔뻔스러운 불의 등에 직면하였을 때 분발하는 일종의 도덕 또는 양심의 분출을 뜻하는 의미가 있다. 한국어에서 "분노"와 "분개"의 구분이 그처럼 항상 명확한 것은 아니지만, 더 좋은 번역어가 떠오르지 않아서 그와 같이 번역한다.

히 아닐뿐더러, 심리학적 또는 생리학적 가설도 아니다. 그것은 우리의 통상적 도덕을 구성하는 기본 개념들을 사용하는 모든 사유체계가 공통적으로 허용하는 것이 무엇이며 배제하는 것은 무엇인지에 관한 주장이다. 선택이 자유롭지 않았을 때에 그 당사자를 정죄하는 것은 이치에 닿지 않는다는 명제는 (다른 문화적 토양에서는 거부될 수도 있는) 특정한 부류의 도덕적 가치에 근거하는 것이 아니라, 우리가 사용하는 언어 및 우리가 생각하는 사유에 질서를 부여하는 개념들의 두 부류, 즉 서술적 개념과 평가적 개념 사이의 특별한 연관에 근거하는 것이다. 책상을 상대로 해서도 무지한 야만인이라거나 치유할 수 없는 중독자라고 도덕적으로 비난하려면 할 수 있게 되리라는 지적은 특정한 윤리를 표명하는 명제가 아니라, 그러한 종류의 칭찬과 비난은 오로지 자유 선택의 권능을 가진 인간들 사이에서만 말이 될 수 있다는 개념적 진실을 강조하는 명제이다. 칸트가 호소하고자 하였던 바가 바로 이것이고, 이 엄연한 사실이 자기들의 신조와 잘 어울리지 않아서 초창기 스토아주의자들은 골머리를 앓았던 것이며, 스토아학파 이전의 시대에 선택의 자유가 당연시되었던 것도 이 때문이고, 자율적 행위와 타율적 행위에 관한 아리스토텔레스의 논의에서 그리고 오늘날까지 철학자 아닌 사람들의 사고에서 항상 전제를 이루는 것이 또한 바로 이것이다.

사람들로 하여금 결정론에 매달리게 만드는 동기 중에는 이성을 애호하는 사람으로서 과학적 방법을 부인할 수는 없는 노릇인데 과학적 방법이란 곧 결정론을 전제로 성립하지 않느냐는 우려가 섞여 있는 것 같다. 스튜어트 햄프셔(S. N. Hampshire)도 이러한 견지에 서서 다음과 같이 말하고 있다:

인간의 행태를 연구함에 있어, 과거에는 전통 종교의 미신이 진보에 대한 훼방꾼으로 작용했다면 이제는 철학이라는 미신이 그 역할을 아주 쉽게 대신하고 있는지도 모른다. 여기서 미신이라 함은 두 가지 믿음, 즉 인간은 자연적 대상과 똑같이 취급받아서는 아니 된다는 믿음과 인간은 실제로 자연적 대상이 아니라는 믿음을 혼동하는 것이다. 인간은 자연적 대상과 똑같이 조종되거나 통제받아서는 아니 된다는 믿음은 도덕적 명제인 반면에 자연적 대상은 조종하고 통제할 수 있지만 인간을 그렇게 하기는 실제로 불가능하다는 믿음은 반쯤은 철학적인 명제로서, 그 두 명제는 서로 다른 것인데도 불구하고 사람들은 전자에서 시작한 다음 아주 쉽게 후자로 옮겨 가곤 한다. 이 때문에 오늘날 유행하는 사고방식에서 계획경제체제 및 사회조작기법에 대한 어쩌면 당연한 두려움이 불확정성의 철학이라는 거창한 이름으로 과장되는 것이다.[28]

이 강한 경고야말로 내가 위에서 언급한 바 현대 지성인들 사이에 널리 퍼져 있고 영향력이 있는 정서, 다시 말하여 만약 결정론이 거부된다면 또는 심지어 결정론에 대하여 단지 약간의 의심의 여지만이 인정된다고 하더라도 과학이나 합리성이 위태로워지리라는 정서를 축약하여 대변하고 있다. 하지만 내가 보기에는 그러한 두려움에 근거는 없는 것 같다. 〔복수의 특정 변수들 사이에서〕 양적인 관계를 찾아내거나 또는 그 관계에 대하여 계량적으로 설명하기 위하여 최선을 다하는 일과 세상만사를 계량화할 수 있다고 가정하는 일은 별개이다. 마찬가지로 과학이란 인과관계에 대한 탐구라고 말하는 (과학에 관하여 이 말이 맞든지 틀리든지 상관없이) 것과 모든 사건에는 원인이 있다고 말하는 것은 별개이다. 구체적으로 적시하자면, 위의 인용문은 내가 보기에 수상한 점들을 적어도 세 개 포함하고 있는 것

---

28) "Philosophy and Madness", *The Listener* 78(July–December 1967), 291.

같다.

(a) 거기에서는 "인간은 자연적 대상과 똑같이 취급받아서는 아니 된다는 믿음과 인간은 실제로 자연적 대상이 아니라는 믿음을" 혼동하는 것은 일종의 미신과 같다고 말하고 있다. 그러나 가령 내가 사람들을 "자연적 대상과 똑같이"는 취급하지 않을 때에, 그들과 자연적 대상은 몇 가지 특징적 측면에서—즉, 그들로 하여금 사람이게 하는 그러한 측면들에서—다르다는 믿음, 또는 그들을 대상으로서 다시 말하여 오직 어떤 목적을 위한 수단으로서만 다루지는 말아야 한다는 도덕적 확신이 사람과 자연적 대상은 다르다는 사실에 바탕을 둔다는 믿음, 또는 사람들을 자기 멋대로 조종하고 강압하고 세뇌하는 등의 행동이 잘못이라고 내가 간주하는 것은 사람과 대상이 다르기 때문이라는 등등의 믿음이 아니라면 도대체 무슨 연유로 나는 그들을 자연적 대상과 똑같게는 취급하지 않는 것일까? 누군가 내게 저것을 의자로는 취급하지 말라고 한다면, 문제되는 그 대상은 보통 의자들이 가지고 있지 않은 어떤 속성을 지녔기 때문이든지, 나에게 또는 다른 누구에게 그것이 어떤 특별한 의미가 있어서 여느 의자와는 다르기 때문이든지, 경우에 따라서 간과될 수도 있겠고 부인될 수도 있기는 하겠지만 어쨌든 어떤 사실에 입각한 차이가 있기 때문일 것이다. 인간이—동물, 식물, 물건 등등—자연적 대상과 그 어떤 속성들을 공유한다고 할지라도 그러한 속성들 위에 그리고 밖에 위치하는 다른 속성들을 또한 가지고 있다는 점이 인정되지 않는다면 (이 차이 자체를 자연적이라 일컬어야 할지 말지는 별개의 문제이다), 인간을 동물이나 물건처럼 취급하지 말아야 한다는 도덕적 명령은 일체의 합리적 근거를 상실하게 되는 것이다. 나의 결론은 그 두 가지 믿음을 연결시키는 것은, 상이한 두 가지 명제를 혼동하는 것이기는커녕, 서로 떼어내는 순간 적어도 둘 중 하나는 근거를 상실

하고야 말 두 개의 항을 연결시키는 것이다. 그 둘을 분리하고서 위 인용문의 저자가 말하고자 하는 바 진보가 이루어질 것으로는 전혀 생각할 수가 없다.

(b) 〔햄프셔는〕 "인간은 조종되거나 통제받아서는 아니 된다"는 명제로부터 "인간을 여타 자연적 대상처럼 조종하거나 통제하기는 실제로 불가능하다"는 명제로 옮아가서는 안 된다고 경고하고 있다. 그러나 가령 내가 여러분에게 인간을 조종하거나 통제하지 말라고 하는 경우, 내가 그렇게 말하는 까닭은 인간은 결코 조종당하지 않는다고 내가 생각하기 때문이라기보다는 오히려 인간이 너무나 쉽게 조종당할 수 있다고 내가 믿기 때문이라고 보는 것이 훨씬 실상에 가까울 것이다. 가령 내가 여러분에게 사람들을 조종하거나 통제하지 말라고 말한다면, 어차피 성공하지 못할 테니 여러분의 시간과 노력을 낭비하는 슬픈 결과밖에는 초래될 것이 없다는 생각에서 그리하지는 않는다. 그 까닭은 정반대로, 여러분이 너무나 잘 성공할까 봐, 그리하여 사람들이 자유를, 너무 많은 조종과 통제의 손아귀에서 벗어날 수만 있다면 그들 스스로 온전히 유지할 수도 있을 자유를, 박탈당할까 봐 두렵기 때문인 것이다.

(c) "계획경제체제 및 사회조작기법에 대한 두려움"은 그러한 체제와 기법의 위력이 맞설 수 없을 정도는 아니라고 믿는 사람들, 다시 말해서 너무 많은 간섭을 받지만 않는다면 사람들은 단지 (결정론자들이 믿듯이) 사전에 인과적으로 결정되어 예측도 가능한 선택을 정해진 대로 따라만 하는 것이 아니라 가능한 복수의 행동 경로 사이에서 자유롭게 선택할 기회를 가지게 되리라고 믿는 사람들로서도 어쩌면 지극히 날카롭게 느끼는 경우가 있을 것이다. 어쩌면 우리의 선택이라는 것이 실제로는 다 인과적으로 결정되어 있는지도 모르겠다. 그러나 그렇다고 해서 누군가 자유로운 선택의 기회를 선호한

다고 할 때——그러한 기회가 허용된 상태가 어떤 상태일지를 언어적으로 정형화하기가 아무리 어렵다고 할지라도——그것은 곧 미신이며, 혹은 "허위의식"의 일례인가? 만일 결정론이 옳다면 그리고 오직 그 경우에만 그렇게 될 뿐이다. 그러나 이러한 논법은 논리의 악순환일 뿐이다.[29] 역으로 결정론 자체가 만일 결정론이 인정되지 않는다면 과학의 엄밀성이 훼손되리라는 잘못된 믿음에 기인하는 미신이며, 따라서 결정론 자체가 과학의 본질에 관한 잘못된 이해에 기인하는 "허위의식"의 한 사례라고 주장할 수는 없는가? 〔이러한 식으로 논리를 몰아가자면〕 그 어떤 신조도 미신인 것처럼 보이게 만들 수는 있을 것이다. 하지만 나로서는 결정론의 신조이든 불확정성의 신조이든 미신이라고 몰아붙여야 할 까닭을 알지 못하겠다.[30]

나를 비판한 이 가운데 철학자가 아닌 경우로 다시 돌아가 보자. 자연과학의 범주들은 인간의 행동에 적용하기에 부적합하다는 점을 강조한 사람들의 노력을 통해서 이제는 아무도 19세기 및 20세기 유물론자 및 실증주의자가 제시한 바와 같은 유치한 해법을 신봉하지 않을 정도로 쟁점 자체가 변화하였다. 그러므로 현 단계에서 이 주

---

29) (옮긴이) 여기서 벌린이 공박하는 악순환은 다음과 같은 형태이다. "자유 선택은 미신이다"——"왜 그런가?"——"선택이라는 것 자체가 인과적으로 결정되어 있기 때문에"——"선택이 인과적으로 결정되어 있다고 말하는 근거는?"——"결정론이 옳기 때문에"——"결정론은 왜 옳은가?"——"세상에 인과적으로 결정되어 있지 않은 것은 없으므로".

30) 이에 대한 햄프셔의 응답은 다음과 같다: "사람을 자연적 대상으로 취급해서는 아니 된다는 금지 명령으로써 도덕적 시야의 특성이 획정될 수 있는 까닭은 정확히 인간이란, 과학적 시야에서 바라볼 때에, 자연적 대상과 같이 취급될 수 있기 때문이다. 이사야 벌린 경은 나와는 달리 (그리고 칸트와도 달리) '인간은 단지 자연적 대상일 뿐인가?'라는 질문을 하나의 경험적 질문으로 간주하고 있다. 반면에 내 입장은 그 어느 누구도 자기 자신을 단지 하나의 자연적 대상으로 취급할 수는 없기 때문에, 그 누구도 다른 사람을 단지 하나의 자연적 대상으로 취급해서는 아니 된다는 것이다."

제들에 관하여 논의하기 위해서는 우선 지난 25년 동안 전세계적으로 이 문제가 어떤 방식으로 논의되어 왔는지를 살펴보는 데에서부터 출발해야 할 것이다. 카(E. H. Carr)는 주장하기를, 역사적 사건이 개인들의 행동에 기인하는 것으로 귀착시키는 것은——그의 표현으로는 "전기적 편향성(biographical bias)"——유치하거나 아니면 어쨌든 천진난만한 일이며, 역사에 관한 서술은 몰인격적일수록 과학적이며 따라서 성숙하고 타당하게 된다고 하였다. 그는 이로써 자기 자신이 18세기 교조적 유물론[31]의 충실한——지나치게 충실한——추종자임을 스스로 드러내고 있다. 그런 식의 교조적 유물론은 이미 콩트[32] 및 그 추종자의 시대에도 마냥 그럴 듯한 이야기로 치부되지는 못했다. 이야기가 나온 김에 말하자면, 러시아 마르크스주의의 시조격인 플레하노프[33]조차, 빛나는 지성의 소유자였음에도 불구하고 역사철학에 있어서만은 헤겔이나 또는 마르크스를 통해 나타나는 헤겔주의적 요소보다는 18세기 유물론과 19세기 실증주의에서 더 많은 영향을 받았던 플레하노프조차, 교조적 유물론을 무조건 추종하지는 않았다.

카의 주장을 공정하게 한번 저울질해 보자. 정령숭배라든지 의인주의(擬人主義, anthropomorphism)——즉, 무생물적 존재들에게까지

---

31) (옮긴이) 18세기 유물론: 엘베시우스, 디드로, 콩도르세, 돌바크 등, 프랑스에서 위세를 떨쳤던 유물론을 가리킨다. 그들은 데카르트의 이원론에 반대하면서 세계와 인간을 기계론적으로 이해하였다. 그러면서도 동시에 기계가 합리적으로 설계된 결과이듯이 인간과 세계와 역사의 구조도 틀림없이 합리적이라고 생각했다.

32) (옮긴이) 콩트(Auguste Comte, 1799~1857): 인류의 역사를 신학적, 형이상학적, 실증주의적이라는 세 단계로 나누고, 기능별 분업이 이루어져서 전문지식이 인도하는 실증주의 단계를 진보로 보았다. 실증주의(positivism)라는 용어의 창시자.

33) (옮긴이) 플레하노프(Georgi Valentinovich Plekhanov, 1856~1918): 나로드니키 운동에서 시작하여 마르크스주의로 옮겨간 러시아 사회주의 혁명 이론가. 러시아 사회민주주의 운동의 선구자로서 레닌과 협력하다가, 1903년의 볼셰비키-멘셰비키 분열 때 멘셰비키 편에 서서 레닌과 결별했다.

인간적 속성을 부여하려는 태도――등이 다만 원시적 정신 상태가 발현된 데에 지나지 않는다는 그의 주장에 대해서는 전혀 반대할 의사가 없다. 그러나 한 종류의 오류를 다른 종류의 오류와 혼동하는 방식으로 진실의 추구가 진전되는 경우는 거의 없는 것이다. 의인주의는 인간 이외의 영역에 인간적 범주를 적용하려 한다는 점에서 오류이다. 그러나 바로 그렇기 때문에, 순전히 형식 논리에만 의존하여 말하자면, 인간적 범주가 적용될 수 있는 영역, 즉 인간적 속성으로 구성되는 영역도 있다는 결론이 나올 수밖에 없는 것이다. 인간과 상관없이 오로지 자연을 서술하고 예측하는 데에 유용한 장치들이 동시에 인간에 대해서도 틀림없이 적용될 수 있다는 발상이나, 인간적인 것과 비인간적인 것을 구분할 때에 우리가 사용하는 범주들이 그러므로 착각에 기인한다고――인류 역사의 초창기에나 나타났던 일종의 궤도이탈이므로 이제는 일축해야 한다고――보는 발상은 정령숭배나 의인주의를 거꾸로 세운 격일 뿐으로, 방향은 반대지만 오류라는 점에서는 마찬가지이다. 과학적 방법을 통하여 성취할 수 있는 것을 성취하기 위해서는 물론 과학적 방법이 활용되어야 한다. 인간의 행동을 분류하고, 분석하고, 예견하고, 또는 "추견"하는[34] 데에 도움이 된다면 통계적 기법, 컴퓨터, 또는 그밖에 자연과학에서 유효한 어떤 도구나 방법도 당연히 환영받아야 한다. 어떤 특정한 신조를 이유로 이러한 기법들을 사용하지 않는 것은 단지 무별주의[35]에 지나지 않을 것이다. 그러나 이 점이 사실이라고 하여,

---

34) (옮긴이) 추견하다(retrodict): "예견하다(predict)"의 어원적 의미는 "미리(pre) 말하다(dict)"이다. 그러므로 여기에는 "아직 일어나지 않은 일에 관하여"라는 함축이 들어 있다. 한편 retrodict는 predict의 대칭어로서 "이미 일어난 사건에 관한 설명을 시간을 거슬러 올라가 봄으로써 구하는 추적"의 뜻을 가진다. 한국어 번역어로 뚜렷이 정착된 것이 없어서 아쉬운 대로 예견의 대구로 "追見"이라 번역하였다.

어떤 탐구의 주제가 자연과학적 주제에 종류상으로 근접하면 할수록 우리가 진실에 가까이 다가간다는 교조주의적 장담을 이끌어내는 것은 엄청난 비약이다.

카의 판본에 나타나는 형태로 보면, 이 신조는 결국 더욱 몰인격적일수록 그리고 더욱 일반적일수록 더욱 타당하며, 더욱 포괄적일수록 더욱 성숙한 것이며, 개인 및 개인적 특성 그리고 역사에서 그러한 요소들이 수행하는 역할에 관심을 더 기울일수록 더욱 몽상에 빠져서 객관적 실체와 진실에서 멀어진다는 입장으로 귀착된다. 그런데 내가 보기에는 이러한 신조는 그 대척점에 있는 오류——즉, 역사란 위인들의 전기와 행동으로 환원된다는 오류——에 비하여 교조적이라는 점에서 더함도 덜함도 없이 마찬가지이다. 진리가 이 양 극단 사이에, 콩트의 광신적 실증주의와 칼라일[36]의 광신적 낭만주의 사이의 어디엔가 놓여 있으리라는 말은 분명히 진부하다. 그러나 그 진부한 말이 어쩌면 진실에 더 가까울지도 모른다. 우리 시대의 유명한 철학자 한 사람이 언젠가 냉정하게 지적하였듯이[37], 진실이라는 것이 일단 발견되기만 하면 언제나 반드시 흥미로우리라고 생각해야만 할 본래적인 이유는 없는 것이다. 물론 진실이 반드시 경악

---

35) (옮긴이) 무별주의(無別主義, obscurantism): 세세히 밝히어 가려내야 할 사안에 관하여 두루뭉수리 얼버무림으로써 쟁점 자체의 표출을 봉쇄하는 태도. 이는 철학적으로 진리에 대한 가장 큰 장애물이며, 사회학적으로는 현상의 유지에 공헌한다는 점에서 일부 영한사전에서는 "반계몽주의" 등으로 풀어놓고 있다.

36) (옮긴이) 토머스 칼라일(Thomas Carlyle, 1795~1881): 빅토리아 시대 영국(스코틀랜드 출신)의 풍자 작가, 평론가, 역사가. 칼뱅주의 목사 아버지 아래서 자라났지만 대학 시절에 신심을 잃어, 낭만주의적 영웅 숭배론을 펼쳤다.

37) (편집자) C. I. Lewis, *Mind and the World-Order: Outline of a Theory of Knowledge* (New York, 1929), p. 339: "설령 진실이 복잡하고 모종의 환멸을 불러올지라도, 더 극적이면서 위로가 되는 단순성으로 그것을 대체하는 것이 잘하는 일일 수는 없다."

을 낳거나 사람 속을 헤집어 놓아야 할 필연성도 없다. 그럴 수도 있고 그렇지 않을 수도 있지만, 그럴지 그렇지 않을지를 미리 말할 수는 없을 따름이다. 역사 서술이 어떠해야 하는지에 관하여 카가 견지하는 입장을 본격적으로 검토할 계제는 아니지만, 그는 이성의 시대, 합리적이기보다는 합리주의적이었던 그 시대에게 찬가를 바치는 마지막 세대인 것처럼 보인다. 볼테르[38]와 엘베시우스[39]가 명성을 날리던 때부터 시작하여 한 시대를 풍미하다가 마침내 만사를 가차 없이 까발리는 특기를 가진 독일인들이 등장하여 잘 다듬어진 잔디밭과 정연히 구획된 정원을 망가뜨릴 때까지 계속되었던 사조, 모든 미망에서 벗어나 꿈에 그리던 단순하고 명료하며 의심도 반문도 깨끗이 사라진 세계로 나아가자던 사조를 카는 찬양하고 있다. 카의 글 자체는, 사적 유물론의 풍미를 간직하여, 열정적이며 읽기에 재미가 있다. 그러나 그는 본질적으로 오귀스트 콩트와 허버트 스펜서[40] 및 웰즈[41]의 전통을 잇는 실증주의의 후예이자, 헤르더[42]와 헤겔 그리고 마르크스와 막스 베버[43] 이래 이 연구 분야 자체

---

38) (옮긴이) 볼테르(Voltaire, 1694~1778): 프랑스 계몽주의의 대표적 문필가, 철학자. 이성으로 신의 뜻을 알 수 있다고 본 이신론자(Deist)로 시민의 자유를 옹호하고 교회의 교조를 공격했다. 본명은 프랑수아–마리 아루에(François–Marie Arouet)이지만 볼테르라는 필명으로 더 유명하다.

39) (옮긴이) 엘베시우스(Claude Adrien Helvétius, 1715~1771): 프랑스 계몽주의 철학자. 인간의 모든 권능은 육체적 감각으로 환원되며, 이익이 모든 판단의 유일한 원천이고, 모든 사람이 동등한 지성을 가지고 있으며, 교육을 통해 만사를 해결할 수 있다고 주장했다.

40) (옮긴이) 스펜서(Herbert Spencer, 1820~1903): 영국 사회철학자. 사회를 유기체로 비유하고 거기에 진화론을 적용하여 사회진화론을 조합해 내었다. "적자생존(the survival of the fittest)"이라는 문구를 창안했다.

41) (옮긴이) 웰즈(H. G. Wells, 1866~1946): 영국 공상과학 소설가. 『우주전쟁(The War of the Worlds)』, 『투명인간(The Invisible Man)』, 『모로 박사의 섬(The Island of Dr. Moreau)』, 『타임머신(The Time Machine)』 등의 작품을 썼다.

를 성가시게 해 온 숱한 문제와 난관에도 태연할 수 있는, 몽테스키외의 표현을 빌리면, 위대한 요약꾼(un grand simplificateur)[44]에 해당하는 인물이다. 그는 마르크스에게 경의를 표하기는 하지만, 마르크스의 복합적인 시야에는 한참이나 못 미친다. 그는 다만 아무도 대답하지 못했던 커다란 문제들을 간결하게 정리하여 최종 답안을 만들어내는 데에 뛰어난 솜씨를 보일 따름이다.

어쨌든 여기서 카의 입장을 그 입장이 응당 받아야 할 세심한 주의

---

42) (옮긴이) 헤르더(Johann Gottfried Herder, 1744~1803): 독일 계몽주의 철학자, 시인, 비평가, 신학자. 언어와 민족의 얼을 불가분의 관계로 파악했고 그 안에서 개인의 모든 덕목이 가능하다고 보았다. 낭만주의 사조의 발전에 크게 기여했고, 때로는 민족주의 운동의 연원 중 하나로도 논의된다.

43) (옮긴이) 막스 베버(Max Weber, 1864~1920): 독일 정치경제학자, 사회학자. 합리화와 표준화라는 진보의 요소 뒷면에 인간 소외의 문제가 숨어 있음을, 사회의 민주화가 전문 지식에 의한 효율화와 갈등 관계임을 지적하고, 그리하여 결국 계급투쟁보다는 관료제가 현대 사회에게 더욱 심각한 문제라고 보았다.

44) (편집자) "위대한 요약꾼(grand simplificateur)"이라는 문구 및 "요약꾼(simplificateur)"이라는 단어는 생트뵈브가 "Franklin à Passy"(1852. 11. 29)에서 벤자민 프랭클린을 지칭하려 만든 말이다. Sainte-Beuve, *Causeries du lundi* (Paris, 1926-42), vol. 7. p. 181. 벌린이 아래 160쪽의 각주 3번 및 542쪽에서 언급하고 있는 "끔찍한 요약꾼들(terribles simplificateurs)"이라는 마찬가지로 익숙한 문구는 프레엔(Friedrich von Preen)에게 쓴 1889년 7월 24일자 편지에서 부르크하르트가 만든 표현이다.
(옮긴이) 1969년판 *Four Essays on Liberty*에서 벌린은 "위대한 요약꾼"이라는 표현이 몽테스키외의 발명인 것처럼 말하였는데 2002년판의 편집자는 이 오류를 잡아서 본문을 수정하였다. 본 번역에서는 이 각주를 통해 충분히 설명이 된 만큼 본문은 수정하지 않았다. 생트뵈브(Charles Auguste Sainte-Beuve, 1804~1869)는 프랑스의 문학 비평가 및 역사가로 1849년부터 1869년까지 여러 신문들을 옮겨 가며 여러 저술가들에 대한 평론을 연재하여 명성을 얻었다. 그 글들은 나중에 모여 『월요한담(月曜閑談, *Causeries du lundi*)』이라는 제목으로 출판되었다. 부르크하르트(Jacob Burckhardt, 1818~1897)는 문화사 연구의 한 지평을 연 독일의 역사가로 『이탈리아의 르네상스 문명(*Die Kultur der Renaissance in Italien*)』을 저술하였다.

를 기울이면서 다룰 수는 없다고 한다면, 다만 적어도 나 자신의 의
견에 대하여 그가 가했던 혹독하기 그지없는 비난에 대해서는 대꾸
를 시도해 볼 수 있을 것 같다. 그가 나에게 건 가장 큰 혐의는 세 가
지로 요약된다: (a) 내가 결정론은 틀렸다고 믿을 뿐만 아니라 만사
에 원인이 있다는 공리마저 부인한다는 것이다. 그런데 카에 따를
것 같으면, "그 공리는 우리 주위에서 벌어지는 일들을 우리가 이해
할 수 있는 능력의 전제조건"이다.[45] (b) 내가 "역사가의 의무는 '샤
를마뉴나 나폴레옹이나 칭기즈칸이나 히틀러나 스탈린과 같은 인물
들을 그들이 저지른 살육 행위에 주목하여 평가하는 데' 있다고 아
주 맹렬히 고집한다",[46] 다시 말하면 역사적으로 중요한 인물들의 행
위에 관하여 도덕 점수를 매겨야 한다고 내가 고집을 피우고 있다는
것이다. (c) 내가 역사 연구에서 설명이란 인간의 의도에 입각해서
이루어져야 한다고 믿고 있다는 것이다. 반면에 카는 "사회적 세력"
이라는 대칭 개념을 그 대안으로 주장한다.[47]

　이 모두에 대하여 나는 다만 앞에서 했던 말을 다시금 반복할 수밖
에 없다: (a) 나는 어떤 유형의 것이든 결정론이 인간 행동에 관하여
원칙적으로 (아마도 기껏해야 원칙적으로만 그럴 수 있겠지만) 타당한 이
론일 수도 있는 논리적 가능성을 부인한 적이 (그 가능성이 있는지 고
려해본 적도) 없다. 하물며 결정론이 틀렸음을 입증했다는 주장을 내
입으로 했을 리는 만무한 것이다. 내 주장은 오직 그리고 언제나 결
정론의 신조는 보통 사람들이나 역사가들을 막론하고, 적어도 서양
세계에서, 사람들의 정상적인 말과 생각 안에 깊숙이 자리 잡고 있
는 믿음과 양립할 수 없다는 것뿐이다. 그러므로 결정론을 진지하게

---

45) *What is history?*(London, 1961) pp.87–88(93–4).
46) Ibid., p.71(76). 아래 334쪽을 참조할 것.
47) Ibid., p.38–49(44–55).

받아들인다는 것은 현재 우리 삶의 중핵을 이루는 개념들을 근본적으로 수정해야 하는 결과를 초래할 것인데, 카나 그밖에 어느 다른 역사가의 실제 행동을 보더라도 그러한 변화의 실제 모습이 어떠할 것인지를 뚜렷하게 알 수는 없을 정도로 그것은 하나의 엄청난 격변에 해당하리라는 것이 나의 주장이다. 결정론을 옹호하는 주장으로서 확실히 수긍할 만한 것을 나 자신이 알고 있지 못한 것은 사실이다. 그러나 그것이 내 주장의 골자는 아니다. 결정론을 지지하는 사람들의 실제 행동을 보면, 그리고 이와 같은 경우에 이론과 행동의 불일치로 인하여 자신들의 입장이 얼마나 훼손될 것이냐는 문제 자체를 정면에서 바라보지 않으려는 결정론자 자신들의 태도를 보면, 그들의 이론적 근거가 그 누구에 의하여 제시되든지 그러한 근거들을 현재로서는 그다지 심각하게 받아들이지 않는 편이 낫다는 판정이 내려진다는 주장일 뿐이다.

(b) 내가 역사가들에게 도덕을 설파하라고 촉구했다는 혐의와 관련하여, 나는 그런 종류의 일은 하지 않는다. 내 주장은 단지 역사가들 역시 다른 사람들이나 마찬가지로 평가적 위력을 가지는 단어들의 흔적이 깊게 파인 언어를 어쩔 수 없이 사용할 수밖에 없으며, 그러한 만큼 그들로 하여금 언어를 사용할 때 그러한 흔적을 제거하라고 요구하는 것은 상상의 한도를 넘는 난제 또는 자가당착적인 과제를 부여하는 격이라는 것이다. 그 어떤 분야에서든 진실을 확립하고자 하는 사람에게는 모두 그러하듯이, 역사가에게도 객관적이며, 편견이 없고, 감정에 치우치지 않을 수 있다면 미덕임에 틀림없다. 그러나 역사가도 인간이며, 따라서 자기 자신을 인간이 아닌 존재로 만들어야 할 의무를 다른 사람보다 더 많이 지고 있는 것은 아니다. 어떤 주제를 논의할 것인가 그리고 어디에 얼마만큼의 관심과 강조를 기울일 것인가에 관하여 그들은 결국 자기 자신의 가치 기준에

따라 인도될 수밖에 없으며, 그 가치 기준이라는 것은 다시, 역사가들의 목적이 인간의 행동을 이해하고 자기들이 이해한 세계를 독자에게 전달하는 데에 있는 한, 보통 사람들이 통상적으로 공유하는 가치와 너무나 예리하게 분리되어서는 아니 되는 것이다.

다른 사람들의 동기나 관점을 이해하기 위해서 그들과 그것을 공유해야 하는 것은 물론 아니다. 통찰이 반드시 수용으로 이어져야 할 까닭이 없는 만큼, 가장 재능 있는 역사가는 (그리고 소설가는) 당파적으로 가장 치우치지 않은 사람이다. 그러므로 주제로부터 어느 정도의 거리를 두어야 하는 것은 분명하다. 그러나 비록 개인들의 동기, 도덕적이고 사회적인 규범, 어떤 문명 전체 등등을 이해하기 위해서 그것들을 승인해야 하는 것도 아니고 심지어 공감해야 하는 것도 아니지만, 설령 그들의 가치가 연구자에게 아무리 역겨운 것이라고 하더라도 그 개인들 및 집단들에게 무엇이 중요한지에 관한 일정한 견해가 그 이해를 위하여 반드시 요청되는 것이다. 그리고 그러한 견해는 바로 인간의 본성 및 인간의 목적에 관한 일정한 관념 위에서만 싹틀 수 있고, 다시 그러한 관념은 결국 역사가 자신의 윤리적 또는 종교적 또는 심미적 전망과 겹치지 않을 수 없다. 누군가가 인간을 이해하고 묘사하고자 한다면 언제나 그 사람이 사용하는 언어에는 그가 지향하는 가치가 함께 실려서 전달될 수밖에 없다. 역사가도 이 점에서 예외는 아닌 것이다. 거론할 가치가 있는 사실을 선별하는 데에 역사가의 도덕적 가치가 작용하는 것이며, 아울러 그렇게 선별된 사실을 서술하는 방향도 그 도덕적 가치에 의하여 인도되는 것이다. 우리가 역사가의 저술을 평가할 때에 사용하는 기준이 학식과 상상력으로 이루어지는 그 어느 다른 분야의 전문가를 평가할 때에 우리가 사용하는 기준과 원칙적으로 다른 것도 아니며 달라야 하는 것도 아니다. 인간사를 다루는 사람들의 행적을 비판할 때 우리는 "사실들"을 그 의미에서 예리하게 떼어낼 수가 없다. "가치란 사실 안으로 스며들어 사실의 본질적 부분을 이룬다. 우리의 가치는 우리에게 인간의 모습을 갖추게 해 주는 장비의 본질적 요소인 것이다." 이는 내가 한 말이 아니다. 이 말은 다름 아니라 (독자들에게는 틀림없이 놀라운 사실일 텐데) 카 자신이 한 말이다.[48] 나라면 같은 내용이라도 표현을 다르게 했을 테지만, 어쨌든 카의 표현만으로도 나에게는 충분하다. 그 발언으로써 그가 나에게 거는 혐의를 반박하기에 모자라지 않기 때문이다.

내가 마치 역사가는 그래야 한다고 주장한 것처럼 생각하는 것은 카의 실수지만, 역사가라고 해서 자신의 도덕적 판단을 공식적으로 천명해야 할 필요는 분명히 없다. 어떤 사람이 역사가라는 점 때문에 가령 히틀러는 인류에게 해를 끼쳤고 파스퇴르는 도움을 주었다고 (이와는 다르더라도, 이들에 대하여 개별적 역사가들이 각기 나름대로 평가하는 바를) 독자들에게 알려 주어야 할 의무가 발생하지는 않는 것이다. 통상적인 언어를 사용하는 것만으로도, 역사가는 스스로 평범하다고 간주하는 것은 무엇이며 괴상망측하다고 간주하는 것은 무엇인지, 결정적인 계기에 해당하는 사건과 사소한 지엽에 해당하는 것은 무엇인지, 어떤 일이 고무적이며 어떤 일이 전망을 어둡게 만드는지 등등의 의미를 전하지 않을 도리가 없다. 같은 사건을 두고서도 예컨대, 수백만 명의 사람들이 잔혹하게 죽임을 당했다고 쓸 수도 있고, 또는 그들이 죽었다, 또는 목숨을 내놓았다, 또는 학살당했다, 또는 단순히 유럽의 인구가 감소하였다, 또는 유럽 인구의 평균 연령이 낮아졌다, 또는 많은 사람이 목숨을 잃었다고 쓸 수도 있다. 하나의 사건에 관하여 가능한 이 모든 서술문 가운데 전적으로

---

48) Ibid., p. 125(131).

중립적인 것은 하나도 없다. 모든 형태의 서술이 각기 나름대로 도덕적 함의를 지니는 것이다. 역사가 자신은 순전히 서술적이기만 한 언어를 사용하려고 제아무리 애를 쓴들, 그가 말하는 바는 결국 머지않아 그 자신의 태도를 반영하게 되고야 만다. 대상으로부터의 초연(超然, detachment)이란 그 자체가 하나의 도덕적 입장인 것이다. 중립적 (중립적이기 위해서 가령 "히믈러[49]"는 많은 사람들이 질식사하는 데에 원인을 제공했다"고 말한다고 해보자) 언어에도 그 나름의 윤리적 색조가 묻어 있다.

인간에 관한 언어이면서 지극히 중립적인 언어란 있을 수 없다고 말하려는 것은 아니다. 통계학자, 정보 보고서를 분류하는 사람, 조사부, 특정 분야의 사회학자 및 경제학자, 공식적 대변인이나 기자 등등, 역사가 및 정치가의 소용에 닿는 자료를 제공하는 업무에 종사하는 사람들이 사용하는 언어는 극도로 중립적이어야 할 필요가 있으며 실제로도 거기에 거의 근접한다. 하지만 그러한 분야에서 그러한 언어가 가능한 까닭은 그 분야의 활동이 그 자체로서 목적을 이루는 것이 아니라 다른 사람들의 활동을 위하여—역사가 또는 여타 현장인(現場人, men of action)처럼 그 자체로 목적을 이루도록 의도된 일을 하는 사람들을 위하여 기초 자료를 제공하도록 되어 있는 것이기 때문이다. 인간의 삶에서 보다 중요하므로 발탁되고 강조되어야 할 요소는 무엇이며 별로 중요하지 않으므로 간과되어도 괜

---

49) (옮긴이) 히믈러(Heinrich Himmler, 1900~1945): 나치 독일의 친위대(SS) 사령관으로 비밀경찰 게슈타포(Gestapo)와 특공대 아인자츠그루펜(Einsatzgruppen)의 우두머리였다. 유대인 학살의 기획자 중 하나이며, 수용소 관리의 책임자이기도 했다. 패전 후 전범으로 수배되자 아이젠하워에게 편지를 보내는 등, 백방으로 구명을 위해 노력하다가 마침내 나치 동료들에게도 배척당했다. 신분을 위장하고 도피하던 중 체포되어 정체가 탄로났고, 전범재판을 기다리던 중 음독자살했다.

찮은 요소는 무엇인지를 구별해 줄 역할은 연구실의 조수가 맡아야 할 임무가 아니다. 반면에 역사가는 그 역할을 회피하려야 회피할 방도가 없다. 왜냐하면 만일 그 자신, 그가 속한 사회, 또는 어느 다른 문화에 의하여 중요하다거나 지엽적이라고 간주되는 모든 일들에서 초연한 방식으로 일관하는 서술은 이미 역사가 아닐 터이기 때문이다. 역사가의 할 일이 역사인 한, 우리가 (그리고 다른 사회들이) 어찌하여 과거 그리고 현재에 가지고 있는 그 모습을 가지게 되었느냐는 문제는 역사가라면 어느 누구도——그가 이 점을 의식하든지 않든지——회피할 수 없는 중심 주제이다. 그 주제를 다루게 되면 어쩔 수 없이 사회가 무엇인지, 인간의 본성은 무엇인지, 인간의 행동은 어디에서 나오는 것인지, 사람들은 어떤 가치를 추구하며 어떤 가치 표준을 가지고 있는지 등등의 문제에 관하여 특정한 관점을 드러내지 않을 수 없다. 물리학자, 생리학자, 종족 간의 신체적 차이를 다루는 인류학자, 문법학자, 계량경제학자, 또는 (예컨대 다른 학자들이 해석하여 활용하도록 기초 자료를 제공해 주는 일을 전문으로 하는) 특정 분야의 심리학자 등은 그 문제를 피하려면 피할 수 있을 것이다. 그러나 역사 연구는 결코 보조적 활동이 아니다. 역사 연구란 사람들이 하는 일 그리고 고통받는 일에 관하여 가능한 한 최고의 완성도를 가진 해명을 구하는 작업이다. 사람들을 사람이라고 부르는 것만으로 우리는 인간을 가치의 영역에 귀속시키고 있는 것이며, 따라서 동시에 우리는 그 가치들을 그 본연의 의미에서 인식하고 있는 것이다. 그렇게 하지 않는다고 한다면 바로 그 사실로써 우리가 그들을 인간으로 대접하지 않고 있다는 말이 될 것이다. 그러므로 역사가라면 (도덕을 설파하든지 않든지) 무엇이 중요한지 그리고 얼마나 중요한지에 관하여 (가령 그것이 왜 중요한지는 묻지 않을 수 있다손 치더라도) 일정한 입장을 취하지 않을 도리가 없다. 이 점만 생각해 보더라도 이른바 "가치중립적" 역사라는 발상, 입시스 레부스 딕탄티부스,[50] 역사가는 통역만 해 주면 된다는 발상이 착각임을 밝히기에 충분할 것이다.

아마도 바로 여기에 액턴[51]이 크라이턴[52]에게 촉구한 바의 요체가 있는 듯하다. 액턴이 문제 삼은 것은 크라이턴이 도덕적 의미가 탈색된 용어들을 작위적으로 사용했기 때문이 아니라 보르지아 가(家)[53] 사람들의 행동을 그러한 용어로 서술함으로써 결과적으로 그

---

50) (편집자) 라틴어로 "사물들이 스스로 말하도록(ipsis rebus dictantibus)"이라는 뜻이다. 이 문구는 유스티니아누스 법전 중 『학설휘찬(Digesta)』 I.2.2.II.2.에서 기원하는 것으로 보인다.

51) (옮긴이) 액턴 남작(John Emerich Edward Dalberg-Acton, 1st Baron, 1834~1902): 영국의 역사가, 자유주의자. 19세기 후반에 발호한 민족주의를 가톨릭 신앙에 기초한 자유주의에 입각하여 강력하게 비판하였다. 일생을 통해 조직과 권력의 전횡에 반대하고 개인들의 양심과 상식에 기초한 정의를 신봉하였다. 대표적인 논문으로 "Democracy in Europe"(Quarterly Review, January 1878)이 있고, History of Liberty를 필생의 과업으로 삼았지만 완성하지는 못하고, 그중 고대 부분인 The History of Freedom in Antiquity와 기독교 부분인 The History of Freedom in Christianity만을 남겼다.

52) (옮긴이) 크라이턴(Mandell Creighton, 1843~1901): 영국의 역사가, 주교. 캠브리지에서 교회사 교수로 있다가 주교로 서임되어 나중에는 오랫동안 런던 주교로 있었다. 울지(Thomas Woolsey) 추기경, 엘리자베스 1세, 시몽 드 몽포르(Simon de Monfort) 등의 전기를 썼고, 로마, 중세, 종교개혁기에 관한 수많은 저서를 남겼다. 주저로는 여섯 권으로 이루어진 History of the Papacy from the Great Schism to the Sack of Rome(1897)이 있다.

53) (옮긴이) 보르지아(Borgia) 가(家): 스페인 혈통으로(스페인어 표기로는 Borja) 이탈리아에 정착한 가문으로서 15~16세기 이탈리아의 종교 및 정치에서 이름을 날린 가문. 주로 협잡과 음모 그리고 부패로 악명을 날렸다. 대표적인 인물로는 알폰소(Alfonso de Borgia, 1378~1458, 나중에 교황 칼릭스투스 3세가 됨), 로드리고(Rodrigo Borgia, 1431~1503, 나중에 교황 알렉산데르 6세가 됨, 교황 재위 중에 공공연히 첩과 자식을 거느렸던 인물), 체자레(Cesare, 1475/6~ 1507, 로드리고의 아들로서 중부 이탈리아 로마냐 지방을 무력으로 짓밟고 스스로 군주가 되었던 인물), 루크레치아(Lucrezia, 1480~1519, 로드리고의 딸, 예술 애호가이자 궁정 음모의 전문가), 프란체스코(Francesco, 1510~1572, 로드리고의 증

들의 행동에 어떤 정도로든 면죄부를 부여하는 방향으로 흘러갔다는 점이었다. 즉, 크라이턴이 준 면죄부가 옳게 준 것이든 아니면 잘못 준 것이든, 그가 면죄부를 준 것은 엄연한 사실이라는 점이다. 중립성이란 것 자체가 하나의 도덕적 태도임은 분명한 사실이며, 따라서 바로 그 사실을 있는 그대로 인식할 줄 알아야 한다는 것이다. 기실 액턴은 크라이턴이 준 면죄부가 틀렸다는 점에 관하여도 일말의 의문을 가지지 않았다. 그 문제에 관한 한, 액턴 편에 설 사람도 있고 크라이턴 편에 설 사람도 있을 것이다. 그러나 그 문제야 어찌되었든, 설령 그와 같은 도덕적 태도를 공언하고 싶지 않은 경우에조차 우리는 판단을 내리고 있으며 특정한 도덕적 태도를 전파하고 있다는 점은 분명하다. 역사가로 하여금 사람들의 삶을 서술하기는 하되 그 삶의 의미는 서술하지 말라고, 밀의 표현을 빌리면 "인류의 영원한 관심"에—이 관심의 내용이야 생각하기 나름이겠지만—비추었을 때 나타나는 의미를 서술하지 말라고 요청하는 것은 결국 사람들의 삶을 서술하지 말라는 이야기일 따름이다. 역사가로 하여금 상상력을 활용하여 다른 사람들의 인생 경험 안으로 들어가라고 하면서 사람들에 대한 도덕적 이해는 드러내지 말라고 요구하는 것은 역사가들이 알고 있는 것 가운데 너무 작은 부분만을 말할 수 있도록 허락하는 셈이고 그들의 작업에서 일체의 인간적 의미를 박탈하는 셈이다. 도덕적 훈계를 늘어놓는 것은 나쁜 버릇이라는 카의 도덕적 훈계에 대하여 내가 하고 싶은 말은 궁극적으로 이것이 전부이다.

도덕적 사회적 가치에 관한 객관적 표준이 존재하고, 그것은 역사의 변화에 영향을 받지 않아 영원불변이며, 모든 이성적 인간에게 접근로가 열려 있어서 그가 시선을 돌리기만 하면 그것을 발견할 수

___

손자, 가톨릭 성인) 등이 있다.

있다는 견해가 온갖 방향에서 쏟아지는 문제 제기에 노출되어 있다는 점은 부인할 수 없다. 그렇지만 같은 시대 또는 다른 시대에 속하는 사람들끼리 서로를 이해할 수 있는 가능성, 즉 사람들 사이에 소통이 일어날 수 있는 가능성은 "사실적" 세계를 공유한다는 것뿐만 아니라 무언가 공통적인 가치가 존재하는 기반 위에서 태어나는 것이다. 사실적 세계의 공유는 인간적 교류의 필요조건이지 충분조건일 수는 없다. 물리적 세계와 동떨어져 있는 사람은 비정상이거나, 극단적인 경우에는 미쳤다고 분류된다. 그러나 마찬가지로——그리고 이것이 내 말의 요지이다——공공적으로 통용되는 가치의 세계에서 너무 멀리 떨어져 있는 사람들도 그렇게 분류된다. 가령 누가 전에는 옳고 그름의 차이를 확실히 알았었는데 지금은 잊어 버렸다고 천명한다면, 그 말은 액면 그대로는 도저히 믿어지지 않을 것이다. 만약 그 말을 곧이곧대로 받아들이자면 그 사람을 정신 나간 사람으로 간주하는 것이 맞을 것이다. 이 점은 다음과 같은 경우도 마찬가지이다. 파란 눈을 가진 사람은 아무 이유도 없이 죽여도 좋다는 규칙이 있다고 해보자. 이런 규칙을 승인하거나 묵인하거나 심지어 즐기는 사람도 있을 수는 있을 것이다. 그런데 거기서 한 걸음 더 나아가 그런 규칙에 대해서 반대한다는 것이 무슨 일인지를 도무지 인식하지 못하는 사람이 있다면, 그런 사람 역시 미쳤거나 아니면 "인식하지 못한다"는 말에 액면 밖의 뜻이 있을 것이다. 하지만 그런 사람도 여섯 이상은 세지 못하는 사람, 자기가 어쩌면 율리우스 카이사르의 현신일지 모른다고 생각하는 사람 등과 마찬가지로 인간이라는 생물종의 일원으로서는 정상적이라고 간주될 것이다. (사실적 차원이 아니라) 규범적 차원에서 광기 또는 비정상을 그처럼 추려낼 수 있는 근거는 자연법의 신조, 그중에서도 특히 자연법에 어떤 선천적 (a priori) 지위를 인정하지는 않는 판본에서 이해되는 것과 같은 신조에 견주어 그와 같은 구분이 획득하게 되는 호소력이다. 정상적인 인간이란 무엇인지에 관하여 우리가 가지고 있는 관념 안에 우리가 공유하는 가치가 (또는 공유하는 가치 중에서 더 이상 줄일 수 없는 최소한이) 수용되어 포함되어 있다. 그리고 이 점을 음미해 보면 인간적 도덕의 토대라는 개념을 관습, 전통, 법, 범절, 유행, 예의 등등의 개념들과 구분하여 식별할 수 있을 것이다. 관습, 전통, 법, 범절 등의 영역에서는 사회와 역사에 따라 그리고 민족과 지방에 따라 폭넓은 차이와 변이가 발견되더라도, 그러한 차이와 변이 자체가 이상하거나 별난 일로 또는 극단적으로 비정상적인 사태이거나 광기의 증거라고 간주되지도 않고, 애당초 바람직하지 않다고 생각되는 것도 아니며, 하물며 철학적으로 문제가 되는 것은 더욱 아니다.

역사를 단순한 연대기의 서술로 보지 않는 한, 중요한 사실을 선별하고 강조의 경중을 분별하는 등의 과업이 역사 서술에서 빠질 수는 없다. 그렇기 때문에 역사가 전적으로 가치중립적(wertfrei)일 수는 없는 것이다. 이처럼 역사에서 도덕적 함축을 완전히 제거할 수는 없다고 할 때, 어느 정도까지가 인간사에 관하여 성찰하다 보면 불가피한 부분이며 어디서부터가 마땅히 비판받아야 할 훈계적 태도일까? 이 구분을 위한 경계는 어디일까? 한 가지 분명한 점은 그 구분은 겉만 보아서는 할 수 없다는 것이다. 외견상 중립적인 언어를 골라서 사용하는 것만으로는, 그 역사가의 견해에 공감하지 않는 사람들에게, 오히려 더욱 음험한 술책으로 비치는 경우가 허다하다. 편견이나 편향성의 의미에 관해서는 「역사적 불가피성」에 관한 논문에서 논한 바와 같다. 여기서 다시금 지적하고 싶은 바는 다만 우리가 주관적 평가와 객관적 평가를 구분하거니와, 그 구분이라는 것이 결국은 그 평가가 지향하는 중심적 가치가 인간 그 자체에게 공통적인 가치와 근접하는 정도에 따라 정해질 수밖에 없다는 것이다. 다시 말하여, 실제 상황에 적용될 때에, 이는 결국 가능한 한 시공의 폭을 넓혀 가능한 한 많은 사람들에게 공통적인 가치에 근접하는 정도를 의미할 수밖에 없다. 이 기준이 절대적이지도 않고 엄밀할 수도 없다는 점은 틀림없다. 여기에는 편차가 포함될 수밖에 없다: 민족적, 지방적, 역사적 차이에 따라 다양한 형태의 편견과 미신과 합리화, 그리고 이성만으로는 설명할 수 없는 영향력 등이 눈에 잘 띄지 않을 만큼 미세한 (그리고 섬광처럼 번득이는) 편차를 가지고 나타난다. 반면에 이 기준이 전적으로 상대적이거나 주관적인 것만도 아니다. 왜냐하면 인간이라는 개념 자체가 전적으로 허공에서 구름을 잡아 만들어낸 개념에 불과한 것도 아니고, 도저히 상통할 여지가 없을 정도로 상이한 규범을 보유하고 있는 시대와 공간 및 문화에도 불구하고 사람들 그리고 사회들 사이에서 소통은 가능하기 때문이다.

도덕적 판단의 객관성은 사람들의 반응이 얼마나 항상적인지에 달려 있다고 (그러한 항상성의 정도가 곧 객관성이라고 말해도 될 것 같기도 하다) 보아야 할 것 같다. 이때 그 항상성의 정도라는 관념은 고정적일 수도 명쾌해질 수도 없다는 데에 그 본령이 있다. 그 관념의 경계선은 불분명할 수밖에 없다. 도덕적 범주 — 그리고 더 일반적으로 가치라고 하는 범주 — 는 이를테면 물리적 세계를 지각하는 데에 동원되는 범주들처럼 확고하게 정착되어 있는 것이 아니다. 그렇다고 해서, 고전적 객관주의자들이 노정한 교조주의에 반대하는 사람들 중 몇 사람이 너무나 쉽게 가정하는 바와 같이, 도덕적 범주가 상대적이거나 유동적이기만 한 것은 아니다. 공통적 도덕 근거의 최소한은 — 서로 맞물려 있는 개념과 범주들은 — 인간적 소통의 본원적 근간에 해당한다. 그 최소한의 내용이 구체적으로 무엇인지, 그 내용이 얼마나 경직적인지 아니면 얼마나 유연한지, 그 내용이 어느 정도까지 변화할 수 있으며 그 변화는 또 어떤 "힘"에 의하여 일어나는지 —— 이 모든 문제들은 경험적으로 접근해야 할 질문일 따름이다. 즉, 도덕 심리학이나 역사 인류학 또는 사회 인류학 등의 주제를 형성하는 흥미진진하고 중요하며 아직 충분히 굴착되지 못한 상태에 있는 질문들이다. 지금까지 내가 말한 바 이상으로 무언가 더 확실한 것을 요구한다는 것은, 소통 가능한 인간적 지식의 한계 바깥쪽으로 옮겨 가고 싶은 기원을 피력하는 데에 지나지 않는 것으로 내게는 보인다.

ⓒ 내가 역사를 인간의 동기와 의도를 다루는 것으로 간주한다는 혐의를 카는 제기했다. 역사에 대한 그의 입장은 그 대신에 "사회적 세력"의 동태를 다루어야 한다는 것이다. 이 혐의만은 나도 인정한다. 다시 한 번 말하거니와, 인간에 대하여, 단지 생명 또는 의식을 가진 물체가 아니라, 바로 인간에 대하여 관심을 가지는 사람이라면 이미 그러한 관심 자체만으로 동기와 목적과 선택 —— 오직 인간에게만 속하는 인간 특유의 경험 —— 을 고려하는 방향으로 이미 발을 담갔다는 점을 강조해야 할 의무를 나는 느낀다. 인간과 상관없는 요인들의 작용을 무시한다거나, 인간 행동의 예기치 못한 결과의 중요성을 무시한다거나, 사람들이 자주 자기 자신의 개별적 행위 자체 및 그 원천을 정확하게 이해하지 못한다는 사실을 무시한다거나, 현실에서 무슨 일이 어떻게 일어나고 있는지를 설명하기 위하여 문자 그대로의 기계적인 의미에서 원인을 규명해야 할 필요를 무시하는 등등은 말도 안 될 정도로 (무별주의라는 점은 접어두더라도) 유치하고 경박한 일이다. 그리고 나의 주장은 그러한 방향과는 애당초 종류에서부터 다르다. 그렇지만 동기를 무시하거나 그러한 동기들이 발생하는 맥락을 무시하거나, 인간 행위자들 앞에 펼쳐지는 가능성 —— 그 대부분은 실현되지 못하는 것이 사실이고 그 몇몇은 아예 실현될 여지조차 없겠지만 —— 의 폭을 무시한다는 것은 역사 서술을 그만

두는 격에 해당할 것이다. 다른 사람들의 관점과 가치를 (환각도 포함하여) 우리가 포착할 수 있는 길은 궁극적으로 오직 우리 자신의 관점을 통해서일 뿐이라는 점을 음미할 때, 인간적 사유와 상상력의 스펙트럼을 무시하고서, 즉 세계가 사람들에게 어떻게 비치며 사람들 자신은 또 상호간에 어떻게 비치는지를 무시하고서 역사를 쓴다고 일컬을 수는 없는 노릇이다. 이런저런 특정 개인이 사태의 진전에서 얼마나 중요한 영향을 미쳤는지는 물론 끊임없는 논란의 대상이 될 수 있다. 그러나 개인들의 행태를 단순히 몰인격적인 "사회적 세력"의 동태에 환원한다는 것은, 다시 말하여 그 "사회적 세력"을 더 이상 분석해 들어가더라도 개인들의 활동에——심지어 마르크스조차도 역사를 만드는 주체로 보았던 개인들의 활동에——도달한다고 보지 않는 것은, 통계 수치의 "물화(物化, reification)"일 뿐이다. 그러한 태도는 계량화될 수 없는 것이면 무엇이든 애당초 살펴보려고도 하지 않고, 따라서 이론을 허구로 가득 차게 그리고 현실을 비인간적으로 만들 뿐인 관료 및 행정가들의 "허위의식"의 한 형태에 지나지 않는다.

치료법 가운데에는, 그것이 치료하고자 했던 병을 고치는 데에 기여했든지 못했든지, 어쨌든 새로운 병을 키우는 부류가 있다. 인간이 몰인격적 힘의 손아귀에 들어 있고 그 힘에 대해서 인간이 할 수 있는 일은 거의 없다고 말함으로써 사람들을 놀래는 일은——설령 그 목적이 초자연적 힘, 인간의 가없는 능동성, 또는 보이지 않는 손 따위의 허상을 깨뜨리기 위함이라 하더라도——신화를 키우는 짓이다. 그러한 이론에서 실체라 제창되는 것들은 기실 바로 그 이론에 의하여 발명된 것이다. 경험적인 증거로는 기껏해야 불충분한 정도로밖에 확인되지 않지만 그럼에도 불구하고 사건들 사이를 관통하는 어떤 불변의 원리가 존재한다는 신조를, 다시 말해서 개인적 책임이라는 부담을 제거해 줌으로써 어떤 사람에게는 불합리한 수동성을 다른 사람에게는 마찬가지로 불합리한 광적인 적극성을 자라나게 도와 주는 신조를 이 이론은 선전한다. 왜냐하면 자신이 추구하는 대의명분을 위하여 하늘의 별들도 서로 싸우고 있다거나, "역사" 또는 "사회적 세력" 또는 "미래의 물결"이 자기편이라는 확신만큼 사람의 기분을 띄워 주고 발걸음을 가볍게 해 주며 기세를 북돋워 주는 것은 없기 때문이다.

   이런 식으로 생각하거나 말하는 것이 무엇에 해당하는지를 밝혀 내었다는 데에 근대 경험주의의 위대한 업적이 있다. 내가 지금 이 글을 쓰면서 논쟁의 승리 그 자체를 추구하는 면이 조금이라도 있다면, 그것은 오로지 방금 언급한 종류의 형이상학을 무너뜨리려는 목표일 따름이다. 인간에 관하여 말하면서 인간이 가지고 있는 가장 인간적인 요소들, 즉 가치 평가, 선택, 상이한 인생관 등을 무시하고 순전히 통계적 확률에만 의존한다고 하면 과학적 방법을 지나치게 맹신한다고, 무모한 행태주의라고 할 것이다. 이는 상상 속의 힘에 호소하는 설명만큼이나 오도적(誤導的)이다. 무모한 행태주의는 비록 아무것도 설명하지는 못한다손 치더라도, 사태를 서술하고 분류하며 예측할 수 있다는 나름의 입지가 있다. 상상 속의 힘에 의지하는 태도는 설명을 하기는 한다. 다만 그 설명이 신비스러운──나보고 말하라면 정령주의의 재판(再版)이라고밖에는 일컬을 수 없는── 비술에 준거를 둘 따름이다. 내가 보기에도 이 두 가지 방법 중의 하나를 변호하려고 카가 열심을 보인 것 같지는 않다. 그러나 민족적, 계급적, 개인적 도덕 설교가 얼마나 유치하고 허영심으로 가득 찬 자만인지를 고발하다가, 그는 그 자신이 몰인격성의 흑암에, 어둠 속에서 인간들을 분해하여 추상적 세력으로 재조립하고야 말 정반대의 극단에 빠져 버렸다. 더구나 카는 자기가 빠져 있는 극단에 내가 대항하는 것을 가지고 내가 마치 그 반대편의 극단에 찬성이라도 하는 것처럼 받아들이고 있다. 이 두 가지 극단적 어불성설 사이에 틈새가 존재할 가능성이 없다는 그의 추단이야말로 내가 실제로 한 말 및 내가 했다고 자기가 상상하고 있는 말에 대하여 그가 (그리고 아마도 다른 사람들도 마찬가지로) 가하고 있는 격렬한 비판이 유래하게 된 원천적 오류라고 나는 생각한다.

누구나 다 알 법한, 그리고 나 자신이 이견을 전혀 가지고 있지 않는, 당연한 소리 몇 마디를 이 시점에서 상기해 볼 필요가 있다: 인간의 역사에 인과의 법칙이 적용될 수 있다(카가 내 말을 믿어 줄지는 모르겠지만, 나는 정신 나간 사람이나 이 명제를 부정할 것으로 생각한다); 역사의 큰 줄기라는 것이 개인들의 의지 사이에서 벌어지는 "극적인 갈등"으로만 이루어지지는 않는다;[54] 무지 그리고 무지에 기인하는 착각과 공포와 편견[55]이 우리의 자유를 방해할 수 있는 반면에 지식은, 특히 과학적으로 확립된 법칙에 관한 지식은 우리의 자유를 확장하고 우리의 능력을 증진해[56] 준다; 자유 선택의 영역이 과거에 많

---

54) 이는 「역사적 불가피성」을 비평하면서 크리스토퍼 도슨이 내게 귀착한 견해이다. *Harvard Law Review* 70 (1956-7) 584-8.
(옮긴이) 크리스토퍼 도슨(Christopher Dawson, 1889~1970): 영국의 역사가. 슈펭글러나 토인비와 같은 수준의 문명사 거대 담론에 관심을 기울였고, 유럽 문명의 핵심적인 기원을 중세 가톨릭 교회에서 찾았다.

55) 물론 모든 상황에서 그런 것은 아니다. 이에 관해서는 내가 쓴 논문 「희망과 공포에서 해방」을 보라.

56) 내가 이 점에 관하여 내 입장을 충분히 명료하게 표현하지 못했다는 점을 나는 다음과 같은 반응을 보면서 분명하게 알게 되었다. 고든 레프(Gordon Leff, *The Tyranny of Concepts*, pp.146-9), 패스모어(J. A. Passmore, *The Philosophical Review*, 앞에서 언급한 논문), 크리스토퍼 도슨(Christopher Dawson, 위에 언급한 논문.), 그리고 마르크스주의를 따르는 여타 저술가 여섯 명 정도가 실제 이와는 정반대되는 입장—조잡하고 어불성설인 반합리주의—을 내 입장으로

은 사람들이 생각했던 것보다 그리고 아마 지금도 여전히 많은 사람들이 잘못 알고 있는 것보다 훨씬 협소하다고 보아야 할 경험적인 증거가 많이 있다;[57] 그리고 심지어는, 어쩌면 역사에 관하여 객관적 원리를 식별해 내기조차, 내가 아는 한도 안에서 말하자면, 가능할지도 모른다. 다시금 반복하건대 내가 주장하고 싶은 바는 오로지, 그러한 법칙이나 원리가——그 자체의 선행 요인에 의하여 철저하게 결정되어 있는 선택에 의하여 결정되어 있는 행동을 할 수 있다는 의미의 자유 말고——선택의 자유를 위한 여지를 약간이나마 남겨 놓지 않는다면 우리는 실재(實在)가 무엇인지에 관한 우리의 관념 자체를 그 새로운 사태에 맞도록 재구성해야 할 것이며, 나아가 그 과업은 결정론자들이 생각하는 만큼 만만한 일이 결코 아니라는 것뿐이다. 결정론자들이 그리는 세계를 적어도 원칙적으로는 상상해 볼 수 있다. 거기서도 어니스트 네이글이 "인간 의지의 기능"이라 명명하는 것들은 변함없이 존재할 것이다. 거기서도 인체의 신진대사는 칭찬이나 비난에 (적어도 직접적으로는) 영향받지 않겠지만 그 사람의 행태는 도덕과 비난에 의하여 여전히 영향을 받을 것이다.[58] 거기서도 사람들은 여전히 다른 사람들이나 사물을 아름답다거나 추하다고 묘사할 것이며, 유익한 행동과 백해무익한 행동, 용감한 행동과 비겁한 행동, 고상한 행동과 수치스러운 행동을 구분할 것이다. 그러나 칸트는 말하기를, 외부 세계의 현상을 다스리는 법칙이 존재하는 모든 것을 다스리게 된다면 도덕이——칸트적 의미의 도덕이——

알고 있다. 그들의 이러한 오해가 고의에서 비롯되지 않았다는 점은 의문의 여지가 없다.

57) 이 점에 관해서는 아래의 267-276쪽, 290쪽에서 구체적으로 논할 것이다.

58) 이 점에 관해서는 H. P. Rickman, "The Horizons of History", *The Hibbert Journal* 56(1957.8-1958.7), January 1958, 169-170을 보라.

전멸하리라고 하였다. 따라서 그 자신이 염두에 두고 있었던 바와 같은 도덕적 책임의 관념 안에 이미 전제되어 있는 자유의 개념을 수호하기 위하여 칸트는 때때로 파격적인 수단을 사용하기도 하였다. 그의 이와 같은 자세와 행적은 내가 보기에 그 자체로서 칸트가 이 문제의 본질과 심각성을 얼마나 분명하게 그리고 깊게 깨닫고 있었는지를 보여주는 증거이다. 그가 제시한 해법은 모호할지 모르며 어쩌면 논리적으로 허점투성이인지도 모른다. 그러나 그의 해법을 그 때문에 거부해 본들 원래의 문제는 사라지는 것이 아니라 그대로 남아 있게 되는 것이다: 인과적으로 결정되어 있는 체계에서는 흔히 통용되는 의미의 자유 선택이니 도덕적 책임이니 하는 관념들이 사라져 버리거나, 아니면 남아는 있더라도 현실의 어떤 상황에도 적용될 수 없는 처지로 떨어질 것이다. 그리하여 행위라는 개념 자체가 근본적인 검토의 대상이 될 것이다.

실제로 사상가들 가운데에는 책임이나 죄의식이나 회한 등의 개념들을 인과적 결정론에 철저히 부합하는 방식으로 해석하면서도 지성적으로 아무런 거리낌을 느끼지 않는 사람도 있다는 점을 나는 인정한다. 그 사람들이 이러한 지성적인 거리낌에 대해서 기울이는 최대의 관심은 자신들에게 반대하는 사람들이 느끼는 그러한 거리낌이란 단지 인과성을 모종의 강제성과 혼동한 데서 기인하는 것이라고 설명하고 일축하는 데에 그친다. 그들은 이렇게 주장한다: 강제는 나의 바람을 가로막는다; 반면에 나의 바람을 성취하였을 때, 설령 그 바람이 인과적으로 결정되었다고 하더라도, 나는 자유롭다. 하지만 나의 바람이 인과적으로 결정되어 있지 않다면, 다시 말하여 그것이 나의 일반적 경향이나 습관 또는 생활방식 (이 모두는 순전히 인과적인 방식으로 서술이 가능하다) 등에 말미암아 초래된 결과가 아니라면, 또는 방금 말한 것들——내 일반적 경향, 습관, 생활방식——

자체가 어떤 물리적, 사회적, 심리적, 또는 그밖에 다른 요인이 낳은 결과에 불과한 것이 아니라고 한다면, 그렇다면 인과의 사슬을 끊는 순수한 우연 및 불규칙성의 영역이 분명히 존재한다고 하겠다. 그런데 우연적이며 불규칙적인 행태야말로 자유, 합리성, 책임에 비하면 정반대에 위치하는 것이 아닌가? 그렇다고 이들 두 가능성 말고 다른 여지가 있는 것 같지도 않다. 일체의 인과성에서 벗어나 하늘에서 뚝 떨어지기라도 했다는 듯한 선택의 개념이 불만족스러운 것은 틀림없다. 그러나 이 방향의 사상가들의 생각에 (이 점을 내가 새삼스럽게 다시 논증할 필요는 없으리라) 그것이 아니라면 남는 것은 오직, 인과적으로 결정되어 있는 선택에도 책임이나 응분 등이 없어지지 않고 수반된다는 가능성뿐인데, 이 입장 역시 지탱될 수 없기는 마찬가지다.

이 딜레마는 지금까지 이천 년 넘게 사상가들을 두 진영으로 분열시켜 왔다. 초기 스토아학파 이래 지금까지 어떤 사람들은 이로 인하여 골치를 썩이거나 아니면 적어도 고민을 해왔고, 어떤 사람들은 전혀 문제될 것이 없다고 한다. 어찌 보면 이 문제의 근원은, 적어도 부분적으로는, 기계의 모델을 인간의 행동에 적용하는 데에 있는 것 같기도 하다. 한편에서는 선택이란 그 기계의 순차적 동작을 원활하게 하는 데에 기여하는 인과의 사슬에서 마디에 해당한다고 생각한다. 다른 편에서는 선택이란 그 사슬이 잠시 쉬는 것과 같다고 생각하는데, 여전히 고도로 복잡한 기계장치의 모델을 바탕에 깔고 사고한다. 그런데 이 두 모델 중 어느 것도 이 경우에 잘 들어맞지 않는 것 같다. 내가 생각하기로는 이제 새로운 모델이 필요한 것 같다. 이 문제에 관한 논의의 전통이 거의 맹목적으로 매달려 온 발상법으로 인하여 일종의 프로크루스테스의 침대가 생겨났다면, 그리고 우리의 도덕의식에 관한 증거가 지금까지 그 침대에 묶여 있었다고 한다면, 이제는 그것을 풀어 구출해 줄 새로운 발상이 필요한 것 같다. 거추장스럽기만 한 구식 유추법에서, 다시 말해서 (흔히 쓰이는 문자를 빌려 표현하면) 부적절한 언어 게임의 규칙에서 벗어나려는 노력은 지금까지 모두 중도에서 끝나고 말았다. 그만큼 그러한 목표를 달성하기 위해서는 최고 수준의 철학적 상상력이 필요한 것이므로, 이 문제와 관련하여 가장 먼저 찾아야 할 것이 바로 그 상상력인 것 같다.

화이트는 상충하는 견해에 따라 가치를 재는 잣대가 서로 다르거나 도덕적 표현이 다양한 의미로 사용되는 탓으로 생기는 문제라고 생각하면 되지 않겠느냐고 제안한 바 있지만, 내가 보기에 이런 식으로 그 딜레마를 벗어날 수는 결코 없다. 나로서는 아무리 궁리를 해보아도 화이트의 이론은 결국 매우 일반적인 이론 하나를 이 특정 분야에 번역하여 적용한 것에 지나지 않는다. 그 일반 이론이란 일종의 실용주의로서, 결정론을 신봉하느냐 아니면 어느 다른 세계관을 신봉하느냐는 문제는 어떤 범주의 체계가 가장 좋은 결과를 초래하느냐에 입각하여 이런저런 특정 경험 및 사유를 어떻게 다루어야 할지를 정하는 실용적인 결정에 따라 달라진다고 보는 이론이다. 설령 이런 이론을 받아들일 수는 있다손 치더라도, 인과적 필연성이라는 개념을 대안의 존재라든지 자유 선택 및 책임 등등의 개념과 어울릴 수 있게끔 만드는 과제가 그 때문에 쉬워지는 바는 전혀 없다. 결정론을 무너뜨리는 데에 내가 성공했다고 주장할 생각은 추호도 없지만, 마찬가지로 결정론으로 빨려 들어가야 할 까닭이 무엇인지도 나는 전혀 모르겠다. 내가 보기로는 역사적 설명 그 자체가 중요하다는 점을 아무리 인정하더라도, 또는 과학적 방법을 경애하는 마음이 아무리 크더라도, 결정론을 받아들여야 한다는 결론이 도출될 수는 없는 것으로 보인다. 어니스트 네이글, 모턴 화이트, E. H. 카,

그리고 고전적 결정론자 및 그들의 후예들과 내가 어떤 점에서 입장을 달리하는지에 관해서는 이 정도로 마무리한다.

II

적극적 자유 대 소극적 자유

사회적, 역사적 결정론의 문제와 유사한 면이 없지 않은 문제 하나가 사회적 정치적 자유와 관련해서도 발생한다. 우리는 자유 선택의 영역이 반드시 있어야 하며, 그 영역이 축소되는 곳에서 정치적 (또는 사회적) 자유라고 일컬을 만한 것이 존재한다고 말하는 것은 논리적으로 불가능한 일임을 당연시한다. 그러나 인간을 동물이나 사물과 같이 취급할 방법이 실제로 없다는 주장이 불확정론의 내용에 들어가야 할 필요가 없듯이, 선택의 자유와 같은 정치적 자유가 인간이라는 개념 자체를 구성하는 본원적 요소인 것은 아니다. 그것은 역사를 통하여 자라나 온 개념이며, 따라서 일정한 경계선에 의하여 구획된 영역만을 차지할 수 있을 뿐이다. 그렇다면 어디가 그 경계인지, 그리고 나아가 이런 종류의 주제에 대하여 "경계선"이라는 비유가 적절한 것인지 등에 관한 여러 쟁점들이 곧 나와 나를 비판하는 사람들 사이에 존재하는 쟁점이다. 쟁점사항은 다음과 같은 세 가지 항목으로 정리해 볼 수 있을 것이다:

(a) 적극적 자유와 소극적 자유 (내가 처음으로 이 용어를 사용한 것은 아니다) 사이에 내가 그은 구분이 실속 없는 이론에 불과한 것인가? 혹은 현실에서는 그 경계가 모호할 수밖에 없는데도 내가 지나치게

명확한 것처럼 주장하였는가?

(b) "자유"라는 말의 의미를 나를 비판하는 사람들이 원하는 정도로 확장할 수 있는가? 그렇게 확장하더라도 그 말이 그 원래의 고유한 의미와 실제적 변별력을 상실하지 않는가?

(c) 정치적 자유가 가치 있는 것으로 간주되어야 하는 까닭은 어디에 있나?

이러한 문제들을 논의하기에 앞서, 「자유의 두 개념」의 최초 판본에서 내가 범했던 착오 하나를 교정하고 싶다. 이 착오는 그 논문의 주지를 (내 생각으로는 강화하면 하였지) 손상한 것도 아니고 주지와 상충되는 것도 아니지만, 어쨌든 그것은 지금 내 생각으로는 착오였다.[59] 「자유의 두 개념」의 최초 판본[60]에서 나는 자유가 마치 개인의 욕구를 충족하는 데에 장애물이 없는 상태인 것처럼 말하였다. 자유라는 단어는 통상, 어쩌면 가장 일반적으로, 그러한 의미로 사용되는 것이 사실이지만, 하여간 내 입장을 표현하기에는 정확하지 않다. 왜냐하면 만약 ─ 소극적인 의미에서 ─ 자유롭다는 것이 단지 자기가 하고 싶은 것을 무엇이든 하는 데에 다른 사람의 방해를 받지 않는 상태와 같다고 한다면, 자기의 욕구를 소멸시키는 것도 또한 그러한 자유의 상태를 달성하기 위한 한 가지 방법이 될 수 있을

---

59) 그 착오를 처음으로 지적해 준 사람은 원래의 내 강연 원고를 *Times Literary Supplement* ("A Hundred Years After", 1959년 2월 20일. p. 89-90)에 기고할 때에 그 글을 읽고 비평해 준, 누군지는 모르지만[그는 리처드 월하임(Richard Wollheim)이었다], 관대하며 통찰력 깊었던 심사자이다. 그 지적 이외에도 그분은 여러 가지 점에 관하여 내 생각의 깊이와 내 안목의 폭을 더하는 데에 큰 도움이 되었던 비평을 해 주었다.

60) Oxford, 1958: Clarendon Press. 「편집 과정의 사연」 말미의 출전 목록을 참조할 것.

터이기 때문이다. 나는 그 글에서 자유에 대한 그런 식의 정의, 그리고 나아가 그런 식의 논법 전체를 비판하였다. 그러면서도 그 글의 서두에서 나 자신이 자유를 그런 식으로 형상화하였다는 사실을 미처 깨닫지 못했었다. 만약 누가 얼마나 자유로운지가 그의 욕구가 얼마나 충족되고 있는지에 따라 변하는 함수라고 한다면, 나는 내 욕구를 채움으로써 자유를 증진하는 것과 똑같은 결과를 내 욕구를 제거함으로써도 얻을 수 있게 된다. 다시 말하여 (나 자신도 포함하여) 사람들의 원초적 욕구 가운데 어떤 것을 충족시키지 않기로 내가 결정한 다음, 그것들에 대하여 그들이 스스로 욕구를 느끼지 않도록 조건반사를 걸어 놓는 것으로써 내가 그들을 자유롭게 만들었다고 말할 수 있다는 셈이 되고 만다. 나를 위에서 짓누르는 외부적 압박을 제거하려고 항거하는 대신에, 그 압박을 "내면화"할 수도 있다는 이야기이다. 이러한 상태는 바로 자신은 비록 노예이지만 주인보다 더 자유롭다고 선언했던 에픽테토스[61]가 도달했던 경지라 하겠다. 장애물을 무시하거나, 잊어버리거나, "초극"하거나, 장애물을 일체 의식하지 않을 수 있는 경지에 도달함으로써, 나는 평화와 평정을 얻을 수 있다. 그럼으로써 다른 사람들을 괴롭히는 공포와 증오에서 벗어나 고결한 달관에 안착할 수 있다——이런 것도 어떤 의미에서는 분명히 자유는 자유일 것이지만, 여하간에 내가 말하고 싶었던 자유는 그런 종류가 아니었다.

스토아 현인 포시도니오스[62]는 (키케로가 전하는 바에 따르면) 고통

---

61) (옮긴이) 에픽테토스(Epictetus, 55년경~135년경): 로마 시대, 그리스인 스토아 철학자. 젊은 시절에 에파프로디토스의 노예로 있다가 황제 도미티아누스 덕분에 자유를 얻고, 니코폴리스로 망명하여 철학 학교를 세우고 명성을 얻었다. 본명은 알 수 없고, 에픽테토스란 말은 그리스어로 "얻어왔다"는 뜻이다.
62) (옮긴이) 포시도니오스(Posidonius, BC 135년~BC 51년): 그리스의 스토아 철학자, 정치가, 천문학자, 지리학자, 역사가. 당대 최고의 박식가로 다방면에 걸쳐

스러운 질병으로 죽어가면서 이렇게 말했다고 한다: "고통아, 네 한 껏 해보아라. 어떻게 해도, 나로 하여금 너를 미워하게 만들지는 못 하리라."[63] 포시도니오스에게 "자연"이란 곧 우주의 "이치(reason)" 와 같은 것이었고, 그러므로 그의 고통은 불가피한 것이었을 뿐만 아니라 이치에 맞는 것이기도 하였다. 따라서 그러한 고통을 받아들 인다는 것은 그에게 "자연"을 받아들인다는 의미에 더하여 "자연"과 혼연일체를 이룬다는 의미까지를 지니는 일이었던 것이다. 통상 자 유의 가장 기본적인 의미는 사람들이 감옥에 갇히거나 또는 문자 그 대로 노예가 되었을 때에 자유를 잃었다고 말하는 의미이다. 하지만 에픽테토스가 자유를 얻었다고 할 때의 자유는 전혀 그와 같은 의미 가 아니다. 에픽테토스 식의 스토아적인 자유의 의미는 일면 장엄하 다고 할 수는 있겠지만, 압제자에 의하여 또는 압제적인 제도에 의 하여 자유가 손상되거나 파괴된다고 말할 때의 의미와는 구별되어 야 한다.[64] 다른 것은 몰라도, 다음 한 가지에 관해서만은 루소의 통

방대한 저술을 남긴 것으로 전해지지만 모두 실전되어 확인할 수는 없다. 철학을 자연철학, 논리학, 윤리학으로 구분하고 각각 인간의 살과 피, 뼈대, 영혼에 비유했다. 우주도 마찬가지로 하나의 유기적인 전체라고 생각했다.

63) Cicero, *Tusculan Disputations*, 2.61. "Nihil agis, dolor! quamvis sis molestus, numquam te esse confitebor malum."

64) 이에 관하여 읽는 이로 하여금 안목을 넓히는 데에 도움을 주는 논의로는 Robert R. Waelder, "Authoritarianism and Totalitarianism: Psychological Comments on a Problem of Power"가 있다. 이 논문은 George B. Wilber and Warner Muensterberger(eds), *Psychoanalysis and Culture: Essays in Honour of Géza Rósheim*(New York, 1951; 제2쇄 1967), pp.185–95에 수록되어 있다. 웰더는 외부로부터의 압박이 "내면화"됨으로써 초자아(superego)의 새 틀이 만들어진 다고 말하면서 권위주의와 전체주의에 관하여 매우 의미심장한 구분을 긋고 있 다. 권위주의란 권위에 대한 복종이되 내심으로 그 명령이나 요구에 심복해야 할 필요는 없는 반면에, 전체주의에서는 독재자가 강요하는 체제에 대하여 외면 적으로뿐만 아니라 마음속에서도 순응해야 한다는 것이다. 바로 이 때문에 전체 주의에서는 외면적 복종에 더하여 교육 및 이념의 주입을 그토록 중시하는 것인

찰력을 기꺼이 인정해야 할 것으로 보인다: 자신을 옭아매는 사슬을 꽃다발로 덮어 가리기보다는 사슬로 인식하는 것이 낫다.[65]

도덕적 승리라는 개념은 보다 일상적인 의미의 승리 개념과 구분되어야 한다. 마찬가지로 정신적 자유라는 개념은 더 기본적인 의미의 자유와 구분되어야 한다. 그렇지 않으면 억압을 자유로 혼동하는 이론적인 위험이 닥칠 뿐만 아니라 자유의 이름 아래 억압을 정당화하는 현실적인 위해가 발생할 것이다. 어떤 사람이 자기가 원하는 것을 얻지 못한다고 할 때에, 얻을 수 없는 것보다는 얻을 수 있는 것을 원하도록 노력하라고 충고해 줌으로써 그 사람의 행복이나 안전이 증진되는 경우는 분명히 있다. 그러나 그러한 경우라고 할지라도 그의 시민적 또는 정치적 자유가 증진되지는 않는 것이다. 내가 자유라는 단어를 사용할 때에 그 의미는 단지 욕구가 좌절되지 않는 상태에 (이것이라면 욕구 자체를 죽임으로써도 달성될 수 있다) 그치는 것이 아니라, 있을 수 있는 선택이나 활동을 가로막는 장애물이 없는 상태, 이를테면 누군가 걷고자 할 때 길 위에 장애물이 없는 상태를 가리키는 것이다. 그러한 의미의 자유는 내가 걷기를 원하느냐 마느냐 또는 얼마나 멀리까지 걷기를 원하느냐 등에 따라 달라지는 것이 아니라, 얼마나 많은 문이 얼마나 넓게 열려 있는지, 그리고 그

바, 이제 우리는 그와 같은 일이 얼마나 끔찍한 짓인지를 이미 너무나 잘 알고 있다. 물론 비합리적 풍조나 자의적인 독재의 규칙에 대한 동화와 스토아주의와 같은 이성의 원리에 대한 동화 사이에는 하늘과 땅만큼의 거리가 있다. 그러나 그 두 경우에 작동하는 심리 장치들은 비슷하다.

65) 나에 대한 비판자 한 사람이 이 점을 아주 잘 부각한 바 있다. L. J. McFarlane, "On Two Concepts of Liberty", *Political Studies* 14(February 1966), 77–81. 매우 날카롭지만 공정하며 가치 있는 이 논문에서 맥팔레인은 많은 경우에 자유의 첫걸음은 자신을 옭아매는 사슬이 무엇인지를 아는 데에 있으며, 그 사슬을 간과하거나 그 사슬에 대하여 애정을 느끼는 한 자유가 찾아올 수는 없다는 점을 지적하고 있다.

문 각각이 내 인생에 대하여 가지는 상대적인 비중들은 어떠한지에 — 비록 이러한 점들을 문자 그대로 계량적으로 측정하기는 어쩌면 불가능할지도 모르지만[66] — 궁극적으로 달려 있는 것이다. 내가 사회적으로 그리고 정치적으로 얼마나 자유로운지는 나의 실제 선택뿐만 아니라 나의 잠재적 선택에 대해서까지 장애물이 없는 정도 및 내가 그렇게 하기로 선택했을 때 나의 행동에 대하여 장애물이 없는 정도와 일치한다. 마찬가지로, 그러한 의미의 자유가 없다는 것은 가역적인 인간의 행위에 의하여 — 의도적인 행동이든지 어떤 행동의 우연한 결과로 그리되든지 — 그러한 문이 닫혀 있다든지 또는 내가 그 문을 열고자 해도 열 수 없게 되어 있다는 것과 같다. 그 중에서 억압이라는 일컬음은 방해되는 행동이 고의로 의도된 경우에만 (또는 그러한 행동이 내 길을 가로막으리라는 점을 알면서 행해지는 경우라고 표현하는 것이 더 정확할지도 모르겠다) 마땅할 것이다. 이러한 점들이 배경으로 인정되지 않은 채 스토아적 의미의 (노예 상태라도 도덕적으로 자율적이면 "진정한" 자유라고 하는) 자유 개념을 사용하게 되면, 아주 지독한 정도의 정치적 독재에서도 자유가 가능하다는 말이 가능하게 되어 결국 다만 논의의 초점을 흐리는 결과만을 낳고 말 것이다.

　이와 같은 의미의 개인적 자유라는 관념이 서양에서 최초로 명확하게 나타난 것이 언제였는지 그리고 어떠한 상황에서였는지는 어쩌면 그다지 중요하지 않을지도 모르지만 여하간 매우 흥미로운 탐구의 주제이다. 나로서는 그러한 생각이 고대에도 명확히 형성되었다고 믿어야 할 만한 증거를 찾지 못하였다.[67] 나를 비판하는 몇몇

---

66) 아래 359쪽의 각주 25번을 참조할 것.
67) (편집자) 고대 세계의 자유에 관한 벌린의 보다 본격적인 논의는 이 책에 수록된 「그리스 개인주의의 탄생」을 보라.

사람은 이 점에서도 나와 견해를 달리하는바, 그들은 액턴이나 옐리네크[68]나 바커[69]와 같이 그러한 자유의 이상을 고대 그리스에서도 찾아볼 수 있다고 주장하는 현대의 사상가들을 인용할 뿐만 아니라, 더욱 직접적인 증거로서 헤로도토스[70]의 『역사』에서 가짜 스메르디스가 죽은 다음 장면에서 나오는 오타네스의 제안이라든지,[71] 페리클레스의 장례 연설에 나오는 유명한 자유의 찬가라든지, 투키디데스의 『펠로폰네소스 전쟁사』에서 니키아스가 시라큐스 원정길에 나서기 전에 행하는 연설 등을 인용한다. 이러한 점들을 볼 때, 정도야 여하간에, 그리스 사람들이 개인적 자유에 관하여 명확한 인식을 가

---

68) (옮긴이) 옐리네크(Georg Jellinek, 1851~1911): 독일의 법철학자. 넓게는 법실증주의에 속하지만, 그중에서는 법과 사회의 본원적 관계를 강조했다. 권리 또는 법은 문화에 따라 다른 것이 아니라 보편성을 가진다고도 주장했다.

69) (옮긴이) 바커(Sir Ernest Barker, 1874~1960): 영국 정치학자. 정치사상을 이상적인 관점에서 해석하고 도덕적인 사회를 건설하는 데에 국가가 어떻게 기여할 수 있을지를 탐구하였다.

70) (옮긴이) 헤로도토스(Herodotus, BC 484년~BC 425년): 고대 그리스의 역사가. 페르샤 제국의 기원에서부터 그리스와의 전쟁까지를 서술한 『역사』를 저술하여 키케로에 의해 "역사의 아버지"라는 별명을 얻었다. 그러나 책에 서술된 이집트나 페니키아 등지에 관한 내용들이 근거가 없다는 점에서 "거짓말의 아버지"라는 악명으로 불리기도 한다. 최근에는 그의 이야기가 날조만은 아니라는 점이 인정되고 있다.

71) (옮긴이) 페르시아 제국의 창건자 퀴로스 대왕의 아들 캄뷔세즈 3세는 이집트 원정길에 나서면서 반역을 염려하여 동생 스메르디스를 비밀리에 죽이고 간다. 진짜 스메르디스의 죽음이 비밀로 봉해진 탓에 메디아의 마기 부족의 일원 가우마타가 스메르디스라 자처하면서 그 틈에 왕위를 찬탈한다. 캄뷔세즈는 급거 귀국하지만 도중에 죽고 가짜 스메르디스가 왕 노릇을 계속한다. 딸을 왕에게 시집 보낸 오타네스(Otanes)는 왕이 가짜임을 알게 되어 동료 6명을 규합해서 가짜를 죽이는 데 성공한다. 그 후 새로운 정부의 형태에 관한 논의가 이어지는데 오타네스는 민주정을, 메가뷔조스는 과두정을, 다리우스는 군주정을 제안하고, 군주정으로 결론이 나서 다리우스가 왕위에 오른다. 오타네스는 다리우스 정부에 반대도 참여도 하지 않겠다고 하고 다리우스는 그의 자유를 허용한다(Herodotus, *Histories*, 3. 79-83).

지고 있었다고 보아야 하지 않느냐는 것이다. 그러나 이 모두를 다 합하더라도 결정적인 증거는 될 수 없다는 것이 내 생각임을 밝히지 않을 수 없다. 페리클레스와 니키아스가 아테네 시민의 자유와 민주적이지 못한 다른 나라 백성들의 운명을 비교할 적에 그들이 말한 바는, (내가 보기에) 아테네의 시민들이 자치라는 의미에서 자유를 누리고 있다는 것, 다시 말하여 아테네의 시민들은 그 어떤 주인에게 종속되어 사역하는 노예가 아니라는 것이었다. 그러니까 아테네의 시민들은 강제당할 필요도 없이, (스파르타나 페르시아에서처럼) 야만적인 법률이나 감독이 몽둥이나 채찍으로 때려서가 아니라 자기네 폴리스를 사랑하는 마음에서 공민적 의무를 다하고 있다는 말이었다. 빗대어 보자면, 결과는 똑같다고 하더라도 다른 학교에서는 학생들이 인정사정없는 교칙에 따라 혼날까 봐 겁나서 그 일을 하는 반면에, 우리 학교의 학생들은 강제로 시키지 않더라도 학교를 향한 충정으로 가득 차서, "협동심"에 의하여, 연대감과 소속감에 충만하여, 훌륭한 원칙에 따라 생활하고 행동한다고 말하는 교장 선생의 경우와 비슷하다고 할 수 있다. 그러나 이러한 사례 그 어떤 경우에도, 한 개인이 ─ 에피쿠로스[72]가 제창하였듯이 그리고 아마도 그전에 퀴니코스학파[73]나 키레네학파[74]가 소크라테스를 계승하여 설법하

---

72) (옮긴이) 에피쿠로스(Epicurus, BC 341년~BC 270년): 헬레니즘 시대 그리스의 철학자. 선악은 감각에서 나오므로 즐거운 감각을 주는 것이면 좋다. 죽고 나면 아무것도 감각할 수 없으니 죽음은 선도 악도 아무것도 아니다. 즐거운 감각은 자기에게 부족한 것이 채워질 때도 오지만 외부의 어떤 것에도 신경 쓰지 않고 의존도 하지 않음으로써 얻을 수도 있다고 가르쳤다. 종교를 위선으로 공박하였지만 정치에는 거의 관심을 기울이지 않았다.

73) (옮긴이) 퀴니코스학파(the Cynics): 소크라테스와 스토아 철학의 사이에 위치하는 그리스의 철학학파. 자신을 개에 비유한 디오게네스에서 퀴니코스학파(犬儒學派)라는 명칭이 유래했다. 세상의 모든 가치는 시대와 공간에 따라 달라지는 상대적인 것인 만큼 덧없다고 보고, 심지어 인간과 동물의 구분마저도 자의적인

였듯이 ─ 공적 활동을 완전히 버리고 개인적인 친구들과 더불어 자신만의 영역에 침잠하여 사적인 목적만을 추구하더라도 체면이 손상되지도 않고 경멸의 대상이 되지도 않으며 그 자신의 인간적 가치가 훼손되지 않을 수도 있다는 점에 시선이 미치지는 않는다. 오타네스의 경우는 아리스토텔레스가 말하는 진정한 공민적 자유의 정반대, 즉 다스리지도 다스림 받지도 않는 상태를 원한 것이 맞다. 따라서 이와 같이 개인적 자유를 지향하는 태도가 헤로도토스의 시대에도 정치에 초연한 사상가들의 ─ 예컨대 소피스트에 속하는 안티폰[75]이라든지 또는 심지어 소크라테스의 경우도 해석하기에 따라서는 그러했다고 할 수 있겠다 ─ 사유 속에서 잉태되었다고 말할 수 있을지 모른다. 그러나 그러한 태도들은 특별한 몇 사람의 경우에 국한되었을 뿐만 아니라, 에피쿠로스 이전까지는 본격적인 형태로 발전되지 못하였다. 요컨대, 그 시대에는 개인적 자유라고 하는 문제, 다시 말해서 세속적인 영역에서든 종교적 영역에서든 공공적인 권위가 특별한 이유가 없는 한 침범해서는 아니 될 개인 생활의 경계선에 관한 문제가 내가 보기에 분명한 형태로 정형화되지 않았다고 생각된다. 아마도 (내가 그 강연의 끝에서 두 번째 문단에서 언급한 바와 같이) 개인적 자유에 오늘날 부여되어 있는 가치의 핵심 부분은 자본주의 문명의 발전에 따른 소산이었던 것 같다. 즉 개인의 권리,

---

관습으로 보면서 자연적이며 동물적인 삶을 주장하고 실천했다.

74) (옮긴이) 키레네학파(the Cyrenaics): BC 4세기에 시작된 그리스의 철학학파. 극단적인 쾌락주의로 일체의 정신적 쾌락을 부인하고 즉각적인 육체적 욕구 충족을 선으로 보았다.

75) (옮긴이) 안티폰(Antiphon, BC 480년~BC 403년): 고대 그리스의 수사학자, 연설가, 정치인, 소피스트. 인간에게 필요한 것은 자연의 법칙이고, 인간의 법률은 단지 일반 대중이 지지해서 생긴 공연한 첨가물로서 자연의 법칙으로부터 오는 명령을 듣지 못하게 막을 뿐이라고 주장했다. 당대 안티폰이라는 동명이인이 사실은 둘, 또는 세 명이었다는 설도 있다.

시민적 자유, 개성의 존중, 사생활의 중요성, 개인적 인간관계의 중요성 등등의 가치들로 이루어진 그물망 안에 속하는 하나의 요소로서 개인적 자유라는 가치도 포함된 것으로 보인다. 내가 하고 싶은 말은 오늘날 우리가 개인적 자유라고 일컫는 것을 그리스 사람들이 실제로 향유하지 않았다는 말이 아니라,[76] 그 개념이 그 당시에는 명료한 형태로 출현하지 않았으며, 따라서 그리스 문화에서 또는 아마도 우리가 알고 있는 그 어떤 고대 문명에서도 그 개념이 중심적인 위치를 점하지는 않았다는 주장일 따름이다.

　그 시대 사회발전의 모습이 그 정도의 단계에 머무르고 있었다는 징후 또는 그랬기 때문에 발생한 부산물의 예로는 다음을 들 수 있다: 스토아학파 이전에는 (자발적 행위라고 하는 문제와는 달리) 자유의지라는 문제는 하나의 문제로 감지되지 않았다. 그랬기 때문에, 다양성 그 자체가──그러므로 획일성에 대한 혐오가──그 시대에는 하나의 이상으로 추앙되지도 않았고 어쩌면 이상의 자리를 향한 하나의 후보로서 정형화되지도 못한 것이 논리적으로 당연하다고 생각된다. 다양성이 이상으로 인정된 것은 르네상스 이후이며 만개한 것은 18세기에 접어든 다음이기 때문이다. 내가 보기에 이러한 종류의 주제들이 등장하는 것은 오랫동안 당연시되어 오던 삶의 형식 및 그 형식을 구성하는 사회적 행동의 유형들이 뿌리에서 뒤집힌 다음, 그 변화에 관한 의식적 반성의 필요성이 인식되어 실제로 논란이 벌어지기 시작할 때인 것이다. 사람들에게 논란 거리를 제공하였고 때때로 이편저편을 갈라 싸움이 벌어지게 만들었던 가치는 지금까지 무수히 많았다. 그런데 그중에는 인류 역사의 초창기에 아예

---

76) 그리스 사람들이 그러한 자유를 상당히 누렸다는 가설에 대한 증거는 곰므(A. W. Gomme)를 비롯한 일군의 학자들에 의하여 풍부하게 제시된 바 있다.

언급조차 되지 않았던 것들도 많다. 그때에는 그 가치가 전혀 문제시될 수 없는 삶의 전제였기 때문이었든지, 혹은 원인이야 어디에 있든 당시 사람들로서는 그 문제를 인식하지 못했기 때문일 수도 있을 것이다. 보다 정교하게 발전된 형태의 개인적 자유가 사람들의 의식 안으로 파고들어가지 못한 까닭이 어쩌면 빈곤하고 열악하며 압제적인 환경 때문이었는지도 모른다. 음식도 온기도 누울 자리도 최소한의 안전도 충분하지 못한 상태에서 살아가는 사람들이 계약의 자유나 언론의 자유에 대단한 신경을 쓰리라고 기대할 수는 없는 노릇이다.

내가 보기에 잘못이라고 판단되는 생각을 여기서 하나 더 짚고 넘어가는 것이 이야기를 분명하게 하는 데에 도움이 될 것 같다. 그것은 자유를 활동 그 자체와 동일시하려는 생각이다. 예컨대 에리히 프롬[77]이 시대의 조류에 관한 감동적인 글에서 자유란 총체적이고 통합된 인격이 자발적으로 그리고 합리적으로 활동하는 것이라고 말할 때, 그리고 그러한 프롬의 취지를 버나드 크릭이 부분적으로 답습할 때,[78] 나는 그들의 생각에 동의하지 않는다. 내가 논하는 자유는 행동의 기회이지 행동 그 자체는 아니다. 가령 열려 있는 문으로 걸어 나갈 권리를 내가 향유하고 있지만 만일 내가 그러고 싶지 않아서 가만히 앉아 움직이지 않는다고 할 때, 그 때문에 내가 덜 자

---

77) (옮긴이) 에리히 프롬(Erich Fromm, 1900~1980): 유대계 독일 출신으로 프랑크푸르트학파의 주요 멤버였던 심리학자, 사회철학자. 나치의 박해를 피해 1934년 미국으로 건너간 후, 미국, 멕시코, 오스트리아의 여러 대학에서 강의했다. 프로이트의 심리분석과 마르크스의 자본주의 비판을 결합하여 자본주의 사회의 소외를 고발했다.

78) 1966년 크릭(Bernard Crick)의 셰필드(Sheffield) 대학 취임 강연 *Freedom as Politics*(Sheffield, 1966). 이 논문은 *Political Theory and Practice*(London, 1972)에 재수록되었다.

유롭게 되었다고 할 수는 없다. 자유란 행동할 수 있는 기회이지 행동 그 자체는 아닌 것이다; 그것은 행동의 가능성이지, 프롬이나 크릭이 생각하듯이 그 가능성의 능동적 실현을 반드시 뜻해야 하는 것은 아니다. 더 활력 있고 풍부한 삶에 이르는 수많은 길이 있겠지만 그 모두에 대하여 관심이 없어서 신경을 쓰지 않는 사람이 있을 때—그에게 그 어떤 다른 근거에서 비난을 퍼부을 수는 있을지언정—그 때문에 그가 자유롭지 않은 것은 아니라고 인정하기만 하면, 프롬이나 크릭 식으로 말하는 방식에 대하여 내가 시비를 걸어야 할 까닭이 전혀 없을 것이다. 그러나 유감스럽게도 프롬은 그런 식의 소극성을 인격이 통합되지—그에게는 인격의 통합이 곧 자유이거나 아니면 자유를 구성하는 필수불가결의 요소이다—않았다는 징조로 해석할 것이며, 크릭은 그런 식의 무관심은 자유라 일컫기에는 너무나 활력이 없고 너무나 겁을 집어먹은 태도라 생각할 것이다. 완전한 삶을 앞장서서 전파하는 이 두 사람의 이상에 대해서만은 나 역시도 공감하는 바가 있다. 그러나 그 이상을 자유와 동일시하는 것은 두 개의 서로 다른 가치를 혼동하는 격이다. 자유는 활동 그 자체라고 말하게 되면 자유라는 개념이 지나치게 넓은 의미를 가지게 된다. 그 결과, 행동할 권리 및 행동할 자유라고 하는 중심 문제가, 역사 기록이 시작된 이래 거의 줄곧 사람들이 논란과 투쟁을 벌여 왔던 문제의 초점이, 흐려지고 희석될 뿐이다.

　이제 다시 자유의 두 개념으로 돌아가 보자. 나는 두 개의 질문, 즉 "나는 누구에 의하여 다스림을 받는가?"와 "나는 얼마나 다스림을 받고 있는가?"를 구분하고자 하였던바, 나를 반대하는 사람들은 이 구분에 대하여 (그들은 이 구분이 현실에 별로 기반을 두지 않은 구분을 위한 구분이라고 보거나 또는 현실에 약간 기반이 있더라도 그 기반을 내가 엄청 과장했다고 생각한다) 많은 논란을 벌여 왔다. 그러나 나로서는 아무리 생각해 봐도 그 두 질문이 똑같은 질문일 수도 없고 그 두 질문 사이의 차이가 중요하지 않다고도 생각할 수 없음을 밝히지 않을 수 없다. 그 각각에 대한 대답도 서로 다른 종류일 수밖에 없고, 따라서 그 두 종류의 대답 각각에는 서로 다른 의미의 "자유"가 스며들게 되는데, 내가 보기에는 그 대답의 차이 및 자유의 의미상 차이가 결코 사소한 것이 아니며 더군다나 무슨 혼동에 기인한 것이라고는 전혀 생각할 수 없다. 사소하기는커녕, 역사적으로 보거나 개념적으로 보거나, 이론적으로 보거나 실천적으로 보거나, 이 문제는 핵심적으로 중요하다는 것이 나의 변함없는 믿음이다.

여기서 잠깐 내 요지를 다시 제시하기로 한다. 내가 그 표현들을 사용한 의미에서 "적극적" 자유와 "소극적" 자유는 그 논리적 출발점에서부터 의미상의 거리가 상호간에 멀리 떨어진 것은 아니다. "누가 주인인가?"라는 질문과 "나는 어떤 영역에서 주인인가?"라는 질문이 전적으로 분리될 수는 없기 때문이다. 나는 내가 스스로 결정을 내리기 원하며, 아무리 현명하고 선의로 가득 차 있더라도 다른 사람의 지시대로 행동하고 싶지는 않다. 내 행동은 다른 사람이 시켜서 하는 것이 아니라 바로 나 자신의 행동이라는 점에서 그 어느 것과도 바꿀 수 없는 가치를 지닌다. 그러나 나는 완전히 자족적이지도 사회적으로 전능하지도 않으며, 언젠가 그렇게 되리라 기대할 수도 없다.[79] 다른 사람의 행동으로 말미암아 내 앞길에 끼어들어

---

79) 자유라는 것은 항상 세 개의 항으로 이루어진 관계라는 주장이 있다: 누가 자유롭기를 원한다는 말은 그가 Y를 하기 위하여 또는 Y가 되기 위하여 X로부터 자유로워지기를 원한다는 말이다; 그러므로 "모든 자유"는 동시에 적극적이며 소극적이거나, 아니면——더 정확하게 말하자면——적극적이지도 소극적이지도 않다는 말이다. G. C. MacCallum, jr., "Negative and Positive Freedom", *Philosophical Review* 76(1967), 312-34를 보라. 이 논문은 Peter Laslett, W. G. Runciman and Quentin Skinner(eds), *Philosophy, Politics and Society*, 4th

온 장애물을 내가 모두 제거할 수 있는 것은 아니다. 그리하여 나는 그것들을 무시해 보려 하고, 그것들을 실체 없는 환각에 불과한 것처럼 대하기도 하고, 또는 그것들과 "뒤엉켜 지내"고자 나 자신의 내면적 원칙이나 양심이나 도덕 감각에 그것들을 귀속시키기도 한다; 아니면 어떤 공동사업의 명분 아래 마치 그 사업이 나의 보다 큰 자아이기나 한 것처럼 나 자신의 정체감을 녹여 넣어보고자 애쓰기도 한다. 그러나 다른 사람들로 인한 장애 및 갈등을 해소하거나 초극하려는 그 모든 영웅적 노력에도 불구하고, 내가 스스로 기만에 빠지기를 원하지 않는다면, 나 자신의 정체성이라는 개념 자체가 다른 사람들과의 완전한 조화라는 개념과 양립할 수 없다는 점을 나는 인정해야만 한다. 다시 말하여, 만일 내가 모든 측면에서 다른 사람들에게 의존하려는 것이 아니라면, 다른 사람들이 마음대로 간섭할 수는 없는 나만의 어떤 영역이, 그들이 그럴 수 없다는 점에 내가 기댈 수 있는 어떤 영역이 나에게 반드시 확보되어야 하는 것이다. 내가 주인이며 주인이어야 하는 영역이 어디까지이냐는 질문은 바로 그러한 배경 위에서 제기되는 것이다. 내 주장의 요체는 역사적으로 고찰할 때에 "적극적" 자유의 ─ "누가 주인인가?"라는 질문에 대한 대답에 함축되어 있는 ─ 개념은 "내가 주인 노릇을 하는 것은 어떤 영역에서인가?"라는 질문에 대답하는 형태로 표현되는 "소극적" 자유의 개념에서 갈라져 나왔으며; 자아라는 개념이 "보다 낮은", "경험적", "심리적" 자아 및 본성과 그러한 자아 및 본성을 다스리도록

Series(Oxford, 1972)에 재수록되었다. 이 주장은 내가 보기에 오류이다. 사슬에서 풀려나려고 분투하는 사람, 또는 노예상태에서 벗어나려고 싸우는 민족이 어떤 상태를 지향하는지에 관하여 반드시 명확한 청사진을 의식하고서 그리 하는 것은 아니다. 자유를 원하는 사람이 일단 자유를 얻으면 그것을 어떻게 사용할 것인지에 관하여 반드시 미리 알아야 하는 것은 아니다; 그는 다만 멍에를 제거하고 싶을 뿐이다. 이는 계급이나 민족의 경우에도 마찬가지이다.

되어 있는 "보다 높은", "진정한" 또는 "이상적" 자아로 형이상학적 분열을 거침에 따라, 나의 일상적인 열등한 자아와 그 자아에 대하여 주인 노릇을 해야 하는 "내가 최선의 상태에 있을 때의 자아"로 분열됨에 따라, 콜리지[80] 식으로 표현하자면 대문자로 쓴 **나의 자아**(I AM)와 그 자아가 시간과 공간을 초월하지 못하고 그 안에서 육화되어 나타나는 자아로 분열됨에 따라, 그 두 자유 사이의 간극이 넓어졌다는 것이다.

두 개의 자아라고 하는 이 형이상학적 발상이 고대에서부터 팽배했던 것은 어쨌든 내면의 갈등을 진짜로 겪는 경우가 있으며, 그러한 갈등이 언어와 사유 및 행동에 지대한 영향을 미쳐 왔기 때문일 것이다. 역사적 연원이 어떠하든지, 그런 식으로 설정된 "보다 높은" 자아라는 개념은 이내 사회제도, 교회, 민족, 인종, 국가, 계급, 문화, 정당, 그리고 실체성이 더욱더 모호한 존재들, 즉 일반의사, 공동선, 사회 내의 개명된 세력, 가장 진보적인 계급의 전위(前衛), 섭리의 현현(顯現) 등과 동일시되었다. 내 주장은, 애당초 자유의 신조로서 출발하였던 것이 그러한 동일시의 와중에서 권위의 신조로 또는 때로 억압의 신조로 탈바꿈하여 독재의 편을 드는 무기가 되어 버렸다는 것이다. 우리 시대에 이 현상은 너무나 익숙하여졌기 때문에 이제 그것 때문에 놀랄 사람도 없다. 소극적 자유만을 고수하였다고 하더라도 마찬가지의 운명에 처할 수 있었다는 점을 나는 또한 빠뜨리지 않고 지적하였다. 두 개의 자아를 구별하는 사람들 가운데

---

80) Coleridge, *Biographia Literaria*(1817), Chapter 12, Theses 6-7, 그리고 Chapter 13 마지막에서 세 번째 문단을 보라.
(옮긴이) 콜리지(Samuel Taylor Coleridge, 1772~1834): 영국의 시인, 비평가, 철학자. 워즈워드와 더불어 영국 낭만주의 운동을 선도하였고, 강연을 통해 칸트를 영국에 소개하였다.

어떤 사람들은 "보다 높은" 또는 "이상적" 자아를 그 고유의 발전을 가로막는 장애물, 즉 "보다 낮은" 자아의 간섭이나 "속박"에서——유대교나 기독교 신학자들이 가장 전형적이지만 19세기의 관념론 형이상학자들도 이 입장을 공유한다——풀어 주어야 한다고 말한다. 반면에 다른 사람들은 천박한 것의 실체는 사회제도 안에 내재한다고, 다시 말해서 비합리적이며 잔인한 성정과 같이 "진정한" 자아 또는 "보다 높은" 자아 또는 "최선 상태의 나"로 하여금 그 본연의 길을 따라 발전하지 못하도록 방해하는 사악한 힘에 봉사하는 사회제도의 형태로 구현되어 있다고 생각한다. 정치이론의 역사가 (개신교의 일부 종파에서 실제로 그랬던 것처럼) 후자와 같이 "소극적"인 방향으로 흘러가려면 갈 수도 있었을 것이다. 그러나 실제 역사에서 그런 방향의 이론들은 상대적으로 드문 것이 사실이다——예를 들면, 초기 자유주의, 무정부주의, 그리고 민중주의 계열의 일부 이론 정도가 이에 속할 뿐이다. 반면에 대다수의 정치이론에서 자유는 형이상학적인 경향을 가진 저술가에 의하여, 시공의 한계 안에 국한되어 경험적이고 유한한 개인적 존재인 한 사람 한 사람의 내면에 있는 자아가 아니라, 그보다 광활한 삶의 형식들, 이를테면 전통이나 제도와 같은 것들을 통하여 구현되는 진정한 자아의 실현으로 정의되었다. 그러한 사상가들은, 내가 보기에, 대부분의 경우 자유를 그러한 제도적 ("유기체적") 삶의 형식들이 태어나 자라는 "적극적" 활동으로 정의하지, 개인의 앞길을 가로막는 장애물은 물론이고 심지어 그러한 "유기체"들의 앞길을 가로막는 장애물이라 할지라도 단순히 그 장애물의 ("소극적") 제거로 자유를 정의하지는 않는다. 장애물이 없는 상태란 자유 그 자체라기보다는 기껏해야 자유를 위한 수단 또는 조건으로 간주되는 것이다.

소극적 자유에 대한 신봉이 일정한 부류의 사회악과 논리적으로 양립가능하다는 점, 그리고 (관념이 행동에 영향을 미치는 만큼) 실제로 그러한 사회악이 크게 그리고 지속적으로 자라나는 데에도 일정 부분 작용하였다는 점을 잊지 말아야 한다는 데에는 의문의 여지가 없다. 내가 주장하고 싶은 것은 "소극적" 자유나 "적극적" 자유나 사악한 형태로 주장될 수 있고, 그때 말뿐인 정당화 또는 야바위 논리가 양쪽에서 모두 활용될 수 있지만, 소극적 자유가 그런 식으로 포장되어 옹호된 경우는 "적극적" 자유의 경우에 비하여 훨씬 드물다는 것이다. 불간섭의 이론이 (사회진화론이 그러하였듯이) 정치적으로 그리고 사회적으로 파괴적인 정책을 지탱하는 도구로 악용되고, 약한 사람들 및 다정하고 온유한 사람들을 무참히 짓밟아 버리는 난폭한 강자, 재주나 행운을 많이 타고나지 못한 사람들을 고려할 줄 모르는 무자비한 우등 인간들의 기세를 올려주는 무기로 활용되어 왔다는 것은 두말 할 필요가 없는 사실이다. 이리떼의 자유가 양떼에게는 죽음을 뜻하는 경우란 흔한 것이다. 경제적 개인주의와 고삐 풀린 자본주의의 경쟁에 관한 피로 얼룩진 이야기들은 오늘날 새삼 강조해야 할 필요가 없을 정도이다——그 강연 당시 특별히 강조하지 않았던 것은 이 때문이었을 것이다. 그것은 그렇다 치더라도, 나를 비판한 사람들이 내가 주장했다고 뒤집어씌운 엉뚱한 견해를 생각하면, 내 주장 중에서 아마도 몇 가지 부분에는 특별히 밑줄을 쳐서 강조하는 지혜를 발휘하였어야 했던 것 같다. 그러니까 무제한적인 자유방임의 폐해가, 그리고 그러한 무한경쟁을 허용하고 조장하는 사회체계 및 사법체계의 폐해가, "소극적" 자유에 대한 침해, 즉 (압제자를 막아 줄 방호벽이라는 점에서 항상 "소극적"인 개념일 수밖에 없는) 기본적 인권——자유로운 의사 표현 및 결사의 권리 등, 그것 없이도 정의나 박애 또는 심지어 일정한 종류의 행복조차 혹시 존재할 수 있을지 모르나 민주주의는 존재할 수 없는 권리——에 대한 광포한 침해로 이어진다는 점을 그 글에서 강조하였던 것보다 더 강조했어야만 했던 것 같다. 뿐만 아니라, 개인 또는 집단이 "소극적" 자유를 어떤 정도로라도 의미 있게 행사할 수 있는 최소한의 조건——이 조건이 채워지지 않은 상태에서 이론적으로만 보유되는 자유는 당사자들에게 아무런 가치도 없다——을 고삐 풀린 경쟁의 체제가 제공하지 못한다는 점을 (말할 필요도 없이 명백하다고 생각해서 생략했던 것이기는 하지만) 힘주어 강조했어야만 했던 것 같다. 권리를 집행할 힘이 없다면 권리가 무슨 의미를 가지겠는가?

도시에서 주로 발생하였던 상처 입은 대중들의 참상, 아이들은 광산이나 공장에서 망가지고 부모는 가난과 질병과 무지에서 벗어나지 못하는 실정, 빈자도 약자도 자신의 돈을 원하는 방식으로 소비할 수 있고 원하는 교육을 받을 수 있는 (코브덴[81]과 허버트 스펜서 그리고 그들의 제자들이 적어도 겉으로 보기에는 그 이상 진지할 수 없을 정도로 그 실현을 위해 노력하였던) 법적 권리 운운하는 것이 아니꼬운 조롱으로밖에 들리지 않는 상황 등등, 고삐 풀린 경제적 개인주의의 지배 아래 개인의 자유가 어떤 운명에 처하게 되는지에 관해서는, 현재의 주제에 관심 있는 진지한 저술가라면 거의 모두가 한번쯤 다루었기 때문에, 충분히 이야기되었다는 것이 내 생각이었다.

그 모든 악명 높은 참상들이 다 맞는 말이다. 법률상의 자유란 극단적인 형태의 착취, 무자비, 불의와 양립할 수 있다. 그러므로 개인들의 적극적 자유를 위해서 또는 적어도 최소한의 소극적 자유를 위

---

81) (옮긴이) 코브덴(Richard Cobden, 1804~1865): 제조업자 출신의 영국 자유당 발본과 정치인. 지주의 이익을 위해 대륙에서 곡물 수입을 금지한 곡물법(Corn Law) 때문에 곡물 가격이 앙등하여 노동자들이 피해를 입는 현실을 타파하고자 곡물법 폐지에 앞장서서, 마침내 보수당의 필(Robert Peel)로 하여금 자기 당을 분열시키면서까지 곡물법을 폐지하도록 설득했던 인물.

한 조건을 확보하기 위하여 국가 또는 어느 다른 효과적 대리자가 나서서 간섭해야 한다는 주장에는 지극히 강력한 일리가 있는 것이다. 토크빌,[82] 존 스튜어트 밀, 그리고 (근대의 어떤 사상가보다도 더 높이 소극적 자유를 찬양하였던) 방자맹 콩스탕[83] 등, 자유주의자들이 그 점을 몰랐던 것은 아니다. 사회법이나 사회계획, 복지국가나 사회주의 등을 지향하는 논거는 적극적 자유에 근거하여 구성될 때만큼이나 소극적 자유에 근거하여 구성될 때에도 타당성을 가질 수 있다. 그리고 만약 실제 역사에서 소극적 자유에 근거해서는 그러한 주장이 별로 나타나지 않았다고 한다면, 그 까닭은 소극적 자유의 개념이 자유방임이라는 악에 대해서보다는 독재라는 악에 대한 싸움에서 무기로 사용되어 왔기 때문이다. 한 시대에 어떤 집단 또는 사회를 가장 크게 위협한 위험이 무엇이었는지를──즉, 과도한 통제와 간섭이 문제인지 아니면 제동장치가 없는 "시장" 경제가 문제인지──살펴보면 자유의 두 개념이 각각 어떻게 대두하였다가 쇠퇴하게 되는지를 대체로 추적할 수 있다. 그 두 개념은 모두 스스로 저항하고자 하였던 바로 그 해악에 봉사하고야 마는 목적의 전도(顚倒)에 빠질 수 있다. 그러나 현재의 시점에서[84] 자유주의적 개인지상주의

---

82) (옮긴이) 토크빌(Alexis de Tocqueville, 1805~1859): 프랑스의 정치사상가, 역사가. 혁명으로 몰락한 귀족 가문 태생으로 민주화의 흐름 자체는 불가피하겠지만 그것이 과도한 국가권력의 강화로 이어질 수 있음을 우려하였다. 영국이나 미국의 자유로운 시민 문화에 입각한 대의제가 민주화라는 폭풍의 물꼬를 안전하게 유도할 수 있는 길로 여겼다.

83) (옮긴이) 콩스탕(Benjamin Constant, 1767~1830): 스위스 위그노파였던 조상의 후손으로 태어난 프랑스의 작가, 사상가, 자유주의 좌파 정치인. 개인 자유, 개인에 대한 정부 권위의 규제, 그리고 참정권 확산을 주장하였다.

84) (옮긴이) 이 서문은 1967년에 초고가 완성되고 교정을 거쳐 1969년에 출판되었다. 소련 붕괴 이후 목소리를 높이고 있는 "신자유주의"에 대한 통속적 우려에 대하여 벌린이 액면 그대로 동조하지는 않았을 것이 틀림없다. 그러나 만일 그

가 세력을 강화하고 있다고는 볼 수 없는 반면에, "적극적" 자유라고 하는 수사가 왜곡된 형태로 전도되어, 더 광범한 자유를 위한다는 명분 아래, 독재를 은폐하는 역사적 역할을 계속하여 (자본주의 사회와 자본주의에 반대하는 사회를 막론하고) 수행하고 있다는 증거는 훨씬 많다.

"내가 누구에 의하여 다스림을 받고 있는가?"라는 질문에 대한 대답 안에서 잉태되는 "적극적" 자유는 하나의 보편타당한 목표이다. 이 점을 내가 의심하고 있다는 말을 듣게 된 연유를 나로서는 도무지 알 수가 없다. 뿐만 아니라, 민주적 자치가 인간의 기본적 필요이며 그 자체로서 가치를 가진다는 점에 대해서도 내가 의심하고 있다는 말을 듣게 된 연유를 도무지 알 수 없다. 소극적 자유의 요구 또는 어느 다른 목적과 충돌하든지 않든지 민주주의의 요구는 인간의 기본적 필요에 해당한다. 그리고 민주주의의 가치는, 예컨대 그것이 없으면 소극적 자유가 너무나 쉽게 박살날 터이기 때문에 옹호한 콩스탕이나, 행복을 달성하기 위한 필수불가결한 수단으로 ── 그러나 여전히 수단으로 ── 간주하여 옹호한 밀 등의 생각과는 달리, 민주주의 이외의 이유에서 나오는 것이 아니라 그 자체로서 본원적이다. 다시금 반복하건대, 내 주장은 적극적 자유라고 하는 발상이 그 정반대에 해당하는 권위의 신격화라는 결과로 뒤바뀌는 일이 실제로 일어났으며, 바로 그러한 일이 우리 시대를 특징짓는 가장 흔하면서도 가장 암울한 현상 중의 하나로 등장한 지가 오래되었다는 것뿐이다. 이에 비하면, ("내가 얼마나 다스림을 받고 있는가?"라는 질문에 대한 대답 안에서 잉태되는) "소극적" 자유의 발상이, 이 역시 고삐가 풀려

가 현재의 시점에서 말했다면, 본문에서처럼 경쟁보다는 거창한 명분 아래 행해지는 독재가 더 문제라고 한마디로 단언하지는 않았을지 모른다.

서 날뛰게 되면 재앙을 초래할 수 있겠지만, "적극적" 자유가 그랬던 것처럼 그 원래의 의미에서 멀리 벗어나 사회적으로 그리고 형이상 학적으로 사악하며 음울한 형태로, 그 이론가들 자신의 손에 의하여, 왜곡된 경우는 사례의 수에 있어서 적을 뿐만 아니라 그 실제적 효과에 있어서도 상대적으로 미미한 것이 ── 그런 차이를 낳은 이유나 원인이 무엇이든지 ── 실제 역사이다. 적극적 자유라는 발상은 그 정반대에 해당하는 형태로 뒤집은 다음에도 여전히 그 원래의 순결한 모습에서 벗어나지 않았다고 갖다 붙일 수 있는 여지가 있다. 이에 비하여 소극적 자유라는 발상은 훨씬 자주, 좋게든 나쁘게든, 그 있는 그대로의 모습이 적나라하게 폭로되었다. 소극적 자유라는 발상에 어떠한 재앙이 함축되어 있는지에 관하여 지난 백 년의 세월 동안 행해진 강조가 부족하지는 않은 것이다. 그렇기 때문에, 현 시점에서 소극적 자유의 부작용보다는 적극적 자유의 부작용을 폭로해야 할 필요가 더 크다고 나는 생각한다.

적극적 의미이든 소극적 의미이든 자유를 방해할 수 있는 새로운 방법들이 19세기 이래 나타나 실제로 자유를 방해했다는 점도 나는 부인하고 싶지 않다. 경제적 생산성이 증폭되는 시대에 두 가지 종류의 자유를 공히 방해할 수 있는 경로는 여러 가지가 있다. 예를 들면, 향상된 생산성의 이득이 일부 집단이나 국가, 즉 부자와 강자의 손아귀 안에서는 지나치게 배타적일 정도로 축적될 수도 있지만 나머지 집단이나 국가는 그로부터 철저하게 배제되는 상황, 그 결과 사람들 사이에서 자꾸만 벽이 두꺼워지고 개인 및 계급의 자아계발을 향한 문이 닫히게 되는 사회형태를 초래하고야 마는 (그리고 다시 그러한 사회형태로 인하여 이런 상황이 더욱 심화되는) 상황을 허용하거나 조장하는 것이 그 한 경로일 것이다. 때로는 공공연히, 때로는 은밀히, 차별적인 사회 정책 및 경제 정책에 의하여, 교육 정책을 날림

으로 짜거나 여론에 영향을 미치는 수단을 조작함으로써, 도덕의
영역을 입법에 의하여 강제함으로써, 그밖에 자유를 옹호한 선구자
들이 비난해 마지않았던 노골적이며 무자비한——노예제나 투옥과
같은——억압[85]에 못지않게 효과적으로 인간의 자유를 종종 가로막
고 축소시켰던 수많은 조치들에 의하여, 그런 일은 실제로 행해져
왔다.

  지금까지 밝힌 나의 입장을 요약하면 다음과 같다. 한 사람이 소극
적 자유를 어느 정도로 가지고 있는지는, 이를테면 그에게 어떤 문

---

85) 영국이라고 해서 그처럼 노골적인 폭력, 즉 자의적 지배를 방지한다든가, 자유
   의 적을 억누르기 위해서라든가, 여태까지 노예상태에 있었던 민족이나 계급을
   해방시키기 위함이라는 고상한 기치 아래 때때로 행해지는 폭력이 없다고는 할
   수 없다. 이 점에 관하여 나는 코프먼의 발언에 대부분 동의한다. A. S.
   Kaufman, "Professor Berlin on Negative Freedom", *Mind* 71(1962), pp. 241–3.
   코프먼의 논지 중 몇 개는 그 전에 코언이 나를 공격한 데서도 나타났었다.
   Marshall Cohen, "Berlin and the Liberal Tradition", *Philosophical Quarterly*
   10(1960), 216–27. 코프먼의 반론 중 몇 가지는 지금까지의 논의를 통하여 대답
   이 되었기를 나는 바란다. 다만 그와 조금 더 따져보고 싶은 문제가 하나 있다.
   내가 보기에 그는 인위적 수단에 의하여 초래되지 않은 구속이나 장애도 사회
   적, 정치적 자유의 박탈로 간주하는 것 같다. 나는 이러한 생각이 정치적 자유의
   통상적 의미——나는 오로지 그 통상적 의미에만 관심이 있다——와 양립할 수
   있다고 생각하지 않는다. 코프먼은 "어떤 공동체 내의 권력 관계의 유형과는 아
   무런 상관이 없더라도 인간의 의지에 대한 방해"는 (정치적 또는 사회적) 자유에
   대한 장애물이라고 말하고 있다(op.cit. p.241). 그러나 내가 보기에는 그런 방해
   가 궁극적으로 권력 관계에서 나오지 않는 한, 사회적 또는 정치적 자유의 존재
   를 논하는 데에 상관이 없다고 보아야 할 것 같다. 나로서는 어떻게 해서 (코프
   먼의 용어를 빌리자면) "인간의 기본적 권리"라는 것이 "비인위적 …… 간섭"에
   의하여 침해될 수 있다는 것인지 전혀 이해가 되지 않는다. 내가 넘어지거나 쓰
   러져서 나의 이동의 자유가 가로막혔다고 할지라도, 그러한 경우 나의 기본적
   인권이 조금이라도 손상받았다고는 말할 수 없는 것이 분명하다. 두 가지 종류
   의 자유에 관한 커다란 혼동, 그리고 나아가 자유의 조건과 자유 그 자체를 똑같
   은 것으로 보는 치명적인 혼동 등이 결국 내가 지적하고자 하는 오류의 뿌리에
   해당하는바, 내가 보기에는 그러한 혼동들이 자유에 대한 인위적 장애물과 비인
   위적 장애물을 구분하지 못하는 데에서 기인하는 것 같다.

이 얼마나 여러 개 열려 있는지, 그 문들이 장래에 관하여 어떤 전망을 열어 주는지, 그리고 그 전망이 얼마나 넓게 열려 있는지 등과 함수관계에 있다. 모든 문들이 그 중요성에 있어서 똑같은 것도 아니고, 그 문들이 각각 열어 주는 길들이 실현될 확률 또한 제각각 다르기 때문에, 이 비유적인 표현 형식을 너무 액면 그대로 밀어붙여서는 아니 될 것이다. 따라서 어떤 특정 상황에서 어떻게 해야 전반적 자유의 증진이 확보될 수 있는지, 그렇게 증진된 자유는 또 어떻게 (특히, 사실은 대부분의 경우에 그러하지만, 문 하나를 엶으로써 다른 장벽들이 제거되고 다시 그 여파로 또 다른 장애물들이 낮아지는 경우에) 분배되어야 할 것인지, 한마디로 축약하자면 어떤 구체적 상황에서 기회의 극대화가 어떻게 달성될 수 있을 것인지 등등의 문제는 매우 골치 아픈 문제로 명백하고 신속한 척도에 의하여 해결될 수 있는 문제가 아니다.[86] 내가 무엇보다도 먼저 확실하게 매듭짓고 싶은 것

---

86) 니콜스(David Nicholls)는 칭찬할 만한 조사보고서, "Positive Liberty, 1880–1914", *American Political Science Review* 56(1962), 114–28, 특히 114페이지 주 8번에서 내가 벤담의 "모든 법은 자유에 대한 침범"이라는 말을 우호적으로 인용한 것을(아래 388–389쪽 각주 48번을 보라) 자가당착이라고 — 왜냐하면 한 사회에서 자유의 총량을 증진하는 법률도 있으니까 — 여기고 있다. 이 반론이 내 논지의 어떤 부분을 손상하는지 나는 잘 모르겠다. 내가 보기에 모든 법은 자유의 일부를, 비록 그것이 다른 자유를 증진하는 수단이 될 수는 있더라도, 가로막는다. 어떤 법이 가능한 자유의 총량을 증진하는지 여부는 물론 그 특정 상황에 달려 있는 문제이다. 주어진 영역 안에서 어느 누구도 다른 사람을 강제해서는 안 된다고 규정하는 법마저도 명백하게 다수의 자유를 증진하는 한편으로 잠재적 깡패 또는 경찰의 자유에 대한 "침범"이 된다. 그 침범이 방금 이 사례에서와 같이 매우 바람직할 수는 있겠지만, 그래도 그것은 여전히 "침범"인 것이다. 법치를 옹호하는 편에 섰던 벤담의 말에 이 이상의 의미가 있으리라고 생각해야 할 까닭은 전혀 없다.

니콜스는 그 논문에서 그린의 말을 인용한다(121페이지 주 63): "단지 강압을 없애는 것만으로는, 각자로 하여금 좋을 대로 할 수 있게 하는 것만으로는 …… 진정한 자유에 공헌하지 못한다 …… 진정한 자유의 이상이란 인간 사회의 모든

은, 적극적 자유와 소극적 자유 사이에 어떠한 공통분모가 있든지, 그 둘 중에서 어느 것이 더 심각한 왜곡으로 이어질 수 있든지, 그 둘은 서로 같지 않다는 점이다. 그 둘은 공히 각각 그 자체로서 목적을 구성한다. 그리고 그 목적들은 서로 충돌하여 화해가 불가능할 수도 있다. 그러한 충돌이 발생하면 선택과 선호의 문제가 불가피하게 발생할 것이다. 어떤 주어진 상황에서 개인적 자유의 희생을 대가로 민주주의가 증진되어야 할 것인가? 예술적 성취를 희생하는 대신 평등이 증진되어야 할 것인가? 정의를 희생하여 자비를 증진해야

구성원이 다같이 자기 자신을 최선의 상태로 고양할 수 있게끔 만드는 최대한의 힘이다." T. H. Green, "Lecture on 'Liberal Legislation and the Freedom of Contract'", *Lectures on the Principles of Political Obligation and Other Writings*, ed. Paul Harris and John Morrow(Cambridge, 1986), pp. 199-200. 이것은 적극적 자유를 형상화한 고전적 명제이다. 그리고 여기서 "진정한 자유" 및 "자신을 최선의 상태로 고양한다"는 표현이 핵심이라는 점은 불문가지이다. 그 표현이 얼마나 치명적으로 모호한지를 가지고 새삼스럽게 야단법석을 피울 필요는 아마도 없을 것 같다. 그린의 논문 자체는, 정의에 대한 호소로서, 그리고 그 당시에 노동자들이 (그들 자신에게 절실할 어떤 문제가 있다면) 얼마든지 고용주와 협상할 수 있는 자유로운 행위자라는 기막힌 설정에 대한 반박으로서, 더 이상 고칠 곳이 없을 정도로 훌륭한 글이다. 당시 노동자들이 아마도 이론적으로는 광범위한 소극적 자유를 누렸을 것이다. 그러나 그 자유를 실현할 수단이 결여되어 있었기 때문에 실질적 이득으로서는 공허할 뿐이었던 것이다. 그러므로 그린의 실천적 제안과 관련하여 내가 동의하지 않는 바는 전혀 없다. 다만 나는 두 개의 자아라고 하는 형이상학적 신조에—개인들이라는 물길과 그 물길들이 통합되어야 할 사회라는 강 사이의 구분, 수많은 형태의 독재를 지지하기 위하여 너무나 자주 활용되어 왔던 이원론적 오류에—동의하지 못할 뿐이다. 나는 물론 그린의 견해가 보기 드물게 개명되었다는 점을 부인하지 않으며, 나아가 지난 백여 년간 유럽과 미국에서 출현하였던 자유주의에 대한 많은 반론들 역시 그러하다는 점도 부인하지 않는다. 그렇지만 표현 방식은 그 자체로서 중요한 것이다: 한 저술가의 의견이나 목적이 바른 방향을 지향한다고 해서 그가 사용하는 오도적인 어휘가 이론 및 실제에서 해롭지 않게 되는 것은 아니다. 물론 이는 정치사상에서 대부분의 학파에 모두 해당하는 말이며, 그 점에서 자유주의의 문서들이라고 해서 예외는 아니다.

하나? 자발성을 위하여 능률을 희생해야 하나? 행복, 충성, 순진무구함을 위하여 지식이나 진리를 희생해야 하나? 내가 지금 부각하고자 하는 요점은 궁극적 가치들이 서로 화해 불가능한 경우에 명쾌한 해답이란 원칙적으로 발견될 수 없다는 점이다. 그와 같은 상황에서 합리적으로 결정을 내린다는 것은 일반적인 이상들, 즉 한 사람 또는 한 집단 또는 한 사회가 전반적으로 추구하는 삶의 유형에 입각하여 결정을 내린다는 말과 같다. 만일 어떤 특정한 경우에 자유를 향한 두 가지 (또는 두 가지 이상의) 형태의 주장들이 서로 도저히 양립할 수 없는 것으로 밝혀진다면, 그리고 그것이 절대적이며 동시에 교환 불가능한 가치들 사이의 충돌에 해당하는 경우라고 한다면, 이 지성적으로 성가신 사실을 무시하거나 또는 (콩도르세[87] 및 그 추종자들이 그랬듯이) 우리의 재주나 지식이 늘어난다면 언젠가 저절로 제거될 현재 우리 자신의 부족함 탓으로 마냥 돌리거나, 또는 보다 더 나쁜 대응이 되겠지만, 그 경합하는 가치들이 마치 서로 똑같은 것처럼 가식함으로써 그중 한 가치를 억압하는——따라서 결국은 두 가지 모두를 왜곡하는——것보다는 그 사실을 정면으로 직시하는 편이 낫다. 그런데 내가 보기에는 최종적 해답을——어떤 대가를 치르더라도 정연한 질서와 조화를——요구하는 철학적 일원론자들이 지금까지 해왔고 지금도 하고 있는 일이 정확히 그와 같은 억압과 왜곡이다. 어떤 개별적인 사례들에서 지식이나 솜씨를 발휘함으로써 만족할 만한 해답에 도달할 수 있다는 명제에 대항하는 주장을 내가 펼치려는 것은 물론 아니다. 그러한 딜레마가 발생하는 경우, 그것

---

87) (옮긴이) 콩도르세(Marie Jean Antoine Nicolas Caritat, Marquis de Condorcet, 1743~1794): 프랑스의 철학자, 수학자, 정치학자. 계몽주의적 합리성을 신봉한 전형적인 인물로 자유시장경제, 자유롭고 평등한 공공 교육, 입헌주의적 정의, 여성의 동등한 권리, 인종차별 금지 등을 주장하였다.

을 해결하기 위해 모든 노력을 다해야 한다고 말하는 것과 정확하고 결정적인 해답이 원칙적으로 틀림없이 그리고 언제나 발견될 수 있다는 점이 선천적으로 확실하다고——과거의 합리주의 형이상학이 공공연히 장담했듯이——말하는 것은 서로 다른 이야기이다.

그러므로 나를 비판한 사람 중의 하나인 데이비드 스피츠[88]가 쟁점의 핵심은 적극적 자유와 소극적 자유 사이에 있다기보다는 개별적 자유들 중에서 어떤 것들 그리고 그에 따르는 어떤 규제들이 벌린의 이론에서 전형적으로 인간적이라 일컬어지는 가치들을 증진할 확률이 가장 높은지를 정하는 데에 있다고 주장하며, 그 흥미있고 시사적인 비평에서 이 문제는 각자가 인간의 본성을 무엇으로 보는지 또는 (사람들의 견해가 서로 엇갈리는) 인간의 목표가 무엇이라고 생각하는지에 달려 있다고 선언할 때, 나는 반대하지 않는다. 그러나 이어서 나를 두고 가치의 상대성이라는 문제를 다루어 보려는 와중에 존 스튜어트 밀의 견해로 돌아가 의지했다고 말한 대목에서는 중요한 문제에 관하여 나를 잘못 파악하고 있는 것 같다. 밀은 가치 판단의 영역에서 객관적인 진리라고 하는 것이 획득가능하며 소통가능한 형태로 존재한다는 점을 스스로 확신했던 것으로 보인다. 그러면서 다만 그것을 발견할 수 있는 여건은 오직 개인적 자유, 특히 탐구와 논쟁의 자유를 충분한 정도로 제공하는 사회에서가 아니라면 마련될 수 없다고 조건을 달았을 따름이다. 이는 단순히 과거의 객관주의 신조가 경험주의적인 형태로 표현되면서 곁에 그러한 최종적 목표를 달성하기 위한 필요조건으로 개인적 자유가 필요하다는 첨부 문서를 하나 달고 있는 데에 불과하다. 내 주장은 이와 전혀 다르다: 어떤 가치들은 본원적으로 상충할 수 있기 때문에, 그러한 가

---

88) David Spitz, "The Nature and Limits of Freedom", *Dissent* 8(1961-2), 78-86.

치들이 모두 조화로운 상태로 정리될 수 있는 어떤 질서가 원칙적으로 발견될 수 있다는 발상은 세계가 어떻게 생겨 있는지에 관하여 잘못된 선험적 견지 위에 서 있다는 것이다.

　만약 이 점에서 내가 맞다면 그리하여 인간은 언제나 선택을 피할 수 없는 것이 인간의 존재조건이라면, 인간이 선택을 피할 수 없는 것은 철학자들이 대부분 주목해 왔던 명백한 이유들, 즉 가능한 행동 경로가 여럿 존재하며 살아갈 만한 가치가 있는 삶의 형태도 여럿 존재하므로 그 사이에서 선택한다는 것이 합리적이라든가 도덕적 판단의 능력이 있다는 말로써 표현되는 의미를 구성하는 부분적 요소라는 등의 이유에서만이 아니라, 인간이 선택을 피할 수 없는 것은 목적들이 서로 충돌하며 한 사람이 모든 것을 할 수는 없다고 하는 하나의 중심적인 이유——통상적인 의미에서 말하자면 경험적이 아니라 개념적인 이유——때문이다. 따라서 이상적인 인생이라는 개념, 즉 그 어떤 가치도 상실되거나 희생되어야 할 필요가 없으며 모든 합리적 (또는 덕스러운 또는 정당한) 소원은 진정으로 충족될 수가 있음에 틀림이 없는 상태의 인생이라는 개념은 그 자체가 단지 유토피아적일 뿐이 아니라 앞뒤가 맞지 않는다는 결론이 도출되는 것이다. 선택의 필요, 어떤 가치를 위해 다른 가치를 희생해야 할 필요는 인간이 처한 곤경의 불변적인 특성인 것으로 판명날 수밖에 없다. 만약 이것이 실상이라면, 완전한 인생을 달성하기 위한 필요조건이라는 각도에서 자유선택의 가치를 도출하는——일단 그러한 완전성이 달성되고 나면 대안들 사이에서 선택할 필요가 사라진다는 함의를 풍기는——모든 이론들은 근거를 상실하게 된다. 이러한 견지에서는 그 완전한 플라톤적 또는 신정적(神政的) 또는 자코뱅적 또는 공산주의적 사회에서 정당체계나 현재의 집권당 후보에게 투표하지 않을 권리 따위는 구시대의 유물로 전락하고야 말리라고 보면

서, 선택 또한 마찬가지로 구시대의 유물로 전락하리라고 간주한
다. 그곳에서는 기본적 불일치가 다시 나타날 것 같은 그 어떤 조짐
도 모종의 실수 또는 악덕의 징후라는 것이다. 왜냐하면 완전히 합
리적인 인간에게는 오로지 하나의 길만이 가능한 것인데, 그곳에서
는 그 어떤 미혹도 착각도 갈등도 부조화도 경이도 예측하지 못한
진정한 새로움도 있을 수 없기 때문에, 만사가 평온하며 칸트가 신
성한 의지라 불렀던 의지에 따라 다스려지는 우주 안에서 완전하기
때문이다.

　이처럼 잔잔하고 물결 없는 바다라는 것을 애당초 상상이나 할 수
있는지 여부는 접어두더라도, 그런 그림은 우리가 사람들의 본성과
가치를 관념으로 형상화할 때에 준거가 되는 실제 세상과 닮지 않았
다. 우리가 기록된 인류의 역사 안에서 지금까지 알아 왔고 지금 알
고 있는 세상의 일들을 염두에 두고 생각한다면, 그리고 합리성이라
는 것이 실제 세상을 이해하는 정상적인 능력을 포함한다고 한다면,
선택의 능력이란 합리성의 본원적 요소이다. 마찰 없는 매체를 통해
이동한다든지, 달성할 수 있는 일만을 원한다든지, 다른 대안들에
유혹을 느끼지 않는다든지, 양립할 수 없는 복수의 목표들은 결코
추구하지 않는다든지 등의 이야기는 논리적 일관성이 빚어낸 하나
의 환상일 뿐이다. 그런 것을 이상이라 제시하는 것은 인간을 비인
간화하려는 짓이며, 올더스 헉슬리[89]가 그린 유명한 전체주의적 악
몽 속에서 그저 배불리 살아가는 세뇌당한 존재로 바꾸어 버리겠다
는 셈이다. 인간적 선택의 영역을 줄인다는 것은 단지 공리주의적

---

89) (옮긴이) 올더스 헉슬리(Aldous Huxley, 1894~1963): 영국 작가. 기술이 발달하
　여 공장에서 주문과 기호에 맞추어 아이들이 태어나고, 잠자는 사람의 두뇌로
　정보가 주입되는 26세기 사회를 상상한 아이러니 『멋진 신세계(The Brave New
　World)』의 저자.

의미가 아니라 본원적인 칸트적 의미에서 인간에게 해를 끼치는 짓이다. 선택의 폭이 최대한 넓어지도록 사회적 여건을 유지해야 할 필요는 물론 사회적 안정이라든지 예측가능성, 질서 등등과 같은 다른 필요에 맞추어 ─ 어떻게 해도 불완전하겠지만 ─ 조정되기는 해야 한다. 그러나 그렇다고 해서 선택의 핵심적 중요성이 감소하지는 않는다. 선택에는 ─ 합리적이거나 덕스러운 선택뿐만 아니라 ─ 모든 선택에는 최소한도의 기회 수준이 있다. 그 수준 아래로 떨어진 상태에서 인간의 활동은 자유롭다고 운위할 만한 모든 의미를 상실하게 되는 것이다. 인류의 역사에서 개인적 자유를 향한 부르짖음이 특권을 향한 욕구, 억압하고 착취하기 위한 권력을 향한 욕구, 또는 단지 사회 변동에 대한 두려움을 포장한 데에 지나지 않았던 경우가 잦았던 것은 사실이다. 그렇다고 하더라도 획일성, 준봉주의, 삶의 기계적 조직화에 대하여 현대인들이 느끼는 경악이 근거가 없어지는 것은 아니다.

가치의 상대성 및 주관적 본질에 관해서 나는 그러한 점들이 철학자들에 의하여, 논의 쟁점을 유지하기 위하여, 과장되지 않았나 궁금하다. 즉, 사람들 및 그들의 시각이 일부 철학자들이 때때로 주장해 온 것처럼 시간과 공간의 폭이 넓은 것만큼이나 크게 서로 다른지 나는 궁금해하는 편이다. 그러나 인간적 가치들이 얼마나 불변적이며 얼마나 "궁극적"이며 얼마나 보편적이며 얼마나 "기본적"이냐는 점에 관하여 나는 아무런 확신도 느끼지 못한다. 만일 가치들 사이에 문화와 시대에 따라 커다란 편차가 있었다면 의사소통을 달성하기가 훨씬 더 어려웠을 것이며, 그리고 역사적 지식이란 우리와는 다른 문화에서 작동하는 목표와 동기와 생활 방식을 이해할 수 있는 능력에 어느 정도는 의존할 수밖에 없기 때문에, 우리가 가지고 있는 역사적 지식은 착각으로 판명 나야 맞을 것이다. 그리고 물론 역사 사회학의 발견들——사회적 상대성이라고 하는 개념은 대체로 그러한 발견들을 원천으로 해서 태어났다——역시 그러한 운명에서 벗어날 수 없을 것이다. 회의주의란 그 극단으로 치닫게 되면 자가당착에 빠져 자기 자신의 오류를 증명하게 된다.

우리가 보편적이며 "기본적"이라고 간주하는——도덕 그 자체라든지 인간성 그 자체라는 개념에 의하여 전제되는(이 논리학 용어가 여기에 적합하다면)——가치들이 실제로 무엇이냐는 질문에 관하여, 내가 보기에 이 질문은 준(準)경험적인 종류에 속하는 것으로 보인다. 다시 말하여, 이 질문의 답을 구하기 위해서는 역사학자, 인류학자, 문화 철학자, 여러 종류의 사회과학자 등등, 각 사회 전체 수준에서 그 사회들이 보이는 행태의 핵심적 방식 및 그와 관련된 핵심적 관념들, 즉 법률, 신앙, 신조, 문학과 같이 보다 공공연한 표현뿐만 아니라 기념물, 생활 방식, 사회적 활동을 통해서도 나타나는 행태와 관념을 연구하는 학자들에게 가야 하리라는 말이다. 나는 이를 준경험적이라 지칭한다. 왜냐하면 기록된 역사 (그 전체는 아니더라도) 중에서 대부분에 걸쳐 있는 삶과 사유를 지배하는 개념들과 범주들은 올바르게 해명하여 정리하기가 아주 어렵고 실제로는 불가능하며, 그러한 점에서 자연과학에서와 같이 보다 유연하고 보다 가변적으로 구성되는 가설 및 이론과 다르기 때문이다.

한 가지 점에 관해서는 다시금 반복할 가치가 있어 보인다. 자유와 그 행사를 위한 조건을 구분하는 것이 중요하다는 점이 그것이다. 만약 어떤 사람이 너무 가난해서 또는 너무 무식해서 또는 몸이 너무 약해서 자기의 법적 권리를 활용하지 못한다면 그러한 권리가 그에게 부여하는 자유란 그에게 아무것도 아니다. 그러나 그렇다고 해서 자유가 없어지는 것은 아니다. 교육, 건강, 정의 등을 증진하고 삶의 질을 끌어올리며 예술과 과학의 성장을 위한 기회를 마련하고 정치와 사회와 법률의 영역에서 반동적인 정책 및 자의적(恣意的)인 불평등을 방지하는 등의 일을 해야 할 의무는 그러한 일들이 반드시 자유 그 자체의 증진을 지향하는 것은 아니고 자유의 소유가 무언가 소용이 되려면 필수적인 조건들 또는 자유와는 별도인 가치들을 지향한다는 이유 때문에 느슨해지는 것이 아니다. 이 점을 보더라도 자유는 자유의 조건과 별개의 일인 것이다. 구체적인 예를 하나 들어 보자: 다른 문제는 다 접어두고 내 나라〔영국〕에서 가장 두드러진 바와 같이 학교들 사이에 존재하는 사회적 서열 때문에 오늘날 서구 여러 나라에서 빚어지고 강화되는 사회적 지위의 차등화를 없애기 위해서라도, 초등 및 중등 교육에 관한 어떤 획일적인 체계를 고안하여 모든 나라에서 시행하는 것이 바람직하다고 나는 믿는다. 왜 그렇게 믿느냐고 누가 나에게 묻는다면 나는 스피츠[90]가 언급하는 것과 같은 종류의 이유들을 내놓게 될 것이다. 예컨대 사회적 평등의 본원적 가치에 관한 주장들, 아동의 능력이나 필요가 아니라 재정적 자원의 보유 정도 또는 부모의 사회적 지위에 따라 좌우되는 교육체계 때문에 만들어지는 신분 구별로 인한 악폐들, 사회적 연대라고 하는 이상, 특권 계급의 구성원들뿐만 아니라 가급적 많은 사람들의 정신과 육체에 자양분을 제공할 필요, 그리고 가장 중요하게는 최대한 많은 아동들에게 자유로운 선택의 기회를 마련해 줄 —— 교육의 평등이 그 기회증진의 첩경이라는 견지에서 —— 필요를 그 이유로 제시하게 될 것이다.

　만약 누군가 나에게 그것은 이와 같은 문제에서 어느 누구의 간섭도 받지 않을 권리가 있다고 주장하는 부모들의 자유를 심각하게 가로막는 처사라고 —— 자기 아이에게 어떤 유형의 교육이 행해져야 할

---

90) David Spitz, "The Nature and Limits of Freedom", *Dissent* 8(1961–2), 80.

지를 선택할 때 간섭받지 않고 그 아이가 어떠한 지적, 종교적, 사회적, 경제적 여건 안에서 양육되어야 할지를 결정하는 것은 부모의 기초적인 권리라고——응수해 온다면 그러한 응수를 한마디로 일축할 준비는 되어 있을 수가 없을 것이다. 그러나 (이 경우에서처럼) 가치들이 진짜로 충돌할 때에는 그중에서 선택을 하지 않을 수 없다고 나는 말할 수밖에 없을 것이다. 위의 예와 같은 경우 부모들이 자신의 아이들을 위하여 어떤 방식의 교육을 추구할 것인지를 결정할 현재 누리고 있는 자유를 유지할 필요와 그와는 다른 사회적 목적을 증진할 필요, 그리고 마지막으로 법적으로는 소유하고 있는 (선택의 자유와 같은) 권리들을 기회가 허용되지 않아서 활용할 수 없는 처지에 있는 사람들에게 그러한 기회가 마련될 수 있도록 사회적 조건들을 향상시킬 필요 사이에서 충돌이 발생한다. 쓸모없는 자유는 쓸 수 있는 자유로 되어야 한다. 그렇지만 자유가 유용하기 위하여 필수불가결한 조건이 곧 자유와 똑같은 것은 아니다. 이것이 단지 현학을 위한 구분은 아니다. 왜냐하면 이 구분이 무시된다면 선택의 자유에 깃든 의미와 가치가 절하되기 십상이기 때문이다. 자유가 진정으로 가치를 가지기에 필수적인 사회적 경제적 조건들을 조성하기 위하여 열심을 내다가 사람들은 자유 자체를 잊어버리는 경향이 있다. 그리고 설령 그것이 기억나더라도, 개혁가들 또는 혁명가들이 몰두해 있는 다른 가치들에게 자리를 내어주고 자유는 주변으로 밀려나기가 또한 쉽다.

다시 말하건대, 비록 평등, 정의, 상호 신뢰가 결여된 사회에서 그리고 물리적 안전, 건강, 지식이 부족한 상태에서 자유라는 것이 사실상 쓸모없을 수는 있지만, 자유가 없이 다른 가치들만 있는 상태 역시 하나의 재앙임을 잊어서는 안 될 것이다. 물질적 필요의 충족, 교육의 제공, 이를테면 아동들이 학교에서 또는 일반인들이 어떤 신정체제와 같은 곳에서 누리는 평등과 안전을 제공해 주는 것이 자유를 확장하는 것은 아니다. 우리는 지금 (좌익이든 우익이든) 정권들이 바로 그런 식으로 일을 해왔고 계속해서 하려고 애쓰고 있다는 사실이 특징으로 두드러지는 세상에서 살고 있는 것이다. 그 정권들이 그것을 자유라고 부른다는 것은 거지에게 사치품을 구입할 법적 자유가 있다고 말하는 것만큼이나 커다란 사기이다. 사실『카라마조프 가의 형제들』에서 종교재판관에 관한 유명한 이야기를 통해 도스토예프스키가 보여주고자 한 의미 중의 하나가 바로 가부장제는 자유의 조건들을 제공하면서도 정작 자유 그 자체는 억누른다는 점이다.

이런 점들을 감안하면 한 가지 일반적 결론이 나온다. 만약 우리가 이치의 빛 안에서 살고자 한다면 우리는 어떤 규칙들 또는 원칙들을 따라야 한다. 왜냐하면 합리적이라는 것이 바로 그러한 의미이기 때문이다. 그 규칙들 또는 원칙들이 실제 상황에서 서로 충돌하는 경우에는, 우리가 신봉하는 삶의 일반적 형식을 가장 적게 방해하는 행동 경로를 따르는 것이 합리적이라는 말의 의미가 된다. 올바른 정책이란 기계적이거나 연역적인 방식으로 구할 수 있는 것이 아니다. 우리를 인도해 줄 명쾌하고 신속한 규칙 따위는 없다. 상황의 성격들은 대개 불분명하고 원칙들은 세세한 의미까지 분석될 수도 명시될 수도 없다. 우리는 조정할 수 없는 일을 조정하려는 셈이며, 우리가 할 수 있는 만큼 최선을 다할 수밖에 없는 것이다. 어떤 궁극적인 원칙이 있어서 모든 문제들을 그 앞에서 심판할 수 있으며 따라서 그 심판에 복종하기만 하면 된다고 스스로 아니면 다른 사람들에 의하여 믿도록 인도된 사람들은 어떤 의미에서 운이 좋은 것이 틀림없다. 외골수 일원론자들, 곁눈질 하지 않는 광신자들, 만사를 포괄하는 일관된 관점에 사로잡힌 사람들은 실제 현실 앞에서 스스로 눈을 완전히 가릴 수 없는 사람들의 의심과 고뇌를 알지 못한다. 그러나 일반적 명제로 환원될 수 없고 기계적 계산으로 해명될 수 없는 경험의 복잡한 질감을 잘 알고 있는 사람들이라 할지라도 자신들이 내린 어떤 결정을 정당화하려면 결국은 개인적 또는 사회적 생활의 바람직한 형태에 관한 모종의 전반적 규준에——어쩌면 그들 역시 이런 종류의 갈등을 해소할 필요에 직면해서야 비로소 그 내용을 속속들이 의식하게 되는 그런 규준에——그 결정이 부합한다는 식으로 밖에는 말할 수 없을 것이다. 이것이 모호해 보인다고 할지 모르지만, 그 모호함이란 그렇지 않을 도리가 없는 것이다. 규범적 문제들에 대하여 객관적이며 최종적인 해답, 즉 증명될 수 있거나 직관에 의하여 자명한 진리가 틀림없이 있다든지, 모든 가치들을 조화롭게 아우를 수 있는 질서를 찾아내기가 원칙적으로 가능하며 우리가 무언가를 이루어낸다고 할 때 그것은 바로 그와 같은 뚜렷한 목표를 향해야 한다든지, 미래를 향한 이와 같은 전망을 구체화할 때에도 어떤 단일한 핵심적 원리를 우리는 찾아낼 수 있고 그 원리를 찾은 다음에는 우리의 삶을 거기에 따르도록 해야 된다는 등, 인류의 전통 안에서 수많은 사상과 행동과 철학적 신조들이 기반으로 삼았던 이 오래되고 거의 보편적인 믿음이 내가 보기에는 타당하지 않다. 그리고 때때로 이론상의 어불성설과 실천상의 야만적 결과를 초래해 왔다(지금도 초래하고 있다).[91]

사슬로부터의 자유, 투옥으로부터의 자유, 타인에 대한 노예 상태로부터의 자유 등이 자유의 근본적 의미이다. 나머지 의미는 이 의

---

91) 이러한 정신 상태에 관한 고전적——그리고 내가 보기에는 아직도 이를 능가하는 해설은 나오지 않았다——해설은 막스 베버가 "Politics as a Vocation"에서 양심의 윤리와 책임의 윤리를 구분하는 대목에 나온다. Max Weber, *From Max Weber: Essays in Sociology*, trans. and ed. H. H. Gerth and C. Wright Mills (New York, 1946), pp. 77–128.

미를 연장한 것이거나 아니면 은유이다. 자유롭기를 갈구한다는 것은 장애물을 제거하고자 애쓴다는 것이며, 개인적 자유를 위하여 투쟁한다는 것은 행위자 장본인의 목적이 아니라 옆에 있는 누군가의 목적을 위하여 그를 간섭하거나 착취하거나 노예로 만들지 못하게 막는다는 것이다. 자유란, 적어도 그 정치적 의미에서, 공갈 협박 또는 지배가 없다는 말과 같다. 그렇지만 자유가 〔사람들의〕 행태를 결정할 수 있고 결정해야 할 유일한 가치인 것은 아니다. 나아가 자유가 목적 중의 하나라고 말하는 것도 너무나 일반적인 이야기일 뿐이다. 하나의 절대적 가치로 설정된 소극적 자유와 그보다 못한 것으로 설정된 여타 가치 사이에서 우열을 가리자는 식의 문제가 현재 논의의 쟁점은 아님을 나에 대한 비판자들에게 다시 한 번 말해 주어야 할 것 같다. 문제는 그보다 복잡하며 그보다 고민스럽다. 한 가지 자유로 말미암아 다른 자유가 낙태될 수도 있다. 하나의 자유로 말미암아 다른 자유들을 위한 필요조건, 어떤 자유의 정도를 더욱 키우기 위해서, 또는 다른 사람들의 자유를 위해서 필요한 조건들을 방해할 수도 있다. 개인이나 집단의 자유란 공동생활에 전심으로 참여한다는 것, 즉 협동이나 연대나 박애 등을 실천해야 한다는 것과 완벽하게 양립하지는 못할 수도 있다. 게다가 이 모든 점들을 접어 두더라도, 더욱더 폐부를 에이는 듯한 문제가 하나 있다. 정의, 행복, 사랑, 새로운 일과 경험과 사상을 창조할 능력의 구현, 진리의 발견 등등, 자유보다 덜 궁극적이지 않은 다른 가치들을 충족해야 할 최우선적 필요가 있는 것이다. 자유의 어떤 의미에 입각하든, 자유 그 자체를 이들 여타 가치들이나 자유의 조건과 같은 것으로 치부하거나 또는 자유의 서로 다른 유형들을 동일시해서 얻어질 수 있는 결과는 아무것도 없다. 예컨대 아동들의 교육을 부모 아니면 교장이 결정할 자유, 노동자들을 착취하거나 해고할 경영주의 자유,

자기가 소유한 노예를 처분할 주인의 자유, 상대방에게 고통을 가할 고문기술자의 자유 등과 같이 소극적 자유의 어떤 사례들은 (특히 그것이 권력 또는 권리와 결부될 때) 많은 경우에 전적으로 바람직하지 않을 수 있으며 따라서 건전한 사회 또는 우아한 사회에서는 당연히 방지되고 제어되어야 한다——그러나 이 점이 사실이라고 해서 그러한 자유들도 진짜 자유라는 점이 조금이라도 희석되는 것은 아니며, 자유란 언제나 예외 없이 무언가 좋은 것이라든지 언제나 가능한 최선의 결과를 낳는다든지 언제나 나의 "가장 높은" 자아를 증진해 주리라든지 언제나 나 자신의 "진정한" 본성이 내리는 명령 또는 내 사회의 진정한 규율과 조화를 이루리라는 등등, 스토아주의에서부터 오늘날의 사회주의 신조에 이르기까지 자유에 관한 수많은 고전적 이론들이 근본적인 차이를 흐릿하게 만드는 비용을 지불하면서 주장해 온 바와 같이 자유에 대한 다른 방식의 정의들이 정당화되는 것은 아니다.

사유의 명료함 및 행동의 합리성이라는 것이 어차피 갖다 붙이기 나름이라고는 할 수 없는 것이라면, 이러한 구분들은 결정적으로 중요하다. 개인적 자유는 민주적 질서와 충돌할 때도 있고 않을 때도 있다. 그리고 자아실현이라고 하는 적극적 자유는 불간섭이라고 하는 소극적 자유와 충돌할 때도 있고 않을 때도 있다. 대체로 소극적 자유에 대한 강조는 개인이나 집단이 추구할 수 있는 선택의 폭을 넓혀 주며, 적극적 자유는 대체로 그 폭을 좁히지만 일단 선택된 길에 대하여 더 나은 이유 및 더 많은 자원을 가져다준다. 이 둘은 서로 충돌할 수도 있고 않을 수도 있다. 나를 비판하는 사람들 중에는 내 견해에 따르면 과감하지만 관용적이지는 못한 평등주의 민주정에서보다 좋은 게 좋다는 식의 무능한 전제자의 치하에서 사람들이 더 많은 "소극적" 자유를 누릴 수도 있음을 허용한다는 사실에 분개하는 이가 더러 있다. 그러나 만약 소크라테스가 스스로 그 구성원이었을 뿐만 아니라 구성원의 지위를 의식적으로 수락하였던 아네테의 민주정에서 동료 시민들이 제정하고 적용하였던 그 좋으면서도 나빴던 법을 수용하기보다는 아리스토텔레스처럼 아테네를 탈출하였더라면 자유를—적어도 표현의 자유는, 또는 심지어 행동의 자유까지도—더 많이 누릴 수 있었으리라는 말이 성립할 수 있다는 점은 분명하다. 마찬가지로, 활력에 넘치며 진짜로 "참여적"인 민주 국가에서 사는 사람 하나가 그 높은 사회적 정치적 압력으로 숨이 막힐 듯하여 그 사회를 떠나, 사람들이 덜 모이는 만큼 감시의 정도도 덜한, 덜 역동적이고 모든 문제를 공동체가 해결하는 정도가 덜한, 공민 참여가 덜하며 사생활이 더 많은 풍토로 가고 싶어 할 수도 있는 것이다. 공공 생활 및 사회적 활동에 대한 거리낌을 어떤 병통 또는 어떤 심각한 소외의 징후로 간주하는 사람들에게 이와 같은 태도는 바람직하지 못한 것으로 비칠 것이다. 그러나 사람의 기질이란 서로 다른 것이며 공동규범을 향한 지나친 열정은 인간의 내면생활에 대한 경시 또는 불관용으로 이어질 수 있다. 나는 그 민주주의자들의 분개를 이해하며 거기에 공감도 한다. 그 이유는 좋은 게 좋다는 식의 무능한 전제 치하에서 내가 누릴 수 있는 소극적 자유라는 것이 불안정하고 소수에게 국한되기 때문이기도 하지만, 전제라는 것이 그 자체로 불합리하고 정의롭지 못하며 인간의 품격을 깎아내리기 때문이다. 전제는 설령 그 백성들이 불만스러워하지 않더라도 인간의 권리를 부인하며, 자치적인 정치에 참여한다는 것은 정의가 그러하듯이 인간에게 필요한 기본적 요청이자 본원적 목적에 해당하기 때문이다. 전제 체제란 (설령 아무리 관용적이라 할지라도) 적극적 자유를 파괴하고 그 백성들의 존엄성을 훼손하는 결과를 낳을 수밖에 없는 것과 마찬가지로, 자코뱅 식의 "억압적 관용"은 개인적 자유를 파괴하게 된다. 이 둘 중에서 한 체제의 결함을 견디고 있는 사람들은 다른 체제의 단점을 망각하는 경향이 있다. 다양한 역사적 사정들 안에서 어떤 정권은 다른 정권에 비하여 더욱 억압적으로 되었고, 따라서 그런 정권에는 묵종하기보다 항거하는 편이 더 용감하고 더 현명하다. 그렇지만 어떤 한 가지 원리가 모든 면에서 승리하는 사태가 위험할 수도 있다는 점을 현재 눈앞에 있는 커다란 악에 저항하는 와중에서 외면하지 않는 편이 나을 것이다. 깨어 있는 눈으로 20세기를 살펴보는 사람이라면 어느 누구도 이 점과 관련하여 불편한 느낌을 가지지 않을 수 없을 것이라고 나는 생각한다.[92]

두 종류의 자유 사이의 혼동 및 자유와 그 조건 사이의 동일시에 대하여 지금까지 지적한 점들은 평등, 정의, 행복, 지식, 사랑, 창조, 기타 등등, 그 자체를 위하여 인간들이 추구하는 여러 가지 목적들, 자유 이외에 수많은 다른 바람직한 목적들을 마치 모두 포함하는 것처럼 "자유"라는 단어를 잡아 늘여서 사용하는 데에도 마찬가지로 (어쩌면 더욱 잘) 적용된다. 이 혼동은 단순한 이론적 실수가 아니다. 소극적 자유라는 것이 그 능동적 행사를 위한 여건이 충분하지 못할 때 또는 여타 인간적 열망들이 충족되지 않을 때 별 가치를 가지지

---

92) 사실 「자유의 두 개념」 끝에서 두 번째 문단의 논지는 바로 이것이었다. 많은 사람들이 그 문단에서 내가 "적극적" 자유를 배격하고 무조건적으로 "소극적" 자유를 옹호했다고 해석하였는데, 그것은 내 의도가 아니다. 많은 비판을 자아낸 그 문단은 사실 오히려 다원론을 옹호하려는 의도를 담고 있었다. 동등하게 궁극적인 복수의 목적들을 향한 주장들 사이에는 양립가능성이 없다는 각성에 기초하여, 그러한 문제를 서로 경쟁하는 주장들 중에서 하나만 남기고 나머지는 모두 제거하는 방식으로 풀려 드는 무자비한 일원론을 반박하려는 의도였다. 그러므로 "소극적" 자유를 그 "적극적" 쌍둥이 형제에 대척하여 무조건 재가하는—이러한 태도 자체가 그 문단의 논지 전체를 통하여 반대하고자 하는 불관용적인 일원론에 정확하게 해당할 터이기 때문에—것은 아니라는 점을 분명히 하기 위하여 그 대목을 수정하였다(아래 422-424쪽을 보라).

못한다는 진실에만 몰입되어 있는 사람들은 소극적 자유의 중요성을 평가절하고 자유라는 명칭을 거기서 떼내어 자기네가 더욱 귀중하다고 여기는 다른 것에다가 갖다 붙이며, 그리하여 마침내 그 자유가 만약 없다면 사회적이든 개인적이든 인간적 삶이라는 것이 소멸하리라는 점을 망각하고 만다. 설령 내가 그것을 옹호하는 데에 너무 열을 올리느라——그것이 수많은 인간적 가치들 가운데 하나라는 점을 새삼 상기할 필요가 있을지도 모른다——다른 가치들을 무시하는 것도 그에 못지않은 악을 초래할 수 있음을 나에 대한 비판자들이 요구하는 만큼 힘주어 역설하지 않았다고 하더라도, 자유의 조건들이 훨씬 우선한다는 주장들이 횡행할 수 있는 세상에서 내가 자유에 대한 옹호를 고집하였다고 해서 나의 분석이나 주장이 전반적으로 타당하지 않게 되는 것은 아니라고 생각한다.

마지막으로, 자유 그 자체에 도대체 무슨 가치가 있느냐는 질문이 있을 수 있다. 자유라는 것이 인간의 기본적 필요에 대한 응답인가 아니면 다른 근본적 요청을 위하여 전제되는 것에 불과한가? 그리고 나아가, 이것은 경험적인 질문인가, 즉〔이 질문에 답하기 위해서는〕심리학적, 인류학적, 사회학적 사실들이 중요한가? 아니면 그 해답이 우리의 기본적 개념들을 정확하게 분석하는 데에 달려 있는, 따라서 경험적 탐구가 요구하는 것처럼 사실적 증거가 아니라 실제이든 가상이든 어떤 사례를 상정하는 것만으로 대답을 찾는 데 충분하고 적절한, 순수하게 철학적인 질문인가? "자유란 인간의 정수이다"; "Frei sein ist nichts——frei werden ist der Himmel"(자유롭다는 것은 아무것도 아니다, 자유로워지는 것이 곧 천국이다);[93] "모든 사람은

---

93) (편집자) *Entsiklopedicheskii slovar'* (St Petersburg, 1890–1907)의 피히테에 관한 해설(vol. 36, p. 50, col. 2) 및 Xavier Léon, *Fichte et son temps*(Paris, 1922–7), vol. 1, p. 47 등에서 출전 표시 없이 독일어 문장만 인용되고 있다. 피히테의 저

생명, 자유, 그리고 행복 추구의 권리를 가진다."[94] 이러한 문구들은 어떤 경험적 근거에 입각하여 참인 명제를 언표화한 것인가 아니면 그와는 다른 어떤 논리적 지위를 가지는가? 그것들은 〔진리에 관한〕 명제인가, 아니면 겉으로는 아닌 척하지만 실상은 명령이나, 감정의 표현이나, 아니면 어떤 의도 또는 입장의 천명인가? 그러한 문제들과 관련하여 역사적, 심리학적, 사회학적 증거가 수행할 수 있는 역할은 무엇인가 ─ 그런 역할이 있기는 한가? 만약에 사실적인 증거들이 우리 생각과 배치된다면 우리는 우리의 관념을 수정하든지, 모두 철회하든지, 아니면 적어도 그것들이 ─ 즉, 그 명제들이 (만일 그것들이 명제라면) ─ 일부 상대주의자들이 주장하듯이 특정한 사회 또는 특정한 시대 및 장소에서만 타당하다는 점을 인정하기는 해야 하는 것인가?[95] 아니면 자유에 대한 무관심은 비정상임을 깨우쳐주

___

술에서는 확인되지 않았고 어쩌면 그의 발언으로 간주하는 관행이 잘못일 수도 있다.

94) (편집자) 미국 「독립선언서」에서 따온 표현. 「독립선언서」는 "생명, 자유, 그리고 행복 추구"를 인간의 "불가양의 권리"에 포함시키고 있다.

95) 에밀 파거는 조세프 드 메스트르의 말을 인용하여 루소가 왜 인간은 자유롭게 태어났는데도 불구하고 모든 곳에서 사슬에 묶여 있는지를 물은 것은 마치 왜 양들은 육식 동물로 태어났는데 모든 곳에서 풀을 뜯어먹느냐고 묻는 것과 같다고 지적한 바 있다. Émile Faguet, *Politiques et moralistes du dix-neuvième siècle*, ist series(Paris, 1899), p.41. Cf. Joseph de Maistre, "무슨 뜻일까? ……인간이 자유롭게 태어났다는 이 미친 선언은 진실의 정반대이다", *Oeuvres complètes de J. de Maistre*(Lyon/Paris, 1884-7), vol.2, p.338.
이와 비슷하게 러시아의 발본주의자 헤르첸(Alexander Herzen)은 우리가 피조물들을 분류할 때에는 가장 빈번하게 일치하는 것으로 관찰되는 특성과 습관에 따른다는 사실을 지적한 바 있다. 그리하여 물고기를 규정하는 속성 중의 하나는 물에서 살도록 되어 있다는 점이다. 그러므로 비록 날아다니는 물고기가 있지만 물고기 일반에 관하여 나는 것이 그들의 본성 또는 본질 ─ 그들이 창조된 "진정한" 목적 ─ 이라고는 말하지 않는다. 왜냐하면 대부분의 물고기는 날지 못하며 그런 방향으로는 조금의 기미도 보이지 않기 때문이다. 그러나 인간의 경우 그리고 오직 인간에 대해서만, 비록 우리가 속한 생물종의 기나긴 역사에

는, 다시 말하여 인간만이 가지는 속성 또는 적어도 모범적 인간성으로——이때 인간이라는 말로써 우리가 우리 문화에 속하는 평균적 구성원을 의미하든 아니면 모든 시간과 공간을 포괄하여 인간 일반을 의미하든——우리가 설정하는 바에 대한 반칙임을 깨우쳐주는 철학적 분석의 힘으로써 그 명제들의 권위가 입증되는 것일까? 이러한 의문들에 대해서는 아마도 다음과 같이 말하는 것으로 충분할 것이다: 자유를 그 자체로 가치 있는 것으로 생각해 온 사람들은 자신을 위하여 누가 대신 선택을 해주는 것이 아니라 선택할 자유를 스스로 가진다는 것이 인간을 인간답게 만드는 불가분리의 속성이며, 그러한 사실을 바탕으로 삼아 자신이 소속하여 살아가는 사회의 법률과 실제에 관하여 발언할 수 있어야 할 뿐만 아니라 스스로 자신의 주인이 되는 어떤 영역, 즉 조직된 사회의 유지와 양립할 수 있는 한도 안에서 한 개인이 자신의 활동에 관하여 다른 어느 누구에게도 책임지지 않아도 되는 "소극적"인 영역이 인정되어야 한다는 두 가지 적극적 요구가 태어난다.

마지막으로 한 가지 조건을 덧붙여야겠다. 자유의 두 개념에 관한 글에서 내가 개인적 자유의 경계와 관련하여 제시한 (이는 집단이나

서 단지 극소수만이 실제로 자유를 추구했고 엄청난 숫자의 대다수 사람들은 거의 언제나 자유에 별로 취미를 보이지 않았으며 다른 사람에 의하여 지배받는 데에 만족하고 자치를 원하기보다는 충분한 음식과 보금자리와 생활의 질서를 제공해 주는 사람들에 의하여 잘 다스려지기를 원했음에도 불구하고, 우리는 인간의 본성이 자유의 추구라고 말한다. 자유의 고유한 가치를 추구하기라도 한 것은 기껏해야 여기 저기 드문드문 존재하는 소수밖에 아니며, 능동적으로 그것을 위하여 싸운 사람은 그보다도 적은 데도, 왜 인간만이 그런 것에 입각하여 분류되어야 하느냐고 헤르첸은 물었다. 전 생애를 오직 한 점에 집중된——자기 민족 및 다른 민족들의 개인적 정치적 자유를 추구하기 위하여 자신의 사회적 이력과 개인적 행복을 희생했을 정도로——열정에 사로잡혀 살았던 사람이 이처럼 회의적인 성찰을 발하였다. A. I. Gertsen, *Sobranie sochinenii v tridsati tomakh*(Moscow, 1954–66), vol. 6. pp. 94–5.

결사체의 자유에도 적용된다) 주장들은 자유라는 것이 — 어떤 의미의 자유이든 — 절대로 침해되어서는 안 된다든지 그것만 있으면 충분하다는 식으로는 결코 해석되지 말아야 한다. 상궤를 벗어난 상황이 발생할 수 있기 때문에 자유는 불가침의 가치가 아니다. 심지어 콩스탕이 말하는 바와 같은 신성한 경계선에 대한 침범, 예컨대 소급법, 무고한 사람에 대한 처벌, 사법 살인, 부모를 겨냥한 정보를 아이들을 통해 수집하기, 거짓 증언의 조작 등등과 같은 반칙조차도 어떤 끔찍한 결과를 피하기 위하여 그래야만 한다면 묵과할 도리밖에 없는 경우가 있을 수 있다. 맥팔레인은 이 점을 지적하여 나를 비판하였는데,[96] 내가 보기에 그 지적은 정확하다. 그러나 이는 예외의 존재를 통해서 곧 규칙의 의의가 입증되는 경우라 할 것이다. 즉, 그러한 상황들을 우리가 비정상으로 보며 그러한 수단들을 혐오스러운 것으로, 오직 두 가지 커다란 악 사이에서 선택을 내려야 하는 처절한 위급 상황이라는 점 때문에 용인될 수 있는 것으로 여기는 만큼, 정상적인 상황에서 대다수 사람에 대하여 거의 모든 경우 거의 모든 곳에서 그 경계들은 신성함을, 다시 말하면 그 경계를 침범하는 짓이 비인간적임을 우리는 인지하고 있는 것이다. 역의 각도에서 살펴 말하면, 그러한 비인간화를 피하기 위해서 인간이 요구하는 최소한의 영역, 다른 사람들이 침범하거나 사람들이 창조한 제도가 침범하기에 십상인 그 최소한의 영역은 최소한 이상의 것이 아니다. 다시 말하여 다른 가치들 — 적극적 자유를 포함하여 — 편에서 제기되는 요청이 충분히 절박한데도, 요청을 물리치기 위하여 이 최소한의 경계가 무작정 확장되어서는 안 되는 것이다. 그렇기는 하지만

96) L. J. McFarlane, "On Two Concepts of Liberty", *Political Studies* 14(February 1966), 77–81.

여전히 내가 보기에 개인적 자유의 정도라고 하는 개념은 곧 선택들이 열려 있는 영역의 범위와 같은 뜻인 것 같다. 그 최소한의 영역은 어쩌면 다른——신정주의적이거나 귀족주의이거나 기술주의적이거나 아니면 그밖에 어떤 종류이든——사회적 이상들이 요청하는 질서와 양립하지 못할 수도 있다. 그래도 개인적 자유를 향한 요구란 곧 그러한 최소한의 영역에 대한 요구로 귀결되는 것이다. 개인이나 집단들에게 아담하게 계산된 한 구석이 확보되어 타인의 침범을 막을 수 있도록 담이 쳐진 다음에는 그들더러 그 사회의 민주적 자치에서 손을 떼고 물러나 나머지 모든 일은 권력 정치의 작동에 맡겨 놓으라고 촉구하는 의미는 여기에 전혀 들어 있지 않다. 다양한 가능한 행동 경로들 사이에서 사람들이 자유롭게 선택할 수 있는 범위를 무한정 확장하다가는 다른 가치들의 실현을 가로막으리라는 것은 너무나 뻔하다. 그러므로 세상사가 그러하므로, 우리는 여러 주장들 사이에서 조정해야 하고, 타협해야 하며, 우선순위를 설정해야 하고, 실제 현실에서 사회생활이 (또는 개인생활이) 언제나 요구해 왔던 그 모든 현실의 운영에 참여하지 않을 수는 없는 것이다.

자유의 가치를 자유선택이 작동하는 한 가지 영역의 가치와 동일시한다는 것은 결국 선하든 악하든 어떤 목적을 향한 자아실현을 제창하는 교의와 같다고, 그리고 그것은 소극적 자유보다는 적극적 자유에 더 가깝다고 누군가 주장한다면, 나는 특별히 대단한 반론을 제기하기는 않고 단지 역사적 실례들을 볼 때 적극적 자유의 (또는 자기결의의) 의미를 그런 식으로 왜곡해서는 그린[97]과 같은 선의로

---

97) (옮긴이) 그린(Thomas Hill Green, 1836~1882): 영국의 철학자. 정치적 발본주의자, 의식 개혁운동가. 관념론을 바탕으로 한 자유주의자로서 노동운동에 공감을 표했다. 영국인들에게 밀과 스펜서를 버리고 칸트와 헤겔을 받아들이라고 촉구했다.

가득 찬 자유주의자도 헤겔과 같은 독창적 사상가도 마르크스와 같은 심오한 사회분석가도 자유를 지향하는 주장의 의미를 모호하게 만들고 때때로 자유를 그 정반대의 것으로 둔갑시키는 결과밖에 낳지 못했다는 사실을 다시 한 번 지적하는 데서 그치겠다. 이들보다 훨씬 명료하게 자신의 도덕적 사회적 입장을 개진하였던 칸트는 자기결정을 방해한다는 이유에서 온정적 간섭주의에 반대하였다. 어떤 경우 어떤 악을 치유하기 위하여 온정적 간섭주의가 필수불가결할 수는 있지만, 전횡에 반대하는 사람들에게 그것은—본시 권력의 거대한 덩어리는 모두 그렇듯이—기껏해야 하나의 필요악일 뿐이다. 불의를 바로잡기 위하여, 개인들이나 집단들의 불충분한 자유를 증진하기 위하여 때때로 그러한 권력집중이 요청된다고 주장하는 사람들[98]은 동전의 다른 면을, 즉 대체로 많은 권력이란 (그리고 권위란) 동시에 기본적 자유에 대한 영원한 위협이라는 점을 무시하거나 축소하는 경향이 있다. 몽테스키외에서 오늘날에 이르기까지 근대 세계에서 전횡에 맞서 항거해 온 사람들은 그 문제와 싸워 왔던 것이다. 권력의 축적을 만약 합리적으로 통제하고 활용하기만 한다면 지나치게 커지지 않을 수 있다는 신조는 애당초 자유를 추구하게 되는 핵심적인 이유를—아무리 의도가 좋고 조심스럽고 사심이 없고 합리적이라 할지라도 모든 간섭주의적 정부는 결국 사람들 다수를 미성년자로, 또는 너무나 자주 구제불능 격으로 어리석거나 무책임한 것으로, 또는 성숙해지는 속도가 너무나 느려서 명확하게 예측할 수 있는 미래 안에서 (이 말은 곧 사실상 영원히 그렇다는 뜻이다) 해방이 정당화될 날은 오지 않을 존재로 취급하는 경향을 보여 왔다는 사실을 무시하는 셈이다. 이는 인간의 존엄성을 깎아내리는 정책

---

98) 맥팔레인 및 민주주의 이론가 대다수가 그러하다.

이며, 내가 보기에는 어떤 합리적이거나 과학적인 근거에 입각한 것이 아니라 정반대로 인간의 가장 깊숙한 필요에 관하여 속속들이 잘못된 견해에 바탕을 두고 있다.

아래 이어지는 글들에서 나는 어떤 핵심적인 인간의 필요 및 목적에 관한 오해에서 비롯되는 오류 몇 가지를 검토하고자 하였다. 여기서 핵심적이란 주위의 비슷한 존재들과 소통해야 할 기본적 필요에 의하여 결정되는 한계를 가지며 모든 사람들에게 공통되는——비록 그 형태는 가변적이지만——필요와 목적의 중핵을 가지고 태어난 존재인 인간이라는 것이 무슨 뜻인지에 관하여 우리가 가지고 있는 정상적인 관념에 대하여 핵심적이라는 의미이다. 그러한 중핵 및 한계라고 하는 관념은 우리가 인간 및 사회에 관하여 생각할 때에 떠올리는 속성이나 기능에 관한 사고방식 안에 스며들어 있다.

내 주장에 여전히 곤란한 문제들과 모호함이 남아 있다는 점을 나는 너무나 분명하게 의식하고 있다. 그러나 별도의 책 한 권을 쓰지 않는 한, 내가 보기에 현 시점에서 가장 빈번하였고 가장 성과가 없었던 비판들, 과학 및 철학의 특정 원칙들을 사회적 정치적 문제에 너무나 단순한 방식으로 적용한 데서 비롯된 비판들을 검토하는 이상은 할 수 없었다. 그러나 그 검토에만 국한하더라도 얼마나 많은 논의가 더 필요할지를 나는 잘 알고 있다. 특히 자유의지의 문제를 해소하기 위해서는 내가 보기에 전통적 어휘 체계에서 벗어난 새로운 개념적 도구가 한 바탕 필요할 것이다. 그러나 아직은 내가 아는 한 어느 누구도 그런 것을 조달하지 못했다.

20세기의 정치사상[1]

조용한 삶을 원하는 사람이라면 20세기에 태어난 것부터가 잘못이다.
—L. 트로츠키[2]

I

아무리 자신에게 엄격하고 세심한 주의를 기울여야 한다고 느끼는 이일지라도, 사상사 연구자라면 자신의 자료들을 모종의 정형화

---

1) 이 글은 1949년 미국의 정기간행물 *Foreign Affairs*가 20세기의 중간점에서 기념호를 내면서 그 편집자(Hamilton Fish Armstrong)가 요청하여 썼다. 이 글의 논조가 그런 것은 어느 정도 스탈린 말기 소비에트 정권의 정책 때문이다. 그 독재가 저지른 최악의 참월(僭越)이 그 후에 일부 수정된 것은 다행한 일이다. 그러나 그 문제와 관련하여 만약에 변화가 있었다고 한다면, 그 변화의 일반적 경향은 내가 보기에 오히려 그 강도에서는 아닐지 몰라도 그 범위에서는 더 커지는 쪽인 것 같다. 아시아 및 아프리카에 새로 생긴 민족국가들 일부는 심지어 국가의 발전이나 생존을 위해 필요하다는 명분으로 안보와 계획에 관한 비상조치를 허용하는 등, 현재의 정권으로써 대체된 과거의 정권에 비하여 시민적 자유에 관심을 더 기울이는 면이 전혀 없다.
2) (편집자) 출전을 확인할 수 없다.

된 시각에 입각하여 지각하지 않을 도리가 없다. 이 점을 인정한다고 해서 반드시 역사에서 법칙 및 형이상학적 원칙이 지배적인 역할을 수행한다고 보는 헤겔주의적 교조, 즉 사람들과 사물들과 사건들의 질서와 속성을 어떤 단일한 틀로써 설명할 수 있다고 생각하며 우리 시대에 점점 더 영향력이 커지고 있는 신조를 추종하는 것은 아니다. 이 교조는 보통 모종의 근본적 범주 또는 원리를 옹호하는데, 그것이 우리를 과거 및 미래로 그 어떤 오류도 없이 인도하는 안내자라고 주장한다. 그것은 단순히 사건들을 기록이나 하는 사람의 맨눈에는 보이지 않는 냉정하고 만사에 걸쳐 작용하는 역사의 "내면적" 법칙을 보여줄 하나의 마술 렌즈이며, 그것을 제대로 이해하는 역사가는 남다른 의미의 확실성을——무엇이 실제로 일어났는지는 물론이고 그 일이 왜 달리는 일어날 수 없었느냐고 하는 이유에도 해당하는 확실성, 자료를 수집하여 고생스럽게 축적된 증거라도 그 구조는 본질적으로 불안정하며 그 결론은 잠정적인 근사치로서 언제나 틀릴 수 있고 재검토의 대상이 될 수 있다는 바탕 위에서 작업하는 단순한 경험적 탐구자로서는 결코 달성할 희망조차 가지지 못할 확고한 지식을 가져다주는 확실성을——보유한다는 것이다.[3]

이러한 종류의 "법칙"이라는 생각이 형이상학적 환상의 한 부류로 비난받고 있는 것은 당연하다. 한편 그 대척 개념인 발가벗은 사실——움직일 수 없고 아무도 빠져나갈 수 없으며 해석 또는 인간이 만든 그 어떤 도식이나 질서의 때도 묻지 않는 오직 사실일 뿐인 사실——이라는 생각 역시 신화적이기는 마찬가지이다. 파악하고 대조하고 분류하고 정리하는 등, 더 복잡하거나 덜 복잡한 어떤 시야의 틀

---

3) 이 견해를 내가 헤겔이나 마르크스의 것으로 귀착하려는 것은 물론 아니다. 그들의 교의는 훨씬 복잡하기도 하였고 훨씬 그럴 듯하기도 하였다. 다만 그들의 추종자 중에서 끔찍한 요약꾼들(terribles simplificateurs)을 두고 하는 말일 뿐이다.

을 가지고 바라본다는 것은 특별한 종류의 사유가 아니라 사유 그 자체이다. 우리가 역사가들에게 과장이나 왜곡이나 무지나 편향성이나 사실에서 유리되었다는 혐의를 걸 때, 그 혐의는 그들의 선별과 비교와 제시가 적어도 부분적으로는 자기들 스스로 택한 맥락 및 질서, 즉 그들이 사용한 자료의 형편 및 연구의 사회적 환경 그리고 연구자의 성격 또는 목적 등에 의하여 부분적으로 조건화되는 맥락이나 질서 안에서 이루어지기 때문이 아니다. 우리는 오직 연구 결과가 연구자들 자신이 속한 시대와 장소와 사회 안에서 공인된 검증과 해석의 규준에 너무나 많이 어긋난다든지 너무나 심하게 상충된다는 이유로만 그러한 혐의를 건다. 이러한 규준들과 방법들과 범주들은 한 시대 및 문화에서 정상적이며 합리적인 안목을 특징짓는 규준과 방법과 범주이며, 그것들이 가장 최선의 상태로 고양되었다 하더라도 그것들은 결국 그러한 안목이 고도로 세련되고 다듬어진 형태인 것이다. 이 안목은 가용한 과학적 기법들을 관련되는 만큼 모두 인정하여 받아들이지만 그 안목 자체가 과학적 기법 중의 하나인 것은 아니다. 이런저런 저술가를 겨냥하여 편향이나 환상이 심하다든지 또는 증거가 너무나 박약하다든지 또는 사건들 사이의 연관을 파악하는 시야에 한계가 있다든지 하는 등등의 비판들은 진리가 무엇인지, 엄밀한 "사실성"이 무엇인지, 과거에 관하여 단지 이런저런 이론들을 내어 놓는 수준을 넘어 과거를 실제 그랬던 그대로(wie es eigentlich gewesen) "과학적으로" 발견할 수 있는 영구불변의 이상적 방법을 엄격하게 준수한다는 것이 무엇인지 등에 관한 어떤 절대적인 표준에 근거하는 것이 아니다. 왜냐하면 시간을 초월한 의미에서 "객관적"인 비판이라는 것은 결국 아무런 의미도 없기 때문이다. 그러한 비판들은 특정 시대의 특정 사회 안에서, 즉 문제되는 주제 안에서 성립하는 고도로 세련된 정확성, 객관성, 그리고 엄밀하고 세심한 "사실에 대한 성실성" 등의 개념에 입각하여 이루어지는 것이다.

위대한 낭만주의 혁명이 역사 서술의 강조를 개인들의 업적에서 떼어내 개인적 차원과는 다른 지평에서 포착되는 제도의 성장과 영향으로 옮겨 놓았을 때, "사실에 대한 성실성"의 정도가 그에 상응하여 저절로 바뀌었던 것은 아니다. 새로운 종류의 역사, 말하자면 어떤 특정 시기 동안에 공법(公法) 및 사법(私法), 또는 정치, 또는 문학, 또는 사회적 습관들이 어떻게 발전하였는지에 관한 해설이라고 해서 알키비아데스[4]나 마르쿠스 아우렐리우스나 칼뱅이나 루이 14세의 행적과 운명에 관한 종전의 해설에 비하여 그 정확성 또는 "객관성"에서 반드시 더 나아진 것도 더 못해진 것도 아니다. 투키디데스나 타키투스[5]나 볼테르가 랑케[6]나 사비니[7]나 미슐레[8]에 비하여 특별히 더 주관적이거나 모호하거나 환상적이었던 것은 아니다. 새로운 역사는 단지 오늘날 자주 사용되는 표현을 빌리면 종전과는 다른 "각도"에서 서술되었을 따름이다. 새로운 역사는 기록하기로 의도한 사실의 종류가 과거와 달랐고 강조점이 달랐기 때문에, 문제의 제기에

---

4) (옮긴이) 알키비아데스(Alcibiades, BC 450~BC 404): 고대 아테네의 장군, 정치인.

5) (옮긴이) 타키투스(Publius Cornelius Tacitus, 56년경~117년경): 로마의 법률가, 웅변가, 원로원 의원, 고대 최고의 역사가 중 한 사람.

6) (옮긴이) 랑케(Leopold von Ranke, 1795~1886): 독일의 역사가, 흔히 "과학적" 역사학의 아버지로 불린다. 위에서 벌린이 인용한 wie es eigentlich gewesen은 그의 표어였다.

7) (옮긴이) 사비니(Friedrich Karl von Savigny, 1779~1861): 독일의 법학자, 역사학파의 대표적인 인물.

8) (옮긴이) 미슐레(Jules Michelet, 1798~1874): 프랑스의 역사가. 『새』, 『바다』, 『사랑』, 『산』, 『주술』 등과 같은 일련의 자연사 저술과 19권짜리 고대에서 혁명까지의 『프랑스사(Histoire)』를 남겼다. 중세사에 관한 가장 생생하고 실감나는 서술로 알려져 있다.

서부터 관심의 방향이 달랐고 따라서 결국은 사용된 방법에서도 관심의 전환이 일어났던 것이다. 개념들과 어휘들은 무엇이 증거를 구성하는지에 관하여 달라진 견해를 반영하며, 그러므로 결국에 가서는 "사실들"이라는 것이 무엇인지에 관해서도 달라진 견해를 반영하게 된다. 연대기 작가들의 "연애담"을 "과학적" 역사가들이 비판할 때, 그 꾸짖음에는 전대 저술가들의 저작이 나중 시대에 가장 추앙받고 신뢰받는 과학적 발견들과 어긋나는 것으로 보인다는 점이 적어도 부분적으로는 함축되어 있었다. 그런데 그 과학이라는 것은 그 나름대로 인류 발전의 양식에 관한 지배적 통념이 변화한 데에—과거를 인식하는 인식틀의 변화, 다양한 탐구 분야 및 새로이 제기된 문제들 그리고 이제는 낡은 것으로 되어버린 질문들보다 더 흥미롭고 더 중요하다고 느껴진 질문들에 답하기 위해서 사용되는 새로운 형태의 기법 등에서 반영되는 예술적, 신학적, 기계적, 생물학적, 또는 심리학적 인식틀의 변화에—기인하는 것이었다.

　이러한 "인식틀"이 바뀌어 간 역사는 여러 측면에서 인류의 사상사 그 자체이다. 마르크스주의적 또는 "유기체적" 역사 탐구 방법이 자연과학의 특정 분야 또는 예술의 특정 기법이 누리던 위신에 그 인기의 일부를 빚지고 있으며 그러한 과학과 예술 분야에서 사용되던 모델을 본떠서—본을 제대로 떴든지 아니면 본을 뜨고 있다고 생각만 했든지—구축되었다는 점은 확실하다. 예를 들어 18세기의 철학과 역사에는 물리학과 수학에 대하여 당대 새로이 증대된 관심이 영향을 미쳤듯이, 19세기의 역사 저술들에는 생물학과 음악에 대한 관심의 증가가 중요한 관련을 맺고 있다. 그리고 1914~1918년의 전쟁 이후의 저작에서 역사가들이 다소 위축된 방법과 아이러니가 섞인 논조를 사용하게 되는 것은 그 시대에 공인되기에 이른 새로운 심리학적, 사회학적 기법들의 영향을 받았음을, 그리고 역사 저술들이 그러한 기법에 입각하여 수용되고 있음을 뚜렷이 드러낸다. 한 시대의 일반적 특성 및 그 시대에 무엇이 표준으로 채택되었고 어떤 질문들이 제기되었으며 "사실"과 "해석"이 각각 어떠한 역할을 하였는지, 그리하여 결과적으로 그 시대의 사회적, 정치적 시각 전체를 파악하는 데에는 그 시대에 명성을 떨쳤던 어떤 역사책의 서술이 어떤 절대적 진리 —— 형이상학적이든 과학적이든 경험적이든 또는 선험적이든 —— 에 관한 모종의 가상적, 고정적, 불변적인 이상에 얼마나 근접하는지보다는 그 서술이 상대적으로 예컨대 어떠한 사회적, 경제적, 정치적 개념들 및 전제들에 의하여 주도되고 있는지를 보는 것이 더욱 명료하고 신뢰할 만한 지표가 된다. 정치적 관념들의 발전, 사회를 인식하는 개념적 구조, 그리고 그 구조의 가장 유능하고 가장 뚜렷한 대변자들에 대한 판단은 과거를 (또는 현재 또는 미래를) 다루는 방법상의 변화 그리고 관용어구나 유행 구호의 변화 및 그것들을 통하여 표현되는 의심, 희망, 두려움, 훈계의 변화를 살핌으로써 가장 잘 이루어질 수 있다. 물론 사람들이 말하고 생각할 때 그 골조가 되는 개념들은 다른 차원에서 —— 사회적, 심리학적, 물리적 차원에서 —— 벌어지는 일들의 결과 또는 징후일 수 있으며, 그러한 점을 밝히는 것은 이런저런 경험과학의 과제일 것이다. 그러나 한 시대 또는 한 사회의 특징을 가장 잘 나타내는 사람들의 의식적 경험이 무엇으로 구성되는지를 —— 그 원인이 무엇이든 그 귀결이 어찌되든 —— 알고자 하는 사람에게 그 개념들이 가지는 최고의 중요성 및 적실성이 그렇다고 해서 줄어드는 것은 아니다. 그리고 물론 우리는 시각상의 명백한 이점으로 말미암아 우리 시대보다는 과거 사회들에 관하여 그 의식적 경험의 구성을 더 잘 알아낼 수 있는 위치에 있다. 그러므로 역사적 접근이란 피할 수 없는 것이다. 과거를 바라봄으로써 생성되는 대조와 차이의 감각을 배경으로 삼을 때에만 우리들 자신의 경험이 지닌 특징들이 식별되고 서술될 수 있을 만큼 충분히 부각된 형태로 드러날 수 있기 때문이다.

예를 들어 19세기 중반의 정치사상을 연구하는 사람이 만약 우리 시대와 별로 멀리 떨어져 있지 않은 그 시대를 분열시킨 관념들과 어휘상의 심오한 차이, 세상사를 바라보는 일반적 시각—경험의 다양한 구성소들이 서로서로 연결되어 있는 것으로 인식하는 방식—상의 심오한 차이를 끝끝내 인지하지 못한다면 그는 아무것도 볼 수 없을 것이다. 콩트와 밀, 마치니[9]와 미슐레, 헤르첸[10]과 마르크스 등에게 공통되었던 점과 막스 베버와 윌리엄 제임스,[11] 토니[12]와 비어드,[13] 리턴 스트레이치[14]와 네이미어[15] 등에게 공통되었던 점이 어떠

---

9) (옮긴이) 마치니(Giuseppe Mazzini, 1805~1872): 이탈리아 정치인, 저술가. 조직의 귀재여서, 메테르니히는 그를 가장 큰 골칫거리로 낙인찍었다. 이탈리아 통일 국가 건설의 한 주역이며, 근대 유럽이 공화주의, 민주주의, 인민주권 등의 방향으로 틀을 잡는 데 기여했다.

10) (옮긴이) 헤르첸(Alexandr Ivanovich Herzen, 1812~1870): 서유럽 사정에 밝았던 러시아 사상가, 저술가. 흔히 "러시아 사회주의의 아버지"로 불린다. 1861년 농노해방을 초래한 사회 분위기 조성을 주도했다.

11) (옮긴이) 제임스(William James, 1842~1910): 미국의 실용주의 철학자, 심리학자. 선험주의를 부인하고 현실 속의 감각 경험에서 인식의 근거를 찾았고, 종교를 비롯한 신비적 경험과 관련된 심리를 탐구하였다.

12) (옮긴이) 토니(Richard Henry Tawney, 1880~1962): 영국의 저술가, 경제학자, 역사가, 사회평론가, 기독교 사회주의자.

13) (옮긴이) 비어드(Charles Austin Beard, 1874~1948): 20세기 초 미국의 가장 영향력 있는 역사가로 손꼽히는 인물. 경제 결정론의 시각에서 이른바 "진보주의 학파"를 이끌었다.

14) (옮긴이) 리턴 스트레이치(Giles Lytton Strachey, 1880~1932): 영국 전기 작가, 평론가. 주인공에 대한 존경심을 일절 배제하는 대신 심리 분석에 입각한 인간적인 이해에 재치를 섞은 새로운 형태의 전기를 선보였다.

15) (옮긴이) 네이미어(Lewis Bernstein Namier, 1888~1960): 영국의 의회사가. 상하원 의원들의 전기를 종합하는 방식으로 의회사에 접근하여 국가적 관심보다는 국지적이고 개인적인 관심들이 의회의 결정을 좌우했음을 밝혔다.

한 대조를 보이는지를 깨닫지 못한다면 그는 그 시대는 물론이고 자신의 시대도 이해할 수 없다. 유럽 지적 전통의 연속성이란──이것이 없다면 역사적 이해라는 것은 애당초 가능하지 않을 것이다──작은 단위의 시기들로 잘라 놓고 보면 개별적인 불연속성과 불일치의 행렬이다. 그러므로 이제부터 내가 하는 말들은 우리 시대를 특징짓고 대체로 보아 오직 우리 시대에만 해당하는 정치적 시각상의 차이들을 부각하기 위하여 그 유사점들을 의도적으로 무시한 결과이다.

II

어떤 역사책을 봐도 알 수 있듯이, 19세기에 일어난 두 가지 커다란 정치적 해방 운동은 인도주의적 개인주의와 낭만주의적 민족주의이다. 그 사이에 차이가 무엇이든지──그 두 가지 이상은 날카롭게 대치하다가 결국 충돌하고 말았을 정도로 지독하게 뿌리 깊은 차이가 있다──공통점이 하나 있다. 지성과 덕성의 힘이 무지와 사악의 힘을 능가하도록 만들 수만 있다면 개인들의 문제도 사회들의 문제도 해결될 수 있다는 믿음이 그것이다. 종교적인 차원 및 세속적인 차원에서 훨씬 전부터 목소리를 내기 시작했지만 그 세기의 말엽에 이르러서야 목소리가 커지기 시작한 비관론자들 및 운명론자들에 맞서서, 그들은 도덕적 지적 자원을 보유한 인간은 문제의 본질을 명료하게 이해하기만 하면 어떤 문제든 풀 수 있다고 믿었다. 물론 그 다양한 문제들에 관하여 제시된 해법들은 서로 다른 사상의 유파마다 달랐다. 공리주의자들은 이것이 해법이라고 말할 때 신(新)봉건주의 낭만파는──토리 민주주의자들,[16] 기독교 사회주의자들, 범게르만주의자들, 슬라브 민족주의자들은──저것을 말했다. 자유주의자들은 경제적 기근과 불평등을 극복할 해답으로 교육의 무한한 힘 그리고 합리적 도덕의 힘을 신봉하였다. 사회주의자들은 반면에 경제적 자원들을 분배하고 통제하는 차원에서 발본적(拔本的)인 변화가 없이 심성이나 의식의 변화만으로는 충분하지 않다고, 사실은 체제 변화가 없이는 의식 변화는 아예 일어나지도 않는다고 믿었다. 보수주의자들과 사회주의자들은 제도의 힘과 영향력을 신봉하여 제도야말로 고삐 풀린 개인주의 때문에 발생하는 혼란과 불의와 잔혹에 맞설 필수적 안전장치라고 생각하였다. 무정부주의자들, 발본주의자들, 자유주의자들은 현존 사회의 통치자들이 —— 사람 통치자이든 아니면 행정 관료 체계라는 통치자이든 —— 아직도 크게 의지하고 있으며 그 통치자들 중 상당수가 스스로 체현하는 오래된 폐습을 (또는 불합리를) 말끔히 청산할 수만 있다고 한다면, 인간의 의지가 구상하여 건설할 수 있는 자유로운 (이 부류의 사상가 대부분에게는 곧 합리적인) 사회를 실현하는 데에 장애가 된다는 견지에서 제도 그 자체를 수상하게 여겼다.

사회에 대하여 개인이 져야 하는 의무 그리고 개인에 대하여 사회가 져야 하는 의무의 상대적 정도에 관하여 온갖 주장들이 쏟아져 나와 널리 알려졌다. 그 문제에 대한 올바른 대답을 둘러싸고 아무리 커다란 이견이 있다고 하더라도 그 문제 자체는 자유주의자들과 보수주의자들에게 공통된다는 점을 깨닫기 위해서 그 익숙한 문제들을, 오늘날에도 서구 사회의 가장 보수적인 교육기관에서 토론의 밑동을 형성하고 있는 그 문제들을 일일이 재론할 필요는 없을 것이다. 물론 그 시대에도 비합리주의자들은 —— 슈티르너,[17] 키르케고르,

---

16) (옮긴이) 1867년에 벤자민 디즈레일리가 이끄는 토리당은 참정권 확산을 위한 제2차 선거법 개혁안을 제안하여 통과시켰다. 이처럼 보수 세력이 민주주의를 부르짖는 경우를 가리키는 영국식 표현.

그리고 일부 측면에서 칼라일—개별적으로 있었다. 그러나 전체적으로 볼 때 대논쟁에 참여한 모든 진영들은, 심지어 칼뱅주의자 또는 가톨릭의 교황권 지상주의자들까지도 정도의 차이는 있지만 인간이 두 가지 이상화된 유형 중 이것 아니면 저것과 닮았다고 하는 생각을 받아들였다. 인간은 자유롭고 태생적으로 선한 피조물인데 마치 구원자나 보호자나 신성한 전통의 담지자인 척 가면을 쓴 낡고 부패하고 사악한 제도 안에 갇혀서 좌절당하고[18] 있든지, 아니면 인간은 한계가 있고 결코 전적으로 자유롭지는 않으며 어느 정도는 선하지만 결코 전적으로 선하지는 않은 존재라서 외부의 도움 없이 혼자만의 힘으로는 자신을 구원할 수 없기 때문에 국가나 교회나 노동조합과 같은 커다란 구성체 안에서 구원을 구하는 것이 옳다. 〔후자의 견해에 따르면〕 과거에서 전승된 보물로 가득 찬 사회생활의 풍성한 질감을 인간미가 결여된 모종의 지성적 교조 또는 인간적 삶과는 상관없는 어떤 이상을 향한 고상한 열정의 이름 아래 무시하거나 파괴하려는 양심도 없고 자기기만적인 저들 개인주의자들, 장님을 인도하겠다고 나선 장님들, 인간에게서 가장 귀중한 자질을 강탈하여 삶을 "고독하고 부족하고 형편없고 혹독하며 짧게"[19] 만드는 위험 속으로 다시 되돌리고야 말 사람들이 팔아먹는 말초적 쾌락과 위험하며 궁극적으로는 자기파괴적인 자유에 대항하기에 충분한 힘과

---

17) (옮긴이) 슈티르너(Max Stirner, 1806~1856): Johann Kasper Schmidt의 필명. 독일의 철학자로서 허무주의, 실존주의, 무정부주의적 발상들을 저술에 담아 표현한 선조 중 하나로 평가된다. 본인은 자신의 입장이 어떤 주의와도 상관이 없다고 하면서 기어이 연결한다면 이기주의(egoism) 정도가 근사하리라고 말했다.

18) 어떤 사람들은 이렇게 되는 까닭으로 역사적으로 또는 형이상학적으로 불가피한 이유나 원인을 들면서, 그렇지만 그 불가피성이 조만간 위력을 상실할 것이라고 한다.

19) Thomas Hobbes, *Leviathan*(1651), part I, chapter 13: "solitary, poor, nasty, brutish, and short".

연대와 안전을 오직 그러한 위대한 구조물만이 증진해 줄 수 있다. 그러나 이 모든 논자들에게 공통되는 전제가 적어도 하나 있다. 그것은 그 문제가 진짜 문제이며 그 문제를 올바르게 파악하는 데에는 보기 드문 지성과 교육을 갖춘 사람이 필요하고 그에 대한 정답을 찾아서 적용하는 데에는 보기 드문 관찰력과 의지력과 사고력을 갖춘 사람이 필요하다는 믿음이다.

이 두 가지 거대한 조류는 과장을 거듭하여 마침내 공산주의와 파시즘이라고 하는 실로 왜곡된 형태에 도달하였다. 전자는 앞 세기의 자유주의적 국제주의를 상속한 배신자이며, 후자는 같은 세기의 민족운동들에 활력을 부여한 신비적 애국심이 절정에 치달았다가 파산한 결과이다. 모든 운동은 원인이 있고 선구자가 있고 아무도 모르는 사이에 이루어지는 시작이 있다. 20세기 역시 프랑스 혁명처럼—오늘의 시점에서 보더라도 모든 역사적 이정표 중에서 가장 크다고 보아야 할—세상 전체를 뒤흔든 폭발에 의하여 19세기와 구분되는 것은 아니다. 그러나 공산주의와 파시즘을 전에도 있었던 어떤 위기가 단지 더욱 완강하고 더욱 폭력적인 모습으로 출현한 것으로, 오래전에도 찾아볼 수 있는 투쟁이 정점에 이른 것일 따름으로 간주하는 것은 오류이다. 19세기의 정치운동과 20세기의 정치운동 사이에는 아주 분명한 차이점들이 있는데, 그 차이를 낳은 요인들의 위력은 20세기가 한참 진행한 다음에도 올바르게 이해되지 못하였다. 그 까닭은 누가 보기에도 과거지사이자 이미 끝난 일과 가장 전형적으로 우리 시대에 속한 일 사이를 가로막는 장벽이 있기 때문이다. 그 장벽이 우리에게 이미 아무리 익숙해졌다고 하더라도 그것이 비교적 최근에 생겼다는 사실을 잊어서는 안 될 것이다. 새로운 시야를 구성하는 요소 중에는 무의식적이며 비합리적인 영향력이 이성의 힘을 능가한다는 생각도 있고, 어떤 문제에 대응하는 길은 합리적 해법을 구하는 데에 있는 것이 아니라 사유나 주장과는 다른 수단을 통해서 그 문제 자체를 제거하는 데에 있다는 생각도 있다. 빛과 어둠, 이치와 얼버무림, 진보와 반동, 또는 영혼의 중시와 경험주의, 직관과 과학적 방법, 제도주의와 개인주의 같이 손쉽게 규정할 수 있는 한 쌍의 세력들 사이의 전쟁터로 역사를 파악하는 오래된 전통 또는 질서가 한 편에 있고, 다른 한 편에는 부르주아 문명의 인간주의적 심리학에 격렬하게 반대하는 새로운 요인들이 있다. 이 둘 사이의 줄다리기 또는 갈등이 대체로 우리 시대 정치사상의 역사이다.

III

그렇지만 20세기의 정치와 사상을 대충 보고 넘어가는 사람에게는 얼핏 우리 시대에 전형적인 모든 이념과 운동은 이미 19세기에 두드러졌던 경향이 자연스럽게 발전한 결과로 이해해야 최선인 것처럼 보일지도 모른다. 예를 들어 국제기구의 성장을 보면 그것이 너무나 당연해 보인다. 헤이그의 재판소, 과거의 국제연맹 및 그 후신, 전쟁 전부터 있었던 그리고 전쟁 후에 만들어진 정치적, 경제적, 사회적, 인도적 목적을 위한 수많은 국제기구와 회의들, 이것들이 19세기 (그리고 사실은 그 전 세기에서부터 유래하는) 진보적 사고와 행동의 밑동에 해당하는 자유주의적 국제주의의 직계 후손이 아니라면, 테니슨이 "인류의 의회(Parliament of man)"[20]라 일컬었던 바가 아

---

20) "Locksley Hall"(1842), 128행.
　　(옮긴이) 테니슨(Alfred Tennyson, 1809~1892): 영국 시인. 고전과 신화에서 소재를 즐겨 찾았다.

니라면 도대체 무엇이겠는가? 예를 들어 콩도르세 또는 엘베시우스와 같은 유럽 자유주의의 위대한 창시자들이 사용했던 언어는 그 내용에서, 그리고 실은 그 형태에서도 우드로 윌슨[21]이나 토마시 마자릭[22]의 연설문에 나타나는 가장 전형적인 대목들과 크게 다르지 않다. 유럽 자유주의는 외견상 로크나 그로티우스[23] 또는 심지어 스피노자 등에 의하여 마련된, 그리고 거슬러 올라가자면 에라스무스[24]와 몽테뉴,[25] 이탈리아 르네상스, 세네카[26] 및 그리스에까지 닿는, 비교적 단순한 지적 토대 위에 구축된 이래 거의 삼백 년 동안 별로 바뀐 것이 없는 한 갈래의 일관된 운동 같은 모습을 띠고 있다. 이 운동에서는 모든 문제에 원칙적으로 합리적인 정답이 있다고 본다. 인간은 적어도 원칙적으로 어느 곳에서 어떤 조건 아래 있든 스스로 의지만 있다면 자신의 문제에 대한 합리적 해답을 찾아서 적용할 능

---

21) (옮긴이) 윌슨(Woodrow Wilson, 1856~1924): 미국의 28대 대통령(1913~1921, 민주당). 당대 진보운동의 기수 중 한 사람으로서 미국의 민주화에 기여했고, 국제적으로는 민족자결주의를 부르짖으며 국제연맹의 창설을 주도했다.

22) (옮긴이) 토마시 마자릭(Tomáš Garrigue Masaryk, 1850~1937): 제1차 세계대전 중 체코슬로바키아의 독립을 위해 노력하여 독립 후 초대 대통령을 지냈다 (1920~1935).

23) (옮긴이) 그로티우스(Hugo Grotius, 1583~1645): 네덜란드(당시에는 United Provinces) 철학자, 기독교 변론가, 극작가, 시인. 자연법에 입각하여 국제법 이론의 기초를 세웠다.

24) (옮긴이) 에라스무스(Desiderius Erasmus, 1466~1536): 네덜란드(홀란드) 인문주의자, 신학자. 알프스 이북 르네상스 운동을 대표하는 인물 중 하나. 루터의 종교개혁에 영감을 준 것으로 전해진다.

25) (옮긴이) 몽테뉴(Michel de Montaigne, 1533~1592): 프랑스의 르네상스 작가. 개인적인 수필 양식의 창시자로 일컬어진다. 자신을 포함한 인간을 연구 대상으로 삼아 솔직하면서도 개인적인 색채를 담아 표현한 『수상록(*Essais*)』을 남겼다. 회의주의자이자 인문주의자였다.

26) (옮긴이) 세네카(Seneca, BC 4~AD 65): 로마의 철학자, 정치인, 극작가. 스토아주의자로서 독자들로 하여금 삶의 문제를 스스로 되돌아보게 만드는 저술들을 남겼다.

력을 가지고 있다. 그리고 그 해법들은 합리적이기 때문에 서로 충돌하지 않으며 궁극적으로는 하나의 조화로운 체계를 이룩하여, 진실이 항상 득세하고 자유와 행복과 족쇄에서 풀린 자기계발의 무제한적 기회가 모든 사람에게 활짝 열리게 될 것이다.

19세기에 자라난 역사의식은 18세기에 태어난 고전적 이론의 가혹하고 단순한 구도를 수정하였다. 인간의 진보는 이제 자유주의적 개인주의의 태동기에 생각되었던 바에 비하여 훨씬 복잡한 요인들에 의하여 조건화되는 것으로 여겨지게 되었다. 교육, 합리주의의 전파, 심지어 입법마저도 어쩌면 항상 모든 곳에서 충분한 결과를 보장하지는 못하리라. 다양한 사회들의 형체를 역사 속에서 빚어내는 데 영향을 미친 개별적이고 특별하며 다양한 요인들이 ─ 물리적 조건들, 사회경제적 세력들, 그보다 훨씬 손에 쥐기 곤란한 감성적인 또는 이른바 "문화적"이라는 모호한 명칭으로 분류되는 요인들이 ─ 이제는 콩도르세나 벤담[27]의 지나치게 단순한 구도에서 받았던 것보다 더 많은 중요성을 인정받게 되었다. 인간 및 인간의 제도를 어떤 정해진 유형에 맞추어 주조해 내는 일을 단순한 일로 여겼던 과거 시대에 너무나 낙관적으로 예상했던 것보다 만만치 않게 만드는 역사의 요청을 포함하여 고려하도록 교육 및 모든 형태의 사회적 행동들이 예비되어야 한다고 이제는 생각하게 되었다.

이러한 수정에도 불구하고 원래의 강령은 형태만을 달리한 채 거의 보편적인 매력을 계속 발휘하였다. 이는 좌파뿐만 아니라 우파에게도 해당한다. 자유주의자와 그 동맹세력을 방해하는 데에 몰두할 때를 제외하면, 보수주의자들 역시 느리지만 확실한 "자연적" 발전

---

27) (옮긴이) 벤담(Jeremy Bentham, 1748~1832): 영국의 철학자, 법률가, 사회개혁가. 사회의 본질을 개인에서 파악하는 자유주의자였고, 정책을 인도하는 원리는 논쟁적이고 모호한 도덕보다 공리(utility)여야 한다고 주장했다.

의 과정에 어떤 지나친 폭력이 가해지지만 않는다면 만사가 잘 되리라는 믿음, 빠른 자가 느린 자를 밀어 내쫓지 못하게 규제되기만 한다면 결국 모두가 그곳에 도달하리라는 믿음을 가지고 행동하였다. 그 세기의 초반에 보날드[28]가 전도한 교의가 바로 이것으로, 원죄를 가장 확고하게 신봉하는 이들조차 이와 같은 낙관론을 표명하였던 것이다. 보수주의자들이 즐겨 "상상력이 빈곤"하고 "작위적"이며 "기계적"이라고 규정했던 자유주의자들의 평등화 시도에 휩쓸리지 않도록 전통적 시각과 사회구조의 다양성이 지켜질 수만 있다면, "구체화하기 어려운", "유서 깊은", "자연적", "섭리에 따른" 셀 수 없도록 많은 (그들이 보기에는 풍성한 생활방식에서 정수에 해당하는) 우수한 특성들이 관례적 또는 전통적 권리와 습관을 경멸하는 어떤 "가당치 않은" 그리고 "외부적인" 권위가 정해 놓은 각본에 따라 동질적인 단자들로 이루어진 획일적인 집합으로 탈바꿈하지 않고 유지될 수만 있다면, 신성한 과거가 성급한 발길에 짓밟히지 않도록 충분한 안전장치가 설치되기만 한다면──이러한 보장만 있다면 합리적인 개혁이나 변화가 가능할 뿐만 아니라 바람직할 수도 있음이 인정되었다. 이러한 안전장치만 있다면 보수주의자들 역시 자유주의자에 못지않게 자격을 갖춘 전문가들이──전문가들이 아니라 점점 더 계몽되어 가는 사회의 각계각층에서 추출되어 각계각층을 대변하는 다수의 개인 및 집단이라고 하더라도──인간사를 의식적으로 이끌어 가는 방식을 상당히 호의적으로 바라볼 태세가 되어 있었다.

19세기 후반의 유럽, 서유럽뿐만 아니라 동유럽에서도, 나중 또는 그 이전의 정치적 투쟁에 영향을 받은 역사가들이 인정한 것보다 더

---

28) (옮긴이) 보날드(Louis Gabriel Ambroise, viscomte de Bonald, 1754~1840): 프랑스 철학자, 정치인. 메스트르(de Maistre), 라므네(Lammenais), 발랑쉬(Ballanche) 등과 같이 신정학파(神政學派)에 속하는 극단적 보수주의자.

너비가 넓었던 다양한 진영들에 공통되었던 분위기 및 태도가 이러하였다. 서유럽에서 발생한 정치적 대표성의——결국 그 다음 세기에 혹은 먼저 혹은 나중에 많은 나라들에서 줄을 이어 모든 계급의 사람들이 정치 권력에 도달하게 되는 시발점에 해당하는——확산은 단순히 어떤 과정의 징후라는 의미가 아니라 인과적인 의미에서 그 결과 중의 하나이다. 대표를 뽑을 권리를 가지지 못한 사람들이 처음에는 생명과 자아표현을 위하여 나중에는 통제권을 위하여 참여한 투쟁들로 19세기는 점철되었다. 그 사람들 중에는 이러한 부류의 진짜 투쟁이 낳게 마련인 영웅들, 순교자들, 도덕적 예술적 힘의 소유자들이 포함되었다. 빅토리아 시대의 사회적 정치적 굶주림을 대부분 채워줌으로써 20세기는 서유럽 여러 나라의 인민 대다수에게——사회질서를 변혁한 사회적 입법에 열성을 기울인 데에 크게 힘입어——실로 놀라울 정도로 물질적 조건이 향상된 모습을 보게 되었다.

그러나 이러한 추세가 빚어내리라고 거의 예견되지 못했던 (비록 토크빌, 부르크하르트, 헤르첸, 그리고 물론 니체와 같은 사상가들이 개인별로 그 기미 이상을 포착하였지만) 결과가 하나 있었으니, 만족하지 못한 집단들이 비록 깊숙한 곳에서는 서로 분열되어 있었지만 전제자들, 사제들, 전투적인 속물들에 맞서 함께 싸우던 초창기 투쟁의 영웅적인 시기를 풍미했던 도덕적 열정 및 힘 그리고 낭만적, 예술적 저항정신이라고 하는 자질들이 쇠퇴하였다는 것이다. 우리 시대에 존재하는 불의와 참상이 어떠하든지——앞 시대에 비하여 더 적지는 않다고 한마디로 말할 수 있다——이제는 그것이 고상한 웅변의 기념탑을 통해서 표현될 것으로 기대하기 어렵다. 왜냐하면 그런 식의 영감이란 오로지 사회의 모든 계급이 억압이나 탄압을 받는 데서만 분출하는 것으로 보이기 때문이다.[29] 마르크스가 대단한 통찰력으로 갈파하였듯이 이들 억압받는 집단들을 이끄는 가장 선명하고 사회적 경제적으로 가장 개명된 지도자들이 공통적인 정서에서 영감을 받아 자신이 속한 계급 및 연고를 위해서뿐만 아니라 억압받는 모든 사람들의 이름으로 발언하는 짧은 순간, 그들의 발언이 보편적인 성격을 지니게 되는 짧은 계기가 그때에 찾아오는 것이다.

그러나 그처럼 사심 없는 상태는 적어도 부분적으로는 목표 달성이 요원하기 때문에, 원칙은 어둠과 공허 속에서 가장 밝게 빛나기 때문에, 정치적 행동이 시작되면서 어쩔 수 없이 외부세계에서 침투해 들어오고야 말 혼란과 불투명과 흥정과 초점 흐리기가 아직은 내면의 희망에 뒤섞이지 않았기 때문에 가능한 것이므로, 사회의 모든 또는 거의 모든 계층들이 어느 정도로라도 공식적으로 권력을 이미 소유하고 있거나 곧 소유하게 될 상황은 그처럼 진정으로 사심 없는 웅변을 방해하게 된다. 권력의 맛을 본 적이 있거나 머지않아 그렇게 될 사람이라면 누구든지 황야에서 자라난 순수한 이상이 막상 실현될 때에는 예상하지 못했던 형태로 바뀌어 처음의 희망이나 우려에 부합하는 경우가 매우 드물게 되고 마는 괴리로 말미암아 마치 하나의 화학 반응처럼 생성되는 그 냉소주의를 완전히 물리치지는 못한다. 그러므로 나중에 벌어진 사정과 상황의 맥락을 떨쳐버리고 그 견해들과 그 운동들이 승리하고 나서 광휘를 잃어버리기 전에 이상주의적 감수성을 그토록 강렬하게 불러일으킬 능력을 보유하고 있던 당시의 상태로 우리 자신을 되돌리기 위해서는 예외적이라 할 정도의 상상력과 노력이 필요하다. 그 당시라 함은 예컨대 민족주의

---

29) 따라서 인구의 대다수가 아직도 표현을 못하고 있거나 박살나는 상태인 아시아나 아프리카의 사회를 위한 비평들에 비하여 우리 시대 서유럽에서 벌어지는 사회적 저항이, 아무리 정당하다 할지라도, 그 논조와 내용에서 아주 다른 까닭이 어쩌면 여기에 있을 것이다.

가 원칙적으로 국제주의의 성장과, 그리고 시민적 자유가 사회의 합리적 조직과, 양립불가능하게는 느껴지지 않았던 때이며, 그러한 점들이 보수주의자들뿐만 아니라 그 경쟁자들에 의해서도 마찬가지로 신봉되어 그 양 진영 사이의 간극은 한 편에서는 이성이 진보의 속도를 "역사"에 의하여 부과되는 한계 너머로까지 올리도록 허용되어서는 안 된다고 하며 다른 편에서는 이성은 언제나 이유를 가지며(la raison a toujours raison) 실재하는 세계를 밝은 대낮의 태양 아래 직접 지각하는 과제가 추억이나 그림자보다 더 중요하다고 하는 노선의 차이뿐이던 때이다. 이는 자유주의자들 역시 나름대로는 역사주의의 무게를 느끼기 시작하던 때로서, 고삐 풀린 사기업의 비인간성을 경감하기 위해서라도, 약자의 자유를 보호하기 위해서라도, 행복과 정의 그리고 인생을 살아볼 만한 것으로 만들어줄 무언가를 추구할 자유를 위하여 필수불가결한 기본적 인권들을 확보하기 위해서라도 그 혐오스러운 국가 그 자체로 하여금 사회생활을 어느 정도 조율하고 심지어 통제하도록 해야 할 필요가 어쩌면 있을지도 모른다고 인정하기 시작하던 때이다.

이와 같은 19세기 중반의 자유주의적 믿음이 어떠한 철학적 토대를 가지고 있는지는 약간 불투명하다. "자연적이다" 또는 "고유하다"고 일컬어진 권리들, 진리와 정의의 절대적 표준들은 경험주의 및 공리주의의 잠정적인 태도와 양립할 수 없음에도 자유주의자들은 이 모두를 믿었다. 전면적인 민주주의에 대한 신봉 역시 소수자 또는 불만을 가진 사람들의 불가침적 권리에 대한 믿음과 엄밀하게 일관되는 것은 아니다. 그러나 우익 세력이 이 모든 원칙들을 한꺼번에 반대하는 한, 논리적 모순들은 즉각적으로 현실에 적용해야 할 시급한 필요에 의하여 악화되지 않고 전체적으로 잠복한 상태에 머무르면서 때때로 평화로운 학문적 논쟁의 주제를 구성하도록 허용되었다. 기실, 신조 또는 정책에 그와 같은 논리적 불일치가 있음이 인지되면서 궁극적으로 모든 문제들을 언젠가 정리해 주리라는 기대 안에서 합리적 비판의 역할이 더욱더 높아졌던 것이다. 사회주의자들은 그들대로 역사에 냉혹한 법칙이 있다는 믿음을 보수주의자들과 공유하면서 그들과 힘을 합해, 시간 밖에나 위치할 추상적 목표들을 "비역사적으로" 입법화한다고, 그런 행동에 대해서는 역사가 응분의 복수를 행하게 되리라고 자유주의자들을 기소하였다. 그러나 그들은 또한 합리적 분석에 최고의 가치를 부여하고 "과학적" 전제에서 연역되는 이론적 고려에 근거한 정책을 신봉하였다는 점에서는 자유주의자들과도 닮았다. 그리하여 비참한 현상 유지를 정당화하기 위하여 "사실들"을 잘못 해석하고 비참과 불의를 묵과한다고 보수주의자들을 기소할 때에는 자유주의자들과 합세하였다. 보수주의자들이 자유주의자들처럼 역사를 무시하는 것은 아니지만, 자신들에게만 국한된 도덕을 토대로 자기네 권력을 유지하려고 의식적으로 또는 무의식적으로 계산된 방식에 따라 역사를 잘못 읽은 결과라는 것이었다. 그러나 이들 가운데에는 진정으로 혁명적인 사람들도 있었던 만큼, 인간을 논하고 인간에게 호소할 때에는 그 당사자들이 실제로 의식하거나 또는 의식하도록 인도될 수 있는 필요와 관심과 이상에 입각해야 한다는 공통적인 대전제를 그 사람들 대다수는 자신이 공격하는 상대 진영들과 공유한바 이는 서구 세계에서 철저하게 새로운 현상이었다.

보수주의자, 자유주의자, 사회주의자들은 역사 변화를 서로 다르게 해석하였다. 인간에게 가장 깊숙한 필요, 관심, 이상이 무엇인지에 관하여, 누구의 그것이 인간의 그것인지, 그것은 얼마나 깊숙이 얼마나 널리 얼마나 오랫동안 보유되는지에 관하여, 그리고 그것을 발견할 방법은 무엇이고 이런저런 구체적 상황에서 그것들이 타당한지 여부에 관하여 그들은 각기 의견이 달랐다. 사실에 관하여 그리고 목적과 수단에 관해서도 그들은 서로 의견이 달랐기 때문에, 자기들 스스로 보기에도 그들 사이에 일치하는 점은 거의 아무것도 없는 듯이 보였다. 그러나 너무나 명백하여 그들 자신이 충분히 의식할 수는 없었지만 그들 사이에 한 가지 공통점이 있었으니, 자신들의 시대가 사회적 정치적 문제들에 휩싸여 있으며 그 문제들은 오로지 충분한 정신의 힘을 타고난 사람이라면 모두들 동의할 참된 명제들을 의식적으로 적용함으로써만 해결될 수 있다는 믿음이 그것이다. 마르크스주의자들의 경우 이론적으로는 이를 문제삼은 것이 사실이지만 실천적으로는 아니다. 그들조차도 목적이 아직 달성되지 않았고 선택할 수 있는 수단은 제한되어 있을 때 그 목적에 도달하기 위한 수단은 현실에서 가용한 모든 재주와 활력과 지적 도덕적 통찰을 활용하여 채택해야 한다는 입장을 심각하게 공격하지는 않았다. 그리하여 혹자는 이러한 문제들을 자연과학의 문제와 비슷하다고 보기도 하고 혹자는 윤리나 종교의 문제와 비슷하다고 보기도 하며, 혹자는 그것들이 유례없이 독특한 것이므로 그 해법도 완전히 독특해야 한다고 보는 와중에, 그들 모두는—이는 너무나 뻔해서 새삼 언명할 필요도 없는 것 같은데—그 문제들이 진짜이며 시급하며 맑은 정신의 소유자라면 누구에게나 이해될 수 있다는 점, 나름대로 고안된 해법들은 모두 일단 표현될 권리를 가진다는 점, 그리고 그러한 문제들이 존재하지 않는다는 눈가림 또는 무지로는 아무것도 얻을 수 없다는 점에서 일치하였다.

이 일련의 공통적 전제들은—"계몽"이라는 단어의 의미이기도 한데—물론 합리주의에 깊이 젖어 있다. 그것들은 낭만주의 운동 전체가 암묵적으로 부인하였고, 칼라일, 도스토예프스키, 보들레르, 쇼펜하우어, 니체와 같은 독자적 사상가들이 명시적으로 부인한 전제들이다. 그리고 당대에 명성을 떨치지는 못했지만 그 시대를 풍미한 그 정설에 대하여 우리 자신의 시대에 와서야 비로소 분명하게 인정된 독창성과 심오함으로 저항했던 예언자들도—뷔히너,[30] 키르케고르, 레온티예프[31]—있었다. 이들 사상가들이 어떤 하나의 운동이라든지 또는 어떤 쉽게 눈에 띄는 "추세"를 대변한다는 말은 아니다. 다만 어떤 한 가지 중요한 점에서 그들은 서로 친화성을 보인다는 말이다. 그들은 합리적 고려에 기반을 둔 정치적 행동의 중요성을 부인하였다. 그렇기 때문에 존중받을 만한 보수주의의 지지자들이라면 당연히 그들을 배척하였다. 그들은 인간 행동의 원천은 진지한 공중(公衆)에게 명성을 날리는 견해를 내어놓는 깨어 있는 사상가들이 생각하지 못하는 지점에 위치하기 때문에, 합리주의란 그 어떤 형태이든 인간의 속성을 잘못 분석한 데서 파생하는 오류임을 말하거나 암시하였다. 그러나 그들의 목소리는 수가 너무 적었고 그나마 통일되지 않아서 주류에서 벗어난 그들의 견해들은 일종의 심리학적 변이 정도로 치부되었다. 자유주의자들은 비록 그들의 예술적 천재성을 추앙하였지만 그들이 인류에 관하여 도착된 견해를 주장한다고 격분하였고, 그래서 그 견해를 무시하거나 아니면 격렬하게 거부하였다. 보수주의자들은 그들을 자유주의자 및 사회주의자가 공유하는 과장된 합리주의와 화를 돋우는 낙관주의에 대항하기 위한 동맹군으로 간주하면서도, 괴상망측한 몽상가들, 본을 받거나 너

---

30) (옮긴이) 뷔히너(Ludwig Büchner, 1824~1899): 독일의 철학자, 의사. 튀빙겐 대학에서 의학을 강의하던 시기에 펴낸 저서 『힘과 물질(*Kraft und Stoff*)』(1855)이 거기 담긴 유물론 때문에 광범위한 반대를 불러일으켜, 다름슈타트로 은퇴하여 의사로 살았다. "독일 자유사상가 연맹"을 창건하였다.

31) (옮긴이) 레온티예프(Konstantin Leontiev, 1831~1891): 러시아의 슬라브주의 철학자. 서유럽의 평등주의와 혁명의 영향으로 재앙이 닥치기 전에 러시아는 동유럽과 문화적 연대를 강화해야 한다고 주장했다.

무 가까이 해서는 안 될 약간 갈피를 못 잡고 헤매는 사람들이라고 불안스럽게 취급하였다. 사회주의자들은 그들을 화약과 총알이 아까울 정도로 수많은 정신 나간 반동분자의 부류에 불과하다고 간주하였다. 강의 흐름을 마치 멈추거나 바꾸기라도 하려는 듯 중간에 드문드문 꿈쩍도 않고 버티고 있는 이 말도 안 되는 바위 덩어리들을 시대의 주류들은 넘어가거나 아니면 왼쪽이나 오른쪽으로 돌아서 지나갔다. 뭐니 뭐니 해봤자 그들은 결국 과거 어둡던 시대의 잔재, 또는 흥미로운 부적응자들, 역사 진보의 와중에서 동정적인 통찰을 받을 만한 슬프면서도 때때로 매혹적인 불행의 사례일 뿐, 시대를 능가하는 재능 또는 심지어 천재성을 가진 사람들, 타고난 시인들, 인구에 회자될 예술가들이기는 해도 사회적 정치적 삶에 관한 진지한 학도로서 세심하게 주목할 만한 사상가는 확실히 아니지 않은가?

　이와 같은 전반적인 시각을 적대시하고 목적의 선택에서도 효과적인 정치에서도 개인 이성의 우선성을 부인하는 듯한 약간 삐딱한 요소를—전반적으로 보아 고도로 합리주의적인 사유체계이면서도—마르크스주의가 그 출발점에서부터 희미하게나마 내보였다는 점을 다시 한 번 언급할 가치가 있다. 그러나 마르크스주의는 그 반대 진영인 자유주의와 함께 정치 이론과 행동이 본받아야 할 유일한 모델로 상정한 자연과학에 보낸 숭배 때문에 그 요소 자체의 본질을 빠짐없이 명확하게 이해하는 데로는 이어지지 못했다. 그것은 소렐[32]이 되살려내어 스스로 많은 영향을 받았던 베르그송의 반(反)합리주의와 결합하기 전까지는, 그리고 전혀 다른 전통에서 나온 레

---

32) (옮긴이) 소렐(Georges Sorel, 1847~1922): 프랑스의 철학자. 혁명적 생디칼리즘 이론가.

닌이 조직의 천재답게 반쯤은 본능적으로 인간 행위의 비합리적 원천을 파악할 뛰어난 통찰력이 거기에 있음을 인지한 후 그것을 효과적 실천으로 번역해 내기까지는 거의 알려지지 않은 채로 숨어 있었다. 그러나 마르크스주의 내부에서 이 본질적으로 낭만주의적인 요소가 그들의 행동에 얼마나 영향을 미쳤는지는 레닌 자신도 그리고 오늘날까지 그들의 추종자들도 완전히 깨닫지는 못한 것으로 보인다.

IV

연대기적 경계가 사상사적 이정표이기도 한 경우는 드물다. 과거 세기의 흐름은 새 세기에도 평화롭게 이어지는 것이 어떻게 보더라도 엄연한 사실인 듯하다. 이제 이러한 그림이 바뀌기 시작했다. 인도주의적 자유주의는 기성 제도와 습관은 물론이고 정부 권력 및 여타 사회적 세력 중심들로부터 의식적이거나 무의식적인 반대를 받음으로써 그 개혁적 열망에 점점 더 많은 장애물을 만나게 되었다. 전투적 개혁가들은 자신들이 대변하고자 하는 계급의 사람들을 조직하여 낡은 기성체제에 대항하여 효과적으로 작동할 수 있을 만큼 충분히 강하게 만들기 위해 점점 더 발본적인 수단을 쓰지 않으면 안 되게끔 몰리고 있다.

점진주의적이며 페이비언주의[33]적인 전략이 사회민주주의 및 노동조합 운동처럼 비교적 온건한 형태뿐만 아니라 공산주의 및 생디

---

33) (옮긴이) 파비우스(Quintus Fabius Maximus Verrucosus, BC 275년~BC 203년): 제2차 포에니전쟁 때, 로마에 쳐들어온 한니발을 지연 작전과 청야(淸野) 작전으로써 무력화시켰다. 점진적 개혁을 추구하는 페이비언주의(Fabianism)는 그의 이름을 딴 것이다.

칼리즘[34]처럼 전투적인 형태도 포함하는 쪽으로 변혁된 역사는 원칙들의 역사라기보다는 새로이 등장하는 물리적 사실들에 원칙이 결합하는 양식의 역사이다. 어떤 의미에서 공산주의는 효과적인 공격 및 방어 방법들을 추구하는 와중에 극단으로 치달아 버린 교조적 인도주의라 할 수 있다. 첫눈으로 보면 마르크스주의만큼 자유주의적 개혁론과 예리하게 차이나는 운동은 없는 것 같다. 그러나 인간의 완성가능성, 자연스러운 수단을 통해서 조화로운 사회를 창조할 가능성, 자유와 평등의 양립가능성 (실은 그 양자의 불가분성) 등, 중심적 신조들은 두 주의에 공통된다. 역사의 변혁이 지속적으로 진행할 수 있느냐 아니면 급작스럽고 혁명적인 도약으로만 가능한지에 관해서는 서로 다르지만, 그 진행이 이해가 가능하고 논리적으로 결합된 어떤 구도에 따라야 한다는 점, 그런 구도 자체를 포기한다는 것은 언제나 유토피아적이며 언제나 바보짓이라는 점은 공통된다. 자유주의와 사회주의가 목적과 방법에 있어서 쓰라린 갈등 관계라는 사실을 의심하는 사람은 없다. 그래도 그들 각자의 가장자리에서 그들의 그림자는 서로서로 넘나든다.[35] 마르크스주의는 비록 행동과 사고가 본질적으로 계급에 의해 조건화된다고 강하게 강조하기는 하지만, 그래도 이론적으로는 그리고 적어도 역사에 의하여 승리하도록 정해져 있는 계급 안에서는 이성에 호소하기로 마음을 정하고 있

---

34) (옮긴이) 생디칼리즘(syndicalism): 노동조합을 사회변혁의 주체로 보는 사회주의의 한 노선. 보통 사회주의 변혁운동은 정당과 같은 정치조직의 정치적 행동을 통한 변혁을 꾀하는 데 비해, 생디칼리즘은 노동자들이 산업전선에서 일정한 방향으로 활동함으로써 혁명을 추구한다. 자본주의에서 해방된 사회에서 산업과 정치는 노동조합연맹이 맡도록 되어 있다.

35) 19세기의 자유주의가 20세기의 사회주의로 변혁된 역사와 논리를 추적하는 일은 대단 중요성을 지닌 복잡하고도 매혹적인 주제이다. 그러나 지면의 제약 때문에 그리고 주제와 직접 상관은 없기 때문에 이 짧은 글에서는 건드릴 수조차 없다.

는 신조이다. 오직 프롤레타리아트만이 물러서지 않고 미래를 정면에서 상대할 수 있는데, 그 까닭은 그 계급만이 미래가 무엇을 가져다줄지 두려워 사실을 부인해야 하는 처지로 전락할 필요가 없기 때문이다. 그리고 그 논리적 귀결로, 이는 편견과 합리화에서—즉, 자신들이 경제적으로 속한 계급의 "이데올로기적 왜곡"에서—스스로 해방되어 사회적 투쟁에서 마침내 이길 편으로 들어온 지식인들에게도 해당한다. 그들은 완전히 합리적이기 때문에 그들에게는 민주주의라는 특권 및 그들의 모든 지적 권능을 자유롭게 사용할 특권이 부여될 수 있다. 마르크스주의자들에게 이들의 의미는 계몽된 필로조프[36]가 백과전서파에게 지녔던 의미와 비슷하다. 그들의 임무는 "허위의식"에서 사람들을 해방하고, 역사적으로 그럴 능력을 가진 모든 사람들이 그들 나름의 해방되고 합리적인 모습으로 환골탈태할 수 있는 수단이 구현되도록 돕는 것이다.

그러나 우리 세계의 역사가 질적으로 바뀌어 온 과정의 정점에 해당하는 사건이 1903년에 일어났다. 그 해 브뤼셀에서 시작해서 런던에서 끝난 러시아 사회민주당 제2차 총회에서, 처음에는 순전히 어떤 기술적인 문제에서—당 중앙 및 위계적 지침이 당의 행동을 어느 정도까지 통합할 것인지—비롯한 논의 도중에, 만델베르크(Mandel' berg)라는 이름 대신에 포사도프스키(Posadovsky)라는 전투용 가명을 사용하던 한 대의원이 사회주의는 자유주의 못지않게 공식적으로 기본적 자유의 실현을 위해 매진하도록 되어 있지만 그것

---

36) (옮긴이) 필로조프(philosophes): 프랑스어로 철학자라는 뜻인데, 18세기 프랑스의 지식인 일단을 집단적으로 가리키는 고유명사로 사용되었다. 그들은 과학의 진보가 사회를 더 낫게 만든다고 믿은 계몽주의자로서, 윤리의 세속화와 정치적 관용에 앞장섰다. 볼테르와 몽테스키외에 의해 주도되다가 18세기 후반에는 디드로, 루소, 콩디악, 콩도르세 등, 다양한 인물에 의해 여러 갈래로 발전했다. 백과전서 운동도 그 갈래 중의 하나이다.

은 레닌 및 그 동료들과 같은 "강경한" 사회주의자들이 제창하듯 당의 혁명적 핵심부가 절대적 권위를 행사할 필요가 있다는 취지와 양립할 수 없다고 주장하였다. 만약 당의 지도자들이 그렇게 결정한다면 기본적인 시민적 자유의 최소한이 —— "개인의 신성함"이 —— 침해될 수 있고 심지어 침해되어야 한다고 그는 역설하였다.[37] 그의 입장은 러시아 마르크스주의의 창시자 중의 하나로 가장 추앙받은 인물이었고, 폭넓은 교양과 안목을 갖춘 괴팍하지만 도덕적으로 민감한

---

37) 그 회의의 공식 회의록에 따르면 —— 내가 이 정보를 알게 된 것은 치멘 아브람스키(Chimen Abramsky)의 전문 지식 덕택이다 —— 포사도프스키는 다음과 같이 말했다.

"수정안을 두고 찬반 양측에서 개진한 주장들은 내가 보기에 단순히 세부사항에 관한 차이가 아니라 심각한 불일치에 해당하는 것 같습니다. 이런저런 민주적 원칙 또는 원칙들을 절대적 가치로 인정하여 우리의 미래를 거기에 맡겨야 하는가 아니면 모든 민주적 원칙들은 오직 우리 당의 목적에 종속되어야 하는가? 이 근본적인 질문에 관하여 우리가 의견이 서로 다르다는 점은 의심할 나위가 없습니다. 나는 아주 단호하게 후자의 편입니다. 우리가 우리 당의 목적에 종속시켜서는 아니 될 민주적 원칙 따위는 절대로 없습니다." ("그럼 개인의 신성함도 그런가?"라는 외침들.) "그렇습니다, 그것도 마찬가지입니다! 사회 혁명이라고 하는 최종 목적을 추구하는 혁명 정당으로서 우리는 오직 그 목적을 가장 빨리 달성하는 데 무엇이 도움이 될지에 관한 고려에 따라서만 인도되어야 합니다. 우리는 오로지 우리 당의 목적이 무엇이냐는 견지에 입각해서만 민주적 원칙들을 바라보아야 합니다. 이런저런 주장들이 우리에게 맞지 않는다면 우리는 그것을 허용하지 말아야 합니다.

그러므로 나는 제안된 수정안에 반대합니다. 왜냐하면 그것은 언젠가 우리 행동의 자유를 가로막는 결과를 낳을 것이기 때문입니다."

유럽 민주주의의 역사에서 이런 종류로는 내가 아는 한 최초로 나온 이 선명한 선언에 대하여 플레하노프는 더 이상 보탤 말이 없었다.

포사도프스키의 발언은 *Izveshchenie o vtorom ocherednom s"ezde Rossiiskoi Sotsial'demokraticheskoi Rabochei Partii*(Geneva, 1903)의 p.169 및 *Protokoly s"ezdov i konferentsii Vsesoyuznoi Kommunisticheskoi Partii(B), vtoroi s"ezd RSDRP, iyul'-avgust 1903 g.*, ed. S. I. Gusev and P. N. Lepeshinsky (Moscow, 1932), p.181, 그리고 *Vtoroi s"ezd RSDRP, iyul'-avgust 1903 goda: protokoly*(Moscow, 1959), p.181에 나온다.

학자였으며, 20년 동안 서유럽에서 살면서 서유럽 사회주의자 사이에서 많은 존경을 받았고, 러시아 혁명가들 사이에서 개명된 "과학적" 사고의 상징 그 자체였던 플레하노프의 지지를 받았다. 플레하노프는 엄숙한 어조로 현란하게 문법을 무시하면서 "살루스 레볼루시아이 수프레마 렉스"[38]라는 단어들을 발음하였다. 혁명이 요구한다면 민주주의, 자유, 개인의 권리, 무엇이든 혁명을 위해 희생되어야 하는 것이 확실하다. 혁명 후에 러시아 인민에 의하여 선출된 민주적 의회가 마르크스주의 전략에 순응한다면 하나의 장기의회[39]로서 계속 유지될 것이다. 그러나 그렇지 않다면 가능한 한 빨리 해산될 것이다. 마르크스주의 혁명은 부르주아 자유주의자들의 원칙을 시시콜콜 따지는 습성을 가진 자들의 손으로는 완수될 수 없다. 그러한 원칙 안에 무언가 값진 의미가 있다면 노동계급이 승리한 다음 좋고 바람직한 것이 모두 실현될 때 같이 실현될 것이다. 그러나 혁명 기간 중에 그런 이상들에 사로잡혀 있다는 것은 진지하지 못하다는 증거이다.

인간적이고 자유주의적인 전통에서 성장한 플레하노프는 물론 나중에 이 입장을 스스로 철회하게 된다. 그처럼 개명되고 생산적인 생애의 절반 이상을 서유럽 노동자들과 그 지도자들 사이에서 보냈던 사람에게 유토피아적 신념 곁에 문명사회의 도덕에 대한 짐승 같

---

38) (편집자) "Salus revolutiae suprema lex"(혁명의 안전이 최고의 법이다): ibid., p.182. 플레하노프의 수기장(手記帳)과 앞의 주에서 언급한 1903년 및 1932년 판 자료에는 문법적 오류 그대로 나오는 revolutiae가 1959년의 판에서는 revolutionis로 교정되어 있다. 1932년 판의 p.182 각주를 참조할 것.

39) (옮긴이) 장기의회(Long Parliament): 영국 내전기 1640년부터 1653년까지 유지되었던 의회. 같은 해 4월에 소집된 의회(Short Parliament)가 3주 만에 해산되어 대비되는 데서 붙게 된 명칭이다. 내전의 승리, 찰스 1세의 처형, 크롬웰의 호국경 취임 등, 크롬웰 체제의 본질에 해당하는 시책들이 여기서 결정되었다.

은 무관심을 덧붙이는 결합은 너무나 혐오스럽다는 것이 결국 판명난 셈이다. 대다수 사회민주주의자들 및 마르크스와 엥겔스 본인들이나 마찬가지로, 도스토예프스키의 『악령』에 나오는 시갈레프의 표현을 빌리자면 "무제한적 자유에서 시작하여 무제한적 전횡으로"[40]가는 정책들을 구현하려 시도하기에는 그는 너무나 유럽에 물들어 있었다. 그러나 레닌은 (포사도프스키처럼) 그 전제들을 받아들였고, 그 전제들이 논리적으로 어떤 결론을 함축하는지에 접한 다음, 많은 동료들에게 혐오감을 불러일으킨 그 결론을 쉽게 그리고 겉으로 보기에는 아무런 거리낌 없이 수용하였다. 어떤 의미에서 그는 아마도 18세기 및 19세기의 낙관적 합리주의자들이 추정했던 발상, 즉 강제나 폭력이나 처형이나 개인차에 대한 전면적 억압이나 사실상 자기들 스스로 권좌를 차지한 극소수 집단에 의한 통치 등은 단지 과도기 동안만, 무찔러야 할 강력한 적이 있는 동안만 필요하리라는 생각에 여전히 젖어 있었는지도 모른다. 그런 것들은 바보를 악당이 착취하고 작은 악당을 큰 악당이 착취하는 세상에서 해방된 다음 인류 다수의 발전을 위해서만, 무지와 게으름과 사악함의 족쇄에 더이상 묶이지 않고 인간 본성의 무한히 풍부한 잠재력을 최대한으로 발휘할 자유를 마침내 누릴 수 있도록 하기 위해서만 필요한 것이었다. 이 꿈은 사실 디드로나 생시몽이나 크로포트킨[41]의 꿈과 비슷한 점이 없지 않다. 그러나 그 꿈을 상대적으로 새로운 것으로 자리매김하는 특징은 그것을 현실로 번역하기 위하여 요청되는 수단이다.

---

40) 도스토예프스키, 『악령』, 제2부, 제7장, 제2절.
41) (옮긴이) 크로포트킨(Pyotr Alexeyevich Kropotkin, 1842~1921): 러시아의 무정부주의적 사회주의자. 인간의 본성에는 경쟁심만이 아니라 협동심도 있는데, 국가체제가 성립하면서 경쟁일변도로 사람들을 몰아갔고, 그리하여 도처에 지배와 착취가 만연한다고 보고, 국가 기능이 최소화되어야 자발적인 협동이 가능하리라고 주장했다.

그리하여 비록 겉으로만 보자면 단지 방법에 관한 문제인 것만 같고, 바뵈프[42]나 블랑키[43]나 트카체프[44]나 프랑스의 코뮌파들의 노선과 같은 것 같지만——또는 1847~1851년 사이의 마르크스 자신의 저술에서 기원한 것처럼 보이기도 하지만——이와 같은 발상은 19세기 말 서유럽 사회주의에서 "점진주의"에 반대한 가장 "행동주의적"인 부류들이 제안한 실천 강령과도 아주 많이 다른 것이다. 그 차이는 결정적인 것으로, 새로운 시대가 그로써 탄생하였다.

레닌이 요구한 것은 한 가지 목적을 위해서만 훈련받고 능력이 허용하는 한 모든 수단을 동원하여 그 목적을 끊임없이 추구하는 직업적 혁명가들 소수로 구성된 집단에게 무제한의 권력을 주는 것이었다. 이는 종전의 개혁가들과 저항 운동가들이 사용했던 민주적 방법과 설득 또는 설교하려는 시도가 효과적이지 못하기 때문에 필요하다는 것이다. 그리고 그러한 방법이 효과적이지 못한 까닭은 틀린 심리학, 사회학, 역사 이론, 다시 말하여 인간의 행동은 각자 의식하는 믿음에서 나오는데 그 믿음은 합리적 논의에 따라 바뀔 수 있다는 잘못된 설정에 기반을 두기 때문이다. 마르크스가 한 일이 있다면, 그러한 믿음이나 이상은 사회적으로 경제적으로 결정되어 모든

---

42) (옮긴이) 바뵈프(François Noël Babeuf, 1760~1797): 프랑스 혁명기의 민중파 정치인. 로베스피에르가 죽고 집정관체제가 들어서자, 1793년의 헌법을 되살려야 한다고 주장하면서 시민봉기를 선동했다는 혐의로 1796년 사형선고를 받고 이듬해 처형되었다. 본명 대신에 로마의 개혁가 그라쿠스 형제의 이름을 따서 그라쿠스 바뵈프라는 이름을 썼다.

43) (옮긴이) 블랑키(Louis Auguste Blanqui, 1805~1881): 프랑스 사회주의자, 행동주의자. 혁명을 위해서는 정권획득이 급선무라고 보아, 시기와 수단과 가능성을 가리지 않고 정부 전복을 기도했다. 마르크스 이후 "블랑키주의"는 성급한 행동으로 혁명 역량을 무산시키는 행위를 가리키는 용어로 쓰였다.

44) (옮긴이) 트카체프(Pyotr Tkachev, 1844~1885): 자본주의 발전이 이루어지기 전에 소수정예 혁명파가 정권을 차지해야 한다고 주장한 러시아 사회주의자.

개인이 그중 하나에 속하지 않을 도리가 없는 계급적 조건의 "반영"에 지나지 않음을 확실하게 증명한 것이 그 하나일 테니까. 마르크스와 엥겔스가 옳다면 한 사람의 믿음이란 그가 속한 계급적 상황에서 흘러나와— 적어도 대다수 사람들에 관한 한—그 상황이 바뀌지 않는 한 변경되지 않는다. 그러므로 혁명가의 올바른 과업은 그 "객관적" 상황을 바꾸는 데에, 다시 말하여 지금까지 지배해 온 계급을 무너뜨린다고 하는 역사적 과업을 향해 다수 계급을 준비시키는 데에 있다.

레닌은 이보다 더 나아갔다. 그는 마치 계급적 이익 때문에 마르크스주의의 복음을 원천적으로 이해할 수도 없고 그에 따라 행동할 수도 없는 사람들과 대화나 토론한다는 것은 부질없을 뿐만 아니라 프롤레타리아트 대중마저도 너무나 몽매하여 역사가 그들에게 수행하라고 요구한 역할을 이해할 수 없다고 스스로 믿은 것처럼 행동하였다. 그는 교육을 통하여 "비판적 정신"을 갖추지 못한 전사들을 자극하든지 (그러면 그들을 지적으로 깨어나게 할 수는 있겠지만 지식인들을 분열시키고 나약하게 만드는 원인인 엄청난 분량의 토론과 논쟁을 초래할 수도 있을 텐데), 아니면 군대식 규율과 끊임없이 반복되는 (적어도 차르 정권이 활용했던 애국적 표어들만큼은 강력한) 수칙들을 통하여 독자적 사유를 봉쇄하고 그들을 한데 모아 말 잘 듣는 세력으로 탈바꿈시키는 길 사이에서 양자택일을 해야 하는 것으로 보았다. 선택이 불가피한 상황에서 민주주의니 계몽이니 하는 어떤 추상적 원칙을 명분으로 내세워 전자의 길을 강조한다는 것은 단지 무책임에 지나지 않는다. 중요한 일은 인간적 자질들이 합리적 구도에 따라 계발될 수 있는 상태를 이룩하는 것이다. 인간은 이치에 입각한 해법들보다는 비합리적인 대책에 따라 움직이는 경우가 더 많다. 대중이란 너무나 어리석고 너무나 맹목적이기 때문에 스스로 선택한 방향으로 진행하도록 허용해서는 안 된다. 톨스토이를 비롯한 민중주의자들은 실수한 것이다. 단순한 농업 노동자들에게는 그 어떤 심오한 진리도 그 어떤 가치 있는 생활방식도 심어줄 수가 없다. 그들과 도시 노동자와 하급 병사들은 저속하고 빈곤하고 추잡한 상황에 사로잡혀 자기들끼리 서로 싸우고 죽이던 동료 농노들이었다. 그들은 오로지 해방된 노예들을 어떻게 해야 합리적으로 계획된 체제의 조직 안으로 편입할 수 있을지를 알아낼 역량을 터득한 지도자들에 의해서 인정사정없이 명령을 받아야 구원될 수 있다.

어떤 의미에서는 레닌 자신도 신기하리만큼 유토피아적이다. 그는 경제조직이 합리적으로 이루어지고 교육이 제공된다면 결국에 가서는 거의 누구나 거의 어떤 일이라도 효과적으로 수행할 수 있게 되리라는 평등주의적 믿음을 가지고 출발하였다. 그러나 그의 실제 행동은 이상하게도 어디를 가서 보든지 인간이란 야만적이고 악하고 멍청하고 제멋대로이므로 통제를 받아야 하며 무비판적으로 숭배할 대상이 제공되어야 한다는 비합리주의 반동세력의 믿음과 비슷하다. 그 일은 명석한 안목을 갖춘 조직가들에 의해서 수행해야 하는데, 그들은 니체, 파레토,[45] 그리고 메스트르[46]와 모라스[47]에 이르는 프랑스 절대주의 사상가들, 그리고 바로 마르크스 등과 같은

---

45) (옮긴이) 파레토(Vilfredo Pareto, 1848~1923): 이탈리아 사회학자, 경제학자, 철학자. 파레토 최적, 파레토 원리(20 대 80의 원리) 등의 개념을 발굴한 미시경제 분석의 선구자. 사회에 관한 올바른 이론과 올바른 정책을 자동적으로 연결시킨 엘리트주의자로 무솔리니와 연관되었다.

46) (옮긴이) 메스트르(Joseph Marie, Comte de Maistre, 1753~1821): 프랑스의 법률가, 외교관, 보수주의 사상가. 합리주의적 정치 기획은 무질서와 유혈 사태만을 낳고 오직 기독교에 바탕을 둔 사회만이 그것을 피할 수 있다고 보아, 반혁명, 왕정복구, 권위적 보수주의를 주장하였다.

47) (옮긴이) 모라스(Charles Maurras, 1868~1952): 프랑스의 왕당파 시인, 평론가, 반동주의 정치단체 악시옹 프랑세즈(Action Française)를 이끌었다.

엘리트, 다시 말하여 사회 발전의 진정한 본질을 파악하고 보니 인간의 진보에 관한 자유주의적 이론이라는 것이 얄팍한 감정에 호소하는 말도 안 되는 허깨비 장난임을 알게 된 사람들에게 포착된 진리에 입각하여 전술 또는 이상을 설정한다. 홉스가 어떤 점에서 졸렬했고 실수를 범했다고 하더라도 문제의 정곡에서는 로크가 아니라 그가 옳았다——인간이 추구하는 것은 행복도 자유도 정의도 아니라 그 무엇보다도 먼저 안전이다. 아리스토텔레스 역시 많은 사람들은 태생적으로 노예라서 사슬에서 풀려나도 너무 많은 대안들 사이에서 선택을 내리고 그 선택에 책임을 져야 하는 부담을 견디어 낼 만한 도덕적 지적 자질을 갖추지 못하기 때문에 결국 한 가지 사슬을 잃게 되면 불가피하게 다른 사슬을 찾아 나서거나 아니면 스스로 새 사슬을 만들게 된다고 갈파한 것은 옳은 말이다. 그러므로 현명한 혁명적 입법자는 사람들을 틀에서 해방시켜서 그들로 하여금 틀을 잃고 상실감과 절망감에 빠지게 하지 말고, 자연적 기술적 변화에 따라 찾아온 새로운 시대의 새로운 필요에 맞추어 스스로 새 틀을 하나 세우려 하는 편이 낫다는 결론이 나온다. 그 틀의 가치는 그 주요 속성들이 사람들에게 얼마나 의심 없이 신봉되느냐에 달려 있게 될 것이다. 그렇지 않으면 그 틀 안에서 구원을 구하는 그 변덕스럽고 잠재적으로 무정부적이며 자기파괴적인 피조물들을 지탱하고 수용할 만큼 충분한 힘을 더 이상 보유할 수 없을 것이다. 그 틀이란 정치적, 사회적, 경제적, 종교적 제도들, "신화들", 신조들, 이상들, 사유 및 언어의 범주들, 감성의 양식들, 가치 척도들, "사회적으로 공인된" 태도와 습관들로 이루어지는 (마르크스가 "상부구조"라 불렀던) 체계로서, 인간으로 하여금 조직된 방식으로 기능하도록, 혼돈을 방지하고 홉스식 국가의 기능을 수행하게끔 만드는 "합리화", "승화", 그리고 여타 상징적 표상들을 대변한다. 자코뱅의 전술에 영감을 제공하였지만 물론 자코뱅의 신조도 공산주의의 신조도 기초로 삼지는 않았던 이 견해는 메스트르가 핵심적으로 강조하면서도 의도적으로 따져 캐묻지 않았던 신화, 즉 통치자들이 그 신민들의 버르장머리 없는 경향, 무엇보다도 너무 많은 것을 질문하는 경향, 즉 기성 규칙을 너무 많이 의심하는 경향을 다스리고 금지할 때 수단과 명분을 제공해 줄 초자연적 권위라고 하는 신화와 그다지 멀리 떨어져 있지 않다. 그러한 의미의 신빙감과 안정성을 조금이라도 약하게 만들 수 있는 일은 어느 것도 허용되지 않는다. 그 신빙감과 안정성을 제공하기 위해서 그 틀이 필요하기 때문이다. 오직 그렇게 해야만 (이 견해에서 생각하기로) 새로운 자유사회의 창건자들은 인간의 활력을 흩뜨릴 수 있는 위험요소, 사람들에게 자기 파멸적인 어리석은 행동을 저지를 짬이 나지 않도록 그들을 정신없이 뛰게 만들 어떤 끊임없이 돌아가는 돌림바퀴, 너무 많은 자유, 너무 적은 규제, 자연 못지않게 인류도 싫어하는 진공상태에 빠지지 않게끔 사람들을 지켜줄 유일한 수단인 그 돌림바퀴의 속도를 느리게 만들지도 모를 위험요소들을 통제할 수 있다.

앙리 베르그송이 (독일 낭만주의자들을 따라서) 비판적 이성이란 창조하지도 통합하지도 못하면서 다만 나누고 구속하고 죽게 만들고 분열시킬 능력만 있다고 하면서 그것과 삶의 물길을 대조하였을 때, 그의 말에는 이와 동떨어지지만은 않은 의미가 있었다. 우리 시대의 가장 위대한 치료사이자 심리학 이론가로서 천재적 업적을 남긴 프로이트 역시 선의는 있지만 정신이 혼란한 사람들 및 온갖 부류의 돌팔이와 거짓 예언자들로 하여금 심리와 사회에 관한 합리적 방법들을 오용할 빌미를——본인의 의도와는 아무리 상관이 없다고 하더라도——제공하였다는 점에서 이 견해에 이바지한 바가 있다. 사람들이 무엇을 믿는 까닭은 매우 자주 그들 자신이 그 까닭이라고 여기는 것과 다르고, 오히려 그들 자신으로서는 의식하지도 못하며 의식하고 싶은 생각도 나지 않는 사건과 과정에 의해 인과적으로 촉발된 결과라는 견해를 과장된 형태로 유행시킴으로써, 이들 유명한 사상가들은 아무리 모르고 한 일일지라도 자기 자신들의 신조에게 논리적 위력의 원천이 되는 바로 그 합리적 기초의 신뢰성을 손상하고 만 것이다. 왜냐하면 일단 이렇게 생각하게 된 다음 살짝 한 발만 더 내디디면 사람들을 가장 영구적으로 만족시키는 것은 그들 스스로 생각하듯 자기들을 괴롭히는 문제에 대한 해답을 발견하는 데에 있는 것이 아니라 그 문제를 완전히 사라지게 할 수 있는 어떤 자연적이거나 인위적인 과정에 있다는 견해에 맞닿기 때문이다. 그 문제들은 그 심리적 "원천"이 말라붙거나 방향을 다른 쪽으로 틀어, 환자의 능력을 벗어나는 자원을 요구하지 않는 보다 다루기 쉬운 문제만이 남게 되면 사라지게 된다.

힘겨운 문제 더미에 깔려 당황한 사람들에게 이처럼 쉬운 길이 있다는 발상은 수많은 전통주의, 반(反)합리주의 우파 사상에서 저변을 이루는 것인데 그것이 좌파에게도 영향을 주게 된 것은 실로 전례없는 일이다. 20세기를 19세기와 구분하는 간극이 얼마나 큰지를 아마도 가장 잘 보여주는 지표가 바로 지성의 기능 및 가치에 관한 이와 같은 태도 변화일 것이다.

V

내가 주장하고 싶은 논지의 핵심은 이것이다: 기록된 역사 속의 어느 시대에나 지적 노력 과정, 교육의 목적, 어떤 이념들의 가치나 진위 여부를 둘러싼 실질적 논쟁들을 통하여 어떤 결정적인 문제들,

그 답이야말로 최고로 중요한 그런 문제들이 있다고 전제되어 왔다. 이를테면, 지식 또는 진리에 도달할 가장 좋은 방법에 관하여 형이상학, 윤리학, 신학, 자연 및 인간에 관한 여러 과학들과 같은 위대하고 유명한 학문 분야가 각기 내어놓는 주장들은 얼마나 타당한가? 인간은 어떻게 살아야 올바른가 그리고 그 길을 어떻게 찾을까? 신은 존재하는가 그리고 그의 목적을 인간이 알 수 있는가, 아니면 대충 추측이라도 할 수 있는가? 우주에는 그중에서 특히 인간의 삶에는 목적이 있는가? 만약 있다면 누구의 목적이 그 목적인가? 이런 질문들에 대해서 어떻게 해야 대답할 수 있을까? 이러한 질문들은 과학 아니면 상식에 의하여 만족스럽고 일반적으로 수용되는 대답이 마련되는 부류의 질문들과 종류가 같은가 다른가? 다르다면, 이러한 질문들을 묻는다는 것이 어떤 의미를 가지는가?

이는 형이상학이나 윤리학에서뿐만 아니라 정치에서도 그렇다. 정치적 문제는 예를 들어 왜 어떤 사람 또는 사람들은 다른 사람이나 집단에게 복종해야 하는지에 관한 답을 확립하고자 한다. 자유와 권위, 주권과 자연권, 국가의 목적과 개인의 목적, 일반의지와 소수자의 권리, 세속주의와 신정정치, 기능주의와 중앙집권 등등과 같은 익히 알려진 문제들을 처리하고자 한 주의와 주장의 고전들은 모두 이 근본적인 문제에 대하여 탐구한 저자들 및 그들이 속했던 세대가 가지고 있었던 여타의 믿음들 및 일반적 관점과 양립할 수 있는 방식으로 대답할 수 있는 방법을 찾아보려는 다양한 방식의 시도였다고 할 수 있다. 그러한 질문들에 대답하기 위한 올바른 기법을 둘러싸고 커다랗고 때때로 치명적이기도 한 갈등이 일어나기도 하였다. 혹자는 성스러운 경전들에서 그 답을 찾았고, 혹자는 개인적 직접적 계시에서, 혹자는 형이상학적 통찰에서, 혹자는 결코 틀릴 리 없는 현자들의 어록에서, 혹자는 사변적 체계에서, 혹자는 끈질긴 경험적 탐구에서 그 답을 찾았다. 그 질문들은 삶을 이끌어가는 데에 치명적인 중요성을 지녔다. 물론 어느 시대에나 회의주의자들이 있어서, 어쩌면 최종적인 대답 같은 것은 없을지도 모른다고, 지금까지 나온 답들은 그 이론가의 생애가 속하는 맥락이라든지 그 이론가나 그의 동료들이 처한 사회적 경제적 정치적 여건 또는 그와 그들의 감정적 성향 또는 그와 그들을 사로잡은 지적 관심의 종류와 같은 고도로 가변적인 요인들에 의존하여 나왔을 따름이라고 시사하기도 한다. 그러나 그런 회의주의자들은 보통 경박하므로 중요하지 않다거나 아니면 주제넘게 성가시어 심지어는 위험하기까지 한 존재로 치부된다. 그리하여 불안정한 시대에는 그들은 박해의 대상이 되기도 하였다. 그렇지만 그들조차도, 섹스투스 엠피리쿠스[48]나 몽테뉴나 흄[49]조차도 실제로 그 문제들 자체의 중요성을 의심하지는 않았다. 그들이 의심한 것은 최종적이고 절대적인 해답을 찾을 수 있는 가능성이었다.

이보다 좀 더 전격적인 일을 벌이는 것은 20세기의 몫으로 넘어왔다. 이제 문제들 특히 각 시대에서 가장 독창적이고 가장 정직한 사람들을 당혹에 빠뜨리고 괴롭혔던 문제들을 처리하는 가장 효과적인 방법은 이성의 도구들이나 "통찰력" 또는 "직관"과 같이 가장 신비한 능력을 사용하는 것이 아니라 문제 자체를 지워 버리는 것이라는 발상이 사상 최초로 생겨났다. 게다가 이 방법은 어떤 합리적 수

---

48) (옮긴이) 섹스투스 엠피리쿠스(Sextus Empiricus, 2~3세기에 활동): 알렉산드리아와 아테네에서 살았다고 추정되는 로마 시대의 의사, 철학자. 피론을 비롯한 회의학파 선배들의 교의를 계승하여 전파한 회의학파 후기의 주요 인물. 『피론주의의 개요(Outlines of Pyrrhonism)』 등의 저서를 남겼다.
49) (옮긴이) 흄(David Hume, 1711~1776): 스코틀랜드 철학자. 원인과 결과와 같이 통상적으로 자연의 구성요소로 간주되는 것들 중 많은 부분이 사실은 인간의 관습과 사고방식에 결부되어 있음을 밝혔다.

단으로써, 예를 들어 그 문제들이 어떤 지적인 실수나 언어적 혼란이나 어떤 사실에 관한 무지에 근거하였음을 증명함으로써 문제들을 제거하는 것이 —— 그러한 증명은 그 자체가 철학적이거나 심리학적인 주장에서 합리적 방법이 필요하다는 전제를 깔고 있을 테니 —— 아니다. 이 방법은 그 질문자를 적절히 다룸으로써 처음에는 도저히 회피할 수 없을 정도로 중요하고 그러면서도 전혀 풀 수 없을 것 같았던 그 문제들이 마치 악몽이었던 것처럼 질문자의 의식에서 싹 사라져 버리고 더 이상 골치 아플 까닭 자체가 없어지도록 만든다는 데에 요체가 있다. 이 방법은 어떤 특정 문제의 논리적 함축을 전개하고 그 의미와 맥락과 중요성과 기원을, 즉 그 문제가 "무엇에 해당하는지"를 밝히는 것이 아니라 그 문제를 애당초 야기한 관점 자체를 바꾸자는 것이다. 기존의 기법 어느 것으로도 그 해법이 쉽게 찾아지지 않는 문제들을 이제 너무나 쉽사리 어떤 치료받아야 할 강박관념으로 치부해 버린다. 그리하여 어떤 사람이 예를 들어 민주국가에서 충만한 개인적 자유는 다수에 의한 강제와 양립할 수 없지 않느냐는 생각을 가지고 있으면서도 여전히 민주주의와 자유를 둘 다 열심히 원한다면, 적당한 처치를 통해서 그에게서 그 고정관념이 사라져서 다시는 돌아오지 않도록 제거하는 일조차 이제는 가능할지 모른다. 이로써 정치제도에 관해 고민하던 질문자는 이제 성가시게 한 눈을 팔게 만들던 그 성찰들이 뿌리째 뽑혀나갔으므로 그 짐을 털어버리고 아무 방해도 없이 사회적으로 유용한 과업을 추구하도록 해방된다.

이 방법은 천재의 과감한 단순성을 보유하고 있다. 이는 대안들을 향한 심리학적 가능성을 —— 이 가능성 자체가 과거의 사회 조직 형태에 의존하는, 또는 의존한다고 간주되는 것으로서 혁명 및 새로운 사회에 의하여 시대에 뒤떨어졌다고 판명된다 —— 제거함으로써 정치적 원칙의 문제에서 의견일치를 확보한다. 실제로 공산주의 및 파시즘 국가들이——그리고 전체주의에 버금하거나 반쯤 전체주의적인 사회들과 세속적 이념 집단과 종교적인 종파들이——정치적 이데올로기적 순응성을 강요하려는 과업을 위하여 간 길이 바로 이것이다.

　이에 대한 책임을 묻자면 그것은 카를 마르크스의 저작 못지않게 우리 시대가 보이고 있는 여타 추세들의 탓이기도 하다. 밀이나 콩트나 버클[50]이 그랬던 것과 똑같이 마르크스 역시 전형적인 19세기 사회이론가 중 하나일 뿐이다. 심리를 의도적으로 길들인다는 정책은 그들에게 생소하였듯이 마르크스에게도 생소한 이야기이다. 그는 앞서간 많은 사람들의 문제 대부분이 진짜 문제이며 자기가 그것들을 풀었다고 믿었다. 그는 그 시대 최선의 과학적 철학적 표준에 부합한다고 스스로 믿어 의심치 않았던 논거들로써 자신의 해법에 버팀목을 삼았다. 그의 관점이 그 스스로 여겼던 만큼 과학적인지 또는 그의 해법들이 그럴듯한 것인지는 별도의 문제이다. 여기서 중요한 것은 그가 스스로 풀고자 애쓴 그 문제들을 진짜 문제로 인지하였고, 그 대답으로 자기가 내놓는 이론을 (일반적으로 통하는 의미의) 과학적이라고 주장했다는 사실, 그럼으로써 많은 당혹스러운 문제들에 많은 빛을 (그리고 약간의 어둠을) 뿌렸고 생산적인 (그리고 소모적인) 재평가와 재해석을 많이 이끌어냈다는 사실이다.

　반면에 공산주의 국가들 그리고 더욱 논리적인 명칭으로는 (왜냐하면 그들은 합리적 질의-응답의 방법을 공공연히 부인하고 비난하므로) 파

---

50) (옮긴이) 버클(Henry Thomas Buckle, 1821~1862): 영국의 역사가. 인간의 행동도 법칙에 의해서 규율된다, 물리적 법칙의 영향이 줄고 정신적 법칙의 영향이 늘어날 때 문명은 진보한다, 인간 지성의 발전은 의심하고 조사하여 확인하는 회의주의에 비례하고 기성의 믿음과 관행을 마냥 따르는 경신성(輕信性, credulity)에 반비례한다고 주장했다.

시스트 국가들의 실제 행위는 시민들에게 비판적인 능력 또는 해답을 구하는 역량을 훈련하거나 아니면 진실을 드러내는 데에 못지않게 도움이 된다고 간주되어 온 특별한 통찰이나 직관의 역량을 계발하는 것이 아니다. 제기되어 논의되면 체제의 안정성을 위협할 수 있는 질문들에 관하여 고민할 능력이 없도록 시민들을 훈련하고, 제도, "신화", 생활과 사유의 습관들로 이루어진 튼튼한 구조물을 급작스러운 충격에도 무너지지 않고 서서히 삭아 내리지도 않도록 짓고 다듬는 등, 그들이 실제로 하고 있는 일은 과학을 존경해 마지않았던 19세기의 사상가라면 누구나 가장 깊은 곳에서 저절로 우러나오는 전율 없이는 바라볼 수 없는 일들이다. 골치 아픈 문제를 일종의 정신적 불안정으로, 개인의 정신건강은 물론이고 너무 널리 논의되면 사회의 건강에도 유해한 것으로 바라보는 정신 상태, 이런 식의 지적 조망법이 전체주의 이데올로기가 태어나도록 부추긴 것이고, 모골을 송연하게 만드는 조지 오웰이나 올더스 헉슬리의 풍자가 겨냥하는 내용인 것이다. 마르크스에서도 프로이트에서도 멀리 동떨어진 이 태도는 내면적 갈등은 모두 악으로 또는 기껏해야 쓸데없는 자기연민으로 치부하고, 인류의 지성과 상상력이 창조한 위대한 업적들에게 원천이 되었던 종류의 괴리감, 도덕적 또는 감정적 또는 지성적 충돌, 극도의 고통을 낳기까지 하는 특별히 예리한 종류의 정신적 곤경 등을 신경쇠약, 정신이상, 정신적 발광 등 문자 그대로 정신과 치료를 요하는 순전히 파괴적인 병증에 지나지 않는다고, 어찌 되었든 개인이나 사회가 질서가 잡히고 고통도 없고 만족스러우며 자기 영속적인 균형의 상태를 향해 행진하려면 그 어떤 개인도 사회도 더 이상 붙들고 있어서는 아니 될 위험한 일탈 현상으로 간주해 버린다.

이는 실로 광범위한 영향을 미친 발상이다. 이는 인류의 다수는 구제불능으로 어리석거나 치유불능으로 사악하다고 보아 그 대신 어떻게 해야 세상을 개명되었거나 예외적이거나 아니면 여타 측면에서 탁월한 소수 또는 개인에게 안전한 곳으로 만들 수 있을지에 관심을 기울인 플라톤이나 메스트르나 스위프트[51]나 칼라일 같은 사상가들의 비관론 또는 냉소주의보다도 더욱 강력하다. 그 사상가들은 적어도 고통스러운 문제가 있다는 점은 인정한 위에서 그 문제를 풀 수 있는 역량을 다수에게는 부인했을 뿐이다. 반면에 더욱 발본적인 이 태도는 지적 당혹감을 실천적 정책을 통하여 해결할 수 있는 어떤 기술적 문제 아니면 치료를 요하는 어떤 정신병증에 기인하는 것으로 간주한다 — 다시 말하여 좌우지간 사라져야, 가능하다면 흔적도 없이 사라져야 할 것으로 보는 것이다. 이는 진리에 관하여 그리고 사심이 섞이지 않은 이상 모두에 관하여 이전의 시대에는 거의 아무도 이해조차 할 수 없었을 새로운 사고방식으로 이어진다. 이 사고방식을 채택한 사람들은 (그 안에서는 이런저런 실천적 목적을 향해 가장 효율적인 수단이 무엇인지만을 물을 수 있는) 순전히 기술적인 영역 밖에서는 "진정한", "옳은", "자유로운" 같은 단어들 및 거기에 담지되는 개념들이 가치 있는 것으로 인정할 수 있는 유일한 활동, 즉 생존이 허락된 구성원들의 필요에 부응하여 매끄럽게 작동하는 하나의 기계처럼 사회를 조직하는 목적에 입각하여 다시 정의되어야 한다고 주장한다. 그런 사회에서 그 단어들과 그 개념들은 사람들 사이 및 개인들 내면에서 마찰에는 가급적 끼어들지 않도록, 그리하여 각자에게 가용한 자원들을 "최적 상태로" 사용하도록 다른 사람들을 자유롭게 내버려두도록 조율된 시민들의 관점을 반영하게 될 것이다.

---

51) (옮긴이) 스위프트(Jonathan Swift, 1667~1745): 아일랜드 태생 영국 풍자 작가. 『걸리버 여행기』를 썼다.

공리주의에 관한 도스토예프스키의 악몽이 바로 이것이다. 잔인, 불의, 비효율에 몹시 속이 상한 인도주의적 자유주의자들은 사회복지를 추구하는 도중에 그런 악들을 예방할 수 있는 단 하나의 튼튼한 방법은 자유로운 지적 정서적 계발의 기회를 최대한 넓히는 것이 아니라——왜냐하면 그렇게 했다가 그 결과가 어디까지 갈지를 누가 알 수 있겠는가?——그러한 유독한 목적을 추구하게 만드는 동기를 제거하면 된다는 사실, 즉 비판과 불만과 무질서한 생활방식으로 이어질 것 같은 경향을 모두 억누르면 된다는 사실을 발견하였다. 이런 생각이 태어나게 된 경로를 여기서 역사적으로 추적하지는 않으려다. 그 이야기를 하다 보면 기술 발전과 사회 변화 사이에 속도와 범위에서 괴리가 일어났다는 사실, 그리고 아담 스미스의 낙관과는 달리 그 양자 사이에 조화가 보장되기는커녕 실은 충돌이 점점 더 자주 발생하여 갈수록 파괴적이며 피할 도리도 없어 보이는 경제 위기들로 이어졌다는 사실을 언급해야 할 지점을 틀림없이 만나게 될 것이다. 경제적 위기는 사회적, 정치적, 도덕적 파산을 수반하여 사회의 일반적 골조가——행태와 습관과 시각과 언어의 양식들, 다른 말로 하자면 해당 사회들의 "이데올로기적 상부구조"가——더 이상 지탱하지 못하게 된다. 그 결과 기존의 정치 활동 및 이상에 대한 신념이 상실되고 그 대신 아무리 미련하고 밋밋하더라도 어쨌든 그런 재난이 다시 찾아오지 않을 만큼 안전하기만 하다면 괜찮은 그런 곳에서 살고 싶은 절박한 욕구가 솟구치게 된다. 이 욕구를 구성하는 요소 중에는 자유니 문명이니 진리니 하는 고래의 표어들이 다소 의미 없는 것이 아니냐는, 그 표어들을 둘러싼 환경이 이제는 19세기에 그랬던 것만큼 이해 가능하지가 않기 때문에 생겨나는 생각의 솟구침도 들어 있다.

사태가 이렇게 진행하는 한편, 대다수의 경우 사람들은 그 사실을 직시하기 싫어했다. 그러면서도 이제는 공허해진 그 문구들은 폐기되지 않았다. 그것들은 이제 그 원래의 가치를 강탈당한 채, 완전히 다를 뿐만 아니라 때로는 정반대로 대척되는——과거의 가치 체계에 입각하면 양쪽 다 무도하고 짐승 같을 뿐인——새로운 도덕의 관념들을 한데 아우르는 데에 활용되었다. 과거의 상징들을 이어받아 유지하는 척하는 불편함을 감수하지 않은 것은 오직 파시스트들뿐이었다. 끝까지 버티는 정치적 사수파와 그보다 더욱 제멋대로인 현대 대기업의 다양한 대변자들은 "자유"나 "민주주의"라는 말들을 반은 냉소적으로 반은 기대를 가지고 아직 붙들고 있었던 반면에 파시스트들은 배우 같은 몸짓으로 비난과 혐오를 표현하면서 그 말들을 노골적으로 거부하고, 이미 썩어 빠진 지 오래된 이상의 케케묵은 찌꺼기라고 경멸했다. 그러나 특정 상징들을 활용하는 노선은 서로 달랐지만, 새로운 정치적 태도에 속하는 모든 진영들 사이에는 차이를 관통하는 유사성이 있었다.

후일 20세기를 관찰하는 사람은 그 안에 살고 있는 우리가 오늘날[52] 볼 수 있는 것보다 틀림없이 훨씬 쉽게 그 사고방식상의 유사성을 파악할 수 있을 것이다. 오늘날 우리가 낭만주의의 성장과 순진한 실증주의를 계몽적 전제나 시민 공화국에 대조하여 말하듯이, 그들은 아주 자연스럽고도 분명하게 그 유사성들을 그 전 세기 즉 19세기의 호르투스 인클루수스[53]에 대조하여, 역사학계와 언론 및 출판계와 정치적 연설의 분야에서 아직도 많은 저자들이 그 안에 살고 있는 듯이 보이는 그 내밀한 정원에 대조하여 논할 것이다. 그렇지만 그 안에 살고 있는 우리도 우리 시대에서 무언가 새로운 점들을

---

52) (편집자) 벌린은 이 글을 1950년에 썼다.
53) (옮긴이) 호르투스 인클루수스(hortus inclusus): 사방이 담으로 둘러쳐진 정원, 내밀한 정원.

식별해 낼 수 있다. 서로 아주 다른 영역들에 공통되는 새로운 특징이 자라나고 있다는 점은 우리의 눈에도 보인다. 한편으로 우리는 정치적 관심이 갈수록 더 많이 그리고 더욱 의식적으로 사회적 경제적 관심에 종속되는 경향을 본다. 이 종속을 가장 생생하게 드러내는 현상은 사람들이 스스로 공개적으로 자신들을 자본가 또는 노동자로 자리매김하고 그로써 의식적인 연대감을 가진다는 점, 그리고 그러한 자리매김이 민족적 종교적 경계를 약화시키는 것까지는 아니지만 넘나들고 있다는 점이다. 다른 한편으로 우리는 정치적 자유란 그것을 사용할 경제적 능력이 없다면 쓸모없는 것이라는 확신, 따라서 그 역명제인 정치적으로 자유로운 사람들에게만 경제적 기회가 쓸모가 있다는 점에 대한 묵시적이거나 공개적인 부인을 목격한다. 이는 다시 시민들에 대한 국가의 책임은 줄어들지 말고 늘어나야 하며 늘어날 것이라는 명제, 오늘날 어쩌면 미국에서보다 유럽에서 권력자나 일반인을 막론하고 더욱 무조건적으로 당연시하고 있는 듯이 보이지만 50년은 고사하고 30년 전만 보더라도 유토피아적이라 간주될 정도로밖에는 인정받지 못했던 명제를 수반한다. 물질적 수준이 실질적으로 향상되고 가장 자유주의적이지 않은 사회에서도 사회적 평등이 실질적으로 성장한 변화와 함께 찾아온 이 커다란 변혁은 그 동전의 이면에 해당하는 무언가를 수반하고 있다. 그것은 그 본질적 성격을 상실하지 않는 한 20세기가 요구하는 만큼은 결코 순응적일 수도 준법적일 수도 없는 자유 탐구와 창조의 성향들이 제거되었거나, 아니면 아무리 좋게 말하더라도 강한 꾸짖음의 대상이 되었다는 사실이다. 백 년 전에 오귀스트 콩트는 수학에서는 이견의 자유를 요구한다는 것이 옳을 수가 없는데 왜 윤리학이나 사회과학에서는 허용되어야 할 뿐만 아니라 장려되기까지 해야 하는지를 궁금해했다.[54] 사실 개인들 또는 사회 전체의 행태에 (그리고 사유와 느낌에) 관하여 어떤 "최적의" 양식들을 만들어 내는 것이 사회적 개인적 행동의 주목표라면 콩트의 입장에 대하여 대꾸할 방법은 없다. 그러나 심지어 공공연하게 받아들여진 행동의 "최적" 목표에 관해서조차 질서와 관습의 힘에 개의치 않을 수 있는 바로 그 권리가 얼마나 실현되고 있는지에 19세기에 정점에 도달하였다가 이제 그 종말의 시작을 우리가 방금부터 목도하기 시작하는 부르주아 문화의 영광이 좌우되는 것이다.

VI

싸움과 불행을 초래할 능력을 가진 인간 심성의 일부를 위축시킴으로써 그것들을 줄이겠다는 정책을 기반으로 삼는 이 새로운 태도는 당연히 사심 없는 (어떤 결과라도 낳을 수 있는) 호기심을 적대시하거나 또는 적어도 수상쩍게 여기며, 사회에 명백하게 유용하다고는 할 수 없는 모든 예술 및 탐구 행위를 기껏해야 어떤 사회적 경솔함의 표현 양식으로 간주한다. 이 견해에서는 그런 일에 몰두한다는 것은 설령 적극적인 위험을 낳지는 않는다고 할지라도 성가시고 쓸데없는 낭비이거나 하찮고 허튼 장난질이며, 본시 한데 모으기가 어렵기 때문에 전심전력으로 끊임없이 잘 짜여진 하나의——때때로

---

54) *Plan des travaux scientifiques nécessaires pour réorganiser la société* (1822), p.53, in Auguste Comte, *Appendice général du système de politique positive* (Paris, 1854)를 보라. 이는 *Système de politique positive* (Paris, 1851-4), vol. 4의 일부분으로 편집되어 출판되었다.
(편집자) 밀이 *Auguste Comte and Positivism*에서 인용하는 대목도 이 대목이다. J. M. Robson and others, ed. *Collected Works of John Stuart Mill* (Toronto/London, 1963-91), vol. 10, pp. 301-2.

"통합된"이라 일컬어지는——사회적 전체를 건설하고 유지하는 데에 집중되어야 할 에너지를 흩뜨리거나 다른 데에 허비하도록 만든다고 본다. 이런 식의 발상에서는 "진리"나 "명예"나 "의무"나 "아름다움"과 같은 항목들이 순전히 공격용 또는 방어용 무기로 탈바꿈하여, 국가 또는 어떤 당이 자신의 직접적 통제 밖에 위치하는 세력의 침투를 물샐틈없이 막을 수 있는 공동체를 창조하려는 투쟁에서 활용하는 것이 당연지사가 된다. 이러한 결과를 달성할 수 있는 길은 두 가지가 있다. 하나는 엄격한 검열을 통해서 세상의 나머지와——사람들 중에서 적어도 일부는 아직 말하고 싶은 바를 여전히 말하고 그들이 사용하는 언어가 상대적으로 조직되어 있지 않아서, 그로 말미암아 예측할 수 없고 따라서 "위험"한 결과들이 발생할 수 있는 가능성이 감수된다는 점에서 아직 자유로운 상태인 바깥세상과——격리하는 것이고, 다른 하나는 무정부상태의 모든 가능성을 포섭할 때까지 즉 인류 전체에 이르기까지 그 엄격한 통제의 범위를 확장하는 것이다. 갈등의 조정자, 육체적 정신적 평화의 제조자, 심리학자, 사회학자, 경제적 사회적 설계자, 기타 등등, 통치 집단에게 봉사하는 각종 과학의 전문가들——이들 기술적으로 자격을 갖춘 전문가들에 의하여 인간의 행태가 비교적 손쉽게 조작될 수 있는 상태는 오직 그 두 가지 길 중에서 하나를 따라가야 달성될 수 있다. 이런 상태는 분명히 독창적 판단, 도덕적 독립성, 또는 흔하지 않은 통찰력 등에게 우호적인 지성적 풍토는 아니다. 이러한 질서는 전반적으로 모든 문제들을 약간은 복잡하거나 또는 그나마도 아닌 순전한 기술적 문제로 환원하는 경향, 다시 말해 모든 문제를 특히 어떻게 살아남느냐, 부적응을 제거하느냐, 어떻게 해야 개인들의 심리적 경제적 수용능력을 규격화하여 그 체제의 밖에서 이루어지는 모든 개척적 시도에 대한 반대와 양립할 수 있는 방식으로 사회적 만족이 아무런 유보 사항도 없이 최대한 생산되는 상태를 달성할 수 있느냐는 따위의 문제로 환원해 버리는 쪽으로 추세가 잡혀 있다. 이는 다시 모든 것을 포섭하고 모든 것을 투명하게 하며 모두를 만족시키는 단일한 계획에 대하여 개성을 주장하거나 의심을 제기할 수 있는 원천을 개인의 내면에서 얼마나 억누를 수 있느냐에 달려 있다.

　이러한 경향은 모든 안정된 사회에서──어쩌면 다름 아닌 모든 사회에서──나타나는 것이지만, 특히 예컨대 소련에서 모든 경쟁적 체제의 영향을 억누른 데에 힘입어 특히 지독한 형태를 띠게 되었다. 거기서 교육을 통해서든 억압을 통해서든 만사를 중앙의 계획에 종속시키고 모든 분란 세력을 제거한다는 정책을 수립하여 집행한 성과를 보면 유파를 막론하고 모든 러시아 사상가들이 유난히 중독되었던 것으로 보이는 이데올로기들이 영험이 있기는 있나 보다고, 인간에게는 이념을 완벽하게 엄밀하게 그리고 즉각적으로 실천으로 번역할 수 있는 능력이 있으므로 따라서 번역해야 할 의무도 있나 보다고 믿어야 할 정도이다. 소련의 도식은 명료하고 단순하며 "과학적으로 증명된" 전제들에서 연역된 결론이다. 그 도식을 실현할 과업은 인간을 자기들 손아귀에 맡겨진 재료로 보아 과학에 의하여 밝혀진 한도 안에서 어떤 것으로라도 만들어 낼 수 있다고 믿는 기술적으로 훈련된 신봉자들에게 위임되어야 한다. 창조적 예술가란 "인간 영혼의 엔지니어"라고 한 스탈린의 발언이야말로 이와 같은 발상의 매우 적확한 표현이다.[55] 과학의 자리를 직관과 본능으로 채

─────────────

55) (편집자) 스탈린은 1932년 10월 26일 막심 고리키(Maxim Gorky)의 집에서 소련 작가들의 역할에 관해 연설할 때 "인간 영혼의 엔지니어"라는 표현을 사용하였다. 이 연설은 출판되지 않은 수고로──K. L. Zelinsky, "Vstrecha pisatelei s I. V. Stalinym"("작가들과 스탈린과의 만남")──기록되어 고리키 자료실에 보관되었고, 영어본으로 최초 출판은 A. Kemp-Welch, *Stalin and the Literary Intelligentsia, 1928-39* (Basingstoke and London, 1991), pp. 128-131이다.

우고 위선 대신에 냉소주의를 택한 다양한 파시스트 국가에도 마찬가지로 이와 비슷한 무언가가 있다는 사실은 누가 보기에도 뚜렷하다. 서유럽에서도 이 경향은 약간 온건한 형태로, 즉 정치적 원칙에 관한 의견 차이에서 (그리고 적어도 부분적으로는 그 문제에 관해 서로 다른 시각들에 담겨 있는 실질적인 차이에서 비롯되는 정당 간의 투쟁에서) 최소한의 경제적 사회적 안정의 정도를 나름대로 목적으로 설정하고——이런 것이 없는 상태에서 근본적 원칙이나 삶의 목적을 논한다는 것은 "추상적"이고 "학문적"이며 시대의 절박한 요청과 상관없는 것으로 간주하여——그 목적을 달성할 최선의 수단이나 방법에 관한 궁극적으로 기술적인 의견 차이로 초점이 이동하는 형태로 나타났다. 당장의 일상적인 경제적 사회적 문제에 매달리느라 장기적 정치적 주제에 점점 더 관심을 기울이지 못하는 경향이 현저해진 것은——서유럽 대륙의 인구 대부분이 보인 이런 모습으로 인해 충격받은 미국 및 영국의 몇몇 평론가들은 이를 개탄하면서 냉소주의 및 이상에 대한 환멸의 증가라 잘못 진단하였지만——이러한 추세의 결과이다.

새로운 가치를 위해 오래된 가치가 폐기될 때마다 옛것을 고수하려는 사람들의 눈에는 도덕 그 자체가 아무런 양심의 가책도 없이 무시되는 것으로 비칠 수 있다는 것은 의심할 나위 없는 사실이다. 만약 그런 것이라면 대단한 착각일 것이다. 그러나 〔지금 문제되는〕 새로운 가치들에 대해서는 가책이 따르든 아니면 무심하게든 그 불신이 너무 적어서 문제다. 이 새로운 가치들은 오히려 아무것도 따지지 않는 신앙심으로, 내면세계가 공포로 가득 차거나 붕괴되었을

"engineer of human souls"라는 문구는 p. 131에, 그리고 "inzhenery chelovecheskikh dush"라는 러시아어 원문은 I. V. Stalin, Sochineniya (Moscow, 1946–67), vol. 13, p. 410에 나온다.

때 분출하기——그렇지 않은 경우도 못지않게 많지만——십상인 회의주의에 대한 맹목적인 불관용으로, 모든 희망을 쓸어버린 대신에 적어도 안전한, 비좁고 어둡고 단절되어 있지만 그래도 안전하기는 한 안식처 하나가 여기 있다는 희망으로 단단하게 지탱된다. 인간 활동의 지평을 축소하고 인간을 쉽게 관리할 수 있는 어떤 구도의 (거의 미리 만들어졌고 서로 교환가능한) 일부분으로 훈련하여 주조하기 위하여 체계적으로——스스로 의도한 결과이든 아니면 모르고 그렇게 하든——행동하는 사람들에 의하여 다양한 삶의 결이 통제되도록 용인하는 비용을 심지어 치르더라도 이런 식의 안정감을 기꺼이 구입하겠다는 자세를 가진 사람들이 점점 더 늘어나고 있다. 필요하다면 가장 낮은 수준에서, 더 이상 떨어질래야 떨어질 수도 없는 곳, 따라서 배신당할 우려도 실망할 우려도 없는 수준에서 안정을 구하는 이 강력한 욕망 앞에서 모든 고래의 정치적 원칙들은 그 새로운 현실에게 이제는 더 이상 아무런 적실성을 가질 수 없는 신조들의 나약한 상징으로 되어 사라지기 시작한다.

이러한 과정이 모든 곳에서 똑같은 속도로 진행하는 것은 아니다. 아마도 쉽게 눈에 띄는 경제적 이유로, 미국에서는 19세기가 그 어느 다른 곳에서보다 더 강하게 생존하고 있는 듯하다. 현재 유럽 대륙에서 찾아볼 수 있는 그 어느 것보다도 〔미국에서 벌어지는〕 정치적 주제들과 갈등들, 논의되는 쟁점들과 민주적 지도자들의 이상화된 성격들은 빅토리아 시대의 유럽을 생각나게 한다.

우드로 윌슨은 문자 그대로 그리고 아무 조건도 붙일 필요 없이 그야말로 19세기 자유주의자 중 한 사람이다. 루스벨트 대통령의 인간적 성품 및 뉴딜 정책으로 말미암아 촉발된 정치적 감성의 불길은 같은 시대에 유럽에서 실제로 일어난 그 어떤 것보다도 글래드스턴[56]이나 로이드 조지[57]의 주변에서 불붙은 전투와 관련된 정서 또는 세기가 바뀌던 시기에 프랑스에서 나타났던 반(反)교회적 정치 운동의 정서와 훨씬 많이 닮았다. 그리고 이 [루스벨트의] 위대하고 과감한 자유주의적 실험은 개인적 자유와 경제적 안전 사이에서 확실히 우리 시대가 목격한 가장 건설적인 타협으로서, 1930년대 유럽의 좌익사상보다는 존 스튜어트 밀이 만년에 인도주의적 사회주의로 접어들 때의 이상에 훨씬 가깝다. 국제기구를 둘러싸고, 유엔 및 그 부속기관 및 여타 전후 국제 제도를 둘러싸고 벌어진 논쟁은 1918년 이후 국제연맹에 관한 논쟁이 그랬듯이 19세기의 정치사상에 입각하여 그 전모를 이해할 수 있다. 그러므로 유럽에서보다 미국에서 훨씬 많은 의미를 가졌고 더 많은 주목을 끌었다. 미국이 이제는 윌슨을 거부했다고 할 수 있을지도 모른다. 그러나 여전히 미국은 윌슨의 시대와 그다지 다르지 않은 도덕적 풍토——흑과 백의 가치들로 구성되어 쉽사리 알아볼 수 있는 빅토리아 시대의 세계——아래 살고 있다. 1918년의 사건들은 그 후 25년 동안이나 미국의 양심을 괴롭힌 반면에 유럽에서는 1918~1919년의 격앙되었던 분위기가 금세 사그라졌다. 그것은 이제 와서 생각하면 유럽보다는 훨씬 미국에서 더 밝게 빛난 짧은 순간의 광휘였고, 유럽으로 말하자면 새로운 풍토 아래 살면서 그 새로운 풍토가 자신의 과거와 다를 뿐만 아니라 그 과거에 대한 염증으로 가득 차 있다는 점까지를 속속들이 알고 있는 세계에서 이제는 죽음을 기다리는 한 위대한 전통이 마지막으

---

56) (옮긴이) 글래드스턴(William Ewart Gladstone, 1809~1898): 19세기 후반 영국 자유당 지도자로 네 차례 수상을 지냈다. 참정권 확산에서부터 아일랜드 독립까지 자유당의 개혁파를 대표했다.

57) (옮긴이) 로이드 조지(David Lloyd George, 1863~1945): 영국 수상(1916~1919) 으로 제1차 세계대전에서 거국내각을 이끌었고, 노인 연금 제도를 도입하여 복지국가로 가는 기틀을 마련했다. 노동당이 성장하면서 자유당이 제3당으로 밀려남에 따라 자유당 출신으로는 마지막 수상이 되었다.

로 끌어올린 불꽃이었다. 그 변환은 급작스럽거나 전면적인 어떤 극적인 국면전환처럼 찾아온 것이 아니다. 이미 18세기와 19세기에 뿌려진 많은 씨앗들이 단지 20세기에 꽃으로 피었을 따름이다. 예를 들어 독일에서 또는 영국에서 또는 프랑스에서 노동조합의 번성을 가능하게 해준 정치적 윤리적 풍토에는 평화와 기술 진보로 가득 찬 자유주의적이자 인도주의적이자 팽창주의적이었던 백 년 동안[58] 모든 진영과 세력들에게 공통된 — 명시적으로 서약을 했든 안 했든 — 속성으로 된 인간의 권리와 의무에 관한 오래되고 익숙한 신조들이 그 구성소로 포함되어 있었다.

물론 19세기의 주요 흐름은 오늘날에도 그리고 특히 미국과 스칸디나비아와 영연방에서 이어져 살아 있다. 그러나 그것들은 우리 시대의 성격을 규정하는 가장 중요한 특징이 아니다. 왜냐하면 과거에는 사상 간의 투쟁이 있었던 반면에 우리 시대의 특징은 이런 식으로 연결된 사상과 저런 식으로 연결된 사상 사이의 투쟁이라기보다는 사상 그 자체에 대한 전면적 적대감의 파도가 몰아친다는 데에 있기 때문이다. 사상은 너무 많은 분란의 원천으로 간주되어, 개인적 정치적 권리를 요구하는 자유주의적 주장과 그것을 충족했다가 초래되기 쉬운 (사회주의적 비판에 핵심을 구성하는) 경제적 불평등 사이의 갈등을 권위주의적 정권을 통하여 아예 그러한 갈등이 발생하기 쉬운 자유로운 영역 자체를 제거하여 양쪽 모두를 덮어버림으로써 억누르려는 경향이 나타난다. 우리 시대에 진실로 전형적인 것은 사회에 관한 새로운 개념으로, 이에 따르면 사회의 가치란 한 집단 또는 한 개인으로 하여금 사회의 궁극적 목적에 관하여 어떤 견해를

---

58) (옮긴이) 굳이 산술적으로 명시하자면 통상 "백 년의 평화와 팽창"이란 나폴레옹 전쟁이 끝난 1815년부터 제1차 세계대전이 시작된 1914년까지를(우연히도 꽉 찬 백 년이다) 가리킨다.

가지게끔 영감을 주는 어떤 욕구 또는 어떤 도덕적 의미에 입각해서가 아니라 역사나 인종이나 민족성에 관한 사실을 주장하는 가설 또는 형이상학적인 교조에 입각하여 분석될 수 있다고 보며, 나아가 무엇이 좋은지, 옳은지, 필요한지, 바람직한지, 시의적절한지 등도 그 교조에 입각하여 "과학적으로" 연역되거나 아니면 직관됨으로써 이런저런 종류의 행태로 표현될 수 있다고 본다. 〔이 사고방식에서는〕 개인들이 모여 생긴 어떤 집합체는 오직 한 지점을 향해——그곳으로 인도하는 동력은 계급 구조처럼 그 당사자에게는 거의 의식되지 않는 몰인격적 힘이거나 집단 무의식이거나 인종적 기원이거나 이런저런 "민중적" 또는 "집단적" "신화"를 낳은 "진정한" 사회적 또는 물리적 근원일 수 있지만——행진할 뿐이라고 여긴다. 그 방향은 변경이 가능하지만, 그러기 위해서는 행태의 숨어 있는 원인을 건드리지 않으면 안 된다——그러니까 결국 그것을 건드리기를 원하는 사람들은 더 많은 합리성에 따라서 또는 합리성에 호소하는 주장에 따라서가 아니라 사회적 행태의 메커니즘 및 그것을 조작하는 재간을 간파하는 우월한 이해력에 따라서 제한된 정도로나마 자신의 방향 및 다른 사람들의 행진 방향을 결정할 자유를 가진다는 말이 된다.

"사람들에 대한 정치를 사물에 대한 행정으로 대체한다"는 (엥겔스가 나름대로 표현을 바꾼) 생시몽의 예언,[59] 한때 그토록 용감하고 낙관적으로 비쳤던 그 예언이 이처럼 사악한 방식으로 마침내 실현되었다. 우주의 힘은 전능하며 무너뜨릴 수 없는 것으로 여겨진다. 희망, 공포, 기도 따위로 그 힘을 몰아낼 수는 없고 다만 전문가 엘리

---

59) Engels, *Anti-Düring*(1877-8), Karl Marx and Friedrich Engels, *Werke*(Berlin, 1956-83), vol. 19, p. 195. 아울러 "Lettres de Henri Saint-simon à un américain" 중 여덟 번째 편지, *L'Industrie*(1817), vol. 1, in *Oeuvres de Saint-Simon et d'Enfantin*(Paris, 1865-78), vol. 18, pp. 182-91을 참조하라.

트들이 거기에 물고랑을 만들어 어느 정도 그 힘을 통제할 수 있을 따름이다. 이 전문가들의 과업이란 인간들을 그 힘에 적응시키고 그들의 마음속에 새로운 질서에 대한 부동의 신앙과 충성심을 심어서 그 질서가 확고하게 그리로 영원히 닻을 내리도록 만드는 데에 있다. 그러므로 철학, 역사, 예술 따위 인간적 추구들보다는 자연의 힘에게 방향을 부여하고 새로운 질서에 사람들을 적응시키는 기술 분야의 지식이 우선해야 하는 것이다. 그 인간적 추구라는 것들은 기껏해야 그 다음에 새로운 구조물을 지지하고 장식하는 데에 도움이 될 수 있을 뿐이다. 생시몽 및 그보다 재주는 모자랐던 추종자 콩트가 자기들의 시대에 그렇게 되리라 항상 확신했던 것처럼, 투르게네프의 『아버지와 아들』의 주인공인 순진한 유물론자이자 "허무주의" 과학자인 바자로프(Bazarov)가. 그러나 19세기 중반의 예상과는 전혀 다른 이유로, 바야흐로 자신의 시대를 맞이하였다. 바자로프의 신앙은 개구리를 해부하면 무언가 진실을 알 수 있지만 푸시킨의 시는 그렇지 않으므로 개구리 해부가 시보다 중요하다는 주장에 근거하고 있었다.

오늘날 위세를 떨치고 있는 동기는 그보다도 더 삭막하다. 이제 해부가 예술보다 우월한 까닭은 그것이 삶의 목적에 관한 독자적 견해를 생성하지 않기 때문이며, 선과 악, 진실과 허위에 관한 독자적 기준으로 작용하고야 말, 그러므로 모든 의심과 모든 절망과 모든 끔찍함과 모든 부적응으로부터 우리를 지켜주기에 충분히 강한 유일한 방호벽으로 우리가 창건한 그 정통적 교조와 충돌을 일으키고야 말 그런 경험들을 해부는 제공하지 않기 때문이다. 그런 것들을 감정적으로나 지성적으로 견지한다는 것은 일종의 병리적 징후이다. 그 치유를 위해서는 오직 모든 대안들을 모두 가급적 똑같이 제거해서 그 사이의 선택을—적어도 겉으로 보이기에만이라도—쉽게 만드는 길뿐이다.

　도스토예프스키의 『카라마조프가의 형제들』에서 종교재판관이 보이는 입장도 바로 이것이다. 인간이 가장 두려워하는 것은 선택의 자유, 어둠 속에서 홀로 자기 앞길을 손으로 더듬어 찾는 신세라고 그는 말한다. 그래서 교회는 그 사람들의 어깨에서 책임을 벗겨줌으로써 그들을 감사하며 행복한 기꺼운 노예로 만들었다는 것이다. 종교재판관은 영혼의 삶을 교조적으로 조직하자는 입장을 대변하고, 바자로프는 그 이론적 반대인 과학적 탐구, "엄연한" 사실들, 아무리 잔혹하고 역겹더라도 진실을 받아들여야 한다는 입장을 대변한다. 역사의 아이러니에 따라 (도스토예프스키가 예견하지 못한 일도 아니다) 이 둘이 계약을 맺고 동맹군이 되더니 이제는 종종 구별하기도 어렵게 되어 버렸다. 뷔리당[60]의 당나귀는 양쪽에 같은 거리로 떨어져 있는 건초더미 사이에서 선택을 못 내리고 굶어 죽는다는 우화가 있다. 이 운명에 대한 유일한 치유책은 맹목적인 복종과 신봉뿐이라는 식이다. 이런 식으로 구해진다는 구원처라는 것이 교조적 종교적 신앙인지 아니면 사회과학 또는 자연과학에 대한 교조적 신봉인지는 별로 중요하지 않다. 왜냐하면 그와 같은 복종이나 신봉이 없다면 자신감도 희망도 없고 낙관적인, "건설적인", "긍정적인" 형태의 삶도 있을 수 없을 터이기 때문이다. 푸리에, 포이어바흐, 그리고 마르크스——억압적 제도 안으로 얼어붙은 사상의 우상 숭배를 최초로 폭로했던 바로 그들이 새로운 형태의 "물화"와 "비인간화"를 가장 사납게 지지해야만 했다는 사실이야말로 역사의

---

60) (옮긴이) 뷔리당(Jean Buridan, 1358년경 사망): 프랑스의 스콜라 철학자로 선택을 미루고 선택의 동기를 되돌아볼 수 있는 데에 개인의 자유가 있다고 주장하였다. 이 당나귀의 우화는 관례적으로 그의 말이라 전해져 올 뿐 특별한 전거는 전혀 없다.

아이러니이다.

VII

이 추세가 드러내는 가장 매혹적이며 가장 걱정스러운 징후 중의 하나는 서방 세계의 위대한 박애주의적 재단들의 정책에서 나타난다. 이 기구들에 대하여 유럽 및 미국에서 가장 빈번하게 제기된 비판은 그들의 목표가 너무나 조잡하게 공리주의적이라는 것이다. 즉, 진리의 추구 또는 창조적 활동 그 자체를 (예를 들면 기초적 연구 또는 예술적 활동을) 지원해 주는 것이 아니라, 물질적 복지, 단기적 사회경제 문제에 대한 해법, 정치적으로 "바람직하지 않은" 견해들에 대한 예방약의 제조, 기타 등등과 같이 가장 직접적이고 가장 즉각적으로 인간의 삶을 개선하는 데에 치중하고 있다는 것이다. 그러나 이러한 혐의는 내가 보기에 잘못이다. 이러한 종류의 사업에 종사하는 유명하고 너그러운 기관들의 노력은 단순히 물질적인 필요가 아니라 인류의 가장 심오한 관심에 봉사하려는 순수하고도 사심 없는 욕구에 기초하고 있음을 나는 확신한다. 다만 그 심오한 관심이라는 것이 거의 모두 어떤 대증요법적인 발상에 입각해서만 인식되고 있는 것이다. (개인들 또는 집단들 사이 또는 그 각각의 내부에서) 해소되어야 할 긴장, 상처, 갈등, 집착, 각종 "공포증"과 두려움 등등과 같이, 의사, 경제학자, 사회복지사, 병든 사람과 어쩔 줄 모르는 사람을 돕기 위해 문제를 진단하는 데서 문제를 해결하는 데까지 각종 전문가들로 이루어진 팀 등등, 온갖 종류의 실천적 지혜가 피어오르는 개인적 또는 집단적 원천에 해당하는 전문적 치료사들이 도와 주어야 할 모든 종류의 심리적 정신물리학적 기형만을 그 심오한 관심으로 간주하는 것이다.

순수한 육체적 또는 정신적 환후, 빈곤, 사회적 경제적 불평등, 더럽고 비참한 환경, 억압 등등, 인간, 돈, 전문가 및 장비에 의하여 치유 또는 경감될 수 있는 고통들이 실제로 존재하고 응용과학에 의하여 처치될 수 있는 만큼, 그러한 정책들은 물론 완전한 선행에 해당하며 그 지원을 위한 조직체들은 한 시대 및 한 나라에게 위대한 도덕적 자산이다. 그러나 이 동전의 다른 면에는 모든 사람들의 일차적인 필요를 그런 방식으로 충족될 수 있을 종류로 뭉뚱그려 버리는, 그리하여 모든 질문과 열망을 그들 전문가가 바로잡을 수 있는 어떤 착오쯤으로 환원해 버리는 (피하기는 어렵고 재앙으로 향하는) 경향이 숨어 있다. 어떤 사람들은 강압적 방법을 다른 사람들은 보다 온유한 방법을 신봉한다. 그러나 인간의 필요라는 것이 모두 마치 교도소나 재활원이나 학교나 병원에 수용된 사람들의 필요와 똑같다고 보는 발상은 아무리 진심으로 신봉된다고 해도 모든 인간 또는 인간 다수의 합리적이며 생산적인 본성에 대한 부인에 기인하는 암울하고 허위이며 궁극적으로 천박한 견해이다. 미국식 "물질주의"에 대한 (그 물질주의가 순수하지만 안목이 어두운 따라서 자주 조잡하게 표현되는 이타적 이상주의에서 나오는 경우) 공격의 형태이든 아니면 공산주의 또는 민족주의적 광신에 대한 (그 광신이 인간 해방을 잘못 이해하여 지나치게 실용적으로 추구하는 모습을 더 자주 보일 때) 공격의 형태이든, 이 발상에 대한 공격은 그러한 경향의 ── 같은 뿌리에서 나온 ── 두 갈래가 모두 창조적이며 스스로 방향을 정하는 존재로서 인간이 발전하는 데에 적대적이라는 거의 알려지지 않은 사실에 대한 깨달음에서 나온다. 만약 인간이 진실로 그러한 존재라면 설령 현재와 같이 그러한 경향들이 압도적으로 득세한다고 해도 결국에 가서는 인간의 진보에 치명적인 위해를 입히지는 못하리라 ── 이러한 순환론, 스피노자, 칸트, 밀, 토크빌은 물론이고 프로이트나 (적어도 젊은 시절의) 마르크스 등등, 모든 비판적 합리주의자들의 주장에 본질적으로 함축되어 있는 이 순환론이 만약 맞다면, 인류라는 종의 도덕적 지성적 미래에 관하여 조심스럽고 많은 조건이 붙은 하나의 낙관론을 위한 약간의 근거가 마련되는 셈이다.

VIII

이 정도 지점에서 어쩌면 누군가가 나서서 내가 지금까지 묘사해 온 상황이 전적으로 새로운 것은 아니라고 할지 모른다. 권위주의적 제도라면 모두 그리고 비합리주의 운동이라면 모두 이런 종류의 일에, 즉 의문을 인위적으로 잠재우려 한다든지 불편한 질문들의 신빙성을 훼손한다든지 아니면 그런 질문을 아예 묻지 않도록 사람들을 교육하려는 시도에 발을 담가 온 것이 아닌가? 거대하게 조직된 교회들이 그랬고, 사실 한 나라 단위의 국가에서부터 나라보다는 작은 특정 분야 각각의 기성체제에 이르기까지 조직이라면 모두 그런 식으로 행동하는 것이 아니던가? 오랜 옛날의 미지 세계에 대한 숭배에서부터 지난 백오십 년 동안 나타난 낭만주의, 무정부주의적 허무주의, 초현실주의, 동양적 신비에 대한 새로운 각광에 이르기까지 이성의 적들이 항상 보여온 태도가 바로 이것 아니던가? 플라톤 또는 중세 암살자단 또는 수많은 동방의 철학과 신비주의로 거슬러 올라갈 수 있는 사회사상의 핵심 주제를 구성하는 바로 그 경향에 왜 우리 시대만이 중독되었다고 특별히 기소당해야만 하는가?

그러나 우리 시대의 정치적 특성과 그 과거 기원 사이에는 두 가지 커다란 차이가 있다. 우선, 전 세기의 반동주의자들 또는 낭만주의자들은 개인적 이성에 비하여 제도의 권위나 계시된 말이 우월한 지혜를 가지고 있다고 아무리 강하게 주장했다손 치더라도, 그들이 이성에서 가장 멀리 떨어진 순간들에서조차 대답이 필요한 그 질문들이 중요하다는 점을 깎아내리지는 않았다. 그들은 오히려 그에 대한 정확한 대답을 얻는 것이 워낙 중요하기 때문에 오직 신성시되는 제도들 또는 영감을 받은 지도자들 또는 신비한 계시 또는 성스러운 은총만이 충분한 깊이와 보편성을 갖춘 대답을 담보해 줄 수 있다고 보았다. 확립된 사회체계가 있는 곳이면 어디에서나 질문의 중요성에 관한 질서가 있고, 이는 그 자체의 권위에 대해서는 질문이 허용되지 않는 하나의 위계적인 질서라는 점은 의심할 나위가 없다. 더군다나 어느 시대에나 제시된 대답들 중에서 일부는 알려지지 않고 무명 신세로 사라진 덕분에 진실을 담고 있지 않았거나 풀고자 했던 문제에 대하여 전혀 상관없는 소리였다는 사실이 드러나지 않았다. 게다가 전통 시대에 어떤 대답이 세상에 나와 성공하는 데에는 아마도 대단한 위선이 틀림없이 필요하였을 것이다. 그렇지만 위선은 냉소주의나 맹목성과는 아주 다르다. 의견의 검열자 및 진실의 적들마저도 그 커다란 문제들에 대하여 가용한 최선의 수단을 통해 정답을 구하는 일이 치명적으로 중요하다는 점에 공식적으로 경의를 표해야 한다고 느끼고 있었다. 만약 그들의 실제 행동이 이를 배신했다고 한다면, 적어도 거기에는 우선 배신할 그 무엇에 해당하는 것이 있었다는 말이 된다. 배신자나 이단자가 그들 스스로 배신하고자 했던 그 믿음들에 대한 기억을——그리고 권위를——생생하게 보존하는 경우는 자주 있는 일이다.

두 번째 차이는 과거에는 그 주제들의 본질을 흐릿하게 만들려는 시도들이 대부분 이성과 개인적 자유를 공공연히 적대시하는 세력들과 연결되어 있었다는 사실이다. 르네상스 이래로는 세력들 간의 경계선이 어느 정도로든 분명해졌다. 그리하여 진보와 반동이라는 말이 아무리 많이 오용되었다고 하더라도 그것들이 공허한 개념만은 아니다. 이쪽 편에는 권위에 대해서 따지거나 캐묻지 않는 신앙의 지지자들, 무제한적 진리 추구 또는 개인적 이상의 자유로운 실현 따위를 의심하거나 공공연히 반대하는 사람들이 서 있다. 저쪽 편에는 그 내부의 차이가 아무리 클지언정, 볼테르와 레싱,[61] 밀과 다윈, 그리고 심지어 입센을 예언자로 여기는 사람들, 자유로운 탐구와 자아 표현을 지지하는 사람들이 서 있다. 이 두 진영에 공통되는 특질, 아마도 공통되는 유일한 특질은 르네상스의 이상에 대한 어느 정도의 헌신과 중세와 옳게든 그르게든 연결되는 모든 것들, 즉 어두움, 억압, 모든 이설(異說)에 대한 목조르기, 육욕과 기쁨에 대한 혐오, 사상과 표현의 자유에 대한 혐오, 그리고 사랑과 자연적 아름다움에 대한 혐오 등등에 대한 격렬한 반대이다. 물론 그처럼 간단하게 그처럼 조잡하게 분류할 수는 없는 사람들도 많다. 그러나 자신의 시대에 가장 깊은 영향을 미친 사람들의 입장을 명료하게 확정할 정도로 충분히 날카로운 경계선이 지금에 이르기까지 줄곧 그어져 왔다. 과학적 원칙에 대한 헌신과 "얼버무림 식" 사회이론이 결합한다는 것은 전혀 생각조차 할 수 없는 일로 보였었다. 오늘날에는 무엇을 물을 수 있고 무엇을 물을 수 없는지, 무엇을 믿어도 되고 무엇을 믿어서는 안 되는지를 결정하려는 성향, 제한하고 봉쇄하고 울타리를 치려는 성향이 더 이상 과거처럼 "반동주의자들"을 표시하는 특징이 아니다. 그 성향은 오히려 19세기 발본주의자들, 합리주의자들, "진보주의"의 후예들이 그 적보다 더 강력하게 나타내고 있

---

61) (옮긴이) 레싱(Gotthold Ephraim Lessing, 1729~1781): 독일의 계몽주의를 대표하는 작가, 철학자, 예술평론가.

다. 과학이 박해를 받고 있을 뿐만 아니라 과학에 의하여 또는 적어도 과학의 이름으로 박해가 자행되고 있다. 어느 진영을 막론하고 〔19세기에서라면〕 카산드라[62]에 가장 근접한 예언자도 예견하지 못했던 악몽이 벌어지고 있는 것이다.

현대가 냉소와 절망의 시대, 서양 문명의 이정표 구실을 했던 확고한 표준이 와해되고 가치가 무너지는 시대라는 말을 우리는 자주 듣는다. 그러나 이 말은 옳지 못할 뿐만 아니라 그럴듯하지도 못하다. 질서가 무너질 때의 느슨한 기강을 보여주기는커녕 오늘날의 세계는 엄격한 규칙과 법규 및 열광적이며 비합리적인 종교들로 경직되어 있다. 고래의 규범을 냉소적으로 무시하는 데서 나오기 마련인 관용의 분출은커녕, 이 세상은 이설(異說)을 최고로 위험한 것으로 다루고 있다.

동양에서든 서양에서든 신앙의 시대가 막을 내린 이래 그 위험이 이처럼 커진 적은 없다. 과거보다 오늘날 순응성이 훨씬 더 격렬하게 요구되며, 충성심은 훨씬 더 가혹하게 시험되며, 회의주의자, 자유주의자, 사적 생활의 맛을 알고 자기 나름의 행동 기준을 가진 사람들은 신경을 써서 어떤 조직된 운동에 속한 것으로 정체를 표시하지 않는 한 두려움이나 경멸의 대상이 되고 양쪽 진영으로부터 박해의 과녁이 되며, 우리 시대의 거대한 이데올로기적 전쟁에 참가하여 싸우고 있는 모든 정파들에게 저주와 멸시를 받는다. 나아가 이러한 사정이 비록 이를테면 영국이나 덴마크나 스위스처럼 전통적으로 극단으로 치우치기를 싫어했던 사회에서는 날카로움의 정도가 덜하기는 하지만, 그렇다고 해서 전체적인 구도가 달라질 정도는 아니

---

62) (옮긴이) 카산드라(Cassandra): 그리스 신화에서 트로이 왕 프리아모스의 딸로 아폴론 신을 잡았다가 풀어 주는 대가로 미래를 보는 예지안을 받았다고 한다.

다. 오늘의 세계에서는 한 개인이 어리석거나 잔인한 것보다 그가 공인된 정파나 진영 중 하나에 소속하지 않는 것이, 그리하여 공인된 정치적, 경제적, 지성적 신분을 달성하지 못하는 것이 더욱 용서받기 어렵다. 과거 시대, 하나 이상의 권위가 인간의 삶을 다스리던 시대에는, 국가의 압력을 피해서 그 반대 세력의 요새를──조직된 교회 또는 국가에 불만을 가진 중세적 기관을──찾아 피난처를 구할 수도 있었다. 서로 다른 권위체들끼리 갈등을 벌인다는 사실만으로, 왜냐하면 양쪽 세력 모두 상대를 너무나 강하게 만들어 줄까 봐 너무 멀리까지는 감히 나아가지 못했기 때문에, 비좁고 흔들거리기는 하지만 아직 아무도 차지하지 못한 영역, 그렇지만 전혀 없다고는 결코 말할 수 없는 영역의 여지가 마련되었고, 그곳에서 불안하게나마 사적인 삶이 아직은 유지될 수 있었다. 오늘날에는 오히려 가장 선의로 충만한 온정적으로 간섭주의적인 국가의 미덕들 그 자체가, 방치되어 왔던 삶의 구석과 틈새들을 모두 일일이 살펴서 국가의 정의나 선행이 필요하지나 않나 돌보고 기근과 질병과 불평등을 줄이려는 그 진짜 노심초사가──그리고 그러한 선행 활동이 성공하면 할수록──개인들로 하여금 실수를 저지를 수 있게 해주는 영역을 축소하고 그의 복지, 그의 정신건강, 그의 육체적 건강, 그의 안전, 부족과 공포에서 해방 등에 관한 그의 관심과 (아주 실질적인 관심과) 관련된 그의 자유를 가로막고 있다. 개인의 선택 범위는 암흑 시대나 민족의식이 성장할 때처럼 어떤 반대되는 원칙의 이름으로가 아니라, 정신적 스트레스와 위험과 파괴적 마찰을 무제한적으로 빚어내고야 말 대립적인 원칙들의 싹 자체를 제거하여 보다 단순하고 보다 잘 규제된 삶, 골치 아픈 도덕적 갈등에 신경 쓸 필요 없이 효율적으로 작동하는 질서에 대한 단도직입적인 신봉 등에게 우호적인 상태를 조성하기 위해서 점점 더 줄어들었다.

그러나 이는 괜히 아무런 이유도 없이 일어난 일이 아니다. 우리가 현재 위치하는 사회적 경제적 상황, 기술진보의 효과와 과거로부터 물려받은 정치적 경제적 조직의 힘 사이에 조화를 이룩하지 못하고 있는 상황은 혼란이나 황폐화를 방지하기 위해서 일정한 사회적 통제 수단을 요청하며, 그 같은 통제는 맹목적인 순응성에 못지않게 인간의 권능의 계발에는 치명적인 손상을 입히고 말 것이다. 우리가 사회적으로 획득한 것을 모두 포기하고 과거의 불의와 불평등과 절망적인 참경으로 돌아갈 가능성을 잠시나마 생각해 본다는 것조차 비현실적이다. 기술적 수완의 진보는 계획을 합리적일 뿐만 아니라 실로 필수불가결한 것으로 만들었고, 따라서 어떤 특정한 방식으로 계획된 사회의 성공을 기약하기 위해 계획가들은 그 계획을 위태롭게 할 수도 있는 예측 불능이어서 위험한 요인들로부터 가능한 한 떨어지려는 성향을 당연히 보이게 된다. 바로 이것이 보수주의자, 뉴딜 추진파, 고립주의자, 사회민주주의자, 또는 심지어 제국주의자를 막론하고 "아우타르키"[63]라든지 "일국사회주의" 따위를 강요하도록 유인하는 강력한 동기이다. 그리고 이는 다시 그 계획가 자신이 사용할 수 있는 자원에 대하여 인위적인 장벽을 생성하고 그 범위를 점점 죄어들어 가게 된다. 극단적인 경우 이러한 정책은 불만 계층에 대한 억압으로 이어지며 사회적 기율을 영속적으로 강화해서 마침내 최초에 다만 최소한의 효율성을 위한 수단 삼아서 그 정책을 고안했던 사람들의 시간과 창의성을 다 녹여서 없애고야 만다. 그것을 실현하려면 살아남기 위해서 억압하고 억압하기 위해 생존하는 악순환에 빠질 수밖에 없다는 점에서, 현재 그것은 그 자체로

---

63) (옮긴이) 아우타르키(autarky): 경제적 자급자족을 명분으로 내거는 고립주의 정책.

끔찍한 목표로 자라 있는 상태이다. 이처럼 그 치유책이 질병 그 자체보다 더 해롭게 자라나서, 삶의 단맛(douceur de vivre), 자유로운 자아 표현, 무한히 다양한 인격들 및 그들 사이의 무한히 다양한 관계, 그리고 자유 선택의 권리 등등, 감당하기도 쉽지는 않지만 포기한다는 것은 더욱더 견딜 수 없는 그런 것들이 도대체 무엇인지를 전혀 모르거나 이제는 망각해 버린 사람들의 단순한 청교도적 신앙 위에 구축된 정통적 교리의 모습을 차지하고 있다.

이 딜레마는 논리적으로 해소 불능이다. 우리는 자유, 그 보호를 위해 필요한 조직, 그리고 복지의 최소 표준 중에서 그 어느 것도 희생할 수 없다. 그러므로 그 출구는 무언가 논리적으로 정연하지 못한, 유연하며 심지어 모호한 타협에서 찾아야 한다. 칸트가 언젠가 언명하였듯이 "인간성이라는 뒤틀린 목재로 똑바른 것이 만들어진 적은 한번도 없"[64]으므로, 모든 상황은 그 나름의 정책을 요구한다. 이 시대가 요구하는 것은 (우리가 그토록 자주 들어왔던) 더 많은 신앙, 더 강한 리더십, 더 과학적인 조직이 아니다. 오히려 정반대의 것들——구세주와 같은 열정의 감소, 더욱 개명된 회의주의, 제각각인 개성에 대한 더 많은 관용, 가까운 미래의 목표를 달성하기 위한 일시적 수단의 더욱 빈번한 사용, 다수 사이에는 거의 동조자를 찾을 수 없는 입맛과 믿음을 (내용에서 옳은지 그른지는 전혀 상관이 없다) 가진 소수자 및 개인들이 자신의 개인적 목표를 달성할 수 있는 여지의 증가 등이 필요하다. 지금 필요한 것은 일반적 원칙들을, 설령 아무리 합리적이거나 올바른 원칙들이라도, 덜 기계적으로 덜 광신적으로 적용하는 것, 공인되고 과학적으로 검증된 일반적 해법을 아직 검증되지 않은 개인적 경우에 적용할 때에 더욱 조심스럽게 그리고

---

64) *Kant's gesammelte Schriften* (Berlin, 1900-), vol. 8, p. 23, line 22.

덜 거만하고 덜 자신 있게 접근하는 것이다. 그 잔인했던 탈레랑[65]의 "무엇보다도 여러분, 열광만은 아니올시다"[66]가 미덕으로 충만했던 로베스피에르의 획일성을 향한 요구보다 더 인간적일 수 있으며, 사회적 계획과 사회 공학으로 점철되는 시대에 사람들의 삶을 너무 많이 통제하는 경향에 대한 건전한 제동장치일 수 있다. 우리가 권위에 허리를 굽혀야 하는 것은 그것이 결코 틀리지 않아서가 아니라 오직 어떤 필요에 따른 편의로서, 즉 순전히 그리고 노골적으로 공리주의적인 이유 때문이다.

어떤 해법도 실수를 저지르지 않을 보장은 없기 때문에 그 어떤 처분도 최종적이지는 않다. 그러므로 느슨한 분위기, 약간의 비효율에 대한 관용, 나아가서는 하릴없는 수다나 공연한 호기심, 그 어떤 권위의 탈도 쓰지 않은 채 구체적인 목적도 없이 이 분야 또는 저 분야를 기웃거리고 돌아가는 행위 등에 대한 약간의 탐닉 등등, 소위 "분명한 낭비" 그 자체에 해당하는 행동이 보다 자발적이고 보다 개인

---

65) (옮긴이) 탈레랑(Charles Maurice de Talleyrand, 1754~1838): 프랑스의 외교관. 임기응변에 뛰어난──그래서 원칙은 없는──기회주의적 처신과 다재다능함으로써, 루이 16세의 궁정에서 시작해서 혁명정부, 나폴레옹, 루이 18세와 루이 필립의 치하에서까지 관리로 일했다.

66) (편집자) "Surtout, Messieurs, point de zèle". 탈레랑의 이 구호는 여러 형태로 나타난다. 내가 찾은 것 가운데 최초의 것은 "너무 그렇게 열낼 것 없다"(N'ayez pas de zèle)는 말로 이는 C.-A. Sainte-Beuve, "Madame de Staël"(1835), in Sainte-Beuve, *Oeuvres*, ed. Maxim Leroy(Paris, 1949~51), vol. 2. p.1104에 나온다. 벌린이 인용한 문구는 Philarète Chasles, *Voyages d'un critique à travers la vie et les livres*(1865-8), vol. 2, *Italie et Espagne*, p.204에 나온다. 여기 인용된 것과 같은 표현에서 "point"은 종종 뒤의 566쪽에서처럼 "pas trop(너무 많지는 않게)"와 바뀌어 쓰이기도 한다. 그러나 19세기에 그 표현을 사용한 권위적 전거를 찾지는 못했다.
(옮긴이) 1969년 판에서 벌린은 pas trop de zèle이라 인용했는데 2002년 판에서 편집자가 point de zèle로 수정하였다.

적인 특성의 계발로 (실제로 그렇게 되느냐 마느냐는 당사자가 결국 모든 책임을 져야 할 것이다) 이어지기 쉬우며, 따라서 그러한 행동은 가장 정연하고 가장 세밀하게 짜여져 강요되는 도식보다 언제나 더 가치가 있게 되는 것이다. 무엇보다도 이런 또는 저런 교육 방법이나 과학적 또는 종교적 또는 사회적 조직의 체계가 풀어 주겠노라 장담하는 종류의 질문만이 인간 생활에서 핵심적인 유일한 종류의 질문이라는 생각은 사실이 아님을 깨달아야 한다. 불의, 빈곤, 노예제, 무지 등과 같은 문제들은 개혁이나 혁명에 의해서 치유될 수 있다. 그러나 인간은 악에 대한 투쟁만으로 살지 않는다. 인간은 적극적인 목적들을 가지고, 개인적이기도 하고 집단적이기도 하며 매우 다양하고 그 사이에 때때로 양립불가능성이 존재하는 그러나 그 점이 미리 예측되는 경우는 아주 드문 그런 가치들을 통해서 산다. 개인들의 삶에서 또는 한 나라 국민의 삶에서 가장 훌륭한 순간이 찾아오는 것은 궁극적이며 어느 것과도 바꿀 수 없고 가변적인지 아니면 고정적인지가 사전에 정해지지 않은 그런 가치들과 목적들을 향해 집중적으로 몰입한 결과이다. 다시 말하여 그런 순간은 사전에 계획된 바 없이, 때때로 완벽하게 구비된 기술적 장비도 없이, 대개의 경우 성공하리라는 의식적인 기대도 없이, 하물며 어떤 공식적 감독관청이 발부한 면허장 따위는 더더욱 없이, 그와 같은 목적에 몰입한 개인들 또는 집단들을 통해서 찾아오는 것이다.

역사적 불가피성

…… 그 막대한 인간 밖의 힘들 ……
—T. S. 엘리엇[1]

I

　십 년쯤 전에[2] 독일군에게 점령당한 이탈리아 북부 지방의 한 은 신처에서 글을 쓰면서 버나드 베렌슨은 자기 스스로 "우연적 역사 관"이라고 이름붙인 견해와 관련해서 생각해 온 바를 개진한 바 있 다. 그와 같은 생각의 결과 "사건들이 정해진 법칙에 따라 일어나고, 오늘날에도 여전히 우리를 잡아먹고 있는 몰록[3]의 힘은 피할 수 없

---

1) T. S. Eliot, *Notes towards the Definition of Culture*(London, 1948), p.88.
2) 이 글은 1953년에 집필되었다.
3) (옮긴이) 몰록(Moloch): 히브리어에서는 Molek. 가나안 지방에서 숭배하던 우상 을 가리키는 이름으로, 그에게 어린아이를 구워 제물로 바쳤다고 한다. 바빌론의 유수 이후 유대인들은 히브리어로 왕을 의미하는 Melek에서 자음을 취하고 치욕 을 의미하는 bosheth에서 모음을 취해 이렇게 불렀다고 전해진다. 밀턴은 『실락 원』에서 악마 중 하나로 다루었다.

다고 하는 내가 어릴 때 덥석 삼켰던 신조, '즉 역사적 필연성'의 신조에서 나는 멀어지게 되었다. 일어나는 모든 일은 불가항력이라서 거기에 반대하는 것은 어리석은 짓이므로 어떤 일이든지 일어나는 그대로 받아들여야 한다고 가르치는 이 의심스럽기 짝이 없고 분명히 위험한 교조를 나는 점점 더 믿지 않게 되고 있다"[4]고 그는 선언하였다. 존재하는 것은 모두 ("객관적으로 판단할 때") 최선이고, 설명한다는 것은 ("결국에 가서는") 정당화한다는 것이며, 모든 것을 안다는 것은 곧 모든 것을 용서하는 것이라고 하는 오래된 견해, 영웅에 버금가는 풍모로 문제의 초점을 흐리고 특별한 감성에 호소하게끔 이끄는 쨍그랑거리는 오류들(자비스럽게 절반의 진실들)로 돌아가려는 경향이 역사가들 아니면 적어도 역사철학자들 사이에서는 나타나고 있는 오늘날과 같은 시점에서 그 유명한 비평가의 발언은 특별히 시의적절하다.

내가 다루고자 하는 주제가 바로 그것이다. 그러나 그에 앞서 오귀스트 콩트 기념 강연의 첫 번째 연사로 내가 여기서 강연하도록 영광을 베풀어 준 데에 감사를 표해야겠다. 왜냐하면 콩트는 실로 기념과 찬사를 받을 자격이 있기 때문이다. 그는 그 자신의 시대에 기림을 많이 받은 사상가였다. 만약 다른 곳은 접어두더라도 이 나라에서 그의 저작들이 오늘날 별로 언급되지 않는다면, 그 까닭은 부분적으로 그가 그 저작들을 너무나 잘 썼기 때문이다. 콩트의 견해는 우리의 사고 범주에 대해서 흔히들 생각하는 것보다 훨씬 깊은

---

4) Bernard Berenson, *Rumour and Reflection: 1941-1944* (London, 1952), p. 116 (1943년 1월 11일자 일기).

(옮긴이) 베렌슨(Bernard Berenson, 1865~1959): 미국의 미술 평론가로 특히 이탈리아 르네상스 미술에 관한 전문가였다. 생애의 대부분을 이탈리아에서 살았는데, 제2차 세계대전 중 격리 연금된 시기에 쓴 일기가 *Rumour and Reflection: 1941-1944*으로 출판되었다.

영향을 미쳤다. 자연과학의 여러 분야들, 문화 진보의 물질적 기초, 우리가 진보적이라고, 합리적이라고, 계몽되었다고, 서구적이라고 일컫는 모든 것들에 관한 우리의 견해, 제도들 사이의 관계, 개인들 및 사회들의 정서적 생활을 관장하는 공공적 상징과 의식(儀式)에 관한 우리의 견해, 그리고 그러므로 역사 그 자체에 관한 우리의 견해는 그의 가르침과 영향력에 큰 빚을 지고 있다. 그의 중뿔난 현학, 그의 저작 대부분을 메운 읽을 수 없을 정도의 무미건조, 그의 허영, 그의 이상스러움, 그의 엄숙, 사생활의 슬픔, 그의 독단, 그의 권위주의, 그의 철학적 오류들, 그의 성품 및 저술에서 괴상하고 유토피아적인 모든 면들로 말미암아 그의 장점들을 외면할 필요는 없다. 사회학의 아버지는 너무나 자주 희화화된 것처럼 그렇게 우스꽝스러운 존재가 결코 아니다. 자연과학의 역할 및 과학이 명망을 얻게 된 진정한 까닭을 그는 대다수 동시대 사상가들보다 잘 이해했다. 그는 단순한 어둠에서는 아무 깊이도 느끼지 못했고, 증거를 요구했으며, 가짜들을 폭로했고, 지성적 인상주의를 성토했다. 그는 많은 형이상학적 신학적 신화들과 싸웠고, 그 신화들 중 일부는 그가 가한 타격 덕택으로 우리의 곁에까지 이어지지 않고 사라졌다. 이성의 적들, 오늘날에도 수명을 다하지 않고 버티고 있는 그 많은 적들과 싸울 수 있는 무기를 그는 마련해 주었다. 무엇보다도 그는 모든 철학의 핵심적 주제, 즉 말에 관한 단어 또는 생각과 사물에 관한 단어 또는 관념이 서로 다르다는 점을 파악하여, 근대 경험주의에서 가장 뛰어나고 가장 찬란한 측면에 초석을 놓았다. 나아가 그는 또한 역사적 사유에서도 위대한 표적을 남겼다. 그는 과학적, 즉 자연주의적 설명의 기준을 모든 분야에 적용할 수 있다고 믿었다——그 기준들이 사물 사이의 관계뿐만 아니라 사람 사이의 관계에도 적용되지 못할 까닭을 그는 알지 못했다.

이 신조는 독창적인 것은 아니었고, 그가 살던 시대 즈음에서는 약간 시대에 뒤떨어진 것으로 되고 있는 중이었다. 당시는 비코의 저술들이 재발견되었고 헤르더가 민족과 사회와 문화라는 개념들을 변혁하였으며 랑케와 미슐레는 역사의 예술과 과학을 공히 탈바꿈하고 있었다. 인간이라는 종을 일종의 사회학적 ─ 마치 벌이나 비버에 관한 연구와 흡사한 ─ 동물학의 일부로 편입함으로써 인류의 역사를 하나의 자연과학으로 변환할 수 있다는 발상, 콩도르세가 그토록 열렬히 옹호하였고 그토록 자신있게 예언하였던 이 단순한 행태주의는 스스로 강력한 반발을 자초하였다. 그리하여 사실을 왜곡한 것으로, 직접 경험의 증거를 부인하는 것으로, 모든 지식에 어떤 하나의 단일한 방법이 있음을 무슨 수를 써서라도 확립하기 위해 우리 자신, 우리의 동기, 목적, 선택에 관하여 우리가 익히 알고 있는 바를 고의로 모른 척하는 범행으로 비판을 받았다. 콩트는 라메트리[5] 또는 뷔히너처럼 엄청난 짓을 저지르지는 않았다. 그는 역사가 일종의 물리학이라든지 또는 물리학으로 환원될 수 있다고는 말하지 않았다. 그러나 그가 사회학을 고안한 사고방식은 ─ 하나의 방법, 하나의 진리, 합리적이고 "과학적인" 하나의 가치 척도, 하나의 완벽하고 모두를 포섭하는 과학적 지식의 피라미드식 체계 ─ 그러한 방향을 가리킨다. 경험을 포기하는 대신 통일성과 대칭성을 갈구하는 이 순진한 동경은 아직도 우리 곁에 있다.

---

5) (옮긴이) 라메트리(Julien Offray de La Mettrie, 1709~1751): 프랑스의 의사, 철학자. 계몽주의 시대 유물론자 중에서 초기 인물에 해당한다. 흔히 인지과학의 창시자로 일컬어진다.

II

    역사 속에서 사건들이 진행해 나가는 거대한 도식 또는 규칙성을 인간이 발견할 수 있다는 생각은 분류와 연관과 무엇보다도 예측에서 자연과학이 이룩한 성공에서 깊은 인상을 받은 사람들을 자연스럽게 매혹하였다. 따라서 그들은 "과학적" 방법을 적용함으로써, 다시 말하여 형이상학적 또는 경험적 체계로 무장하고 스스로 주장하기에 자기들이 보유하고 있는 사실에 관한 확실하거나 또는 사실상 확실한 지식의 섬을 기반으로 삼아 발진함으로써, 과거 안에 있는 빈틈들을 메울 수 있도록 (그리고 때때로 미래의 무한한 빈 공간에 무언가를 조성할 수 있도록) 역사적 지식을 확장할 길을 구하였다. 알려진 바에서 출발하여 알지 못했던 것을 주장함으로써 또는 조금 아는 것을 기반으로 그보다 더 조금밖에 몰랐던 것에 관하여 주장함으로써 여타 분야에서나 역사의 분야에서 많은 성취가 있었고 있으리라는 점에는 의문의 여지가 없다.[6] 그러나 과거나 미래에 관한 특정 가설

---

6) 예를 들어, 그러한 추론의 절차가 어떻게 되는지, 역사를 하나의 과학이라고 말하는 것이 무슨 뜻인지, 역사적 발견의 방법이 귀납적인지 "가설−연역적인지" "분석적인지", 그 방법이 어느 정도로 자연과학의 방법과——그리고 자연과학 중에서 어떤 분야의 어떤 방법과(논리학이나 과학적 방법에 관한 교과서들이 통상 다루는 것보다 훨씬 다양한 방법들과 절차들이 있다는 것은 너무나 쉽게 알 수 있는 사실이다)——비슷할 수 있는지 또는 비슷해야 하는지 등의 문제를 여기서 파고들고 싶은 생각은 없다. 역사 연구의 방법들은 적어도 어떤 측면에서는 독특하다고 보아야 할지도 모른다. 그 방법들 중 특히 고고학이나 고문서학이나 자연 인류학과 같은 보조적 탐구에 가까운 일부는 특정 과학적 기법을 닮은 반면에 다른 일부는 자연과학의 방법과 비슷하기보다는 다르다고 해야 할지도 모른다. 혹은 그 방법은 어떤 종류의 역사 연구를 추구하느냐에 달려 있어서, 예컨대 역사학의 방법과 인구통계학의 방법이 같지 않고 예술사의 방법이 정치이론의 방법과 같지 않고 종교사의 방법이 기술사의 방법과 같지 않은지도 모른다. 인간이 행하는 다양한 연구의 "논리"는 아직 충분히 검토되었다고 할 수 없는 상태로, 그 다양한 형

들이 태어나도록 일조하거나 증명하는 데에 어떤 전체적 도식이나 규칙성의 발견이 도움을 주는 정도가 실제로 얼마나 되든지 상관없이, 그 발상은 우리 시대의 관점을 결정하는 데에도 일정한——그리고 점점 더 수상스러워지는—— 역할을 해왔고 그 역할을 점점 더 강화해 나가고 있다. 그 발상은 인간 존재들의 활동과 성격을 관찰하고 서술하는 방법에만 영향을 미친 것이 아니라, 그들을 대하는 도덕적, 정치적, 종교적 자세에도 영향을 미쳐 왔다. 왜냐하면 사람들은 왜 그리고 어떻게 그처럼 행동하고 사는 것인지를 고려하다 보면 떠오를 수밖에 없는 질문 중에 인간의 동기와 책임에 관한 질문들이 들어 있기 때문이다.

  인간의 행태를 서술하면서 개인들의 성격과 목적과 동기에 관한 질문들을 생략하는 것은 언제나 작위적이며 지나치게 얽매인 태도이다. 그리고 그러한 질문들을 고려하게 되면 저절로 실제로 일어난 일에 이런저런 동기나 성격이 어느 정도로 어떤 종류의 영향을 미쳤는지에 대한 평가뿐만 아니라 그 행위자가 자신의 사고 및 행동에서 의식적으로 또는 반쯤만 의식적으로 어떤 가치 척도를 받아들였느냐고 하는 견지에서 그 행태의 도덕적 또는 정치적 특질에 대한 평가도 아울러 이루어지게 된다. 이런저런 상황이 어떻게 발생하였는가? 사람들의 삶을 바꾸어 놓을 어떤 전쟁, 혁명, 경제적 붕괴, 예술과 인문학의 부활, 어떤 발견 또는 발명, 어떤 영혼의 변혁은 누구 또는 무엇의 탓 또는 덕택으로 일어났고 일어나고 일어날 수 있으며 일어날 것인가? 역사에 관해서는 인간이 원동력이라는 이론과 몰인격적 이론이 대립한다는 점은 이제 와서는 널리 알려진 이야기이다.

태들에 관하여 실제로 실행된 구체적 사례들을 충분히 포괄하는 수긍할 만한 설명이 많이 필요한 실정이다.

한편에는 모든 민족 및 사회들 전부의 삶이 예외적인 개인들[7]에 의하여 결정적으로 영향을 받는다는 이론들이 있다. 다른 편에는 특정 개인들의 소원이나 목적의 결과가 아니라 불특정 다수의 소원이나 목적의 결과로 사건과 사태가 일어난다는 신조가 있다. 이런 종류의 신조들은 단 그러한 집단적 소원과 목적이 전적으로 또는 대체로 몰인격적 요인들에 의해서 결정되는 것은 아니며, 그러므로 환경이나 기후나 물리적 생리학적 또는 심리적 과정들과 같은 자연의 힘에 관한 지식에서 그 전모 또는 그 대부분이 연역될 수는 없다는 단서를 달고 있다. 어느 편의 견해를 취하든 역사가의 사업은 누가 무엇을 언제 어디서 어떤 식으로 원했는가, 이런저런 목표를 얼마나 많은 사람들이 얼마만큼의 강도로 회피 또는 추구하였는지를 탐구하는 데에, 그리고 나아가 그러한 바람과 두려움이 어떤 여건 아래 어느 정도로 효과를 보여서 어떠한 결과를 낳았는지를 묻는 데에 있다.

이런 종류의 해석, 즉 개개인들의 목적이나 성격에 입각한 해석에 대척되는 일군의 (자연과학의 진보에 힘입어 위신을 날로 드높이고 있는) 견해들이 있는데, 이는 인간적 의도에 입각한 설명은 모두 허영심과 고집 센 무지가 결합한 데서 나온다고 주장한다. 이 견해들은 다음과 같은 추정들을 바탕에 깔고 있다: 동기가 실재한다는 믿음은 착각이다; 사실을 말하자면 인간의 행태는 대체로 인간적 통제력 너머

---

7) 실은 위인이라는 개념 자체 안에서, 아무리 조심스럽고 아무리 섬세한 조건들을 달더라도, 이러한 믿음이 체현되고 있다. 왜냐하면 어떤 사람들이 다른 사람들보다 역사의 진행에서 더 결정적인 역할을 수행했다는 생각이 깔려 있지 않다면 그 위인이라는 개념은 그 최대한 약화된 형태에 이르기까지 공허한 것이 되고 말 터이기 때문이다. 선함, 잔인함, 재능, 아름다움 등의 개념과는 달리 위대함이라는 개념은 다소간 사적인 맥락에서 개인들이 가지는 성격에 불과한 것이 아니라 사회적 유효성, 즉 사물들을 대규모로 발본적으로 변경할 수 있는 어떤 개인들의 역량과 직접적으로 연관되어 있다. 우리는 그 말을 일상적으로 그렇게 사용한다.

에 위치하는 원인들, 이를테면 물리적 요인, 환경, 관습 등의 영향에 의하여 만들어진다; 또는 그보다 더 큰 단위, 인종, 민족, 계급, 생물적 종 등의 영향에 의하여, 또는 (혹자의 견해에 따르면) 그보다도 더 경험적이지 못한 개념들에 입각하여 운위되는 어떤 "영혼을 가진" 유기체, 어떤 종교, 어떤 문명, 헤겔주의적인 (또는 불교적인) 세계정신 등등이 원인으로, 사유의 주체가 가지고 있는 우주론적 시각에 따라 혹자는 경험적으로 혹자는 형이상학적으로 그러한 실체들이 지상에서 발현하는 궤적을 탐구하게 된다.

과학적으로 더 큰 가치가 여기에 있다고 (즉, 보다 성공적으로 그리고 보다 정확하게 미래를 예견하고 과거를 "추견(retrodict)"할 수 있게 해 주리라고) 믿어서이든, 우주의 본질에 관한 어떤 획기적인 통찰력을 담고 있다고 믿어서이든, 역사 변화에 관하여 이 같은 종류의 몰인격적 해석으로 기우는 사람들은 바로 그러한 해석으로 말미암아 모든 사건 및 사태의 발생을 궁극적으로 몰인격적(impersonal)이거나 또는 "통인격적(通人格的, trans-personal)"이거나 또는 "초인격적 (super-personal)"인 실체들 또는 "힘들"이 책임져야 할 일로 설명하는 입장을 취하고 있다. 그러한 실체들의 진화 과정이 곧 인류의 역사라는 것이다. 이러한 이론가들 중에서 보다 조심스럽고 보다 정신이 맑은 사람들은 경험주의적인 시각에서 나오는 비판에 대응하기 위하여 각주를 통해서 또는 나중에 생각해 보니 그렇더라는 식으로 덧붙이기를, 자기들이 그런 단어들을 사용하기는 하지만 그 문명이나 인종이나 민족성 따위의 피조물들이 문자 그대로 존재해서 그것들을 구성하는 개인들 곁에서 살아가고 있다는 믿음을 가지고 있는 것으로는 받아들여지지 말아야 한다고 한다. 그들은 또한 모든 제도들이 "최종적으로 분석하고 나면" 남성 및 여성 개인들로 구성되며, 제도 그 자체가 인격체는 아니고 단지 편의를 위해 고안된 장치, 이상화된 모델이나 유형, 표지, 또는 은유로서, 여러 가지 제도는 곧 인간 개개인의 속성이나 행태를 보다 중요한 (즉, 역사적 결과로 이어지는) 경험적 특징에 입각하여 분류하고 범주화하고 설명하고 예측하기 위한 여러 가지 방법이라고도 덧붙인다. 그렇지만 이러한 항변들은 그저 구두선에 불과하고 그러한 말들로 표현되는 원칙을 그들이 진짜로 믿지는 않고 있다는 사실이 드러나 버리는 경우가 너무나 많다. 그들 중에서 이처럼 허풍에서 바람을 빼어버리는 단서 조항을 아주 심각하게 받아들이면서 사유를 진행하거나 글을 쓰는 것으로 보이는 사람은 거의 없고, 그들 중에서 솔직하거나 순진한 축에 드는 사람들은 아예 그러한 단서 조항에 동의하는 척도 하지 않는다. 그리하여 셸링이나 헤겔에게 (그리고 슈펭글러에게, 나아가 어쩌면 약간 주저하면서도 토인비 역시 여기에 해당한다고 말할 수도 있을 것이다) 민족이나 문화나 문명이라는 것은 어떤 특징들을 공유하는 개인들을 집단적으로 지칭하기 위한 편리한 용어에 그치는 것이 분명히 아니고, 그것들을 구성하는 개인들보다 더 "실재하며" 더 "구체적인" 것이었다. 개인이란 단지 임시변통의 목적을 위해 작위적으로 추상된 "원소" 또는 "양상" 또는 "계기"에 불과하며, 개인들이 각각 부분을 이루는 그 전체와 유리되어서는 문자 그대로 실재성을 (이 실재성 앞에 "역사적"이든 "철학적"이든 "진정한"이든 어떤 수식어가 붙거나 말거나 이 점에서는 마찬가지다) 가지지 못하기 때문에 "추상적"이라는 입장이 견지된다. 이는 마치 어떤 사물의 색깔이나 모양이나 가치라는 것들이 구체적 대상에서 편의를 위해 분리된 "요소" 또는 "속성" 또는 "모델" 또는 "양상"일 뿐인데, 그런 것들 자체가 나름대로 독자적으로 존재하는 양 여긴다는 것은 오로지 분석적 지성의 결함 또는 혼동 때문인 것과 마찬가지라는 것이다.

　마르크스 및 마르크스주의자들의 입장은 좀 더 모호하다. 계급의 출현과 투쟁과 승리와 패배에 따라 개인적 삶의 조건이 그 개인들의 의식적이며 표출된 목적에 때로는 반하여 그리고 대부분의 경우에 그 목적과 상관없이 결정된다고 하는 이 사회적 "계급"이라는 범주를 가지고 무엇을 할 것인지에 관하여 명쾌한 대답이 보이지 않는다. 계급이 독립된 실체라고는 결코 선포하지 않는다. 계급이란 어디까지나 개인들의 (주로 경제적인) 상호작용 안에서 개인들로써 구성된다는 것이다. 그러나 그러한 개인들을 하나하나 검토함으로써 개인들의 행동을 설명하고 거기에 도덕적이거나 정치적인 가치를 부여하려는 시도, 심지어 그러한 검토가 가능한 제한된 범위 안에서 그렇게 하자는 시도마저도 마르크스주의자들은 비현실적이며 시간 낭비일 (이는 사실 그럴 수 있다) 뿐만 아니라, 더욱 근본적인 의미에서 어불성설이라고 치부해 버린다. 왜냐하면 인간 행태의 "진정한" (또는 "더욱 깊은") 원인은 (어떤 심리학자나 전기 작가나 소설가가 묘사하는 것처럼) 개인적 삶을 둘러싼 특정 여건들 또는 개인적 사유나 의지에 있는 것이 아니라, 개인들의 아주 다양한 삶들과 그 자연적 및 인위적 환경 사이에 스며들어 있는 상호관계에 있다고 보기 때문이다. 사람들이 행동과 생각을 실제 그들이 하듯이 하게 되는 것은 대체로 "계급"이라는 전체가 진화하는 불가피한 과정의 "함수"라는 것이다. 이로부터 계급의 역사와 발전을 그 구성원 개개인의 인생사와는 상관없이 연구할 수 있다는 결론이 나온다. 결국 (인과적으로) 중요한 것은 오로지 계급의 "구조" 및 "진화"라는 말이다. 이러한 생각을 적절하게 변용하고 나면, 인종 또는 문화에 적극적인 속성이 있다고 보는 사람들이 견지하듯이 집단적 양식이 보다 우선한다는 믿음과 마찬가지가 된다. 인민이라는 단위들은 어떤 의미에서 [행동의 주체라는 점에서] 개인(또는 초개인)이기 때문에 개인들이 그러하듯이 인민들 역시 서로서로 존중하고 사랑하고 도울 수 있고 또 그래야 한

232

다고 믿었던 헤르더와 같은 선의의 국제주의자이든, 아니면 고비노[8]
나 챔벌레인[9]이나 히틀러처럼 민족이나 인종의 자기표현이 얼마나
잔혹한 전쟁으로 이어질 수 있는지를 보여준 대표적인 인물들이든
그러한 믿음은 공통된다. 그리고 개인에서 시작해서 전통 또는 어떤
인종이나 어떤 민족이나 어떤 문화의 집단 의식 (또는 "집단 무의식")
에 호소하는 사람들, 또는 칼라일처럼 추상명사는 대문자로 표기될
자격이 있다고 느껴서 **전통**이나 **역사**[10](또는 "과거", 또는 인간 종, 또는
"대중")가 우리보다 현명하다고, 그리고 산 자와 죽은 자 사이, 우리
의 선조들과 아직 태어나지 않은 세대들 사이의 위대한 결합에는 그
어떤 피조물 개체보다 커다란 목적이 있으며 우리의 인생이란 그 목
적에 종속된 조각들에 불과하다고, 그리고 우리는 우리 자신에 내재
하는 가장 "깊은" 그리고 아마도 가장 의식되지 못하는 요소들을 상
대로 한 이 커다란 단위에 속해 있다고 설교하는 사람들 등, 집단주
의의 신비한 매력을 신봉하는 모든 사람들의 목소리에서 똑같은 곡
조가 때로는 온화하고 세련되게 때로는 거칠고 공격적으로 울려 퍼
진다.[11] 경험주의 및 신비주의의 색채, "온건"하거나 "강경"한 심성,

---

8) (옮긴이) 고비노(Arthur Gobineau, 1816~1882): 백인이 우월하다는 이론, 인류의 주
   인으로 태어난 아리안 족의 이론 등을 주장했던 프랑스 귀족 출신 인종주의 이론가.
9) (옮긴이) 챔벌레인(Houston Stewart Chamberlain, 1855~1927): 아리안 인종에
   관해 쓴 영국의 저술가. 바그너의 반유대주의에 크게 영향받은 독일의 민족주의
   지식인들과 함께 "바이로이트 동아리(Bayreuth Circle)" 회원이었고, 바그너의 딸
   과 결혼했다.
10) (옮긴이) 칼라일을 흉내 내어 본문에서 전통과 역사는 각각 Tradition과 History
    라 첫 글자가 대문자로 표기되었다. 한국어로는 진한 고딕체로 써서 차이를 표
    시했다.
11) 나아가 다음과 같은 이야기들도 자주 들을 수 있다: 우리는 그러한 전체에 속해
    있으며, 우리가 그 점을 알든지 모르든지 상관없이 그 전체와 "유기적으로" 하나
    이다; 우리 자신들의 의미라는 것은 오로지 이처럼 분석도 할 수 없고 파악도 불
    가능하며 해명도 거의 할 수 없는 그러한 관계들을 감지하여 우리 자신을 거기

낙관론과 비관론, 집단주의와 개인주의 등의 요소들이 각각 얼마나 섞여 있느냐에 따라 이 신조는 많은 판본으로 나타난다. 그러나 현실 속의 경험을 초월하는 어떤 실재와 자신을 동일시한다고 하는 이 궁극적으로 신비주의적인 행위를 수용하느냐 아니면 거부하느냐에 따라서 "진정한" 그리고 "객관적인" 판단과 "주관적"이며 "자의적인" 판단이 나누어진다고 보는 근본적인 구분은 그 모든 판본들에게 공통적인 기반이다.

보쉬에[12])에게 헤겔에게 마르크스[13])에게 슈펭글러에게 (그리고 역사

에 동화시키는 정도에 달려 있다; 왜냐하면 우리가 애당초 무엇일 수 있는 것은 또는 어떤 가치를 가질 수 있는 것은 오로지 우리 자신보다 큰 어떤 실체에 속하여 "그 실체의" 가치를 실어 나르고 "그 실체의" 목적을 위한 수단으로 봉사하며 "그 실체의" 삶을 살다가, "그 실체의" 보다 풍부한 자아실현을 위해 고통받고 죽는 한도 안에서만이기 때문이다. 널리 알려진 이러한 방향의 발상과 혼동하지 말아야 할 것으로 그만큼 널리 알려져 있지만 윤리적인 함축을 덜 가지고 있는 사고방식이 하나 있다: 인간의 시각과 행태는 과거 및 현재 각 사회의 여타 구성원들이 가진 습관들에 의하여 대체로 조건화된다; 편견과 전통의 장악력은 매우 강하다: 유전적 특성들은 정신과 육체에서 공히 나타날 수 있다; 사람들에게 영향을 미치고 그들의 행동을 판단하고자 할 때에는 반드시 그러한 이성(理性) 외적 요인들을 고려해야 한다. 앞의 견해는 형이상학적이며 규범적인데 (카를 포퍼는 "본질주의적"이라 불렀다) 비하여, 뒤의 견해는 경험적이며 서술적이다. 전자는 대체로 낭만적 민족주의자, 헤겔주의자, 그리고 여타 선험주의자들이 주장하는 반(反)개인주의적 윤리 및 정치이론에서 발견되는 하나의 요소라면, 후자는 사회학적이고 심리학적인 하나의 가설로 그 나름의 윤리적 정치적 함축을 가지고 있는 것은 두말 할 나위 없지만 경험적 사실들에 대한 관찰을 근거로 삼아 나오는 주장이며 따라서 관찰에 의하여 확인되거나 배척되거나 더 그럴듯하다 또는 덜 그럴듯하다고 판정을 내릴 수 있다. 이 두 사고방식은 각각 극단적인 형태를 띠면 서로 충돌한다. 그리고 각각 보다 온건하고 보다 일관적이지 못한 형태로 나타나면 서로 겹치거나 심지어 융합되기도 한다.

12) (옮긴이) 보쉬에(Jacques-Benigne Bossuet, 1627~1704): 프랑스의 주교, 신학자, 궁정 신부. 정부는 신성하고 왕은 신에게서 권력을 수임한다고 하면서 정치적 절대주의를 주장했다.
13) 마르크스보다는 엥겔스가 그랬다고 볼 사람도 있을 것이다.

라는 것을 과거 사건들 "이상"으로, 즉 섭리를 정당화하는 작업으로 여긴 모든 사상가들에게) 이 실재는 어떤 객관적인 "역사의 행진"이라는 형태를 띠고 있다. 그 행진의 과정은 사상가들에 따라 시간과 공간 속에 있다고도 하며 또는 시공을 초월한다고도 한다. 그것이 주기를 따라 반복한다고도 하고 나선형이라고도 하고 일직선으로 진행한다고도 하며 종종 변증법적이라 일컬어지는 독특한 지그재그 식 경로를 따라간다는 설도 있다. 연속적이며 동질적이라는 설도 있고 "새로운 수준"으로 올라가는 급작스러운 비약들로 단절되는 불규칙적인 과정이라는 설도 있다. 하나의 단일한 "힘"이 각기 다른 형태로 나타나는 셈이라는 설도 있고 상충하는 원소들 사이에서 (어떤 고대의 신화에서처럼) 벌어지는 끝없는 피루스[14] 식 투쟁이 그 과정의 본질이라는 설도 있다. 혹자는 역사가 어떤 하나의 신 또는 "힘" 또는 "원리"에 관한 이야기라 하고 혹자는 여러 신과 힘과 원리에 관한 이야기라고 한다. 그 끝이 좋으리라는 설도 있고 나쁘리라는 설도 있다. 인간에게 영원한 축복의 전망을 안겨준다는 설도 있고 영원한 저주를 내린다는 설도 있으며 그 둘이 교대로 나타난다는 설도 있고 그 둘 모두 아니라는 설도 있다. 그러나 이러한 판본들 중에서 어떤 것을 채택하더라도 그 이야기의 골자는 언제나 똑같이 하나이다—그리고 이 모두는 계량적인 방식으로 개진되는 과학적으로 즉 경험적으로 검증 가능한 이론이 결코 아니며 우리가 눈으로 보고 귀로 듣는 것들에 관한 서술은 더욱 아니다.[15] 즉, 꿈이나 환상 그리고 위

---

14) (옮긴이) 피루스(Pyrrhus, BC 319~BC 272): 헬레니즘 시대 에피루스(Epirus)의 왕. 끊임없이 전쟁을 벌이다가 전사했다. 너무나 커다란 희생을 치르고 얻는 승리를 가리켜 피루스의 승리(Pyrrhic victory)라고 한다.

15) 이 점을 카를 포퍼만큼 처절하리만큼 명료하게 밝힌 사람은 아무도 없다. 자연과학의 방법과 역사의 방법 또는 상식에 따르는 방법 사이의 차이를 포퍼가 과소평가하는 듯하기는 하지만 (그 주제에 관해서는 하이에크의 *The Counter-*

로받고자 또는 즐거워지고자 우리가 스스로 무의식적으로 만들어 내는 "합리화"들과 구분하여 사물의 "진정한" 진행 경로를 식별할 줄 알아야 한다는 것이 그 골자다. 왜냐하면 그런 것들은 잠시 우리를 편안하게 해줄 수는 있지만 결국은 혹독하게 우리를 배신하고 말 터이기 때문이다. 사물들에는 본질이 있고 자연은 시간 속에서 일정한 형식을 가지고 있다고 그들은 설파한다. 두 세기도 전에 영국의 한 깨달은 철학자는 이렇게 말했다: "사물 및 행동은 그 각각 생긴 대로이다. 그리고 그 결과는 일어나게 되어 있는 대로 일어날 것이다. 그런데 우리가 무엇 때문에 착각을 원할 것인가?"[16]

그렇다면 착각을 피하기 위해서 해야 할 일은 무엇일까? 초인간적 "정신"이나 "힘"이라는 발상을 그대로 꿀꺽 삼킬 수는 없다고 하더라도, 최소한 모든 사건들이 어떤 획일적이고 변하지 않으며 우리가 발견할 수 있는 패턴에 따라서 일어난다는 점은 인정해야 하리라고 한다. 왜냐하면 그렇게 일어나지 않는 사건이 일부 있다면 그것들의 발생 법칙을 우리로서는 찾아낼 수가 없을 것이며, 보편적인 질서 즉 진정한 법칙들의 어떤 체계가 없다면 역사는 "이해가능"할 수가 없기 때문이다. 〔그런 것이 없다면〕 역사라는 것이 되는 대로 모아놓은 산적 떼의 무용담 또는 늙은 아낙네의 수다들을 (데카르트가 역사를 이렇게 간주한 까닭이 바로 그 때문이었던 것으로 보이는데) 이어 늘어놓는 수준을 도대체 어떻게 벗어나 "말이 되며" "의미를 가질" 수 있

---

*Revolution of Science*가 약간의 과장이 있기는 하지만 내가 보기에 더 수긍할 만하다), 『열린 사회와 그 적들』 및 『역사주의의 빈곤』에서 그는 형이상학적 "역사주의"의 오류들을 강력하고도 정확하게 비판하였고, 그것이 어떤 종류의 과학적 경험주의와도 양립할 수 없다는 사실을 워낙 분명하게 부각하여 그 둘을 혼동하는 데에 이제는 어떤 변명도 있을 수 없게 되었다.

16) Joseph Butler, *Fifteen Sermons Preached at the Rolls Chapel*(London, 1726), sermon 7, p. 136, 16.

겠는가? 우리가 좋거나 나쁘다고, 중요하거나 사소하다고, 옳거나 그르다고, 고상하거나 저열하다고 여기는 가치들은 모두 마치 움직이는 사다리 위에서와 같이 그 패턴 속에서 우리가 서 있는 위상에 따라 조건화된다. 우리 시야의 빛에 따라, 즉 "자연" 안에서 우리의 위치, 우리 스스로에게 지각된 존재조건에 따라 우리가 충족하고자 하는 이익과 필요와 이상들——(우리가 이렇게 생긴 한) 추구하지 않을 수 없는 그런 목적들——에 부합하는 것을 우리는 찬양하고 숭배하며 부합하지 않으면 비난하고 저주한다. 그 위대한 세계의 계획, 그 운동의 규칙성을 식별하는 일은 우리의 역사 감각 및 지식이 허용하는 만큼에 달려 있다. 그리고 이와 같은 우리의 존재조건을 정확하게 지각하는 정도에 따라, 즉 우리의 역사 감각 및 지식이 허용하는 만큼 그 규칙성을 포착할 수 있는 그 위대한 세계의 계획이나 운동에 입각하여 볼 때 우리가 어디에 도달해 있는지를 우리 스스로 이해하는 정도에 비례해서 그러한 가치판단들은 "합리적"이며 "객관적"인 것으로 판명된다. 사람들은 자신이 처한 여건 및 속한 세대에 따라 과거와 미래에 관한 일정한 시각들을 가지게 되는데, 이 시각들은 그 여건 및 세대가 어떤 경로를 거쳐 현재 어디에 도달해 있는지, 과거의 뒤안길에 버려두고 온 것은 무엇인지, 지금부터 어디를 향해 가는지 등에 따라 달라진다. 이러한 점들을 어떻게 지각하느냐에 따라 추구되는 가치 역시 달라진다. 이런저런 어리석음 및 악폐 때문에 그리스 또는 로마 또는 아시리아 또는 아즈텍 사람들을 비난한다는 것은 어쩌면 그들의 행위와 소원과 사유가 우리 자신의 인생관과 충돌한다고 말하는 데에 불과한지도 모른다. 우리의 인생관이란 우리가 도달한 단계에서 진실일 수도 있고 "객관적"일 수도 있는 것으로, 그 단계의 본질 그리고 그 단계의 진전 방식에 관한 우리의 이해가 얼마나 깊고 정확한지에 따라 명료하게 또는 흐릿하게 지각되는 것이다. 만약 로마 및 아즈텍 사람들이 우리와는 달리 판단했다면, 그들은 그들 나름의 존재조건과 우리와는 아주 다른 그들 나름의 발전 단계를 자기들 스스로 이해한 정도에 따라 판단한 것이기 때문에 〔우리의 판단에 비하여〕 잘하지 못했다거나 진실에 미흡하다거나 덜 "객관적"이라고는 할 수 없다. 우리가 그들의 가치 척도를 비난하는 것은 우리의 존재조건에 비추어 충분히 타당할 수 있다. 우리의 존재조건은 우리가 가지고 있는 유일한 준거의 틀인 것이다. 만약 그들이 우리에 관하여 알았다면 그들 역시 우리를 그처럼 가차 없이 비난하였을지 모를 일이다. 그리고 그들의 사정과 가치 또한 그럴 수밖에 없었던 것이므로 그러한 비난 역시 마찬가지로 타당했을 것이다.

이 견해를 따르면 다만 일반적인 운동만 있을 뿐, 우리든 그들이든 그 운동 바깥에서 정지하여 어떤 입장을 취할 수 있는 지점이 전혀 없다. 사물이나 사람들을 최종적으로 평가하기 위해 준거로 삼을 수 있는 정착된 절대적 표준이 없는 것이다. 그러므로 어떤 가치판단을 두고 상대적이라거나 주관적이라거나 비합리적이라고 부르는 서술 또는 비난이 올바를 수 있는 경우는 오직 우리 자신의 진정한 이익, 즉 우리의 본질을 가장 충만하게 꽃피울 수 있는 길, 우리의 불가피한 발전 경로에서 다음에 찾아올 단계가 필연적으로 예비하고 있는 그 모든 것에 우리의 판단을 연결시키지 못하는 여러 유형의 경우들뿐이다. 이 학파 안에서 일부 사상가들은 주관에 빠진 궤도 이탈을 일시적인 미망으로 보면서 미래에 거기서 깨어나는 것 자체로 인류가 보전되리라고 동정과 위로를 보낸다. 다른 일부는 추호도 흔들릴 수 없는 사건들의 행진을 잘못 해석하여 따라서 거기에 충돌하고 마는 사람들의 불가피한 운명을 곁눈질로 보면서 고소해하거나 야릇한 표정을 짓는다. 그러나 그 논조가 자비를 담고 있든 경멸을 담고 있든, 바보 같은 개인들 또는 맹목적인 우중(愚衆)의 실수를 비난하든 아니면 그들의 불가피한 소멸에 박수를 치든, 이 태도의 바탕에는 모든 일로 하여금 그렇게 일어나게끔 하는 원인은 역사 그 자체의 기계장치라는——계급, 인종, 문화, 역사, 이성, 생명력, 진보, 시대정신과 같은 이름들로 불리는 몰인격적인 힘들이라는——믿음이 깔려 있다. 우리가 만들지도 않았고 우리가 변경할 수도 없지만 우리네 삶이 그렇게 조직되어 있다는 사실을 감안하면 그것만이 세상만사에 대하여 궁극적으로 책임을 질 수밖에 없다. 개인들 또는 개인들로 이루어진 집단들의 행위를 잘했거나 못했다고 칭찬하거나 꾸짖는 것은 마치 그들이 여러 갈래의 대안들 사이에서 선택하는 데에 어떤 의미에서 완전히 자유롭고 그러므로 그들의 과거 및 현재 선택을 비난하거나 칭찬하는 일이 사리에 맞을 수 있다고 보는 암시가 들어 있는 만큼 대단한 오류이다. 자연적인 또는 초자연적인 힘들에 의하여 인간의 삶이 완전히 결정되지 않도록 피할 길이 어디엔가 있을지도 모른다는 원시적이며 순진한 발상으로 되돌아 가는 셈이며, 각기 해당되는 분야의 과학적 또는 형이상학적 연구에 의하여 신속하게 추방되어야 마땅한 유치한 정령주의로 퇴보하는 셈이다. 왜냐하면 만약 그러한 선택이 진짜로 일어나는 것이라면, 과학적이거나 형이상학적이거나 완전한 설명을 가능하게 해주는 유일한 근거라고 이 견해에서 상정하는 그 결정된 세계의 구조라는 것이 존재할 수 없게 되기 때문이다. 그러한 가능성은 애당초 생각조차 할 수 없는 것으로 배제된다. "이성이 그것을 거부"하는 만큼, 그런 가능성은 혼동과 착각에 기인한 어린애들의 과대망상이자 피상적이고 과학이 없던 시절의 이야기로 문명사회의 사람답지 못한 생각이다.

자연적이든 초자연적이든 어떤 법칙을 역사가 따라간다는 생각, 인간 생활의 모든 사건들은 어떤 하나의 필연적인 패턴 안에서 각기 나름대로 원소의 구실을 한다는 생각에는 깊은 형이상학적 기원이 있다. 자연과학이 저질러 온 어리석음들이 이 흐름을 살찌운 면이 없지 않지만 그것이 그 유일한 기원도 아니고, 그리고 기실 그 일차적인 기원도 아니다. 맨 처음으로는 인간 사유의 시작에 뿌리가 닿아 있는 목적론적 관점이 있다. 여기에도 여러 판본이 있지만 그 모두에게 공통되는 것은 인간, 생명을 가진 모든 피조물, 그리고 어쩌면 무생물까지도 그저 존재하다가 사라지는 데에 불과한 것이 아니라 다른 존재와 연결되어 어떤 기능을 수행하며 어떤 목적을 추구한다는 믿음이다. 모든 사람과 사물을 어떤 특정 목표를 염두에 두고 만든 창조자가 이 목적을 각자에게 부과한다고 보는 사람도 있고, 목적이란 창조자가 부과하는 것이 아니라 사실은 그 소유자 각자의 내면에 고유한 것이어서 모든 존재는 어떤 "본질"을 가지고 자신에게 "본질적인" 어떤 특정 목표를 추구하며 그가 그 목표를 얼마나 성취하였는지에 따라 존재의 완성도가 측정된다고 보는 사람도 있다. 악, 비행, 불완전성, 모든 형태의 혼돈과 실수들은 이 견해에 따르면 그 목표에 도달하려는 노력이 방해받아 실패한 좌절의 여러 형태들로서, 자아성취의 길에 장애물이 생겨 버린 불운 때문이거나 아니면 그 주체에게 "본질적"이지 않은 다른 목표를 추구한 방향착오 때문에 일어난다.

이러한 세계관에서는 인간 세계가 (판본에 따라서는 전 우주가) 모든 것을 포섭하는 하나의 단일한 위계질서로 파악된다. 그리하여 그 세계를 구성하는 요소들 하나하나가 왜 그 시간 및 공간상의 지점에서 그와 같은 형태로 나타나서 그와 같은 방식으로 움직이는지를 묻는다는 것은 그 자체가 그 요소의 목적이 무엇인지, 그 목표를 어디까지 성공적으로 달성하였는지, 그리고 그 요소들이 함께 형성하는 조화로운 피라미드에서 각기 목적을 추구하는 그 다양한 존재들의 목적은 서로 어떠한 수직적 및 수평적 관계를 맺고 있는지를 묻는 것과 같다고 본다. 만약 실상이 이 그림과 같다면 역사적 설명은 (다른 모든 형태의 설명도 그렇겠지만) 무엇보다도 이 보편적인 짜임새 안에서 개인과 집단과 국가와 인간군상 각각에게 돌아가야 할 자리를 매겨 주는 작업이어야 할 것이다. 어떤 사물 또는 어떤 사람의 "우주적" 위상을 알아내기 위해서는 그가 어떤 누구인지 무엇을 하는지를 묻는 동시에 그가 왜 그런 사람이며 왜 그 일을 해야 하는지를 알아내야 한다. 이처럼 산다는 것과 가치를 가진다는 것, 존재한다는 것과 기능을 (다소간 성공적으로) 수행한다는 것은 하나이며 똑같다. 그 짜임새가 (그리고 오직 그 짜임새만이) 존재하는 모든 것을 생성시키고 사멸시키며, 그것들에게 목적 즉 가치와 의미를 부여하는 주체는 그 짜임새이고 오직 그 짜임새뿐이다. 이해한다는 것은 곧 짜임새를 지각하는 것이다. 역사적 설명을 제시한다는 것은 단순히 사건들의 흐름을 서술하는 것이 아니라 그 흐름을 이해할 수 있게 만드는 것이다. 그리고 이해할 수 있게 만든다는 것은 기본적인 짜임새가 어떤 모습인지를——여러 개의 가능한 모습 중의 하나가 아니라 그것이 그렇게 생겨 있기 때문에 오직 그 하나의 특별한 목적을 수행할 수밖에 없다고 하는 그 하나의 단일한 설계도를 드러내 보이는 것이다. 다시 말하여, 서로 상관없는 단편들과 조각들의 모음이 아니라 우주를 우주이게끔 해주는 그 유일한 목적, 그 유일한 "우주적인" 전체의 구도 안에서 분명하고도 특별하게 적합한 것으로 판명날 수밖에 없다는 그러한 설계도를 보여주어야 한다. 이 목적의 본질 및 이 목적이 인간 활동의 다양한 형태 안에서 성취하는 전체적인 짜임새가 더욱 철저하게 이해될수록, 역사를 설명하고 조명한 그 역사가의 업적은 더욱 훌륭한 것으로——즉, 더욱 "심오한" 것으로——될 것이다. 어떤 사건 또는 어떤 개인의 성격 또는 이런저런 제도나 집단이나 역사적 인물의 활동은 이와 같은 짜임새 안에서 그들이 차지하는 위상에서 비롯되는 필연적인 결과라고 설명되어야 한다(그리고 이 설명의 준거가 되는 구도가 더 크고 더 포괄적일수록 그 설명이 맞을 가능성이 높다). 그렇지 못하면 그것은 아무 설명도 아니며 따라서 역사에 관한 해설도 아니다. 한 사건이나 행동이나 인물이 불가피한 것으로 그려질수록 주제는 더 잘 이해된 셈이며, 연구자의 통찰력은 더 심오한 셈이며, 모든 것을 포괄한다고 하는 궁극적 진리를 향해 우리는 조금 더 가까이 접근한 셈이 된다.

이와 같은 태도는 뿌리에서부터 반(反)경험주의적이다. 여기서는 모든 일과 인간에게 목적이 있다고 말하지만, 그러한 가설을 뒷받침할 어떤 증거가 있어서 하는 말은 아니다. 그 가설을 뒷받침할 증거가 문제된다는 것은 곧 그것을 뒤집을 증거도 원칙적으로는 있을 수 있다는 말이 된다. 그러한 상황이라면 일이나 사건들 중에 어떤 것은 아무 목적이 없는 것으로 판명날 수도 있을 텐데, 그런 사례들은 위에서 제시된 시각에서 보면 그 우주의 짜임새에 적합하지 않은 것이 될 뿐만 아니라 "목적이 없는 사례"라는 말은 그 자체로 아무 설명도 아닌 셈이 되는 것이다. 그러므로 그런 일은 아예 일어날 수가 없는 것으로 사전에 선천적으로 가능성이 봉쇄되어 있다. 이러한 입장은 경험적인 이론이 아니라 하나의 형이상학적 태도에 해당한다. 무언가의 목적을 밝혀내는 것이 곧 그것을 설명하는 것이라고——그것을 말로만 피상적으로만 정의하는 것이 아니라 그것이 "진정으로" 무엇인지를 서술하는 것이라고 생각하는 하나의 형이상학인 것이다. 이 태도에서는 모든 것이 목적을 가지므로 모든 것은 원칙적으로 설명할 수 있지만, 다만 우리의 정신이 너무나 약해서 또는 헷갈려서 그 목적이 무엇인지를 발견하지 못할 따름이라고 본다. 이 입장에서는 어떤 일이나 사람을 두고 존재한다고 말하면 곧 그 일이나 사람에게 목적이 있다는 말과 같으며, 그것이 존재한다고 또는 실지로 있다고 하면서도 동시에 목적은——"고유"하든 "본원적"이든 아니면 외부에서 부과된 것이든 그 목적의 종류는 여하간에——단지 비유로 하는 의미에서가 아니라 진짜로 없다고 말하는 것은 무언가 틀린 말이 아니라 문자 그대로 자가당착이며 따라서 의미가 없는 말로 본다. 이와 같은 목적론은 이론이나 가설이 아니라 모든 것을 그것에 따라 인식하고 서술해야 한다고 주장되는 하나의 범주 또는 인식틀이다.

길가메시의 서사시에서부터 현란한 솜씨와 상상력을 발휘하여 인류의 과거와 미래를 카드 패 삼아 놀이한 아놀드 토인비의 페이션스[17] 게임에 이르기까지 이러한 태도가 역사의 저술에 미친 영향은 너무나 널리 알려져 있어서 강조할 필요가 없을 정도이다. 국가 또는 어떤 운동이나 계급이나 개인들의 "흥기(興起)"나 "쇠망"이 마치 무슨 거역할 수 없는 리듬에 맞추어 일어난다는 듯, 자연 또는 초자연의 법칙에 따라 우주의 강물이 들고 나듯 인간사도 찼다가 기운다는 듯, 어떤 분명한 운명에 의하여 개인들 또는 "초(超)개인들"에게 부과된 규칙성을 발견할 수 있다는 듯, 삶을 하나의 연극으로 보는 발상이 단지 하나의 생생한 은유에 불과한 것은 아니라는 듯이 말하는 모든 사람들의 언어와 생각에 이 태도는 스며들어 있다.[18] 이 비유를

---

17) (옮긴이) 페이션스(patience): 뒤로 가려진 카드를 정해진 순서에 따라 뒤집어 가면서 정렬하기를 목표로 혼자서 하는 카드 게임.

18) 언어의 은유나 비유가 일상적인 언어생활에서 또는 학문에서 없어져도 무방하다는 의미로는 물론 받아들이지 말기를 바란다. 말과 사물을 혼동하고 은유를 현실로 받아들이는 식의 부당한 "물화"가 이 주제와 관련하여 흔히들 생각하기보다 더 위험하다는 점을 말하고 싶을 따름이다. 가장 악명 높은 사례는 물론 국가 또는 민족이라는 개념이다. 이 개념들이 의인화 비슷한 방식으로 사용된다는 사실 때문에 철학자들은 물론이고 일반인들마저 성가시게 여기고 심지어 분개까지 한 것이 백년도 넘는다. 그러나 비슷한 위험은 다른 단어들이나 표현에서

사용하는 사람들에게 역사란 희극이나 비극 오페라 한 편 또는 시로 이어지는 여러 편에 해당한다. 각본에 따라 주인공과 악당이 대사를 말하고 승자와 패자가 운명대로 살거나 죽지만, 등장인물들이 각본을 쓴 것은 아니다. 그렇지 않으면 아무 패턴도 아무 규칙도 아무 설명도 있을 수 없다고, 아무것도 비극 또는 희극으로 인식하기가 불가능하다고 여긴다. 역사가도 언론인도 보통 사람들도 이런 식으로 말한다. 이 비유는 일상 언어의 핵심에 자리를 잡아 버린 것이다. 그러나 그런 비유와 말솜씨를 문자 그대로 받아들여서, 그 패턴들이 발명된 것이 아니라 직관에 의해 발견되고 감지되었다고, 음악을 이해하는 귀에 음향이 자아낼 수 있는 여러 가능한 곡조 중의 하나일 뿐이 아니라 어떤 고유한 의미에서 유일하다고, 그 패턴 즉 역사의 근본 리듬이 실제로 존재하여 나머지 모든 일들을 창조하며 정당화

도 나타난다. 역사의 운동이란 존재하며, 그러한 용어로 지칭하도록 허용해야 할 것이다. 집단적 행위들은 일어나며, 사회들이 흥기하여 번성하고 쇠퇴하다가 죽는다. 인간이나 문화와 관련하여 패턴이라든지 풍토라든지 복잡한 상호관계들은 그러한 단어가 가리키는 바로 그것이며 원자적인 구성소들로 분석하여 해명할 수 있는 것이 아니다. 그렇지만 그러한 표현들을 문자 그대로 받아들여 어떤 인과적 속성이나 능동적인 힘이나 초월적인 속성이나 인간적 희생의 요구 등을 거기에 귀착시키는 것이 자연스러우며 정상적이라고 여기게 된다면 신화에게 치명적으로 속아 넘어간 셈이다. 역사에는 "리듬"이 때때로 일어난다. 그러나 그러한 리듬들이 마치 "부동의 물체"인 양 말하는 것은 말하는 사람의 상태에 관하여 불길한 징후이다. 문화에는 패턴이 있고 시대에는 정신이 있다. 그러나 인간의 행동을 문화나 시대의 "불가피한" 결과 또는 표현으로 설명하는 사람은 오용된 단어의 희생자이다. 한쪽에는 상상을 통해 상정된 힘의 주체와 그런 주체들에 의해 다스려지는 왕국으로써 세계가 구성되어 있다고 보아야 한다는 암벽이 있고, 반대쪽에는 모든 것을 환원하면 결국 특정 시간과 장소에서 활동하는 구체적인 개인들의 확인할 수 있는 행태일 뿐이라고 보아야 한다는 소용돌이가 있는데, 이 사이에서 빠져나갈 길을 보장하는 비결은 없다. 여기에 그런 위험이 있다고 지적할 밖에 할 수 있는 것은 없다. 암벽과 소용돌이 사이를 각자 요령껏 항해해야 하는 것이다.

한다고 여긴다면 게임을 너무 심각하게 받아들인 셈, 다시 말하여 그 비유 안에 존재의 본질로 들어가는 열쇠가 있다고 믿는 셈이다. 아울러 이는 곧 개인적 책임이라는 생각이 "궁극적으로" 착각이라는 견해에 휩쓸리는 점도 분명하다. 이미 많은 수난을 받아 왔던 개인 책임이라는 표현은 목적론적 체계 안에서 아무리 천재적으로 재해석하더라도 자유 선택의 개념과 결부되는 그 정상적인 의미를 회복할 수 없다. 꼭두각시들도 의식을 가질 수 있고 자기들이 부분적으로 수행하는 역할들로써 전체를 이룬다는 그 불가피한 과정과 행복한 일체감을 느낄 수도 있다. 하지만 어쨌든 그 과정은 불가피할 따름이고, 그들은 망석중이일 뿐이다.

물론 목적론이 역사에 관한 형이상학으로 유일한 것은 아니다. 그 곁에서 오랜 목숨을 유지하는 것으로 외견과 실재의 구분도 있는데, 약간 다른 의미에서이기는 하지만 이것이 목적론보다도 더욱 많은 기림을 받아 왔다. 목적론적으로 생각하는 사람에게는 겉으로 보이는 모든 무질서, 원인을 설명할 수 없는 재앙, 우연에 의한 고통, 아무렇게나 일어나고 이해할 수 없는 숱한 사건들은 사물의 본질 때문이 아니라 사물의 목적을 찾아내지 못한 우리 탓이다. 소용없고, 어울리지 않고, 천하고, 추하고, 사악하고, 왜곡되어 보이는 것들이라 할지라도 알고 보면 전체의 조화를 위해 필요한 것이다. 다만 그 전체의 조화라는 것은 세계의 창조주 또는 세계 그 자체만이 (만일 세계가 자기 자신 및 자신의 목적을 환하게 의식할 수 있게 된다면) 알 수 있다. 모든 면에서 실패인 경우는 선천적으로(a priori) 일어날 수 없다. 왜냐하면 더욱 "깊은" 수준에서 보면 모든 과정들이 언제나 성공으로 절정에 달하게끔 되어 있는 것으로 보일 테니까. 그리고 어떤 통찰에 대해서도 그것보다 "더 깊은" 수준이 반드시 있게끔 되어 있으므로, 무엇이 "궁극적"인 성공 또는 실패인지에 관하여 경험적으로 검증할 길은 원칙적으로 막혀 있다. 목적론은 신앙의 한 형식으로서 어떤 종류의 경험으로도 확인하거나 반박할 수가 없다. 증거, 증명, 확률과 같은 발상들이 목적론에는 전혀 적용될 수가 없는 것이다.

두 번째로 논의할 견해 역시 오랜 수명을 자랑한다는 점에서는 손색이 없다. 이에 따르면, 일어나는 모든 일을 설명하고 정당화하는 것은 다소 정도의 차이가 있기는 하지만 대체로 희미하게 식별될 뿐인 목적 따위가 아니라, 시간에 종속되지 않고 "저 위에" 또는 "저 밖에" 또는 "저 너머에" 있는 영원하며 초월적인 실재이다. 실재는 당연히 그렇듯이 영원하며 완벽하고 필연적이며 스스로 자신의 원인인 조화의 상태에 있다. 실재를 구성하는 각 요소들은 모두 서로와의 관계 그리고 전체에 대한 관계로 말미암아 현재와 같은 모습이 되어야 할 필요가 있다. 만약 세계가 이와 다른 모습으로 보인다면, 이 세상의 그 어떤 일도 지금의 이 모습과 다르게 발생할 가능성을 생각할 수조차 없을 정도로 논리적으로 필연적인 그 관계들로써 실제 사건들과 사람들이 서로서로 연관되어 있는 것이 사실이 아닌 것처럼 만약 우리 눈에 비친다면, 이는 오로지 우리 자신의 눈이 잘못된 탓이다. 우리 눈은 무지, 어리석음, 감정 때문에 가리기 쉬운 반면에, 과학이나 역사에서 설명이라는 과제는 외견 세계의 혼돈을 실재의 완전한 질서가 불완전하게 반영된 것으로 해명하여 모든 것들이 다시금 각각 제자리에 놓이도록 하는 데에 있다. 설명이란 "저변에 깔린" 패턴을 찾는 작업이다. 이처럼 여기서는 모든 사물이나 사람을 자아실현으로 이끈다는 까마득한 전망이 아니라, 내적으로 일관되며 영원하고 궁극적인 "실재의 구조"를 이상으로 삼는다. 이 구조는 혼란스러운 감각세계의 원천이자 원인이며 감각 세계를 설명하고 정당화할 바탕이며, 감각세계란 그로부터 사출(射出)되어 나오는 과정에서 왜곡되고 희미해진 영상 또는 그림자로서, 이 구조는 감각세계와 "시간 밖에서"(말하자면) 동시에 존재한다. 윤리학, 미학, 논리학, 역사철학, 법철학, 정치철학 등, 철학의 모든 분야에서 진정한 주제는 바로 이 실재와 현상 세계 사이의 관계이다. 그 근본적인 관계의 어떤 "측면"을 선택하여 주목하느냐에 따라 철학의 분야가 달라질 따름이기 때문이다. 형상과 질료, 일원론과 다원론, 목적과 수단, 주관과 객관, 질서와 혼돈, 변화와 정지, 완전과 불완전, 자연과 인위, 물질과 정신 등등, 철학적 주제를 표현하는 명칭들은 다양하지만 그 모두를 관통하는 중심 주제는 하나이며 똑같다. 바로 실재와 현상이라는 주제이다. 진실한 이해란 오로지 그것을 이해하는 것이다. 목적론에서 기능과 목적이라는 관념이 모든 것을 설명하는 동시에 모든 것을 정당화하듯이, 여기서는 오직 실재와 현상이라는 주제가 모든 것을 설명하며 정당화한다.

마지막으로 자연과학의 영향이 있다. 과학적 방법이라는 것이 형이상학적 사변을 부정한 바탕 위에서 나왔음을 염두에 두면, 이는 일견 역설적으로 들릴 수 있다. 그러나 역사적으로 볼 때 자연과학과 형이상학은 매우 밀접하게 서로 엉켜 있다. 그리고 내가 지금 논의하는 지점, 즉 존재하는 모든 것은 반드시 물리적 자연에 속하는 대상이며 그러므로 과학적 법칙에 의하여 설명될 수 있어야 한다는 발상에서 양자는 중요한 의미에서 서로 친화적이다. 물리적 자연을 구성하는 모든 개체들의 모든 운동을 몇 개의 아주 일반적인 법칙으로써 설명하는 일이 뉴턴에게 원칙적으로 가능하다면, 개인들의 의식적이거나 무의식적인 삶을 구성하는 심리적 사건들이나, 사회들이 내면적으로 "경험하고" 활동하고 다양한 관계를 맺는다고 하는 사회적 사실 역시 비슷한 방법을 써서 설명할 수 있다고 생각하는 것이 가당치 않은가? 물리학이나 화학에서 다루어지는 사실들에 비하여 심리학이나 사회학의 주제에 관하여 우리가 지금 아는 것이 훨씬 적다는 점은 맞다. 그러나 원칙적으로 충분히 엄밀하면서도 상상력이 가미된 탐구가 인간에 관하여 이루어진다면 지금 자연과학에서 가능한 것만큼 정확하고 강력한 예측을 빚어낼 수 있는 법칙이 언젠가 발견될 수 있다는 견해에 대하여 반대가 있을 수 있는가? 만약 심리학이나 사회학이 도달해야 할 수준에 도달하게 된다면 (그럴 수 없는 이유가 무엇이겠는가?) 미래와 현재와 과거의 모든 사람들의 삶 하나하나를 속속들이 예언(또는 재구성)하기가 적어도 이론상으로는 (왜냐하면 그렇다고 할지라도 여전히 실행하기는 어려울 수도 있으므로) 가능하게 만들어 줄 법칙을 우리는 보유하게 될 것이다. 심리학, 사회학, 인류학의 이론적인 이상이 (실제로 그렇듯이) 이와 같다면, 성공적인 역사적 설명이란 이들 학문 분야에서 발견된 법칙 또는 확립된 가설을 특정한 개별적 상황에 적용하는 일과 같은 것이 될 것이다. 그 경우에는 아마 원리 자체를 다루는 "순수한" 심리학, 사회학, 역사학과 그 원리들을 "응용"하는 분야들로 구분될 것이다. 그때에는 사회 수학, 사회 물리학, 사회 "공학"과 같이 모든 감정과 태도와 성향을 하나의 "생리학"처럼 다루며 그 학문들이 기원한 자연과학에서처럼 정확하고 강력하고 유용한 분야들이 등장할 것이다. 실제로 돌바크[19]나 달랑베르[20]나 콩도르세와 같은 18세기의 합리주의자들이 이와 같은 식으로 주장하기도 하였다. 형이상학자들은 환각의 제물

---

19) (옮긴이) 돌바크(Paul Henry Thiry, Baron d' Holbach, 1723~1789): 프랑스 백과전서파 문사, 필로조프. 우주란 오로지 운동 중인 물체뿐이며, 선천적인 이치 같은 것은 없다. 그러므로 도덕이란 오직 행복일 따름이므로, 만약 악이 행복을 가져다준다면 자기는 악을 사랑하겠노라고 주장한 교조적 유물론자.
20) (옮긴이) 달랑베르(Jean de Rond d' Alembert, 1717~1783): 프랑스의 수학자, 공학자, 물리학자, 철학자. 디드로와 함께 백과전서(Encyclopédie)를 편집했다. 데카르트 철학의 영향 아래에서 교육을 받았으나 성장한 후에는 본유관념과 같은 개념을 헛소리라고 경멸했다.

이다. 모든 것이 측정 가능하기 때문이다. 지금 우리를 골치 아프게 만드는 고통스러운 문제들에 대하여 라이프니츠가 말했던 식으로 "칼쿨레무스"[21]라고 말할 수 있게 될 것이며, 그 결과로 명확하고 정확하고 결정적인 답을 내놓을 수 있게 될 것이다.

형이상학자나 과학자를 막론하고 (그들 사이에 물론 광범한 차이가 없는 것은 아니지만) 이러한 발상에 공통된 요소는 설명이라고 하면 곧 일반적 공식 아래 집어넣는 것으로 보는 생각이다. 무한히 많은 사례들을 모두 포섭하는 법칙이 적용된 한 사례로 개별적 사례를 표상하는 것이다. 그리하여 해당 주제와 상관 있는 법칙들을 모두 알기만 하면 그리고 그 주제와 관련된 사실들을 충분히 폭넓게 알기만 하면 어떤 일이 일어나는지뿐만 아니라 왜 일어나는지도 말할 수 있다는 것이다. 왜냐하면 만약 법칙이 정확하게 정립되어 있을 때라면, 어떤 일을 서술한다는 것은 곧 그 일이 달리 일어날 수는 없었음을 주장하는 것과 같은 결과이기 때문이다. 목적론자에게 "왜?"라는 질문은 "어떤 불변의 목표를 위하여?"라는 뜻이다. 목적론을 따르지 않는 형이상학적 "실재론자"에게 그 질문은 "어떤 궁극적 패턴에 따라서 변화의 여지 없이 결정되었나?"라는 뜻이다. 그리고 콩트와 같이 사회 정학과 사회 동학의 이상을 신봉하는 사람에게는 "어떤 원인 때문에 초래되었나?"라는 뜻이다. 원인이 다를 수도 있는지가 중요한 것이 아니라 사실 그대로의 원인을 찾는 것이 중요하다. 우주가 지금의 그 모습이도록 만드는 "자연의 법칙"에만 오로지 복종한

---

21) 칼쿨레무스(calculemus): "계산해 보자". *Die philosophischen Schriften von Gottfried Wilhelm Leibniz*, ed. C. I. Gerhardt(Berlin, 1875-90), vol. 7, p. 200. 콩도르세 역시 같은 생각을 가졌다.
  (옮긴이) 라이프니츠(Gottfried Leibniz, 1646~1716): 다재다능하고 박식했던 독일의 철학자. 철학, 과학, 수학, 신학, 역사, 법, 정치, 언어에 관하여 저술을 남겼고, 그리고 때때로 시도 썼다.

다고 믿는 사람들에게 역사의 과정, 추세, "흥망성쇠"의 불가피성이란 단지 사실의 문제일 뿐이다. 그리고 그와 같은 규칙성이 단지 냉혹한 사실, 우리로서 의문시할 수도 바꿀 수도 없는 주어진 조건일 따름이라는 의미에 더하여 모종의 패턴이나 계획이나 목적이나 이념인 것처럼, 마치 어떤 신의 이성 또는 보편적 이성의 마음 안에서 구상된 것처럼, 세계가 왜 존재하는지에서부터 세계가 왜 존재할 가치가 있는지, 그리고 왜 세계는 다른 모습이 아니라 현재 존재하는 바와 같은 바로 그 모습인지까지를 알고자 하는 우리의 갈망을 충족해 주며, 그리하여 사실들 그 자체 안에 어떤 식으로 "깃들어 있다"거나 또는 "초월적"으로 높거나 깊은 곳에서 사실들을 "결정하는" 가치에 입각하여 그러한 질문들에 대답할 수 있게 해주는 자기충족적이며 미학적인 전체 또는 형이상학적 이치 또는 피안의 세계에 입각한 신학적 정당화 또는 신의 섭리가 바로 그러한 규칙성이라고 여기는 사람들에게 그것은 또한 규범의 문제이기도 하다. 이러한 모든 이론들은 목적론이든 형이상학이든 기계론이든 종교나 미학이나 과학의 이론이든 결정론이 다양한 방식으로 표현된 것이다. 이 모든 사고방식들은 개인 선택의 자유가 (이 개념을 이해하는 방식 역시 다양하지만 그것은 아래에서 상세히 다룬다) 궁극적으로는 하나의 착각이며, 사람들이 일상생활에서 내리는 선택들이 달리 내려질 수도 있었다는 생각은 사실을 잘 모르는 데서 연유한다는 함축을 공통적으로 가지고 있다. 따라서 사람들이 이렇게 또는 저렇게 행동했어야 했다든가, 이런 일 또는 저런 일을 피할 수도 있었다든가, 칭찬이나 비난, 승인이나 단죄를 (단순히 행하고 또 거기에 반응할 뿐이라는 차원을 넘어) 받아 마땅하다는 식으로 말하는 것은 그들의 삶에서 적어도 어떤 부분은 어떤 법칙에 의하여——형이상학적이거나 신학적이거나 일반화된 과학적 확률의 표현이거나——완전히 결정되지 않았다는 전제를 깔고 있는 셈이 된다. 물론 그들은 바로 이 전제가 명백하게 틀렸다고 주장하는 것이다. 법칙의 영토 안에서 체계적 추론과 예측이 가능하며 지식의 진보는 그 새로운 경험들을 그 영토 안으로 편입한다. 그러므로 우리가 합리적이기를 바라는 한, 칭찬하고 비난하고 경고하고 권유하고 정의 또는 이익을 옹호하고 용서하고 위로하며 결단을 내리고 명령을 발하고 후회가 당연하다고 느끼는 등의 행위는 우리가 세계의 진정한 본질에 관하여 무지한 상태로 남아 있는 만큼만 가능하다는 결론이 나온다는 것이다. 우리가 많이 알수록 인간 자유의 영역 및 책임의 영역은 그만큼 좁아진다. 왜냐하면 모든 것을 아는 존재라면 왜 모든 일이 지금과 같고 다를 수가 없었는지를 알 테니까, 책임이나 죄책감 및 옳고 그름의 관념들은 그런 존재에게는 필연적으로 공허하기 때문이다. 그런 관념들은 단지 무지의 척도 또는 사춘기적 착각의 척도일 뿐이다. 그리고 바로 그 점을 깨닫는 것이 도덕적으로 지적으로 성숙했다는 징표이다.

이 신조는 여러 형태로 나타난다. 도덕적 판단이 근거 없는 까닭은 우리가 너무 많이 알아서라고 믿는 부류도 있고 우리가 너무 조금 알기 때문이라고 믿는 부류도 있다. 우리가 많이 안다고 생각하는 사람 중에서도 다시 낙관적이며 선한 방향의 결정론을 믿는 부류가 있고 비관적인 결정론을 믿는 부류도 있으며, 결국에 가서는 행복한 결과도 있겠지만 동시에 분개를 자아내거나 모든 기대를 배신할 정도로 악랄한 과정도 있을 수 있다고 믿는 부류도 있다. 역사에서 혹자는 구원을 찾고, 혹자는 정의를 구하며, 혹자는 복수를 찾고 혹자는 파멸을 구한다. 자신감으로 충만한 합리주의자들, 특히 악과 고통이란 궁극적으로 보면 언제나 무지의 소산이라고 주장하는 (베이컨에서 현대의 사회이론가들에 이르는) 자연과학의 전령들과 물질적 진보라는 복음의 예언자들은 낙관론자에 속한다. 시대와 공간을 막론하고 모든 사람들이 진정으로 원하는 바가 무엇인지를 찾아낼 수 있고, 아울러 그들이 할 수 있는 일은 무엇이며 영원히 그들의 능력 밖에 있는 일은 무엇인지도 찾아낼 수 있으며, 그러므로 실현 가능한 목표에 알맞은 수단을 발명하거나 발견하거나 맞추는 일이 가능하다고 보는 확신이 그들이 가진 신조의 바탕이다. 인간의 약점이나 참상, 어리석음과 악, 도덕적 또는 지적 결함이란 부적응 때문이다. 사물의 본질을 이해한다는 것은 (그 의미를 아무리 최소한으로 잡더라도) 그대 자신이 (또는 사람인 한 그대와 비슷할 수밖에 없는 나머지 사람들이) 진정으로 원하는 바가 무엇인지 그리고 어떻게 하면 그것을 이룰 수 있을지를 아는 것과 같다. 나쁜 일은 모두 목적 또는 수단에 관하여 무지하기 때문에 일어난다. 목적과 수단을 공히 아는 데에 과학의 목적과 기능이 있다. 과학은 계속 진보할 터이므로 진정한 목적뿐만 아니라 효율적인 수단도 발견될 것이다. 지식은 증가할 것이며 인간은 더 많이 알게 될 것이다. 그러므로 인간은 더 지혜롭고 더 낫고 더 행복해질 것이다. 콩도르세는 『소묘(*Esquisse*)』에서 이러한 믿음을 가장 간결하면서도 가장 호소력 있게 개진하면서, 행복과 과학적 지식과, 덕성과 자유가 "결코 끊어질 수 없는 사슬로" 서로 연결되어 있는 한편으로 어리석음과 악폐와 불의와 불행은 질병의 여러 종류로서 과학이 진보하면 영구적으로 제거될 것이라고 믿어 의심치 않았다.[22] 우리들 각자가 지금과 같은 모습인 것은 자연적 원인에 기인하기 때문에 자연적 원인들을 우리가 이해하게 된다면 그것만으로 충분히 우리는 대문자로 쓰인 **"자연"**과 조화를 이룰 수 있게 된다는 것이다.

---

22) *Esquisse d'un tableau historique des progrès de l'esprit humain*, ed. O.H. Prior and Yvon Belaval (Paris, 1970), p. 228.

칭찬이나 비난은 무지의 소산이다. 우리가 우리인 것은 돌이나 나무나 벌이나 수달이 각각 그들인 것과 마찬가지다. 사물이나 동물이나 기후나 토양이나 야수가 우리 고통의 원인이라고 해서 그들을 비난하거나 그들에게 정의를 요구하는 것이 비합리적이라면, 그것들과 마찬가지로 결정되어 있는 사람의 성격이나 행동을 비난하는 것 역시 비합리적이다. 인간이 얼마나 잔혹할 수 있는지, 어디까지 불의를 저지를 수 있는지, 얼마나 어리석을 수 있는지를 폭로하고 슬퍼하고 개탄하는 한편에서, 새로운 경험적 지식의 급속한 진보에 힘입어 그런 일들이 머지않아 마치 하나의 악몽과도 같이 사라지리라 자위할 수는 있다. 왜냐하면 진보와 교육은 필연적이지는 않다고 하더라도 매우 높은 확률로써 서로 연관되기 때문이다. 합리적 조직의 결과 행복이 찾아오리라는 (또는 그럴 확률이 높다는) 믿음은 이탈리아 르네상스의 형이상학자들에서 독일 계몽주의의 진화론적 사상가들까지, 혁명 전 프랑스의 발본파와 공리주의자에서 19세기 및 20세기 과학주의 몽상가에 이르기까지 근대 세계의 모든 선량한 현자들을 한 마음으로 묶었다. 베이컨[23]과 캄파넬라[24]에서 레싱과 콩도르세와 생시몽과 카베[25]와 푸리에와 오웬을 거쳐 오귀스트 콩트의 관료체제

---

23) (옮긴이) 베이컨(Francis Bacon, 1561~1626): 영국의 철학자, 정치인. 경험과학에 기초한 합리성을 신봉하고 우상을 경계했다. 별의 운행이 지구에 영향을 미친다는 것도 그에게는 "경험에 기초한 합리성"이었다. 『신기관(*Novum Organum*)』의 저자.

24) (옮긴이) 캄파넬라(Tommaso Campanella, 1568~1639): 나폴리의 철학자, 시인, 도미니크파 수도승. 아리스토텔레스의 정통 교리에 반대하고 자신의 경험을 믿었던 죄로 27년간 옥살이를 했는데, 그 사이에『갈릴레오를 위한 변명』, 『태양의 도시』를 비롯한 많은 저술을 남겼다.

25) (옮긴이) 카베(Étienne Cabet, 1788~1856): 프랑스의 이상주의적 사회주의자. 『윌리엄 캐리스털 경의 이카리아 모험 여행(*Voyage et aventures de lord William Carrisdall en Icarie*)』을 써서, 그의 추종자 무리는 이카루스파로 불린다.

에 관한 환상에서 절정에 도달한 모든 유토피아 사상의 핵심이 바로 그것이다. 콩트는 합리적으로 조직되어 전혀 변경할 수 없는 위계질서로 이루어진 완벽한 사회에서 사람들이 기쁨으로 가득 차 자신의 기능을 수행하게 된다는 광신적으로 질서정연한 세상을 꿈꾸었다. 이들과 같은 선량한 인도주의 예언자는 우리 자신의 시대에도 드물지 않다──쥘 베른,[26] H. G. 웰즈, 아나톨 프랑스,[27] 버나드 쇼,[28] 그리고 이들을 추종하는 셀 수 없이 많은 미국인들이 모든 인류를 향해 마음을 열고 무지와 슬픔과 빈곤과 타인에 대한 수치스러운 의존 따위로부터 모든 살아 있는 사람을 구원할 길을 진심으로 구하고 있다.

신조는 같지만 그 논조나 느낌에서 훨씬 덜 유쾌한 방식으로 표현되는 변종도 있다. 헤겔과 그 뒤를 이어 마르크스가 역사적 과정을 서술할 때에, 그들 역시 인간과 인간 사회를 어떤 더 큰 자연의 핵심적인 부분이라고 추정하였다. 헤겔은 그 자연의 본령이 정신이라고 본 반면에 마르크스는 물질이라 생각했다. 사회는 어떤 거대한 힘에 의해서 움직이는데 오직 가장 날카로운 통찰력을 타고난 소수만이 그 힘을 감지할 수 있을 뿐, 대다수 보통 사람들은 자기 삶의 모습이 어디서 정해지는지를 모른 채 물신(物神, fetishes)과 유치한 신화들을 숭배한다. 그러고는 자기들이 살고 있는 세상에 관해 마치 그것들이 해명이라도 해주는 양 거기에 견해라든가 이론이라는 이름을 붙인다. 세계를 진실로 다스리는 진짜 힘은──이는 몰인격적이며 저항할 수 없는 힘이다──때때로 어떤 새로운 역사적 진보가 출현하는

---

26) (옮긴이) 쥘 베른(Jules Verne, 1828~1905): 공상과학소설 장르를 개척한 프랑스 작가. 『80일간의 세계 일주』의 저자.

27) (옮긴이) 아나톨 프랑스(Anatole France, 1844~1924): 프랑스의 작가. 『타이스』, 『파리의 베르주레』를 비롯해 많은 작품이 있다.

28) (옮긴이) 버나드 쇼(George Bernard Shaw, 1856~1950): 아일랜드 태생 영국 극작가. 정치적으로는 사회주의에 동조하여 페이비언 협회에 참여하였다.

것이 "자연의 순서"인 지점에 도달한다. 그때가 곧 (헤겔과 마르크스가 공유했던 악명 높은 신조에서 주장하듯이) 진보의 결정적 계기인데, 그 계기들은 격렬한 일대 변혁을 수반하는 비약 또는 파괴적 혁명의 형태를 띠고, 많은 경우 불과 칼을 통해서 낡은 질서를 무너뜨리고 그 폐허 위에 새로운 질서를 설립한다. 구질서에 젖은 사람들의 어리석고 낡고 우둔하며 협애한 철학들 역시 그것을 믿는 사람들과 함께 무너지고 청산될 수밖에 없다.

헤겔에게, 그리고 낭만주의에 속하는 철학자 및 시인들 중 많은 (결코 전부는 아니다) 사람들에게, 역사란 어떤 광대한 정신적인 힘들 사이의 영원한 투쟁으로 파악된다. 그 정신적 힘은 때로는 교회나 인종이나 문명이나 제국이나 민족국가와 같은 제도를 통해 체현되기도 하고, 때로는 잘잘한 동시대인들을 멸시하며 압도하는 과감하고 거리낌 없는 천재, 이른바 "세계정신의 현신"[29]과 같이 통상적인 인간의 모습을 능가하는 개인을 통해 구현되기도 한다. 마르크스는 이 투쟁을 사회적으로 조건화된 조직적 집단, 즉 생존을 위하여 그러므로 결국은 권력을 장악하기 위하여 투쟁하는 계급들 사이에서 벌어진다고 보았다. 이 두 사상가가 속물들, 즉 역사의 결정적인 계기에 휩쓸린 보통 사람들의 좌절과 파멸을 논하면서 사용하는 말투에는 (그들의 이야기를 선의로만 이해하여 한마음으로 믿는 추종자들에게는 들리지 않겠지만) 빈정거리는 어조가 섞여 있다. 우주의 변화 과정 속에서 자신들의 삶은 단지 지나가는 순간에 불과하다는 점을 깨닫지 못한 채, 자기가 신봉하는 가치를 마치 영원한 표준인 줄 알고, 자기에게 익숙한 경제와 사회와 정치의 특정 질서가 영속되리라고 믿으며, 자기 눈에 평화로워 보이는 산기슭의 초원에 집을 짓고, 자

---

29) (옮긴이) 헤겔이 나폴레옹에게 바친 표현.

기들이 역사에서 수행하는 역할에 관해서는 거의 모르면서도 감동
적일 정도의 희망과 단순한 생각에서 살고 일하고 싸우는 평화롭지
만 어리석은 인간상을 헤겔과 마르크스는 만들어 냈다. 그러나 그
산은 보통 산이 아니라 화산이라서, 언젠가 폭발하는 날이 올 수밖
에 없는데 (철학자는 그리리라고 언제나 알고 있었다), "낮은" 단계에서
"높은" 단계로 비약하는 과정을 특징짓는 그 격변의 와중에 그들의
집과 정교하게 다듬은 제도들과 이상과 생활방식과 가치들은 날아
가 버릴 것이다. 논의가 이 대목에 도달하면 그 파괴의 위대한 예언
자 두 사람은 득의하여 본색을 드러낸다. 폐허를 훑어보면서 그들은
거의 바이런 식이라 할 만큼 도전적인 아이러니와 경멸을 보내는 것
이다. 현명하다는 것은 세계가 움직이는 정해진 방향을 알아내는 것
이며 새로운 세계로 인도할 새로운 힘에 자신을 일치시키는 것이다.
마르크스는——그와 비슷한 정서를 지닌 사람들에게 그의 이론이 매
력을 가지는 이유 중의 일부가 바로 이것이기도 하다——파괴력 자
체를 통하여 창조를 이룩하는 위대한 힘, 위대한 우주의 설계를 실
현하기 위한 폭발과 폭발을 거쳐 가면서 세계 안의 삶이 영광을 획
득한다는 점을 깨닫지 못한 채 부질없는 주관적 가치에 사로잡혀 자
신들의 양심이나 느낌에만 귀를 기울이고 유모나 선생이 가르친 바
를 곧이곧대로 믿는 사람들에게나 당혹과 공포를 안겨줄 그 위대한
힘과 자기 자신을 니체나 바쿠닌에도 뒤지지 않는 열정으로써 일치
시켰다. 역사가 복수를 시작할 때가 오면——19세기의 분개한 예언
자들은 모두 자기가 가장 미워하는 사람들을 상대로 역사가 복수해
주리라 고대하였다——천박하고 감정적이며 가소로운 인간 개미들
의 숨막히는 움막들은 분쇄될 것이며 또한 그렇게 되는 것이 올바르
다. 왜냐하면 무엇이 올바르고 무엇이 그른지, 무엇이 선이고 무엇
이 악인지는 모든 창조가 지향하는 목표에 의하여 결정되기 때문이

다. 승리하는 이성의 편에 있는 것은 무엇이든지 옳고 현명하다. 그 반대편, 즉 이성의 힘이 작동함에 따라 파괴될 수밖에 없는 세상의 편에 있는 것은 무엇이든지 어리석고 무식하고 주관적이며 자의적(恣意的)이고 눈이 멀었다고 일컬어야 옳다. 그리고 그런 세상을 대신하도록 되어 있는 힘에 항거하기까지 한다면, 바보와 돌팔이와 용렬한 자들로 구성된 그런 세상은 퇴영적이며 잔인하고 반계몽적이며 인류의 가장 심오한 이익을 거꾸로 적대시하는 것이라고 일컬어야 옳다.

　이와 같은 결정론의 여러 형태들은 비록 그 어조에서는——과학적이거나 인도주의적이거나 낙관적이거나 종말론적이거나 격분을 담고 있거나 기뻐 날뛰는 식이거나——차이가 있지만 한 가지 점에서는 일치한다. 세계가 어떤 방향을 가지고 있고 법칙에 의하여 움직인다는 것이다. 나아가 올바른 탐구 기술을 활용한다면 그 방향과 법칙을 어느 정도는 발견할 수 있으며, 개인들의 삶과 성격과 행동이 정신이든 육체든 그 개인들이 속한 더 큰 "전체"에 의해 규율된다는 점, 그리고 진정으로 "과학적"인 (또는 "철학적"인) 역사란 그와 같은 "전체"의 독자적인 진행 과정으로 구성되는 "힘"이 나아가는 방향에 입각해야 파악될 수 있다는 것이다. 어떤 개인 또는 어떤 집단이 왜 다른 방식들을 제쳐두고 이런 방식으로 생각하고 행동하고 느끼는지를 설명하기 위해서는 이를테면 그 개인들이 속한 사회나 경제나 정치나 종교의 제도들과 같은 "전체"의 구조와 발전 상태와 방향을 우선 이해하려 해야 한다. 일단 그것을 알고 나면, 개인들의 행태는 (또는 그중에서 가장 전형적인 부분은) 거의 논리적으로 연역할 수 있게 되리라. 그러므로 별도로 탐구할 필요가 없다는 것이다. 이 거대한 실체 또는 힘의 정체 및 그 기능에 관한 개념들은 이론가마다 다르다. 대충 생각나는 대로 몇 가지만 예시하자면, 인종, 피부

색, 교회, 민족, 계급, 기후, 관개(灌漑), 기술 수준, 지정학적 여건, 문명, 사회구조, 인간 정신, 집단 무의식 등이 다양한 신학적 역사 이론의 체계들에서 역사의 단계를 설명하는 소재로 역할을 수행하였다. 그런 것들이 실재하는 힘으로 표상되는 반면에 개인들은 그 재료로, 그 힘의 구성소이자 동시에 그 다양한 표정을 가장 분명하게 드러내는 매체로 간주된다. 좋아서이든 아니든 자기가 수행하는 역할을 남보다 더 분명하고 깊게 인지한 사람들은 그만큼 그 역할도 더욱 과감하고 효과적으로 수행한다. 그들이야말로 타고난 지도자들이다. 나머지 사람들, 소소한 개인적 관심에 붙잡혀 자기가 연속적인 또는 발작적인 변화 과정의 일부라는 사실을 무시하거나 망각하는 사람들은 자기들이 어떤 고정된 수준에서 영원히 안정된 상태에 있다고 상정(想定)한다(또는 마치 그렇게 상정하고 있는 것처럼 행동한다).

다양한 형태로 나타나지만 결정론이라면 모두 그러하듯이 이러한 태도에서는 개인의 책임이라는 개념이 배제된다. 이론들이야 무어라고 하든지, 사람들이 어떤 사태에 대하여 만족하거나 우려하거나 열광하거나 두려워할 때, 그 일에 대한 책임이 누구 또는 무엇에게 있는지를 실천적인 이유에서 또는 지적 고찰을 위하여 묻게 되는 것은 너무나 자연스러운 일이다. 그런데 만약 세계의 역사가 인간의 자유 의지와 자유 선택에 (이것들이 어떤 개별적 상황에서 실제로 발생했든지 않았든지) 별로 영향받지 않고 별도로 존재하는 힘의 작용 때문이라면, 세상사의 진행에 관한 설명은 그러한 힘의 전개에 입각하여 이루어져야 할 것이다. 그렇다면 궁극적으로 "책임을 져야 할" 주체는 사람들이 아니라 그 거대한 힘이라고 말하는 경향이 일어나게 될 것이다. 나는 내가 태어나게 된 특정 시점에 특정한 정신적, 사회적, 경제적 여건들 안에서 살고 있다. 그럴진대 내가 지금 하는 것처럼 선택하고 행동하지 않을 도리가 있는가? 내가 나의 삶을 영위할 때 준거가 되는 가치들은 내가 속한 계급, 인종, 교회, 문명의 가치, 아니면 내가 처한 "처지", 즉 "사회 구조" 안에서 내가 처한 위치에 기인한 요소들이다. 내 키가 지금보다 커지지 않은 것을 가지고 나를 비난하거나 또는 내 머리카락의 색깔이나 내 지능과 심성의 자질을 원칙적으로 나 자신의 자유 선택에 연유한 것으로 간주한다면 멍청한 데에 더하여 잔인한 짓임을 부인할 사람은 없다. 이러한 속성들은 내가 결심하지 않았지만 그렇게 된 것이다. 그러나 이와 같은 범주를 무제한으로 확장하게 된다면 이 세상의 모든 일이 필연적이며 불가피한 것으로 되고 만다. 위에서 열거한 견해들에 따른다면 그처럼 무제한적으로 확장된 필연성이 만사를 설명할 때 가장 기본적인 전제가 되는 것이다. 비난하고 칭찬하고, 행동 경로의 가능한 대안들에 관해 숙고하고, 역사적 인물들의 행위를 고발하거나 옹호하는 모든 일들이 말도 안 되는 짓으로 되고 만다. 어쨌든 이런저런 개인에 대한 경모나 멸시는 계속 있겠지만, 미학적 판단과 흡사한 것으로 치부될 것이다. 다시 말하여 찬사를 보내거나 슬퍼하거나 사랑하거나 미워하거나 만족하거나 부끄러워할 수는 있겠지만, 이치에 따라 비난하거나 정당화할 수는 없게 될 것이다. 알렉산드로스, 카이사르, 마호메트, 크롬웰, 히틀러는 홍수, 지진, 일몰, 대양, 산맥이나 마찬가지다. 그들을 존경하거나 두려워하고 환영하거나 저주할 수는 있지만 그들의 행동을 비난하거나 찬양한다는 것은 (프리드리히 대왕이 돌바크의 『자연의 체계(*System of Nature*)』를 공박하면서 특유의 빈정거림을 섞어 지적하였듯이) 궁극적으로 나무에게 설교하는 것만큼 이상으로는 말이 되지 않는 셈이 된다.[30]

---

30) 물론 결정론은 운명론과 똑같지는 않다. 운명론은 결정론이라는 커다란 유(類)

에 속하는 하나의 종(種)일 뿐이며, 다른 종에 비해 가장 그럴듯하지도 않다. 결정론자들 가운데 대다수는 자발적 행태 또는 행동과 기계적인 운동 또는 상태의 구분, 한 사람의 도덕적 정체성과 그가 책임질 수 없는 일의 구분, 그리하여 결국 도덕적 주체라는 관념 자체가 개인의 선택이나 노력이나 결단에 의해 영향받는 범위를 어디까지로 잡을 것인지에 달려 있다고 주장하는 듯이 보인다. 내가 어떤 사람을 칭찬하거나 비난할 수 있는 것은 오로지 일어난 그 결과가 내가 생각하기에 그가 어떤 선택을 했거나 또는 안 했기 때문인 (또는 적어도 부분적으로 그러한 인과성이 있는) 경우일 뿐이고, 만일 그의 선택이나 노력이 내가 환영하거나 개탄하는 그 결과에 대하여 영향을 미칠 수 없었다는 점이 두드러지는 경우라면 그를 칭찬하거나 비난해서는 안 된다고 그들은 주장한다. 그러면서 선택이나 노력과 같은 것들은 확인 가능한 시공간상의 선행 요인들에 의해 인과적으로 불가피하게 뒤따르는 결과이기 때문에, 그러한 태도가 가장 엄격한 결정론의 신조에 부합한다고 말한다. 그러나 내가 보기에는 이 정도로 (사실 이것은 홉스, 로크, 흄과 그들을 계승한 현대의 러셀, 슐릭, 에어, 노웰-스미스와 같은 영국의 경험주의자들이 자유의지의 문제를 "해소"했다고 하면서 내놓은 논증의 고전적인 형태이다) 문제가 해결되기는커녕 오히려 한 걸음 뒤로 퇴보하는 것 같다. 사법적인 목적 따위에서라면 책임이나 도덕적 귀책이라는 개념을 그런 식으로 정의할 수도 있을 것이다. 그러나 선택 행위나 성향상의 특질들이 발생한 사태에 영향을 미친 것은 사실이라고 수긍하면서도 동시에 그러한 선택과 성향이 그 개인으로서는 통제할 수 없는 (그 사람 자신의 동기나 충동을 포함하여) 요인들에 의하여 전적으로 결정되었다고 만일 내가 믿는다면, 그 사람을 내가 도덕적인 칭찬이나 비난의 대상이 될 만하다고 여기지 않는 것이 분명하다. 그런 경우 자격이나 응분과 같은 개념은 지금과 같은 의미를 상실하여 공허하게 될 것이다.

이와 연관되는 신조로 칭찬, 비난, 설득, 교육 등등에 의하여 (인과적으로) 영향을 받는 능력이 곧 자유의지라고 보는 견해도 있는데, 그 견해에도 위에서 제기한 반론이 적용될 수 있을 것으로 보인다. 인간의 행동을 완전히 결정한다고 주장되는 그 원인이 물리적이든 정신적이든 아니면 여타 종류이든, 그리고 그 원인들이 어떤 형태로 또는 어떤 비율로 작용하도록 되어 있든지, 그것들이 만일 진정으로 원인이라면——다시 말하여 물리적 또는 심리적 원인에 따른 결과가 그렇듯이 그것들의 결과 역시 변경 불가능하다고 보아야 한다면——이 자체로 내가 보기에는 대안들 사이의 자유 선택이라는 관념을 적용하기가 불가능해지는 것 같다. 자유선택의 견해에 따르면 "나는 달리 행동할 수도 있었다"는 말이 "만약 내가 선택했다면 달리 행동할 수도 있었다"는 뜻, 다시 말하여 나를 방해한 극복할 수 없는 장애물이 없었다면 (내 선택이 칭찬이나 사회적 비난에 의해 영향을 받을 수도 있다는 점은 물론 항상 여기에 첨부되어 있다) 달리 행동할 수 그들의 책임이 어느 정도인지를 따진다든가, 이런저런 결과를 그들이 자유로이 내린 결정 탓으로 돌린다든가, 모범적인 사례 또는 반례로 설정한다든가, 그들의 삶에서 어떤 교훈을 구하려 하는 일들이 모두 의미를 상실하게 된다. 우리가 우리 또는 그들의 행동이나 정신 상태에 관하여 수치심을 느낄 수 있는 것은 다만 꼽추가 굽은 등을 수치스러워하는 것과 같은 의미에서일 뿐이다. 그러므로 후회란 있을 수 없는 일이다. 왜냐하면 우리가 달리 행동할 수 있었을 뿐

있었다는 뜻을 의미하게 된다. 그러나 만약 내 선택이 그 자체 어떤 선행 요인들의 결과일 뿐이라면, 자유가 가지는 중요한 의미에서 나는 자유롭지 않다. 행동의 자유란 행동을 가로막는 치명적인 장애물들 가운데 예컨대 성격이나 습관이나 "강박적" 동기와 같은 심리적 장애는 있어도 되지만 물리적 또는 생물학적 장애는 없어야 한다는 식으로 성립하는 것이 아니다. 자유란 그런 인과적 요인들을 전부 합쳐도 결과가 전적으로 결정될 수는 없는 상황, 선택이라는 것이 완전히 결정될 수는 없는 어떤 영역이 아무리 좁더라도 조금은 남아 있는 상황을 요구한다. 현재 논의의 맥락에서 "할 수 있다"가 가지는 최소한의 의미가 이것이다. 자유가 없는 곳에는 의무도 없고, 인과관계에서 독립된 여지가 없으므로 책임 및 따라서 응분도 있을 수 없고, 결국 칭찬도 비난도 할 일이 없다는 칸트의 주장에는 설득력이 있다. 만약 "나로서는 그렇게 하지 않을 수 없다"는 말이 맞는 상황이라면 나는 자유로운 것이 아니다. 상황을 결정하는 요인 중에 나 자신의 성격, 습관, 결단, 선택과 같은 것들이 포함된다고 하더라도—물론 이는 명백히 맞는 말이다—이 판정이 달라질 수는 없다. 그런 것들이 결정 요인에 포함된다고 해서 자유의 핵심적인 의미에서 내가 자유로워질 수는 없는 것이다. 자유의지의 문제를 하나의 진짜 문제로 인식하면서 그 문제를 대충 분해해서 없애 버리려는 최근의 시도들에게 속아 넘어가지 않는 사람들의 느낌이야말로, 모든 시대 사려 깊은 사람들을 괴롭혀 온 주요 문제들과 관련된 경우 자주 그러하듯이, 골치 아픈 질문들을 싹 쓸어서 눈에 보이지 않게 처치할 간단하고 강력한 방법으로 무장한 철학자들에게 대항할 수 있는 건전한 근거임이 판명났다. 상식적 관념들과 관계되는 다른 문제에서도 그렇듯이, 존슨(Samuel Johnson)은 여기서도 건전한 언어 감각에 의해 인도된 것으로 보인다. "할 수 있다", "자유", "인과의 사슬 바깥"과 같은 표현의 의미에 관하여 그가 제시한 분석들 중에서 만족스러운 것이 있다는 이야기는 당연히 아니다. 존슨은 매듭을 풀지 않고 자른 것이며, 자르기는 풀기와 서로 다르다.

만 아니라 다른 행동 경로를 자유롭게 선택할 수 있었다는 믿음이 후회에는 전제되기 때문이다. 저 사람들은 저 사람들이었고 우리는 우리일 뿐이다. 그들은 그렇게 행동했듯이 우리는 이렇게 한다. 무엇을 근본적인 범주로 볼지는 이론가마다 다르지만, 그리하여 역사를 혹자는 자연과학으로 혹자는 어떤 형이상학적 도식으로 혹자는 어떤 신학적 도식으로 환원하지만, 어쨌든 하나의 근본적인 범주에 입각하여 역사적 인물들의 행태는 설명될 수 있다. 우리가 그들에 대하여 그리고 우리 자신 및 우리 동시대인을 위하여 할 수 있는 일은 그만큼이다. 더 이상의 여지는 없다.

그런데 기세 높은 결정론자들이 이 주제가 과학적인 것이기 때문에 과학의 이름으로 우리더러 편향성을 버리라고 엄명하는 것은 참으로 이상한 일이다. 역사가들에게 주관적 판단 안에서 맴돌지 말고 객관적인 자세를 지키라고, 현재의 가치가 뒤섞인 시각으로 과거를, 서양의 가치가 배어 있는 눈으로 동양을 읽지 말라고, 현대 미국과 비슷하다는 또는 다르다는 이유로 고대 로마인들을 찬양하거나 정죄하지 말고, 볼테르가 생각했던 관용을 실천하지 못했다는 이유로 중세를 폄하하지도 말며, 우리 시대의 사회적 불의 때문에 느낀 충격으로 말미암아 그라쿠스 형제에게 박수를 쳐서도 안 되고 현대 정치에서 법률가들이 하는 짓 때문에 키케로를 비판해서도 안 된다는 요구는 늘 있는 요구다. 이와 같은 요구, 시간상 또는 공간상으로 우리와 멀리 떨어져 있는 문화의 목표와 규범과 관습을 충분히 파악하지 못한 까닭에 발생할 수 있는 부당한 잘못을 피하기 위해 우리의 상상력과 공감의 권능과 이해력을 활용하라고 하는 영원한 호소가 가리키는 바가 도대체 무엇일까? 도덕적으로 칭찬하고 비난하는 일, 정의롭기 위한 추구가 전적으로 불합리하지는 않고, 나무 밑동이나 돌멩이와는 달리 인간은 정의로운 대접을 받을 자격이 있으며, 그러므로 우리는 공정하려고 노력해야 한다, 다시 말하여 무지나 편견의 상태, 또는 상상력을 결핍한 상태에서 실수로 또는 자의적으로 칭찬이나 비난을 행해서는 안 된다는 이야기가 아니라면 그런 요구에 들어 있는 뜻이 도대체 무엇이겠는가? 그런데 일어난 사태에 대한 책임을 개인들의 어깨에서 떼 내어 제도나 문화나 어떤 정신적이거나 물리적인 요인들의 인과론적 또는 목적론적 작동에게 일단 옮겨 버리고 나면, 역사에 관하여 공감의 능력이나 분별력을 요구한다는 것이 무슨 의미를 가질 수 있다는 말인가? 모든 편향성의 완벽한 배제란 아마도 온전히 달성될 수는 없고 다만 사람에 따라서 가까이 접근할 수는 있는 종류의 일일 것이다. 그러니 애당초 도달할 수 없는 목표를 뒤쫓아 가며 한숨이나 쉬자는 뜻이라는 말인가? 이탈리아 반도의 기후가 고대 로마의 농업에 미친 영향을 서술하면서 직관적인 공감의 능력이 없다거나 지질학적 변동을 편향된 시각에서 바라보았다고 고발당하는 경우는 거의 없다.

역사라는 것이 불변적 과정에 관한 호기심의 충족이라는 점에서는 자연과학과 같아서 도덕적 판단이 끼어들면 모양이 우그러질 뿐이지만, 우리에게 생소하거나 거의 알려지지 않은 생활방식에 대하여 어느 정도 상상력이 가미된 통찰력이 없다면 발가벗은 사실 자체에 대한 파악도 충분하지 못하리라고 대꾸해 올 사람도 있을 것이다. 이는 의심할 나위 없이 옳은 말이기는 하지만, 편견에 사로잡혀서 역사적 서술을 너무 강하게 채색한다고 역사가들을 고발하는 논거의 핵심에는 이르지 못하고 있다. 기번,[31] 매콜리,[32] 트라이치케,[33]

---

31) (옮긴이) 기번(Edward Gibbon, 1737~1794): 영국의 역사가. 『로마제국쇠망사』의 저자. 계몽주의 신조에 입각하여 공화정이 무너지고 제정이 등장하면서 로마는 망하는 길로 접어들었다고 서술하였다.
32) (옮긴이) 매콜리(Thomas Babington Macaulay, 1800~1859): 영국의 정치가이자

벨로크[34] 등이 우리가 기대하는 만큼 사실을 있는 그대로 재현해 내지는 못했을지도 모른다. (그들에 대하여 그런 지적들이 자주 이루어진다는 점은 의심할 나위 없는 사실이다.) 이렇게 말하는 것만으로도 역사가로서 자질이 심각하게 떨어진다는 혐의를 그들에게 거는 셈일 것이다. 그러나 그들을 비난하는 주장의 핵심은 따로 있다. 그들이 이런저런 점에서 부정확하다거나 피상적이라거나 불완전하다는 정도의 이야기가 아니라, 그들의 서술이 불의에 해당할 만큼 균형을 잃었다는 것이다. 그들은 한쪽 편의 입장을 독자들로 하여금 승인하도록 애를 쓰면서, 그 목적을 위해 다른 편의 입장을 더러운 색깔로 칠하는 불공정을 저질렀다는 것이다. 한편의 입장을 다룰 때의 증거 인용 방식이나 추론 방법 및 서술 방식이 다른 편의 입장에 대해서는 아무런 타당한 이유 없이 적용되지 않는데, 그들이 그렇게 한 동기는 인간이 무엇이어야 하는가 그리고 인간이 무엇을 해야 하는가에 관한 그들 자신의 확신에서 비롯된다는 것이다. 아울러 그들의 그러한 확신은 연구의 대상이 된 역사상의 시대에 대해서는 (그들 및 우리가 공히 속하는 사회에서 널리 퍼져 있는 통상적인 가치 척도와 표준에 입각하여 판단할 때) 너무나 편협하고 불합리해서 적용될 수 없다든가, 이 때문에 그들은 진정한 사실, 즉 18~19세기나 20세기를 막론하고 교육받은 사람들 사이에서 인지되는 진정한 사실들을 묵살했거나 왜곡했다는 비판이다. 다시 말해서, 단지 사실의 묵살이나 왜

역사가. 『제임스 2세부터의 영국사』는 휘그 및 프로테스탄트 편향이 두드러지는 저술의 대표라 할 수 있다.

33) (옮긴이) 트라이치케(Heinrich von Treitschke, 1834~1896): 프로이센의 역사가. 역사 서술이 내심의 독일 민족주의로 채색된 대표적인 사례 중의 하나로 꼽힌다.

34) (옮긴이) 벨로크(Joseph Hilaire Pierre Belloc, 1870~1953): 프랑스 태생으로 영국에서 활약한 역사가. 로마 가톨릭의 신조가 짙게 밴 역사 서술의 표본이다.

곡보다도 그러한 묵살이나 왜곡의 연원으로 여겨지는 목적, 즉 자신들의 가치를 선전하려는 목적이 문제이다. 그런데 그것이 선전이라고 한다면, 효과적일수록 위험할 수 있다는 점과는 별도의 차원에서, 불의 또는 정의에 관한 관념, 즉 행동에 관한 평가가 올바르게 이루어질 수 있다는 생각이 완전히 배제되지는 않았다는 뜻을 함축한다. 선전이 잘못이라는 지적은 결국 어떤 칭찬이나 비난도 하지 말든지 아니면, 내가 사람인 한 그리고 내 관점에 도덕적 평가의 의미가 섞이지 않을 수는 없기 때문에 그렇게 하지 않을 수 없다면, 불가능한 일을 못했다고 비난하지도 말고 해냈다고 칭찬하지도 말고 공정하게 제삼자의 입장에서 증거에 입각하여 평가해야 한다고 말하는 셈이다. 그리고 여기에는 개인적 책임이라는 것이 있다는 믿음이 어느 정도 스며들어 있다. 그 정도가 얼마나 큰지, 자유롭게 선택할 수 있는 대안들의 범위를 얼마나 넓게 잡을 수 있는지는 자연과 역사를 이해하는 방식에 따라 다를 것이다. 그렇지만 그런 것이 완전히 사라지는 날은 결코 오지 않을 것이다.

그렇지만 형이상학적 또는 과학적 결정론에 흠뻑 젖어서 "궁극적 분석"(내용은 마찬가지지만 표현하는 문구들은 사람에 따라 다르다)으로는 모든 것 또는 사소한 것들을 뺀 나머지 모든 것이 계급이나 인종이나 문명이나 사회 구조에 기인하는 결과라는 결론이 나온다고 생각하는 사회학자나 역사학자들은 내가 보기에 바로 그 점을 부인하고 있다. 내가 보기에 그 사람들은 모든 사람의 개인적 삶의 궤적을 우리가 발견한 법칙과 우리의 손에 있는 자료를 가지고 지금 정확하게 설계할 수는 비록 없지만, 원칙적으로 만약 우리가 전지전능하게 된다면 그렇게 할 수 있을 뿐만 아니라 전지전능까지는 아니더라도 현재 여러 분야에서 인류가 도달한 과학적 예측 기술로써 정밀한 예측이 가능해진 것만큼 인생에 관한 예측도 그 정도로 정밀하게 만드는 것이 가능하다는 믿음에 빠져 있는 것 같다. 그러므로 의식적인 자기 통제나 객관성 추구로는 아무리 애를 써도 어쩔 수 없이 남을 수밖에 없는 가치판단의 요소, 다시 말해서 역사 서술을 다채롭게 만들고 사료의 선택에서 그리고 중요하거나 흥미롭거나 특이한 사건이나 인물을 매우 조심스럽게라도 강조하지 않을 수 없게 되는 선택에서 인도자의 역할을 맡게 된다고 하는 가치판단이라는 요소의 마지막 잔재는 "불가항력적으로" 우리에게 부여된 조건의 결과이든지 아니면 치유할 수 없는 우리의 허영심이나 무지의 소산임에 틀림없다. 어느 쪽이 맞든 그것은 실제적으로 피할 수 없는 일로, 인간이기 위해 지불해야 할 비용이자 불완전성의 일부이다. 그러므로 그것은 문자 그대로 없앨 수 없는 것이기 때문에 받아들이지 않을 도리가 없다. 인간이란 그리고 인간의 인식이란 실제로 나타나는 모습대로이며, 실제로 살아가는 사람들은 판단을 하면서 살기 때문에, 인간은 유한하지만 동시에 자신이 그러하다는 사실을 당당하게 대면하지 못하고 기억 저편에 묻어 버리는 존재이기 때문에 그것은 어쩔 수 없는 일이다.

이처럼 황량한 결론은 물론 어떤 역사가도 실제 역사 서술에서 수용하지는 않는다. 그처럼 부당한 결론으로 우리를 끌고 간 논거들로 말미암아 인간적 자유의 영역 및 책임의 영역이 과학적으로 무지하던 시대에 신봉되던 것보다 얼마나 협소한지가 강조됨으로써 역설적으로 절제와 겸손이라는 교훈이 널리 전파되기는 했지만, 사람이라면 어느 누구도 이론적 차원이 아닌 일상생활에서 그런 결론에 부합하는 방식으로 행동하지는 않는다. 그렇기는 하지만 어쨌든, 인간이 "결정되어" 있기 때문에 역사라는 일, 즉 역사가들의 작업은 엄밀하게 말해서 결코 정당하거나 부당할 수는 없고 오로지 맞거나 틀리거나, 또는 현명하거나 어리석을 뿐이라는 주장은 일종의 고상한 오류이자, 그런 신조를 바탕으로 해서 이루어지는 행동은 혹시 있더라도 극히 드물 것이다. 왜냐하면 이론의 차원에서만이지만 그런 신조가 대충 풍미하게 됨으로써 지극히 문명적인 결과가 초래되었고 종래에 횡행하던 잔학과 불의가 많이 통제될 수 있었기 때문이다.

III

우리가 행하고 고통받는 모든 일이 고정된 패턴의 일부이며, 라플라스 식 관찰자는 (사실과 법칙에 관해 충분한 지식을 충전받았다면) 역사상의 어떤 지점에 데려다 놓아도 과거와 미래의 모든 사건들, 인간의 사유나 감정이나 동기와 같은 "내면적" 삶을 포함한 모든 사건을 정확하게 서술할 수 있다는 명제는 많은 사람들에게 지적 호기심을 자극하였다. 그리하여 아주 여러 가지 의미들이 그로부터 도출되었고, 그 명제가 옳다고 믿은 사람 중에도 그로써 영감을 얻기도 하고 그 때문에 근심을 얻기도 했다. 그러나 결정론이 옳은지 그른지, 또는 내적 정합성이라도 갖추었는지 아닌지는 접어두더라도, 실제 대다수 사람들의 일상적인 사고에서는 결정론이 그다지 위력을 보이지 못하고 있음이 분명해 보인다. 역사가들 또는 심지어 자연과학자들조차 실험실 바깥에서는 결정론과는 다른 방향의 사고를 드러내는 것이다. 왜냐하면 만약 결정론이 실제로 효력을 행사하고 있다면 그렇게 믿는 사람들의 언어에 그 사실이 반영되었을 터이므로 그들의 언어가 우리들의 언어와 달랐어야 하기 때문이다.

"이렇게는 하지 말아야 했다(또는 이렇게까지 할 필요는 없었다)", "이 끔찍한 실수를 저지르지 않을 수 없었니?", "그렇게 할 수는 있겠지만 하고 싶지 않아", "루리타니아의 왕은 왜 퇴위했나?", "아비

시니아의 왕과는 달리 저항하는 의지력이 없었기 때문에", "사령관이 그토록 멍청해야 되는가?", 우리는 이런 표현들을 늘 사용한다(사용하지 않고 산다는 것은 거의 생각할 수 없다). 너무나 명백하게 드러나듯이, 이러한 유형의 표현에는 실현된 사실과 다른 일들이 일어날 수도 있었다는 단순한 논리적 가능성을 넘어서는 관념, 즉 각 개인들이 자신의 행위에 대하여 책임이 있다고 말할 수 있는 경우와 그렇지 않은 경우를 준별하는 관념이 포함되어 있다. 현재, 과거, 미래에, 소설이나 꿈에서 인간에게 열려 있는 가능성의 한도 안에서 최선의 행동 경로가 무엇인지에 관하여 우리가 자주 논쟁을 벌이며, 역사가들은 (그리고 탐정이나 판사나 배심원들도) 각자의 능력이 닿는 한 그 가능성들이 무엇인지를 명확하게 규명하려고 노력하며, 그 가능성의 경계를 어떻게 긋느냐에 따라서 신뢰할 만한 역사 서술과 그렇지 못한 역사 서술이 나뉘며, 환상이나 삶에 대한 무지나 유토피아적 몽상과 다르다고 일컬어지는 이른바 현실주의의 본령은 바로 일어날 수 있었던 일들의 영역 안에서 실제로 일어난 (또는 일어날 뻔했던) 일의 위치를 잡고 그것을 일어날 수 없었던 일과 구분할 줄 아는 데에 있으며, 역사 감각이란 (내가 기억하기로는 네이미어가 언젠가 주장했던 것처럼) 궁극적으로 그런 분별력을 말하는 것이며, (사법적 정의뿐만 아니라) 역사적 정의도 그 분별력에 달려 있으며, 비평이나 칭찬이나 비난에 대하여 정의롭다거나 마땅하다거나 불공정하다거나 어불성설이라고 말할 수 있는 것도 오직 그 분별력 덕택이며, 불가항력으로 일어나는 사건들은 피할 수 없었던 것이기 때문에 필연적으로 책임의 범주 바깥에 위치하며 그러므로 비판의 영역에도 속하지 않아서 칭찬이나 비난이 적용될 수 없다는 이치의 유일한 근거도 바로 그 분별력이라는 점을 부인하려 할 사람은 아무도 없을 것이다. 예상되던 일과 그렇지 않은 일, 어려운 일과 쉬운 일, 정상적인 일과 거꾸로 뒤집힌 일 사이의 차이 역시 동일한 경계선에서 도출된다.

이 모든 이야기들은 너무나 당연해서 주장할 필요도 없는 듯이 보인다. 어떤 일이 예방될 수 있었는지, 아울러 행위 주체들의 행동이나 성격을 논할 때 어떤 시각을 가져야 할 것인지를 둘러싼 역사가들 사이의 논의가 말이 되려면 우선 인간의 선택이라는 것이 전제로 깔려야 한다는 점을 굳이 첨언하는 것은 군더더기 같다. 만일 인간의 행태에 관하여 결정론이 타당한 이론이라면 위에 언급한 모든 구분들은 태양계나 세포조직에게 도덕적 책임을 묻는 것만큼이나 말도 안 되는 것으로 되고 말 것이다. 그 범주들은 우리의 사고와 느낌에 워낙 널리 그리고 속속들이 배어 있기 때문에, 그것들을 없는 것으로 치부하여 그것들 없이 또는 그것들 대신에 그 반대편의 틀에 따를 때 우리가 무엇을 어떻게 생각하고 느끼고 말하게 될지를 상상하려고 하면 우리의 심리적 능력을 엄청나게 쥐어짜야 한다. 우리가 사는 세계에 정상적인 의미의 공간이나 시간이나 숫자가 더 이상 존재하지 않는다고 여기기가 어려운 것과 거의 비슷하다. 특정한 상황에 관하여 이런저런 사건이 인간의 통제력을 넘는 선행 요인의 불가피한 결과였는지 아니면 반대로 자유로운—만약 우리가 달리 선택하여 행동하고자 했다면 그 일이 달라졌으리라는 점뿐만 아니라 달리 선택할 수 없게끔 우리가 결정되어 있지 않았다는 점에서 자유로운—인간의 선택에 기인한 것인지에 관하여 우리는 실제로 항상 논쟁을 벌일 수 있다.

고삐 풀린 개인 의지의 작용에 기인한 것으로 지금까지 간주되어 오던 것들이 과학과 역사적 지식이 진보함에 따라 사실은 그와는 다른 "자연적"이며 몰인격적인 요인의 작용에 따랐을 뿐이라고 만족스럽게 설명될 수는 있다. 그리하여 우리가 무지 또는 허영 때문에 인간의 자유라는 영역을 너무 넓게 잡고 있었음을 깨달을 수도 있다. 그러나 "원인"이나 "불가피"라는 단어들의 의미 자체가 결정론의 시각에서 허상에 불과한 것으로 치부하는 반대편 영역과의 대조가 가능하다는 전제에 의존하는 것이다. 어쩌면 그러한 영역이 실제로는 없을지도 모른다. 하지만 인과적 필연성이나 법칙에 따르는 획일성이라는 항목들과 대조가 가능하기 위해서라도 그러한 개념들이 적어도 설정 가능하다는 점만은 틀림없다. 다시 말해서, 자유로운 행위, 선행하는 사건들 또는 사람이나 사물의 본성과 "성향적 특성"에 의하여 전적으로 결정되지는 않는 행위라는 개념에 약간이라도 의미를 부여하지 않는다면 물리적, 심리적, 정신물리학적 사건들의 인과적 사슬의 일부에 불과한 일들과 그와는 달리 책임이 수반되는 행위를 애당초 왜 구분해야 하는지 영문을 알기 어려울 것이다. 그러한 구분은 열린 대안들과 자유 선택을 다루는 일군의 표현들이 있기 때문에 (설령 개별적인 경우에서 그러한 표현들의 사용이 모두 잘못이라손 치더라도) 의미를 가진다. 우리가 통상적으로 어디에 가치를 부여할 때, 특히 칭찬과 비난이 (단순히 어떤 유용한 결과가 기대된다는 차원이 아니라) 정당하게 부여될 수 있다고 생각할 때 그 저변에 깔려 있는 것이 이 구분이다. 만약 결정론적인 가설이 맞아서 실제 세계를 온당하게 설명할 수 있는 것이라면, 일상적으로 이해되는 바와 같은 인간의 책임이라는 관념이 어떤 실제 사태에도 적용될 수 없고 오직 머릿속에서 상상할 수만 있는 사태에만 적용될 수 있다는 말이 명백한 진실이라고 설득력을 가져야 할 것이며, 그러한 결론을 피하기 위해 제기되는 모든 주장들이 또한 명백하게 이상한 궤변으로 치부되어야 할 것이다.

결정론이 반드시 틀렸다고 말하고 싶은 생각은 없다. 다만 우리가 말하고 생각하는 방식은 결정론의 함축과 어긋나며, 우리가 만약 결정론을 진지하게 신봉하는 경우를 가정해 볼 때 세계에 대하여 우리가 가지게 될 그림이 어떤 것일지를 상상하기가 어려울 뿐만 아니라 아마도 우리의 통상적인 상상력의 범위를 넘는 것 같다는 말을 하고 싶을 뿐이다. 다시 말하여, 일부 역사 이론가들이 (그리고 철학적 취향을 가진 과학자 일부가) 종종 그러하듯이, 결정론의 가설을 (이론에서만이 아니라 실제 자신의 삶에서) 수용하는 한편으로 우리가 현재 하듯 생각하고 말할 수 있다는 주장은 지적인 혼동을 자아낼 뿐이라는 이야기이다. 사람들이 때때로 선택을 하며 그들의 선택은 예컨대 물리학이나 생물학에서 받아들여질 법한 인과적 설명만으로는 온전하게 해명되지 않는다는 추정에 기반을 두는 자유에 대한 믿음이 만약 필연적으로 착각이라면, 그것은 너무나 깊게 각인되고 너무나 널리 퍼져 있어서 착각으로 느껴지지도 않는 것임에 틀림없다.[35] 우리가 체계적으로 착각에 빠져 있다는 말에 설득력이 있을 수도 있다는 데에는 의심의 여지가 없다.[36] 그러나 그러한 상정에 함축되는 바를 속속

---

[35] 특정 상황에서 특정 행위자가 무엇을 할 수 있고 무엇을 할 수 없는지는 경험적인 문제이다. 모든 경험적인 문제들은 실제 경험에 호소함으로써 온당하게 해명될 수 있다. 하지만 만약에 모든 행위가 선행 조건에 의하여 인과적으로 결정되어 있고, 그 조건들 역시 그 나름의 선행 조건에 의해 결정되어 있다는 식의 무한한 인과의 사슬이 있다면 모든 경험적 탐구들은 착각 위에 서 있는 셈이 된다. 그것이 사실이라면 합리적인 존재로서 우리는 외견(外見, appearances)의 주문(呪文)을 떨쳐 버리고 착각에서 빠져나오려고 노력해야 한다. 하지만 그런 노력은 틀림없이 실패하게 될 것이다. 이 주변에 어떤 착각이 있다면 그것은 칸트가 "경험적 현실"과 "선험적 이상"이라는 용어로써 명명한 구분의 차원이다. 우리의 경험적("현실적") 체험을 규율하는 범주 바깥에서 우리 자신의 위치를 잡으려는 시도는 바로 칸트가 이해될 수 없는 행동 계획으로 간주했던 바이다. 이 명제는 확실히 타당한 것으로 칸트의 용어를 빌리지 않고도 개진될 수 있다.

[36] 심연(深淵)으로 빠지는 것 같은 꿈의 안과 밖에 동시에 머무르려는——말할 수 없는 것을 내가 지금 말하는 셈인데——처절한 노력을 독일의 일부 형이상학자들은 (예컨대 쇼펜하우어와 피이힝거) 기울이지 않을 수 없었던 것 같다.

들이 고려하여 거기에 맞도록 우리의 사고와 언어의 방식까지를 변경하는 데까지 이르지 않는다면, 그런 가정은 공허할 뿐이다. 그러므로 이론만으로가 아니라 실제에서 우리가 무엇을 믿고 당연시할 수 있으며 무엇을 믿지도 당연시할 수도 없는지에 관한 증거로 우리 자신의 행태를 채택하여 고찰한다면 그러한 가정을 진지하게 고려해 본다는 일 자체가 실제로 가능하지 않다.

　세상 만물이 현재와 같고 기록된 역사와 같다고 할 때, 우리의 생각과 언어를 결정론의 가설에 부합하도록 진지하게 노력을 기울인다는 것은 아주 끔찍한 일이라는 것이 내가 제기하고 싶은 논점이다. 그렇게 하려면 우리 삶의 근본적인 부분들부터 바꾸어야 한다. 물리적 범주들에 비하면 도덕적 심리적 범주들이 결국 더 유연한 것은 사실일 것이다. 하지만 그 차이가 대단한 것은 아니다. 시간이 없는 세계 또는 17차원쯤 되는 공간에서 산다는 것이 어떤 일일지를 최소한의 구체성이라도 곁들이면서 (상상력을 통해) 생각해 보는 일에 비해서, 진짜로 결정론적인 우주가 어떻게 생겼을지를 행태와 언어들의 변화가 수반되는 실제적인 의미에서 생각해 보는 일이 더 쉬울 것도 별로 없는 것이다. 이 점을 의심하는 사람이 있으면 스스로 한 번 해보라고 하자. 생각할 때에 우리가 지금 사용하는 상징들은 그 실험에서 거의 쓸모가 없을 것이다. 그 상징들은 시대와 기후와 문화의 모든 차이들을 포섭할 수 있지만 지금 말하는 것과 같이 격렬한 단절까지 포섭하기에는 세계에 관한 우리의 통상적인 견해에 너무나 깊게 결부되어 있다. 내부적으로 정합적인 일련의 전제들로부터 어떤 논리적 함축이 따라 나오는지를 알아낼 수는 물론 있다──이런 차원에서 요구되는 일은 무엇이든 논리학과 수학이 처리해 줄 것이다. 그러나 그 결과가 "실제로" 어떻게 생겼을지, 그 변화들의 구체적인 의미가 무엇일지를 아는 일은 그런 논리적 함축과는 다르다. 역사는 연역적인 과학이 아니기 때문에(심지어 사회학마저 그 경험적 기반과 접점을 상실하면서 점점 알아들을 수 없는 것이 되어 간다), 적용된 적이 없이 순전히 추상적인 모델일 뿐인 그런 가설들은 인간의 삶을 연구하는 학도에게는 거의 쓸모가 없을 것이다. 그러므로 자유의지와 결정론 사이에서 벌어지는 고래의 논쟁은 신학자나 철학자에게는 진짜 문제에 해당하겠지만 경험적인 일들, 즉 통상적인 경험이 이루어지는 시간과 공간 안에서 살아가는 사람들의 실제 삶에 관심을 기울이는 사람에게는 골치를 썩일 필요가 없다. 현업으로 활동하는 역사가에게 결정론은 심각한 문제도 아니고 심각한 문제일 필요도 없다.

결정론이 이처럼 인간 행동에 관한 이론으로서는 전혀 적용될 수가 없는 것이지만, 특정한 형태로 표현된 결정론적 가설들은 인간의 책임에 관한 우리의 견해를 바꾸는 데에 제한적이나마 강력한 역할을 수행했다. 결정론의 일반적인 가설이 역사 연구와 상관없다고 해서, 위에서 잠깐 언급했듯이 다른 사람들의 행태를 판단하는 사람들에게서 나타나는 무지와 편견과 교조주의와 환상을 꼭 집어 교정하는 데에 결정론의 중요성이 무시되어서는 안 된다. 인간의 선택 범위가 우리가 늘 당연시하는 것보다 훨씬 제한되어 있으며, 개인들의 통제 안에 있는 것으로 흔히 추정되는 행동 중에 많은 것들이 사실은 그렇지 않다는 점을 많은 증거들이 보여주며, 지금까지 혹자들이 생각했던 것보다 훨씬 더 높은 정도로 인간은 (과학적으로 예측 가능한) 자연계 안에 있는 대상이며, 사람들의 행동은 유전, 물리적 사회적 환경 또는 교육, 생물학적 육체적 특질, 그리고 이러한 요인들과 느슨하게 말해서 심리적 특질이라 할 수 있는 보다 모호한 요인들 사이의 상호작용에서 비롯된 성격 때문인 경우가 그렇지 않은 경우보다 많으며, 그 결과로 나타나는 사고와 느낌과 표현의 습관들은 적어도 원칙적으로는 물질적 대상들의 행태나 마찬가지로 가설 및 체계적 법칙에 따라 분류되고 설명될 수 있다는 점 등을 사회과학자들 덕택에 깨우치는 것은 한마디로 말해서 좋은 일일 따름이다. 이로부터 자유 및 책임의 한계에 관한 우리의 관념이 바뀌게 된다. 어떤 절도 행위의 원인이 도벽 때문임을 알게 된다면, 처벌보다는 병을 치료하는 것이 적절하다는 점도 알게 된다. 마찬가지로 어떤 파괴 행위 또는 사악한 성격이 심리적 또는 사회적 특정 원인 때문이라는 설명을 수긍한다면, 그 사람은 자신이 한 짓에 책임이 없고 따라서 형사 처벌보다는 치료를 받아야 한다고 우리는 결정하게 된다. 우리가 자유롭다고 주장할 수 있는 영역이 얼마나 좁은지를 잊지 않는 것은 건강한 일이다. 이러한 방향의 지식이 점점 증가하며, 그에 따라 자유의 영역이 점점 줄어든다고 주장할 사람도 있을 것이다.

자유와 인과 법칙 사이에 경계선이 어디서 그어져야 하는지는 실제적인 관건이다. 그 경계에 관한 지식은 무지나 불합리를 치유할 수 있는 강력하고도 필수불가결한 해독제이며, 종전 세대가 가지지 못했던 새로운 유형의—역사적이든 심리적이든 사회학적이든 생물학적이든—설명을 제공해 줄 것이다. 우리가 바꿀 수 없는 것들이 있으며, 또는 바꿀 수는 있지만 그 여지가 우리 생각만큼 크지는 않은 것들도 있다는 사실은 우리가 자유로운 도덕적 주체라는 관념을 반박하는 증거로도 옹호하는 증거로도 사용될 수는 없다. 우리가 바꿀 수 없는 것들이 (우리의 자부심, 수치심, 유감, 관심이라면 몰라도) 양심의 가책을 인과적으로 촉발할 수는 없다. 자연 현상을 우리가 숭배하고 부러워하고 한탄하고 즐기고 두려워하고 궁금해할 수는 있지만 (심미적인 의미의 경우를 제외하면) 잘했다고 칭찬하거나 잘못했다고 비난할 수는 없다. 분개할 수 있는 우리의 성향이 자연 현상에 대해서는 차꼬가 채워지고 우리는 더 이상 판단을 내리지 않게 된다. "나는 주장도 하지 않고 추정도 하지 않고 강요도 하지 않는다. 다만 드러낼 따름"이라고 프랑스의 어느 저술가는 말했다. 그의 경우 드러낸다는 것은 곧 도덕적 판단을 배제한 채 모든 사건들을 과학적인 자료처럼 인과적이거나 통계적인 현상으로만 다룬다는 의미이다.

이러한 입장에 설득당한 역사가들은 모든 개인적인 판단, 특히 도덕적인 판단을 피하려고 애쓰다 보니 몰인격적인 요인들이 역사에 미치는 엄청난 지배력을 강조하는 경향이 있다. 즉 삶이 영위되는 물리적 환경이나 지리적, 심리적, 사회적 요인들처럼 인위의 소산이 아니며 (또는 적어도 의식적인 행위의 소산이 아니며) 대개는 인간의 통제 범위 너머에 있는 요인들이 그것이다. 이러한 요인들은 우리 자신의 가치관이나 척도가 영원하지도 보편적이지도 않고, 과거의 여러 사회와 역사가들이 자신감으로 가득 차 오만하게 설파했던 도덕적 분류는 특정한 시대 상황, 특정한 형태의 무지 또는 허영심, 특정 역사가의 (또는 도덕이론가의) 기질상의 특징, 또는 현대의 우리가 되돌아보자면 그들의 시대와 공간에 기인한 것으로 드러난 요인과 여건에서 나온 것이 너무나 분명하며, 그리하여 정확성이나 객관성에 관한 우리 자신의 기준에 견주어 보면 유난스럽고 독선적이고 피상적이고 부당하며 때로는 괴기스럽다고까지 할 만한 역사 해석을 초래하게 되었다는 사실을 인정하지 않을 수 없게 만듦으로써, 우리의 자만심을 견제하는 경향이 있다. 나아가 개인의 자유 선택과 그의 본성 또는 사회적 환경에 의한 결정 사이에 명확한 경계선을 확립하려는 모든 시도들을 이러한 접근방식이 의심스럽게 여긴다는 점이 더욱 중요하다. 이런저런 문제를 해결하려다 과거의 아무개가 저질렀던 터무니없는 실수들이라든가, 그 시대의 (그들로서는 바꿀 수 없었던) 여건과 성격과 관심에 기인하였음을 지금 보면 너무나 쉽게 알아차릴 수 있는 사실에 관한 오류들을 부각함으로써 그러한 의심이 제기된다. 그리하여 우리의 역사적 판단도 또한 마찬가지가 아닐지를 우리는 자문하게 되고, 나아가 모든 세대가 각자의 문화적, 심리적 특징에 의해 "주관적으로" 조건화되어 있다는 암시를 받게 되어, 결국은 도덕적 판단이나 책임 소재를 가리는 일을 모두 피하고 몰인격적인 용어들만을 취급하며 그런 용어로 표현될 수 없는 것들에 대해서는 완전히 침묵을 지키는 것이 최선이며 가장 안전한 길인지도 모른다는 생각에 이르게 된다. 그토록 낡아빠졌고 폐기되어 마땅한 주장들을 펼쳤던 과거 역사가와 도덕이론가와 정치인들의 도저히 봐줄 수 없는 교조주의 도덕과 기계적 분류에서 우리가 아무것도 배우지 못했단 말인가? 우리는 도대체 누구이길래 우리 자신의 의견을 그토록 과시하고, 우리의 덧없는 조망 방식을 그토록 중요하게 여긴단 말인가? 게다가 우리의 도덕규범이 우리에게 특정한 역사적 환경의 산물이듯이 자기들 나름의 환경에서 나름의 도덕규범을 가진 사람들을 여기 의자에 앉아서 판단할 무슨 권리가 우리에게 있는가? 그러므로 점수를 매긴다든가, 우리의 정의를 나누어 준다든가, 우리 자신의 인간적 기준이 사실은 다른 조건에서 다른 관심을 가지고 사는 사람들의 기준에 비해 더 타당할 것도 덜 타당할 것도 없음에도 불구하고 마치 우리의 기준이 영원하기라도 한 것처럼 그 기준에 따라 양과 염소를 구분하는 식의 용납되기 어려운 거만일랑 그만 떨고, 사건들을 그저 분석하고 서술하고 보고하는 데 그치고 나머지는 사건들로 하여금 "스스로 말하도록" 내버려두는 것이 낫지 않을까?

　우리 자신의 판단 능력에 관하여 어느 정도 회의적인 태도를 유지하라, 특히 우리 자신의 도덕적 견해에 너무 높은 권위를 부여하지 않도록 주의하라는 (그 자체로 충분히 건강한) 충고는 이미 앞에서 언급한 바와 같이 두 진영에서 나온다. 우리가 너무 많이 안다고 생각하는 진영과 우리가 아는 바가 너무 적다고 생각하는 진영이다. 전자는 말하기를, 이제 우리는 진화 일로에 있는 역사적 상황에 의거하여 우리의 있는 그대로의 모습이 곧 우리 자신이고 우리가 가지고 있는 그것이 우리의 도덕적 지적 기준임을 알고 있다고 한다. 이 진영 내부에 있는 다양성을 다시 한 번 세분해 보기로 한다. 이들 중에는 자연과학이 결국에 가서는 모든 것을 해명하리라고, 우리의 행태를 자연적 원인에 입각하여 설명하리라고 확신하는 부류가 있다. 그리고 세계에 관하여 보다 형이상학적 해석을 수용하는 부류는 어떤 보이지 않는 힘이나 영역, 민족, 인종, 문화, 이를테면 "20세기"나 "프랑스 혁명"이나 "중세의 정신"이나 "르네상스"나 "고전 시대의 혼"과 같은 소위 시대의 정신이 겉으로 드러나게 또는 은밀하게 "작동한다"고 하는 식으로 세계를 설명한다. 이것들은 몰인격적인 실체로 상정되어 역사의 패턴이면서 동시에 역사의 실재가 된다. 그 실체들을 구성하는 요소이자 구체적 현현인 개별적 인간 및 개별적 제도들은 그 실체들의 "구조"와 "목적"에 입각하여 그들이 실제로 보이는 행태와 같이 움직이게끔 되어 있다. 세 번째 부류는 어떤 목적론적 배열 또는 위계질서에 의거하는 어법을 사용한다. 그 위계질서에 따라 모든 개인이나 나라나 제도나 문화나 시대는 어떤 우주적인 규모의 행사를 위해 각기 부분적인 역할을 수행하며, 각자의 정체성은 자신에게 맡겨진 배역에 의해서 부여되는데 그 배역은 그들 스스로 선택한 것이 아니라 그 모든 행사의 신성한 연출자가 정한다는 것이다. 이 부류 바로 곁에는 역사가 우리보다 현명하다고 말하는 부류가 있다. 역사의 목적을 우리로서는 알아낼 수 없고, 우리들 또는 적어도 우리 가운데 일부는 영원한 인류의 진보라든지 독일 정신이라든지 프롤레타리아트라든지 기독교 이후 문명이라든지 파우스트적 인간이라든지 명백히 드러난 운명이라든지 미국의 세기라든지 또는 그밖에 여러 가지 신화나 신비나 추상처럼 모든 것을 포괄하는 거대한 구도에 —— 그만한 자격이 있든지 없든지 —— 봉사하는 수단이자 제도이며 동시에 그 구도를 현실에 드러내는 현현이다. 모든 것을 안다는 것은 모든 것을 이해하는 것이다. 다시 말해 사물들이 왜 지금과 같은지 그리고 왜 그럴 수밖에 없는지를 아는 것이다. 그러므로 우리가 더 많이 알게 될수록 우리는 사물들이 지금과는 다를 수도 있었다는 생각과 더불어 따라서 칭찬과 비난이라고 하는 불합리한 유혹에 빠지는 사람들이 엉터리임을 더 잘 알게 될 것이다. 투 콤프랑드르 세 투 파르도네[37]는 그저 의미 없는 동어반복이 될 뿐이다. 역사가나 평론가나 정치인이 누구를 손가락질하는 경우이든 평범한 개인의 양심으로 인한 번뇌이든 모든 형태의 도덕적 평가는 가능한 한 원시적 금기 또는 심리적 긴장이나 갈등이 이런저런 형태로 복잡하게 전개된 결과로 설명될 것이다. 이것은 어떻게 보면 도덕 의식인 것처럼 보이지만 달리 보면 다른 종류의 제재인 것처럼 오락가락하는 것으로, 자유 의지와 인과의 사슬에서 벗어난 선택이 있다고 하는 잘못된 믿음의 유일한 기원인 무지, 과학적 형이상학적 진리의 빛이 점점 밝아짐에 따라 소멸되게끔 되어 있는 바로 그 무지에서 태어나서 무지를 먹고 자란 것이다.

사회학자, 역사학자, 인류학자 중에는 어떤 임무 또는 헌신의 의미, 다시 말해 내면에서 들려오는 목소리라고 할 수 있는 모든 형태의 의무감을 각 개인의 의식 내부에서 그 "거대한 몰인격적인 힘"이 나타나는 것으로 해석하는 형이상학을 신봉하는 사람들이 있다. 그

---

37) (옮긴이) Tout comprendre, c'est tout pardonner: 모든 것을 안다는 것은 모든 것을 용서하는 것이다. 몇 줄 위에서 이해한다(understand)고 말할 때 이해는 용인의 뜻이다. 즉, 모든 일이 인과적으로 결정되어 있음을 안다면 비난할 일이 없게 된다는 의미이다.

힘이 개인의 의식을 통제하면서, 그 불가사의한 목적이 이루어지도록 "우리 안에서", "우리를 통해", "우리에게" 말한다는 것이다. 그리하여 이런 또는 저런 계급, 민족, 인종, 교회, 사회적 지위, 전통, 시대, 문화에 우리가 속해 있기 때문에 우리에게 요청되는 바를 듣는다는 것은 문자 그대로 거기에 복종하는——우리의 "진정한" 자아 또는 자아의 "본질적" 또는 "이성적" 계발이라고 하는 진실된 목표를 향해 끌려 가는——것이 된다. 모든 인간의 행동에서 책임이라는 의미가 이 거대한 몰인격적 힘의——제도이든 역사의 추세이든——넓은 어깨 위로 이전된다. 어떤 의미에서는 부담이 전가되는 셈이기도 하다(종종 이로 인한 안도감이 애써 감추려고 하지만 드러나기도 한다). 자연 또는 거대한 정신의 작동에 대해 자신에게 책임이 있다고 주장하는 이 피조물, 마치 파리들이 엄숙한 자세로 앉아 자기들의 삶에 영향을 주는 태양의 움직임이나 계절의 변화를 초래하였다는 혐의로 다른 파리들을 재판하는 것처럼 어떤 인간에게 조금의 책임도 돌아갈 수 없는 조치들을 구상했거나 의지했거나 집행했다고 다른 사람을 칭찬하고 비난하고 숭배하고 고문하고 죽이고 부도덕하다고 단죄하는 이 피조물, 자신의 허약한 육체와 나약한 도덕에 전혀 알맞지 않는 과대망상에 사로잡혀 자신이 중요한 줄 알고 붕 떠 있는 이 연약한 생각하는 갈대보다는 그 거대한 힘이 그런 짐을 더 잘 지게 만들어져 있다. 그러나 그러한 우주의 과정에서 모든 생명체와 무생물이 수행하는 "냉정한" 그리고 "불가피한" 부분적 역할에 대해 충분한 통찰에 도달하는 순간 우리는 개인의 노력에 담겨 있는 모든 의미에서 해방되고 만다. 자책, 죄의식, 가책에서 오는 모든 고통이 자동적으로 해소된다. 우리가 그것의 사지(四肢)라는 둥, 그 구성소라는 둥, 그 반영이라는 둥, 그 분출이라는 둥, 또는 그 유한한 현현이라는 둥, 표현은 다르지만 이 시각에서 공통적으로 전제되는 그 커다란 "유기체적" 전체의 원소임을 우리가 깨닫는 순간 실패나 좌절에 대한 두려움은 사라진다. 자유와 독립의 의미, 우리가 좋아하는 대로 행동을 선택할 수 있는 영역이 ─ 그 크기가 얼마였든지 ─ 우리에게서 떨어져 나가 버린다. 그 대신에 어떤 질서 잡힌 체계 안에서 각자에게 고유하고 신성한 위치를 부여받은 구성원이라는 의미가 자리를 잡는다. 우리는 군대에 속한 병사인 셈이다. 이제는 더이상 고독의 벌도 고통도 받지 않는다. 군대는 행진 중이다. 그 목표는 우리가 선택한 것이 아니라 우리에게 정해진 것이다. 의심은 권위에 의해 잠잠해져야 한다. 우리 위 그리고 너머에 있는 힘이 작동 중이라면 그런 힘의 활동에 대해 우리가 책임감을 느낀다든지 또는 그 안에서 무엇이 잘못 되었다고 우리 자신을 비난한다는 것은 터무니없이 주제넘은 짓일 테니, 지식의 성장은 도덕적 부담으로부터 해방을 수반한다. 그리하여 원죄는 몰인격의 지평으로 이전되고, 여태까지 잔인하거나 정당화될 수 없다고 여겨지던 행동들은 이제 더욱 "객관적인" 방식으로 ─ 더욱 넓은 맥락에서 ─ 역사적 과정의 일부로 비추어진다. 그 새로운 빛 아래에서 보면 그 행동들은 더 이상 잔인한 것이 아니라 전체에 의해 촉발되었기 때문에 옳고 좋은 일로 되는 것이다. 그리고 우리의 가치 척도가 바로 그 역사적 과정에게서 부여되었기 때문에 그 역사 과정은 그 척도에 따라 판단될 수 없다.

이 신조는 도덕적 정서를 심리학적 또는 사회학적 "잔기(殘基, residues)"[38] 비슷한 것으로 치부하는 과학의 시도와 존재하는 것

---

38) (옮긴이) 파레토가 사용한 잔기라는 개념은 문화들 사이의 가변적인 부분들을 모두 사상했을 때 남는 항상적이고 기초적인 요소를 뜻한다. 반면에 벌린은 여기서 residue를 없애도 괜찮고 없는 것이 나은 찌꺼기라는 뜻으로 사용하는 듯이 보인다. 벌린이 파레토의 사회학 용어를 오해하였다고 확인은 할 수 없지만, 파레토의 용어 이외에 어떤 사회학적 "찌꺼기"가 있는지 옮긴이가 알지 못하므로 "잔기"라고 번역한다.

은——"진정으로" 존재하는 것은——모두 좋은 것이라고 보는 형이상학적 시각에서 공히 핵심을 이룬다. 만사를 이해한다는 것은 어떤 일도 지금의 그 모습과 달리 일어날 수 없었고, 비난이나 분개나 항거 따위는 모두 자기 맘에 안 드는 일 또는 알맞아 보이지 않는 일 또는 지성이나 영혼에 만족을 줄 수 있는 틀이 없다는 데서 오는 불평에 불과함을 아는 것이다. 그런 불평은 항상 모자란 것은 그 자신임을, 그 자신이 맹목적이며 무지함을 보여주는 증거일 뿐, 실재를 객관적으로 측정한 결과일 수는 없다. 왜냐하면 실재하는 모든 것은 반드시 알맞도록 되어 있어서, 쓸데없거나 제자리에서 벗어난 것은 전혀 있을 수 없기 때문이다. 모든 개별자들은 초월적인 전체가 요구한 대로 자리를 잡고 있기 때문에 그 자리에 있는 것이 "정당하다". 죄책감, 불의, 추악 등과 관련된 모든 감정, 모든 반감과 단죄는 (때때로 어쩔 수 없이 발생하기는 하지만) 안목의 결핍, 오해, 주관에 치우친 착오가 있었음을 보여주는 증거일 따름이다. 악덕, 고통, 어리석음, 부적응은 모두 이해하지 못하는 데서, 포스터의 기념할 만한 문구를 빌려 오자면 "연결하지" 못하는 데서 나온다.[39]

이는 스피노자와 고드윈, 톨스토이와 콩트, 신비주의자와 합리주의자, 신학자와 과학적 유물론자, 형이상학자와 교조적 경험주의자, 미국의 사회학자와 러시아의 마르크스주의자와 독일의 역사학자 등등, 각기 아주 다른 시각을 가진 위대하고 고상한 사상가들이 한 목소리로 우리에게 내려준 훈계이다. 그리하여 고드윈은 (자상하고 개명된 다른 많은 사람들의 견해를 집약한 셈이다) 인간의 행동을 이해하려면 일반 원칙을 적용하지 말고 언제나 세부 사항들을 빠짐없이 고려하면서 개별 사례를 조사해야 한다고 말한다. 이런저런 삶의 무늬

---

39) E. M. Forster, *Howards End*(London, 1910) chapter 22, p. 227.

와 결을 섬세하게 조사할 때는, 조급하거나 맹목적으로 단죄나 처벌을 추구해서는 안 된다. 왜냐하면 이 사람 또는 저 사람의 이런저런 행동 방식에 왜 무지나 빈곤이나 여타 도덕적 지적 육체적 결함이 원인으로 작용했는지를 알 수 있게 될 테니 —— (고드윈은 낙관하기를) 끈기와 지식과 공감을 충분히 발휘하기만 하면 언제나 이를 알 수 있으므로 —— 그때 그를 비난한다는 것은 자연현상을 비난하는 것과 마찬가지이기 때문이다. 우리가 지식에 입각해서 행동하면서 동시에 그 결과를 유감스럽게 여긴다는 것은 있을 수 없는 일이므로, 결국에 가서는 사람들을 선하고 정의롭고 행복하고 현명하게 만드는 데에 성공할 것이다. 콩도르세와 생시몽, 그리고 그들의 제자인 오귀스트 콩트는 반대 방향에서 출발하였지만 —— 즉 각 개인들이 독특하지도 않고 따라서 개별적으로 다루어져야 할 필요도 없으며 동물이나 식물이나 광물과 마찬가지로 일반 법칙에 복종하며 유형화될 수 있다는 확신에서 출발하였지만 —— 일단 그 법칙이 발견되기만 (그리하여 적용되기만) 하면 그것만으로 보편적인 축복에 도달하리라는 결론에서는 고드윈 못지않게 단호하였다. 이 확신은 그 후 많은 이상주의적 자유주의자와 합리주의자들, 전문가 관료들, 실증주의자들, 사회를 과학적으로 조직할 수 있다는 믿음의 소유자들과, 이들과는 아주 다른 체질을 가진 신학자들, 중세 취향의 낭만주의자들, 여러 부류의 권위주의자들과 정치적 신비주의자들이 공유하였다. 이는 또한 내용상으로 볼 때 역사에는 패턴이 있고, 자기는 그것을 보지만 남들은 못 보거나 별로 분명하게 보지 못하며, 그 투시력을 통해 인간이 구원받을 수 있다고 믿은 사람들이 설교한 도덕이기도 하다. 여기에는 프로이센의 민족주의 역사학자들, 슈펭글러, 마르크스 본인은 아니라고 한다면 적어도 엥겔스나 플레하노프의 제자 대부분, 그리고 그밖에 많은 사상가들이 포함된다.

282

안다면 길을 잃지 않을 것이다. 하지만 무엇을 알아야 하는지에 관해서는 세계의 본질에 관한 관점들이 다르듯이 사상가마다 견해가 다르다. 생명체나 무생물을 막론한 우주의 법칙, 성장 혹은 진화의 원리, 문명의 흥망성쇠, 모든 창조를 통해 추구되는 목표, 관념의 발전 단계, 또는 이보다 더 파악하기 어려운 것들이 거론되기도 한다. 알고자 할 때에는 그 지식과 너 자신을 일치시킨다는 의미, 그 지식과 너 사이의 동일성을 실현한다는 의미를 잊지 말아야 한다. 왜냐하면, 네가 무엇을 하든 네가 종속되는 그 법칙에게서 — "기계론적"이든, "생기론적(生氣論的)"이든, 인과적이든, 목적을 가지고 있든, 위로부터 주어진 것이든, 초월적이든, 모든 곳에 동시 존재하는 것이든, 또는 과거와 너를 (또는 바레스[40]가 선언했듯이 조국과 망자에 너를, 또는 테느[41]가 주장했듯이 환경과 인종과 계기에 너를, 또는 버크가 말하듯 너를 너이게끔 만들어준 죽은 자와 살아 있는 자를 망라하는 커다란 사회에 너를) 하나로 묶어 주는 만져지지 않는 연결이든, 그 종류 여하를 불문하고 — 벗어날 길은 없기 때문이다. 그리하여 네가 믿는 진리나 네 판단의 준거로 작용하는 가치는 가장 깊숙한 곳의 원칙에서 가장 얕은 곳의 변덕에 이르기까지 모두 네가 속한 역사적 연속선을 구성하는 부분들이다. 전통 혹은 혈통 혹은 계급 혹은 인간 본성 혹은 진보 혹은 인간애, 시대정신(Zeitgeist) 혹은 사회 구조 혹은 역사의 법칙 혹은 삶의 진정한 목적, 이것을 안다면 — 그리하여 거기에 충실해진다면 — 너는 자유를 얻으리라. 제논에서 스피노자까

---

40) (옮긴이) 바레스(Maurice Barrès, 1862~1923): 프랑스의 작가이자 정치인. 개인 주의자이면서 지독한 국수주의자였다.

41) (옮긴이) 테느(Hippolyte Taine, 1828~1893): 프랑스의 역사가, 비평가, 사상가. 실증주의를 신봉하여 인문학 연구에 과학적 방법의 도입을 시도하였다. (편집자) 인용된 발상은 *Discours de M. Taine Prononcé à L'Académie française* (Paris, 1880), p. 24에 나온다.

지, 영지주의자들에서 라이프니츠까지, 홉스에서 레닌과 프로이트까지, 표어는 기본적으로 동일하다. 지식의 대상이나 발견의 방법에 관해서는 격렬한 의견 차이가 자주 나타나지만, 실재가 알 수 있는 것이고, 지식으로써 그리고 지식으로써만 해방이 가능하고, 절대적인 지식은 절대적인 해방을 낳는다는 확신은 그토록 다양한 신조들을 관통하는 공통분모이자 서양 문명을 구성하는 가치 있는 일부이다.

　이해한다는 것은 설명하는 것이고, 설명한다는 것은 정당화하는 것이다. 개인 책임이라는 발상은 환각이다. 모든 것을 아는 경지에서 떨어진 거리가 멀수록 미지의 영역을 무시무시한 허구로 채울 공간이 넓어져서, 무지와 공포의 소산인 자유나 책임이나 가책 같은 발상들이 활개를 치게 된다. 개인 책임은 고상한 환각으로서 나름대로 사회적 가치를 가진다. 그것이 없었다면 사회는 무너졌을지도 모른다. 그것은 이성 또는 역사의 "간지(奸智)"가, 그밖에 우리에게 숭배의 대상으로 제시되는 어떤 우주의 힘이 마련해 놓은 위대한 장치 중의 하나로 필요한 도구일 수도 있다. 그러나 아무리 고상하고 유용하고 형이상학적으로 정당화되고 역사적으로 필수불가결일지라도 환각은 여전히 환각일 따름이다. 따라서 개인 책임이라든지, 옳은 선택과 그른 선택의 구분 또는 피할 수 있었던 악과 불운 사이의 구분 등은 우리가 완전히 적응하지 못했다는 징후이자 진실을 직시하지 못하는 무기력증이자 허영심의 증거일 뿐이다. 더 많이 알게 될수록 선택의 부담을 벗게 된다. 사람들이 어쩔 수 없이 그럴 수밖에 없는 일에 관해서 그들을 용서하게 되는 동시에, 마찬가지로 우리 자신도 용서하게 된다. 선택이 특별히 고민 거리가 되는 시대일수록, 다양한 이상들 사이에 타협이 불가능하고 충돌을 피할 수 없는 시대일수록, 이와 같은 신조는 기분을 편안하게 풀어 주는 것 같다. 도덕적 딜레마의 실재를 부인함으로써 문제를 피해 갈 수 있다.

어떤 거대한 전체를 향해 응시함으로써 우리 대신에 그 전체로 하여금 책임을 지게 만든다. 우리는 다만 착각 한 가지를 잃어 버릴 뿐인데, 그와 더불어 고통스럽고 쓸데없는 자책과 회한의 감정도 사라진다. 자유에 책임이 수반된다는 것은 악명 높은 사실이다. 어떤 불명예스러운 굴복이 아니라 사물의 본질을 냉정한 혼으로 용감하게 성찰함으로써 그 두 가지 부담을 한꺼번에 털어 버린다는 것은 많은 사람들에게 환영받을 구제책이다. 이것이야말로 진정으로 철학적인 업적이다. 이렇게 우리는 역사를 일종의 물리학으로 환원한다. 칭기즈칸이나 히틀러를 비난하려면 은하계나 감마선도 비난해라. "모든 것을 안다는 것은 모든 것을 용서하는 것"이라는 명제는 에어가 (다른 맥락에서) 구사한 날카로운 문구를 빌리면 단지 극화된 동어반복일 뿐인 것이다.[42]

IV

지금까지는 너무 많이 알기 때문에 ── 언젠가는 그렇게 될 것이기 때문에, 또는 적어도 그렇게 될 수는 있기 때문에 ── 칭찬도 비난도 할 수 없다는 견해에 관해 말했다. 괴상한 역설이지만, 일견하여 이 입장과는 정반대로 보이는 주장, 즉 우리가 너무 많이 알아서가 아니라 너무 모르기 때문에 칭찬도 비난도 할 수 없다고 주장하는 사람들도 같은 결론에 도달한다. 자기 과업을 눈앞에 두고 그 어려움에 비해 자신이 보잘것없다고 느끼는 역사가들, 인간의 지식이나 판단이 스스로 내세우는 바에 비해 너무 작다고 보는 역사가들은 우리

---

42) (옮긴이) 에어(A. J. Ayer, 1910~1989): 영국 철학자. 논리적 실증주의를 주창했다.

의 국지적 가치를 보편적으로 타당한 것처럼 추켜올리지 말라고, 기껏해야 우주의 중요하지 않은 한 구석에 사는 인류의 일부에게 잠시 동안 통용되는 기준을 장소와 시대를 막론한 모든 존재에게 적용하지 말라고 준엄한 어조로 경고한다. 마르크스주의에 영향받아 결코 굴하지 않는 실재론자들과 기독교를 옹호하는 이론가들은 관점과 방법과 결론에서 서로 엄청나게 다르지만 이 점에 관해서는 하나가 된다. 마르크스주의 실재론자[43]는 예컨대 빅토리아 시대 영국 사람들이 기본적이며 영원한 것으로 받아들인 사회경제적 원리들은 단지 어느 한 섬나라가 사회적으로 상업적으로 발전하던 특정 순간에 추구하던 이익일 뿐이라고, 따라서 그들이 그토록 교조적으로 자기들 자신 및 다른 사람들을 얽어매고 그것을 빌미삼아 자신들의 행동을 정당화하던 진리라는 것들은 단지 보편적 진리를 가장한 그들 자신의 찰나적인 경제적 정치적 필요와 주장일 뿐이라고, 그러므로 강자가 발명한 규칙에 따르는 게임에서 번번이 패자의 처지로 떨어지는 것을 깨달아 그들과는 점점 반대되는 이익을 가지게 되는 다른 나라 사람들의 귀에는 점점 더 공허한 메아리로만 울릴 뿐이라고 주장한다. 이 사람들이 충분한 힘을 얻어 상황을 뒤집고, 비록 의식하지는 않고서라도 자기들에게 알맞도록 국제 사회의 도덕을 바꿀 날이 이제 밝아 오기 시작했다는 것이다. 절대적인 것은 아무것도 없다. 권력의 분포에 따라 도덕적 규칙은 직접적으로 달라진다. 한 시대를 풍미하는 도덕은 언제나 승자의 것이다. 우리 자신이 이편 아니면 저편에 속하기 때문에 우리가 가진 정의의 척도가 승자와 패자 사이에서 공평을 유지한다는 가식은 통할 수 없다. 〔우리가 시공상으

---

43) 예를 들어, 카(E. H. Carr)가 우리 시대의 역사에 관하여 쓴 인상적이며 영향력 있는 글들을 보라.

로 유한한 존재라는] 전제가 맞는 한, 우리는 한 번에 한 가지 시각에서밖에 세상을 바라볼 수 없다. 우리의 덧없는 표준을 가지고 다른 사람들을 판단하고자 고집하려면, 그들 역시 자기네 표준으로 우리를 판단할 때 너무 심하게 저항하지는 말아야 할 것이다. 그러나 우리 중에서 경건한 체하는 자들은 단지 그 사람들의 표준이 우리와는 다르다는 이유만으로 이와 같은 상대성을 부인한다는 것이다.

마르크스주의에 반대하는 기독교 이론가들 중에는 이와는 아주 다른 전제에서 출발하여, 인간을 어둠 속에서 더듬거리는 연약한 존재로, 세상만사가 어떻게 벌어지는 것인지, 역사에서 냉정한 인과의 사슬이 무엇인지, 추적이 가능하다는 점은 분명하지만 실제로 인지하는 사람은 매우 드문 그 인과의 사슬이 없었다면 세상만사가 어떻게 되었을지 거의 알지 못하는 존재로 파악하는 사람들이 있다. 그들은 주장하기를, 인간은 자기가 가지고 있는 빛에 의거하여 옳다고 보이는 바를 대개 추구하지만, 그 빛이 너무나 약하고 희미해서 각 관찰자들의 눈에는 모두 서로 다른 삶의 양상만이 비치게 된다. 그리하여 영국인들은 영국의 전통을 따르고 독일인들은 독일의 전통을 발전시키려고 분투하며, 러시아인들은 자기네 전통과 다른 나라의 전통을 융합하려고 애를 쓰게 된다. 그 결과 종종 유혈 투쟁, 광범위에 걸친 고통, 그러한 폭력적 갈등에 휩쓸려 들어간 많은 사회의 귀중한 문화적 자산들의 파괴가 빚어진다. 사람이 하는 일이기는 하지만, 그런 재앙 가운데 많은 부분에 대한 책임을 슬픈 운명을 지고 태어난 연약한 피조물에 불과한 인간에게 묻는다는 것은 잔인하고 불합리하다. 왜냐하면 뛰어난 기독교 역사가인 허버트 버터필드의 용어로 말하자면,[44] 이 모든 일들은 "인간의 궁지(human predi-

44) (옮긴이) 허버트 버터필드(Herbert Butterfield, 1900~1979): 영국의 역사가, 역

cament)"그 자체 때문에 일어나는 것이며, 그 안에서 우리 각각은 나름대로 덕스럽게 행동하지만 불완전하고, 인간의 원죄로 말미암아 그런 상태에 머무르게끔 되어 있고, 무지하고, 성급하고, 허영에 젖어 있고, 자기중심적이라서, 길을 잃고 헤매는 와중에 부지불식간에 해를 끼치며 구해야 할 것을 무너뜨리며 파괴해야 할 것을 강화하고 있을 뿐이기 때문이다. 좀 더 많이 안다면 아마 좀 더 잘 할 수 있을 텐데, 우리의 지성은 제한되어 있다. 내가 버터필드를 제대로 이해했다면, 그가 말한 "인간의 궁지"라는 것은 무수히 많은 요인들 사이에서 복잡하게 전개되는 상호작용의 소산이다. 그 요인들 중에 인간에게 알려진 것은 극히 적고, 그중에서 인간이 통제할 수 있는 것은 더욱 희귀하며, 그 대부분은 전혀 인식되지 조차 않는다는 것이다. 그러므로 우리가 할 수 있는 최소한은 마땅히 겸손한 마음으로 우리 자신의 존재조건을 깨닫는 것이다. 이 어둠은 우리 모두에게 공통된 것이고, (적어도 인간 역사 전체를 조망하는 시각에서 보자면) 비틀거리면서나마 남들보다 위대한 목표 근처에 도달하는 사람마저도 우리 중에는 거의 없으므로, 우리는 이해와 자선을 실천해야 한다. 옳은 말만 하기로 조심하는 역사가로서 할 수 있는 일의 최소한은 판단을 유보하는 것이다. 증거는 언제나 불충분하고, 혐의를 쓰고 있는 공범들은 스스로 통제할 수 없는 소용돌이와 물살에 휘말려 헤어나지 못하는 신세와 마찬가지이기 때문에 칭찬도 비난도 해서는 안 된다.

내가 보기에는 종교적이든 비종교적이든 톨스토이를 비롯한 많은 비관론자와 정적주의자(靜寂主義者)들의 저술에서 나타나는 철학도

사철학자. 영국사에 대한 휘그 해석이 현재의 관점에서 현재를 찬양하느라 과거 역사를 현재의 영광을 위한 예비과정으로 그리는 왜곡을 저질렀다고 비판했다.

이와 다르지 않다. 이 사람들에게, 특히 그중에서 가장 보수적인 성향을 가진 부류에게, 인생이란 정해진 방향으로 흘러가는 강물, 또는 어쩌면 썰물도 밀물도 없이 다만 간혹 불어오는 미풍에 잔물결만일 뿐인 바다와 같다. 삶을 그렇게 만드는 요인들은 아주 많지만, 그중에서 우리가 아는 것은 극히 적다. 그러므로 우리의 지식에 기초하여 세상을 근본적으로 바꾼다는 목표는 비현실적이며, 대개는 말도 안 된다. 강물 중심부의 흐름은 우리보다 훨씬 강하기 때문에 저항할 수 없다. 우리는 그저 바람에 돛을 맞추어 갈지자로 나아가면서, 고정된 세상의 거대한 제도들, 세상의 물리적, 생물학적 법칙들, 제국, 교회, 인류에게 정착된 믿음과 습관들처럼 과거 속에 깊게 뿌리박은 위대한 업적들과 충돌이나 하지 않으면 다행이다. 거기에 저항했다가는 우리의 작은 뗏목은 침몰할 것이며, 우리는 헛되이 목숨을 버리고 말 테니까. 불어오는 바람을 가능한 한 솜씨 있게 활용하여 배가 뒤집히는 상황이 벌어지지 않도록 하는 것이, 그리하여 어쨌든 우리에게 허용된 시간만큼은 살아남아서 과거의 유산을 보존하고, 어차피 머지않아 찾아오게 될 미래, 어쩌면 암울한 현재보다 더 어두울 수도 있는 미래를 향해 서두르지 않는 것이 지혜다. 이 견해에 따르면, 세상의 고통과 불의 대부분은 인간의 궁지, 즉 우리의 거대한 기획과 나약한 수단 사이의 불균형에 책임이 있다. 도움을 받지 못하면, 성스러운 은총이 없다면, 이런저런 형태로 신이 개입하지 않는다면 우리는 어떤 경우에도 성공할 수 없다. 따라서 우리 모두 너그럽고 자비롭고 이해심이 많도록 힘쓰자. 남에게 손가락질하고 그래서 손가락질을 돌려받으면서 결국 후세에게 조롱과 연민의 대상이 되는 어리석음은 피해야 한다. 과거의 그늘 아래서 우리가 할 수 있는 일을——어떤 얼개의 윤곽을 희미하게나마——찾도록하자. 그것만도 충분히 어려운 과제임에 틀림없을 것이다.

물론 어떤 중요한 한 가지 의미에서 보면, 완강한 실재론자와 기독교적 비관론자가 하는 말이 맞다. 지적 윤리적 광신주의, 트집 잡기나 좋아하고 비난을 능사로 삼고 다른 사람들의 생활 방식이나 시각 그리고 곤경을 도덕적으로나 정서적으로 외면하는 것은 삶에서 악덕이듯이 역사 서술에서도 악덕이다. 기번, 미슐레, 매콜리, 칼라일, 테느, 트로츠키 (유명한 사람 그리고 죽은 사람들만 열거해서) 등이 자기 의견을 수용하지 않는 독자의 인내심을 시험하는 것은 의심할 나위 없는 사실이다. 그렇지만 그들의 교조적 편파성을 수정한답시고 모든 책임을 인간의 나약함이나 무지에게 돌려 버리고 인간의 궁지 그 자체를 인류의 역사에서 궁극적이며 중심적인 요인이라고 보아 버린다면 결국 중간의 경로만 다를 뿐 수정하려고 했던 편파적인 교조와 같은 결과, 즉 모든 것을 안다는 것은 모든 것을 용서하는 것이라는 신조에 이르고 만다. 다만 그 신조를 우리가 아는 것이 적을수록 남을 올바르게 비난할 이유도 적어진다는 공식으로 바꾼 셈일 따름이다. 왜냐하면 인간의 소원에다가 심지어 무의식적인 욕구까지 힘을 합하더라도 우주의 진행에서 수행하는 역할이 얼마나 작은지를 보다 분명하게 깨닫게 만드는 방향으로만, 그럼으로써 개인들의 어깨 위에, 또는 계급이나 국가나 민족의 어깨 위라고 해도 별 차이는 없지만,[45] 무슨 심각한 의미의 책임을 지운다는 것이 얼마나 어불성설인지를 깨닫게 만드는 방향으로만 지식은 우리를 인도할 것이기 때문이다.

---

45) 물론 중세 교회의 철학자 (특히 토마스 아퀴나스) 또는 계몽주의 철학자와 같은 서양의 위대한 도덕이론가들이 도덕적 책임이라는 관념을 부인했다거나, 톨스토이가 그로 인한 문제들 때문에 고뇌하지 않았다는 의미는 아니다. 내 주장은 그들의 내심이 깃든 결정론이 그들을 딜레마로 이끌었다는 것이다. 그들 중에 그 딜레마와 정면으로 대결하기를 회피한 사람은 있지만, 그 딜레마에서 벗어날 수 있었던 사람은 없다.

이해심을 위해 더 많이 노력하라고 촉구하고 트집 잡기나 도덕 설교나 편파적인 역사를 삼가라고 하는 내용으로 현대에 유행하는 판본의 사고는 두 갈래로 나누어진다. 우선 개인이든 집단이든 언제나 또는 적어도 절반 이상의 빈도로 자기에게 바람직해 보이는 것을 목표로 삼는다는 견해가 있다. 단지 무지나 나약함 때문에, 또는 단순히 인간의 통찰이나 재주만으로 충분히 이해하고 통제하기에는 세상이 너무 복잡하기 때문에 사람들은 인간의 궁지에서 헤어나지 못하고, 자기에게나 남에게 재앙을 초래하는 행동을 자주 저지르게 된다. 그러나 이렇게 초래되는 재앙에 관한 비난은 대부분 개인들의 목적이 아니라 인간의 궁지 그 자체, 다시 말해서 인간의 불완전성에게 돌아가야 한다는 갈래가 있다. 다음 두 번째로는, 역사적 상황을 설명하고 분석하려 할 때, 그 기원을 풀어내고 그 결과를 추적하려 할 때, 그리고 그 와중에서 그 상황을 구성하는 이런저런 요소에 대한 책임 소재를 밝히려 할 때, 역사가는 아무리 초연하고 명철하고 세심하고 냉철하며 다른 사람들의 입장에 서서 상상하는 솜씨가 좋다고 하더라도, 워낙 많고도 복잡한 세부 사항들을 앞에 두고 나면 모르는 것이 아는 것보다 훨씬 많은 처지에 빠질 수밖에 없다. 그러므로 그의 판단, 특히 평가와 관련된 판단은 언제나 불충분한 자료 위에서 이루어질 수밖에 없다. 만일 그 거대하고 복잡하게 얽혀 있는 과거의 패턴 중에서 어떤 작은 귀퉁이에 대해서만이라도 빛을 뿌리는 데에 성공한 역사가가 있다면 인간으로서 희망할 수 있는 성취를 다한 셈이다. 진실의 아주 작은 부분이나마 풀어 내기도 너무나 어렵기 때문에 정직하고 진지한 역사가라면 도덕 설교를 늘어놓을 정도의 자격을 갖추기에는 자기가 얼마나 까마득히 미치지 못하는지를 금세 깨닫지 않을 수가 없다. 따라서 많은 역사가들과 평론가들이 그토록 쉽고 유창하게 늘어놓는 칭찬과 비난은 뻔뻔스럽고 무책임하고 부당한 바보짓이다.

얼핏 보면 매우 인간적이고 설득력이 있어 보이는 이 주장[46]은 그러나 한 덩어리가 아니라 두 덩어리이다. 일을 벌이는 것은 인간이지만 그 결과는 인간의 통제 능력이나 예측 또는 예방 능력 너머에 있다든지, 세상일의 진행을 인간의 동기가 결정적으로 좌우하는 경우는 거의 없기 때문에 역사가들의 서술에서도 동기가 커다란 역할을 해서는 안 된다든지, 역사가가 할 일은 무슨 일이 왜 그리고 어떻게 일어났는지를 찾아서 서술하는 데에 있기 때문에 모든 역사적 요인들 중에서 가장 효력이 없는 인간적 품성이나 동기에 관한 자신의 도덕적 의견을 가지고 역사 해석에 덧칠을 한다는 것은 순전히 주관적인 또는 심리적인 이유로 그 요인들의 중요성을 과장하는 것이라는 말은 완전히 명확한 하나의 입장이다. 어떤 일이 도덕적으로 중요하다고 해서, 그렇기 때문에 그것이 역사에 영향을 미쳤다고 말하면 사실의 왜곡이기 때문이다. 그렇지만 책임이라는 것이 일단 있다고 하더라도, 그것이 어디에 위치하는지를 올바르게 확정하기에 우리 지식이 결코 충분할 수 없다는 말, 모든 것을 다 아는 존재라면 (그런 존재가 있을 수 있다고 치고) 책임 소재를 확정할 수 있겠지만 우리는 그렇지 못하기 때문에 우리가 책임을 묻는 것은 따라서 말도 안 되게 주제넘은 짓이며, 이를 깨달아 온당한 수준의 겸손을 익히는 것이 역사적 지혜의 출발점이라는 말은 위의 입장과는 완전히 별개의 주장이다.

이 두 주장이 모두 맞을지도 모른다. 나아가 어쩌면 이 두 주장 모두 인간이 사유와 행동에서 공히 약하고 한치 앞도 보지 못하며 무

---

46) 내가 그의 글을 엄청나게 오해한 것이 아니라면, 허버트 버터필드의 주장이 그러하다.

능하다는 비관적 확신에 뿌리를 두고 있는지도 모른다. 그렇지만 어쨌든 이 우울한 견해는 둘이지 하나가 아니다. 하나는 무력하다는 데서 나온 주장이고 다른 하나는 무지하다는 데서 나온 주장이다. 둘 중 어느 것이든 하나는 맞고 나머지 하나는 틀릴 수도 있다. 더욱이 이 둘 모두 보통 역사가 또는 보통 사람들의 상식적인 믿음이나 상식적인 행동과는 부합하지 않는 것 같다. 각각 나름대로 어떤 의미에서 그럴 듯한 면이 있기도 하고 그럴 듯하지 않은 면이 있기도 하다. 따라서 각 주장은 옹호하든 반박하든 별도로 취급되는 것이 맞다. 다만 두 주장이 최소한 어떤 한 가지 함축, 즉 둘 중 어느 것에 따르더라도 개인의 책임이라는 관념이 소멸된다는 점은 공유하는 것으로 보인다. 박수치지도 단죄하지도 말아야 하는 이유는 어떤 개인이나 집단도 스스로를 돌볼 능력은 없기 (모든 지식은 결국 바로 이 점에 대한 이해 증진이므로) 때문이거나, 아니면 역으로 그런 능력이 있는지 없는지에 관해서 우리가 너무 모르기 때문이다. 그러나 그렇다고 한다면——틀림없이 이런 결론이 나오게 되는데——칭찬이나 비난을 하는 성향을 가진 역사가들도 같은 배를 타고 있는 처지고 어떤 표준도 다른 표준에 비해 더 객관적이라고는 할 수 없기 때문에, 그런 역사가들에 대해서도 도덕주의라든지 편향성이라는 혐의를 걸어서는 안 될 것이다. 애당초 이런 입장을 견지할 때 "객관적"이라는 단어가 무슨 뜻을 가질 수 있을까? 객관성의 정도를 측정하기 위해 우리가 사용할 표준은 무엇일까? 그 어떤 특정 믿음의 체계나 특정 문화에서 파생되지 않고, 세상의 모든 가치 척도들을 비교할 수 있게 해 줄 "초(超)표준(super-standard)" 따위가 있을 수 없다는 것은 당연하다. 한 국가의 법이 오로지 그 나라의 시민에게만 적용되듯이, 가치와 관련된 모든 검증은 내면적일 수밖에 없다. 역사적 객관성이라는 관념을 부정하는 근거는 국제법 또는 국제적 도덕을 부정하는 근거와 흡사하다. 그런 것은 존재하지 않는다는 것이다. 아니 그보다 한 술 더 뜬다. 그런 관념에는 아무 의미가 있을 수 없다. 왜냐하면 궁극적 표준이란 그것으로 우리가 사물을 재는 것이므로, 그 표준 자체를 다른 무엇으로 잰다는 것은 정의(定義)상 불가능하기 때문이다.

이는 그야말로 자기가 쏜 폭약에 자기가 맞는 격이다. 모든 표준이 상대적이라고 선포되어 버렸기 때문에 역사 서술에서 편향성이나 도덕주의를 죄악시하는 태도나 옹호하는 태도나 어떤 초표준이 없는 한 결코 합리성에 근거해서는 죄악시될 수도 없고 옹호될 수도 없는 것을 죄악시하거나 옹호하는 셈이 되고 만다. 모든 태도가 다 도덕적으로 중립이 되고 만다. 심지어 중립이라는 말조차도, 왜냐하면 그 반대 명제를 반박할 길이 없으니까, 할 수 없다. 그러므로 이 주제에 관해서는 아무 말도 할 수가 없게 되고 만다. 이렇게 보면, 이 입장은 그 전체가 결국 모순으로 회귀한다는 말이다. 도덕에 반대하는 학파의 주장 어딘가에 치명적인 오류가 숨어 있음에 틀림 없다.[47]

---

[47] 역사적 객관성에 관한 일반적 회의에서 발생하는 역리는 아마 다르게 표현될 수 있을 것이다. 이런저런 역사가의 도덕주의적 태도에 대한 불평의 근거로 제시되는 주요 이유 중에는 그의 가치척도 때문에 그의 판단이 왜곡되어 결국 진실을 뒤집는 결과를 낳는다는 점이 있다. 그러나 역사가들도 다른 사람들과 마찬가지로 특정 물질적 (또는 물질 이외의) 요인들에 의하여, 그 요인들을 어떻게 측정하고 포착할 것인지는 접어 두고, 그들이 지금 사유하는 바와 같이 사유하도록 조건화되어 있다는 전제를 염두에 두면, 언필칭 그들의 편향성이라는 것도 그들 사유를 구성하는 다른 모든 요소들과 마찬가지로 그들이 처한 "궁지"로 말미암은 불가피한 결과일 뿐이다. 더구나 그런 편향성에 대한 우리의 반대, 그리고 예컨대 민족주의 역사가 또는 경직된 마르크스주의 역사가 또는 그밖에 여러 형태로 나타나는 적의나 선입견을 단죄할 때에 우리가 근거로 삼는 불편부당이라는 이상, 객관적 진실에 관한 표준도 모두 마찬가지로 인과적으로 초래된 결과일 뿐이다. 왜냐하면 암커위로 만든 주관적 요리라고 해서 수커위로 만든 객관적

이제 이 주제와 관련하여 보통 사람들의 정상적인 생각을 살펴보자. 일상적인 상황에서 정치가로서 크롬웰이 어떤 점수를 받아야 하는지 평가한다고 할 때, 파스퇴르는 인류에게 공헌한 사람으로 보고 히틀러의 행동은 비난할 때, 우리가 지금 유난스럽게 위험하거나 수상한 소리를 늘어놓는다고 느끼지는 않는다. 예컨대 벨로크나 매콜리는 랑케나 크라이턴이나 엘리 알레비[48]에 비해 객관적 진리에 관

요리와는 다른 양념을 치지는 않기 때문이다. 공산주의자나 쇼비니스트들의 견지에서 생각해 보면 우리의 "객관적" 태도는 그네들의 표준을 다 같이 공격하는 것으로 비칠 것이다. 그들의 눈에는 자기네 표준이 어느 다른 표준에 못지않게 타당하고 자명하고 절대적일 테니. 이와 같은 상대주의적 관점에서는 모든 특정 시각 그 자체에 대한 거부를 전제하고 출발하는 어떤 절대적 표준이라는 발상 자체가 말도 안 되는 것이 된다. 편파나 편향, 도덕적 (또는 정치적) 선전을 겨냥한 모든 불평이 이 시각에서는 논의 대상조차 되지 못한다. 우리 시각과 합치하지 않는 것을 우리는 잘못된 길로 간다고 말한다. 그러나 그로써 우리가 주관주의의 오류를 저지르는 셈이라면 그 점을 지적하는 것도 마찬가지다. 결국 그 어떤 견해도 혹 더 넓은 지식에 근거하고 있지 않는 한 (이에 관해서도 그 넓음을 측정하는 데 공통적으로 합의된 표준이 있다는 전제가 필요하다) 다른 견해보다 우월할 수 없다. 지금 여기에 살고 있는 생긴 모습 그대로가 바로 우리다. 그리고 역사가들은 실제로 그러하듯, 각자 나름의 방식으로 사실들을 선별하고 강조하고 해석하고 평가하고 재구성하고 제시할 따름이다. 각 민족과 문화와 계급 역시 각기 나름의 방식으로 그렇게 한다. 이러한 견해에 따르면, 어떤 역사가가 특정 가치를 의식적으로 또는 무의식적으로 선전한다고 그를 배격해서 이루어지는 일은 오로지 우리와 그 역사가 사이에 도덕적, 지적, 역사적 거리가 어느 정도인지가 드러날 뿐이다. 그 이상은 아무것도 없다. 우리는 단지 우리 자신의 개인적 입장에 밑줄을 긋고 있는 것이다. 역사가들이 역사적으로 조건화되어 있다고 믿으면서 동시에 역사가들에 의한 도덕적 입장 표명에 반발하는 사람들의 견해에——카처럼 [그런 역사가의 무지를] 경멸하든 버터필드처럼 [인간의 한계가 그것밖에 안 되는 것을] 유감스럽게 느끼든——들어 있는 치명적인 내부 모순이 바로 이것이다.

48) (옮긴이) 엘리 알레비(Élie Halévy, 1870~1937): 프랑스의 철학자, 역사가. 영국 공리주의 및 19세기 영국 사상을 연구하여 『영국 철학적 발본주의의 형성(*The Formation of English Philosophical Radicalism*)』(3 vols., 1901-4)을 주저로 남겼다.

하여 상정한 표준이 다르거나, 기준이 같았다면 그 기준을 적용하는데 그들만큼 불편부당하지는 않은 것 같다는 말을 이상한 소리로 느끼지는 않는다. 이런 말을 함으로써 우리는 무엇을 하는 것일까? 그저 크롬웰이나 파스퇴르나 히틀러의 성격과 활동에 대하여 각자 사적으로 승인하는지 부인하는지를 표현할 뿐일까? 그저 우리 각자가 랑케의 결론이나 알레비의 일반적 논조에 동의한다고, 매콜리나 벨로크보다는 그들의 결론과 논조가 대체로 우리 입맛에 맞으며 (우리 자신의 관점과 기질로 말미암아) 우리를 더 기분 좋게 해준다는 말을 하고 있는 것일까? 크롬웰의 정책이나 그 정책에 대한 벨로크의 해설에 대한 우리의 논평에 누가 보기에도 분명한 비난의 색조가 묻어 있다면, 그것은 단지 그들에 대하여 우리가 우호적이지 않고, 우리의 도덕적 지적 이상이 그들과 다르다는 점만을 보여줄 뿐, 그들이 달리 행동할 수 있었고 따라서 했어야 했다는 우리의 생각은 보여주지 않는 것일까? 그리고 만일 그들이 달리 행동할 수 있었고 따라서 했어야 한다고 우리가 생각한다면, 이는 단지 (아무도 그럴 수 없기 때문에) 그들도 달리 행동할 수 없었다는 사실을 깨닫지 못하는 우리의 심리적 무능력 또는 그들이 달리 행동할 수 있었다는 (했어야 했다는 소리는 접어두더라도) 소리를 입에 담을 정도로 우리 안에 무지가 깊게 자리 잡고 있음을 드러내는 징후일 뿐일까? 그런 소리는 하지 말고 우리 모두가 완전히 마찬가지로 또는 거의 마찬가지로 환각에 빠져 있음을 명심하는 것이, 도덕적 책임이라는 것은 과학이 없을 때 통용되던 허구였는데 지식이 증가하고 언어를 더욱 정밀하고 적절하게 사용할 줄 알게 되면서 그런 "가치가 개입된" 표현들과 그 표현들의 근저에 깔려 있는 인간의 자유라는 잘못된 발상은 개명된 사람의 어휘에서 또는 적어도 그들의 공공연한 발언에서는 마침내 사라질 것으로 기대된다는 점을 명심하는 것이 문명의 세례를 더 많이 받은 사람의 태도일까? 내가 보기에는 위에서 논의한 신조에서 이와 같은 결론들이 바로 도출되는 것 같기에 하는 말이다. 우리가 너무 많이 알기 때문에 또는 너무 적게 알기 때문에 도덕적 판단은 말이 안 된다는 견해에 못지않게, 선의에서 나오든 악의에서 나오든 결정론도 귀결은 같다고 생각된다. 특히 오늘날 세련되고 민감한 수많은 사상가들에 의해 견지되고 있는 입장이 비록 그 형태는 다양하지만 결국은 이것으로 귀결된다. 하지만 이 입장은 세계와 인간에 관하여 너무 어려워서 납득할 수 없는 신조, 다시 말해서 우리 모두에게 너무나 당연한 수많은 기본적인 구분들, 우리의 일상적인 언어 사용에 불가피하게 반영될 수밖에 없는 구분들을 근거 없는 것으로 몰아붙이는 신조 위에 서 있다. 만약 그런 신조들이 옳다면 우리가 의문의 여지 없이 받아들이는 것들 중에서 틀렸다고 판명되는 것이 너무나 많아서 경악을 금치 못하게 될 것이다. 더구나 이런 역설을 뒷받침할 강력한 사실적인 근거도 없고 그것을 받아들이지 않을 수 없게 만드는 논리적 근거도 없다. 그런데도 이런 역설이 우리에게 강요되고 있는 것이다.

비록 도덕 설교에서 완전히 벗어나는 것은 이 세상에서 기대하기 어렵겠지만 (왜냐하면 모든 인간은 어쩔 수 없이 각자 나름대로 다양한 도덕적 심미적 종교적 표준에 따라 생각하고 살 수밖에 없기 때문이다), 그러나 역사를 서술할 때에는 도덕주의의 경향을 억누르려 애써야 한다는 주장도 같은 흐름에 속한다. 역사가로서 의무는 서술과 설명에만 있지 평결을 선포하는 데에 있지 않다는 것이다. 역사가는 판사가 아니라 탐정이기 때문에 증거를 제시할 뿐이고, 그로부터 어떤 도덕적 결론을 이끌어 낼지는 전문가의 직업적 책임감을 전혀 가지지 않은 독자들의 몫이라는 말이다. 역사와 도덕 설교를 혼동하지 말라는 일반적인 경계의 의미라면, 특히 오늘날과 같이 지독한 당파적 감정이 팽배한 시대에 이는 충분히 시의적절하다. 그러나 여기에는 액면 이상의 의미가 숨어 있다. 왜냐하면 이 주장은 자연과학 중에서도 보다 엄밀한 일부에 역사를 견주는 잘못된 유추에 의존하기 때문이다. 엄밀성이 확보되는 자연과학의 분야에서는 객관성이라는 개념이 명확하게 정립된 의미를 가진다. 각 분야에 따라 나름대로 정밀하게 정의된 방법과 기준이 세심하고 주의 깊게 사용되고, 증거와 논증과 결론이 각 분야의 특정 목적에 맞추어 고안되고 사용되는 전문 용어를 통해 표현되며, 상관없는 고려들, 다시 말해서 해당 분야의 기본 규범에 의해 명확하게 배제되는 개념이나 범주들은 전혀 (또는 거의) 끼어들 여지가 없다는 점 등이 그 의미이다.

역사를 과학이라 불러서 무슨 소용이 있는지 없는지는 잘 모르지만, 이런 의미의 과학이라면 역사는 분명히 아니다. 왜냐하면 역사에서 사용되는 개념과 범주 중에 역사에만 특유한 것은 전혀 아니면 거의 없기 때문이다. 역사학을 위한 특별한 기법과 특별한 개념들을 구축해 보려는[49] 시도들은 부질없는 일로 판명났다. 왜냐하면 그런 기법과 개념들은 인간의 경험을 너무 도식화하여 잘못 서술하거나 아니면 우리의 문제에 대하여 아무 대답도 주지 못하는 느낌을 주었기 때문이다. 보통 사람들과 일상적으로 접하면서 편향이나 부정확, 어리석음, 부정직을 비난하듯 역사가를 상대로도 그럴 수 있고, 그런 악덕에 상응하는 미덕들로써 칭찬할 수도 있다. 그리고 이때에 대개 요구되는 정의감과 이치가 상대가 누구냐에 따라 달라지지는 않는다. 일상적인 언어생활에서 어떤 기본적 요소들, 이를테면 가치 판단을 조금이라도 담고 있는 모든 것, 우리의 통상적이며 거의 눈

---

[49] 다른 학문 분야, 예컨대 사회학이나 경제학이나 심리학을 원용하여 성과를 기하려는 것이 아니라.

에 띄지도 않는 도덕적 심리적 태도들을 제거해 버린다면 그 언어생활이 아주 이상하게 바뀔 테니까, 그러므로 우리가 객관성이나 불편부당이나 정확성이라 간주하는 것들을 지키기 위해 그런 것들을 반드시 제거해야 한다고는 생각할 수 없듯이, 똑같은 이유로 역사 서술에서도 객관성이나 정확성을 사리에 맞는 수준으로 유지하기 위해 그처럼 발본적인 대책이 필요한 것은 아니다. 물리학자가 한 사람으로서 말할 때에 비해 물리학자로서 말할 때에는 상당히 다른 목소리로 말할 수 있다는 데에는, 비록 심지어 그 경우에도 두 어휘 사이에 경계는 결코 명확하지도 절대적이지도 않지만, 일리가 있다. 경제학자나 심리학자에 대해서도 어느 정도는 이 말이 맞을 수 있을 것이다. 그러나 수학적 방법을 뒤로 하고 예컨대 고문서학이라든지 과학사라든지 양모산업의 역사와 같은 분야로 가면 그 말에 담긴 일리는 점점 줄어든다. 그리하여 사회사나 정치사를 연구하는 학자에 이르면 그가 그 분야에서 필요한 전문적이고 엄밀한 기법을 아무리 깊게 익혔다고 할지라도 그런 말은 거의 언어도단에 가까워진다. 역사가 상상의 문학과 같은 것은 아니지만, 그래도 속수무책으로 주관적이라거나 심지어 직관적이라는 (경험적인 의미에 국한된 의미의 직관) 이유로 자연과학에서는 배척되어야 맞는 그런 것들과 역사가 분리될 수는 없다. 역사가 행태주의적이어야 한다는 전제, 풀어서 말하면 인간을 공간상의 물리적 대상으로만 다루어야 한다는 전제를 기반으로 삼지 않는 한, 역사의 방법은 엄격한 과학의 표준에 동화될 수 없다.[50] 인간을 (단지 사건들이 진행하는 와중에 위치하는 인과적

---

50) 역사가 이런 점에서 물리적 서술과 다르다는 점은 오래전에 비코(Vico)가 발견하였고, 나중에 헤르더(Herder)와 그 추종자들이 아주 풍만한 상상력으로써 생생하게 개진한 진실이다. 일부 19세기 역사철학자들이 이로부터 과장과 무절제로 빠지기는 했지만, 이 진실은 여전히 낭만주의 운동이 인류의 지식에 이바지

요인에 불과한 것이 아니라) 목적과 동기를 가진 피조물로 보기 위해서 만이라도 반드시 필요한 최소한의 도덕적 심리적 통찰과 평가마저도 역사가들이 억눌러야 한다는 요구는 내가 보기에 인문학 연구의 목적과 방법을 자연과학과 혼동한 데서 비롯된 것이다. 순전히 서술적이기만 하고 서술자의 개인적 성향이 완전히 배제된 역사란 언제나 그랬듯이 한 조각의 추상적인 이론일 뿐으로, 이전 세대가 보인 신소리나 허영에 대한 반동으로서도 과장된 것이다.

V

모든 판단은 사실이나 가치나 그 둘 모두에 관한 일반화 위에서 이루어지며 그 자체가 또한 일반화이므로, 그런 일반화를 통하지 않고는 어떤 의미도 가질 수 없다. 사실에 관한 판단은 확실히 그렇다. 이는 뻔한 만큼 전혀 놀라운 일이 아닌데, 무서운 오류로 이어질 수도 있다. 그리하여 진실은 반드시 (반드시까지는 아니라면 원칙적으로) 과학적 일반화의 형태로 (다시 말해 수학적으로 명백하거나 아니면 최소한 수학에 준하는 방식으로) 진술될 수 있다고 추정한 데카르트의 후예

한 가장 큰 공헌으로 남아 있다. 당시의 표현 방식에는 오해의 소지와 혼동이 많이 섞여 있지만, 깨달음의 골자는 역사를 자연과학으로 환원하는 것은 우리가 이미 알고 있는 진실을 의도적으로 고려에서 배제하고, 수학적이고 과학적인 분야들에 모든 것을 견주어 맞추는 잘못된 유추의 제단에 우리에게 가장 익숙한 내성(內省)에 의한 지식 대부분을 억지로 바치는 셈이라는 것이다. 죄에 (즉 관찰 자료의 "중립적"인 원본에서 조금이라도 벗어나면 죄가 된다) 빠뜨리는 모든 유혹에서 탈피하기 위해서 오리게네스(Origen)처럼 자기를 억제하고 고의로 자신의 몸을 찢어발기라고 인문학도들에게 촉구한 결과 역사학 (그리고 덧붙이자면 사회학) 저술들은 쓸데없고 부질없는 것이 되고 말았다.

들은, 콩트와 그 제자들이 그랬듯이 역사적 판단에서 불가피한 일반화도 무언가 가치 있는 것이 되려면 그런 식으로, 즉 증명 가능한 사회학적 일반화의 형태로 제시되어야 한다는 결론을 내렸다. 그런 식으로 표현될 수 없는 가치판단은 원칙적으로 완전하게 제거될 수 있는 "심리적" 잡동사니이므로 그런 것들만을 따로 쌓아둘 "주관적" 허드레 창고에나 들어가야 한다. 그리고 그것들이 들어설 자리가 없는 객관적인 영역에는 가능한 한 접근하지 못하도록 단속되어야 한다. 그것들은 기껏해야 중요하지 않은 것이고 최악의 경우에는 밝은 시야를 가리는 심각한 장애물이므로 모든 과학은 조만간에 그것들을 모두 털어내 버리도록 해야 한다(우리더러 이렇게 믿으라고 한다).

자연과학자들의 도덕적으로 "중립적인" 태도에 매혹되어 다른 분야에서도 그들을 모방하고 싶어하는 것은 충분히 이해할 수 있다. 그러나 이는 잘못된 유추에 기반을 두고 있다. 역사가들의 일반화에 담겨 있는 가치판단은 그 내용이 도덕적이든 정치적이든 미학적이든 아니면 (역사가들이 자주 자처하듯이) 순전히 역사적인 것이든 그 주제 자체의 특성과 내면적으로 연관된다는 점에서 가치판단이 주제의 외부에 위치하는 자연과학과는 다르다. 내가 한 사람의 역사가로서 프랑스 대혁명의 원인을 설명하고자 한다면, 나는 당연히 일정한 일반적 명제들을 전제로 삼으면서 출발할 것이다. 이를테면 외부 세계에 관하여 일상적으로 받아들여지는 모든 물리적 법칙이라든가, 모든 또는 대부분의 사람은 의식주를 비롯하여 자신의 몸을 보호할 수 있는 어떤 것들과 억울한 사정을 들어주거나 보상해 줄 장치와 같은 것이 필요하다고 전제할 것이다. 어쩌면 더욱 구체적으로 일정한 수준의 부 또는 경제력을 획득한 사람은 정치권력 또는 사회적 지위 없이는 언젠가는 불만을 느끼리라든지, 인간은 탐욕, 시기, 권력욕과 같은 다양한 열정에 휘말리는 존재라든지, 사람 중에는 남들보다 훨씬 더 야심이 많고 무자비하며 교활하고 광신적인 부류가 있다고 무의식적으로 전제할 것이다. 이것들은 공통된 경험에서 나오는 전제로, 그중 몇 가지는 아마도 틀렸고, 몇 가지는 과장이고, 몇 가지는 혼동이며, 몇 가지는 주어진 상황에 적용될 수 없을 것이다. 이중에서 자연과학의 가설과 같은 형태로 정리될 수 있는 것은 거의 없고, 결정적인 실험을 통해 검증될 수 있는 것은 더더욱 없다. 왜냐하면 이런 전제들은 대개 서로간에 체계적인 함축이나 배제를 운위할 수 있을 만큼, 그리하여 엄밀하게 논리적이거나 수학적으로 다루어질 수 있을 만큼 형식적인 구조 안에서 조직될 수 있을 정도로 정확하게 정의되지도 명확하지도 선명하지도 않기 때문이다. 더구나 이런 전제들을 만약에 그런 식으로 정형화하게 된다면 그 순간 유용성의 일부를 상실하게 될 것이다. 경제학의 (물리학이나 생리학은 접어두고라도) 이상화된 모델은 역사 연구나 서술에서 제한된 용도밖에 없을 것이다. 이들 정밀하지 못한 학문 분야들은 구체성, 모호성, 이중 의미, 암시, 생동감과 같이 상식적인 언어와 문학과 인문학의 속성 안에서 체현되어 있는 요소들에게 의존한다. 정확성의 정도와 종류는 의심할 나위 없이 맥락과 분야와 주제에 달려 있다. 대수(代數)의 규칙과 방법을 소설 창작에 적용한다면 어불성설이다. 소설 창작에는 그 나름대로 지독스럽게 까다로운 표준들이 있다. 라신[51]이나 프루스트[52]가 종사했던 활동 분야도 뉴턴이나 다윈이나 힐베르트[53]

---

51) (옮긴이) 라신(Jean Racine, 1639~1699): 프랑스의 극작가, 시인. 고전과 성경에서 따온 소재로 비극 작품을 주로 남겼다.

52) (옮긴이) 프루스트(Marcel Proust, 1871~1922): 프랑스의 작가. 『잃어버린 시간을 찾아서(À la recherche du temps perdu)』의 저자.

53) (옮긴이) 힐베르트(David Hilbert, 1862~1943): 독일의 수학자. 대수학에서 힐베르트 정리, 기하학에서 힐베르트 공리를 발견했고, 아인슈타인의 상대성 이론을 수학적으로 정형화하기도 했다.

의 분야에서 그런 것처럼 위대한 수준의 천재성을 요구하고 지성에 (그리고 상상력에) 도움을 준다. 그러나 이들 여러 (이론적으로 그 수는 제한되어 있지 않다) 종류의 방법이 서로 교환 가능한 것은 아니다. 서로서로 상대방에게서 배울 점이 많을 수도 있고 적을 수도 있다. 스탕달은 이를테면 18세기 감각주의자들에게서, 아니면 자기 당대의 이데올로그들에게서, 아니면 나폴레옹 법전에서 무언가를 배웠을 수 있다. 그러나 졸라가 가능성을 심각하게 고려했던 바와 같이, 과학적 방법에 의한 연구 결과를 직접적인 기반으로 삼고 그 결과에 의해 좌우되는 그야말로 "실험 소설"과 같은 발상은 러시아의 초기 공산주의 이론가들이 생각했던 집단 소설 창작이 성공 못한 것과 같은 이유로 성공할 수 없는 것이었다. 이는 우리가 아직 충분한 수의 사실들을 (또는 법칙들을) 알지 못하기 때문이 아니라 소설가가 (또는 역사가가) 서술하는 세계에 담겨 있는 개념들이 과학적 모델에서 사용되는 것처럼 인위적으로 제련된 개념들이 — 자연 법칙을 정형화하기 위해 고안된 이상화된 실체들이 — 아니라 그것들보다 구조상으로는 덜 말쑥하고 논리적으로는 덜 간단하지만 내용상으로는 훨씬 풍부하기 때문이다.

물론 어떤 과학적 "세계상"과 통상적인 의미의 인생관 사이에는 어느 정도 교류가 있다. 전자가 후자에게 아주 날카로운 자극을 줄 수 있다. H. G. 웰즈나 올더스 헉슬리 같은 작가들은 당대의 자연과학에서 과도한 영향을 받지 않았다면 그들의 작품에서 때때로 나타나는 식으로 사회와 개인의 삶을 묘사하지는 (또는 그토록 엉터리로 오해하지는) 않았을 것이다. 그러나 심지어 이런 작가들도 과학적 일반화로부터 실제로 무언가를 연역해 냈거나 진짜로 과학적 방법 비슷한 것을 자기네 작품에서 사용한 것은 아니다. 왜냐하면 그런 연역이나 방법은 과학 밖에서는 완벽한 어불성설만을 낳기 때문이다. 역사에 관한 저술에 대한 과학의 관계는 가까우면서도 복잡하다. 그러나 동일하다든지 유사하다는 관계는 확실히 아니다. 이를테면 고문서학이나 금석학이나 고고학이나 경제학이나, 또는 그밖에 역사 연구에 앞서 거쳐야 할 예비 분야들, 역사에 증거를 제공하고 특정한 문제를 해결하는 데 도움을 주는 분야들에서 과학적 방법은 필수불가결이다. 그러나 그런 분야에서 확립된 결과만으로는 역사 서술을 구성하는 데 결코 충분할 수 없다. 어떤 사건이나 인물을 선별할 때에는 그들이 특별한 정도로 "영향력"이나 "권력"이나 "중요성"을 가졌기 때문이다. 이러한 속성들은 양적으로 측정 가능하지 않고, 어떤 정밀한 과학 또는 그 아류에서 사용되는 어휘로는 기호화될 수 없는 것이 정상이다. 그렇지만 그것들도 사실에서 —— 사건에서 그리고 사람들에서 —— 추출되어 형상화된다는 것은 물리적이거나 연대기적인 특성들과 마찬가지이다. 더 이상 무미건조할 수 없게 사건들만을 앙상하게 나열한 연대기 안에도 그런 속성이 들어 있는 것이다. 이는 말할 필요가 없이 너무나 분명한 사실이다. 그렇다면 가장 명백하게 도덕적인 범주들, 즉 선악이나 옳고 그름과 같은 범주들이 사회나 개인이나 품성이나 정치적 행동이나 정신 상태에 관한 평가에 들어가 있을 때, "중요한"이나 "사소한"이나 "의미심장한" 등등과 같은 "비도덕적" 가치 범주들과 원칙적으로 완전히 달라서 후자는 반드시 들어가야 하지만 전자는 빠져야 한단 말인가? 알렉산드로스나 칭기즈칸의 정복이라든지 로마 제국의 멸망, 또는 프랑스 혁명이나 히틀러의 득세와 몰락처럼 일반적으로 "중요하다"고 간주되는 일을 중요하게 보는 관점에 들어 있는 평가는 그보다 명백하게 "윤리적인" 가치판단보다 상대적으로 더욱 안정적이라든지, 프랑스 혁명이나 러시아 혁명이 (어제 내가 흥얼거린 콧노래는 주요하지 않다고 말할 때의 의미로) "주요한" 사건이라는 사실에 관해서는 로베스피에르가 착한 사람이었는지 악인이었는지 또는 독일에서 나치 정권의 지도자들을 처형하는 것이 옳았는지 글렀는지에 관해서보다 더욱 일반적인 의견의 일치가 있다는 식의 주장이 있을 수 있다. 이 주장에서 말하는 대로 어떤 개념과 범주는 다른 개념과 범주보다 더 보편적이며 더 "안정적"이라는 데에는 의문의 여지가 없다.[54] 그러나 그렇다고 해서 그것들이 어떤 절대적인 의미에서 "객관적"이며 윤리적 관념들은 객관적이지 않은 것은 아니다. 왜냐하면 우리의 역사적 언어, 과거의 사건과 인물에 관해 성찰하고 묘사할 때 사용되는 생각과 단어들에 이미 도덕적 개념과 범주들이 — 영속적인 표준들과 일시적인 표준들이 — 여타 가치 개념들에 들어 있는 것만큼 깊게 스며들어 있기 때문이다. 나폴레옹이나 로베스피에르가 역사적으로 중요하므로 주목을 받을 만하고 그들의 "부수적"인 추종자들은 그렇지 않다는 우리의 관념은 (그리고 "주요한"과 "부수적"과 같은 단어들 자

---

54) 그러한 "안정성"이란 정도의 문제이다. 이론상 우리의 모든 범주는 변할 수 있다. 예컨대 삼차원이라든지, 일상적으로 지각되는 공간은 무한히 연장된다든지, 시간의 흐름은 불가역적이라든지, 물질적 대상은 다수이며 셀 수 있다는 등등, 물리적 범주들이 아마도 가장 고정되어 있을 것이다. 그러나 심지어 이와 같은 가장 일반적인 속성에서도 변화를 원칙적으로 상상할 수 있다. 그 다음으로 색, 모양, 맛과 같이 감각되는 속성들 사이의 질서와 관계를 보면, 과학의 기초가 될 획일성이 쉽게 무너지는 경우들이 동화나 과학적 연애소설에서 그려진다. 가치에 관한 범주들은 이보다도 더 유동적인데, 이 중에서도 도덕적 표준보다는 예절의 규칙이, 예절의 규칙보다는 각자의 기호(嗜好)가 더 요동이 심하다. 각 범주 안에서도 개념들에 따라 가변성의 정도는 다르다. 이와 같은 정도의 차이가 이른바 종류의 차이를 구성할 정도로 현저해질 때, 우리는 "객관적"과 같이 간격이 넓고 더욱 안정적인 구분을 일컫고 그 반대의 경우에는 간격이 좁고 덜 안정적인 구분을 일컫는 경향이 있다. 그렇지만 날카롭게 모가 난 경계선은 없다. "영원한" 표준에서부터 순간적으로 스쳐 지나가는 반응까지, "객관적" 진리에서부터 "주관적" 태도에 관한 규칙까지 개념들은 연속선 위에 있다. 그리고 그것들은 아주 다양한 차원에서 서로 얽혀 있는데, 종전에 어느 누구도 예상하지 못한 각도에서 그것들을 지각하고 분별하고 서술할 수 있다면 천재라는 표지일 것이다.

체의 의미는) 나폴레옹이나 로베스피에르가 당대 수많은 사람들의 (그리고 우리 자신의 이익과 이상과도 연결되어 있는) 이익과 이상을 증진하거나 감퇴하는 데 아주 상당한 역할을 했다는 사실에서 나온다. 그러나 그렇다고 한다면 그들에 관한 우리의 "도덕적" 판단도 마찬가지로 거기서 나온다. 가능한 한 "객관적"인, 다시 말해서 우리가 할 수 있는 한 공개적으로 발견할 수 있고 검증할 수 있고 비교할 수 있는 사실들에 의해 뒷받침되는 설명을 구할 때, 너무나 주관적이라서 거기에 들어갈 수 없는 판단의 경계선을 어디에 그어야 하나? 이는 일상적 판단이 답할 문제이다. 다시 말해서, 통상적인 의사소통에서 이럭저럭 당연시되는 모든 전제들과 함께 우리 자신의 시대와 장소와 사회에서 우리 자신이 상대하는 사람들 사이에서 그렇게 통하는 것이 그 답이다.

"주관"과 "객관" 사이에 어떤 딱딱하고 분명한 선이 있을 수 없다고 해서 거기에 아무 경계도 없다는 결론이 나오지는 않는다. "중요성"에 대한 판단은 통상 "객관적"이라고 자임되는 반면에 도덕적 판단은 자주 "주관적"일 뿐이라는 의심을 받는 만큼 양자가 어떤 점에서 다르다고 해서, "도덕"은 곧 "주관적"이라는 결론이 나오지는 않는다 ── 본질적인 것과 비본질적인 것, 결정적으로 중요한 것과 사소한 것을 구분하는 미학에 준하는 판단 또는 정치적인 판단에는 무언가 신비로운 속성이 있어서 그 속성으로 말미암아 그런 구분은 대충 우리의 역사적 사유와 서술에서 고유한 자리를 차지한다는 결론이 나오지는 않는다. 책임감 그리고 도덕적 자격과 관련되는 윤리적 함축들이 외부적 곁다리인 양, 마치 공통적으로 수용되고 공개적으로 검증할 수 있는 "딱딱한" 사실에 대한 일련의 주관적, 감정적 태도에 불과한 것처럼, 그런 사실들 자체가 그와 같은 가치판단을 통해 포착되는 것이 아니라는 양, 마치 진정으로 사실인 것과 그 사실에 대한 가치판단 사이에 역사가나 아니면 다른 누군가가 딱딱하고 분명한 구분을 할 수 있다는 듯이, 그리하여 "사실들"은 과학의 규칙에 따라 가능한 한 그 어떤 도덕적 덧칠도 없이 서술되어야 하는 반면에 가치판단은 물리학이나 화학 (그리고 경제학이나 사회학도 의심할 나위 없이 마찬가지이다) 등의 분야에서 제거될 수 있고 제거되어야 할 쓸데없는 군더더기인 양, 윤리적 함축이라는 낡은 관습을 벗어버릴 수 있다는 결론이 나오지는 않는다.

VI

성격과 행동에 대한 책임을 자연적 제도적 원인으로 돌려야 한다는 입장의 편에서 온갖 주장들이 나왔고 나오고 있다. 개인과 그들의 자유로운 행동에 너무 많은 책임을 귀착시키는 맹목적이고 지나치게 단순한 행동 이론을 수정하기 위해 온갖 노력들이 경주되고 있다. 사람들이 처한 물질적 환경이나 교육이나 여러 "사회적 압력"이 미친 영향을 고려할 때, 그들이 지금 실제로 하고 있는 행동 말고 달리 행동한다는 것은 어렵거나 불가능했음을 보여주는 강력한 증거가 있다. 심리학적 사회학적 고려 중에서 상관이 있는 것들은 모두 고찰되었다. 몰인격적 요인들도 모두 각각의 비중에 따라 고찰되었다. "패권주의"와 민족주의를 위시해서 모든 역사학의 이단들이 폭로되고 반박되었다. 명백한 어불성설에 빠지지 않는 한도까지, 과학의 순수하고 가치중립적인 상태를 열렬히 추종하도록 역사를 인도하는 노력도 모두 기울여졌다. 이처럼 지독한 일들이 모두 행해졌는데도, 우리는 여전히 계속해서 칭찬도 하고 비난도 하고 있다. 우리는 남도 비난하고 우리 자신도 비난한다. 그리고 더 많이 알게 될수록 아마 비난할 일도 더 많아지는 것 같다. 그러니 우리 자신의 행동을—우리 자신의 동기와 그것을 둘러싼 환경을—더 잘 이해하게 될수록, 자기 비난에서 점점 더 해방되는 느낌을 틀림없이 가지리라는 말에는 놀라지 않을 수 없다. 대개는 그 반대가 맞기 때문이다. 우리 자신의 행동 경로를 더 깊게 탐사할수록 우리의 행동은 비난받아 마땅한 것으로 우리에게 비치게 되고, 우리는 더 많은 회한을 느끼게 되는 것일지도 모른다. 그리고 이 말이 나 자신의 경우에 맞는데, 남들은 반드시 언제나 그렇지 않으리라고 나더러 생각하라는 것은 이치에 맞지 않는다. 나와 다른 사람들의 처지는 다를 수 있다. 그러나 그 어떤 유비도 할 수 없을 정도로 그 차이가 언제나 큰 것은 아니다. 우리 자신도 때로 부당한 혐의를 쓸 수 있다. 그러므로 남을 부당하게 비난할 가능성에 대해 민감하게 경계해야 한다. 그러나 비난이 부당할 수 있고 부당한 비난의 유혹이 너무 클 수 있다는 것만으로, 비난은 결코 정의로울 수 없다는 결론이 나오지는 않는다. 판단이 무지에 기초할 수 있고 과격하거나 전도되었거나 어리석거나 얄팍하거나 불공평한 생각에서 나올 수 있다고 해서, 그런 것들에 반대되는 성질이 아예 존재하지 않는다는 결론이 나오지는 않는다. 역사에서 어느 정도의 상대주의와 주관주의를 받아들이지 않을 수 없도록 무언가 신비스러운 경로를 통해서 결정되어 있다는 결론이 그런 이유 때문에 도출되지는 않는다. 오히려 우리는 우리의 일상적인 사유와 통상적인 대인관계에서 상대주의나 주관주의에 묶이지 않고 자유로운데, 신비스럽기로 하자면 왜 그런지가 더할 것이다.

이 입장에 들어 있는 가장 큰 오류가 무엇인지는 이제 새삼 지적할 필요가 없을 정도로 분명해졌을 것이다. 이 입장에서는 우리가 자연 또는 환경 또는 역사의 피조물이고 그 점에서 우리의 기질과 판단과 원칙이 좌우된다고 설파한다. 모든 판단이나 평가는 그 나름의 시간과 장소에서 개인적 혹은 집단적인 요인들의 상호작용에 의해 그렇게 되도록 만들어졌기 때문에 상대적이고 주관적이다. 하지만 무엇에 대해 상대적이며 무엇과 대조할 때 주관적이라는 말인가? 시야를 가리는 그런 한정적인 요인들에서 독립되어 시간 밖에 있는 것으로 상정되는 어떤 패턴이 아니라 잠깐 있다가 사라지는 패턴에 따르도록 되어 있어서? 상대적인 개념들은 (폄하하는 의미의 것들은 특히) 대응 개념이 있어야 한다. 그렇지 않으면 그 자체가 무의미한 소리, 단순한 수다, 누군가를 깎아내리려고 고안된 선전문, 따라서 아무것도 서술하지도 분석하지도 않음을 스스로 노정할 뿐이다. 어떤 판단이나 방법을 두고 주관적이라거나 편향되었다고 꾸짖을 때 무슨 소리를 하고 있는지 우리는 알고 한다. 증거의 경중을 헤아리는 온당한 방법이 너무 많이 무시되었다든지, 통상 사실관계라 불리는 부분들이 간과되었거나 감추어졌거나 전도되었다든지, 다른 경우였다면 한 개인이나 사회의 행동을 설명하기에 충분한 것으로 통상 간주되었을 증거가 문제의 초점과 상관있는 모든 측면에서 그 경우들과 다르지 않은 이 경우에는 타당한 이유 없이 무시되었다든지, 해석의 규준이 사례에 따라 자의적으로, 즉 일관성도 원칙도 없이 변경된다든지, 문제되는 그 역사가가 자신의 (또는 우리의) 시대에 상궤로 받아들여지던 타당한 추론의 규준에 따라 증거로부터 도출되는 이유 말고 다른 이유가 있어서 특정한 결론을 세우고 싶어 하며 그 때문에 사실을 검증하고 결론을 증명할 때에 그 분야에서 상궤로 작동하는 기준과 방법을 그가 외면하게 되었다고 의심할 이유가 우리에게 있다든지, 이런 의미들 전부 또는 그중 몇 개를 합한 것 또는 그 비슷한 생각들이 그 뜻이다. 방금 나열한 목록은 피상적인 것과 심오한 것, 편향성과 객관성, 사실의 왜곡과 정직, 어리석음과 통찰력, 감정의 개입과 초연, 혼동과 명료함이 실제 상황에서 구분되는 여러 종류의 방식이다. 이제 만약 이러한 규칙들을 우리가 올바르게 파악했다면 그 누구를 향해서라도 위반 행위를 꾸짖을 자격을 온전히 갖춘 것이다. 그렇지 않다고 생각할 까닭이 무엇인가?

그러나 위에서 우리가 그토록 제약받지 않고 사용한 "타당한", "정상적", "온당한", "적실성", "전도된", "사실을 감추다", "해석"과 같은 단어들은 도대체 무슨 뜻인가 반문이 제기될 수 있다. 이들 결정적인 용어들의 의미와 사용은 과연 그렇게 고정적이고 모호하지 않은가? 한 세대에게 적실성이 있고 수긍할 만하다고 여겨지던 것이 다음 세대에게는 반대가 될 수도 있지 않은가? 한 역사가에게 의문의 여지없는 사실이 다른 역사가에게는 수상한 이론 구축의 일환에 불과한 경우가 많지 않은가? 이는 사실 맞는 말이다. 증거의 경중을 헤아리는 규칙도 변하는 것이 사실이다. 한 시대에 수용되던 자료가 한참 뒤의 후손들에게는 너무나 괴상망측해서 이해조차 할 수 없는 형이상학적 전제에 흠뻑 젖어 있는 것으로 비칠 수 있다. 그래서 모든 객관성은 주관적이다: 그 나름의 시간과 장소에 상대적으로 객관적이라 간주될 뿐이다. 모든 진리, 신빙성, 지적으로 비옥한 시대의 모든 통찰력과 모든 천재성도 단지 그들 자신의 "의견 풍토"에 상대적으로 그런 것일 뿐이다. 영원한 것은 아무것도 없다. 만물은 유전(流轉)한다.

그러나 이런 말들이 자주 운위되고 또 그럴듯하게 들리는 것도 사실이지만, 현재 논의하는 맥락에서는 다만 수사에 불과하다. 사실의 결 안에 이미 가치판단이 들어가 있기 때문에, 사실과 가치판단을 예리하게 구분할 수는 없다. 그러나 우리는 사실과 사실에 대한 해석은 실제로 구분한다. 그 경계선이 선명하지 않을 수는 있다. 하지만 만약 내가 스탈린은 죽었고 프랑코 장군은 아직 살아 있다고 말한다면, 내 말이 맞을 수도 있고 틀릴 수도 있지만, 제정신을 가진 사람으로서 내가 어떤 이론이나 해석을 제시하고 있다고 볼 사람은 없을 것이다. 반면에 스탈린은 영아기에 유모에게서 속박을 받아 공격적인 성격이 형성되었고 그 때문에 수많은 영세 농민층을 박멸한 데 비해, 프랑코 장군은 그런 경험을 겪지 않아서 그렇게 하지 않았다고 말한다면, 내가 아무리 자주 "…… 것은 사실"이라고 강조하더라도 사회과학을 공부하는 학생 중에 아주 순진한 친구를 제외하면 어느 누구도 내가 지금 사실을 지적할 뿐이라고는 받아들이지 않을 것이다. 마찬가지로 투키디데스에게 (또는 심지어 어떤 수메르인 서기에게) 상대적으로 "딱딱한" 사실과 상대적으로 "논쟁의 여지가 있는" 해석 사이에 아무런 근본적인 차이가 없었다고 누가 말한다면, 나는 그 말을 쉽게 믿지 않을 것이다. 그 경계는 의심할 나위 없이 언제나 넓고 모호하다. 문제되는 명제들이 얼마나 일반적인지에 따라 경계가 계속 바뀌는지도 모른다. 그러나 일정한 한계 내부의 어느 곳에 그 경계가 있는지를 모른다면 서술 언어 전체를 이해할 수 없을 것이다. 우리와 멀리 동떨어진 문화의 사유 양식이 우리에게 이해될 수 있는 것은 오로지 어떤 정도로든 우리가 그들의 기본적인 범주를 공유하는 한도 안에서다. 그리고 사실과 이론의 구분도 그 공유되는 기본 범주 중의 하나다. 어떤 역사가가 심오한지 얄팍한지, 그의 판단이 객관적이고 불편부당한지 아니면 어떤 특정한 가설에 강박적으로 얽매여 있거나 걷잡을 수 없는 감정에 사로잡혀 있는지에 관해서는 특정한 상대와 나 사이에 논쟁이 있을 수 있다. 그러나 내가 방금 나열한 대조적인 용어들로써 내가 의미하는 바에 관해서는 내 논쟁의 상대라 할지라도 나와 완전히 의견이 다르지는 않을 것이다. 그렇지 않다면 이 세상에 그 어떤 논증도 불가능하다. 뿐만 아니라 서로 다른 문화와 시대와 장소 사이에서도 정확한 문서 해독이 가능한 경우라면, 모든 의사소통이 체계적으로 오해와 동상이몽만을 초래할 정도로 그 의미가 크게 다르지는 않을 것이다. "객관적", "맞는", "공정한"과 같은 단어는 내용의 범위가 아주 넓고, 용례는 다양하며 경계는 희미하다. 모호함과 혼동이 언제나 가능하며 심지어 위험하기조차 하다. 그럼에도 불구하고 그 용어들은 의미를 가진다. 그 의미가 실로 유동적일 수는 있지만, 정상적인 용례들에 의해서 공인된 한계 안에 머물면서, 연관 분야에서 활동하는 사람들에게 공통적으로 수용된 표준을 준거로 삼는다. 이는 단지 한 세대나 한 사회 안에서만이 아니라 시간과 공간상으로 아주 멀리까지 걸쳐서 일어나는 일이다. 그와 같은 결정적인 용어, 개념, 범주, 표준들도 의미와 적용이 가변적이라는 점만을 추궁하는 지적은, 마치 그처럼 변하지는 않는 어떤 방법이 있어서 그것을 가지고 그러한 변화를 어느 정도까지 추적할 수 있다고 추정하는 셈이다. 만약 그 방법마저 가변적이라면, 그 변화의 경로는 우리가 발견할 수 없다는 결론이 가정에 의해 필연적으로 나오기 때문이다.[55] 그리고 그것이 만일 발견할 수 없는 것이라면 폄하할 수도 없다. 그러므로 언필칭 우리의 주관성이나 상대성, 부단히 변화하는 세계에서 우리의 표준만이 절대적이라고 믿는 장엄과 영속에 관한 우리의 착각을 혼내주기 위한 회초리로도 그것은 사용될 수 없다.

그런 주장은 인생이 꿈과 같다는 주장과 닮았다. 때때로 이런 주장을 아무 생각 없이 발전시키는 사람도 있다. 그러나 "모든 것"이 꿈일 수는 결코 없다고 나는 대들 것이다. 왜냐하면 모든 것이 꿈이라

---

55) 그러한 방법의 신빙성을 어떤 (때때로 방법론 연구라 일컬어지는) 방법에 관한 방법으로써 정형화하고 검증할 수 있다는, 그리고 방법에 관한 방법의 신빙성은 방법에 관한 방법에 관한 방법으로써 검증한다는 터무니없는 길로 접어들지 않는 한 그렇다는 말이다. 우리가 무슨 일을 하고 있는지에 관해서 정신을 잃지 않으려면 어디선가는 멈춰야 할 것이다. 그리고 원하든 말든 그 단계를 절대적인 것으로 "영속적인 표준"의 고향으로 수용해야 할 것이다.

면, 꿈과 대조할 것이 아무것도 없게 되므로, "꿈"이라는 개념 자체가 모든 구체적인 준거를 상실하게 될 테니까. 우리더러 꿈에서 깨어나라고 그들은 촉구한다. 즉, 일상적인 꿈을 꾼 다음에 깨났을 때와 같이, 지금 우리의 삶을 마치 간밤의 꿈을 기억하듯 회상하는 상태를 경험하라는 것이다. 그 말이 맞을지도 모른다. 그러나 세상이 지금과 같은 한, 그 가설을 경험적으로 옹호하는 증거도 반박하는 증거도 찾을 수 없다. 모종의 비유이기는 한데, 비유의 한쪽 날개가 전혀 보이지 않는다. 그러므로 그런 가설의 힘을 빌려 우리더러 일상적으로 깨어 있는 삶의 실재성을 깎아내리라고 한다면, 그러면서도 그 대안으로 제시되어야 할 경험의 형태가 무엇인지를 우리의 일상적인 경험에 입각해서는 그리고 우리의 정상적인 언어로는 그야말로 표현할 수도 묘사할 수도 없다면, 그리하여 그 대안적인 경험에서는 꿈과 현실을 어떻게 구분하는지에 관해 우리가 원칙적으로 단 한 조각의 시사도 얻을 수가 없다면, 도대체 뭘 하라는 것인지 이해할 수 없다고, 그런 제안은 문자 그대로 무의미하다고 대답하는 것이 이치에 맞을 것이다. 사실 오래되어 진부하지만 내용은 옳은 격언이 딱 들어맞는 상황이다──모든 일을 한꺼번에 의심할 수는 없다. 그랬다가는 어떤 것도 다른 것보다 더 의심스럽지는 않을 것이기 때문에 비교의 준거가 사라지게 되고 따라서 의심하기 전에 비해 아무것도 달라지지 않기 때문이다. 그러므로 이와 똑같은 이유로, 사실과 논리와 윤리와 정치와 미학에 관한 모든 규범과 기준이 역사적 또는 사회적 또는 여타 다른 종류의 조건화에 의해서 속수무책으로 물들어 있으며, 안정적이고 신뢰할 만한 것은 아무것도 없고 모든 것이 일시적 임시변통일 뿐으로, 단지 시간과 우연만이 그것들을 청소하리라는 식의 일반적인 경고는 다만 공허한 소리로 치부하고 받아들이지 않고 말 수도 있다. 그러나 모든 판단이 그처럼 물들어 있다면 그 물들어 있는 정도의 차이를 분별할 기준도 없을 것이다. 만약 모든 것이 상대적이고 주관적이고 우연의 소산이고 편향되어 있다면 더 상대적일 것도 더 편향될 것도 없게 될 것이다. "주관적", "상대적", "편견에 치우친", "편향된"과 같은 단어들이 비교와 대조를 위한 것이 아니라면, 즉 "객관적"(또는 적어도 "덜 주관적"), "편향되지 않은"(또는 적어도 "덜 편향된") 등의 반대 개념의 가능성을 함축하지 않는다면, 도대체 거기에 무슨 의미가 있단 말인가? 그런 단어들을 가지고 모든 것을 한꺼번에 가리킨다는 것은, 그리하여 대응 개념이 필요하지 않은 절대적인 의미로 사용한다는 것은 그 단어들의 정상적인 의미를 수사학적으로 전도하는 셈이다. 우리가 얼마나 약하고 무지하고 사소한 존재인지를 잊지 말라고 우리 모두에게 촉구하는 것은 일종의 일반적인 메멘토 모리와 같은 것으로,[56] 분명히 근엄하고 덕스러운 격언이고 어떤 점에서 의미도 있는 말이지만 역사에서 어떤 특정 도덕이론가나 정치인 또는 여타 개인이나 집단과 관련하여 책임을 물을 수 있느냐는 문제에 관해서는 전혀 진지하게 고려할 만한 주장이 될 수 없다.

존경받은 사상가들로 하여금 그런 견해를 갖도록 자극한 상황에 대하여 이 대목에서 다시 한 번 살펴보는 것이 좋을 것 같다. 만약 인간에 대해 우리가 이미 알고 있는 바를 모두 무시하고 개인이나 계급이나 사회를 영웅 아니면 악한, 완벽하게 희지 않으면 상상을 초월할 정도로 검다는 식으로 몰아붙인 "이데올로기에 사로잡힌" 역사학자들의 조야함과 양심 부족에 분개하여, 보다 민감하고 보다 정직한 역사학자와 역사철학자들이 떨치고 일어나 도덕 설교를 늘어

---

56) (옮긴이) 메멘토 모리(memento mori): "네가 죽을 수밖에 없음을 기억하라"는 뜻의 라틴어. 어떤 오만에 대한 경고로는 의미가 있을 수 있겠지만, 일반적인 사실 진술로는 하나마나한 소리가 된다는 취지로 언급되고 있다.

놓거나 교조적 표준을 적용하면 위험하다고 경고하는 것이라면, 우리는 박수를 치고 거기에 동참할 것이다. 그러나 이 반발이 지나치지 않도록, 참월을 방지하려다 참월을 저지르지 않도록, 고치려고 했던 병을 도리어 키우는 결과를 낳지 않도록 우리 자신을 되돌아봐야 한다. 관용의 전도사들은 비난이란 언제나 이해를 못한 탓이라고 한다. 인간의 책임과 죄와 잔인함에 대한 이야기들은 모두 복잡하게 얽힌 인간사의 실타래를 풀기 싫어서, 그 길고 미묘하고 끈기가 필요한 지겨운 노동을 피하고 싶어서 나오는 소리일 뿐이라고 한다. 상상력으로 충만한 공감의 능력을 발휘한다면 다른 사람이나 사회의 입장에 우리 자신을 언제나 대입할 수 있다고 한다. 우리와 다른 시대와 장소의 지성적 사회적 종교적 "풍토"를 그들이 처한 여건을 "재구성"해 보는 수고를 감수하기만 한다면, 우리가 지금 판단하려고 하는 그 행동들이 어떤 동기와 태도에서 비롯된 것인지 꿰뚫어 볼 수 (또는 적어도 윤곽은 파악할 수) 있을 것이고, 그러면 더 이상 그 행동을 쓸데없고 어리석고 잔인하고, 무엇보다도 이해할 수 없는 것으로 보지 않게 될 것이라고 한다.

이는 온당한 정서이다. 공정하게 판단하려면 충분한 증거가 우리 앞에 있어야 한다. 충분한 상상력이 있어야 하고 사회 제도가 어떻게 발전하는지 사람들이 어떻게 행동하고 생각하는지를 충분히 이해해야 한다. 그래야 우리와는 아주 많이 다른 시대와 장소와 성격과 궁지에 대한 이해에 도달할 수 있게 된다. 편견이나 감정에 사로잡히지 말아야 한다. 우리가 정죄하려는 사람들의 입장을 변호하는 논리를——액턴의 표현을 빌리면 그들 자신이 실제로 구사한 것 또는 그들 자신의 능력 안에서 가능한 최선의 것보다도 더 나은 논리를——구축할 수 있는 가능성을 찾기 위해 모든 노력을 다해야 한다. 과거를 오로지 승자의 시각에서만 바라보면 안 된다. 마치 진리와 정의는 언제나 순교자와 소수파에게 독점된다는 양, 정복당한 사람들에게만 너무 치우쳐서도 안 된다. 그러니 거대한 군사 세력도 공정하게 대접하도록 힘써야 한다. 이런 결론들이 그 정서에서 도출된다.

이를 반박할 수는 없다. 이 모두가 맞고 바르고 중요하고 아마도 새삼스러울 것도 없는 말이다. 그 논리적 등가물을 덧붙이자면, 다른 시대에는 다른 표준, 절대적이거나 불변인 것은 없고, 시간과 우연에 따라 모든 것이 가변적이라는 말인데, 이 역시 하나마나할 정도로 당연한 소리일 뿐이다. 우리 시대 우리 문화 안에서도 사람들이 추구하는 삶의 목표, 궁극적인 목적이 다양하다는 사실, 그 사이에서 갈등이 빚어질 수 있고 사회와 정파와 개인들 사이에 충돌이 일어날 수 있으며, 우리 시대와 나라의 목적은 다른 시대 다른 관점을 가진 사람들의 목적과 크게 다르다는 사실을 상기하기 위해 이처럼 이제는 너무나 익숙해진 단순한 진실을 극적으로 치장할 필요는 없다. 상호 나름대로 궁극적이며 신성하다는 점에서 동등한 목적들 그러나 사람이나 집단들 사이에 또는 심지어 한 개인 안에서도 서로 조화를 이루기 어려운 목적들 사이에서 발생한 마찰이 비극적이며 피할 수 없는 대충돌로 이어질 수 있는 경로를 이해한다면, 도덕과 관련되는 사실들을 어떤 절대적인 기준에 맞춰 인위적으로 정리하려는 식으로 왜곡하지는 않을 것이다. (18세기의 도덕주의자들에게는 미안한 얘기지만) 좋은 일들끼리도 반드시 조화로운 관계는 아님을 깨달아, 문화와 민족과 계급과 개별적인 사람에 따라 생각이 바뀌고 다르다는 사실을 이해하려고, 다른 것은 다 접어두더라도 자기 집에서 만든 어떤 간단한 교조를 준거로 삼아서 그중에서 누가 옳고 누가 그른지를 따지지는 않으려고 노력할 것이다. 18세기 파리의 반골 지식인들의 도덕적 지적 표준에 미치지 못했다는 것만으로 중세를 단죄해서는 안 된다. 그 파리의 지식인들이 19세기 영국 및 20세기 미국의 도덕적인 고집쟁이들에게서 비난받았다는 이유만으로 그들을 깎아내려도 안 된다. 만약에 어떤 사회나 개인을 단죄하려면, 그들의 사회적 물질적 조건, 그들의 열망, 가치 규범, 진보와 반동의 정도 등을 그들 자신의 상황과 관점에 입각해서 측정한 다음에 해야 할 것이다. 우리가 무언가를 또는 누구를 판단할 때에 (판단하지 말아야 할 이유가 도대체 어디에 있겠는가?) 우리는 우리 자신이 좋아하고 승인하고 신봉하고 옳다고 여기는 바에 일부 따르기도 하고, 동시에 상대방 사회나 개인의 견해, 우리가 그 견해에 대하여 생각하는바, 다양한 견해들의 존재를 우리가 얼마나 자연스럽고 바람직하다고 보는지, 그리고 결과의 중요성에 비해 동기의 중요성은 어느 정도인지, 다시 말하면 동기의 품격에 비해 결과의 가치가 어느 정도인지 등등에 부분적으로 따르면서 판단한다. 우리는 실제 우리가 하듯 그대로 판단한다. 그에 따르는 부담을 감수하고, 수정하는 것이 타당하다고 생각되면 고치고, 너무 많이 갔다 싶으면 그 압력만큼 물러난다. 성급하게 일반화했다면, 실수한 것으로 판명나면, 그리고 정직하다면, 우리는 철회한다. 이해심이 넓고 정의롭기를 바라면서 동시에 실천적인 교훈을 얻고자 하며 그러면서도 또한 즐겁기를 바란다. 이렇게 우리는 칭찬과 비난과 비평과 교정과 오해에 우리 자신을 노출시킨다. 그러나 우리 사회의 내부에서든 멀리 떨어진 나라나 시대이든, 다른 사람들의 표준을 이해한다고 주장하려면, 많은 다양한 전통과 태도를 대변하는 사람들이 하는 말이 무슨 뜻인지 파악한다는 주장, 그들이 왜 그렇게 말하고 생각하는지 이해한다는 주장이 말도 안 되게 틀린 소리가 아니려면, 서로 다른 문명들 사이에서 어느 정도의 상호 이해와 의사소통을 가능하게 해줄 만큼의 공통 전제를 공유할 가능성이 "상대주의"나 "주관주의" 때문에 미리 배제되어서는 안 될 것이다.

　이러한 공통분모야말로 객관적이라 부르는 것이 정확할 것이다. 그로써 우리는 다른 사람들과 다른 문명을 애당초 사람으로 그리고 문명으로 인식할 수 있게 된다. 이것이 무너진다면 우리의 이해가 멈추고, 따라서 필연적으로 우리는 잘못 판단하게 된다. 그러나 의사소통이 무너졌다면 얼마나 무너졌는지에 관해서도 똑같은 이유로 우리는 분명하게 알 수 없기 때문에, 그런 사태를 피하기 위해 또는 그랬을 때 결과를 완화하기 위해 무슨 조치를 언제나 취할 수 있는 것도 아니다. 과거의 조각들을 가능한 한 최대로 조합하여 이해하고자 하며, 우리에게서 멀리 떨어져 공감대가 약하고 또는 어떤 이유이든 접근하기 어려운 사람과 시대의 이야기를 가장 그럴 듯하고 최선이 되도록 엮고자 하며, 지식과 상상력의 경계를 확장하기 위해 있는 힘을 다할 뿐, 모든 가능한 경계 바깥에 무엇이 있을지에 관해서는 밝혀 낼 수도 없고 따라서, 그런 것은 우리에게 아무것도 아니므로, 신경을 쓸래야 쓸 수도 없다. 무언가를 식별했다면 가능한 한 정확하고 온전히 서술하고자 한다. 우리의 시각장(視覺場)을 둘러싼 어둠은 그저 우리에게 불투명할 뿐으로, 그에 관한 우리의 판단은 주관적이지도 객관적이지도 않다. 시야의 지평선 너머에 무엇이 있든 그것 때문에 우리가 볼 수 있는 것, 우리가 알고 있는 것에 관해 불안해질 까닭은 없다. 우리로서 결코 알 수 없는 것 때문에 우리가 알고 있는 것을 의심하거나 부인해서는 안 되는 것이다. 우리의 판단 중에 주관적이고 상대적인 것이 있다는 점은 의문의 여지가 없다. 그러나 나머지는 그렇지 않다. 왜냐하면 주관적이고 상대적이지 않은 것은 아무것도 없다면, 객관성이란 원칙적으로 상상할 수도 없는 것이 되고, "주관적"이나 "객관적"과 같은 단어가 더 이상 대조의 의미를 가지지 못하므로 아무 의미도 가지지 못하게 될 것이다. 상대적으로 대응되는 개념들은 함께 성립하고 함께 무너지기 때문이다. 모든 표준은 상대적이기 때문에 판단받기 싫으면 판단하지 말라는 속설에 관하여 지금까지 논의했다. 그 논리적 등가물인, 역사에서 어떤 개인을 평가하려 해도 그때 준거로 작용하는 가치가 자기이익이나 계급 이익 또는 어떤 문화의 일시적인 양상 또는 그런 종류의 여타 원인에서 나와 주관적일 수밖에 없으므로, 그러므로 어떤 평결도 "객관적"이라고 할 자격을 갖추지 못하여 실질적인 권위도 가질 수 없으므로, 어떤 개인에 대해서도 유죄 혹은 무죄라고 올바르게 선포될 수 없다는 주장에 대해서도 논의했다.

그렇다면 나머지 주장—즉 모든 것을 이해해야 한다는 주장은 어떤가? 이 주장은 세계의 질서에 호소한다. 만약 세계가 고정된 설계에 따르고, 그 안의 모든 원소들이 상호 연관에 의해 결정되어 있다면, 하나의 사실, 한 사람, 한 문명을 이해한다는 것은 곧 우주 전체의 설계와 연관하여 그 각자가 수행하는 독특한 역할을 파악하는 것이 된다. 나아가 위에서도 밝혔듯이, 어떤 것의 의미를 포착한다는 것은 그것의 가치, 즉 정당성을 파악하는 것이 된다. 우주의 교향악 전체를 이해한다는 것은 거기에 사용된 모든 음 하나하나가 반드시 필요함을 이해하는 것이다. 따라서 반발이나 정죄나 불평은 아직이해하지 못했음을 스스로 실토하는 셈이다. 이 이론은 형이상학적 측면에서 그 이론 자체가 바로 그 "실재하는" 설계라고 주장한다. 그러므로 그러한 우주의 질서가 곧 존재하는 모든 것의 "안에" 있고 동시에 "너머에" 있으며 동시에 "저변에" 있는 만물의 근거이자 동시에 목적이며, 겉보기에 무질서로 보이는 것은 단지 그 질서의 그림자가 굴절된 것일 뿐이다. 바로 이것이 플라톤주의자, 아리스토텔레스주의자, 스콜라주의자, 헤겔주의자, 동양 철학자, 현대 형이상학자를 막론하고, 보이지는 않지만 조화로운 실재와 보이지만 혼돈으

로 가득 찬 현상을 구분하는 사람들의 필로소피아 페레니스이다.[57]
이해와 정당화와 설명이 똑같은 과정이라는 것이다.

　이 견해의 경험적 측면은 모종의 보편적 사회학적 인과관계를 신
봉하는 형태를 띤다. 튀르고[58]나 콩트, 번창 일로에 있는 진화론자
들, 과학적 유토피아주의자들, 그리고 인류 행복이 질과 다양성에서
반드시 증가하리라고 확신하는 사람들은 그중에서 낙관파에 해당한
다. 쇼펜하우어 식으로 비관적인 부류도 있는데, 영속적으로 커지는
것은 고통이고 그것을 막아 보려는 인간의 모든 노력은 다만 고통을
키울 뿐이라고 주장한다. 한편, 원인과 결과라고 하는 불가역적인
순서가 있고, 정신이든 물질이든 모든 것은 발견 가능한 법칙 아래
포섭되며, 법칙을 이해하는 것이 반드시 승인하는 것은 아니지만,
어차피 인간이 —— 인과적으로 —— 선택할 수 있었던 대안은 없었기
때문에 적어도 더 잘하지 못했다고 사람들을 비난하는 것은 무의미
하다는 점을 알게는 해준다고, 인간의 역사적 알리바이는 결코 무너
지지 않는다고 믿는 중립적인 부류도 있다. 물론 순전히 미학적인
의미에서는 여전히 불평할 수 있다. 비록 고칠 수 없다는 것을 알고
는 있지만 추하다고 불평할 수는 있다. 마찬가지로 어리석음, 잔인
함, 비겁, 불의에 대하여 불평할 수 있고, 그 대상을 멈추게 할 수 없
다는 점을 기억하면서 분노와 수치와 절망을 느낄 수는 있다. 행동
방식을 바꿀 수 없다는 점을 우리 스스로에게 설득시키는 와중에,
언젠가는 더 이상 잔인함이나 불의에 관해서는 말하지 않고 고통스

---

57) (옮긴이) 필로소피아 페레니스(philosophia perennis): "영원한 철학"이라는 뜻
　　으로서, 시간과 공간에 상관없이 일반적으로 수용되는 철학적 진리로, 중세 유
　　럽에서 아리스토텔레스나 토마스 아퀴나스의 철학이 표본이라고 간주되었다.

58) (옮긴이) 튀르고(Anne Robert Jacques Turgot, 1727~1781): 프랑스의 정치인,
　　중농주의를 주도한 경제학자.

럽거나 괴롭다고만 말하게 될 것이다. 그리고 그런 괴로움에서 벗어나기 위해서 우주에 맞춰 적응하도록 스스로를 재교육시키게 될 것이다 (그리스의 많은 현자들 및 18세기 발본파와 같이, 나머지 모든 면에서 우리는 엄격하게 조건화되어 있지만 오직 교육 문제에서는 자유롭다는 일관적이지 못한 전제가 여기에는 깔려 있다). 일시적인 것과 상대적으로 영속적인 것을 구분한 다음, 사물의 패턴에 부합하는 방향으로 우리의 입맛과 견해와 활동을 형성하려고 노력하게 될 것이다. 왜냐하면 원하는 것을 가질 수 없어서 불행한 것이라면, 어차피 우리로서는 피할 수 없는 것들만을 원하기로 스스로 다짐함으로써 행복을 찾아야 하기 때문이다. 스토아주의의 가르침이 그것이고, 그만큼 선명하게 드러나지는 않지만 현대의 일부 사회학자들이 가르치는 것도 그것이다. 결정론은 과학적 관찰에 의해 "증명되었다"고 치부된다. 책임은 환각이고, 칭찬이나 비난은 지식이 진보하면 증발할 주관적인 태도임이 "증명되었다"는 것이다. 설명은 곧 정당화이다. 그렇게밖에 될 수 없는 일에 대해 불평할 수는 없다. 자연의 도덕이 ── 즉, 이성의 삶이, 이성을 실재의 본질과 그 궁극적 목적에 대한 모종의 직관적 통찰에서 형이상학적으로 연역해 내든지 아니면 과학적 방법으로 확립하든지 ── 곧 도덕이며 실제 사건의 진행과 그 가치가 동일시되는 삶이다.

　　그러나 일상을 살아가는 사람 또는 역사를 연구하는 사람 중에서 이 이상한 이야기를 단 한마디라도 믿기 시작한 이가 하나라도 있을까?

VII

현대의 사유에는 상대주의와 결정론이라고 하는 두 가지 강력한 신조가 널리 퍼져 있다. 이중에서 상대주의는 거드름피우는 자만심이나 거만한 교조주의 또는 도덕적 자기만족에 대한 해독제로서 제시되기는 하지만, 인간 경험에 관한 잘못된 해석에 기초를 두고 있다. 그리고 결정론은 연결고리들이 화려하게 장식되어 있고 고상한 스토아주의를 과시하며 찬란하고 막대한 우주의 설계를 논하지만, 우주를 하나의 감옥으로 묘사하고 있다. 상대주의는 시간이 지남에 따라 세상이 무너지고 이상이 속 빈 강정으로 바뀌어 조롱거리가 되는 경우를 많이 목격한 사람들의 포기 또는 아이러니를 반영하여, 개인의 저항이라든지 도덕적 원칙에 대한 믿음에 반대한다. 결정론은 진정하고 몰인격적이며 불변적인 삶과 사유의 기계장치가 어디에 있는지를 보여줌으로써, 우리의 감각을 깨우치려 한다. 상대주의가 하나의 격언이기를 넘어, 문제가 얼마나 복잡한지 또는 우리 능력이 얼마나 제한되어 있는지를 보여주는 건전한 경고문 정도이기를 넘어 심각한 하나의 세계관으로서 우리의 주목을 요구한다면, 언어를 오용하는 것이며 생각은 헝클어져 있고 논리는 오류투성이가 된다. 검증할 수 있는 증거를 내밀면서 자유 선택에 대한 구체적인 장애물을 지적하는 차원을 넘는 순간 결정론은 하나의 신화 또는 형이상학적 교조에 기초하는 것으로 된다. 사물의 본질에 대하여 더 심오하고 더 끝까지 파고드는 통찰이라는 이름 아래 사람들로 하여금 가장 인간적인 도덕적 정치적 확신들을 버리도록 설득하거나 협박하는 데에, 이 두 신조가 간혹 성공하기는 한다. 그러나 아마도 그 자체가 신경쇠약이나 혼동의 징조에 불과할 것이다. 왜냐하면 둘 중 어느 것도 인간의 경험에 의해 뒷받침되지는 않는 듯이 보이기 때문이다. 그렇다면 평소에 정신이 맑은 정직한 사람들에게 이 신조들이 (특히 결정론이) 그토록 강력한 주문을 걸 수 있었던 것은 무슨 까닭일까?

인간에게 가장 깊은 욕망 중에는 과거와 현재와 미래를 망라한 모든 경험, 실제 경험과 가능한 경험과 이루어지지 않은 경험 전부를 대칭적으로 배열할 수 있는 어떤 단일한 패턴을 찾고자 하는 욕망이 있다. 옛날에 만물이 조화롭게 통일되어 있었다는 이야기, "느낌과 사유가 매개 없이 하나가 된 전체", "아는 자와 알려지는 것의 통일", "외부와 내부의 통일", 주체와 객체의 통일, 형식과 물질의 통일, 자아와 비자아의 통일, 이런 통일이 어쩌다 보니 파괴되었는데 그 뒤로 인간의 전체 경험은 깨진 조각들을 다시 모아 통일을 복원하고 그리하여 범주들을 탈피하거나 "초월하려는" 끝없는 노력으로 점철되게 되었다는 이야기, 살아서 움직이는 현실을 쪼개고 격리하고 "죽여서" 우리를 그로부터 "분리하려는" 사고방식을 통해 그 욕망은 표현된다. 수수께끼를 풀어 꿰맨 자국 하나 없는 완벽한 전체, 추방당했던 그 낙원으로 돌아가려는, 또는 아직은 공덕이 부족해서 자격에 미치지 못하지만 장차 그 낙원을 상속하려는 끝없는 탐구에 관한 이야기를 자주 듣는다.

이 발상의 기원이나 가치가 무엇이든, 수많은 형이상학적 사변(思辨)과 과학을 통일하려는 수많은 노력과 심미적, 논리적, 사회적, 역사적 사유의 많은 부분에서 이 발상이 핵심적인 위치를 점하고 있다. 그러나 사실상 "냉혹한" 사실의 집적에 불과하다고 폄훼하면서, 오로지 이성만이 포착할 수 있는 "합리적인" 끈으로 연결되지 않은 상태의 사건과 사람과 사물을 서술할 뿐이라고 경험과학을 거부했던 많은 형이상학자들이 열망하던 수준의 이성이 인간 경험에 관한 하나의 단일한 패턴이 발견되기만 하면 충족되는 것인지에 대해 무어라 답하든——수많은 형이상학과 종교가 스스로 이런 질문을 염두에 두고 있느냐는 질문에 무어라 답하든——실제 현상들의 질서, 즉 경험 세계의 광경은 바뀌지 않으며 역사는 그것만을 다룬다고 말해야 맞다. 보쉬에의 시대에서 헤겔의 시대에 이르면서, 그리고 그 후 점점 더, 역사의 구조를 (그렇지 않다고 대드는 주장이 아무리 많아도 그런 구조 같은 것은 대개 선험적일 수밖에 없는데도 불구하고) 찾아낼[59] 수 있다는 주장, 모든 사실들이 꼭 들어맞게 될 하나이며 하나뿐인 진정한 패턴을 발견할 수 있다는 주장이, 얼마나 일반적인지 그리고 얼마나 자신에 차 있는지는 사람에 따라 아주 다르지만, 제기되어 왔다. 그러나 자기 분야에서 가장 개명되고 가장 치밀한 동료 학자들 사이에서 공인된 표준에 따라 일하며, 당대 최고의 비평가들에게 진실로 이해되는 바를 확립하고자 원하는 진지한 역사학자라면 어느 누구도 그런 주장을 받아들일 수도 없고 받아들이지도 않는다. 왜냐하면 모든 사실이 진정으로 위치한다는 그 유일하게 실재하는 틀, 그 하나의 독특한 도식이라는 것이 진리라고 지각되지가 않기 때문이다. 진짜 사실과 허구를 구분하기는 하지만 실재하는 우주의 단일한 패턴과 가짜 패턴들을 구분하지는 않기 때문이다. 같은 사실들이라 할지라도 배열하는 패턴은 시각에 따라 어떤 빛으로 조명하느냐에 따라 여럿일 수 있고 그 모두가 타당할 수 있다. 그중에서 어떤 패턴은 해당 분야에서 다른 패턴보다 더 풍부한 함축을 시사할 수 있고, 어떤 것은 여러 분야들을 창조적인 시각에서 통합할 수도 있으며, 어떤 것은 분야 사이의 차이를 부각하고 간극을 넓힐 수도

---

59) (옮긴이) "찾아낸다"로 여기서 번역한 단어는 trace이고, "선험적"이라 번역한 문구는 a priori이다. 역사의 구조라는 것은 선험적 개념일 수밖에 없는 반면에 찾는다(trace)는 것은 경험 세계에서만 일어나는 일임을 단어의 선택을 통해 벌린은 은근히 비꼬고 있다.

324

있다. 어떤 패턴은 이런저런 역사가 또는 역사 사상가의 형이상학적 또는 종교적 조망에 보다 가까울 수도 멀 수도 있다. 이런 모든 차이에 상관없이 사실들 자체는 상대적으로 "딱딱하게" 남아 있을 것이다. 물론 상대적으로지 절대적으로는 아니다. 만약 어떤 역사가가 특정 패턴에 강박적으로 미혹되어 사실들을 지나치게 자의적으로 해석하고 자기 지식 사이의 빈틈을 너무나 천연스럽게 대충 때우고 지나갈 뿐 경험적 증거에 충분한 주의를 기울이지 않는다면, 사실에 대해 모종의 폭행이 가해졌음을, 증거와 해석 사이의 관계가 왠지 비정상적임을 다른 역사가들이 본능적으로 감지하게 될 것이다. 그러한 본능적 감지는 사실에 관한 의심 때문이 아니라 어떤 강박적인 패턴이 작용하고 있다는 데서 발생한다.[60] 특정 시대의 신화와 진정한 역사를 구분해 주는 것은 바로 그와 같은 고정관념에 대한 자유, 또는 자유로운 정도이다. 사실을 허구와 구분할 수 있을 뿐만 아니라 사실을 이론이나 해석과도——아마 절대적으로는 아니고 다소간 정도의 차이로——구분할 수 있지 않다면, 고유한 의미의 역사적 사유란 있을 수 없기 때문이다.

역사와 신화 사이 또는 역사와 형이상학 사이에 뚜렷한 경계가 없다고, 마찬가지로 "사실"과 이론 사이에도 뚜렷한 경계선이 없다고, 양자를 가르는 절대적인 시금석은 원칙적으로 생성될 수 없다는 말을 자주 듣는다. 틀린 말은 아닌데 그 때문에 새로워지는 것도 전혀 없다. 그런 구분들이 실재하는지에 관한 논쟁은 형이상학들 사이에서나 벌어지는 것이다. 독자적 학문 분야로서 역사학은 그 논쟁과 상관없이 출현했다. 이 사실은 사실과 우주의 패턴 사이의 경계

---

60) 일정한 문화 또는 전문 분야에서 사실이 무엇인지, 경험적 증거가 무엇으로 구성되는지에 관하여 심중한 논쟁이 발생하는 경우는 거의 없다.

가——그 패턴이 경험적이든 형이상학적이든 신학적이든 본능적이든 번번이 바뀌든 말든 상관없이——역사를 진지하게 생각하는 사람에게는 허상이 아니라 진짜 개념임을 말해 준다. 우리가 역사학자인 한, 그 두 차원의 영역은 구분되어야 한다. 그러므로 경험적 차원에서 이런저런 역사 속의 개인이나 사회 또는 그들이 견지하고 전파하는 일련의 의견 위에 놓인다고 여겨지는 책임을 마구 뒤섞어, 그 자체로 몰인격적이기 때문에 도덕적 책임이라는 관념 자체를 배제할 수밖에 없는 어떤 형이상학적 기계장치에게 전가한다는 것은 언제나 틀림없이 부당한 일이다. 정리되지 않고 잔혹하며 무엇보다도 아무 목적도 없어 보이는 세계를 벗어나 모든 것이 조화롭고 명확하고 이해할 수 있는 영역으로, "이성"의 요구 또는 어떤 미학적 느낌 또는 어떤 형이상학적 충동이나 종교적 동경을 충족하는 모종의 완벽한 정점으로, 무엇보다도 어떤 것도 비판이나 불평이나 단죄나 절망의 대상이 될 수 없는 곳으로 올라가고 싶은 소원이 아마도——절반 정도의 빈도로——배후에서 작용하여 그런 부당한 일이 시도되는 것 같다.

개인의 책임이라는 관념을 배제하는 역사적 결정론을 옹호하기 위해 경험적인 논거들이 제시되는 경우 문제는 더욱 심각해진다. 이제 우리가 처리해야 할 상대는 더 이상 셸링[61]이나 토인비의 신정설(神正說)[62]처럼 신학을 대신하여 등장했음이 누가 보더라도 명백한 역사에 관한 형이상학이 아니다. 우리가 처리해야 할 상대는 거대한

---

61) (옮긴이) 셸링(Friedrich Wilhelm Joseph von Schelling, 1775~1854): 독일의 관념론 철학자. 청년기에 피히테의 제자이자 헤겔과는 친구였는데, 독일 관념론의 발전에서 피히테와 헤겔의 중간쯤에 위치한다고 일컬어진다.
62) (옮긴이) 신정설(神正說, theodicy): 지상에서 악의 존재가 신의 선에 포섭된다고 설명하는 이론. 통상 신의 정의나 신성성을 매개로 삼는다.

사회학적 역사 이론——몽테스키외를 비롯한 필로조프에서 시작해서 생시몽주의자, 헤겔주의자, 콩트 추종자, 마르크스, 다윈, 그리고 자유주의 경제학자 등 19세기의 거창한 학파들에 이른, 그리고 프로이트와 파레토와 소렐과 파시즘 이론가들에게까지 이어지는 유물론적 또는 과학적 역사 해석이다. 이 중에서 마르크스주의가 가장 과감하고 가장 똑똑하다. 그러나 마르크스주의 이론가들이 우리의 이해력을 증진하는 데는 많이 공헌했지만, 역사를 과학으로 바꾸려는 그들의 보무당당하고 강력한 시도는 성공하지 못했다. 이러한 거창한 운동에서 확산된 결과가 여러 문명의 다양한 사회에 대한 인류학과 사회학의 광범위한 연구들인데, 원시 사회의 행태를 성공적으로 설명했다고 자처한 연구들이 그러하듯이 모든 성격과 행태를 상대적으로 비합리적이며 무의식적인 원인에 기인하는 것으로 치부하는 경향이 있다. 그리하여 지식의 영역 전체에서 방법뿐만 아니라 결론 및 그것들을 믿을 이유까지 모두가 계급이나 집단이나 민족이나 문화 등과 같은 사회 단위가 도달한 발전 단계에 의해서 전적으로 또는 대체로 결정된다고 (그렇다는 사실을 밝힐 수 있다고) 주장하는 일종의 "지식 사회학"이 부활하는 모습을 볼 수 있다. 그리고 이 신조들은 다시 서로 섞여서 "집단주의적 혼", "20세기의 신화", "현대의 가치 붕괴 풍조"(때로는 "신앙의 위기"라 불리기도 한다), "현대인", "자본주의의 최종 단계"와 같은 비경험적 허구를 향한 신조로——개중에는 전혀 수긍할 수 없는 것들도 있지만 대개 이 신조들은 과학 비슷한 모습으로 나타나는데, 대개의 경우 이 모두는 선과 악의 의미를 그대로 담고 있는 의인화된 힘에 불과하다——이어지기도 한다.

이 모든 어법들로 말미암아 허공에는 초자연적 실체 또는 거창한 힘들——우리와 함께 놀다가 기분이 내키면 무언가를 요구하는데, 그 요구를 무시했다가는 위험해지리라고 하는 신플라톤주의적 또는 영지주의적 혼령 또는 천사와 악마들이 서식하게 되었다. 과학적 개념의 허울을 쓰고 있지만 실은 신종 정령주의로 나아가며, 유럽의 전통적 신앙을 대체하겠다고 나섰지만 실은 그보다 더 원시적이고 순진한 종교임이 확실한 사이비–사회학적 신화 하나가 우리 시대에 등장하고 있다.[63] 이 새로운 종파는 혼돈을 겪고 있는 사람들로 하여금 "전쟁은 불가피한가?", "집산주의가 승리할 것이 틀림없을까?", "문명은 운명이 다했는가?" 등을 묻게 만든다. 이러한 질문들 그리고 그 질문이 제기될 때의 어조와 문제를 논의하는 방식 안에서 은연중에 — 전쟁과 집산주의와 운명처럼 세상에 널리 퍼져 있지만 우리에게는 그것을 통제하거나 바꿀 힘이 없는 — 거대한 몰인격적 힘들의 존재가 함축된다. 이 힘들은 때로 나폴레옹이나 비스마르크나 레닌처럼 위대한 거인들의 형상 안에서 — 그들이야말로 자신의 시대와 합일하여 초인적인 결과를 이룩한 인물이므로 — "자기 자신을 체현한다"고 일컬어진다. 혹은 계급들의 활동, 즉 각 구성원들은 거의 이해하지 못하지만 그들의 경제적 사회적 처지가 "불가피하게" 그들을 정해진 목적으로 향해 몰고 가게 되는 거대한 자본주의적 기제의 작동을 통해 그 힘들이 구현된다고도 한다. 혹은 자기들이 얼마나 강력한 힘을 운송하는 "창조적 수송자"인지는 거의 알지 못하면서 그저 역사의 과업을 수행할 뿐인 "대중"이라 불리는 커다랗고 혼란스러운 실체들을 통해서 구현된다고도 한다. 전쟁, 혁명, 독재, 군사 및 경제의 변혁 등은 아라비안나이트의 귀신들처럼 병에 수백 년 동안 갇혀 있다가 일단 풀려난 다음에는 어떤 통제도 듣지 않고

---

63) 이에 대한 책임이 (이 단어를 감히 아직 써도 괜찮다면) 마르크스나 뒤르켐이나 베버와 같은 현대 사회학의 위대한 창시자에게 돌아가도 안 되고 그들의 저작에서 영감을 얻은 후대의 추종자나 비평가에게 돌아가도 안 된다는 사실을 새삼 부연할 필요조차 거의 없을 것이다.

328

사람과 민족의 목숨을 가지고 변덕스럽게 장난치는 마신과 비슷한 것으로 쉽사리 상정된다. 오늘날 수많은 무고한 사람들이 자기 인생이 상대적으로 안정적이고 쉽게 확인할 수 있는 물리적 요인들, 즉 물리적 자연과 과학이 취급하는 법칙들에 의해서만이 아니라, 그보다 훨씬 강력하고 사악하며 훨씬 이해가 안 되는 요인들——이 새로운 신화에서 사용되는 야만적인 어휘에서 신성시되는 단어 몇 개를 빌려 열거하자면, 계급 구성원들이 전혀 의도하지 않았을 수도 있는 계급투쟁, 사회적 세력 간의 충돌, 조류의 흐름이나 농사의 풍흉처럼 그 결과에 의존하여 살아가는 사람들이 전혀 통제할 수 없는 침체와 호황, 그리고 무엇보다도 불가역적인 "사회전체적"이고 "행태적인" 패턴에 의해서도 지배된다고 믿는 경향은 이처럼 화려하게 자라난 비유와 은유들을 감안하고 보면 놀라운 일도 아니다.

새로 나온 신들의 위용 앞에서 겁먹고 겸손해진 사람들은 새 주인의 성격과 습관을 알려줄 성스러운 책과 새로운 사제 집단에게서 지식과 위안을 열심히 초조하게 구하고 찾는다. 그리고 그 책과 대변인은 위안을 준다——수요는 공급을 창조하는 것이다. 그들이 전하는 말은 간단하고 아주 오랜 옛날부터 전해져 온 말이다. 간단하게 줄이면, 괴물들끼리 충돌하는 경우 인간 개인은 자기가 한 일에 별로 책임이 없다는 것이다. 무시무시하고 몰인격적인 새로운 힘을 발견해서 삶이 무한히 위험해졌을지도 모르지만, 다른 것은 몰라도 적어도 한 가지 장점은 그 힘에게 당하는 피해자들에게서 모든 책임을 거두어 간다는 점이다. 과거 덜 개명되었던 시대에 사람들을 그토록 힘들게 하고 그토록 고통스럽게 했던 그 모든 도덕적 부담을 거두어 간다. 결국 우리는 하나를 내주는 대신 보상을 받는 셈이다. 선택의 자유를 잃지만 대체로 우리 통제 밖에 있는 세상에서 비난할 일도 비난받을 일도 없게 된다. 칭찬과 비난의 어휘는 바로 그것이 그런 어휘이기 때문에 문명의 발전에 역행한다. 폭력과 마찰로 점철된 시대에도 초연하게 학문 연구에 몰두했던 수도승들처럼 무슨 일이 왜 일어났는지를 몰인격적인 연대기에 기록하는 일이 더 명예롭고 더 존엄한 일로 그려진다. 의심과 위기의 시대에 도덕적 감정에 빠져서 허우적거리지 않고 최소한 자신의 영혼만이라도 보존하는 것이 학자의 고귀한 겸손과 성실에 더 잘 부합한다는 것이다. 역사적 위기에 사로잡힌 개인들의 행동에 대해 의심하면서, 그리고 그 와중에 발생하기 마련인 희망과 절망, 자책, 자부심, 회한 등을 느끼면서 생기는 고뇌는 우리에게서 사라진다. 너무나 강해서 덤벼볼 엄두조차 나지 않는 적군에게 쫓기는 병사처럼, 우리는 대안들 사이에서 선택해야 하는 두려움으로 인한 신경쇠약에서 해방된다. 선택이 없으니 걱정도 없다. 책임에서 행복하게 풀려난 것이다. 담장 너머 세상의 무질서한 자유로 인한 고통스러운 갈등과 혼란보다는 감옥 생활의 평화, 안전에서 오는 만족감, 우주에서 자신의 고유한 위치를 마침내 찾았다는 느낌을 선호하는 사람들이 언제나 있다.

그래도 이것은 이상하다. 이런 종류의 결정론이 토대로 삼는 전제들은 하나하나 따져 보면 지극히 가당치 않다. 그 힘들 또는 그 불가역적인 역사의 법칙이라는 게 도대체 뭔가? 역사가나 사회학자 중에서 자연과학의 획일성에 필적할 정도로 경험적인 일반화를 달성했다고 자처할 수 있는 사람이 어디 있는가? 사회학은 아직 자신의 뉴턴을 기다리고 있다는 소리는 상투어에 불과하지만, 심지어 그것도 너무 주제 넘는 소리인 것 같다──코페르니쿠스를 꿈이라고 꾸어 보기 시작하려면 먼저 유클리드나 아르키메데스부터 찾아내야 할 것이다. 한편에는 사실과 분석의 끈기 있고 유용한 축적, 유용한 분류와 비교 연구, 조심스럽고 제한된 가설들이 있지만, 이것들은 아직 예외의 여지를 너무나 많이 남기기 때문에 예측력을 인정받기에는 한참 미흡하다.[64] 다른 한편에는, 위압적이며 때로는 천재적인, 그림같이 아름다운 은유와 과감한 신화 때문에 불투명하지만 종종 다른 분야의 작업에 자극제 역할을 하기도 하는 이론적 구성이 있다. 그리고 이 둘 사이에 자연과학의 이론과 사실 사이에는 그 어떤 시대에도 존재하지 않았던 정도로 넓은 간극이 벌어져 있다. 아직은 어리지만 영광스러운 미래가 기다리고 있다는 사회학의 호소는 하나마나한 소리다. 지금 이 강연을 통해 우리가 기리고자 하는 그 명칭의 창시자, 즉 오귀스트 콩트는 이미 꽉 찬 백 년 전에 사회학을 설립하였다. 그러나 사회학적 법칙에 대한 위대한 정복은 아직 요원하다.[65] 다른 분야에 미친 영향은 결실을 낳기도 해서, 특히 역사학은 그로 인해 차원 하나가 첨가되었다.[66] 그러나 사회학 자체는 아직 어떤 법칙 또는 충분한 증거로 뒷받침되는 광범한 일반화를 발견하는 데에 거의 성공하지 못해서, 자신을 자연과학의 한 분야처럼 대접해 달라는 요구는 전혀 호응을 받을 수가 없다. 엉성하나마 법칙으로 간주되는 몇 가지는 내용상으로 충분히 새롭지 못하기 때문에 그 진리 여부에 관한 검증이 그다지 절박해 보이지 않는다. 사회학이라는 위대하고 비옥한 토양에서는(그보다 더 투기적으로 출발하여 더 많은 성과를 얻은 동생, 즉 심리학과는 달리), 역사적으로 훈련받은 사람의 느슨한 일반화가 때로는 "과학적"으로 추구되는 일반화보다 여전히 더 많은 결실을 낳은 것 같다.

---

64) 그리고 "모든 권력은 타락시키거나 중독시킨다"든지, "인간은 정치적 동물"이라든지, "인간은 무엇을 먹느냐에 따라 정해진다(Der Mensch ist was er ißt)"는 등, 고립되어 단편적인 상태에 머무르는 알쏭달쏭한 통찰과 혜안들이 있다.
65) 예컨대 "정치학"이나 "사회 인류학"과 같은 다른 분야에서 법칙을 정립하는 성과에서 진전을 보였다는 뜻은 아니다. 그러나 그들의 주장은 보다 절제되어 있다.
66) 그리고 과거부터 전해 오던 결론들이 타당한지를 검증할 새로운 방법들도 첨가되었다.

적어도 역사와 관련하여, 사회적 결정론은 사회학의 "법칙적" 이상과 긴밀하게 서로 묶여 있다. 그리고 어쩌면 그 신조가 맞을지도 모른다. 그러나 만약에 그것이 맞다면 그리고 그 경우를 우리가 심각하게 받아들이기 시작한다면, 우리 언어, 도덕적 용어, 서로를 향한 태도, 역사와 사회와 여타 모든 일에 대한 우리의 견해에서 일어나게 될 변화가 너무나 깊어서 그 윤곽조차 어림잡을 수 없을 정도이다. 이 논의의 주제였던 칭찬과 비난, 무죄와 유죄, 개인 책임 등은 무너질 또는 사라질 전체 구조에서 작은 일부에 지나지 않는다. 만약 사회적 또는 심리적 결정론이 공인된 진리로 자리 잡는 날이 온다면, 그때 찾아올 세상의 변혁은 고전 시대 및 중세의 목적론적 세계가 기계론적 원리 또는 자연선택의 원리에 의해 바뀌었을 때보다 더 발본적일 것이다. 우리의 단어들, 즉 말과 사유의 양식이 문자 그대로 상상할 수 없을 만큼 바뀔 것이다. 선택이나 책임이나 자유라는 관념들은 우리의 조망 방식 안에 워낙 깊게 스며들어 있어서, 그런 개념이 진짜로 존재하지 않는 세상에 속한 피조물로 살아가는 새로운 인생을 상상하기란 무척이나 어려울 것이라는 생각을 나는 견지하지 않을 수가 없다.

그렇지만 아직은 쓸데없이 경종을 울릴 필요가 없다. 지금 우리가 논의한 것들은 단지 과학의 탈을 쓴 사이비 이상들이기 때문에, 거기서 그려지는 그림이 실재는 아니다. 철두철미한 결정론을 위한 증거는 아직 손에 잡히지 않았다. 그런데도 어떤 이론적인 방식으로 그것을 신봉하려는 경향이 있다면, 어떤 "과학주의적" 또는 형이상학적 이상의 포로가 되었기 때문이든지, 아니면 사회를 바꾸고 싶은 그 사람들의 마음속에 하늘의 별들도 자기네 편을 거들어 싸우기 위해 그렇게 움직이고 있다고 믿는 경향이 있기 때문임이 확실하다. 그것도 아니라면 도덕적 부담을 내려놓고, 개인적 책임을 최소화하여, 우리가 느끼는 모든 불만이 우리 자신의 비판적 사고 능력이 진보했거나 과학적 기법이 향상되어서가 아니라 몰인격적인 힘 때문이므로 책임도 거기에 있다고 전가하고 싶은 마음 때문인지도 모른다. 많은 사람들로 하여금 종래의 정통 종교에 대한 신앙을 상실하게 만든 형이상학과 신학으로 가득 찬 역사 이론들을 따로 가리켜 부른다면 "철사적(哲史的, historiosophical)"이라는 신조어로 부르고 싶은데, 그런 이론들에서 이와 같은 유형의 역사적 결정론에 대한 믿음은 특히나 아주 널리 퍼져 있다. 그러나 이런 태도는 최근에 너무나 팽배해져서 이제는 아마도 퇴조에 접어든 것 같다. 그 반대의 경향이 오늘날 눈에 띈다. 이 시대 최고 수준의 역사가들은 사실들을 걸러내기 위해 경험적인 검사 방법을 사용하고, 현미경을 대고 보듯 세밀하게 증거를 조사하며, 어떤 패턴 따위도 연역해 내지 않고, 개인들에게 책임 묻기를 두려워하는 가식에 빠지지 않는다. 그들이 개진한 구체적인 책임 소재나 분석은 틀릴 수도 있다. 그러나 그들의 그와 같은 작업 자체가 사회학이 진보하면 무의미할 터이므로 다른 것, 즉 모종의 더 심오한 형이상학적 통찰에 의해 마치 동방 점성술사에 의한 발견이 케플러 제자들의 발견에 의해 대체되었듯이 대체되리라는 발상은 그 역사가들이나 그들의 저작을 읽는 독자들이나 공히 옳게 거부할 것이다.

현대의 일부 실존주의자들 역시 나름의 독특한 방식으로 개인적 선택 행위가 결정적으로 중요하다고 선포한다. 모든 철학적 체계, 모든 도덕적 신조는 (다른 신조들도 마찬가지로) 모두 체계이고 신조일 뿐이므로 다 똑같이 공허하다고 하는 그중 일부의 주장은 부당한지도 모른다. 그러나 실존주의자 가운데 보다 진지한 축에 드는 이들은 인간 자율성의 실재에 관하여, 다시 말해 어떤 행위나 어떤 삶의 형식 그 자체의 모습에 스스로 몸을 던지는 자유로운 가담의 실재에

관하여 칸트에 비해서도 못지않게 일관적이다. 방금 말한 의미의
자유에서 남에게 설교하거나 과거를 판단할 자격이 논리적으로 도
출되느냐는 별개의 문제다. 여하간에, 존재하는 모든 것을 망라하
는 통일된 도식을 구하느라 인간에 관한 학문을 자연과학에 동화시
키겠다고 약속하고 모든 것을 설명하는 동시에 모든 것을 정당화하
는 신정설(神正說)이 가식으로 덮여 있음을 꿰뚫어 볼 수 있었다는
사실은 남에게 본보기가 될 만한 지성의 힘을 그들이 보유하고 있음
을 보여준다.

배관공이든 역사가이든 사람들에게 가장 깊게 뿌리내린 도덕적
지적 습관의 일부를 무너뜨리려면 기획안만 가지고는 안 된다. 샤를
마뉴나 나폴레옹이나 칭기즈칸이나 히틀러나 스탈린이 저지른 학살
때문에 그들을 판단하는 것은 어리석다고, 그런 판단은 "사실"에 관
한 것이 아니라 기껏해야 우리 자신에 관한 논평일 뿐이라는 소리가
들린다. 콩트의 추종자들이 그토록 충성스럽게 기념한 사람들 역시
인류를 위해 공헌한 것으로 묘사해서는 안 된다든지, 또는 그런 식
의 묘사가 적어도 역사가의 일은 아니라는 소리도 들린다. 왜냐하면
화학자들이 사용하는 범주가 명백하게 그렇듯이, 역사가가 사용하
는 범주도 "중립적"이며 일상인들의 범주와 다르기 때문이라는 것이
다. 역사가의 임무는 이를테면 우리 시대의 커다란 혁명을 특정 개
인들이 인과적으로 조건화되어 있다기보다는 참상과 파괴에 책임이
있다는 식으로 시사하지 않고, 이제 금세 지나갈 20세기 또는 쇠퇴
일로에 있는 자본주의 사회의 표준에 맞추어 그런 단어들을 사용하
지 않고, 우리가 알 수 있는 모든 시대와 모든 장소를 관통하는 인류
의 표준에 맞추어 사용하면서 서술하는 데에 있다는 소리도 들려온
다. 그리고 우리의 그와 같은 절제는 사실과 가치를 예리하게 구분
해야 한다는, 사실은 객관적이고 "불가역적이며", 그러므로 스스로

를 정당화하는 반면에 가치는 단지 당면한 주위 상황과 처지와 개인적 기질에 따라 사건 위에 주관적으로 가하는 덧칠일 뿐이므로 결국 진지한 학자의 관심에 알맞지 않은 것임을 분명하게 분별해야 한다는 과학적 규범에 대한 존경에서 나오는 것이라는 소리도 들려온다.

이에 대하여 우리는 다만 이런 신조를 받아들인다는 것은 우리 도덕성의 기본 개념에 폭행을 가하는 셈이고 과거에 대한 우리의 감수성을 오해하는 셈이며, 정상적인 사유에서 가장 일반적인 개념과 범주 일부를 무시하는 셈이라고 대꾸할 수밖에 없다. 인간사에 관심이 있는 사람이라면 정상적인 언어가 담아내고 표현하는 도덕적 범주와 개념을 사용하지 않을 수가 없다. 화학자, 언어학자, 논리학자, 혹은 계량적으로 심하게 편향된 사회학자는 도덕적으로 중립적인 전문 용어들을 사용함으로써 그러한 개념들을 피할 수 있을 것이다. 그러나 역사가는 그럴 수 없다. 역사가가 도덕 설교를 늘어놓을 필요는——그래야 할 의무는 분명히——없다. 그러나 정상적인 언어를 사용하지 않을 수도 없는 만큼, 그로써 연상되는 모든 의미들과 그 안에 "원래 들어 있는" 도덕적 범주들을 피할 길도 없다. 그것들을 제외하려고 하는 것은 모든 도덕적 관점을 제외하는 것이 아니라 단지 다른 관점을 채택하려는 셈일 뿐이다. 가치와 사실 사이의 관계에 대한 오해에다가 냉정한 중립성으로 위장한 냉소주의를 결합한 이 이상한 견해가 어떻게 해서 그토록 두드러진 명성과 영향력과 존경을 누리게 되었는지 언젠가 후세 사람들이 궁금해할 날이 올 것이다. 그것이 과학적인 것도 아니고, 그에 대한 반박이 순전히 주제넘은 거드름이나 속물근성 또는 우리 자신의 교조와 표준을 너무나 덤덤하고 무비판적으로 남에게 강요하는 데에 대한 건강한 우려에서 나온 것만도 아니기 때문이다. 그것은 자연과학의 철학적 함축에 대한 진짜 오해에 기인한다. 자연과학이 최초로 승리를 거둔 이래 수

많은 바보들과 사기꾼들이 나와서 그 위대한 성가를 참절(僭竊)해 왔다. 그러나 내가 보기에 그것은 일차적으로 우리의 책임을 벗어 버리고 싶은 욕구, 더 이상 판단받지 않기 위해서 그리고 무엇보다도 우리 자신을 스스로 판단해야만 하는 처지에서 벗어나기 위해서 판단 자체를 멈추어 버리려는 욕구에서 나왔다. 자연이나 역사나[67] 계급이나 인종이나 "우리 시대의 쓰라린 현실"이나 사회 구조의 불가항력적 진화와[68] 같이, 평가나 비판 자체가 무의미하고 상대해서 싸웠다가는 우리 자신의 멸망을 초래할 뿐이며, 그러므로 그 무한하고 무차별적이며 중립적인 구성 안으로 우리 스스로 용해되고 융합될 수밖에 없는 모종의 비도덕적이고 몰인격적이며 일석주적(一石柱的)이고 광활한 전체로 도망가 안식처를 구하려는 욕구에서 나왔다.

이는 인류의 역사에서 자주, 혼란으로 들끓고 내면에서 약해질 때 항상 나타나는 신기루이다. 인간에게 책임이 있다는 사실, 인간의 자유라는 영역이 제한되었지만 엄연히 실재한다는 사실을 ── 스스로 너무나 깊은 상처를 받아서 정상적인 삶의 빡빡한 길로 돌아가고 싶지 않아서 또는 자기네 사회나 계급이나 직업의 가짜 가치 또는 역겨운 도덕규범에 분기탱천하여 그런 구역질나는 (어쩌면 정당화될 수 있는 구역질일 수 있다) 도덕을 일소해 버리기 위해 싸우기로 나섰기 때문에 ── 직시하지 못하고 직시하고 싶지도 않은 사람들이 구실로 내거는 거창한 알리바이 중의 하나다. 수사에 묻혀 도덕이 실종되는 경향에 대한 자연스러운 반응에서 나오는 측면도 비록 없지는

---

67) "역사가 우리 멱살을 잡았다." 연합군이 시칠리아에 상륙했다는 소식을 듣고 무솔리니가 외쳤다고 전해지는 말이다. 상대가 사람이라면 싸워 볼 수는 있다. 그러나 일단 "역사" 자신이 무기를 들고 나서서 누구를 공격하기 시작한다면 저항은 헛된 일이다.

68) "불가항력이란 종종 저항하지 않겠다는 말일 뿐이다." 미 연방대법원 판사 루이스 브랜다이스(Louis Brandeis, 재임 1916~1939)의 말로 전해진다.

336

않지만, 그래도 그런 견해들은 절망적인 치유책이다. 그런 견해를 견지하는 사람들은 무슨 까닭으로든 자기에게 가증스러워진 세상에서 벗어나 자신을 박해한——실제이든 상상이든——자들이 몰인격적인 실체들에 의해 패퇴하고 모든 일이 바르게 됨으로써 원한을 풀 수 있는 환상의 세계로 도피하는 방법으로 역사를 이용하는 셈이다. 이 와중에 그들은 우리에게 알려진 가장 중요한 심리적, 도덕적 구분들을 부각하지 못하는 방식으로 사람들이 영위하는 정상적인 삶을 묘사한다. 그것이 어떤 가상적인 과학에 대한 봉사라고 여기는 것이다. 점성술사나 예언자를 계승하여, 그들이 그랬듯이 구름을 응시하면서 심하게 뒤틀린 은유와 우화를 통해 무한히 크지만 실체는 없는 신기루와 비유를 말한다. 그리고 경험이나 합리적 논증이나 신빙성이 증명된 검사 방법에는 눈길을 돌리지 않고 최면술의 주문을 외운다. 그럼으로써 자기네 눈뿐만 아니라 우리 눈에도 흙을 뿌려 현실 세상을 보지 못하게 방해하고, 도덕과 정치의 관계에 관하여 그리고 자연과학과 역사 연구의 본질과 방법 모두에 관하여 이미 충분히 당황하고 있는 일반 대중을 더 큰 혼동에 빠뜨린다.

자유의 두 개념

삶의 목적에 관하여 사람들의 의견이 다르지 않다면, 우리 조상들이 평온하게 에덴 동산에 머물렀다면, 사회 정치이론에 관한 치첼리 교수[1]라는 직책이 과제로 부여받은 연구는 잉태될 수 없었을 것이다. 왜냐하면 그 연구는 불화에서 태어나며 불화 위에서 번성하기 때문이다. 궁극적 목적에 관해 어떤 갈등도 일어날 수 없는 곳, 즉 성자들로 이루어진 무정부 상태에서도 예컨대 헌정 원리나 일반 규칙의 제정과 같은 정치적 문제가 있을 수 있다는 근거를 들면서 반론을 제기할 사람도 있을 것이다. 그러나 그런 반론은 착오에서 비롯된다. 목적에 관해 의견일치가 이루어져 있다면 남은 문제는 오로지 수단에 관한 것으로, 정치적이라기보다는 기술적인 문제일 뿐이

---

1) (편집자) 이 논문은 1958년에 행해진 취임 강연에 기초한다. 벌린은 길드 사회주의 이론가 콜(G. D. H. Cole)을 계승하여 1957년에 이 자리에 취임했다.

다. 다시 말해서, 기술자들 또는 의사들 사이에서 벌어지는 논의와 같이 전문가 또는 기계에 의해 해결될 수 있는 문제일 뿐이다. 이성의 최종적 승리라든지 프롤레타리아트의 혁명과 같이 세계를 변혁하는 어떤 거대한 사건이 가능하다는 믿음 안에 그러한 변혁을 통해서 모든 정치적 도덕적 문제들이 기술적인 문제로 전환되리라는 믿음이 수반되는 까닭이 여기에 있다. "사람들의 정치를 사물들의 행정으로 대체"한다는 엥겔스의 (생시몽의 발상을 달리 표현한) 유명한 문구, 그리고 국가가 소멸하고 인류의 진정한 역사가 시작된다는 마르크스의 예언에 담긴 의미가 그것이다.[2] 이런 식으로 완벽하게 조화로운 사회 상태를 향한 상상을 헛된 몽상의 장난이라 간주하는 이들은 이런 관점을 유토피아적이라고 부른다. 그렇지만 오늘날 영국의 — 또는 미국의 — 아무 대학이나 한 곳에 찾아오게 된 어떤 화성인이 그곳의 전문 철학자들이 정치의 근본 문제들에 기울이는 진지한 관심들에 접하면서 이 순진무구하고 전원적인 사고방식과 아주 비슷한 분위기 안에서 사람들이 살아가고 있다는 인상을 받는다고 해도 잘못은 아닐 것이다.

이는 놀라우면서도 위험한 일이다. 놀라운 것은 광신적으로 주창되는 사회적 정치적 신조들로 말미암아 그토록 많은 사람들의 생각과 나아가 삶이 그토록 깊게 변화하고 때로는 격렬하게 뒤집힌 경우는 동서양을 막론하고 근대 역사에서 아마도 전례가 없었던 일이기 때문이다. 위험한 것은 관념들을 살펴보아야 할 의무를 진 사람들이 — 다시 말해서 관념들에 관해서 비판적으로 사고하도록 훈련받은 사람들이 — 그 의무를 소홀히 할 때 관념은 사람들을 몰아가는

---

2) Engels, *Anti-Düring*(1877-8), Karl Marx and Friedrich Engels, *Werke* (Berlin, 1956-83), vol. 19, p. 195.

고삐 풀린 동력과 감당할 수 없는 힘을 얻어 때로는 합리적인 비판으로는 제어가 불가능할 정도로 격렬해지기 때문이다. 백여 년 전에 독일 시인 하이네는 프랑스 사람들에게 관념의 힘을 과소평가하지 말라고, 한 교수의 조용한 연구실에서 배양된 철학적 개념들이 한 문명을 파괴할 수도 있다고 경고했다. 칸트의 『순수이성비판』은 독일의 이신론(理神論)의 목을 쳐버린 칼로, 루소의 저작들은 로베스피에르의 손에 들어가 구체제를 파괴하게 한 피에 젖은 무기로 묘사하면서, 피히테와 셸링의 낭만주의 신념도 독일의 광신적 추종자들에 의해 서양의 개방적 문화를 해치는 쪽으로 탈바꿈하여 끔찍한 결과를 낳게 될 날이 언젠가는 오리라 그는 예언했다. 지금까지 역사의 진행은 이 예언을 전적으로 뒷받침하지는 않는다. 그러나 만약에 교수들이 그처럼 치명적인 힘을 휘두를 수 있는 것이 맞다면, 그들의 무장을 해제할 수 있는 것도 오직 (정부나 의회의 위원회가 아니라) 교수들 또는 최소한 사상가들이라고 보아야 하지 않을까?

현대의 철학자들은 자기들이 하고 있는 일이 이처럼 황량한 결과를 낳을 수도 있다는 점을 이상하게도 의식하지 못하고 있는 듯하다. 더 추상적인 영역에서 이룩한 자신의 장엄한 업적에 취해서 획기적인 발견이 이루어지기 어렵고 섬세한 분석 능력이 보상받기도 어려운 분야를 멸시해서 그런지도 모르겠다. 그러나 강단의 맹목적인 현학 충동에서 정치와 철학을 분리하려고 모든 노력을 다했지만, 모든 형태의 철학적 탐구에서 정치는 여전히 불가분리로 얽혀 있다. 주제가 계속 바뀐다고, 그 경계가 어딘지 불분명하다고 해서 정치사상의 분야를 방기한다는 것은 그 대신 논리적 언어학적 분석에 걸맞은 확정된 개념, 추상적 모델, 세련된 도구가 장착된 영역으로——철학 방법의 통일성을 위해서 그 방법이 성공리에 처리할 수 없는 주제들을 거부함으로써——옮겨가는 것이 아니라, 단지 원시적이고 비판을 거치지 않은 정치적 믿음의 손아귀에 자기 자신을 방치하는 셈일 뿐이다. 관념의 힘을 부인하면서 관념이란 다만 허울을 쓴 물질적 관심일 뿐이라고 말하는 것은 아주 저속한 역사적 유물론일 뿐이다. 사회적 세력의 압력이 없다면 정치적 관념들은 태어날 수 없다는 말이 맞을지도 모른다. 그러나 분명한 것은 그러한 세력들이 관념의 옷을 걸치지 않는다면 눈이 멀고 갈피를 못 잡는다는 점이다.

정치이론이란 도덕철학의 한 분야로 정치적 관계라는 영역에서 작용하는 도덕적 관념의 발견 또는 적용에서 출발한다. 역사의 모든 운동 또는 사람들 사이의 모든 갈등을 관념이나 정신적인 힘의 운동 또는 갈등으로 환원할 수 있다는 믿음은 관념론 철학자에게는 혹 해당되겠지만, 내 말은 그것이 아니다. 역사의 진행이 관념의 결과라는 (또는 표현이라는) 의미도 아니다. 내 말은 그러한 운동이나 갈등을 이해한다는 것은 무엇보다도 그 안에 들어 있는 관념들 또는 삶에 대한 태도들을 이해하는 것이며, 그러한 이해 안에서만 그 운동들이 단지 자연적인 사건에 그치지 않고 인간 역사의 일부로 된다는 말이다. 정치적 단어들과 관념들과 행동들은 그것을 사용하는 사람들을 갈라놓는 쟁점의 맥락에서가 아니면 이해할 수 없다. 그러므로 우리 자신의 세계를 풍미하는 쟁점들을 이해하지 못한다면 우리 자신의 태도와 관념도 우리에게 불투명할 수밖에 없다. 오랫동안 정치의 중심에 위치해 온 문제——복종과 강제의 문제에 대하여 서로 다르고 충돌하는 대답을 내놓은 두 관념 체계 사이에서 벌어진 공공연한 전쟁이 가장 커다란 실례이다. "내가 (또는 누구든지) 왜 다른 사람에게 복종해야 하나?", "내가 좋은 대로 살면 왜 안 되나?", "복종해야 하나?", "복종하지 않는 사람을 강제해도 되나——누가, 어느 정도로, 무슨 명목으로, 무엇을 위해?"

허용될 수 있는 강제의 한계가 어디인지에 관하여 상반되는 견해들이 오늘의 세계에서 견지되고 있다. 각 진영에서는 자기편을 따르는 사람 수가 아주 많다고 자처한다. 그러므로 내가 보기에는 이 문제의 어떤 측면이라도 조사해 볼 가치가 있는 듯하다.

I

한 개인의 행동을 강제하는 것은 자유의 박탈이다. ──그런데 무엇으로부터의 자유를 박탈함인가? 인류의 역사상 도덕이론가들은 거의 모두 자유를 찬양하였다. 행복, 선, 그리고 자연, 실재 등의 단어와 마찬가지로 이 단어 역시 그 의미가 워낙 다양하기 때문에 웬만한 해석치고 그르다 할 만한 것이 거의 없다. 따라서 이 글의 목적은 이 변화무쌍한 단어에 관하여 사상사를 연구하는 학자들이 기록해 놓은 역사를 논하는 것도 아니고 그 수백에 달하는 의미를 논하는 것도 아니다. 나는 다만 그중 두 의미만을 검토해 보려 한다. 이 두 의미는 그 가운데 핵심적인 것으로서, 그 배후에는 인류 역사의, 그리고 감히 단언하건대 미래의 많은 부분이 배경으로 깔려 있다. 둘 중 첫 번째의 의미를 (수많은 선례를 따라) 나는 "소극적(negative)" 의미라 일컫기로 한다. 이는 다음과 같은 질문에 대한 답에 함유되는 종류의 것이다. "주체가 ── 한 사람 또는 일군(一群)의 사람이── 다른 사람의 간섭 없이 스스로 할 수 있는 일을 할 수 있도록, 또는 스스로 될 수 있는 존재가 될 수 있도록 방임되어야 할 영역은 무엇인가?" 두 번째 의미를 나는 적극적(positive) 의미라 지칭할 것이며, 이는 다음과 같은 질문에 대한 답에 함축되는 종류이다. "한 사람으로 하여금 이것 말고 저것을 하게끔, 이런 사람 말고 저런 사람이 되게끔 결정할 수 있는 통제 및 간섭의 근원이 누구 또는 무엇인가?"

이들 질문에 대한 답은 비록 중복될 수 있으나 그 질문들 자체가 서로 다른 질문이라는 점은 분명하다.

소극적 자유의 개념

다른 사람 어느 누구도 내 활동에 개입하여 간섭하지 않는 만큼 내가 자유롭다는 것이 통상의 어법이다. 이러한 의미에서 보면 정치적 자유는 단순히 한 사람이 다른 사람의 방해를 받지 않고 행동할 수 있는 영역을 의미한다. 가만히 놔두었더라면 내가 할 수 있었을 일을 다른 사람으로 인하여 내가 못하게 되었다면 그만큼 나는 자유롭지 못하다. 그리고 다른 사람 때문에 그 영역이 일정한 한도 이상으로 축소될 때 내가 강제를 받고 있다든가 또는 어쩌면 노예가 되었다는 서술이 가능하게 된다. 하지만 강제라는 단어가 모든 형태의 무능력을 포괄하는 것은 아니다. 내가 공중으로 3미터 이상을 뛸 수 없는 경우, 또는 내가 장님이기 때문에 책을 읽을 수 없을 때, 또는 헤겔의 책을 읽는데 군데군데 이해할 수 없는 부분이 나오는 경우, 그렇다고 해서 그만큼 내가 노예화되었다든지 강제받고 있다고 말한다면 아주 이상한 말이 될 것이다. 강제란 내가 그것만 아니라면 이렇게 행동하였을 영역에 다른 사람이 의도적으로 간섭하여 다르게 행동하게끔 만드는 경우에 해당되는 말이다. 누구에게 정치적 자유가 허용되지 않았다는 말은 그가 어떤 목표를 추구하는데 다른 사람 때문에 그 목표를 달성하지 못하였을 때에만 말이 된다.[3] 어떤 목표를 달성하지 못한다는 것만으로는 정치적 자유가 결여되었다고 말할 수 없다.[4] 이에 관한 논의는 근대 이래 인구(人口)에 회자(膾炙)

---

3) 이렇게 말하였다고 해서 이 역(逆)이 참이라는 의미는 물론 아니다.

된 "경제적 자유" 또는 "경제적 노예 상태"라는 문구에 의하여 제기된다. 이러한 문구가 주장하는 바는 다음과 같다. 그리고 이는 매우 그럴듯한 주장이다. 만일 법적인 규제는 존재하지 않더라도 어떤 사람이 너무나 가난하여 그가 원하는 어떤 것——예를 들어 빵 한 조각, 세계 일주 여행, 사법 소송의 청구 등——을 구입하지도 향유하지도 못한다면, 그 사람에게는 그것을 가질 자유가 법적으로 금지되어 있는 것이나 마찬가지라는 것이다. 나로 하여금 빵을 사지 못하게 하고, 세계 일주를 못하게 하고, 법정에서 내 주장을 호소하지 못하게 하는 나의 빈곤이 만약 일종의 병과 같은 것이라면, 그런 종류의 무능력을 자유의 결핍으로 서술할 수는 없게 된다. 하물며 정치적 자유의 결핍이라고는 더욱 말할 수 없을 것이다. 내가 나 자신을 강제 또는 노예제의 희생자로 파악한다면 그것은 오로지 다른 사람이 짜놓은 모종의 틀 때문에 다른 사람은 그렇지 않은데 나만 원하는 물건을 살 수 있는 돈을 구하지 못할 때뿐이다. 다른 말로 하자면, 이런 식으로 단어를 사용하는 데에는 나의 빈곤 또는 약점의 원인을 특정 방식으로 설명하는 경제 사회 이론이 배경으로 깔려 있다. 내가 얼마만큼의 물질적 수단을 가지느냐는 문제가 나 자신의 정신적 육체적 능력과 관련되는 경우에 내가 그 사정을 (단순히 빈곤에 기인하는 것으로 보지 않고) 자유의 결핍이라 말한다면, 그것은 오직 내가 그러한 특정 이론을 받아들일 때에만 가능한 일이다.[5] 첨언

---

4) 이 점은 엘베시우스(Helvétius)가 명확하게 지적한 바 있다. "자유로운 사람이란 쇠사슬에 묶이지 않고, 감옥에 갇히지도 않고, 노예처럼 형벌의 공포에 떨지도 않는 사람이다." *De l'esprit*, first discourse, chapter 4. 독수리처럼 날지 못하거나 고래처럼 수영하지 못하는 것을 두고 정치적 자유가 없다고 말할 수는 없다.

5) 이런 종류의 이론 가운데 가장 널리 알려진 것은 물론 사회 법칙에 관한 마르크스주의적 시각이다. 그러나 마르크스주의 이론이 유일한 것은 아니다. 기독교 및 공리주의 이론 가운데 몇몇, 그리고 모든 사회주의의 이론에서 이러한 사고방식이

하자면, 내가 생각하기에 정의롭지 못하고 불공정한 특정 질서 때문에 내가 결핍 상태에서 벗어나지 못한다고 내가 믿을 때, 나는 경제적 노예제 및 억압을 말하게 되는 것이다. 루소는 "우리를 미칠 지경으로 화나게 만드는 것은 사물의 본질이 아니라 악의(惡意)"라고 말하였다.[6] 내 소원이 좌절되는 과정에서 다른 사람들이 ── 직접적이든지 간접적이든지, 그렇게 하려는 의도가 있었든지 없었든지 ── 어느 정도 작용하였느냐가 곧 억압의 기준이다. 따라서 이 의미에서 자유가 다른 사람에 의한 간섭이 전혀 없는 상태를 의미한다는 것은 내가 뜻하는 바가 아니다. 내 뜻은 불간섭의 영역이 넓어질수록 내 자유의 영역이 따라서 넓어진다는 점이다.

영국의 고전 정치철학자들이 자유라는 말을 사용하면서 의미한 바가 바로 이것이다.[7] 자유의 영역이 얼마나 넓어질 수 있는지 또는 얼마나 넓어져야 하는지에 관해서는 이들 철학자 사이에 많은 이견이 있었다. 그러나 자유가 결코 무제한일 수는 없다는 점에 대해서는 그들 모두가 동의하였다. 왜냐하면 자유가 무제한으로 허용된다면 모든 사람들이 자기 외의 모든 사람의 행동에 무제한으로 간섭하는 상황이 벌어질 것이기 때문이다. 이런 식의 "자연적" 자유는 사회적 혼돈을 야기하여 최소한도의 인간 욕구조차 충족되지 못하게 할 것이다. 그렇게까지 되지는 않는다고 양보하더라도, 적어도 약자의

───────────────

커다란 부분을 차지하고 있다.

6) *Émile*, book 2: vol. 4, p. 320, in *Oeuvres complètes*, ed. Bernard Gagnebin and others (Paris, 1959-95)

7) 홉스는 자유를 다음과 같이 정의했다. "자유로운 사람이란 …… 자신의 의지로 무슨 일을 하는 데 방해받지 않는 사람이다." *Leviathan*, chapter 21: p. 146 (Richard Tuck 편집본, Cambridge, 1991). 법은 언제나 일종의 "족쇄"이다. 설령 법보다 더 무거운 사슬, 예컨대 혼돈 또는 자의적(恣意的) 독재의 사슬로부터 당신을 보호해 주는 것이 법이라고 하더라도, 이 사실은 변하지 않는다. 벤담 역시 대동소이한 말을 남겼다.

자유가 강자에 의하여 억눌리는 상황은 피할 수 없게 될 것이다. 영국의 고전 정치철학자들은 인간의 목적과 활동이 저절로 서로 조화를 이룰 것으로는 생각하지 않았다. 그리고 그들은 (각자가 명시적으로 표명한 입장이야 어찌되었든) 정의, 행복, 문화, 안전, 또는 철학자에 따라 정도의 차이는 있지만, 평등과 같은 자유 이외의 목표에도 높은 가치를 부여하였다. 그랬기 때문에 그들은 자유를 다른 가치와 상충되는 만큼 제한할 태세가 되어 있었고, 또는 심지어 자유 자체를 억제할 태세마저 갖추고 있었다. 왜냐하면 이와 같은 제한이 없이는 그들이 바람직하다고 생각하는 사회적 결합을 창출하기가 불가능하였기 때문이다. 그 결과 이들 사상가들은 인간의 자유 행위의 영역이 법에 의해 제한되어야 한다고 보았다. 하지만 동시에 그들은 어떤 이유로도 침해되어서는 아니 될 개인 자유의 최소 영역 역시 존재해야 한다고 생각하였다. 영국의 로크 및 밀, 그리고 프랑스의 콩스탕 및 토크빌이 이 점을 특히 강조하였다. 이 영역마저 침해받게 된다면, 각 개인이 좋다 또는 옳다 또는 신성하다고 생각하는 여러 가지 목적을 추구하거나 아니면 그런 추구를 상상하는 일 자체가 불가능해지는 사태가 초래되리라는 것이 그들의 생각이었다. 즉, 각 개인이 타고난 능력을 최소한으로나마 발현할 수 있는 영역이 허용되지 않는다면 어떤 종류의 인간 목표의 추구도 가능할 수 없기 때문이다. 이러한 고려는 자연스럽게 사생활의 영역과 공공 권위의 영역 사이에 경계가 그어져야 한다는 생각으로 이어진다. 그 경계가 구체적으로 어디에서 그어져야 할 것인지는 논쟁에 따라, 실은 흥정에 따라 결정될 문제이다. 인간 생활의 대부분은 상호의존의 맥락 안에서 이루어지기 때문에, 다른 사람의 삶에 어떤 식으로도 방해가 되지 않을 정도로 사적 영역에 완전히 국한된 인간의 행동은 있을 수 없다. "곤들매기의 자유가 붕어에게는 죽음"[8]이라는 말과 같이 이편 사람의 자유는 저편 사람의 자유를 제한하는 토대 위에서 가능하다. 어느 상황에서도 실제적 타협이 이루어져야 한다. 많은 사람들이 이에 덧붙여 다음과 같이 말한다. "옥스퍼드 신사들의 자유와 이집트 농부의 자유는 서로 많이 다르다."

이 명제에는 일리가 있는 것이 사실이다. 타당하기도 하고 중요하기도 한 점을 지적하고 있기 때문이다. 그러나 그 문구 자체는 알맹이 없는 정치적 허풍에 지나지 않는다. 왜냐하면 반쯤 헐벗고 문맹이며 영양실조 및 질병에 시달리는 사람들에게 정치적 권리를 부여한다든지 또는 국가의 간섭을 막아줄 보호막을 제공한다는 것은 그 사람들의 처지를 가지고 장난치는 일밖에 안 된다는 지적이 옳은 지적이기 때문이다. 그들에게 필요한 것은 의료 보호 또는 교육이다. 자유의 증진을 그들이 이해하고 나아가 그렇게 증가된 자유를 행사할 수 있다고 하더라도, 그것은 나중 일일 뿐이다. 자유를 활용할 줄 모르는 사람에게 자유가 무슨 소용인가? 자유를 행사하기 위해서 필수적인 조건이 적절하게 충족되지 않은 상태에서 자유가 어떤 가치를 가질 수 있는가? 어떤 일에 관해서도 그보다 먼저 이루어져야 할 일이 있다. 19세기 러시아의 허무주의자들이 말했다고 전해지듯이, 푸시킨의 작품보다 당장 구두 두 짝이 가치에서 우월한 상황도 있는 것이다.[9] 개인의 자유가 모든 사람에게 무엇보다 먼저 필요한 것은

---

8) R. H. Tawney, *Equality*, 3rd ed.(London, 1938), chapter 5, section 2, "Equality and Liberty", p. 208.

9) 구두 두 짝이 푸시킨의 시보다 우월하다는 말은 고리키조차 피사레프(Dmitry Pisarev, 1804~1868)가 처음 했다고 착각했던 말이지만, 사실은 도스토예프스키가 자기가 펴내던 잡지 《시대(*Epokha*)》 1864년 5월호에 어떤 (*Shchedrodarov*라는 제목의) "소설"을 풍자적으로 "축약"했다면서 짜깁기 형식으로 기고한 글에서 비롯한다. 그 짜깁기 글은 당대의 허무주의자들을 누구나 알아볼 수 있는 별명으로 등장시키면서 공격한다. "소설"의 주인공 셰드로다로프(미하일 살티코프–셰

아니다. 왜냐하면 자유가 모든 종류의 좌절이 없는 상태를 총괄하지는 않기 때문이다. 그런 식으로 이 단어를 사용하다 보면 단어의 의미가 한없이 부풀려져서 마침내 너무 많은 의미를 포함하게 되든지 아니면 너무 적은 의미에 국한되게 될 것이다. 이집트의 농부에게 필요한 것은 개인적 자유보다는, 그리고 개인적 자유에 앞서서, 의복과 약품이다. 반면에 그에게 오늘 최소한의 자유가 필요하다면, 그리고 내일 좀 더 많은 정도의 자유가 필요하다면, 그 자유는 그에게만 독특한 종류가 아니다. 그 자유는 교수, 예술가, 백만장자 등에게 필요한 것과 동일한 종류이다.

내가 보건대, 서구 자유주의자들의 양심을 괴롭힌 문제는 사람들이 추구하는 자유가 그들의 사회적 경제적 조건에 따라 다양하다는 사실이 아니라, 지금 자유를 소유하고 있는 소수가 어떤 경로로 그것을 획득하였느냐는 문제이다. 지금 자유를 향유하지 못하는 대다수 사람들을 착취한 대가로, 또는 적어도 그 많은 사람들로부터 눈길을 돌려버림으로써 이들 소수는 자유를 획득할 수 있었다. 자유주

드린, 1826~1889)가 잡지 《스보예프레메니》의 편집위원으로 최근에 합류했는데, 프라우돌류보프(니콜라이 도브롤류보프, 1836~1861)와 스크리보프(피사레프)도 편집위원이다. 셰드로다로프는 "구두 두 짝이 모든 면에서 푸시킨보다 낫다. 푸시킨은 사치이자 넌센스일 뿐이기 때문"이라는 이 위원회의 편집원칙을 알게 된다. 이어 "셰익스피어도 넌센스이자 사치일 뿐"이라는 원칙도 나온다. 푸시킨이 비아젬스키(Pyotr A. Vyazemski, 1792~1878)에게 1823년 3월에 쓴 편지에 자기가 시를 "이익을 위해 파니", 자기에게 시가 가지는 의미는 "제화공에게 구두 두 짝"이 가지는 의미와 같다고 탄식하는 대목이 있는데, 비록 이 편지는 1903년에야 비로소 출판되지만, 어쩌면 도스토예프스키가 이 대목을 염두에 뒀는지도 모른다. 살티코프-셰드린의 『타쉬켄트 신사들』(1869~1872, *Gentlemen of Tashkent*, M. E. Saltykov-Shchedrin, *Sobranie sochinenii*, vol. 10, Moscow, 1970, p. 102)과 도스토예프스키의 『악령』(1871~1872, 제1부 제6절)에도 이와 비슷한 "원칙"이 언급된다.

의자들은 다음과 같이 믿는다. 그리고 이 믿음에는 타당한 근거가 있다. 즉, 만일 개인의 자유가 인류를 위한 궁극적 목표라면, 어느 누구도 그 자유를 다른 사람에게 빼앗겨서는 안 된다. 하물며 다른 사람의 희생 위에서 몇 사람이 그것을 향유하는 사태는 결코 일어나서는 안 된다. 따라서 자유의 평등; 남더러 나를 이렇게 대접하지 말라고 하면서 그와 똑같은 방식으로 내가 남을 대해서는 안 된다; 내가 누리는 자유, 번영, 또는 개명(開明)을 가능하도록 만들어 준 사람들에게 진 빚을 돌려주어야 한다; 그리고 가장 단순하면서도 가장 보편적인 의미의 정의(正義)——이들 원칙이 곧 자유주의 도덕에서 근간을 이룬다. 자유가 인간의 유일한 목표는 아닌 것이다.

나는 이 생각 자체에는 동조한다. 심지어 나는 러시아의 비평가 벨린스키(Belinsky)에 동조하여 다음과 같이 말할 용의도 있다: 즉, 만약 다른 사람들이 자유를 누리지 못한다면——내 형제들이 빈곤, 비참 및 사슬에서 빠져나오지 못한다면——그렇다면 나 자신 자유를 원하지 않겠다. 내 양손을 휘휘 저어 자유를 거절하고 내 형제의 운명에 동참하는 편을 단호히 택하겠다. 그러나 이런 식으로 생각하는 데에는 용어의 혼동이 개재하고 있으며, 용어가 혼동되어서는 아무런 성과도 기대할 수 없다. 너무나 현저한 불평등 또는 사회 전반에 만연한 비참을 방지하기 위해서라면, 나 자신의 자유를 일부 또는 전부 희생할 용의가 있다. 어쩌면 기꺼이 그리고 강제가 전혀 없더라도 내가 그렇게 할 수도 있을 것이다. 하지만 정의, 평등 및 이웃에 대한 사랑을 위하여 내가 포기하는 것은 어쨌든 자유이지 다른 것이 아니다. 이런 희생을 감수할 태세를 내가 갖추고 있지 않다면 나는 마땅히 죄책감을 가져야만 한다. 그러나 그러한 희생의 도덕적 필요성이 아무리 절실하더라도, 그리고 그 희생의 대가로 얼마나 많은 도움이 가능하더라도, 희생된 것은 희생된 것이다. 즉,

자유를 희생함으로써 자유를 증진할 수는 없는 것이다. 자유는 자유일 뿐, 평등, 공평, 정의, 문화, 인류의 행복, 마음 깊은 곳의 양심 등 그 어느 것과도 동일한 것이 아니다. 만일 나 자신, 내 계급 또는 내 나라가 자유를 누리는 대가로 다른 사람들이 비참한 지경에 빠져야만 한다면, 그런 식으로 자유를 증진하는 체제는 부도덕이며 불의이다. 그런 불평등 및 그로 인한 오욕(汚辱)을 줄이기 위하여 내가 누리는 자유를 억제하고 포기한다면, 그러면서 다른 사람들이 누리는 개인적 자유를 실질적으로 늘리지도 못한다면, 자유의 절대치가 감소하게 된다. 정의 및 행복의 증가로 이 손실이 보상될 수는 있을지도 모른다. 그러나 여전히 자유는 감소한 것이다. 이에 대하여 비록 나의 "자유주의적" 개인적 자유는 줄어들었지만 다른 종류——사회적 및 경제적——의 자유는 증가하였다고 말하는 것은 용어의 혼동에 지나지 않는다. 물론 다른 사람들의 자유를 확보하기 위하여 몇몇 사람의 자유가 제한되어야 하는 경우가 있음은 틀림없는 사실이다. 문제는 여기에 어떤 원칙이 있어야 할 텐데, 그것이 무엇이냐는 것이다. 자유가 만일 절대로 침해되어서는 아니 될 신성한 것이라고 한다면, 자유의 균형을 애초에 논할 수 없게 될 것이다. 실제로는 이 근처에 다양한 원칙들이 존재하고, 그것들 가운데 하나 또는 몇이 양보해야 할 것이다. 그런 양보는, 이를 위하여 준거가 될 만한 일반적 규칙 또는 보편적 규준이 없는 것은 말할 필요도 없고, 명확하게 묘사할 수 있는 이유가 있어서 이루어지는 것만은 아니다.

인간의 본성을 낙관적으로 파악하고 인간의 이해득실이 조화를 이룰 수 있다고 믿은 철학자들, 예컨대 로크 및 아담 스미스 (밀 역시 이러한 태도를 상당한 정도 가지고 있다) 등은 개인 사생활의 영역을 인정하는 일이 사회의 조화 및 진보와 모순되지 않는다고 생각하였다. 개인 생활의 영역을 국가의 권위 또는 그밖에 어떤 형태의 권위도 침범하지 못하도록 하는 일이 사회 전체의 조화와 병행할 수 있다고 생각하였다. 한편 홉스 및 그의 견해에 동의하는 사람들, 특히 보수주의자 또는 반동 사상가들은 중앙집권적 통제를 강조하였다. 인간이 서로를 해치지 않게끔 하기 위해서는, 즉 사회생활이 밀림 또는 황야의 삶과 같지 않도록 하기 위해서는 각 개인으로 하여금 각자의 위치를 벗어나는 일이 없도록 하는 장치가 제도적으로 마련되어야 한다고 생각하였다. 따라서 그들은 중앙에 의한 통제를 늘리고 개인에게 맡겨지는 영역이 축소되어야 한다고 주장하였다. 그러나 한 가지 점에서는 양쪽의 견해가 일치하였다. 인간 존재의 일부분은 사회적 통제로부터 독립되어 있어야 한다는 점을 부인하는 사람은 없다. 그러한 영역이 어느 정도의 크기로 허용되어야 하는지는 사람마다 의견이 다르다. 하지만 그 영역이 아무리 작다고 하더라도, 그것마저 침범하는 것은 곧 전제(專制)가 될 것이다. 자유 및 사생활을 가장 웅변적으로 옹호한 사람으로는 방자맹 콩스탕(Benjamin Constant)을 들 수 있다. 자코뱅의 독재가 어떠하였는지를 결코 잊지 않았던 콩스탕은 적어도 종교, 의견, 표현, 재산의 자유만은 자의적 침해로부터 보호되어야 한다고 선언하였다. 제퍼슨, 버크,[10] 페인,[11] 밀 등등, 어떤 영역 및 어떤 종류의 개인적 자유가 어느 정도로 보호되어야

---

10) (옮긴이) 버크(Edmund Burke, 1729~1797): 아일랜드 출신 영국 정치인, 정치철학자. 근대 보수주의의 창시자로 흔히 일컬어진다. 미국 혁명에는 찬성하였지만 프랑스 혁명은 일부 혁명가들의 "이성"에 의한 설계도를 가지고 전통과 관습을 통해서 축적된 선대의 모든 지혜를 깡그리 일축한다는 점에서 인간과 사회의 본질을 오해한 결과라고 비판했다.

11) (옮긴이) 페인(Thomas Paine, 1737~1809): 영국 태생으로 미국과 프랑스에서 활동한 정치인, 저술가, 혁명가, 이상주의자. 미국 혁명을 앞두고 영국 정부의 잘못과 식민지 주민의 권리를 주장하는 일련의 격문 『상식(Common Sense)』을 발간하여 혁명에 기폭제를 제공했다. 프랑스 혁명 이후에는 인권의 보편성을 주장하는 『인권(The Rights of Man)』으로써 버크에게 응수했다.

하는지에 관한 의견은 사상가마다 다르다. 그러나 권위에 제한이 가해져야 한다는 점에서는 그들 모두의 의견이 내용상으로 일치한다. "우리 자신의 본성을 타락시키거나 부인하는" 것이 우리의 목표가 아닌 한, 개인적 자유의 최소한은 지켜져야 한다.[12] 우리가 절대적인 의미에서 자유로울 수는 없다. 자유를 누리기 위해서는 자유 가운데 일정 부분을 포기하지 않으면 안 된다. 그러나 개인 생활 전체를 권위에 내맡긴다는 것은 그 자체로 모순적인 말이다. 이제, 바로 그 최소한이라는 것이 무엇이냐는 질문이 제기될 것이다. 이에 대하여, 각 개인에게 있어 본성을 구성하는 핵심 부분에 타격을 받지 않기 위하여 반드시 지켜야 할 부분이라고 대답해 보자. 그렇다면 그 핵심 부분은 무엇인가, 그리고 그 핵심 부분으로부터 어떠한 표준이 도출되느냐는 질문이 계속 이어질 것이다. 이런 종류의 논쟁은 끝없는 논쟁을 낳게 된다. 지금까지 항상 그랬고 앞으로도 그럴 것이다. 게다가 이 영역의 경계선을 구획하는 근거로 수많은 개념들이 개발되어 사용되었다. 자연법, 자연권, 공리(功利, utility), 정언명령(定言命令, categorical imperative), 사회계약의 신성함 등을 비롯하여 수많은 개념들을 각 사상가들은 자신이 확신한 바를 표명하고 정당화하기 위하여 탐구하였다. 그러나 어떤 개념 및 원칙을 근거로 삼아 불가침의 영역을 구획하든지, 이런 방식으로 옹호되는 자유는 언제나 ……로부터의 자유이다. 그 경계선은 긋는 사람마다 달리 그어지지만, 그 경계가 어디엔가 존재해야 한다는 점은 항상 변함이 없다. 그리고 그 경계선이 침범되어서는 안 된다는 것이 이 의미에서 파악되는 자유의 핵심 요소이다. 이러한 입장을 대표하는 이 가운데 가장

---

12) Benjamin Constant, *Principes de politique*, chapter 1, "De la souveraineté du peuple": p. 318. *Écrits politiques*, ed. Marcel Gauchet(Paris, 1997).

유명한 사람에 따르면 자유란 다음과 같다: "그 이름에 합당한 유일한 자유는 우리 자신의 방식으로 우리 자신의 목표를 추구하는 자유이다."[13] 만일 이 말이 맞다면 강제가 정당화될 수 있는 길이 있을까? 그러한 길이 있다는 점에 있어 밀은 아무런 의심도 가지지 않았다. 개인들 모두가 최소한의 자유를 향유할 권리를 가지기 때문에, 어느 한 사람의 자유라도 침해하지 못하도록 모든 사람들이 제약을 받아야 한다. 만일 이 제약을 분명히 하기 위해서 필요하다면 물리적인 힘이라도 사용되어야 하리라고 밀은 생각하였다. 사실 밀에 있어서, 바로 그와 같은 충돌을 방지하는 것이 법이 할 일의 처음이자 끝이다. 이 이론에 따른다면 국가의 영역이 매우 축소되게 된다. 그래서 라살레[14]는 이러한 국가가 방범대원 또는 교통순경에 불과하다고 비꼬았던 것이다.

밀은 왜 개인 자유의 보호를 그토록 신성하게 보았을까? 자신의 유명한 글에서 밀은 다음과 같이 주장한다: 각 개인이 "순전히 자신에게만 관련되는 행동에 있어서"[15] 각자 원하는 대로 살 수 있도록 허용되지 않는다면, 문명의 발전이란 있을 수 없다. 그러한 상황에서는 사상의 자유 시장이 형성되지 않을 것이기 때문에, 진리 역시 드러나지 않는다. 정신적 에너지 및 도덕적 용기 등의 영역에서 자발성(spontaneity), 창의성, 천재적 영감 따위가 애초에 불가능하게 될 것이다. 사회는 "집단적 범용(凡庸, collective mediocrity)"[16]으로 가

---

13) J. S. Mill, *On Liberty*, chapter 1: vol. 18, p. 226, *Collected Works of John Stuart Mill*, ed. J. M. Robson and others (Toronto/London, 1963~91).

14) (옮긴이) 라살레(Ferdinand Lassalle, 1825~1864): 독일의 사회주의자. 비스마르크의 국가 권력을 이용해서 자본주의자의 발호를 억누르는 노선을 추구했다. 전독일노동자연합(ADAV: Allgemeiner Deutscher Arbeiterverein)을 1863년에 창건했는데, 이 조직이 그의 사후에 사회민주당으로 발전한다.

15) Mill, *On Liberty*, chapter 1, p. 224.

득 차고 결국에는 집단적 범용의 무게를 견디지 못해 붕괴하고 말 것이다. 풍부함 및 다양성이 필요한 것들은 모두 관습에 짓눌려 싹 조차 틔울 수 없을 것이다. 인간 본성 가운데 순종적인 경향만이 살아남아서 "활력이라고는 시든 것밖에 남지 않고", "심술궂고 완고하며 뒤틀린" 인간만이 양성될 것이다. 따라서 밀은 이렇게 주장한다: "이교도적 자기 내세우기도 기독교의 자기 부정만큼 가치 있는 일이다."[17] "한 사람이 남의 충고 및 경고를 듣지 않아서 저지르기 십상인 실수는 남들 모두로 하여금 자기들 마음대로 그 한 사람을 좌지우지할 수 있도록 내버려 둠으로써 발생하는 해악에 비하면 아무것도 아니다."[18] 자유의 보호는 침범을 막는다는 "소극적" 목표로 구성된다. 한 개인이 무엇이 자신의 목표인지에 관하여 아무 선택권을 가지지 못한 채 외부로부터 주어지는 삶의 경로만을 따르도록 형벌로써 위협하는 것은 죄악이다. 한 개인에게 문 하나만을 열어 주고 나머지 모든 문을 닫아 버린다면, 그 문이 아무리 고상한 전망을 약속하더라도, 그런 질서를 짜놓은 사람의 동기가 아무리 선의에서 나왔다고 하더라도, 죄악이다. 이는 그 사람이 사람이라는 진리, 그리고 그에게도 스스로 살아 갈 자신의 삶이 있다는 진리에 반하는 죄악이다. 에라스무스의 시대부터 (오컴[19]에서 그 기원을 찾는 사람도

---

16) Ibid., chapter 3, p. 268.
17) Ibid., pp. 265-6.
　　(편집자) "이교도적 자기 내세우기"와 "기독교적 자기 부정"이라는 대조는 시모니데스(Simonides)에 관한 존 스털링의 글에서 차용한 문구다. John Sterling, *Essays and Tales*, ed. Julius Charles Hare (London, 1848), vol 1, p. 190.
18) Ibid., chapter 4, p. 277.
19) (옮긴이) 오컴(William of Ockham, 1285~1349): Occam으로도 표기된다. 영국의 프란체스코파 수도승, 철학자. 일부에서는 유명론(nominalism)의 창시자로 간주하기도 한다. 경합하는 설명 중에서 다른 특별한 이유가 없다면 더 간단한 것이 좋다는 그의 입장은 흔히 오컴의 면도날(Ockham's razor)이라고 지칭된다.

있을 수 있다) 현재의 우리 시대에 이르기까지 근대 세계의 자유주의자들은 자유를 이런 방향에서 인식하였다. 시민의 자유 및 개인의 권리를 옹호하고, 착취와 모욕, 공공 권위에 의한 침해, 선동 및 관습에 의한 최면 등에 항거하는 주장은 모두 인간을 이처럼 개인주의적으로 파악하는──그리하여 계속 논쟁의 대상이 되어 온──사고방식에서 나온다.

이 입장에 관하여 지적되어야 할 점이 세 가지 있다. 첫째 밀은 서로 구분되어야 할 두 개의 개념을 혼동하고 있다. 한편에서 밀은 강제가, 인간의 욕망을 좌절시키는 만큼 모든 강제가, 나쁘다고 말한다. 더 큰 해악을 예방하기 위하여 행사되는 강제 역시 욕망을 좌절시키는 만큼은 나쁘다는 것이다. 이에 비하면 강제의 반대인 불간섭은, 비록 그것이 유일한 선은 아니지만, 강제가 나쁜 데에 대칭되는 의미에서 좋다고 한다. 이러한 밀의 생각은 자유를 "소극적인" 방향에서 파악하는 가장 고전적인 형태이다. 그러나 밀은 동시에 인간이 진리를 찾기 위해 노력해야 한다고 주장한다. 다른 말로 표현하면 인간 각자가 일정한 유형의 성격을──밀 자신은 두려워하지 않고, 독창적이며, 상상력이 풍부하고, 독립적이며, 기인이라는 말을 들을지언정 순종하지는 않는 성격을 높이 평가하였다──계발하여야 한다고 한다. 진리는 발견될 수 있으며 그러한 성격도 계발될 수 있는데, 그 길이 오로지 자유가 충족될 때에만 열릴 수 있다는 것이 밀의 주장이다. 이 두 차원의 주장은 모두 지극히 자유주의적인 발상이다. 그러나 이 양자가 동일한 주장은 아니고, 그 사이의 관계는 기껏해야 경험적인(empirical) 종류에 불과하다. 즉, 자유가 진리 발견 및 성격 계발에 필수 조건인지는 구체적인 사정에 따라 그럴 수도 있고 그렇지 않을 수도 있는 일인 것이다. 물론, 독단이 모든 사유를 박살내는 상황에서 자아표현의 자유 또는 진리가 번성하리라고 주장할 사람은 아무도 없을 것이다. 하지만 역사적 증거를 찾아보면 성실, 진리에 대한 사랑, 열렬한 개인주의 등이 관용적인 사회에서만 자라난 것은 아니다(이 점은 제임스 스티븐이 밀을 강력하게 공격하면서 지적한바 있다).[20] 예컨대 스코틀랜드 및 뉴잉글랜드의 칼뱅주의 청교도 사회와 같이 잔혹하리만큼 엄격한 규율에 의해 통제된 공동체, 또는 군대와 같은 규율을 가진 사회에서 그러한 요소들이 더 자주 태어났다고 할 수는 없을지 모르지만, 적어도 마찬가지의 빈도로 발생한 것은 사실이다. 이 점을 염두에 두고 생각해 보면, 인간의 천부 능력이 성장하기에 자유가 필수 조건이라는 밀의 주장은 붕괴될 수밖에 없다. 만일 밀이 제창한 이들 두 목표가 서로 상충하는 것이라면, 그는 매우 심각한 딜레마에 봉착하게 될 것이다. 공리주의적 사고방식에 내재하는 여러 가지 난점들을 여기서 새삼 추가할 필요도 없이 이 딜레마만으로도 충분한 어려움이 될 것이다.[21]

둘째, 이 신조는 비교적 근대의 소산이다. 고대 세계에서는 정치적 (실제적 현실과 대조되는 의미에서) 이상으로서 개인 자유에 관한 의

---

20) James Stephen, *Liberty, Equality, Fraternity.*
21) 사상사에서 극히 소수의 예외를 제외하고 거의 모든 사람들이 자기에게 좋은 것으로 여겨지는 것들은 모두 서로 불가분의 연관을 가진다고, 또는 적어도 그것들이 서로 상충하지는 않는다고 믿었다. 밀이 주장한 보다 인간적인 공리주의는 사상가들이 흔히 노정하는 이 경향을 보여주는 좋은 예이다. 서로 모순되는 요소들 또는 적어도 서로 동떨어진 요소들이 인위적으로 한데 뒤섞여서 하나의 체계를 이루는 예는 국가의 역사에서나 마찬가지로 사상의 역사에서도 흔히 발견된다. 이 체계가 전횡으로 이어지는 경우 또한 드물지 않다. 어떤 경우에는 공동의 적에 대항하기 위하여 상이한 요소들이 결속되기도 한다. 시간이 지남에 따라 그 적이 사라지게 되면 동맹이 깨어지고 과거의 맹방들 사이에서 갈등이 발생한다. 그리하여 체계가 와해되는 일이 발생하는데, 이런 종류의 와해가 인류에게는 큰 도움이 되는 경우도 종종 있다.

식적 논의가 거의 없었던 것으로 보인다. 로마 및 그리스인들의 법의식에서 개인의 권리라는 관념이 들어 있지 않았다는 점은 이미 콩도르세가 지적한 바 있다. 유대 사회 및 중국을 비롯하여 현재 알려진 모든 고대 사회에서 이 점은 마찬가지였다.[22] 서양의 최근 역사를 보더라도, 개인의 자유를 이상으로 삼는 사조가 풍미하게 된 것은 으레 그렇다기보다는 예외에 속하는 일이다. 기실, 이러한 의미의 자유가 인류의 대다수에게 지속적인 호소력을 가지는 것도 아니다. 침해받지 않으려는 욕망, 개인 생활의 공간을 확보하려는 욕망은 개인에게서나 공동체에서나 고도로 발달된 문명을 표시하는 지표이다. 사생활이라는 개념 자체, 또는 개인적 관계의 영역을 신성한 것으로 인식하는 태도 등의 연원이 자유의 개념인 것은 사실이다. 하지만, 그와 같은 자유의 개념이 지금과 같이 세련된 형태를 띤 것은, 그 종교적 뿌리를 포함하여 생각해 보더라도, 르네상스 또는 종교개혁 이전의 일이 아닌 것이다.[23] 그럼에도 불구하고 이제 그 개념이 쇠퇴하게 된다면 하나의 문명 또는 한 가지 방식의 도덕적 태도 전체가 죽음을 맞았음을 의미하게 될 것이다.

자유를 이렇게 파악하는 관념의 세 번째 특징은 보다 더 큰 중요성을 가진다. 세 번째 특징은 이 의미의 자유가 모종의 독재 또는 어떤 정도가 되었든 자치(self-government)의 부재와 양립할 수 없는 것이 아니라는 점이다. 이 의미의 자유에서 주관심은 어떤 근거 또는 어떤 힘에 의하여 통제가 이루어지느냐가 아니라 통제의 범위가 어디

---

22) 이에 관한 자세한 논의는 미셸 빌레이(Michel Villey)가 *Leçon d'Histoire de la Philosophie du Droit*에서 제공하고 있다. 빌레이는 이 책에서 권리에 관한 주관적 접근이 오컴에서 비롯되었다고 주장한다.

23) 신법 또는 자연법이 절대적 권위를 가진다든가, 또는 신 앞에 모든 인간이 동등하다는 기독교(그리고 유대교 및 이슬람교)의 믿음은 각자 원하는 바대로 살 자유가 개인에게 있다는 믿음과는 매우 많이 다르다.

까지 미치느냐에 있다. 민주주의가 아닌 곳에서 개인이 누릴 수 있는 자유 가운데 많은 부분이 민주주의에서 침해될 수 있는 것과 마찬가지로, 독재에서도 독재자가 자유주의적 심성을 가졌다면 백성들에게 많은 양의 개인적 자유가 허용되는 경우를 충분히 상상할 수 있다. 이러한 경우 그 독재자가 불의한 인물일 수도 있고 가장 야만적인 불평등을 조장할 수도 있으며 질서, 미덕 및 진리 따위에 전혀 관심을 기울이지 않을 수도 있다. 그러나 그가 백성들에게 자유를 허용하는 한, 다시 말하여 그가 자유를 제한하지 않거나 다른 형태의 정권에서보다 그 제한하는 정도가 적다면, 그와 같은 독재도 밀이 주장하는 기준에는 부합할 수가 있는 것이다.[24] 한마디로 말하자면, 이 의미의 자유와 민주주의 또는 자치 사이에 논리적인 연관은 없다. 전체적으로 보아서 시민의 자유에 대한 보장이 여타 형태의 정부보다는 자치정부에 의하여 더욱 탄탄할 수는 있을 것이다. 그러나 개인적 자유가 민주적 지배와 필연적으로 연관되지는 않는다. "나를 지배하는 이가 누구인가?"라는 질문에 대한 대답은 "나에 대한 정부의 간섭이 어느 정도인가?"라는 질문에 대한 대답과는 논리적으로 다른 종류이다. 그리고 소극적 자유의 개념과 적극적 자유의 개념 사이에 존재하는 차이가 결국은 바로 이 구분과 맞닿게 되는 것이다.[25] 왜냐하면, "적극적" 의미의 자유는 "내게 어떤 사람이 될

---

24) 실제로, 프리드리히 대왕 치하의 프로이센 또는 요제프 2세 치하의 오스트리아에서 재능 있는—상상력, 개성, 창의력 등을 갖춘—소수가 박해를 훨씬 덜 받았다는 주장이 충분히 가능하다. 즉, 그 이전 및 이후를 막론하고 민주주의 아래서 제도 및 관습에 의하여 소수에게 가해진 박해 및 압력에 비하면 그들 독재자 치하에서 그 정도가 덜하였다고 주장할 수 있는 것이다.

25) 이 견해를 주창한 사람들이 표명한 의미에만 입각한다면, "소극적 자유"가 어느 정도까지를 포섭하는지를 측정하기는 지극히 어렵다. 얼핏 보면 두 개의 대안 사이에서 선택할 수 있는 힘을 얼마나 가지느냐에 따라 소극적 자유의 정도가

자유 또는 어떤 일을 할 자유가 있나?"와 같은 질문을 할 때 부각되는 것이 아니고, "나를 지배하는 이는 누구인가?" 또는 "이런 사람이 되지 말고 저런 사람이 되어야 한다, 이런 일 말고 저런 일을 해야 한다고 내게 말할 수 있는 주체가 누구인가?"와 같은 질문을 할 때 부각되기 때문이다. 개인적 자유와 민주주의 사이의 연관은 그 둘을 합하여 옹호하는 사람들이 생각하는 것보다 훨씬 희미하다. 나 자신에게만 지배받고자 하는 욕망, 또는 내 운명을 좌지우지하는 결정의 과정에 참여하고픈 욕망이 어쩌면 행동의 자유 영역을 구하는 욕망만큼 깊은 곳에서 우러나올 수는 있겠다. 아울러, 전자의 욕망이 후

결정될 수 있을 것 같다. 그러나 선택이라고 해서 모두 다 자유로운 것도 아니고, 자유로운 선택이라고 해서 모두 다 같은 정도로 자유로운 것도 아니다. 만일 전체주의 국가에서 고문의 위협 때문에 내가 친구를 배신한다면, 또는 단순히 일자리를 잃을까봐 그리한다면, 그러한 내 행동이 자유로운 행동이 아니라고 보는 것이 상식에 부합할 것이다. 하지만 이런 경우에도 내가 선택을 한 것은 틀림없는 사실이다. 죽음, 고문 또는 감옥행의 선택 역시 이론적으로는 하나의 대안으로 열려 있기 때문이다. 그러므로 (그와 같은 선택이 자발적으로 이루어지는 경우도 있겠지만) 단순히 대안이 존재한다는 사실만으로 내 행동이 자유로운—통상적 의미에서—행동이 되지는 않는다. 내 행동이 얼마나 자유로운 것인지는 다음과 같은 여러 가지 요인에 달려 있는 것으로 보인다. a) 얼마나 많은 가능성이 나에게 열려 있나. (이들 가능성을 헤아리는 방법은 물론 헤아리는 사람이 받는 인상에 좌우될 수밖에 없다. 사과의 개수는 확실하게 셀 수 있겠지만, 행동의 가능성이란 사과처럼 개체의 구분이 확실한 종류의 문제가 아니다.) b) 이들 가능성 각각에 있어 그 실현이 얼마나 쉬운가 또는 어려운가. c) 내 기질 및 내가 처한 여건에 비추어 볼 때, 내 인생의 전체적 흐름에 대하여 그 일이 얼마나 중요한가, 또 다른 가능성과 비교하여 상대적 중요성은 어떠한가. d) 그 가능성들이 인간의 의식적 행위에 좌우되는 정도는 얼마큼인가. e) 행위자 개인뿐만 아니라 그가 속한 사회의 일반적 정서에 입각할 때, 그 가능성들에 어떤 가치가 부여되는가. 이와 같은 여러 질문들에 대한 답이 형량(衡量)되고 나아가 그 답들이 "통합"되는 과정을 통해야 결론이 나올 수 있을 것이다. 그리고 그 결론은 결코 정밀할 수도 없고 논쟁의 여지를 남기지 않을 수도 없다. 한 가지 종류의 자유가 다른 종류의 자유를 대신할 수도 없는 것이 사실일 것이며, 어떤 식으로 척도를 고안하더라도 다양한 자유를 한 가지 단일한 척도로 묶을 수도 없다고 보아야

자의 욕망보다 역사적으로 더 오래되었을지도 모른다. 그러나 그 두 종류의 욕망이 동일한 욕망은 아닌 것이다. 실제로 현대 세계에서 그토록 자심(滋甚)한 이데올로기의 충돌이 마침내 발생한 까닭이 바로 그 양자가 서로 다르기 때문인 것이다. "소극적" 개념에 집착하는 사람들이 보기에 가면 뒤에 숨은 잔혹한 압제에 불과한 것이 실은 "적극적" 의미의 자유——……로부터의 자유가 아니라 ……를 향한 자유——인 경우가 종종 있기 때문이다.

할 것이다. 더구나 실제 사회생활과 관련하여 우리가 맞닥뜨리게 되는 문제는 다음과 같은 (논리적으로는 말이 안 되는) 질문이다. "X라는 형태로 사회를 편성할 때 A씨의 자유가 증가하는 분량이 그렇게 했을 때 B, C, D씨에게 돌아가는 자유의 합이 증가되는 분량보다 큰가?" 공리주의적 기준을 적용할 때에도 동일한 종류의 어려움이 발생한다. 그러나 정밀한 계측을 요구하지만 않는다면, 이러한 난점에도 불구하고 다음과 같이 말할 수는 있으며 그렇게 말할 수 있는 타당한 이유도 제시할 수 있다. 즉, 오늘날 스웨덴 왕 치하의 평균적 백성이 누리는 자유가 루마니아 공화국의 평균적 시민이 누리는 자유보다 전체적으로 더 많다. 비록 이와 같은 비교의 방법 및 그에 따라 나오는 결론의 진리값을 증명하기는 매우 어렵거나 심지어 불가능하지만, 전반적 삶의 유형을 각기 하나의 전체로 보아 비교할 수는 있을 것이다. 그리고 그렇게밖에는 비교할 방법이 없다. 이때 그 개념의 모호함, 그리고 비교에 사용되는 기준의 다양함은 우리의 측정 방법이 불완전함을 말해 주는 것도 아니고 더욱 정밀한 사고를 할 능력이 우리에게 없음을 말해 주는 것도 아니다. 그것은 단지 이 주제 자체의 특징이라 할 것이다.

II

적극적 자유의 개념

"자유"라는 단어의 "적극적" 의미는 자신의 주인이 되기를 원하는 각 개인의 소원에 뿌리를 둔다. 나는 내 인생 및 결정이 나 자신에 의하여 좌우되기를 바라지, 어떤 종류가 되었든 외부의 힘에 의존하기를 바라지 않는다. 나는 내가 나 자신의 의지에 따른 행동의 도구가 되기를 원하지 다른 사람의 의지에 따른 행동의 도구가 되기를 원하지 않는다. 나는 객체가 아닌 주체가 되고 싶다. 나는 나 자신으로부터 나오는 이유 및 목적에 따라 움직이고 싶지 외부로부터 나에게 영향을 주는 원인에 따라 움직이고 싶지 않다. 나는 개성을 가진 하나의 인격체이기를 원하지 아무 의지 없는 기계가 되고 싶지 않다. 무엇을 지향할 것인지 스스로 결정하고 그에 따라 행동하기를 원한다. 다른 사람이 나를 위해 결정해 주는 대로 따라가고 싶지 않으며 외부 자연의 힘 또는 다른 사람의 행동에 수동적으로 영향만을 받고 싶지는 않다. 하나의 물체, 동물, 또는 노예와는 달리 인간으로서 역할——즉, 나 자신의 목표 및 계획을 고안하여 그것을 실현시키는 역할——을 수행할 수 있기를 원한다. 나 자신을 합리적 존재라 칭할 때, 인간으로서 내가 나를 제외한 세계의 나머지와 구별되는 것은 나에게 이성이 있기 때문이라 칭할 때, 내가 의미하는 바에는 지금까지 열거한 것들이 포함된다. 나는 무엇보다도 사고하며, 의지를 가지고, 능동적인——자신의 선택에 책임을 지고 자신의 생각과 목표에 준거하여 그 선택을 설명할 수 있는——존재로 나 자신을 인식하고 싶은 것이다. 이 명제가 나에 관하여 참이라 내가 믿을 때 그만큼 나는 자유롭다고 느낀다. 이 명제가 사실이 아니라고 내가 인식할 수밖에 없을 때 그만큼 나는 예속을 느낀다.

　스스로 자신의 주인이 됨을 구성요소로 하는 자유와 내가 선택한 행동을 다른 사람 때문에 방해받지 않음을 구성요소로 하는 자유가, 겉으로만 보면, 논리적으로 별로 떨어져 있는 개념이 아닌 것처럼 보일지도 모른다. 즉, 똑같은 일을 두고 표현방식을 소극적으로 하느냐 아니면 적극적으로 하느냐의 차이에 불과한 것처럼 보일지도 모른다. 역사적으로 자유에 관한 "소극적" 및 "적극적" 관념은 매우 다양한 관점에서 다양한 방향으로 발전되어 온 것이 사실이다. 하지만 그러한 발전 방향이 거쳐 온 단계들이 항상 논리적인 짜임새를 갖추었던 것은 아니다. 그리하여 마침내 이 두 개념이 정면에서 부딪치게 되고야 만 것이다.

　내가 나의 주인이라는 은유 자체에는 문제가 없어 보인다. 하지만 이 은유가 독자적인 추진력을 획득하여 앞으로 나아가게 되면 방금 언급한 충돌이 분명하게 드러난다. "나는 나 자신의 주인이다", 그리고 "나는 어느 누구에게도 예속되어 있지 않다". 하지만──그린(T. H. Green)이 줄곧 지적하였듯이──나는 어쨌든 자연에는 예속된 것이 아닌가? 아니면 나 자신의 "걷잡을 수 없는" 열정에 대하여는 어떠한가? 이러한 것들 역시 "예속"이라는 하나의 유(類, genus)에 속하되, 단지 법적·정치적 종(種, species)과는 다른 도덕적·영적 종류라 보는 것이 옳지 않을까? 영혼의 노예 상태로부터, 또는 자연에 대한 예속으로부터 해방되어 본 경험 역시 인류에게는 있지 않나? 그리하여 그러한 해방의 와중에서 한편으로는 자아를 자각하였고, 동시에 인류의 내면에 무언가 치유가 필요한 것을 깨닫게 된 것이 아닌가? 그 후 인간의 의식을 지배하게 된 자아는 아주 다양한 형태로 규정되었다. 이성, 나의 "보다 높은 본성", 장기적으로 보아 보다 많은 만족을 가져다 줄 것이 무엇인지 계산에 의하여 찾아내는 자아,

나의 "진정한" 또는 "이상적인" 또는 "자율적" 자아, 그리고 내가 "최선의 상태"에 있을 때의 자아 등등이 무엇이 자아인가에 대한 답으로 제시되었다. 자아가 이런 방식들로 규정되는 이면에는 분명한 대조가 깔리게 된다. 즉, 비합리적 충동, 절제되지 않은 욕망, 나의 "낮은" 본성, 즉각적(卽覺的) 쾌락의 추구, 나의 "경험적" 또는 "타율적" 자아 따위가 아니라는 강조가 수반된다. 자아가 그 "진정한" 본질의 높이까지 완전히 도달하기 위해서는 욕망 또는 열정의 바람에 휩쓸리는 부분을 엄격하게 훈육하여 버릇을 잡아야 한다는 것이다.

오늘날에는 자아의 개념을 다양하게 만드는 차원 하나가 추가되었다. 어쩌면 진정한 자아는 (여태까지 통상 생각되어 온 것과는 달리) 개인보다 좀 더 넓은 범위를 포괄하는 것이 아닌가 하는 생각이 대두되었다. 즉, 자아란 일종의 사회적 "전체(whole)"로서 개인은 그것을 구성하는 하나의 요소 또는 국면이라는 생각이다. 이렇게 보는 사람들은 부족, 인종, 교회, 국가 등 하나를 이루는 사회적 실체, 또는 산 자와 죽은 자 및 심지어 아직 태어나지 않은 사람들까지를 포함하는 거대한 사회를 곧 자아의 "진정한" 모습으로 파악한다. 이들 사회적 실체는 단일한 집단적 — 또는 "유기적" — 의지를 가지고, 말을 잘 안 듣는 "구성원"에게 전체의 의지를 부과하며, 그럼으로써 집단 자신 및 개별 구성원들을 위하여 "보다 높은" 자유를 성취한다는 것이다. 유기체의 은유를 사용하여, 사람들의 삶을 자유의 "보다 높은" 수준으로 끌어올리기 위한다는 명목으로 강제를 정당화하는 논법에 어떠한 위험 요소가 들어 있는지는 수많은 사람들이 지적해 온 바 있다. 그럼에도 이와 같은 식의 언어가 여전히 그럴듯한 얘기로 들리게 되는 까닭은 다음과 같은 가능성을 우리가 인정하지 않을 수 없기 때문이다. 사람들이 만약 좀 더 개명되었다면 그들 스스로 추구하였을 목표(예컨대 정의 또는 공공 보건)가 있는데, 단지 그들이 눈이 멀어서 또는 무지하기 때문에 아니면 정신이 부패하여 그러한 목표를 추구하지 않는 경우가 있을 수 있다. 그런 경우 그와 같은 목표를 위하여 그들에게 강제를 가하는 것이 가능할 뿐만 아니라 때로는 정당화될 수도 있는 것이다. 이 점을 염두에 둔다면 내가 다른 사람에게 강제를 행함에 있어 나 자신의 이익을 위해서 그리하는 것이 아니라 그 사람을 위해서 그리하는 경우를 상정하기가 전혀 어려운 일이 아닌 것이다. 그런 경우 내가 행하는 강제의 이면에는 그들에게 진정으로 필요한 것이 무엇인지에 관하여 그들 자신보다 내가 더 잘 알고 있다는 주장이 포함된다. 이 주장이 이 정도에서 그친다면 그 논리적 종착점 역시 큰 문제를 일으키지는 않는다. 즉, 만약 그들이 합리적으로 생각할 수 있다면, 나만큼 현명하다면, 무엇이 자신에게 이익인지를 내가 이해하듯 그들 스스로 이해할 수 있다면, 나에게 저항하지는 않을 것이라는 주장에 그치기 때문이다. 하지만 이러한 논법에서 파생되는 주장이 여기에 그치는 것은 아니다. 다른 사람에 대하여 강제를 행하면서 나는 다음과 같이 주장하게 될지도 모른다: 그들의 무지몽매한 의식이 저항하는 목표가 실제로는 그들 스스로 지향하는 목표이다. 왜냐하면 그들의 마음속에는 모종의 실체가——잠재적으로 존재하는 이성적 의지 또는 그들의 "진정한" 목적이——아직 싹이 트지 않았을 뿐 존재하는 것이 분명하기 때문이다. 비록 그들의 표면적 느낌 및 언행에 가려 이 실체가 드러나지는 않지만, 그것이 그들의 "진정한" 자아이다. 단지 시간과 공간에 얽매인 그들의 경험적 자아가 그 "진정한" 자아를 전혀 또는 거의 깨닫지 못하고 있을 뿐이다. 그러나 오직 그 내면적 영혼에서 나오는 소원만이 진지한 고려의 대상이 될 자격을 갖추고 있다.[26] 일단 내가 이

---

26) 1881년에 그린은 다음과 같이 말하였다: "진정한 자유의 이상은 인간 사회의 모

와 같은 견해를 취한다는 말은 곧 여러 사람 및 사회의 구체적 소원을 무시할 태세를 갖추었다는 말과 같다. 그들의 "진정한" 자아라는 기치 아래 그들을 억누르고 협박하며 고문할 준비를 갖추었다는 말과 같다. (행복, 의무의 수행, 지혜, 정의로운 사회, 자아실현 등등) 내용이 무엇이건 간에, 인류의 진정한 목표가 곧 각 개인의 자유와 동일하다는 부동의 확신, 비록 표면에 드러나지도 않고 분명한 형태를 띠고 있지도 않지만 "진정한" 자아가 내리는 선택이 곧 그 개인의 자유라는 부동의 확신 아래 그 모든 일이 행해지게 된다.

이것이 어떤 종류의 역설인지는 이미 자주 폭로된 바와 같다. X에게 무엇이 좋은지 X 자신은 모르지만 나는 안다고 말하는 것과 X가 의식하지는 못하고 있지만 실제로는[27] 그가 그것을 선택한 셈이라고 말하는 것은 완전히 별개의 주장이다. X를 위하여 그가 당장 원하는 바를 무시할 수 있다는 말과 그의 경험적 자아로서는 깨닫지 못할 수도 있는 "진정한" 자아 운운하는 말은 분명하게 구분되어야 한다.

든 살아 있는 구성원으로 하여금 각기 자신에게 최선이 되는 것을 구할 수 있도록 힘을 최대한 부여하는 것이다." 자유와 평등 사이의 혼동을 굳이 지적하지 않더라도, 여기에는 문제가 있다. 만일 한 사람이 어떤 즉각적 쾌락을 선택한다면, 그리고 그 쾌락이 그의 자아(어떤 자아?)를 최선의 상태로 인도할 수 없는 (누가 보기에?) 종류라면, 그가 자신의 "진정한" 자유를 행사하는 것은 아니라는 말이 되고 만다. 나아가 이렇게 생각한다면, 만일 그에게서 그러한 선택권을 박탈한다고 할지라도 그가 무언가 대단한 것을 잃는 것은 아니라는 말이 되고 만다. 그린 자신이 순수한 자유주의자였음은 의심할 나위가 없다. 하지만 그의 처방은 독재자들로 하여금 최악의 압제를 정당화하기 위한 구실로 사용할 여지를 열어 주고 있다.

27) (옮긴이) 여기서 "실제로는"이라고 번역한 벌린의 문구는 라틴어 eo ipso(바로 그 사실에 의해서)이다. 즉, X가 진정으로 원하는 것이 A이지만 그 자신은 그 사실을 잘 모르고 B을 택한 경우를 서술할 때, "X(경험적 자아)가 B를 택한 바로 그 사실에 의해서 X(진정한 자아)는 A를 선택한 셈"이라고 말하는 어법이 지금 벌린이 겨냥하는 과녁이다.

자신에게 무엇이 좋은지를 일상생활에서는 X가 모르고 있지만 그의 "진정한" 자아는 그것을 식별하며, 일단 "진정한" 자아가 드러나게 되면 X로서는 그것을 선택하지 않을 수 없을 것이라는 말은 자아와 개인을 지극히 기괴한 방식으로 분리하는 일이다. 이는 곧 X가 실제로 선택하여 추구하는 바가 무엇이냐는 문제를 만일 X가 그 자신 아닌 다른 사람이라면, 또는 적어도 아직은 그렇지 않지만 언젠가는 그렇게 된다면, 그때 X가 무엇을 선택할 것인지의 문제와 동일시하려는 태도로서, 자아실현을 이상으로 삼는 부류의 모든 정치이론에서 핵심을 이루는 견해이다. 하지만, 다시 반복하건대, 내가 무지몽매하여 무엇이 내게 좋은지를 보지 못할 때에 그것을 위하여 나에 대한 강제가 행해질 수 있다는 말과, 내가 그것을 의식하거나 말거나 상관없이 내 의지가 실제로 그것을 선택하고 있기 때문에 그것이 강제가 아니라는 말은 전혀 다른 말인 것이다. 전자의 경우 그러한 강제가 실제로 나에게 이득을 가져다 줄 수도 있고, 그럼으로써 결과적으로 나에게 돌아오는 자유의 폭이 넓어질 수도 있다. 그러나 나에게 좋다는 그 일을 나에게 강요하려는 사람이 아무리 선의에서 그리하더라도, 내가 그 사람에게 대항하여 안간힘을 다해 싸우고 있는데, 그것을 두고 단지 나의 저급하고 가련한 육체 또는 어리석은 정신이 그것을 아무리 처절하게 거부하더라도 여전히 그것이 나의 "진정한" 자유이며 따라서 그런 상태에 처한 내가 자유롭다고 말하는 것은 언어의 왜곡도 이만저만이 아니다.

이와 같은 마술사의 변환 또는 날랜 손재주──이러한 헤겔주의자의 주장에 대한 제임스(William James)의 조롱은 전적으로 정당하다──는 자유의 "소극적" 개념과 관련되어서도 발생될 수 있다. 즉, 자아의 고유 영역이 침해되어서는 아니 된다고 할 때, 그 자아가 구체적 소원과 욕구를 가진 개인을 뜻하는 것으로 보는 정상적인 사고

방식과 달리, 경험적 자아로서는 꿈도 꿀 수 없는 이상적 목적을 추구하는 "진정한" 인간이 곧 자아라고 보면 마찬가지의 왜곡이 일어나는 것이다. 그리고 "적극적"으로 자유로운 자아의 경우에서와 마찬가지로, 이런 식으로 파악되는 괴물은 소극적 자유의 경우에서도 모종의 초개인적 실체로 부풀려지기 십상이다. 그리하여 국가, 계급, 민족, 또는 역사의 행진 등이 경험적 자아보다 더욱 "진정한" 주체로 간주되는 것이다. 그러나 개념적으로 그리고 신조와 실행으로 이루어진 실제 역사를 살펴보더라도, 자유를 "적극적"으로 파악하려는 사고방식에서 인간성을 두 국면으로 분리하는 생각이 나오기는 매우 쉬운 것이 사실이다. 내가 나의 주인이라는 생각에는 이미 나를 나 자신으로부터 분리하는 암시가 묻어 있다. 인간성 내부에 한 편으로는 초월적 지배적 통제를 행하는 측면이 있고 다른 편에는 욕망과 열정의 덩어리가 있어서 후자가 전자에 의하여 훈육되고 치유되어야 한다고 보는 입장은 적극적 자유의 개념에 담겨 있는 암시로부터 그다지 멀리 떨어진 것은 아니다. 이는 (굳이 증명할 필요도 없을 만큼 너무나 명백한 진리이겠지만) 다음과 같은 점을 증명한다: 즉, 자유의 개념은 무엇이 자아, 개인 및 인간을 구성하느냐는 문제와 직접적으로 연관되어 있다. 후자의 문제에 어떤 입장을 취하느냐에 따라 자유를 어떤 식으로 파악하는지가 저절로 따라오게 되는 것이다. 그리고 인간 및 자유가 무엇이냐는 물음에 대하여 적당한 조작을 행한다면 그렇게 하는 사람이 원하는 바대로 그 개념들이 정의되도록 할 수도 있는 것이다. 최근의 역사는 이 문제가 단순히 학문적인 문제에 그치지만은 않음을 분명하게 드러내었을 따름이다.

Ⅲ

내면의 성채로 은둔하기

    나는 이성과 의지의 소유자다. 내 마음은 목적을 잉태하고 있으며 나는 그 목적을 추구하고 싶다. 그러나 만약 그것을 달성하지 못하도록 방해를 받는다면 나는 더 이상 상황에 대해 주인이라 느끼지 못할 것이다. 자연의 법칙, 또는 우연한 일, 또는 사람들의 활동, 또는 인간적 제도로 말미암은 대개는 계획되지 않은 결과 때문에 나는 방해를 받을 수 있다. 그것들에 끼어 등이 터지지 않으려면 어떻게 해야 하나? 나로서는 실현할 수 없음이 분명한 욕구에서 나 자신을 해방시켜야 한다. 내 왕국의 주인이 되고는 싶지만 국경선은 길고 불안정하다. 그러므로 취약한 부분을 줄이거나 없애기 위해 영토를 축소하는 것이다. 행복이나 힘, 지식 또는 어떤 특정 대상의 획득을 욕구하는 데서 시작하기는 한다. 그렇지만 그 획득이 내 맘대로 되지는 않는다. 패배와 낭비를 피하는 쪽으로 방향을 잡게 되고, 따라서 획득하기가 불확실한 것을 동경하지는 않기로 마음먹는다. 가질 수 없는 것은 원하지도 않기로 결단을 내린다. 내 재산을 파멸시키겠다고, 나를 감옥에 집어넣겠다고, 내가 사랑하는 이들을 추방하거나 죽이겠다고 폭군은 나를 위협한다. 그러나 만약 내가 재산에 전혀 집착하지 않고, 감옥에 있든 말든 개의치 않으며, 내 안에 있는 자연적인 감정들을 모두 죽여 버린다면, 내게 남은 것은 어느 것도 경험적인 공포나 욕망의 대상이 아니기 때문에 폭군도 자기 뜻에 맞도록 나를 굴복시킬 수 없다. 이는 마치 어떤 내면의 성채로—내 이성, 영혼, "본체적" 자아로—작전상 후퇴하는 것과 같다. 외부 세계의 맹목적인 힘도 인간의 심술도 그 어떤 방법으로도 그 성채는

자유의 두 개념　369

건드리지 못한다. 나는 자아 속으로 들어가, 그 안에서, 오로지 거기에서만 안전하다. 마치 "다리에 부상을 입었다. 고통에서 벗어나는 데는 두 가지 방법이 있다. 하나는 부상을 치료하는 것이다. 그러나 만일 치료가 너무 어렵거나 불확실하다면 다른 방법이 있다. 다리를 잘라서 부상을 제거할 수 있다. 다리가 있어야만 하는 모든 일들을 원치 않도록 나 자신을 훈련시키면, 다리가 없다는 사실조차 느낄 수 없게 된다"고 말하는 것과 같다. 금욕주의자, 정적주의자(靜寂主義者), 스토아주의자, 불교의 현자 등, 다양한 종파 또는 종교의 유무를 막론하고, 모종의 의도적인 자아변혁 과정을 통해 세상을 버리고 사회 또는 여론의 멍에에서 벗어나 세상의 어떤 가치에도 더 이상 개의치 않고 세속적 가치의 칼날이 더 이상 침범할 수 없도록 홀로 독립하고자[28] 했던 사람들이 추구한 전통적인 자아해방이다. 모든 정치적 고립주의, 모든 경제적 자립주의, 모든 형태의 자율성 안에는 이러한 태도가 어느 정도 섞여 있다. 내가 가고 있는 길에 장애물이 있다면 그 길을 버림으로써 장애물을 제거한다. 바깥에서 오는 목소리를 들을 필요도 없고 외부의 힘이 영향을 미칠 수도 없는 나 자신의 방, 나 자신의 계획경제, 의도적으로 격리된 나 자신의 영토로 후퇴한다. 이는 안전을 향한 탐색의 한 가지 형태이지만, 개인적 또는 민족적 자유나 독립을 향한 탐색이라고 불려왔다.

이 신조는 개인에게 적용되는 것인 만큼, 칸트와 같이 자유를 욕구의 제거와 동일시하지는 않지만 욕구에 대한 저항 또는 통제를 자유

---

28) "현명한 사람은 설령 노예라고 해도 자유롭다. 이로부터 바보는 통치자의 자리에 있더라도 노예 상태라는 결론이 나온다" —— 암브로시우스(St. Ambrosius, 340년경~397년: 밀라노의 주교, 아우구스티누스에게 세례를 베풀었다)의 말이다. 에픽테토스 또는 칸트가 한 말이라고 해도 전혀 이상하지 않을 것이다. *Corpus scriptorim ecclesiasticorum latinorum*, vol. 82, part 1, ed. Otto Faller (Vienna, 1968), letter 7, 24(p. 55).

로 보는 견해도 이 신조에서 별로 멀리 떨어져 있지 않다. 나는 나 자신을 통제자로 생각하며 통제 당하는 노예 상태에서 벗어난다. 나는 자율적이기 때문에 그리고 자율적인 만큼 자유롭다. 법칙에 복종하지만, 그 법칙들은 모두 내가 나 자신의 강제되지 않은 자아에게 부과했거나 아니면 자아에 내재하는 것들이다. 자유는 복종이다. 다만 루소가 표현한 바와 같이, "우리가 우리 자신에게 처방한 법률에 대한 복종"일 뿐이다.[29] 그리고 어느 누구도 자기 자신을 노예로 부릴 수는 없다. 타율성이란 외부 요인에 대한 의존으로, 내가 온전히 통제할 수 없고 그런 만큼 나를 통제하며 "노예로 부리는" 외부 세계의 꼭두각시로 되는 경향을 말한다. 내가 통제할 수 없는 힘에 복종하는 "사슬에" 내 신체가 묶여 있지 않는 만큼만 나는 자유롭다. 나는 자연의 법칙을 통제할 수 없다. 그러므로 전제에서 따라 나오는 당연한 결론으로, 〔자유로우려면〕 나는 인과성으로 구성되는 경험적 세계 너머로 고양되어야 한다. 고래의 유명한 이 신조가 타당한지 여부를 논할 자리는 아니다. 다만 실현할 수 없는 욕망에 대한 저항으로 (또는 그로부터의 탈피로) 그리고 인과성의 영역에 대한 독립으로 자유를 파악하는 발상이 윤리학에서뿐만 아니라 정치에서도 중심적인 역할을 수행해 왔다는 사실을 지적하고 싶을 따름이다.

만약에 인간의 본질이 자율적인 존재라는 데에 있다면——본원적인 가치나 목적의 궁극적인 권위가 바로 자유롭게 의지되었다는 사실에 기인한다는 점에서 나타나듯, 가치와 목적의 주체라는 데에 인간의 본질이 있다면——그들을 자율적인 존재가 아니라 마치 인과적 영향에 따라 움직이는 자연적 대상인 것처럼, 외부적 자극에 따라 좌

---

29) *Social Contract*, book 1, chapter 8: vol.3, p.365, *Oeuvres complètes*, ed. Bernard Gagnebin and others(Paris, 1959-95).

우되며 권세에 의한 협박이나 상급의 제의에 따라 통치자에게 조작당하는 피조물인 것처럼 다루는 것보다 더 나쁜 일은 없을 것이다. 인간을 그런 식으로 다루는 것은 마치 그들이 스스로 결정하지 못하는 것처럼 다루는 것이다. "어느 누구도 자기가 정한 방식대로 나로 하여금 행복하도록 강요할 수는 없"고, 온정적 간섭주의는 "상상할 수 있는 범위 안에서 가장 큰 전제"라고 칸트는 말했다.[30] 온정적 간섭은 인간을 마치 자유롭지 않은 것처럼, 사람들이 생각하는 목적이 아니라 선의로 충만한 개혁가가 자유롭게 채택한 목적에 맞추어 형상을 주조할 때 쓸 재료들인 것처럼 다루기 때문이다. 물론 이는 초기 공리주의자들이 권고했던 바로 그 정책이기도 하다. 엘베시우스는 (그리고 벤담은) 감정의 노예가 되는 인간의 경향에 저항하려 했던 것이 아니라 그 경향을 활용하고자 했다. 보상과 처벌을 사람들의 눈앞에—이 방법으로 "노예들"이 더 행복해질 수 있다면—매달아 놓고자 했다. 가능한 중에서 가장 지독한 형태의 타율성을 원한 것이다.[31] 그렇지만 사람들을 조종하여 사회 개혁가 당신이 보기에는 가치 있지만 그들에게는 아닐 수도 있는 목적을 향해 그들을 몰아가는 것은 그들의 인간적 본질을 부인하는 일이고 그들을 스스로 의지가 없는 대상으로 취급하는 일이며 그러므로 그들을 폄하하는 일이다. 사람에게 거짓말을 한다든지 속인다든지, 다시 말해서 그들

---

30) *Kant's gesammelte Schriften*(Berlin, 1900-), vol. 8, p. 290, line 27, and p. 291, line 3.

31) "처형에서부터 강제 노동에 이르기까지 모든 형태의 프롤레타리아 강제는, 역설적으로 들릴 수도 있겠지만, 자본주의 시기의 인간 재료를 가지고 공산주의 인간성을 주조해 내는 방법이다." 볼셰비키 지도자 니콜라이 부하린의 이 말, 특히 "인간 재료"라는 표현이 이러한 태도를 생생하게 전달하고 있다. Nikolay Bukharin, 『전환기의 경제학(*Ekonomika perekhodanogo perioda*)』(Moscow, 1920), chapter 10, p. 146.

스스로 인식한 목적이 아니라 내가 따로 생각한 목적을——설사 그들 자신의 이익을 위해서라고 할지라도——위한 수단으로 사람들을 이용하는 것이 결과적으로 그들을 인간 이하로, 마치 그들의 목적은 내 목적에 비해 궁극적이지도 신성하지도 않은 것처럼 취급하는 것과 같게 되는 이유도 여기에 있다. 그들 스스로 의지하거나 동의하지 않은 일을 하게 만드는 강제를 어떤 명목으로써 정당화할 수 있을까? 오직 그 사람들보다 더 높은 무슨 가치를 명목으로 삼아야 할 것이다. 그러나 만약 칸트가 주장했던 대로 모든 가치는 사람들의 자유로운 행위에 의해서만 가치일 수 있는 것이라면, 오직 그런 한에서만 가치라고 일컬어질 수 있는 것이라면, 개인보다 높은 가치란 있을 수 없다. 그러므로 그것은 결국 그 사람들보다 궁극적이지 못한 것을 명목으로 삼아 그들을 강제하는 셈일 뿐이다——내 의지에 맞도록 또는 편의나 안전이나 편리나 (자기 또는 그들의) 행복과 같은 것에 대한 특정인의 개별적인 동경에 맞도록 그들을 굴복시키는 셈이다. 나는 나 또는 내 집단이 (동기가 무엇이든, 얼마나 고상하든) 원하는 무언가를 목표로 삼으면서, 거기에 맞춰 다른 사람들을 수단으로 이용하는 것이다. 그러나 이는 인간이 무엇인지에 관한 나의 이해, 즉 인간이 그 자체로 목적이라는 점과 모순된다. 그러므로 인간에 대한 모든 형태의 장난질, 조작, 그들의 의지가 아닌 너 자신의 구상에 따라 만들어진 틀에 맞춰 그들을 주조하기, 생각에 대한 모든 통제와 조건화[32]는 인간을 인간이게 하고 그들의 가치를 궁극적인 것으로 만드는 인간의 내적 요소에 대한 부인이다.

---

32) 칸트를 비롯하여 스토아주의나 기독교의 심리학에서는 인간 안에 있는 어떤 요소는——"마음속의 확고부동함"——조건화에 맞서 확고히 버틸 수 있다고 추정했다. 이 선험적 추정은, 적어도 그 추정의 경험적인 측면은 최면술, "세뇌", 잠재의식에 대한 암시 등과 같은 기술의 발전으로 말미암아 설득력을 상실했다.

칸트의 자유로운 개인은 자연적 인과성 너머에 있는 일종의 초월적 존재이다. 그렇지만 그 경험적인 형태, 즉 일상생활과 관련되는 인간의 관념에서 이 신조는 자유주의적 인도주의의 핵심에 위치한다. 자유주의적 인도주의는 도덕적으로나 정치적으로나 18세기에 칸트와 루소에게서 깊은 영향을 받았던 것이다. 선험적인 측면에서 이 신조는 세속화된 프로테스탄트 개인주의가 발현되는 하나의 형태이다. 신의 자리를 합리적 삶이라는 개념이 대신하고, 신과 합일하기 위해 매진하던 개인 영혼의 자리에는 이성을 가지고 태어나 오직 이성에게만 규율될 뿐, 자기 본성의 비이성적 부분으로 이끌어 자아를 어긋나거나 착각하게 만들 그 어떤 대상에도 의존하지 않는 개인의 개념이 자리를 잡는다. 타율이 아니라 자율, 행동의 대상이 아니라 행동의 주체라는 것이다. 열정의 노예라는 생각은—지금 논의하는 방식으로 생각한 사람들에게—하나의 은유 이상이다. 공포, 사랑, 또는 순응하고픈 욕망을 나에게서 제거한다는 것은 내가 통제할 수 없는 어떤 것에 의한 전제에서 나 자신을 해방시키는 일이다. 플라톤이 전한 바에 따르면 소포클레스는 나이가 든 다음에야 사랑의 열정, 그 잔인한 상전의 멍에에서 해방될 수 있었다고 했다는데, 그의 경험은 어떤 인간 전제자 또는 노예 소유자에게서 해방된 경험과 마찬가지로 진짜였다. 어떤 "저급한" 충동에 굴복하고, 나 스스로 싫어하는 동기에 따라 행동하고, 또는 무언가를 하는 바로 그 순간에 그 일을 역겹게 여기고, 나중에 가서 그 당시에 내가 "나 자신이 아니었"든지 "자제력을 잃었다"고 반성하는 등의 심리적 경험이 이런 방식의 어법과 사고방식에 속한다. 내가 비판적이고 합리적일 때의 모습이 곧 나 자신이다. 내 행동의 결과는 내가 통제할 수 없는 것이니 중요하지 않다. 오직 동기만이 중요하다. 이는 세상사를 일축해 버리고 사람과 사물의 사슬에서 스스로 해방된 고독한 사상가의 신념이다.

374

이와 같은 형태로 나타날 때 이 신조는 일차적으로 윤리적이지 정치적인 신념은 아닌 것처럼 보일 수 있다. 그러나 그 정치적 함축은 명백하다. 적어도 자유에 관한 "소극적" 개념만큼 깊이 이 신조는 자유주의적 개인주의의 전통에 스며들어 있는 것이다.

진정한 자아의 내부 요새로 도피한 합리적 현자의 개념이 개인주의적인 형태로 발현하는 시기는 외부 세계가 유난히 따갑고 잔혹하고 불의할 때라는 점도 지적할 가치가 있을 것 같다. "할 수 있는 일을 욕구하고 욕구하는 일을 하는 사람이 진정으로 자유롭다"고 루소는 말했다.[33] 행복이나 정의나 자유를 (어떤 의미의 자유이든) 추구하는 사람에게 너무나 많은 길들이 막혀 있어서 할 수 있는 일이 별로 없는 세상에서는, 자아 안으로 물러나 침잠하려는 유혹이 이겨내기 어려울 정도로 커진다. 독립된 민주주의 폴리스들이 중앙집권화된 마케도니아의 군주정 앞에서 무너진 시대 상황과 스토아주의의 이상이 무관할 수 없었던 그리스의 경우가 그랬을 것이다. 공화정이 무너진 이후 로마의 경우도 마찬가지 이유로 그랬다.[34] 삼십년전쟁 이후 독일의 제후국들이 민족적으로 가장 심하게 격하되었던 17세기 독일에서도 그 경향이 일어났다. 특히 소규모 제후국에서, 인간적인 삶의 존엄성을 귀중하게 여긴 사람들이 공적 영역의 압박에 밀려, 처음도 마지막도 아니었지만, 자아의 내면으로 일종의 이민을 떠나야 했었다. 가질 수 없는 것이라면 원하지도 않도록 스스로 훈련하자든지, 욕구의 제거 또는 욕구에 대한 성공적인 저항이 욕구의

---

33) *Émile*, book 2: vol. 4, p.309, in *Oeuvres complètes*, ed. Bernard Gagnebin and others(Paris, 1959–95)

34) 동방의 현자들에서 나타나는 정적주의 역시 이와 흡사하게 막강한 독재자의 전횡에 대한 반응이었고, 개인들이 물리적 강제 수단을 가진 자들에게 창피당하기 쉬운, 또는 무시당하거나 혹독하게 취급당하기 쉬운 시기에 번성했다고 추정해도 크게 억지는 아닐 것이다.

충족만큼 좋은 일이라는 신조는 내가 보기에 신 포도의 우화를 장엄하게 포장한 형태임이 틀림없다. 확보할 수 없는 것이라면 진정으로 원할 수도 없다는 이야기일 뿐이다.

소극적 자유를 자기가 원하는 것을 하는 것으로 정의해서는—결과적으로 밀이 채택한 정의가 바로 그것인데—안 되는 까닭이 이제 분명해졌다. 내가 원하는 것을 전혀 또는 거의 할 수 없는 처지에 있더라도, 내 소원을 축소하든지 없애기만 하면 나는 자유로워지는 것이다. 어떤 폭군이 (또는 "은밀한 설득자"[35])가) 그 신하들을 (또는 소비자들을) 조건화하여 자기들의 원래 소망을 버리고 그들을 위해 그가 발명한 삶의 형식을 껴안도록 (또는 "내면화하도록") 만들었다면, 그는 그들을 해방시키는 데 성공한 셈이 된다. 에픽테토스가 자기 주인보다 더 자유롭다고 느꼈듯이 (그리고 그 유명한 노예는 고문당하면서도 행복했다고 한다), 그 사람들도 그 결과 더 자유롭게 느낀다는 데에는 의문이 없다. 그러나 그런 상황은 정치적 자유와는 정확하게 반대이다.

금욕적인 자기 부정은 성실이나 평정이나 정신력의 원천일 수 있다. 그러나 그것이 어떻게 자유의 확대라고 일컬어질 수 있는지는 파악하기 어렵다. 내가 적을 피해 방안으로 들어가 입구와 출구를 모두 봉쇄한다면, 그에게 잡히는 것보다는 더 자유로운 상태일 것이다. 그러나 그를 격파하거나 사로잡았을 때보다도 자유로운가? 자기 부정을 너무 심하게 해서 너무 작은 공간으로 나 자신을 응축시키면 질식해서 죽을 것이다. 나에게 부상을 입힐 수 있는 모든 경로들을 파괴하는 과정이 절정에 달하면 자살이 된다. 자연 세계 안에 존재

---

35) (옮긴이) 은밀한 설득자(hidden persuaders): 미국 작가 패커드(Vance Oackley Packard)가 1957년에 발표한 책의 제목. 광고업계 종사자들을 가리키는 말로, 그들이 소비자들의 잠재의식을 자극해서 상품을 사도록 부추긴다는 뜻이다.

하는 동안 나는 결코 완전히 안전할 수는 없는 것이다. 이러한 의미에서 전면적인 해방이란 (쇼펜하우어가 정확하게 포착했듯이) 오직 죽음에 의해서만 획득될 수 있다.[36]

나는 내 의지에 대한 장애물들이 있는 세상에서 산다. 자유에 관한 "소극적" 개념에 밀착되어 있는 사람이라면 자아를 극복하는 것만이 장애물을 극복하는 방법이 아니라 장애물 자체를 제거할 수도 있다고 생각하더라도 아마 비난받지는 않을 것이다. 기차 좌석에 좀 끼어 앉자고 상대를 꼬드긴다든지 또는 내 이익을 위협하는 나라를 정복하는 것과 같이 사람이 장애물일 때에는 힘 또는 설득으로, 사람 아닌 장애물은 물리적인 행동으로 제거하는 것이다. 이러한 행동이 때로 정의가 아닐 수도 있고, 그 와중에 폭력이나 잔혹이나 타인에 대한 지배 등이 일어날 수도 있다. 그러나 그럼으로써 그 주체가 문자 그대로의 의미로 자신의 자유를 증진할 수 있다는 점은 부인될 수 없다. 이 진리를 가장 강력하게 실천하는 사람들 가운데 일부가 심지어 자기들이 권력과 행동의 자유를 맘껏 구사하는 바로 그 순간에도 "적극적" 자유를 옹호하기 위해 "소극적" 자유의 개념을 거부한다는 것은 역사의 아이러니이다. 그들의 견해가 세계의 절반을 통치한다. 이제 그 견해가 어떠한 형이상학적 기반 위에 있는지를 살펴보자.

---

36) 독일에서 정적주의가 일어나던 이 시기에 프랑스에서 개인 또는 민족의 자유를 요구하던 (그것을 위해 싸우던) 사람들은 그런 태도에 빠지지 않았음을 부각할 가치가 있다. 국가 차원에서 프랑스 군주정의 전제와 특권 집단의 거만 및 자의적인 행태가 있었음에도 불구하고, 정치권력이라는 현실이 재능 있는 사람들의 손이 닿지 않을 정도로 까마득하지는 않았던 프랑스는 긍지 있고 강력한 하나의 민족이었다는 점, 그리하여 전쟁터에서 빠져나와 어떤 고요한 천상의 세계로 가서 자기 충족적인 철학자가 되어 아무런 감정도 없이 세상을 관조하는 것이 유일한 탈출구가 아니었다는 점이 그 정확한 까닭이 아닐까? 이것은 19세기의 영국 그리고 한참 지나 오늘날의 미국에도 해당한다.

IV

자아 실현

자유를 달성하는 진정한 방법은 비판적인 이성을 사용하여 무엇이 필연이고 무엇이 우연인지를 이해하는 데에 있다고 한다. 내가 어린 학생이라면 가장 간단한 것들을 제외한 수학의 모든 것은——가령 나라면 도저히 논리적 필연성을 이해할 수 없는 정리 따위는——중뿔나게 튀어나와 내 정신의 자유로운 기능에 장애가 된다. 그것들은 어떤 외부의 전문가에 의해 진리로 선포되고, 내 체계 안에 기계적으로 용접해야 할 생소한 물체처럼 내게 다가온다. 그러나 그 기호들, 공리들, 생성과 변형의 규칙들, 결론을 이끌어내는 논리를 이해하고, 나 자신의 이성이 흘러가는 과정을 다스리는 법칙으로부터 그것들도 따라 나오기 때문에[37] 그것들이 그럴 수밖에 없다는 점을 파악하고 나면, 수학적 진리들은 더 이상 중뿔나게 강요되고 원하든 아니든 받아들여야 할 외부적 물체가 아니라 나 자신의 합리적 활동이 자연스럽게 기능하는 가운데 내가 자유롭게 의지하는 어떤 것으로 된다. 수학자들에게 정리의 증명은 그의 자연스러운 추론 능력을 자유롭게 발휘하는 일이다. 작곡가가 악보에 적은 일정한 패턴에 자신을 동화시켜 작곡가의 목적을 자신의 목적으로 받아들인 음악가에게 연주는 외부적 법칙에 대한 복종이 아니라, 자유를 가로막은 장벽 또는 강제가 아니라, 자유롭고 방해 없는 활동이 된다. 황소가 쟁기에 또는 공장 노동자가 기계에 얽매이듯이 연주자가 악보

---

37) 현대의 일부 이론가들이 주장하였듯이 다르게 표현한다면, 그 규칙들도 사람이 만든 것이고 보면 그 발명가가 바로 나 자신일 수도 있었기 때문에.

에 얽매이는 것은 아니다. 그는 악보를 자기 자신의 체계에 용해시켰고, 이해함으로써 악보와 자신이 하나가 되었으며, 그리하여 악보는 자유로운 활동에 대한 훼방꾼에서 그 활동의 필수요소로 탈바꿈한다.

자유로운 자아의 계발을 방해하는 여타 모든 장애물 덩어리들에도 음악이나 수학에서 일어나는 일이 원칙적으로 적용될 수 있다고 한다. 이것이 스피노자에서 최근의 (때때로 스스로 자각하지 못하는) 헤겔 추종자들에 이르는 계몽된 합리주의의 강령이다. 사페레 아우데.[38] 네가 아는 것, 필연적이라고 ─ 합리적으로 필연이라고 ─ 이해하는 것이 그렇지 않고 다르기를 합리성 안에서 원할 수는 없다. 왜냐하면 그럴 수밖에 없는 일이 다르기를 원한다는 것은 세상을 다스리는 필연성이라는 전제에 기반을 두고 생각할 때 그렇게 원하는 만큼 무지하거나 비합리적이기 때문이다. 열정, 편견, 공포, 신경쇠약은 무지에서 나와 신화와 착각의 형태를 띤다. 착취하기 위해 속이는 양심 없는 돌팔이의 생생한 상상력에서 나왔든지, 심리학적 사회학적 원인에서 나왔든지, 신화에게 지배당하는 것은 타율성의 한 형태, 주체가 의지한 방향만은 아닌 외부적인 요인에 의해 지배받는 것이다. 18세기의 과학적 결정론자들은 자연과학 연구 그리고 같은 모델에 맞춘 사회과학의 창조로써 그러한 원인들이 투명하고 명백하게 밝혀지리라, 그리하여 합리적인 세계의 작동에서 자기 자리가 어디인지 개인들이 알 수 있게 되리라, 좌절은 오로지 오해의 결과로만 맛보게 되리라고 생각했다. 에피쿠로스가 오래전에 가르쳤듯이, 지식은 불합리한 공포와 욕망을 자동적으로 제거함으로써 자유

---

38) (옮긴이) 사페레 아우데(sapere aude): "감히 알려고 해라"의 뜻. 칸트가 「계몽이란 무엇인가?("Benantwortung der Frage: Was ist Aufklärung?")」(1784)에서 계몽을 정의하는 상징으로 사용한 라틴어 경구다.

롭게 해준다는 것이다.

　헤르더와 헤겔과 마르크스는 사회생활에 관하여 종전의 낡고 기계식이었던 모델을 자기 나름의 생기론적(生氣論的, vitalistic) 모델로 바꾸었다. 그러나 세계를 이해하는 것이 자유로워지는 길이라는 믿음은 반대자들과 공유하였다. 반대자들과 차이는 단지 인간을 인간답게 하는 것 중에서 변화와 성장이 수행하는 역할을 강조하는 정도가 다르다는 것뿐이었다. 수학이나 물리학에서 유추하여 사회생활을 이해할 수는 없는 노릇이다. 역사, 다시 말해서 "변증법적 갈등"을 통해서이든 다른 것을 통해서이든 개인들과 집단들이 서로를 상대로 그리고 자연을 상대로 벌이는 상호작용을 규율하는 끊임없는 성장의 독특한 법칙을 이해해야만 한다. 이를 파악하지 못하는 것은 특별한 종류의 실수, 즉 인간의 본성이 고정되어 그 본질적 속성은 언제나 어디서나 똑같고, 변치 않는 자연의 법칙에—이 법칙을 형상화하는 용어가 신학적이든 유물론적이든—의해서 규율된다는 믿음에 빠지는 것이라고 이 사상가들은 생각했다. 합리적인 사람은 모든 시대와 모든 나라에서 똑같이 불변인 기본적인 욕구가 똑같이 불변적으로 충족되어야 한다고 요구할 것이기 때문에, 한 사람의 현명한 입법자가 적절한 교육과 입법을 통해 완벽하게 조화로운 사회를 원칙적으로 언제든지 만들 수 있다는 잘못된 생각이 그 믿음에는 수반된다. 헤겔은 동시대인들이 (그리고 그 전에 살았던 모두가) 사회제도를 창조하고 바꾸며 인간의 성격과 행동을 변혁하는 법칙을—이성의 작용에서 나오기 때문에 합리적으로 이해할 수 있을 수밖에 없는 법칙을—이해하지 못했기 때문에 제도의 본질을 오해했다고 믿었다. 마르크스와 그 추종자들은 인간의 길은 자연의 힘이나 인간 성격의 불완전성 때문에 방해를 받는 것이 아니라 인간이 만든 사회제도 때문에 훨씬 더 많이 방해받는다고 주장했다. 인간은 일정한 목적을 위해서 (때로는 의식하지 못한 채로) 사회제도를 창조하지만, 그러나 제도의 기능을 이론에서보다 실제에서 더더욱 체계적으로 오해하게 되어 제도가 그것을 창조한 사람들에게 장애물 노릇을 하게 된다는 것이다. 그와 같은 오해, 특히 그런 인공적 장치들이 자연의 법칙처럼 독자적으로 작동하는 빠져나갈 수 없는 힘이라고 여기는 착각의 불가피성을 설명하기 위해 마르크스는 사회적 경제적 가설을 제시했다. 그와 같은 사이비 객관적인 힘의 실례로 수요공급의 법칙, 사유재산 제도, 그리고 부자와 빈자 또는 고용주와 노동자처럼 사회가 영원히 나누어진다는 발상 등등, 변하지 않는 것으로 간주되어 온 수많은 인간적 범주들을 들었다. 이러한 착각의 주술이 깨지는 단계에 도달하기 전에는, 그 법칙과 제도들이 각 시대의 역사적 필요 때문에 인간의 정신과 손으로 만들어진 것인데, 나중에는 무정하고 객관적인 힘으로 오해되었다는 사실을 충분히 많은 수의 사람들이 이해할 수 있는 사회적 단계에 도달하기 전에는 낡은 세계가 무너지지도 않고 보다 적당하고 보다 해방적인 사회적 기제가 들어서지도 못한다.

우리는 제도나 믿음이나 신경쇠약과 같은 폭군에게 노예로 잡혀 있다. 폭군은 분석하고 이해함으로써만 제거할 수 있다. 우리는 악령의 포로가 되어 있는데, 그 악령은 우리가 —— 비록 의식하고 한 것은 아니지만 —— 창조한 것으로, 명료한 의식과 적절한 행동으로써만 내쫓을 수가 있다. 사실, 마르크스에게 이해란 곧 적절한 행동이었다. 나는 오로지 내 삶을 나 자신의 의지에 따라 계획할 때에만 자유롭다. 계획은 규칙을 낳는다. 만약 내가 나 자신에게 의식적으로 규칙을 부과한다면, 또는 발명한 사람이 누구든 합리적인 규칙이기만 하다면, 다시 말해서 사물의 필연성에 부합하는 규칙이기만 하다면, 규칙을 이해하고 자유롭게 받아들임으로써 나는 억압받는 것도 아니고 규칙의 노예가 되는 것도 아니다. 세상사가 왜 그래야만 하는 지를 안다는 것은 그러라고 의지하는 것과 같다. 지식은 우리가 골라 선택할 수 있는 가능성들을 더 많이 열어주기 때문이 아니라 불가능한 일을 시도하여 좌절을 맛보지 않도록 지켜주기 때문에 해방적이다. 필연적인 법칙들이 달라지기를 바라는 것은 불합리한 욕망, X일 수밖에 없는 것을 X가 아니길 바라는 욕망에 사로잡히는 것이다. 한 걸음을 더 나아가 그 법칙들이 달라질 수 있다고 믿는 것은 미쳤다는 말이다. 이것이 합리주의의 형이상학적인 핵심이다. 그 안에 담긴 자유의 개념은 장애 없는 (이상적인) 영역, 아무것도 나를 방해하지 않는 텅 빈 공간을 상정하는 "소극적" 개념이 아니라 자아 지향 또는 자아 통제의 개념이다. 나는 내가 스스로 의지하는 것을 할 수 있다. 나는 합리적인 존재다. 필연적이라고, 합리적인 사회에서——다시 말해서, 합리적인 존재라면 마땅히 가졌을 그런 목표를 향해 합리적인 정신이 인도해 가는 사회에서——그렇지 않을 수 없다고 나 스스로에게 납득시킬 수 있는 것이라면 그 어떤 것도 내 눈앞에서 사라지기를 바랄 수 없다. 논리, 수학, 물리학의 법칙처럼, 예술의 규칙처럼, 나는 그것을 나 자신의 내용 안으로 동화한다. 내가 이해하기에 합리적인 목적을 가졌고 그러므로 내가 의지하는 모든 것을 규율하는 원리가 그것이며, 그것이 다르기를 바란다는 것 자체가 불가능하기 때문에 나는 결코 그것으로부터 방해를 받을 수도 없다.

이는 이성으로써 해방된다는 적극적인 신조이다. 이 신조가 사회화된 형태들은 서로 크게 엇갈리고 서로 상반되기도 하는 것이 사실이지만, 우리 시대 민족주의, 공산주의, 권위주의, 전체주의 교의들 가운데 이 신조를 근간으로 삼고 있는 종류가 많다. 진화해 오는 와중에 합리주의적 터전에서 너무 멀리 떠나 방황하는 경우도 있을 수 있다. 그렇지만 오늘날 지구의 많은 곳에서, 민주주의에서든 독재 치하에서든, 주창되고 투쟁의 목표로 상정되는 자유의 의미가 이것이기도 하다. 이 관념이 진화해 온 역사를 추적하려는 시도까지는 아니지만, 그 흥망성쇠의 일부에 관해 몇 마디 하려고 한다.

V

자라스트로[39)]의 사원

합리적인 자아 지향에 자유가 있다고 믿는 사람은 머지않아, 그것이 한 개인의 내면적 삶뿐만 아니라 사회의 다른 사람들과의 관계에는 어떻게 적용되는지를 고려하게 된다. 그중에서 가장 개인주의적인 부류라고 하더라도——루소와 칸트와 피히테도 출발점에서는 분명히 개인주의적이었다——개인의 경우만이 아니라 사회의 경우에도 합리적인 삶이 가능한지, 그리고 만약 그렇다면 어떻게 가능한지를 자문하는 지점에 도달하게 된다. 내 합리적인 의지가 (내 "진정한 자아"가) 명령하는 바에 따라 자유롭게 살고 싶다고 한다면, 다른 사람들도 그럴 것이다. 어떻게 그들의 의지와 충돌을 피할까? 내 (합리적으로 결정된) 권리와 다른 사람들의 마찬가지 권리 사이의 경계는 어디인가? 만약 내가 합리적이라면 내게 권리인 것들이 나와 마찬가지로 합리적인 다른 사람들에게도 똑같은 이유로 권리일 수밖에 없음을 부인할 수 없기 때문이다. 합리적인 (또는 자유로운) 국가는 모

---

39) (옮긴이) 자라스트로(Sarastro): 모차르트의 오페라 〈마술피리〉에서 타미나를 납치해서 이야기의 단초를 제공하지만 사실은 사랑의 결실이 맺어질 때까지 그녀를 보호하는 역할을 맡는 인물.

든 합리적인 사람이 자유롭게 받아들일 법칙, 다시 말해서 합리적인 존재로서 무엇을 요구하는지 질문을 받았다면 그들 스스로 천명했을 그런 법칙으로 다스려지는 국가다. 그러므로 그 경계는 합리적인 존재에게 올바른 경계라고 모든 합리적인 사람들이 여길 그런 경계일 것이다.

그러나 실제로 그 경계가 어디인지 누가 결정할 것인가? 이 유형의 사상가들은 도덕과 정치의 진짜 문제들은——이 경계 문제는 틀림없이 진짜 문제다——원칙적으로 해결이 가능하다고, 어떤 문제에 대해서도 하나의 그리고 유일한 진짜 해답이 있다고 주장한다. 모든 진리는 원칙적으로 합리적인 사고의 소유자에게 발견될 수 있고, 나아가 다른 모든 합리적인 사람들이 받아들이지 않을 수 없을 만큼 명료하게 증명될 수 있다. 기실 새로운 자연과학에서 이미 이런 일들이 대체로 벌어지고 있다는 것이다. 이 추정에 따르면 정치적 자유의 문제는 합리적인 존재가 누릴 자격이 있는 모든 자유를 각 사람에게 부여하는 정의로운 질서를 확립함으로써 해결될 수 있다. 나의 무제한적 자유는 때로 너의 무제한적 자유와 불협화음을 낼 수 있다. 그러나 한 문제에 대한 합리적인 해답은 다른 문제에 대한 참된 해답과 충돌할 수 없다. 왜냐하면 두 개의 진리가 논리적으로 양립불가능일 수는 없기 때문이다. 그러므로 정의로운 질서는——그 안에서 발생할 수 있는 모든 가능한 문제에 대하여 정확한 해답을 가능하게 해줄 규칙을 가지고 있는 질서는——원칙적으로 발견 가능임이 틀림없다. 이처럼 이상적이고 조화로운 상태를 혹자는 인간이 전락하기 전에 있던, 인간이 추방당했지만 여전히 동경해 마지않는 에덴동산과 같은 것으로 상상했다. 혹자는 미래에 찾아올 황금시대, 사람들이 합리적으로 되어 더 이상 타자 지향적이지 않고, 서로를 소외시키거나 좌절시키지도 않는 그런 시대라고 상상했다. 현존하는 사회에서 사회적 통제를 성급하게 철폐했다가는 더 강하고 더 능력 있고 더 활력에 넘치지만 반성은 덜 하는 자들이 약하고 어리석은 자들을 억압하는 결과만이 빚어질 수 있기 때문에, 정의와 평등은 아직 어느 정도의 강제가 필요한 이상이다. 그렇지만 사람들로 하여금 서로서로 억압하고 착취하고 모욕하기를 원하게 만드는 것은 (이 신조에 따르면) 오직 인간 자신의 비합리성 때문이다. 합리적인 사람은 각 개인 안에 있는 이성의 원리를 숙고하여 서로 싸우거나 지배하려는 모든 욕망이 없을 것이다. 지배욕은 그 자체가 비합리의 징후로, 합리적인 방법에 의해 설명될 수 있고 치유될 수 있다. 스피노자도 헤겔도 마르크스도 각자 나름대로 설명과 치료법을 제시하였다. 이 이론들은 서로 어느 정도 보완하는 부분들도 가지고 있지만 서로 결합이 되지 않는 부분들도 있다. 그러나 그 모두가 완전히 합리적인 존재들로 구성된 사회라면 인간을 지배하려는 갈망은 없거나, 혹 있더라도 아무런 효과를 내지 못하리라는 추정을 공유한다. 억압의 존재, 억압을 향한 동경은 사회생활의 문제에 대한 진정한 해결이 아직 달성되지 못했다는 첫 번째 징후이다.

이는 다른 방식으로도 표현될 수 있다. 자유는 자신에 대한 주인됨이고, 내 의지에 대한 장애물을——자연의 저항, 통제되지 못한 내 열정, 불합리한 제도, 상충하는 의지, 타인의 행태 등, 무슨 종류의 장애물이든——제거하는 것이다. 자연을 기술적인 수단을 통해 주조하거나 내 의지에 부합하게 짜맞추기는 최소한 원칙적으로 언제나 가능하다. 그러나 어기대는 다른 사람은 어떻게 해야 하나? 할 수만 있다면 그들에게도 내 의지를 강요하고 내 방식에 맞춰 그들을 "주조하고", 내 연극의 역할을 맡겨야 할 것이다. 그러나 그렇게 되면 그들 모두가 노예인 채로 나 홀로 자유로운 것 아닌가? 만약 내 계획이 그들의 소원이나 가치와는 아무 상관도 없고 오직 내 소원이나 가치에서만 나온다면 그럴 수밖에 없다. 그러나 만약 내 계획이 온전히 합리적이라면, 그 계획은 그들의 "진정한" 본성이 온전히 계발되도록, 자신의 "진정한" 자아를 구현하는 일환으로 "가능한 최선의 사람이 되기"를 위한 합리적 결정 능력이 실현되도록 해줄 것이다. 모든 진짜 문제에 대한 모든 진정한 해답은 서로 양립가능이어야 하며, 나아가 어떤 단일한 전체에 꽉 맞아야 한다. 그것들을 합리적이라고 그리고 우주를 조화롭다고 일컫는 의미가 바로 그것이기 때문이다. 각 사람은 자기 특유의 성격, 능력, 열망, 목적 등을 가지고 있다. 만약 내가 그 목적들과 그 본성들을 파악한다면, 그리고 지식과 힘을 가지고 있다면, 그 목적과 본성이 합리적인 한 나는 최소한 원칙적으로 그것들을 모두 충족시킬 수 있다. 합리성이란 사물과 사람을 있는 그대로 아는 것이다. 돌멩이로 바이올린을 만들려 하거나 타고난 바이올린 연주자더러 플루트를 연주하게 만들 수는 없다. 우주가 이성에 의해 다스려진다면 강제가 필요 없을 것이다. 모두를 위해 정확하게 계획된 삶은 모든 사람의 온전한 자유——합리적인 자아 지향의 자유와 일치할 것이다. 법률은 이성이 처방하는 규칙일 것이므로, 마음속에서 이성이 잠자고 있는 사람, 자기 자신의 "진정한" 자아에게 진실로 "필요한" 것이 무엇인지 이해하지 못하는 사람만이 성가시게 느낄 것이다. 이성에 의해——즉, 자신의 진정한 본성을 이해하고 진정한 목적을 식별하는 권능에 의해——맡겨진 배역을 배우 각자가 인식하고 수행하는 한, 갈등은 있을 수 없다. 각 개인은 우주의 연극에서 자유롭고 자아 주도적인 배우가 될 것이다. 그리하여 스피노자는 말하기를 어린이들은 강제를 받지만 공동 이익에 그 어린이의 이익도 포함되기 때문에 노예가 아니라고 했다.[40] 로크도 비슷하게 말하기를, 합리적인 법은 사람의 "온당한 이익" 또는 "일반적인 선"을 겨냥하는 지침이므로, "법이 없는 곳에는 자유도 없다"고 했다. 그리고 덧붙이기를, 이 종류의 법이 쳐놓은 "울타리 너머는 수렁 아니면 낭떠러지"이므로 "구속이라는 이름은 가당치 않다"고 하면서,[41] 거기서 벗어나려는 욕구는 "야만적"이라 할 만큼 불합리하고, "방종"에 해당한다고 말했다.[42] 몽테스키외는 자기가 자유주의를 설파하던 시절을 망각하고는, 원하는 대로 하라는 허락은 물론이고 심지어 법으로 허용된 만큼 하는 것도 정치적 자유는 아니며, 오로지 "우리가 의지해야 할 바를 행하는 힘"만이 정치적 자유라고[43]——칸트는 사실상 이를 반복했을 뿐이다——말했다. 버크는 "추정컨대 모든 합리적 피조물의 동의는 사물의 선천적 질서와 합치하기" 때문에 자기에게 이익이 되도록 규제받을 개인적인 "권리"가 있다고 선포했다.[44]

이 사상가들 (그리고 그 앞의 스콜라 철학자 다수와 그 뒤의 자코뱅과 공산주의자) 사이를 관통하는 저류에는 우리의 "진정한" 본성에서 나오는 합리적인 목적들은 서로 일치해야 하며, 아니면 우리의 불쌍하고 무식하고 욕망에 찌들고 감정에 치우친 경험적 자아가 아무리 심하게 울면서 저항하더라도 일치하게끔 만들어져야 한다는 추정이 있다. 자유란 불합리하고 어리석고 틀린 일을 하라는 자유가 아니다. 경험적 자아를 올바른 패턴에 맞도록 하는 강제는 전횡이 아니

40) *Tractatus Theologico-Politicus*, chapter 16: p. 137 in Benedict de Spinoza, *The Political Works*, ed. A. G. Wernham(Oxford, 1958).
41) *Two Treatises of Government*, second treatise, 57.
42) Ibid., 6. 163.
43) *De l'esprit des lois*, book 11, chapter 3, "Ce que c'est que la liberté": p. 205 in *Oeuvres complètes de Montesquieu*, ed. A. Masson(Paris, 1950-5), vol. I. A.
44) *Appeal from the Old to the New Whigs*(1791): pp. 93-4 in *The Works of the Right Honourable Edmund Burke*(World's Classics edition), vol. 5(London, 1907).

라 해방이다.[45] 루소는 만약 내가 내 삶의 모든 부분을 사회에 내놓고, 다른 모든 구성원들도 똑같이 희생한다면, 그 모든 부분 중 어느 하나도 손상시키지 않는 사회적 실체 하나가 창조될 것이라고 가르친다. 그런 사회에서는 타인에게 해를 입히는 것이 어느 누구에게도 이익이 될 수 없으리라는 것이다. "나 자신을 모두에게 내줌으로써 아무에게도 내주지 않는다."[46] 잃은 만큼 되돌려 받을 뿐만 아니라, 새로이 얻은 것을 지키기에 충분한 힘이 새로 첨가되기 때문이다. 칸트는 "법에 부합하는 의존 상태에서 손상되지 않은 형태로 자유를 다시 찾기 위해 무법적인 야생의 자유를 개인들이 완전히 포기할" 때, "그 의존이야말로 입법자로서 행동하는 내 의지의 작품이기 때문에" 그것만이 진정한 자유라고 가르친다.[47] 자유란 권위와 양립불가능하기는커녕 사실상 권위와 같은 것이 된다. 이것이 18세기에 나온 모든 인권선언의 발상이자 언어이며, 현명한 입법자, 자연, 역사, 지고의 존재에 의한 합리적인 법에 따라 고안된 설계로 사회를 간주한 모든 사람들의 생각이자 표현이다. 벤담만이 거의 홀로, 법이 하는 일은 해방이 아니라 규제라고, 모든 법은 자유를 침해한다고[48]——

---

45) 이 점에 관해서는 내가 보기에 벤담의 발언이 완결판이다. "악을 행할 자유, 이것은 자유가 아닌가? 자유가 아니라면 도대체 무엇이란 말인가? ⋯⋯ 바보나 잔인한 자는 자유를 악용하기 때문에 자유를 주지 말아야 한다고 우리 스스로 말하지 않는가?" *The Works of Jeremy Bentham*, ed. John Bowring(Edinburgh, 1843), vol. 1, p. 301. 크레인 브린턴(Crane Brinton)이 "Political Ideas in the Jacobin Clubs", *Political Science Quarterly* 43(1928), 249-64, 특히 p. 257에서 논하는 같은 시기 자코뱅의 견해를 비교해 보라. "악행에서는 아무도 자유롭지 않다. 못하게 막는 것이 그를 자유롭게 하는 것이다." 이 견해는 그 다음 세기 말엽에 영국의 관념론자들에 의해 거의 똑같은 단어로 메아리쳤다.

46) *Social Contract*, book 1, chapter 6: vol 3, p. 361, in *Oeuvres complètes*, ed. Bernard Gagnebin and others(Paris, 1959-95).

47) *Critique of Practical Reason: Kant's gesammelte Schriften*(Berlin, 1900-), vol. 6, p. 316, line 2.

설령 침해의 결과 자유의 총량이 늘어날지라도——끈기 있게 계속해서 되뇌었다.

만일 저변에 깔린 추정들이 맞다면——자연과학에서 문제를 푸는 방식과 흡사하게 사회 문제를 해결하는 방법이 있고, 이성에 대한 합리주의자들의 정의가 곧 이성이라면——이 모든 결과가 나올 것이다. 이상적인 상태에서 자유는 법과 같고 자율은 권위와 일치할 것이다. 제정신을 가진 존재라면 하고 싶은 마음 자체가 생길 리 없는 일을 금지하는 법은 자유에 대한 제약이 아니다. 전적으로 책임감 있는 존재들로 구성된 이상적인 사회에서는 규칙을 의식해야 할 경우가 거의 없기 때문에, 규칙이 점차로 사라질 것이다. 사회운동의 유파들 중에서 이 추정을 실로 노골적으로 드러내고 그 결론을 용감하게 받아들인 것은 오직 하나, 무정부주의자들뿐이다. 그렇지만 합리주의 형이상학에 바탕을 둔 모든 형태의 자유주의가 사실은 이 교의를 이렇게 또는 저렇게 여과한 결과이다.

이런 식의 문제 해결에 정력을 기울인 사상가들은 실제로 어떻게 사람들을 그처럼 합리적이게 만들 것이냐는 질문에 봉착하는 때를 만나게 된다. 교육을 통해야 할 것이 분명하다. 교육받지 못한 이들은 비합리적이고 타율적이기 때문에, 합리적인 이들에게 사회생활을 참을 만한 것으로 만들어주기 위해서라도, 합리적인 이들이 사막이나 올림포스 산꼭대기로 은거해야 하지 않고 같은 사회에서 살수 있기 위해서라도, 못 배운 자들은 강제될 필요가 있다. 그러나 못배운 자들이 가르치는 사람들의 목적을 이해하여 협조하리라는 기대는 없다. 교육이란 "내가 지금 하는 이 일의 까닭을 너는 나중에

---

48) *The Works of Jeremy Bentham*, ed. John Bowring(Edinburgh, 1843), vol. 1, p.301. 같은 곳에 "모든 법은 자유에 역행한다"는 말도 있다.

깨달으리라"는 방식으로 작동할 수밖에 없다고 피히테는 말했다.[49] 아이들은 왜 학교에 가지 않으면 안 되는지를 이해할 수 없고, 무지한 자들은——즉, 현재 상태대로라면 인류의 대다수——머지않아 자기를 합리적으로 만들어줄 그 법에 복종하도록 강제되어야 하는 이유를 알지 못한다. "강제는 곧 일종의 교육이다."[50] 더 나은 사람에게 복종하는 훌륭한 미덕을 너희는 배워라. 만약 합리적 존재로서 너에게 무엇이 이익인지 너 자신이 이해하지 못한다면, 너를 합리적으로 만드는 도정에서 내가 너의 의견을 참조하거나 너의 소원을 들어주리라고 기대하지 말라. 결국에 가서는 천연두를 예방하기 위해, 너는 원치 않겠지만 강제 수단을 쓸 수밖에 없다. 다리가 무너지기 직전이라고 경고해 줄 충분한 시간이 없을 때, 다리를 건너지 못하도록 강제할 수 있다고 말할 태세를 밀은 갖추고 있었다. 물에 빠지는 것이 그의 소원은 아님을 내가 알든지, 아니면 설사 내가 아는 것은 아니고 단지 추정할 뿐이라고 하더라도 그것은 정당화될 수 있는 추정이기 때문이라는 것이다. 당시 독일에서 교육받지 못한 사람은 자기 스스로 알 수 있는 수준 이상으로 알게 되기를 그들 자신이 바란다고 피히테는 확신했다. 현자는 너에 관해 너 스스로 아는 것보다 잘 안다. 왜냐하면 너는 감정의 포로이고 눈이 어두워 너의 진정한 목적을 이해하지 못한 채 타율적인 삶을 사는 노예이기 때문이다. 너의 소원은 인간이 되는 것이다. 그 소원의 충족이 국가의 목표다. "강제는 미래의 통찰을 위한 교육으로 정당화된다."[51] 내 안의 이성이 승리하려면, 나를 노예로 만드는 "저급한" 본능, 감정과

---

49) *Johann Gottlieb Fichte's sämmtliche Werke*, ed. I. H. Fichte(Berlin, 1845–6), vol. 7, p. 576.
50) Ibid., p. 574.
51) Ibid., p. 578.

욕망을 제거하고 억눌러야 한다. 이와 마찬가지로 (개인에서 사회적 개념으로 넘어가는 결정적인 전환이 여기에 있음을 눈치 채기는 아주 어렵다), 사회에서 더 고상한 요소들은——더 잘 배운 자, 더 합리적인 자, "그 시대와 인민 중에서 최고의 통찰력을 소유한" 사람들은[52]—— 사회의 불합리한 부분을 합리화하기 위해 강제를 행사할 수 있다. 왜냐하면——헤겔과 브래들리[53]와 보즌켓[54]이 번번이 다짐해 주었듯이——합리적인 사람에게 복종함으로써 우리는 우리 자신에게 복종하기 때문이다. 치료가 필요한 병에 걸린 나약한 피조물, 보호자가 필요한 미성년자 또는 금치산자와 비슷한 신세로 무지와 감정에 사로잡힌 지금 이대로의 우리 자신이 아니라, 합리적일 때를 가정했을 때의 우리 자신에게 말이다. 인간의 본성이 합리적인 한, 인간이라 불릴 자격이 있는 모든 이에게 내재하는 합리적인 요소에 귀만 기울인다면 심지어 지금 당장이라도 우리는 그렇게 될 수 있다.

억세고 냉엄하게 중앙집권화된 피히테의 국가에서부터 부드럽고 인간적인 T. H. 그린의 자유주의까지, **"객관적 이성"**을 주장한 철학자들은 감각을 가진 모든 존재의 가슴속에서 어렴풋이나마 발견될 수 있는 합리적인 요구에 자기들이 역행하는 것이 아니라 맞춰 이루려 한다고 생각했다. 그러나 나는 그런 식의 민주적 낙관론을 거부하고, 헤겔주의자의 목적론적 결정론에 등을 돌리는 대신 보다 자유의지론에 가까운 철학을 지향하면서도, 사회에——더 좋아지도록 하기 위해——내 합리적 지혜로 내가 고안한 계획, 아마도 대다수 동료 시민들의 영속적인 소원에 역행하면서 내 방식을 밀어붙이지 않는

---

52) Ibid., p. 576.
53) (옮긴이) 브래들리(Francis Herbert Bradley, 1846~1924): 영국의 관념론 철학자.
54) (옮긴이) 보즌켓(Bernard Bosanquet, 1848~1923): 영국의 관념론 철학자.

다면 결코 형체조차 갖출 수 없을 그런 계획을 강제할 수 있다. 또는 이성이라는 개념을 완전히 버리고도, 영감을 받은 예술가, 자기의 독특한 시야에 포착된 패턴에 따라 화가가 색을 섞고 작곡가가 소리를 결합하듯 사람들을 주조하는 예술가인 양 나 자신을 상정할 수 있다. 인간이라는 원료에 나의 창조적인 의지를 부과하는 것이다. 설사 그 과정에서 사람들이 고통을 받거나 죽더라도, 자기 삶에 내가 강제로──그러나 창조적으로──침입하지 않았더라면 결코 올라가지 못했을 고지로 앙양되는 것이다. 모든 독재자, 고문 가해자, 깡패들이 자기 행위를 도덕적으로 또는 심지어 미학적으로 정당화하고 싶을 때 그런 식으로 주장했다. 사람들이 스스로 할 수 없는 일을 내가 그들을 위해 (또는 그들과 더불어) 해주어야 한다. 그때 그들의 허락이나 동의를 구할 수는 없다. 왜냐하면 그들의 처지에서는 자기에게 무엇이 최선인지 알 수 없기 때문이다. 그들이 허락하고 수용하는 것이라고는 사실 기껏해야 경멸스러운 범용(凡庸)이든지, 심지어 자기 파멸 또는 자살일 것이다. 이 영웅적인 신조의 진정한 원조인 피히테의 말을 다시 한 번 인용하는 것을 용인해 주기 바란다. "이성을 거역할 권리는 아무에게도 없다." "인간은 자기 주관성이 이성의 법에게 종속되는 것을 두려워한다. 그는 차라리 인습이나 자의성을 원한다."[55] 그럼에도 불구하고 인간은 종속되어야 한다.[56] 피히테는 이것이 이성의 주장이라고 생각하여 그렇게 주장했다. 나폴레옹, 칼라일, 여타 낭만적 권위주의자들은 피히테와는 다른 가치를 숭배하면서, 자기의 가치를 힘으로 확립하는 데에 "진정한" 자유로

---

55) Fichte, Ibid., pp. 578, 580.
56) "올바른(right) 정부형태를 채택하라고 사람들에게 강제하는 것, 옳음(Right)을 힘으로 그들에게 강요하는 것은 그럴 수 있는 통찰력과 힘을 겸비한 모든 이에게 권리(right)일 뿐 아니라 신성한 의무이기도 하다." Ibid, vol. 4, p. 436.

가는 유일한 길이 있다고 믿을 수 있다.

화학이나 생물학에서는 자유로운 사고가 허용되지 않는데, 왜 도덕과 정치에서는 허용되어야 하느냐고 오귀스트 콩트가 물었을 때에도 똑같은 태도가 날카롭게 표현되고 있다.[57] 정말 왜 그래야 할까? 정치에서 정답을 운위하는 것이, 일단 발견되기만 하면 모든 사람들이 (사람이기 때문에) 목적으로 반드시 받아들일 그런 사회적 목적이 있다는 주장이 말이 된다면, 그리고 콩트가 믿었듯이 과학적 방법이 언젠가는 그 목적이 무엇인지를 밝혀주기 마련이라면, 개인에게든 집단에게든 의견이나 행동의 자유를 옹호할 근거가, 다른 의미는 접어두고 단지 지적인 풍토를 자극하기 위해서가 아니라 마치 자유 자체가 목적인 것처럼 옹호할 근거가 어디에 있는가? 각 사안에 알맞은 전문가들이 재가하지 않는 행위가 용인되어야 할 까닭이 무엇인가? 고대 그리스에서 시작한 이래 합리주의 정치이론에 숨어 있던 문제를 콩트는 단도직입적으로 내뱉었을 뿐이다. 삶에는 원칙적으로 오직 하나의 정확한 길이 있을 수 있다. 현자는 자발적으로 그 길을 가기 때문에 현명하다는 일컬음을 받는다. 그렇지 못한 자들은 현자의 힘이 닿는 한 모든 사회적 수단을 통해서 그 길로 끌고 가야 한다. 도대체 명백한 실수의 싹을 살려 주고 기를 키워 줄 까닭이 무엇인가? "오직 진리만이 자유케 한다. 진리를 아는 당신이 명하거나 강제하는 바를 지금, 그렇게 해야 당신과 같은 명료한 안목에 도달할 수 있고 당신처럼 자유롭게 되리라 확신하면서, 맹목적으로 행하는 데에 진리를 배우는 유일한 길이 있다." 미숙하고 배우지 못한 자들은 이 말을 자신에게 되뇌도록 만들어져야

---

57) *Plan des travaux scientifiques nécessaires pour réorganiser la société* (1822), p.53, in Auguste Comte, *Appendice général du système de politique positive* (Paris, 1854)를 보라. 202쪽 각주 54번 참조.

한다.

  이것은 사실 우리의 자유주의적 출발점에서 벗어난 것이다. 만년의 피히테가 구사했고, 그 뒤로는 빅토리아 시대의 교장들과 식민지 행정관에서 최근의 민족주의 또는 공산주의 독재자들에 이르는 권위의 옹호자들이 활용한 이 주장은 자기 내면의 빛을 따르는 자유로운 개인의 이성이라는 이름으로 스토아주의나 칸트의 도덕이 가장 강렬하게 항거했던 바로 그것이다. 이런 식으로 합리주의적 주장은 하나의 진정한 해답이 있다는 추정과 함께, 논리적으로 타당하지 않을지는 모르지만 역사적으로 그리고 심리적으로는 이해할 수 있는 여러 단계들을 거치면서, 개인 책임과 개인의 자기완성을 강조하는 윤리적 신조에서 시작하여 플라톤주의적인 수호자 계급 엘리트의 명령에 복종하는 권위주의 국가로 변모하였다.

  칸트의 지독한 개인주의가 그의 제자를 자처하는 사람도 일부 포함되는 사상가들에 의해 순전한 전체주의 신조 비슷한 것으로 뒤집히는 이상한 탈바꿈이 어떻게 초래되었을까? 이 질문이 단순히 역사학의 관심만은 아닌 까닭은 적지 않은 수의 현대 자유주의자들도 그 이상한 진화 과정을 똑같이 거쳐 왔기 때문이다. 칸트가 루소를 따라서, 모든 사람에게 합리적 자아 지향의 역량이 있다고, 도덕이란 (공리주의자나 필로조프가 주장했듯이) 전문화된 지식의 문제가 아니라 보편적인 인간 권능을 올바로 사용하는 문제이기 때문에 도덕에는 전문가가 있을 수 없다고, 그리고 따라서 인간을 자유롭게 하는 것은 어떤 소정의 방식에 따라 자기를 향상시키는 방향으로 (때로는 강제되기도 하면서) 행동하는 데에 있는 것이 아니라 자기가 왜 그렇게 해야 하는지 그 까닭을 아는 데에 있다고, 그러므로 다른 사람을 위해 대신해서 이것을 해줄 수는 없는 노릇이라고 역설한 것은 맞다. 그러나 그런 칸트마저도 정치적 주제를 논하는 대목에 이르면, 만약 합리적인 존재인 나에게 판정해 보라고 누가 물어 봤다면 승인했을 법률이라면 내 합리적 자유에서 조금의 조각도 내게서 빼앗아 갈 리 없다는 발상을 받아들이고 만다. 이로써 전문가에 의한 통치로 가는 문이 활짝 열렸다. 모든 규칙의 제정에서 모든 사람과 언제나 상의할 수는 없다. 정치를 끊임없이 이어지는 국민투표로 할 수는 없다. 더구나 사람들 중에는 자기 안에 있는 이성의 목소리에 주파수를 맞춰 놓지 않은 이들도 있고, 유난히 꽉 막힌 사람도 있다. 내가 만일 입법자 또는 통치자라면, 내가 부과하는 법이 합리적이기만 하다면 (이에 관해서는 오직 내 이성에게 물을 수밖에 없다), 사회 구성원들이 합리적인 존재인 한 모두 자동적으로 그 법을 승인하리라는 추정에 바탕을 두어야 한다. 승인하지 않는 사람이 있다면 바로 그만큼 비합리적이라는 말이므로, 이성에 의해 진압해 줄 필요가 있다. 이성의 발언은 모든 정신을 관통하여 똑같기 때문에 그들의 이성인지 내 이성인지는 문제가 되지 않는다. 내가 내린 명령에 네가 저항한다면, 네 안에 이성에 반대하는 비합리적 요소가 있다는 말이므로 그 진압이 내 일이 된다. 너 스스로 진압한다면 내 일이 쉬워질 것이다. 그러니 그럴 수 있도록 너를 교육하려고 노력한다. 그렇지만 공공복리도 내 책임이므로, 모든 사람이 완전히 합리적으로 될 때까지 기다릴 수만은 없다. 주체의 자유에서 핵심 사항은 오직 그 자신이 명령하는 바에만 복종하는 데에 있다고 칸트는 반발할지 모른다. 그러나 그것은 완벽한 경우의 이야기일 뿐이다. 네가 스스로를 훈육하지 못하면 내가 대신해 주어야 한다. 칸트의 합리적 재판관이 너를 감옥에 보냈다는 사실이 곧 너 스스로 내면의 이성에게 귀 기울이지 않았다는 증거이므로, 어린아이나 야만인이나 천치가 그렇듯이 자아 지향을 할 수 있을 만큼 성숙하지 못했거나 영원히 그럴 능력이 없다는 증거이므로, 그때 자유가 없다고 불

평해서는 안 된다.⁵⁸⁾

---

58) "인류에게 가장 큰 문제, 자연이 우리더러 해결하라고 강요하는 문제는 법에 의
거하여 바른 일을 보편적으로 시행하는 시민 사회의 건설이다. 최대의 자유를
보유한 시민 사회에서만 …… 그리고 다른 사람의 자유와 공존할 수 있도록 (각
개인의) 자유의 한계를 정확하게 결정하고 보장할 때에만——자연에 내재하는
모든 역량의 계발이라고 하는 자연의 최고 목적이 인류의 경우에 달성될 수 있
다"고 (정치적 저술 중의 하나에서) 선언할 때가 칸트로서는 자유의 "소극적" 이
상에 가장 가까이 다가간 경우이다. "Idee zu einer allgemeinen Geschichte in
weltburgerlicher Absicht"(1784), in *Kant's gesammelte Schriften*(Berlin, 1900−
), vol. 8, p.22, line 6. 이런 식의 표현에 목적론적 함축이 들어있다는 점은 접어
두더라도, 이 선언은 얼핏 보기에 정통 자유주의와 아주 달라 보인다. 어쨌든 결
정적인 관건은 개인 자유의 "한계를 정확하게 결정하고 보장할" 기준을 어떻게
결정하느냐는 것이다. 현대의 자유주의자 대다수는 (일관성을 상실하지 않는
한) 가능한 한 많은 개인들이 가능한 한 많은 목적을——타인의 목적을 좌절시킬
수 있는 목적만 아니라면 목적 자체의 가치는 따지지 않고——실현할 수 있는 상
황을 원한다. 목적은 모두 비판의 여지가 없이 동등하게 궁극적인 최종 목적이
라고 보아야 하기 때문에, 그들은 개인이나 집단 사이의 경계가 순전히 사람들
의 목적 사이에서 충돌을 예방한다는 점만을 염두에 두고 그어지기를 바란다.
칸트 그리고 그와 같은 종류의 합리주의자는 모든 목적이 동등한 가치를 가진다
고는 보지 않는다. 그들의 생각에는, 자유의 한계는 "이성"의 규칙을 적용하여
결정되는데, 이성이란 단순히 규칙 그 자체의 일반성에 불과한 것이 아니라, 모
든 사람에게 똑같은 목적을 창조하거나 드러내는 권능이다. 합리적이지 않은 것
은 모두 이성의 이름으로 정죄될 수 있다. 나름의 상상력과 개성으로 말미암아
사람들이 추구하게 되는 다양한——예를 들어, 자아실현에 관하여 합리성과는
다른 경로에서 나오는 미학적 목표 또는 기타 등등과 같이——개인적 목표는 최
소한 이론상으로는 이성의 요구에 길을 터주기 위해서 가차 없이 진압해도 된
다. 오로지 합리적 목적만이 "자유로운" 사람의 "진정한" 본성이 지향하는 "진실
한" 과녁일 수 있다는 추정을 바탕으로 삼으면, 이성의 권위, 그리고 이성이 인
간에게 부과하는 의무의 권위는 개인의 자유와 동일시된다.
이런 맥락에서 운위되는 "이성"이라는 것이 무슨 뜻인지 나는 한 번도 이해한 적
이 없었음을 자인하지 않을 수 없다. 그리하여 여기서는 단지 이와 같은 철학적
심리학의 선험적 추정은 경험주의와는, 다시 말해서, 사람들의 실제 모습과 추
구와 관련된 경험에서 도출되는 지식에 바탕을 둔 신조와는 양립할 수 없다는
점만을 지적하고 싶다.

이것이 만약 전횡으로——〈마술 피리〉에 나오는 자라스트로의 사원으로——흘러간다면, 비록 최선의 인간 또는 가장 현명한 인간에 의한 것이고 자유와 동일한 것으로 판명된다고는 하지만 전횡은 여전히 전횡이라면, 논리 전개에서 사용된 전제 중에 무언가 빠진 것은 없는가? 아니면 근본적인 추정들 자체가 어디선가 잘못되었는가? 다시 한 번 그 추정들을 열거해 보자. 첫째, 모든 인간에게는 오직 하나의 진정한 목적이 있다. 둘째, 모든 합리적 존재들의 목적은 보편적이며 조화로운 단일한 패턴에 반드시 꼭 들어맞는다. 사람들 중에는 그 패턴을 남달리 명료하게 인식할 수 있는 이들이 있다. 셋째, 모든 갈등, 그러므로 모든 비극은, 순전히 이성이 불합리한 것 또는 충분히 합리적이지 못한 것과——개인이나 집단의 삶에서 미숙하고 발전되지 못한 요소와——충돌한 데에 기인한다. 그러한 충돌은 피할 수 있는 것이며, 완전히 합리적인 존재들 사이에서는 발생하지 않는다. 마지막으로, 모든 사람이 합리적이게 되면, 자기 자신의 본성에서 나오며 모든 사람의 경우에 똑같이 한 가지인 합리적 법칙에 복종할 것이다. 그리하여 그들은 완전히 법을 준수하면서 동시에 완전히 자유로울 것이다. 소크라테스, 그리고 그를 따라서 윤리와 정치에서 서양 전통의 중심을 창조한 사람들이 이천 년 동안 틀렸다는 것인가? 그래서 덕과 지식은 다르고, 그리고 자유는 덕과도 지식과도 같지 않다는 말인가? 그 오랜 역사에서 이전 어느 때보다 더 많은 사람들의 삶을 이 유명한 견해가 지배하고 있다는 사실에도 불구하고, 그 근본적인 추정 가운데 어느 하나도 증명할 수 있기는 고사하고 어쩌면 맞지조차 않는 일이 가능한가?

VI

지위를 향한 탐색

이 주제에 관하여 역사적으로 중요한 접근 방식이 한 가지 더 있다. 자유와 그 자매인 평등 및 박애를 혼동하는 것도 비슷하게 비자유주의적인 결론으로 흘러간다. "개인"이 무슨 의미인지에 관한 질문은 18세기 말에 제기된 이래 줄곧 논의되었고 점점 그 효과가 커진 주제가 되었다. 내가 사회 안에서 사는 한 내가 하는 일은 불가피하게 다른 사람의 행동에 영향을 미치고 또 영향을 받는다. 사적 삶의 영역과 사회적 삶의 영역을 구분하려고 분투했던 밀의 노력도 검토해 보면 도로로 끝났다. 밀을 비평하는 사람들은 사실상 모두 내가 하는 모든 일은 다른 사람에게 해가 될 결과를 낳을 수 있음을 지적한다. 더구나 다른 사람들과 접촉한다는 것보다 깊은 의미에서 나는 사회적 존재이다. 왜냐하면 나의 현재 모습은 어느 정도 나에 관한 다른 사람들의 생각과 느낌 때문이 아닌가? 내가 누구냐고 자문하고 영국인, 중국인, 상인, 중요하지 않은 사람, 백만장자, 죄수 따위로 대답하는 경우를 분석해 보면, 그러한 속성을 가졌다는 것은 다른 사람들이 보기에 내가 특정한 집단이나 계급에 속한 것으로 인정되었다는 말이다. 내게 가장 개인적이며 영속적인 몇몇 성격을 지칭하는 개념 대부분의 의미도 부분적으로는 그러한 공공의 인정에 의해 구성된다. 나는 육체에서 이탈한 이성이 아니다. 나는 섬에 혼자 사는 로빈슨 크루소도 아니다. 단지 나의 물리적인 삶이 타인과의 상호작용에 의존하는 것만도 아니고, 사회적 힘의 결과로 내가 지금 나라는 것만도 아니고, 내 자신에 관한 내 생각 일부 또는 아마 모두가, 특히 나 자신의 도덕적 사회적 정체성에 관한 나의 감각이 오로지 나 자신을 구성소로 (이 은유를 너무 길게 잡아 늘이면 안 된다) 포함하는 사회적 그물 구조에 입각해서만 이해 가능일 수 있다는 것이다.

개인이든 집단이든 사람들은 스스로 받아 마땅하다고 여기는 인정을 받지 못할 때에 자유의 결핍을 불평하는 경우가(그렇지 않은 경우만큼) 자주 있다. 강제, 자의적 구금, 전횡, 특정 행동의 기회 박탈을 당하지 않을 안전판, 또는 내 신체의 움직임 때문에 법적으로 누구에게도 책임지지 않아도 되는 공간의 확보와 같이, 밀이라면 내가 추구하기를 바랐을 것들을 나는 추구하지 않을 수 있다. 마찬가지로 사회생활에 관한 어떤 합리적 계획이나 감정을 탈피한 현자의 자아 완성을 나는 추구하지 않을 수도 있다. 다만 무시, 보호자인 척하는 선심, 멸시, 나에 관한 추단 — 한마디로 말하면, 한 사람의 개인으로 대접받지 못하고, 독특한 개성을 충분히 인정받지 못하며, 어떤 특색 없는 잡탕의 구성원으로 분류되고, 분명한 자신만의 목적도 특별히 인간적인 특색도 없는 하나의 통계 단위로 취급당하는 것만을 피하고 싶을 수도 있다. 이와 같은 품격의 절하에 맞서 나는 싸운다. 법률적 권리의 평등도 원하는 대로 행할 자유도 (이런 것들 역시 내가 원하는 것일 수는 있지만) 추구하지 않고, 책임 있는 주체로 인정받아 책임 있는 주체로 느끼는 상태, 나에게 그럴 자격이 있으므로 내 의지가 고려 대상이 되는 — 설령 내가 이것을 원하고 그런 방향으로 행동을 선택했기 때문에 공격이나 박해를 받게 되더라도 — 상태를 추구한다.

이는 지위와 인정을 갈구하는 동경이다. "영국 땅에서 가장 가난한 사람에게도 가장 위대한 사람에게 그렇듯이 살아갈 인생이 있다".[59] 그 때문에 인기를 잃고 혐오의 대상이 되더라도 인정받고 이해받기를 원한다. 나를 그렇게 인정하고, 그럼으로써 내가 아무것도 아니지는 않다는 느낌을 줄 수 있는 사람들은 오로지 역사적으로 도덕적으로 경제적으로 그리고 아마 윤리적으로도 내가 속해 있다고 느끼는 사회의 구성원들이다.[59] 내 개인적 자아는 다른 사람에 대한 관계로부터도 또는 나에 대한 그들의 태도를 구성하는 나 자신의 속성으로부터도 떼어낼 수 있는 것이 아니다. 그러므로 예컨대, 정치적 또는 사회적 의존 상태에서 자유로워지기를 요구할 때에 내가 요구하는 것은 내 주변의 사람들, 의견과 행태를 통해 나 자신의 자아상을 결정하는 데 영향을 미치는 사람들이 나에 대해 가지는 태도의 변경이다.

개인에게 적용할 수 있는 말은 사회적, 정치적, 경제적, 종교적 집단, 다시 말해서 자기가 속한 집단의 필요와 목적을 의식하는 개인들로 이루어지는 집단에도 적용할 수 있다. 억압당한 계급이나 민족이 요구하는 것은 단순히 그 구성원들이 제약 없이 행동할 자유만이

59) Thomas Rainborow가 1647년 퍼트니(Putney, 〔영국 내전기 군대 내 수평파들이 모여 회의했던 곳〕)에서 발언한 말이다. *The Clarke Papers: Selections from the Papers of William Clarke*, ed. C. H. Firth, vol. 1 (London, 1891), p.301.

60) 여기에는 인간의 자유에 관한 칸트의 신조와 비슷한 것이 누가 보기에도 들어 있다. 그렇지만 이는 그 신조가 사회화되어 경험적으로 표현된 형태로, 그렇기 때문에 그 신조와는 거의 반대된다. 칸트의 자유인은 내면적 자유를 위해 사회적 인정이 필요하지 않다. 만약 그가 어떤 외부적 목적을 위한 수단으로 취급된다고 하면, 그를 착취하는 자들 편에서는 나쁜 행동이겠지만 그 자신의 "본체적" 지위는 달라지지 않고, 그는 어떤 취급을 당하든지 온전히 자유롭고 온전히 사람이다. 반면에 여기서 언급되고 있는 필요는 전적으로 다른 사람들을 상대로 맺는 관계와 결부되어 있다 ― 인정되지 않는 한 나는 아무것도 아니다. 내 눈에 비친 나도 결국 다른 사람이 보는 나와 같기 때문에, 나 자신의 본원적 가치와 사명을 온전히 의식하면서 바이런과 같은 멸시로 다른 사람들의 태도를 무시할 수는 없으며, 내면의 삶으로 도피할 수도 없다. 나는 나 자신을 내 주변의 시선들과 동일시한다. 사회적 전체에서 내가 처한 위치와 맡은 기능에 입각해서 무언가로 된 것 같거나 아무것도 아닌 것 같은 느낌을 받는다. 이는 상상할 수 있는 범위 안에서 가장 "타율적인" 상태이다.

아니고, 무엇보다도 먼저 사회적 또는 경제적 기회 균등인 것도 아니고, 합리적 입법자가 고안한 갈등 없는 유기체적인 국가 안에서 제자리를 잡는 것은 더더욱 아니다. 그것은 단지 (자기 계급이나 민족, 또는 피부색이나 인종이) 인간적 활동의 독립된 원천이라는 인정일 뿐이다. 마치 아주 온전히 인간은 아닌 것처럼 그러므로 마치 아주 온전히 자유롭지는 않은 것처럼, 아무리 능숙한 방식으로라 할지라도 통치당하거나 교육되거나 인도받는 것이 아니라 자기 나름의 의지를 가지고 (좋은지 정당한지 여부를 막론하고) 그에 따라 행동할 의도가 있는 주체라는 인정이다.

온정적 간섭주의를 "상상할 수 있는 범위 안에서 가장 큰 전제"로 본 칸트의 말은[61] 이로써 순전히 합리적인 의미보다 훨씬 넓은 의미를 가지게 된다. 온정적 간섭이 전제인 것은 잔인하고 무지몽매한 발가벗은 횡포보다 더 억압적이기 때문도 아니요, 내 안에 현현된 선험적 이성을 무시하기 때문만도 아니라, 나 나름의 (반드시 합리적이거나 자비롭지는 않은) 목적에 따라 나 나름의 삶을 영위하기로 마음먹고, 무엇보다도 그렇다는 점을 남들에게 인정받을 권리가 있는 하나의 인간으로 나 자신을 인식하는 자리매김에 대한 능욕이기 때문이다. 그러한 인정을 받지 못한다면, 내가 온전히 독립된 한 사람의 인간이라고 자처할 수 있는지를 나 스스로 인정하지 못하고 의심할 것이기 때문이다. 내가 무엇인지는 대체로 내가 무엇을 느끼고 생각하는지에 따라 결정되고, 내가 무엇을 느끼고 생각하는지는 내가 속한 사회를——버크의 의미로 말하자면 내가 서로 유리된 단자로서가 아니라 (독소의 의미를 안고는 있지만 불가결한 은유로 표현하여)

---

61) *Kant's gesammelte Schriften* (Berlin, 1900-), vol. 8, p. 290, line 27, and p. 291, line 3.

서로 결합된 재료로서 참여하는 사회적 패턴을——풍미하는 느낌과 생각에 따라 결정된다. 자유롭지 못하다고 느끼는 의미는 스스로 다스리는 인간 개체로 인정받지 못한다는 점일 수도 있지만, 인정받지 못한 집단 또는 충분히 존경받지 못하는 집단에 속한다는 점일 수도 있다. 후자의 경우 나는 내 계급, 공동체, 민족, 인종, 직업 전체의 해방을 원하게 되는 것이다. 지위를 추구하는 쓰라린 동경 중에 이를 향한 갈구가 워낙 커서, 어떤 더 높고 더 먼 집단에서 온 사람, 내가 스스로 느끼고 싶은 나의 정체성에 맞춰 나를 인식하지는 않는 사람의 치하에서 관대하고 좋은 대우를 받기보다, 나와 같은 인종이나 사회 계급에 속하여 나를 한 사람의 인간으로 그리고 경쟁자로 인식하는 사람 아래서 폭압적이며 잘못된 통치를 선호할 수조차 있다.

개인이든 집단이든, 그리고 우리 시대의 직능 분야이든 계급이든 민족이든 인종이든, 인정받기 위해 내지르는 커다란 외침의 핵심에는 이것이 있다. 내 사회의 구성원들이 내게 "소극적"인 자유를 허락하지 않을지도 모르지만, 그래도 그들은 내 집단의 구성원이다. 그들은 나를 이해하고 나도 그들을 이해한다. 이 이해는 이 세상에서 한 점이나마 차지하는 존재라는 느낌을 내 안에 창조한다. 과두정이지만 가장 개명된 형태의 정치보다 민주정이지만 가장 권위적인 형태의 정치를 때때로 선호하게 만들고, 또는 간혹 새로 자유를 얻은 아시아나 아프리카 국가의 구성원들이 과거의 외세 관리가 혹 조심스럽고 정의롭고 친절하고 선의를 가지고 있었다고 하더라도, 그리고 지금의 자민족 또는 같은 인종 권력자들이 자신을 더 함부로 다룬다고 하더라도 지금 불평을 덜 하게 만드는 것도 바로 이 같은 상호 인정을 향한 갈구이다. 이 현상을 파악하지 못하는 한, 밀이 뜻한 바와 같은 기본적 인권을 박탈당한 채 신음하고 있으면서도 그 권리들을 더 많이 누리던 시절보다 더 많은 자유를 향유하고 있다고——

어떻게 보더라도 가식이라고는 할 수 없는 표정으로 — 말하는 수많은 나라의 국민들은 이해할 수 없는 모순덩어리로 보일 것이다.

그렇지만 이와 같은 지위와 인정을 향한 갈구가 "소극적" 의미이든 "적극적" 의미이든 개인의 자유와 같은 것으로 보기는 어렵다. 자유 못지않게 이것을 위해서도 사람들이 분투하고 자유 못지않게 깊은 필요가 있는 것도 사실이지만, 이것은 자유의 친척일지언정 자유 그 자체는 아니다. 이것이 어떤 집단 전체를 위한 소극적 자유를 증진하기는 하지만, 그것은 연대, 동포애, 상호 이해, 동등한 처지에서 서로 결합될 필요 — 이런 것들을 가리켜 때때로 사용되는 사회적 자유라는 용어는 사람들을 오도할 뿐이다 — 등에 더 가깝다. 사회적 또는 정치적 용어들은 의미가 모호할 수밖에 없다. 정치적 어휘의 의미를 너무 정확하게 구획하면 그 어휘들이 쓸모없게 되고 만다. 그러나 단어의 용법을 필요 이상으로 느슨하게 만든다면 진리를 위한 봉사가 아니다. 자유라는 개념의 본질은, "적극적"인 의미와 "소극적"인 의미에서 공히, 내 마당을 침범하거나 내게 무슨 권위를 행사하려는 타인들 또는 어떤 강박관념, 두려움, 신경쇠약 따위 불합리한 힘과 같이 이런 종류 또는 저런 종류의 방해나 전횡을 하려고 쳐들어오는 사람이나 사물을 막는 데에 있다. 이에 비해 인정을 향한 욕구는 그와는 다른 것, 결합이나 더 긴밀한 이해나 이익의 통합이나 상호 의존하고 상호 희생하는 삶과 같은 것을 향한 욕구이다. 지위와 이해를 향한 심오하고 보편적인 동경을 자유를 향한 욕구와 혼동하고, 사회 차원의 자아 지향성이라는 발상을 자유와 동일시하여 자유로워야 할 자아라는 것을 더 이상 개인이 아니라 "사회적 전체"로 보는 혼동이 첨가된 결과, 소수 권력자 또는 독재자의 권위에 굴종하고 있는 사람들이 그 권위 덕분에 어떤 의미에서 자유롭게 되었다고 주장하는 일마저 벌어지게 되는 것이다.

사회 집단을 문자 그대로 개인이나 자아로 취급하여, 구성원들에 대한 집단의 통제와 훈육을 자유로운 개인들이 스스로 행하는 자기 훈육이나 자기통제와 다를 바 없다고 치부하는 오류를 논의하는 문헌들은 많다. 그러나 설사 "유기체적" 견해를 받아들인다 할지라도, 인정과 지위를 향한 요구를 어떤 [소극적 의미도 적극적 의미도 아닌] 제삼의 의미에서 자유를 향한 요구라고 일컫는 것이 자연스럽고 바람직한 일일까? 한 사람이 어떤 집단에게서 인정을 구할 때, 그 집단이 당초 — 외부 권위의 통제로부터 — 충분한 수준의 "소극적" 자유를 가지고 있어야 하며, 그렇지 못한 집단에 의한 인정이라면 그 사람이 추구하는 지위를 부여하지 못하리라는 점은 맞다. 그렇다고 해서 더 높은 지위를 위한 투쟁, 열등한 위치에서 벗어나려는 소원을 자유를 위한 투쟁이라 일컬어야 할까? 자유라는 말의 의미를 앞에서 논의한 의미에 국한하는 것이 단지 현학에 불과한 것일까, 아니면 내가 우려하듯이 한 사람이 처한 사회적 상황을 그가 원하는 방향으로 조금이라도 개선하는 것이면 모두 자유의 증진으로 불러서, 자유라는 말이 사실상 쓸모가 없어질 정도로 그 개념을 잡아 늘여 모호하게 만들기 직전에 우리가 와 있는 것일까? 그렇지만 이러한 발상을 자유의 개념과 여타 지위라든지 연대라든지 동포애라든지 평등이라든지 또는 그런 것들을 결합한 어떤 것의 개념을 혼동한 데에 불과하다고 마냥 일축만 할 수는 없다.

　그런 목표에 자유라는 명함은 수여하지 않을 수 있지만, 개인과 집단 사이의 유비(類比) 또는 유기체적 은유 또는 "자유"라는 단어에 첨부된 몇 가지 의미 등을 단순히 대상들 사이에서 추출할 수 있는 비슷한 점들을 서로 비슷하지 않은 점들에다가 잘못 적용하였거나 아니면 단순한 의미론적 혼동에 불과하다고 추단하는 것은 얕은 생각일 것이다. 개인 행동을 위한 자신 또는 이웃의 자유를 그 집단 내의 지위를 위해 기꺼이 지불할 태세가 되어 있는 사람들이 원하는 것은 단지 안전을 위해 자유를 양보하는 것이 아니다. 모든 사람과 모든 계급이 각자의 자리를 알고, 어떤 권위주의 또는 전체주의 구조 안에서 비교적 생각 없이 평화롭고 안락하게 살아가기 위해 선택이라는 고통스러운 특권을—이른바 "자유의 부담"을—대신 포기할 용의가 있는 사람들로 구성된 조화로운 위계질서 안에서 자기에게 정해진 위치를 확보하기 위해 자유를 양도하는 것만은 아니다. 그런 사람도 있고 그런 생각도 있고, 개인의 자유가 그런 식으로 양도될 수 있고 종종 양도되어 왔다는 데에는 의문의 여지가 없다. 그러나 외세에게 지배당했던 민족, 또는 반(半)봉건적이거나 여타의 위계질서로 조직된 정권 아래에서 다른 계급의 지시에 따라 살아야 했던 계급에게 민족주의 또는 마르크스주의가 매력을 가지게 된 것이 그 때문이라고 여긴다면 우리 시대의 분위기를 심각하게 오해한 것이다. 그들이 원하는 것은 밀의 표현을 빌리면 "이교도의 자기 내세우기"[62]로, 그것이 집단적이고 사회화된 형태를 띠고 있을 뿐이다. 사실 과감성과 불순응성, 주위에 팽배한 의견에 무릎 꿇지 않는 개인 자아의 가치 주장, 사회의 공식적 입법자나 훈시자가 주도하는 음율에서 자유로운 강건하고 자신감 있는 성격 등에 밀 자신이 가치를 부여했듯이, 자유를 욕구해야 할 까닭으로 그 자신에게 제시하는 명목들 가운데 대부분은 간섭의 부재라고 하는 자유의 개념과 그다지 충분히 연관되지 않고, 오히려 자기 인격의 가치가 너무 낮게 매겨져서 자율적이고 독창적인 "진짜" 행동의 능력을—설사 그런 행동 때문에 능욕이나 사회적 제약이나 법률에 의한 금제를 받게 되더라도—결여한 것으로 단정 당하지 않으려는 욕망에 더 많이 연관

---

62) J. S. Mill, *On Liberty*, chapter 3, pp. 265–6. 위 355쪽 각주 17번 참조.

된다.

이처럼 내 계급, 집단, 민족의 "인격"을 내세우려는 소원은 "권위의 영역이 어디까지인가?"라는 질문에 대한 대답과도 연관되고 (왜냐하면 그 집단이 외부의 주인에게 간섭을 받아서는 안 되니까), "누가 우리를 다스려야 하는가?"라는——잘 다스릴 수도 못 다스릴 수도 관대하게 또는 억압적으로 다스릴 수도 있지만 무엇보다도 그게 "누구냐"는——질문에 대한 대답과는 그보다도 더욱 긴밀하게 연관된다. 그 대답은 "나 자신 및 동료 시민이 족쇄에 묶이지 않고 선택하여 뽑은 대표자들"이라든지, "우리 모두 함께 정기적으로 모이는 회의"라든지, "최선의 사람" 또는 "가장 현명한 사람"이라든지, "이런저런 사람이나 제도를 통해 체현된 민족"이라든지, 또는 "신성한 지도자" 따위로 나오는데, 이는 모두 나 자신 또는 내 집단의 행동에 대해 내가 어느 범위까지 "소극적" 자유를 요구하느냐는 문제와는 논리적으로, 그리고 때로는 정치적으로나 사회적으로도, 상관이 없다. "누가 나를 다스려야 하느냐?"는 질문에 대하여 내가 "나 자신의 것"으로 표상할 수 있는 어떤 사람이나 사물, 다시 말해서 내게 속한 어떤 것 또는 내가 속한 어떤 것이 대답으로 제시되리라고 보면, 그것을 일종의 혼합된 형태의 자유로 간주해서 동포애나 연대를 의미하는 단어들과 더불어 "자유"라는 단어의 "적극적"인 의미 일부를 (그 일부가 무엇인지 정확하게 특정하기는 매우 어렵다) 사용하여 서술할 수도 있을 것이다. 또는 적어도 오늘의 세계에서 어느 다른 이상보다 아마도 더욱 두드러지는 이상이기는 하지만, 현존하는 단어 어느 것도 꼭 들어맞지는 않는다고 일컬을 수 있을 것이다. 밀이 주창한 바와 같은 "소극적" 자유를 대가로 지불하는 대신 그런 이상을 구매하는 사람들이 그로써 "자유로워졌다"는 주장은 이처럼 혼동에 빠져 있기는 하지만 일각에서는 사람들이 열렬하게 느끼고 있는 의미에서 나온다. "그의 일은 완벽한 자유의 실현"이라는 표어의 주체가 세속화되면, 국가, 민족, 인종, 어떤 회의체 또는 어떤 독재자 또는 내 가족이나 주위 환경 또는 나 자신이 신을 대신해서 그 자리에 들어서더라도, "자유"라는 말이 완전히 의미가 없어지는 것은 아니다.[63]

"자유"라는 단어를 아무리 특이하게 해석하더라도 내가 "소극적" 자유라고 부른 의미가 최소한 조금은 포함될 수밖에 없다. 내가 좌절을 겪지 않는 영역이 반드시 남아 있어야 하는 것이다. 구성원들의 자유를 문자 그대로 모두 억압하는 사회는 불가능하다. 남들 때문에 자기 나름의 그 어떤 것도 하지 못한다면 이미 도덕의 주체가 아니며, 혹시 생리학자나 생물학자 또는 심리학자는 그를 사람으로 분류하고 싶어 할지 모르지만, 법적으로나 도덕적으로나 인간으로 간주될 수 없다. 그러나 밀이나 콩스탕과 같은 자유주의의 아버지들은 그러한 최소한의 정도 이상을 원했다. 사회생활을 위해 필요한 최소한의 제한과 양립가능한 한도에서 최대한의 불간섭을 그들은 요구했다. 소수의 고도로 개명되고 자의식으로 충만한 사람들 이외에 자유를 이처럼 극단적으로 요구한 사람이 있었으리라고 생각하

---

63) 이 주장은 버크나 헤겔의 제자 일부가 전통적으로 따라간 접근법과는 구별되어야 한다. 내가 현재의 나인 것은 사회 또는 역사에 의해서이므로, 사회나 역사에서 벗어나기는 불가능하며 그런 시도는 불합리하다고 그들은 말한다. 내가 내 피부 바깥으로 뛰쳐나갈 수도 없고, 나에게 고유한 원소 바깥으로 나가서 숨을 쉴 수도 없다는 것은 당연하다. 내가 현재의 나이고, 내 본질적인 (그중 일부는 사회적인) 특성에서 자유로워질 수 없다는 말은 단지 동어반복에 불과할 뿐이다. 그러나 나의 속성 모두가 본원적이며 양도할 수 없다든지, 그러므로 내 본질을 결정하는 "사회적 그물구조" 또는 "우주의 거미줄" 안에서 내가 위치하는 지위를 변경하고자 시도할 수 없다는 결론은 거기서 도출되지 않는다. 만약 세상이 그와 같다면, "선택"이니 "작정"이니 "활동"이라는 단어에 어떤 의미도 부착될 수 없을 것이다. 그런 단어에 어떤 의미든지 내용이 있으려면, 권위에 대해 나 자신을 보호하거나, 심지어 내 "처지"와 그 의무에서 벗어나려는 시도들을 자동적으로 불합리하다거나 자멸에 이르는 것으로 치부하여 배제할 수는 없다.

기는 어렵다. 인류의 대다수는 대부분의 경우에 안전, 지위, 번영, 권력, 덕, 내세의 보상, 또는 정의, 평등, 박애, 그밖에 개인적 자유의 최대치와는 분명히 양립할 수 없고 자유가 선결 요건으로 충족되어야 실현 가능해지는 것도 아닌 많은 가치들을 위해 자유를 희생할 준비가 되어 있다. 과거에 그리고 기실 현재에도 벌어지고 있는 자유를 위한 봉기와 전쟁에서 기꺼이 죽을 수 있도록 사람들을 자극한 것은 각 개인을 위한 삶의 공간(Lebensraum)[64]이 필요해서가 아니다. 자유를 위해 싸우는 사람들은 공통적으로 자신에 의해 또는 자기를 대표하는 사람에 의해 다스려질 권리를——그 결과, 스파르타에서 그랬듯이, 필요하다면 개인적 자유를 별로 허용하지 않는 엄격한 정치가 이루어질 수도 있지만, 공동생활의 입법이나 행정에서 그들의 참여가 허용되는 방식, 또는 적어도 그들이 스스로 믿기에 자기들이 참여하고 있는 방식을 통해야 한다는 권리를——위해 싸운다. 혁명을 일으킨 사람들은 자유라는 말로써 어떤 특정 신조의 신봉자 집단이나 어떤 계급이나 여타 새롭거나 오래된 특정 사회적 집단이 권력과 권위를 장악하는 사태를 의미하는 경우가 자유의 본래 의미를 의미하는 경우보다 드물지 않다. 자기들이 쫓아낸 사람들을 꺾어 버린 것은 물론이고, 때로는 막대한 수의 사람들이 그들에 의해 억압받고 노예로 전락하고 생을 마감했다. 보통 그런 혁명가들은 그럼에도 불구하고 자기들이 자유파라고 자처하면서, 자기들의 이상은 보편적인데 저들은 그 목표로 가는 길을 잃어 버렸거나 아니면 모종의 도덕적 정신적 안목을 결여한 탓에 목표를 잘못 잡았을 뿐이고, 사실은 저들의 경우에조차 "진정한 자아"는 그 보편적인 이상을 추구하

---

64) (옮긴이) 삶의 공간(Lebensraum): 한 민족에게 필요한 영토의 양과 질을 가리키는 뜻으로 19세기 독일의 지정학자 라첼(Friedrich Ratzel)이 만든 표현이다. 나치 독일은 이를 팽창주의의 구실로 삼았다.

고 있었다고, 그러므로 자기들이 "진정한" 자유를 대변한다고 주장할 필요를 느끼게 된다. 이런 발상들은 모두 밀의 자유관, 즉 남에게 해를 입힐 위험만큼만 제한될 수 있다는 견해와는 거의 상관이 없다. 이와 같은 심리적 정치적 ("자유"라는 단어의 외견적 모호성 뒤에 숨어 있는) 측면을 인식하지 못한 탓에, 아마도 현대의 일부 자유주의자들은 자기들이 살고 있는 세상을 바로 보지 못하는지도 모른다. 그들의 호소는 분명하고 그들의 명분은 정당하다. 그러나 인간에게 기본적인 필요가 얼마나 다양한지를 그들은 용인하려 하지 않는다. 그리고 사람들 중에는 남들로 하여금 하나의 이상을 추구하다 보니 그와는 정반대의 결말이 초래되도록 함으로써 오히려 만족을 얻는 재간둥이들도 있다는 사실을 인정하지 않는다.

VII

자유와 주권

최소한 자코뱅주의의 측면에 초점을 맞추면 프랑스 혁명은, 거대한 혁명이 으레 그렇듯이, 하나의 민족으로서 해방감을 느낀 대다수 프랑스 사람들의 집단적인 자아 지향성을 위한 "적극적" 자유를—비록 그 결과 그중 많은 사람들이 개인적 자유를 심하게 제약받아야만 했지만—향한 갈망이 한데 모여 터진 폭발이었다. 전제의 멍에보다 자유의 법률이 어쩌면 더욱 빡빡할 수도 있다는 사실에 관해서는 이미 루소가 우쭐대면서 지적한 바가 있었다. 전제란 주인 자리에 앉은 어떤 사람에 대한 봉사이기 때문에 법은 전제자일 수 없다. 루소가 "자유"라는 말로 뜻한 바는 일정한 영역 안에서는 간섭받지 않을 개인의 "소극적" 자유가 아니라, 모든 시민이 영위하는 삶의 모든 양상에 간섭할 권리를 지닌 공공 권력에 사회구성원으로서 온전히 자격을 갖춘 사람이면 (그중 일부가 아니라) 모두가 한몫을 차지하는 상태였다. 19세기 전반부의 자유주의자들은 스스로 신성하게 여긴 "소극적" 자유를 이와 같은 "적극적" 의미의 자유가 너무나 많이 쉽게 파괴할 수 있겠다고 정확하게 예측했다. 그들은 인민의 주권이 개인의 자유를 쉽게 부술 수 있음을 지적했다. 인민에 의한 정치는 자기가 의미하는 자유와 전혀 필연적인 관계가 없다고 밀은 끈기 있게 그리고 분명하게 설명했다. 왜냐하면 다스리는 사람과 다스림을 받는 사람이 반드시 동일한 "인민"인 것은 아니고, 민주적 자치란 "각 개인의 스스로에 대한" 다스림이 아니라 기껏해야 "각 개인에 대한 나머지 모두의" 다스림이기 때문이다.[65] 밀과 그 제자들은 "다수의 전횡" 그리고 "지배적 의견 및 느낌"의 전횡을 말하면서,[66] 사생활의 신성한 경계선을 넘어 사람들의 활동을 침범한다는 점에서 그러한 전횡도 다른 종류의 전횡과 별 차이가 없다고 생각했다.

자유의 두 종류 사이에서 벌어지는 갈등을 방자맹 콩스탕보다 잘 관찰하고 분명하게 표현한 이는 없다. 그는 지적하기를, 흔히 주권이라 불리는 무제한적 권위가 어떤 봉기의 성공으로 한 집단의 손에서 다른 집단의 손으로 옮겨 가는 것으로 자유가 증진되는 것은 아니고 단지 예속이라는 짐을 져야 할 사람이 바뀔 뿐이라고 했다. 자기를 박살내는 상대가 인민정부인지 군주인지, 아니면 억압적인 법률인지에 깊은 관심을 기울일 이유가 있겠느냐는 그의 질문에는 일리가 있다. 개인의 "소극적" 자유를 원하는 사람들에게는 누가 그런

---

65) J. S. Mill, *On Liberty*, chapter 1, p. 219: vol. 18, *Collected Works of John Stuart Mill*, ed. J. M. Robson and others(Toronto/London, 1963–91).

66) Ibid., pp. 219–20.

권위를 행사하느냐가 아니라, 누구의 손아귀가 되었든 거기에 얼마나 많은 권위가 부여되어야 할 것이냐가 주된 문제라는 것이다. 왜냐하면 무제한적인 권위가 누구에 의해서든 장악된다면, 누군가 파괴당하는 결과는 시간 문제일 뿐이라고 믿었기 때문이다. 사람들은 보통 특정 통치자 또는 통치 집단이 억압적이라고 반발하지만, 실제로 절대적인 권위라는 것은 그저 존재하는 것만으로 자유를 위험에 빠뜨리기 때문에 억압의 진정한 원인은 어디에서든 권력 그 자체가 축적되는 데에 있을 뿐이라고 주장하였다. "꾸짖어야 할 대상은 무기이지 팔이 아니다. 어떤 무기는 사람이 들기에 너무나 무겁다"고 그는 썼다.[67] 민주주의로 어떤 과두정이나 어떤 특권을 가진 개인이나 계급이 무장을 해제당할 수는 있지만, 민주주의 역시 종전의 어떤 통치자나 마찬가지로 무자비하게 개인들을 박살낼 수 있다. 억압할—또는 간섭할—수 있는 동등한 권리는 자유와 같은 것이 아니다. 자유를 잃는 데에 보편적으로 동의한 결과로, 그것이 보편적이었다거나 그것이 동의를 받았다는 것만으로, 자유가 보존되는 기적 따위도 있을 수 없다. 만일 억압받기로 동의했다고 해서, 또는 체념이나 아이러니의 심정에서 그런 처지에 묵종하기로 동의했다고 해서, 억압받고 있다는 사실이 덜해질까? 스스로 자신을 노예로 팔았다면 노예라는 사실이 줄어들까? 스스로 목숨을 끊었다면, 목숨을 자유롭게 버렸기 때문에 죽었다는 사실이 감해질까? "군주정이 보다 중앙집권화된 전제라면 인민의 정치는 단지 때때로 발작 증세를 보이는 전제일 뿐이다."[68] "나 자신을 모두에게 내줌으로써 아무에게도 내주지 않는다"고 말한 루소에게서 콩스탕은 개인적 자유에 대

---

67) Benjamin Constant, *Écrits politiques*, ed. Marcel Gauchet (Paris, 1997), p.312.
68) Ibid., p.316.

한 가장 위험한 적을 보았다.[69] 설사 주권자가 "모든 사람"이라고 할지라도, 그 분리할 수 없는 전체의 "구성원" 가운데 한 사람을 맘만먹으면 억압하지 못할 까닭이 없다고 보았다. 물론 비록 소수의 처지이기는 하지만 나 자신이 참여하는 어떤 의회나 어떤 친족 집단이나 어떤 계급에 의한 자유의 박탈을 다른 경우보다 더 낫게 여길 수는 있다. 언젠가 다른 사람들을 설득해서 내게 있다고 여겨지는 권리를 되찾을 기회가 있을 수도 있기 때문이다. 그렇지만 내 가족이나 친구나 동료 시민들에 의한 박탈도 여타 박탈과 효과는 똑같다. 홉스가 적어도 솔직성만큼은 앞선다──주권자가 사람들을 노예로만들지 않는다고 가식하지는 않았다. 그런 노예제를 정당화하기는 했지만, 최소한 그것을 자유라고 부를 만큼 뻔뻔하지는 않았던 것이다.

19세기를 통틀어 자유주의적 사상가들은 만약 자유란 모름지기나로 하여금 원치 않는 일을 하도록 강제할 권력에 대한 제한을 담고 있어야 한다면, 무슨 이상을 명분으로 하든 강제당하는 사람은자유롭지 않다고, 절대 주권이라는 신조는 그 자체로 전제정의 신조라고 주장했다. 권위 있는 누군가의──절대 군주, 인민의 의회, 의회 안의 왕,[70] 판사, 여러 당국자로 구성된 회의체, 또는 법률 자체(법도 억압적일 수 있으므로) 등의──재가가 없다면 자유를 침범할 수없다고 말하는 것은 자유를 보전하는 데에 충분하지 않다. 어느 누구도 넘을 수 없는 자유의 경계선이 확보된 사회를 건설해야 한다. 그 경계를 결정하는 규칙으로는 여러 가지 명목으로 일컬어지는 본

---

69) Constant, *Principes de politique.*, p.313. Rousseau, *Social Contract*, book 1, chapter 6: vol 3, p.361, in *Oeuvres complètes*, ed. Bernard Gagnebin and others(Paris, 1959~95).
70) (옮긴이) 의회 안의 왕(the King in Parliament): 의회란 곧 의회를 주재하는 왕이라는 뜻과 왕은 의회를 통해서 다스린다는 뜻을 동시에 가진 영국 역사상의 용어.

성이 거론될 수 있다——자연권, 신의 말씀, 자연법, 공리의 요구, 또는 "인간의 영원한 이익"[71] 등이 그것이다. 사람에 따라서는 그런 것들이 선험적으로 타당하다고 믿을 수도 있고, 그것이 자기 개인 또는 자기가 속한 사회나 문화의 궁극적인 목적이라 일컬을 수도 있다. 이러한 규칙들 또는 계명들 사이의 공통점은 광범위하게 수용되고, 역사를 통해 사람들의 실제 본성에 깊게 뿌리를 내려서 이제는 정상적인 인간이라는 표현의 의미에서 핵심적인 부분일 정도로 발전했다는 점이다. 개인 자유의 최소한은 불가침이라는 순수한 믿음은 그와 같은 어떤 절대적인 입지를 수반한다. 왜냐하면 다수의 지배에서 자유를 위해 바랄 것은 별로 없다는 것이 분명하기 때문이다. 민주주의란 논리적으로 자유에 전념하는 것이 아니며, 역사적으로 민주주의의 원리가 지켜질 때에도 자유가 보호되지 못한 경우가 있었다. 백성들의 마음속에 정부가 원하는 대로 의지가 생성되게끔 만드는 데 대단히 곤란을 겪은 정부는 역사상 거의 없다고 판명 났다. 전제의 승리는 노예들로 하여금 스스로 자유롭다고 선언하도록 강제하는 데서 완성된다. 어쩌면 강제가 필요 없을지도 모르고, 노예들이 아주 진심으로 자유롭다고 선포할 수도 있다. 그러나 그렇다고 노예라는 사실이 감해지는 것은 아니다. 정치에 참여하는 "적극적"인 정치적 권리가 자유주의자에게 가치가 있다면, 아마 그것은 주로 그들이 궁극적인 목적으로 여기는 것, 즉 개인의 "소극적" 자유를 보호하는 수단이 된다는 점에서일 것이다.

　그러나 민주주의의 원리를 위반하지 않으면서 자유가——적어도 자유주의자들이 사용하는 의미의 자유가——억압될 수 있다면, 사회

---

71) J. S. Mill, *On Liberty*, chapter 1, p. 224: vol. 18, *Collected Works of John Stuart Mill*, ed. J. M. Robson and others(Toronto/London, 1963–91).

를 진정으로 자유롭게 하는 것은 무엇일까? 콩스탕, 밀, 토크빌에게는, 그리고 그들이 속한 자유주의 전통에서는 적어도 두 가지 서로 연관된 원칙에 의해 다스려지지 않는 사회는 자유로운 사회일 수가 없었다. 첫째, 어떤 권력도 절대적이라고 간주될 수 없고 오직 권리만이 절대적일 수 있다. 그러므로 어떤 권력의 다스림을 받든지 모든 사람은 비인간적인 행동을 거부할 절대적인 권리가 있다. 둘째, 사람에게는 불가침의 영역이 있고 그 경계선은 인공적으로 그어진 것이 아니다. 그 경계를 정하는 규칙은 워낙 오래 그리고 널리 수용되어 왔기 때문에, 정상적인 인간이 무엇인지, 따라서 비인간적이거나 미친 행동은 무엇인지에 관한 관념 안에 그 규칙을 지켜야 한다는 뜻이 스며들어 있다. 이러한 규칙에 관해 예컨대 어떤 법원이나 주권적 기관이 공식적인 절차에 따라서 철폐할 수도 있다고 말하는 것은 어불성설이다. 어떤 사람에 관해 정상적이라 일컬을 때, 그 의미의 일부는 그가 그 규칙을 격렬한 양심의 가책 없이 쉽사리 어기지는 못하리라는 뜻이다. 이 규칙은 어떤 사람을 재판 없이 유죄로 선고한다든지, 소급 입법에 의해 처벌할 때, 아이들을 시켜서 자기네 부모를 기소하게 만들고 친구들을 서로 배신하게 만들고 병사들에게 야만적인 방법을 사용하도록 명령할 때, 사람을 고문하고 살해할 때, 다수 또는 독재자에게 성가시다는 이유로 소수를 학살할 때 반칙이라고 말하게 되는 그러한 규칙이다. 그런 행동들은 설령 주권에 의해 합법적인 것으로 되었다 할지라도, 그리고 오늘과 같은 시대에도 전율을 느끼게 만든다. 이와 같은 전율은 한 사람의 의지를 다른 사람에게 강요하는 데에는 어떤 절대적인 한계가 있어야 한다고 하는 타당한——실정법과는 상관없이 타당한——도덕을 인식하는 데서 나온다. 한 사회, 계급, 집단의 자유는, 자유의 이와 같은 의미는, 그러한 한계가 얼마나 견고한지에 따라, 그리고 구성원에게——

그들 모두에게가 아니라면 적어도 대다수에게―― 얼마나 중요한 선택의 경로가 얼마나 많이 열려 있느냐에 따라서 측정된다.[72]

이는 "적극적"인―― 자아 지향적인―― 의미의 자유를 신봉하는 사람들이 추구하는 목적과는 거의 정반대 쪽 끝에 해당한다. 한편에서는 권위 그 자체에 고삐를 채우려고 하고, 다른 편에서는 권위를 자기 손아귀에 쥐려 한다. 바로 이것이 핵심적인 쟁점이다. 하나의 똑같은 개념에 관한 두 개의 해석이 아니라, 삶의 목적에 관하여 깊숙한 곳에서부터 갈라져 화해할 수 없이 상반되는 태도인 것이다. 비록 실제 경우에서는 종종 둘 사이에 타협을 빚어내어야 할 필요가 있지만, 양자 사이의 차이가 얼마나 크고 깊은지는 인식하는 것이 좋을 것이다. 왜냐하면 양편 모두 절대적인 주장을 펼치기 때문이다. 양편의 주장을 모두 온전히 충족할 수는 없다. 그러나 양편에서 추구하는 목적이 역사적으로나 도덕적으로나 인류의 가장 깊은 이익 가운데 속하는 것으로 각각 동등한 자격을 갖추었다는 점을 인식하지 못한다면, 사회와 도덕에 관한 이해력이 심각하게 부족하다는 말이 될 것이다.

---

72) 영국의 경우 헌법적으로 말하자면, 그와 같은 법적 권한은 물론 절대 주권자, 즉 의회 안의 왕에게 있다. 그러므로 이 나라를 비교적 자유롭게 만드는 것은 이론적으로 무소불위의 권력을 가진 존재가 관습이나 여론에 의하여 그렇게 행동하지 못하도록 제약을 받는다는 사실에 있다. 여기서 관건은 권력에 대한 제약의 형태가―― 법률적인지 도덕적인지 헌법적인지가―― 아니라, 제약의 효력임이 분명하다.

VIII

하나와 여럿

정의, 진보, 미래 세대의 행복, 성스러운 사명, 민족이나 인종이나 계급의 해방, 또는 심지어 자유 그 자체마저도 사회의 자유를 위해 개인들의 희생을 요구한다. 이와 같은 역사적 이상들의 제단 위에서 개인들을 살육하는 데에 어떤 다른 것보다도 책임이 있는 믿음이 하나 있다. 그것은 어디엔가, 과거이든 미래이든, 신의 계시 안이든 특정 사상가의 정신 안이든, 역사가 보여주든 과학이 밝혀주든, 아니면 타락하지 않고 선한 사람의 소박한 마음 안이든, 어디엔가 최종 해답이 있다는 믿음이다. 이 고래의 믿음의 바탕에는 사람들이 믿어 온 모든 실질적인 가치는 결국 서로 양립가능하며, 아마도 필연적인 선후관계로 상호 연관되어 있기도 하리라는 확신이 있다. "자연은 진리와 행복과 덕을 한데 모아 결코 끊어지지 않는 고리로 서로 결합해 놓았다" —— 역사상 가장 훌륭한 사람 가운데 하나였던 이가 한 말이다. 그는 자유와 평등과 정의에 관해서도 비슷하게 말했다.[73]

---

73) Condorcet, *Esquisse d'un tableau historique des progres de l'esprit humain*, ed. O.H. Prior and Yvon Belaval(Paris, 1970), p.111. "계몽의 진보와 자유, 덕, 인간 자연권 존중의 진보를 자연이 어떤 고리로 통합하는지, 각각으로는 진정으로 좋지만 너무나 자주 서로 분리되어 서로 양립불가능이라고 믿어지기까지 한 이 이상들이 많은 민족들 사이에서 동시에 계몽이 일정한 수준에 도달함으로써 어떻게 분리 불가능인 것으로 되는지를 밝혀 보이는 데에 사회과학의 과제가 있다"고 콩도르세는 선언한다. 그리고 이어서 "사람들은 실수를 부수는 데에 필요한 모든 진리를 인식한 다음에도 여전히 어린 시절과 자기 나라와 자기 시대에서 유래하는 실수들을 유지한다"고 말한다. Ibid., pp.9, 10. 모든 선한 것들을 통일할 가능성과 필요에 관한 그의 믿음이야말로 그 자신이 그토록 적확하게 표현한 바와 같은 종류의 실수일 수 있다는 점은 참으로 아이러니이다.

그러나 그 말이 맞는가? 정치적 평등이나 효율적 조직이나 사회적 정의 같은 것들이 개인적 자유의 확대나 무제한적 자유방임과 양립할 수 없고, 정의와 관대함, 공적 충성심과 사적 충성심, 천재의 요구와 대중의 권리가 서로 격렬하게 충돌한다는 것은 상식이다. 그리고 좋은 것들이 모두 서로 양립가능하지는 않으며 인류의 모든 이상들은 더욱 그렇지 않다는 일반화는 이 상식에서 전혀 멀리 떨어져 있지 않다. 그러나 어디엔가 어떤 방식으로든, 이 모든 가치들이 공존할 수 있어야 한다고, 그렇지 않으면 우주는 더 이상 조화로운 질서일 수가 없게 되며, 가치들 사이의 갈등이 인간의 삶에서 본원적이고 제거할 수 없는 요소가 되어 버릴 것이라는 말을 흔히 들을 수 있다. 우리의 이상 가운데 몇을 실현하면 원칙적으로 다른 이상 몇 가지가 불가능해질 수도 있다는 점을 인정한다는 것은 인간적 이상의 총체적 실현이 논리적 모순, 형이상학적 환각이라고 말하는 셈이다. 플라톤에서부터 헤겔을 지나 마르크스의 최근 제자에 이르기까지 모든 합리주의 형이상학자들에게, 모든 수수께끼가 해결되고 모든 모순이 화해를 이루는 최종적 조화라는 발상을 포기한다는 것은 조잡한 경험주의의 한 조각, 냉혹한 사실에 질려 버린 자포자기, 현상계의 사물들 앞에서 이성이 파산하는 용납할 수 없는 사태, 모든 것을 하나의 체계로 환원하여 설명하고 정당화하지 못하는 실패, "이성"이 분기탱천하여 거부할 그런 실패에 해당한다.

그러나 진정한 가치들 사이에 어떤 총체적인 조화가 어디선가는—우리가 유한한 상태에 있기 때문에 구체적인 모습을 그려낼 수 있는 정도는 아니지만 아마도 어떤 이상적인 영역에서—발견되게끔 되어 있다는 선험적인 보장으로 무장되어 있지 않는 한, 경험적 관찰을 자원으로 삼는 인간의 일상적인 지식으로 돌아가 기댈 수밖에 없다. 그런데 모든 좋은 것들은 서로 조화를 이룬다고, 또는 마찬가지로 모든 나쁜 것들은 그것들끼리 조화를 이룬다고 생각할 수 있도록 (심지어 그런 식의 말이 무슨 뜻인지를 이해할 수 있도록) 우리의 일상적인 지식은 뒷받침을 해주지 않는다. 일상적인 경험을 통해 만나는 세계에서 우리는 동등하게 궁극적인 목적들, 동등하게 절대적인 요구들, 하나를 실현하면 다른 것이 불가피하게 희생될 수밖에 없는 것들을 두고 선택을 해야 한다. 기실 사람들이 선택의 자유에 그토록 대단한 가치를 부여하는 까닭이 바로 인간이 그와 같은 상황에 처해 있기 때문이다. 왜냐하면 만약 어떤 완벽한 상태가 인간의 손으로 지상에 실현 가능하고, 거기서는 사람들이 추구하는 어떤 목적도 결코 서로 충돌하지 않는다는 보장이 있다면, 선택의 필요도 고통도 사라질 것이고 따라서 선택할 자유가 핵심적으로 중요하지도 않게 될 것이다. 그와 같은 최종 상태를 좀 더 가까이 당겨올 수 있다면, 그러기 위해서 자유가 얼마나 많이 희생되든 말든 어떤 방법도 온전히 정당할 것이다.

역사상 가장 무자비한 독재자와 박해자들의 마음속에 자기들이 하는 일이 그 목적에 의하여 온전히 정당화된다는 깊고 고요한 부동의 확신이 깃든 데에는 그와 같은 교조에 대한 확고한 신봉이 책임을 져야 한다는 점을 나는 전혀 의심하지 않는다. 자기 완성의 이상—개인의 경우이건 민족이나 교회나 계급의 경우이건—그 자체가 단죄되어야 한다거나, 그 이상을 옹호하기 위해 사용되는 언어가 모든 경우에 혼동의 발로이거나 기만을 위한 언어의 오용 아니면 도덕적이나 지적인 도착증의 결과라는 말은 아니다. 사실 이 글에서 줄곧 내가 밝히고자 했던 것은 민족적 또는 사회적 자아 지향이 필요하다는 요청이 우리 시대 가장 강력하고 도덕적으로 가장 정의로운 여러 공공적인 운동에게 생명력을 부여하고 있는데, 그 요청의 핵심에는 "적극적"인 의미의 자유라는 개념이 있으며, 그 점을 인식하지 못하면 우리 시대에 가장 왕성하게 용솟음치는 사실들과 생각들을 이해할 수 없다는 것이다. 아울러 다양한 인간의 목적들을 조화롭게 실현해 줄 어떤 단일한 공식이 원칙적으로 발견될 수 있다는 믿음이 틀렸음을 증명할 수 있다는 점도 내가 보기에는 분명하다. 사람들의 목적이 내가 믿듯이 다양한 것이라면, 그리고 그 모두가 원칙적으로 서로서로 양립가능하지는 않다면, 인간의 윤리적 또는 사회적 삶에서 갈등과 비극의 가능성이 완전히 제거될 수는 없다. 그렇다면 절대적인 요구들 사이에서 선택을 해야 할 필요는 인간 조건의 불가피한 특성 가운데 하나이다. 우리의 혼란한 번뇌와 불합리하고 무질서한 삶 탓으로 생겨나기 때문에, 언젠가 어떤 만병통치약이 나와 골칫거리들을 올바르게 고쳐 준다면 불필요하게 되고 말 것이 아니라, 자유는 그 자체로 목적이라고 하면서 액턴이 생각한 것과 같은 가치는 바로 거기서 나온다.

개인의 자유가 사회적 행동의 유일한 또는 지배적인 기준이라는—설령 가장 자유로운 사회에서라 할지라도—말을 하려는 것도 아니다. 우리는 공개 처형을 금지하고 어린아이에게 교육을 강요한다. 이런 것들도 분명히 자유에 대한 구속이다. 잔혹한 쾌락이나 흥분, 또는 무지나 야만적인 양육이 그것을 누르기 위해 필요한 양의 제약보다 더 나쁘다는 이유에서 우리는 그것을 정당화한다. 이러한 판단은 다시 선과 악에 관한 우리의 구분, 다시 말해서 우리의 도덕적, 종교적, 지적, 경제적, 미학적 가치에 따라 달라지고, 그 구분과 가치는 다시 인간의 본성과 기본적 필요에 관한 우리의 관념과 결부되어 있다. 표현을 바꾸어 말하면, 그런 문제들에 대한 우리의 해결책은 인간의 삶이 무엇으로 달성되는지에 관한 우리의 안목, 밀이 "뒤틀리고 쪼그라든" 또는 "고약하고 완고한" 성질이라[74] 불렀던 것들과 대조되며 우리를 의식적으로 또는 무의식적으로 인도하는 그런 안목에 바탕을 두고 있다. 개인의 도덕을 검열하고 다스리는 법률은 개인적 자유에 대한 용납할 수 없는 침해라고 하여 저항하는 데에는 어떤 좋은 사회라면 (사실은 모든 사회에서 마찬가지로) 인간으로서 사람들의 기본적인 필요에 해당하기 때문에 당연히 허용되는 활동들을 그런 법률이 금지한다는 믿음이 전제로 깔려 있다. 그런 법률을 옹호한다는 것은 곧 그것들이 기본적인 필요가 아니라거나, 그런 필요를 충족하려면 개인의 자유보다—단지 주관적이지만은 않고 경험적이든 선험적이든 어떤 객관적인 지위를 가지는 표준에 의해서 판정했을 때—더 높고 깊은 필요에 해당하는 가치가 희생된다고 주장하는 셈이다.

한 사람 또는 한 나라 인민이 스스로 원하는 대로 살 수 있는 자유를 얼마나 누려야 할지는 자유 말고 다른 가치를—예컨대 평등, 정의, 행복, 안전, 공공질서 등이 아마 가장 두드러질 것이다—향한 요구에 견주어 경중을 재야 한다. 그렇기 때문에 자유에는 제한이 있어야 한다. 물리력에서든 경제력에서든 강한 자의 자유는 제한되어야 함을 상기시킨 토니의 말은 옳다. 이 경구는 존중을 촉구하는데, 한 사람의 자유를 존중하려면 그와 비슷한 다른 사람의 자유에 대한 존중이 논리적으로 수반되는 것과 같이 어떤 선험적 규칙의 결과로 촉구하는 것이 아니라, 단순히 정의의 원칙에 대한 존중 또는 심하게 불평등한 조치에서 느끼는 치욕감에 대한 존중이 자유를 향한 욕망만큼이나 사람들에게 기본적이기 때문이다. 우리가 모든 것을 가질 수 없다는 것은 상황에 의존하는 것이 아니라 반드시 그럴 수밖에 없는 진리이다. 보상하고 화해시키고 균형을 잡을 필요는 언

---

74) J. S. Mill, *On Liberty*, vol. 18, *Collected Works of John Stuart Mill*, ed. J. M. Robson and others(Toronto/London, 1963–91).

제나 끊임없이 계속된다는 버크의 호소나, 실수할 수 있는 영속적 가능성 안에서 새로운 "삶을 실험"하자는 밀의 호소,[75] 다시 말해서 설령 전적으로 선하고 합리적인 사람들이 전적으로 명확한 생각만을 가지고 있는 그런 이상세계라 할지라도 명쾌하고 확실한 해답이란 실제로 불가능한 정도가 아니라 원칙적으로 불가능하다는 깨달음은 최종 해답, 모든 것을 포괄하고 영원성이 보장된 단일 체계를 찾으려는 사람들에게는 화를 돋울 것이다. 그렇지만 칸트와 더불어 "인간이라는 뒤틀린 목재에서 똑바른 것은 한 번도 만들어진 적이 없다"는 진리를 배운 사람에게는 그것이 회피할 수 없는 결론이다.

일원론 그리고 단일 기준이 있다는 신념이 지성과 감성에게 공히 만족감을 주는 깊은 원천인 것으로 언제나 판명되어 왔다는 사실을 새삼 강조할 필요는 거의 없다. 판단의 기준이 18세기 필로조프 및 그들을 계승한 현대의 테크노크라트의 경우처럼 어떤 미래의 완벽한 상태를 향한 투사에 준거하여 도출되든지, 아니면 독일의 역사학파나 프랑스의 신정주의자(神政主義者) 또는 영어 사용권의 신보수주의자들이 주장하듯 과거에 —— 대지와 사자(死者)에 —— 뿌리박고 있든지, 완전히 유연한 기준이 아닌 한, 인간사의 예상하지 못하였고 예상할 수도 없었던 진행, 그 기준이 맞지 않는 사태와 마주칠 수밖에 없다. 그때 그것은 프로크루스테스 식의 선험적인 야만성을 —— 대체로 상상의 결과인 과거 또는 전적으로 상상의 소산일 뿐인 미래에 관해서 틀릴 수 없다고 우리가 자처하는 지식이 명하는 바에 따라 어떤 고정된 패턴을 가지고 실제 인간사회에 대하여 행하는 생체 해부를 —— 정당화하기 위해 사용되고 말 것이다. 사람들의 삶을 대가로 치르고 절대적인 범주와 이상을 보존한다는 것은 과학의 원리

---

75) Ibid., chapter 3, p. 261.

에도 역사의 원리에도 마찬가지로 어긋난다. 오늘날 좌파와 우파에서 비슷한 정도로 발견되는 그러한 태도는 사실을 존중하는 사람들이 수용하는 원리와는 어울릴 수 없다.

다원론은 일정한 정도의 "소극적" 자유를 함유하는 것으로서, 계급이나 민족이나 인류 전체가 자신의 주인이 된다고 하는 "적극적"인 이상을 훈련되고 권위적인 거대한 구조 안에서 추구하려는 사람들의 목표보다 내가 보기에는 더 맞고 더 인간적이다. 더 맞는 까닭은 적어도 인간의 목적이 다양하고, 그 모두가 서로 교환 가능한 것은 아니며 일부는 서로 영원한 경쟁관계에 있다는 사실을 인정하기 때문이다. 모든 가치들이 하나의 척도에 따라 등급이 매겨질 수 있으므로 조사만 제대로 하면 어떤 가치가 최고인지 확정할 수 있으리라는 추정은 내가 보기에 인간을 자유로운 주체로 보는 우리의 앎이 틀렸다고 하는 셈이고, 도덕적 결단을 원칙적으로 계산용 잣대만 있으면 해낼 수 있는 것으로 보는 셈이다. 어떤 궁극적인 종합, 모든 갈등을 해소할 실현 가능한 종합에 도달하면, 의무는 곧 이익과 같은 것으로 드러나고, 개인 자유는 순수한 민주주의 아니면 권위주의 국가와 같게 되리라는 말은 단지 의도적인 위선 또는 자기기만을 어떤 형이상학의 담요로 싸서 덮어 두는 데에 불과하다. 다원론이 더 인간적인 까닭은 예상할 수 없는 방식으로 자신을 변혁해 나가는 주체로서 사람들이 자신의 삶에서 필수불가결인 것으로 여기는 것들을 (체계를 설계하는 사람들이 그러듯이) 어떤 까마득한 또는 정합적이지 못한 이상을 명목 삼아 빼앗지 않기 때문이다.[76] 결국에 가서는

---

76) 내가 보기에는 이 점에 관해서도 벤담이 적확한 말을 남겼다. "오직 개인의 이익만이 진정한 이익이다 …… 존재하는 사람에 앞서 존재하지 않는 사람을 우선시할 만큼, 태어나지 않은 사람, 어쩌면 영원히 태어나지 않을 사람의 행복을 증진하기 위해 살아 있는 사람을 괴롭힐 만큼 …… 말도 안 되는 사람이 있다는 상상

사람들이 궁극적 가치들 사이에서 선택을 하는 것이다. 그들이 선택을 그렇게 내리는 까닭은 그 삶과 사고가 근본적인 도덕적 범주와 개념에 의해 결정되어 있기 때문이며, 그 범주와 개념들은 궁극적 기원이 어디에 있든지 여하간에 길고도 넓은 시간과 공간을 통해 흘러오면서 그들의 존재와 사유와 자아 정체감의 일부로 자리 잡은 것이다.

목적들에 관해 영원한 타당성을 내세우지도 않으면서도 그중에서 선택할 자유는 부르짖는 이상, 그리고 그와 연결된 가치 다원주의가 단지 스러져 가는 자본주의 문명의 뒤끝에 찾아온 결과인지도 모른다. 머나먼 시대와 원시적인 사회에서는 인식되지도 않았고, 후대에서는 호기심과 동정심으로 살펴는 보지만 거의 이해할 수는 없을 그런 이상인지도 모른다. 그럴 수는 있을지 모르지만, 내가 보기에는 그렇다고 해서 회의적인 결론이 따라 나오는 것은 아니다. 영원히 지속되리라는 보장이 없다고 해서 원칙의 신성함이 줄어들지는 않는다. 실은, 어떤 객관적인 하늘나라에서 우리의 가치가 영원하고 안전하다는 보장을 받고 싶어 하는 욕구야말로 어쩌면 아이들이 바라는 확실성 아니면 원시적 과거에 우리가 원했던 절대적 가치에 대한 동경에 불과할지도 모른다. "자기가 가진 확신의 타당성이 상대적임을 깨닫고도 위축되지 않고 그것을 지키는 데서 개명된 사람과 야만인이 구별된다"고 우리 시대의 존경할 만한 저자 한 사람은 말했다.[77] 이보다 높은 것을 요구하게 되는 것이 어쩌면 깊고도 치유불

이 가능한가? *The Works of Jeremy Bentham*, ed. John Bowring(Edinburgh, 1843), vol. 1, p. 321. 이 대목은 정치를 형이상학적으로 보지 않고 경험적으로 바라보는 관점의 핵심이라는 점에서, 벤담이 버크와 의견을 같이하는 흔치 않은 경우의 하나이다.

77) Joseph A. Schumpeter, *Capitalism, Socialism, and Democracy*(London, 1943), p. 243.

가능한 형이상학적 결핍일 수는 있다. 그러나 그런 결핍에 따라 실제 삶이 획정되도록 방치한다는 것은 깊이로는 마찬가지지만 그보다 훨씬 위험한 도덕적 정치적 미숙함일 것이다.

존 스튜어트 밀과 인생의 목적

> ······ 인간 본성으로 하여금 헤아릴 수 없이 다양하고 서로 충돌하는
> 여러 방향으로 자신을 확장할 수 있도록 온전한 자유를 주는 일이 ······
> 인간과 사회에 대해 얼마나 중요한지.
> ── J. S. 밀[1]

인간의 권리가 결코 짓밟히지 않고, 생김새나 믿음 때문에 사람들
이 서로 박해하지 않는 세상이라면, 관용이라는 명분을 옹호해야 할
필요도 없을 것이다. 그러나 우리가 사는 세상은 그런 세상이 아니
다. 불행히도 우리는 인간 경험의 공통적인 패턴에 너무나 잘 따르
느라 조상들 중에서 남보다 개명되었던 일부보다도 더 멀리 그 바람
직한 상태에서 떨어져 있다. 시민권이 존중받고 다양한 의견과 신념
이 관용되던 시대와 사회는 너무나 드물게 가끔씩 나타나서, 마치
불관용과 억압으로 점철된 획일적인 인간의 사막에 간혹 있는 오아

---

1) *Autobiography*, chapter, 7: vol. 1, p. 259, *Collected Works of John Stuart Mill*,
   ed. J. M. Robson and others (Toronto/London, 1963~91). 지금부터 밀의 저작을
   인용할 때의 출처는 이 전집을 기준으로 CW I 259와 같이 권수와 쪽수를 표시한
   다. 단 이 전집 18권으로 편입된 『자유론(*On Liberty*)』만은 권수 대신에 장을 표시
   하여 예컨대 4장 281쪽이라면 L 4/281과 같이 표시한다.

시스와 같다. 빅토리아 시대의 위대한 설교자 중에서 칼라일과 마르크스는 매콜리와 휘그당에 비해서 예언자로는 더 나았던 것으로 보이지만 인류에 대해 반드시 더 좋은 친구는 아니었다. 관용이 바탕으로 삼는 원리에 대해 그들은 최소한으로 말하더라도 회의적이었기 때문이다. 그 원리를 가장 명료하게 형상화함으로써 근대 자유주의에 토대를 마련한 가장 위대한 대표자는 주지하다시피 『자유론』의 저자인 존 스튜어트 밀이다. 이 책—R. W. 리빙스턴이 적절하게 지칭하였듯이 이 "위대한 짧은 책"[2]은 백 년 전에 출간되었다.[3]

그 후 이 주제는 토론의 전면으로 부상했다. 1859년은 유럽에서 개인의 자유를 옹호한 두 사람의 유명한 인물, 매콜리와 토크빌이 사망한 해이다. 그 해는 또한 모든 난관에 맞서 싸우며 자유롭고 창조적인 인간성을 노래한 시인이라는 찬사를 받았던 프리드리히 실러가 태어난 지 백주년이었다. 훈련된 인간 대중의 커다란 조직이 공장에서 전장에서 정치적 결사체에서 세상을 변혁하면서 발휘한 권력과 영광을 높이 끌어올린 민족주의와 산업주의의 새롭고도 승리에 찬 위력 앞에서, 어떤 사람은 개인이 말살된다고 보고 어떤 사람은 승화된다고 보았다. 국가나 민족이나 산업 조직이나 사회적 정치적 집단 앞에서 개인이 처한 곤경은 개인적으로나 공공적으로나 첨예한 관심사로 떠오르고 있었다. 아마도 그 세기 과학에서 가장 영향력 있는 책인 다윈의 『종의 기원』도 그 해에 출간되어 고대로부터 축적된 교조와 편견을 부수는 데 크게 공헌함과 동시에, 심리학, 윤리학, 정치학에 잘못 적용된 결과, 폭력적인 제국주의와 발가벗은 경쟁을 정당화하는 데에 이용되기도 하였다. 이와 거의 동시에 어떤

---

2) Sir Richard Livingstone, *Tolerance in Theory and in Practice*, 제1회 로버트 웨일리 코언(Robert Waley Cohen) 기념강연 (London, 1954), p.8.
3) 이 글은 1959년에 로버트 웨일리 코언 기념 강연의 원고로 씌어졌다.

무명 경제학자가 쓴 논고 하나가 출판되었는데, 거기에는 인류에게 결정적인 영향을 미친 신조가 개진되어 있었다. 카를 마르크스가 쓴 『정치경제학 비판 요강』이 그것으로, 이 책의 머리말에는 오늘날 마르크스주의라는 이름 아래 거론되는 내용의 핵심이라 할 수 있는 유물론적 역사 해석이 가장 분명하게 진술되어 있다. 그러나 밀의 논고는 나오자마자 정치사상에 즉시 충격파를 던졌고, 그 영향은 지속성에 있어서도 아마 덜하지는 않을 것이다. 밀턴과 로크에서 몽테스키외와 볼테르까지 개인주의와 관용을 주창한 종전의 저술들을 모두 밀어내고 그 자리를 대신 차지했으며, 오늘의 시각에서 보면 시대에 뒤떨어진 심리학과 엉성한 논리가 섞여 있지만 여전히 개인 자유를 옹호하는 대표적 고전의 지위를 유지하고 있다. 한 사람이 무엇을 믿는지는 말보다 행동이 더 잘 보여준다는 이야기가 있다. 그러나 밀의 경우에는 둘 사이에 갈등이 없다. 그의 삶은 그의 믿음을 구현했다. 관용과 이치라는 명분에 한마음으로 바친 그의 헌신은 19세기를 빛낸 헌신적 삶들 가운데서도 독보적이다.

I

존 스튜어트 밀이 받은 비상한 교육에 관해서는 모르는 사람이 없을 것이다. 그의 아버지 제임스 밀은 18세기의 위대한 이론가 중에서 막내에 해당하는 인물로, 새로이 등장한 낭만주의의 파도가 대세이던 시대를 살았지만 아무런 영향도 받지 않았다. 스승이었던 벤담 그리고 프랑스의 철학적 유물론자들처럼 그 역시 인간을 하나의 자연적 대상으로 보면서, 인간이라는 종에 관한 체계적인 연구는 동물학이나 식물학이나 물리학과 비슷한 방식으로 행해져야 하며 견고

한 경험적 근거 위에 확립될 수 있고 확립되어야 한다고 여겼다. 인간에 관한 새로운 과학의 원리를 자기가 파악했다고 믿었고, 인류의 모든 참상과 악폐는 오직 불합리한 사고와 행동에게 책임이 있다고 믿으면서, 그 원리의 빛을 받아 교육받은 사람, 합리적인 타인의 지도 아래 합리적인 존재로 양육된 사람은 불합리의 두 가지 대표적 근원인 무지와 나약에 빠지지 않는 상태를 유지할 수 있다고 여겼다. 그래서 아들 존 스튜어트를 다른──덜 합리적으로 교육받은──아이들과 격리해서 길렀다. 존의 동무는 사실상 형제자매밖에 없었다. 소년은 다섯 살 때 그리스어를 깨쳤고 아홉 살에는 대수와 라틴어를 터득했다. 아버지는 자연과학과 고전문학을 적절히 혼합해서 조심스럽게 증류한 지성의 양식을 아들에게 먹였다. 인간의 어리석음과 실수를 축적할 뿐이라고 벤담에 의해 낙인찍힌 것은 어느 것도, 어떤 종교도, 어떤 형이상학도, 그리고 극히 일부를 제외하고는 어떤 시도 소년에게 접촉이 허용되지 않았다. 음악만이──아마도 실제와 다른 세계의 모습을 그리기는 어려우리라는 이유로──소년이 마음껏 빠질 수 있는 유일한 예술이었다. 이 실험은 어떤 의미에서 소름끼칠 정도로 성공했다. 존은 열두 살이 되었을 때, 삼십 세 성인 중에서도 뛰어나게 박학다식하다는 말을 들을 정도의 수준에 도달했다. 명철하고 분명하고 문학적 소양을 담고 고통스러울 정도로 정직하게 쓴 자서전에서 스스로 술회한 바에 따르면, 정신이 격렬하게 과잉 개발되는 사이에 감성은 굶어죽었다. 아버지는 이 실험의 가치에 대해 일말의 의심도 품지 않았다. 탁월한 정보를 갖추고 완벽하게 합리적인 인간을 생산하는 데에 성공한 것이다. 교육에 관한 벤담의 견해를 이보다 더 철저하게 변호할 수는 없었다.

심리학적으로 더 이상 그처럼 순진하지 않은 오늘날에는 아이를 그렇게 취급해서 나타난 결과에 아무도 놀라지 않을 것이다. 사춘기를 지나자마자 존은 생애 최초의 고통스러운 위기를 겪게 된다. 아무 목적도 느끼지 못하고, 의지는 마비된 채 끔찍한 절망감에 빠진 것이다. 잘 훈련받은 대로, 실은 버릴 수 없이 깊이 박힌 습관대로, 감성의 불만족을 명료하게 형상화된 문제의 형태로 돌리기 위해 간단한 질문 하나를 자문했다——그렇게 믿도록 배웠고 실제로 자신의 능력을 다해서 믿고 있는 보편적 행복이라고 하는 벤담주의적인 고상한 이상이 실현되었다고 치면, 그로써 자기에게 있는 모든 욕망이 실제로 달성될 것인가? 그렇지 않음을 스스로 인정하지 않을 수 없다는 사실이 그를 전율케 했다. 그렇다면 인생의 진정한 목적은 무엇인가? 그의 눈에는 어떤 목적도 보이지 않았다. 자기가 아는 세상에 존재하는 것은 이제 모두 메마르고 황량해 보였던 것이다. 자신의 상태를 분석해 보았다. 혹시 모든 느낌이 완전히 결핍된 것이 아닐까——정상적인 인간 본성에서 커다란 부분 하나가 발육감퇴증으로 위축되어 버린 괴물이 아닐까? 더 이상 살아갈 동기가 없다고 느꼈고 죽음을 원하게 되었다.

어느 날, 이제는 거의 아무도 기억하지 않는 프랑스 작가 마르몽텔[4]의 회고록에서 애처로운 일화를 읽다가, 갑자기 마음이 움직여 눈물을 흘렸다. 이를 계기로 자기에게도 감성의 능력이 있다고 확신할 수 있었고 회복이 시작되었다. 그것은 아버지를 비롯한 벤담주의자에 의해 주입된 인생관에 대한 느리고 은밀하고 기껍지는 않지만 깊은 곳에서 거스를 수 없는 힘으로 우러나오는 항거의 과정이었다. 워즈워드의 시를 읽었고, 콜리지는 읽은 데 더해 직접 만나보기까지 했다. 인간의 본성, 인간의 역사와 운명에 관한 견해가 뒤집혔다. 존

---

4) (옮긴이) 마르몽텔(Jean-François Marmontel, 1723~1799): 프랑스 작가, 시인, 철학자, 백과전서 운동의 일원이었다.

은 기질적으로 반항적인 사람이 아니었다. 아버지를 사랑했고 깊이 존경했으며, 아버지의 철학적인 주지가 타당하다고 확신했다. 교조주의, 선험주의, 무별주의 등, 이성과 분석과 경험과학의 행진에 저항하는 것 모두에 맞서 싸우는 데 언제나 벤담의 편에 섰다. 그는 일생 동안 그 믿음을 굳건히 지켰다. 그렇지만 그의 인간관, 따라서 그것과 관련된 수많은 관점들은 커다란 변화를 겪었다. 공리주의 운동의 원류에 대한 공개적인 이단자는 되지 않았고, 공리주의의 원리나 규칙 어느 것에도 얽매인 느낌은 더 이상 가지지 않았지만 그중에서 스스로 옳거나 가치 있다고 여기는 것은 보유한 채 조용히 무리에서 벗어난 제자가 되었다. 인간 존재의 유일한 목적은 행복이라고 계속해서 천명했지만, 행복에 기여하는 것이 무엇인지에 관해서는 스승들과는 아주 다른 견해를 가지게 되었다. 이제 그에게 가장 가치 있는 것은 합리성이나 욕구 충족이 아니라, 다양성, 다방면의 수완, 충만한 삶, 다시 말해서, 한 사람 한 집단 한 문명의 자발적인 개성, 어떻게도 설명할 수 없이 개인이 타고난 재능에 따른 도약과 같은 것이었다. 편협, 획일, 박해로 인한 자신감 상실 효과, 권위나 관습이나 여론의 무게에 의한 개인성 말살 등을 그는 증오하고 두려워했다. 질서와 단정과 심지어 평화조차도, 그것을 숭배하기 위해서 꺼지지 않는 열정과 차꼬 채워지지 않은 상상력으로 가득 찬 길들여지지 않은 인간들의 다양성과 색조들을 문질러 버리는 비용을 지불해야 한다면, 그는 기꺼이 맞서 싸우는 임무를 자청했다. 이는 훈련받느라 정서적으로 오그라들고 왜곡된 자신의 유년기와 사춘기에 대한 아마도 자연스럽다고 보아야 할 보상이었을지도 모른다.

열일곱 살이 되었을 때 그는 정신적으로 온전한 모습을 되찾았다. 존 스튜어트 밀이 갖추고 있었던 지적 자산은 그 시대는 물론이고 다른 어떤 시대에 견주어도 독보적일 것이다. 그는 명석했고 진솔했고 매우 선명했으며 지극히 진지했다. 공포나 허영이나 유머는 흔적도 없었다. 그 후 십 년 동안은 공리주의 운동 전체의 상속 순위 일 번이라는 공식적 지위에서 오는 부담을 어깨에 지고 논설과 평론을 썼다. 그 글들이 커다란 명성을 가져다주었고 여론에 강력한 영향력을 가지게 되었으며 스승과 동지들에게 긍지를 주는 원천이 되었지만, 그러나 글의 논조는 그들과 달랐다. 아버지가 찬양했듯이 그도 합리성과 경험적 방법과 민주주의와 평등을 찬양했고, 공리주의자들이 공격했듯이 그도 종교를 비롯한 증명할 수 없는 직관적 진리에 대한 신봉 및 그 결과 빚어지는 교조주의를 공격했다. 그 때문에 이성을 포기하게 되고 위계질서, 기득권, 자유로운 비판에 대한 불관용, 편견, 반동, 불의, 전제, 참상으로 점철된 사회가 생긴다고 여겼기 때문이다. 그렇지만 강조의 초점은 바뀌었다. 제임스 밀과 벤담이 원했던 것은 오로지 쾌락을 가장 효과적인 수단으로 획득하는 것이었다. 영구적으로 포만감을 느끼게 한다고 과학적으로 증명된 약을 누가 내놓았다면, 그들은 스스로 내세운 전제에 따라 논리적으로 그 약을 모든 악을 치유하는 만병통치약으로 받아들여야만 했을 것이다. 최대 다수의 인간이 지속적으로 행복할 수만 있다면, 또는 고통에서 해방될 수만 있더라도, 그 방법은 어떻든지 중요하지 않았다. 벤담과 제임스 밀은 교육과 입법을 행복으로 가는 길로 신봉했다. 그러나 그보다 지름길이 발견되기만 했더라면, 금세기에 대단한 거보를 내디딘 바와 같이 삼키기만 하면 되는 알약이라든지, 잠재의식에 대한 암시 기술처럼 인간을 조건화하는 수단의 형태라 할지라도, 광신적으로 일관성을 추구했던 그들은 자기들이 종전에 생각했던 수단보다 더 효과적이고 아마 비용도 덜 들리라 여겨 더 나은 대안으로 받아들였을지도 모른다. 그러나 존 스튜어트 밀은 삶과 저술을 통해 아주 쉽게 드러나듯이 양손을 저으며 그런 식의 해법을 거부했을 것이다. 인간의 본성을 격하하는 짓이라고 단죄했을 것이다. 그에게 인간이란 이성을 보유했다거나 도구와 방법을 발명해서가 아니라, 무엇보다도 선택의 능력이 있다는 점에서, 누가 대신 선택 해 주지 않고 스스로 선택할 때에 가장 자기 자신이 되는 존재, 말이 아니라 말을 타는 자, 수단뿐만이 아니라 목적도 ─ 각자 나름의 방 식으로 ─ 추구하는 존재라는 점에서 동물과 달랐다. 그러므로 각자 나름의 방식이 다양할수록 사람들의 삶이 풍성해지고, 개인들 사이 에 교호작용이 일어날 공간이 넓어지고, 예기치 못한 새로운 일이 벌어질 기회가 커지고, 각자 자신의 성격을 신선한 미답의 방향으로 바꿀 수 있는 가능성이 많아지며, 각 개인 앞에 열려 있는 길도 더 여럿이 되고, 그리하여 행동과 사고의 자유도 폭을 늘리게 된다고 그는 믿었다.

외견상 그렇지 않은 것처럼 보이는 측면들이 있음에도 불구하고, 끝까지 분석해 보면 밀이 무엇보다도 소중하게 여겼던 것은 내가 보 기에 바로 여기에 있다. 공식적으로 그는 오직 행복만을 추구한다는 입장에 속한다. 그러나 그는 정의를 깊게 신봉했고, 무엇보다도 개 인적 자유의 영광을 묘사할 때, 또는 자유를 방해하거나 멸절시키려 는 모든 것들을 비난할 때에 가장 자기 자신만의 목소리를 냈다. 벤 담 역시, 도덕과 과학에서 전문가의 역할에 신뢰를 보냈던 프랑스의 선배들과는 달리, 사람은 각자가 자기 행복에 관한 최선의 판관임을 확고하게 천명했다. 그러나 살아 있는 모든 사람이 행복을 자아내는 약을 먹고 그리하여 결코 깨질 수 없는 획일적인 축복 상태로 사회 가 고양 또는 타락한 이후에도 벤담은 자신의 원칙이 타당하다고 여 길 것이다. 벤담에게 개인주의란 인간 심리가 보이는 현상에 관한 하나의 사실 자료일 뿐이지만 밀에게는 하나의 이상이다. 밀은 반대 하는 소수, 독자적인 입장, 고독한 사상가처럼 기성 질서에 대드는 사람들을 좋아했다. 열여덟 살 때 출간된 한 논설에서 (이제는 거의 잊혀진 리처드 칼라일[5]이라는 무신론자를 관용해야 한다는 내용으로) 읊은 곡조를 그는 평생에 걸친 저술에서 반복하고 또 반복했다——"개혁적 조상들이 이단으로 배교자로 신성모독으로 몰려 지하 감옥에서 사형대 위에서 죽어야 했던 기독교도들이, 어떤 경우에도 자선과 자유와 자비를 호흡하라는 종교를 믿는 기독교도들이, 그동안 자기들에게 피해만 주었던 바로 그 권력을 얻은 다음에는 똑같은 방식으로 사용하여 앙심을 품고 박해를 가해야 한다는 사실보다 괴기스러운 일은 없다."[6] 그는 평생 동안 이단과 배교자와 신성모독을 옹호하고 자유와 자비를 주창한 선봉장이었다.

그의 행동은 그의 주장과 합치했다. 언론인으로 개혁가로 정치인으로 밀의 이름에 덧붙여 거론되는 공공정책 중에서 벤담이 옹호했고 나중에 그 제자들에 의해서 성공적으로 실현되기에 이르는——산

---

5) (옮긴이) 리처드 칼라일(Richard Carlile, 1790~1843): 보통 선거, 언론의 자유, 남녀 평등, 유아노동 금지, 가족 계획, 신을 믿지 않을 자유 등을 주장한 사회 운동가, 출판인. 그의 입을 막으려 했던 당국으로부터 투옥을 비롯한 많은 박해를 받았지만 굴하지 않았다.

6) (편집자) 이 대목은 칼라일에 대한 박해를 다룬 《웨스트민스터 평론(*Westminster Review*)》 2권 3호 1–27(1824년 7월)에 실린 논평 26쪽에 나온다. 알렉산더 베인(Alexander Bain)이 *John Stuart Mill: A Criticism*(London, 1882), 33쪽에서 이 글이 밀의 저작이라고 자신 있게 단언했기 때문에, 벌린도 그렇게 여긴 것은 이상한 일이 아니다. 버나드 위시(Bernard Wishy)가 편집한 *Prefaces to Liberty: Selected Writings of John Stuart Mill*(Boston, 1959)에도 그 글이 수록되어 여기에 인용된 대목은 99쪽에 나온다. 그러나 당시 《웨스트민스터 평론》의 공동 편집자였던 존 보링(John Bowring)에게 조셉 파커스(Joseph Parkers)가 보낸 1824년 3월 1일자 편지(HM 30805, The Huntington Library, San Marino, California)에 따르면 그 글은——파커스가 "박해에 관한 글들"이라 뭉뚱그려 언급하고 있기 때문에 단정할 수는 없지만——어쩌면 사실 윌리엄 존슨 폭스(William Johnson Fox, 1768~1864)의 것일지도 모른다. 그러나 설령 밀의 저술이 아니더라도 그 정서가 밀의 정서와 같다는 점은 확실하다.

업이나 재정이나 교육에 관한 거창한 구도라든지 공공 의료 개혁이나 노동 또는 여가의 조직 등——공리주의에 전형적인 기획은 거의 없다. 출판된 저술에서나 행동을 통해서나 밀은 무언가 다른 것을 위해서——개인적 자유 특히 발언의 자유[7] 이외의 것을 추구한 경우는 거의 없다——헌신했다. 전쟁이 억압보다 낫다든지, 또는 혁명이 나서 일 년에 오백 파운드 이상의 소득을 올리는 자를 모두 죽여 버리면 세상이 훨씬 더 좋아질지도 모른다고 말한 경우, 프랑스 황제 나폴레옹 3세는 살아 있는 사람 중에서 가장 형편없는 인간이라고 선언한 경우, 외국의 독재자들을 잡아다가 영국의 형사 법정에 세울 음모를 허용하는 법안을 추진하던 파머스톤[8] 수상이 실각하자 기쁨을 표한 경우, 미국 남북전쟁에서 남군을 비난한 경우, 또는 하원 연설을 통해 페니언[9] 암살단원들을 (그들이 사형을 면하게 된 데에 아마 도움이 되었을 것이다) 변호하거나 여성과 노동자와 식민 지배에 시달리는 인민들의 권리를 옹호하여 스스로 인기를 떨어뜨리고, 그리하여 영국에서 모욕받은 사람과 억압받은 사람을 옹호한 가장 열정적이고 가장 널리 알려진 선봉장이 된 경우 등에서, (비용이 얼마나 들든지 따지지 않는) 자유와 정의가 아니라 (비용을 계산하는) 공리가 그의

---

7) (옮긴이) 영어의 "freedom of speech"에 해당하는 한국어로는 "언론의 자유"가 이미 확실하게 정착된 번역어이지만, 한국 사회의 공공적인 영역에서 언론의 자유가 괄목할 만큼 성장해 오는 와중에 "언론"이라는 용어가 특정 직능 집단을 가리키는 고유명사로 바뀌는 경향도 감지되기 때문에, 그리고 그와 같은 고유명사화의 경향이야말로 밀이 가장 혐오했던 바이기 때문에, "발언의 자유"로 옮긴다.

8) (옮긴이) 파머스톤(Henry John Temple, 3rd Viscount of Palmerston, 1784~1865): 영국 정치인, 수상(1855~58, 1859~65). 19세기 중반 영국의 국제적 위상이 정점에 달했을 때, 외상 또는 수상으로서 외교정책을 이끌었다. 영국에는 안정을 가져다주었지만 대외적으로는 지나치게 공세적이었다는 비판을 당대와 후대에서 공히 받았다.

9) (옮긴이) 페니언(Fenian): 아일랜드의 독립을 위해 미국의 아일랜드인들이 결성한 조직의 이름.

마음속에서 가장 높은 곳에 위치했다고 보기는 어렵다. 그는 논설과 정치적 지지를 통해서 더럼의 보고서[10]와 정치적 운명 모두를 좌우익 양쪽의 협공으로 폐기될 뻔할 위기에서 구했고, 그리하여 영연방에 속한 여러 나라에 자치가 보장되도록 하였다. 자메이카에서 학살을 저지른 총독 에어[11]의 평판이 무너지도록 하는 데에도 일조했다. 하이드 파크[12]에서 벌어지는 시민들의 모임과 자유로운 연설을 금지하려는 정부에 맞서서 구해 내기도 했다. 소수자들의 의견에 (반드시 덕스럽거나 합리적이지는 않지만) 사회가 귀를 기울이게 만들 유일한 방법으로 여겨서, 글과 연설을 통해 비례대표제를 옹호했다. 동인도회사의 해체에 반대한 사례는 발본파들에게 놀라운 일이었지만, 아버지의 뒤를 이어 그 자신 헌신적으로 봉사했던 기관이었기 때문이 아니라 그 회사 관리들의 온정적 간섭이나 비인간적 통치보다는 정부 기능 자체가 마비되어 버리는 사태를 더욱 크게 우려했기 때문이었다. 국가의 간섭 그 자체에는 반대하지 않았다. 교육과 노동에서 국가의 간섭은, 그것이 없다면 약자들이 노예로 전락하고 말살될 것이고, 몇 사람에게는 제약을 부과함으로써 대다수 사람들

---

10) (옮긴이) 더럼(John George Lambton, 1st Earl of Durham, 1792~1840): 휘그당 개혁파 정치인. 캐나다 총독으로 있다가 귀국한 후, 재임 중의 경험을 보고서로 작성하여 제출했다(1839). 식민지 주민에게 자치를 더 많이 허용하자고 했지만, 프랑스어의 사용을 금지해야 한다고 하는 등 프랑스계 주민을 영국에 동화하려는 의도를 가지고 있었다.

11) (옮긴이) 에어(Edward John Eyre, 1815~1901): 오스트레일리아를 탐험한 공으로 식민지 관리가 되어 자메이카의 총독에까지 올랐다. 1865년에 흑인 폭동이 발생하여 진압 과정에서 400명 넘게 희생되었는데, 그 때문에 본국으로 소환되었다. 밀과 허버트 스펜서 등은 살인죄를 물어야 한다고 했고, 토마스 칼라일, 존 러스킨, 알프레드 테니슨은 무죄를 주장했다. 형사재판은 받지 않았고, 자메이카인의 제소로 열린 민사소송에서도 승소했다.

12) (옮긴이) 하이드 파크(Hyde Park): 런던, 웨스트민스터 지역에 있는 공원. 그 북동쪽 구석이 "연사들의 무대(Speakers' Corner)"이다.

에게 선택의 폭이 넓어지리라고 보아 오히려 환영했다. 이 모든 명분들을 관통하는 공통점은 "최대 행복" 원칙[13]과 직접 결부된다는 것이 아니라, 인권의 문제, 즉 자유와 관용이라는 문제와 관련된다는 사실이다.

밀의 마음속에서 "최대 행복" 원칙이 전혀 작용하지 않았다는 뜻은 물론 아니다. 자유를 옹호하기 위해 그는 종종 자유가 없다면─가치의 유일하고 궁극적인 원천인 쾌락을 최대화하고 고통을 최소화할 종전에 생각 못했던 새로운 길을 밝혀 줄 사고 실험 또는 "삶을 통한"[14] 실험을 행하지 못할 터이므로─진리가 발견될 수 없다는 논거를 동원한다. 그렇다면 자유는 목적이 아니라 하나의 수단인 셈이다. 그러나 쾌락 또는 행복으로써 밀이 뜻한 바가 무엇이냐고 묻는다면 답은 전혀 분명하지 않다. 행복이 과연 무엇인지 많은 견해가 있을 수 있겠지만, 벤담이 생각했던 것은 아니라고 밀은 생각했다. 인간 본성에 관한 벤담의 견해는 너무나 편협하기 때문에 전혀 가당치 못하다는 판정을 내린다. 역사와 사회와 개인의 심리를 충분히 파악하기에는 상상력이 결핍되어, 사회를 한데 묶어 줄 기능을 수행하는 공통되는 이상, 여러 종류의 충성심, 민족성과 같은 것들을 이해하지 못했고, 명예, 존엄, 존양(存養, self-culture)이라든지 아름다움과 질서와 권력과 능동성에 대한 사랑과 같은 차원을 인식하

---

13) "옳고 그름을 구분하는 척도는 최대 다수의 최대 행복이다." 벤담의 『정치에 관한 단상(A Fragment of Government)』 머리말에 나온다. 벤담은 나중에 "최대 다수"라는 항목을 삭제했다. 이 문구는 벤담 이전부터 시작하여 벤담의 손을 거치는 동안에도 매우 복잡한 역정을 겪었는데, Robert Shackleton은 "The Greatest Happiness of the Greatest Number; The History of Bentham's Phrase", *Studies on Voltaire and the Eighteenth Century* 90 (1972), 1461-82에서 이 문구의 역사를 명료하게 정리한 바 있다.

14) L 4/281, 아울러 L 3/261에서도 "삶의 실험"이 거론된다.

지 못하고, 삶의 "사업적인" 측면[15]만을 이해했을 뿐이라는 것이다. 밀은 이러한 가치들이 핵심적이라고 올바르게 인식하면서, 과연 그 가치들이 행복이라고 하는 단일한 보편적 목표로 가는 여러 가지 수단에 불과한 것일까 궁금해한다. 아니면 행복이라는 유에 속하는 여러 가지 종일까? 이에 대하여 명확한 입장을 밝히지는 않았지만, 행복 또는 공리라는 것이 행동의 기준으로는 아무런 소용이 없다고 말함으로써 벤담주의 사유체계에서 가장 자랑스럽게 주장하는 핵심 신조를 일격에 격파한다. 벤담에 관해 쓴 (아버지의 사망 후에야 출판된) 글에서 밀은 "공리 또는 행복은 너무나 막연하고 복잡한 목적이라서 여러 가지 이차적인 목적들을 매개 통로로 삼지 않으면 추구할 수 없다고, 궁극적인 목적에 관해서는 의견을 달리하는 사람들이라도 이차적인 목적에 관해서는 일치할 수도 있다고 생각한다"고 말한다.[16] 벤담에게는 충분히 간단하고 명확한 문제였지만 밀은 인간 본성에 관해 잘못된 견해에 바탕을 두고 있다는 이유로 그의 공식을 거부한다. 사랑과 증오, 정의나 능동성이나 자유나 권력이나 아름다움이나 지식이나 자기 희생을 향한 욕구와 같은 것들을 벤담은 무시했거나 아니면 쾌락에 속하는 것으로 잘못 분류했지만, 밀은 사람들이 그 자체를 위해 추구하는 다양한 (그리고 아마도 항상 양립가능하지는 않은) 목적들이라고 보면서 그것들이 모여 행복이 이루어진다고 생각했다. 존 스튜어트 밀의 저술에서 "행복"의 의미는 "각자 소망하는 바의 실현" ― 소망의 내용이 무엇이든지 ― 비슷한 것이 되는 것이다. 이는 그 의미를 공허하다 싶을 지경에까지 확장하는 셈이다. 다시 말해, 명백하고 구체적인 행동의 기준이 되지 못한다면 행

---

15) "Bentham": CW X 99-100.
16) Ibid., p. 110.

복은 아무것도 아니라고, "선험적"인 직관의 달빛을 대신해서 밝은 빛을 주려고 세상에 나왔지만 가치 없기는 마찬가지인 신세로 전락하고 말리라고 믿었던 종전의 완강한 벤담주의자들에 견주어 볼 때, 같은 표현이 사용되기는 하지만 그 정신은 떠난 다음이었던 것이다. "둘 이상의 이차적 원칙들이 서로 충돌한다면 어떤 일차적 원칙에 직접 호소해야 하리라"고 밀이 덧붙이는 것은 사실이다.[17] 공리의 원칙이 그것이다. 그러나 이해가능하기는 했던 종전의 유물론적 내용이 빠진 상태에서 공리라는 발상이 어떻게 적용될 수 있을지에 관해서는 아무런 방향도 제시하지 않았다.

벤담이라면 이런 것을 "모호한 일반성"[18]이라 불렀을 터인데, 그곳으로 피신하려는 경향이 밀에게서 때로 나타나기 때문에, 저술과 행동을 통해서 나타나는 밀의 진정한 가치 척도가 과연 무엇이었는지를 묻게 만든다. 그가 주창했던 명분과 그의 삶을 증거로 삼는다면 그가 공적 인생에서 가장 높게 쳤던 가치는──그가 이것들을 "이차적인 목적"[19]이라 부른 의미가 어디에 있든──개인의 자유, 다양성, 그리고 정의였다. 다양성과 관련하여 반론이 제기된다면, 지금까지 경험된 어떤 삶보다도 행복할지 모르지만 현재의 상태에서는 전혀 예상할 수 없는 형태의 인간적 행복이 (또는 만족이나 성취, 또는 보다 높은 수준의──그 수준을 어떤 척도로 측정할 것인지는 별도의 문제로 남겨 두고──삶이) 다양성을 충분한 정도로 허용하지 않는 사회에서는 시도될 수도 실현될 수도 알려질 수도 없다는 근거를 들어 옹

---

17) Ibid., p.111.
18) (편집자) 이는 벤담이 빈번하게 사용하는 문구이다. 예컨대 "Legislator of the World", in *Writings on Codification, Law, and Education*, ed. Philip Schofield and Jonathan Harris(Oxford: 1998), p.46 및 p.282의 각주를 보라.
19) "Bentham", CW X 110에서 그렇듯이.

호했을 것이다. 이것이 그의 주지이고 이것을 그는 공리주의라 불렀다. 그러나 만약 누군가가 나서서 어떤 현존하는 사회질서가 충분한 행복을 낳는다고 또는 그런 질서를 달성할 수 있다고, 나아가 그런 상태에서는 변화란 경험적인 모든 가능성을 망라해서 일반적인 행복을 낮추는 결과일 수밖에 없으므로 인간의 본성과 그 환경으로 말미암는 사실상 극복할 수 없는 한계를 (예컨대 모르긴 몰라도 사람이 죽지 않게 되거나 에베레스트 산만큼 키가 커지지는 않으리라는 한계를) 인정한다면 변화를 피하고 현재 도달해 있는 최선의 상태에 집중하는 편이 낫다고 주장한다면, 밀에게 대번에 일축 당했을 것이라고 장담해도 괜찮을 것이다. 더 큰 진리나 행복이 (또는 어떤 다른 형태의 경험이) 어디에 있을지는 (시도해 보기 전에는) 결코 알 수 없다는 입장을 그는 진심으로 견지했다. 그러므로 최종 상태란 원칙적으로 불가능하다——모든 해법은 잠정적이며 임시적이다. 다름 아닌 생시몽과 콩스탕과 훔볼트[20]의 제자가 이와 같은 목소리를 낸 것이다. 이는 사물들에게는 불변의 본성이 있어서 사회적인 문제도 여타 문제와 마찬가지로 최소한 원칙적으로 한번 정답이기만 하면 영원히 정답인 답을 과학적으로 발견할 수 있다는 견해에 바탕을 두고 있었던 전통적인——즉, 18세기의——공리주의와는 정면에서 상반된다. 무지하고 비합리적인 민주주의를 두려워했고 따라서 계몽된 전문가들에 의한 정치를 동경했으면서도 (그리고 무비판적일지언정 숭배할 공통 대상이 중요하다고 초년기와 만년에 역설했으면서도), 내면의 생시몽주의를 견제하고 콩트에게서 등을 돌렸으며, 나중에 페이비언 협회를 설립하게 되는 자기 제자들에게서 나타나는 바와 같은 엘리트주의에

20) (옮긴이) 훔볼트(Wilhelm Humboldt, 1767~1835): 프로이센의 외교관, 언어학자, 철학자, 훔볼트 대학의 창건자. 괴테와 친구로서 그와 더불어 독일의 인문주의 운동을 주도했다.

빠지지 않을 수 있었던 까닭이 아마도 여기에 있을 것이다.

감정을 배격하는 와중에서도 폐부를 찔러 들어오는 아이러니로 충만한 벤담의 스타일이나 허영스러울 정도로 완고한 제임스 밀의 합리주의에는 전적으로 생소한 자생적이고 계산하지 않는 이상주의가 그의 마음과 행동에는 깃들어 있다. 아버지의 교육 방법으로 말미암아 메마른 계산기가 되어 버렸다고, 그리하여 항간에 떠돈 바와 같은 비인간적인 공리주의 철학자 상과 그다지 다르지 않게 되어 버렸다고 술회한 바 있다. 그러나 그 자신이 이를 의식했다는 바로 그 사실 때문에 자신에 대한 그와 같은 묘사가 인생의 한 지점에 대해서라도 맞는 것인지를 의심하지 않을 수 없다. 정수리 너머까지 벗겨진 엄숙한 두상, 검은 옷, 무거운 표정, 정확한 언사, 유머라고는 한 치도 없는 태도 등에도 불구하고, 밀의 일생은 아버지의 관점과 이상에 대한 끊임없는 반항의 연속이었다. 이는 그 자신의 의식 아래 잠복하고 있어서 스스로 의식하지 못했던 만큼 더욱 사실이다.

밀에게는 예언자적 재능은 거의 없었다. 동시대를 살았던 마르크스나 부르크하르트나 토크빌과 달리, 20세기에 무슨 일이 벌어질지, 산업화의 정치적 사회적 결과가 어떠할지, 인간의 행태에서 비합리적이고 무의식적인 요인들이 얼마나 강하게 작용한다고 밝혀질지, 그러한 심리학적 지식이 얼마나 끔찍한 기술의 개발로 이어질지에 관해 어떤 전망도 내놓지 않았다. 세속적 이데올로기들이 풍미하다가 결국 그것들끼리 충돌하여 전쟁이 발생하고, 아시아와 아프리카가 깨어나고, 오늘날에 이르러서는 민족주의와 사회주의가 묘하게 서로 결합되는 등, 그 후로 벌어진 사회 변혁은 밀의 시야 바깥에 있던 일이다. 그러나 미래의 윤곽에 대해서는 예민하지 못했지만, 자기가 사는 세상 안에서 작동하고 있던 파괴적인 요인들에 대해서는 신경이 곤두서 있었다. 그는 표준화를 혐오하고 두려워했다. 어떤 인위적인 요인으로 말미암아 사람들로 하여금 갈수록 편협하고 사소한 목적에 매달리게 만들고, 대부분의 사람을 (경애하는 친구였던 토크빌이 상정한 이미지를 빌려 표현하면) 단지 부지런한 양[21]으로 바꿔 버리거나, (그 자신의 표현으로 말하자면) "집단적 범용(凡庸)"[22]에 빠뜨려 독창성과 개인적 재능의 목을 스스로 점점 세게 조르도록 만드는 사회가 인도주의와 민주주의와 평등이라는 미명 아래 창조되고 있음을 간파했다. 이른바 "조직인"이라 불려온 부류의 사람들에 대하여 벤담이라면 합리성에 따라 원칙적으로 전혀 반대하지 않았겠지만, 밀은 반대했다. 인간의 문제에 관한 무관심, 소심하고 온순한 태도, 타고난 순응성 등을 잘 알았고 두려워했으며 증오했다. 이것이 친구였지만 그에게 충실하지도 그를 믿지도 않았던 토머스 칼라일과 사이에 공통된 기반이다. 정원을 가꿀 수 있는 평온을 얻기 위해서 공공적인 삶의 영역에서 인간의 기본적 자치권을 기꺼이 팔아 치울 수 있는 사람들을 그는 무엇보다도 주의 깊은 시선으로 경계했다. 오늘날 우리의 삶이 보여주는 몇 가지 특징은 밀을 전율에 떨게 했을 것이다. 그는 인간적 연대를——아마 지나칠 정도로 너무 많이——당연한 것으로 여겼다. 개인이나 집단의 고립이 개인의 소외와 사회의 와해로 이어질 수도 있다고 해서 고립을 겁내지는 않았다. 오히려 그의 관심은 그 반대편에 위치하는 사회화와 획일성이라는 악에 집중되었다.[23] 그는 인간의 삶과 성격이 최대한 다양해지기

---

21) *Democracy in America*, part 2(1840), book 4, chapter 6, "민주적인 나라가 두려워해야 할 전제의 종류": vol. 2, p.319, ed. Phillips Bradley, trans. Henry Reeve & Francis Bowen(New York, 1945).

22) L 3/268.

23) 해리엇 테일러의 영향을 받아『정치경제학 원리(*Principles of Political Economy*)』 및 그 이후의 저술에서 사회주의를 옹호하게 되는데, 예컨대 민주주의는 개인 자유를 위험에 빠뜨릴 수 있다고 보지만 사회주의는 그렇게 여기지 않은 것으로

를 소원했다. 개인들을 서로서로에게서 그리고 무엇보다도 사회적 압력이라고 하는 무시무시한 하중에게서 보호하지 않는 한 다양성은 달성될 수 없다고 보았다. 그리하여 관용을 그토록 끈질기게 힘주어 요구하게 되었던 것이다.

허버트 버터필드는 말하기를 관용에는 모종의 멸시가 함축된다고 한 바 있다.[24] 나는 네가 말도 안 되는 것을 믿고 네 행동이 바보 같다는 사실을 분명히 알면서도 네 믿음과 행동을 관용할 따름이기 때문이다. 내 생각으로는 밀도 이 점을 인정했을 것이다. 어떤 의견을 깊은 곳에서 견지한다는 것은 거기에 우리의 느낌을 불어넣는 것이라고 그는 믿었다. 무언가를 깊이 중시한다면 그 반대되는 견해를 가진 사람들을 싫어해야 하는 것이라고 선언한 적도 있다.[25] 냉정한 기질이나 의견보다는 그처럼 열정이 수반된 것을 선호했다. 그가 우리에게 요청하는 것은 타인의 견해를 존중하라는 것이 아니라—그 것과는 거리가 아주 멀다—이해하려고 관용하려고 노력하라는 것이다. 승인하지 않고 나쁘게 생각하고, 심지어 필요하다면 조롱하고 경멸할지언정 관용하라고, 단지 관용만 하라는 것이다.[26] 확신이 없

보인다. 밀의 마음속에서 사회주의와 개인주의가 연결되는 아주 독특한 관계를 여기서 자세히 살펴볼 수는 없다. 그가 사회주의를 옹호했음에도 불구하고 그 시대 사회주의 지도자 중에서는 어느 누구도—마르크스는 말할 것도 없지만, 루이 블랑이나 프루동이나 라살레나 헤르첸 등 그 누구도—밀을 길동무 정도로도 여긴 사람은 없는 것으로 보인다. 그들이 보기에 밀은 전형적인 온유한 개혁가 아니면 부르주아 발본파 정도에 불과했다. 오로지 페이비언 협회만이 그가 자기네 선구자라고 주장했다.

24) *Historical Development of the Principle of Toleration in British Life*, Robert Waley Cohen Memorial Lecture 1956(London, 1957), p. 16.

25) *Autobiography*, chapter 2: CW I 51, 53.

26) (옮긴이) 관용(toleration)에는 싫지만 참고 들어준다, 또는 참고 물러나 가만 놔둔다는 등의 의미가 들어 있다. 즉, 물리력을 동원해서 상대를 박멸하거나 침묵시키거나 전향시키지 않는다는 의미가 관용의 핵심적인 바탕이다.

442

다면, 어떤 반감이 없다면 결코 깊은 확신도 있을 수 없을 것이고, 깊은 확신이 없다면 삶에 목적도 있을 수 없다. 그렇게 되면 그 자신 전에 겪어야 했던 바와 같이 낭떠러지 가장자리에서 무시무시한 심연이 입을 벌리고 우리를 노려보게 될 것이다. 그러나 관용이 없다면 합리적 비판이나 합리성에 입각한 판정을 위한 조건이 파괴되고 만다. 그러므로 그는 어떤 대가를 치르더라도 이성과 관용을 위해 호소하는 것이다. 이해가 반드시 용서는 아니다. 열정을 가지고 때로는 상대를 미워하면서 주장하고 공격하고 거부하고 꾸짖을 수 있다. 그러나 말을 못하게 입을 막거나 목을 조르면 안 된다. 그랬다가는 나쁜 것과 더불어 좋은 것도 망가질 테니, 모두 함께 도덕적 지적으로 자살하는 셈이 되기 때문이다. 상대방의 의견을 믿지 않으면서도 존중하는 것이 냉소나 무관심보다 낫다고 그는 생각했다. 그렇지만 불관용에 비하면, 또는 합리적 토론을 모두 죽여 버리는 강요된 정통에 비하면 냉소나 무관심도 해로움이 덜한 것이다.

이것이 밀의 신념이다. 아버지의 뒤를 이어 그의 인생에서 지배적인 영향을 미쳤던 아내와 힘을 합해 1855년부터 쓰기 시작한 『자유론』은 이와 같은 신념을 언표화한 고전적인 작품이다. 그는 죽는 날까지 아내가 자기보다 훨씬 뛰어난 재능을 가지고 태어났다고 믿었다. 그리하여 아내의 사망으로 그녀만이 가졌던 재능으로써 그 글을 더 낫게 향상시킬 수가 없게 된 후인 1859년에야 그 논고를 출판했다.

II

밀의 주장을 전반적으로 요약하지는 않고 다만 밀 자신이 가장 큰 중요성을 부여했던 두드러진 생각들——반대편 사람들이 그 생전에도 그랬지만 오늘날에 와서 더욱 격렬하게 공격하는 생각들을 정리해 보도록 하겠다. 그 명제들이 보편적으로 인정받지 못하고 있는 것은 여전히 마찬가지이다. 시간이 흘렀지만 그것들이 뻔한 소리로 되지는 않았고, 심지어 그것들이 오늘날 개명된 관점의 바탕을 이루는 기본 전제인지 아닌지에 관해서도 논쟁이 계속되는 형편이다. 그 명제들을 간략하게 열거해 보자.

사람들이 다른 사람의 자유를 가로막기 원하는 경우, 그 까닭은 (a) 타인들에게 자신의 권력을 강요하고 싶어서이든지, 또는 (b) 순응을 원해서, 다시 말하면 타인들과 다른 생각을 하고 싶지 않거나 타인들이 자기와 다른 생각을 하기를 원치 않기 때문이든지, 또는 마지막으로 (c) 사람이 어떻게 살아야 하느냐는 문제에 대해서 (모든 진짜 문제에 대해서 항상 그렇듯이) 정답이 있고 그 정답은 오로지 하나뿐이라고──그 정답은 이성이나 직관이나 직접적인 계시나 어떤 삶의 형식이나 "이론과 실천의 통일"과 같은 수단을 통해 발견될 수 있고,[27] 그 권위는 최종적 지식으로 가는 여러 길들과 같기 때문에 거

27) (편집자) 이 근본적으로는 마르크스주의적인 (마르크스 본인도 엥겔스도 이와 똑같은 문구를 써서 표현하지는 않은 것으로 보이지만) 공식에 관해서는 Georg Lukác, "What is Orthodox Marxism?" (1919), pp. 2–3 in *History and Class Consciousness: Studies in Marxist Dialectics*, trans. Rodney Livingstone (London, 1971). 콜라코프스키(Leszek Kolakowski)는 그 공식의 뜻을 "현실을 이해하는 것과 변혁하는 것이 두 개의 분리된 과정이 아니라 동일한 하나의 현상"이라고 주석한다. *Main Currents of Marxism: Its Origin, Growth and Dissolution*(Oxford, 1978: Oxford University Press), vol. 3, *The Breakdown*, p. 270. 이 공식을 구역질이 날 때까지 반복했던 소련의 철학에서는, "자연과학은 소비에트의 산업을 위해 일하고 사회과학 및 인문과학은 정치적 선전의 도구"라는 뜻이었다. 마르크스의 동시대인들도 비슷한 표현을 (그러나 상황에 따른 변용을 감안하더라도 그 뜻이 비슷하다고는 여길 수 없다) 사용했다. 예를 들어 밀은 "On Genius"(1832), CW I 336에서 "이론과 실천의 통합"이 고대 그리스에서 연유한다고 했고, 오귀스트 콩트도 *Système de politique positive*, vol. 4 (1854), pp. 7, 172에서 "이론과 실천의 조화"를 언급한 바 있다. 이론과 실천의

기에 어긋난다는 것은 곧 인간의 구원을 위태롭게 만드는 착오가 되며, 그렇기 때문에 어떤 의도나 성격에서라도 그 진리에서 이탈하는 자들을 통제하는 정책 또는 심지어 박멸하는 것마저 정당화된다고 ─ 믿기 때문이다.

밀은 앞 두 가지 동기는 지적으로 주장되는 어떤 논거도 내세우지 않기 때문에 합리적인 논증을 통해 반박할 수도 없다는 점에서 불합리한 것이라고 일축한다. 진지하게 고려해 볼 만한 동기는 오로지 마지막의 것, 즉 삶의 진정한 목적이 발견될 수 있는 것이라면 그 진리에 반대하는 사람은 해롭기 짝이 없는 오류를 퍼뜨리는 셈이기 때문에 억압해야 한다는 주장이다. 이에 대하여 그는, 사람에게 오류가 없을 수 없기 때문에 지금 해로운 것으로 생각되는 견해가 언젠가 옳은 것으로 판명날지도 모르는 일이고, 소크라테스나 예수를 죽인 사람들도 오늘날 지위를 누리는 사람들과 마찬가지로 존경받을 자격이 있던 사람들인데 다만 그들이 잔악한 오류를 퍼뜨린다고 진심으로 믿었기 때문에 죽였던 것이며, 당대 최고로 고상하고 개명된 사람으로 알려졌던 "가장 온유하고 가장 다정한 철학자이자 통치자"[28] 마르쿠스 아우렐리우스도 기독교도들이 도덕적으로 사회적으로 위험하다는 이유로 ─ 역대 박해자들이 사용한 구실 중에서 자

관계에 관한 일반적인 논의의 역사는 물론 고대로 거슬러 올라가, 아마 덕이 곧 지식이라고 보았던 소크라테스가 그 원조일 것이다. 아울러 "덕.있는 사람이란 이론가이자 동시에 할 수 있는 일의 실천가이기도 하다"는 스토아학파의 주장에 관해서는 Diogenes Laertius 7.125를 보라. 라이프니츠가 1700년 베를린에 브란덴부르크 아카데미를 설립하자는 제안서에 적은 "Theoriam cum praxi zu vereinigen(이론과 실천을 결합한다)"는 권고 역시 특별히 잘 알려진 사례이다. Hans-Stephan Brather, *Leibniz und seine Akademie: Ausgewählte Quellen zur Geschichte der Berliner Sozietät der Wissenschaften 1697-1716*(Berlin, 1993), p.72.

28) L 2/237.

신에게 가장 익숙했던 구실을 받아들여 —— 박해를 승인했다고 대답한다. 박해가 결코 진리를 죽이지는 않으리라고 상정할 수는 없는 노릇이다. "진리가 단지 그것이 진리이기 때문에 지하 감옥이나 사형대로 끌려가지 않을 힘, 오류에게는 허용되지 않은 그런 힘을 본원적으로 가지고 있다는 발상은 단지 한 조각의 게으른 감상주의(感傷主義)일 뿐"이라고 밀은 갈파했다.[29] 역사가 보여주듯이, 박해란 그저 너무나 효과적일 따름이다.

종교적 의견에 관해서만 말해 보자. 종교개혁의 불길은 루터 이전에 적어도 스무 번은 타올랐지만 번번이 억눌려 꺼졌다. 브레시아의 아르놀도[30]도 억눌려 꺼졌고, 수사(修士) 돌치노[31]도 억눌려 꺼졌고, 사보나롤라[32]도 억눌려 꺼졌고, 알비파[33]도 억눌려 꺼졌고, 왈도파[34]도 억눌려 꺼

---

29) L 2/238.

30) (옮긴이) 브레시아의 아르놀도(Arnold of Brescia, 1090~1155): 아벨라르(Pierre Abélard, 1079~1142)의 제자로 스승과 함께 교회의 재산소유를 부인하는 등 개혁을 주장했다. 1145년 로마에 공화정을 선포한 코뮌파에 합세하여 한때 교황 에우게니우스 3세를 망명으로 내모는 등 도시를 장악하기도 했지만, 결국 1155년 신성로마제국 황제 프리드리히 1세에게 붙잡히고 교황 하드리아누스 4세에 의해 처형되었다.

31) (옮긴이) 수사 돌치노(Dolcino, 1250년경~1307): 교회의 위계질서와 봉건제에 반대하고 일체의 권력으로부터 인간 해방, 그리고 양성평등, 재산공유, 상호부조와 존중을 축으로 삼는 평등한 사회를 주장했다가 화형당한 이탈리아의 수사. 교회의 군대에 맞서서 비적 떼를 조직해서 무고한 촌락을 유린하고 반대파를 죽이기도 했다.

32) (옮긴이) 사보나롤라(Girolamo Savonarola, 1452~1498): 도미니크파 신부로 1494년 피렌체에서 공화정이 수립되고 메디치가가 추방되었을 때 정권을 잡았다. 과도한 엄숙주의를 실현하고자 "허영의 화형식"을 거행하여 예술작품, 책, 오락기구, 음란물은 물론이고 거울과 화장품까지를 포함하는 육욕과 관련된 모든 것을 압수해서 불태웠다. 견디지 못한 피렌체 인민의 봉기로 실각하고 재판을 거쳐 화형에 처해졌다.

33) (옮긴이) 알비파(Albigeois): 영지주의의 일파인 카타리파가 남프랑스의 알비

졌고, 롤라드파[35]도 억눌려 꺼졌고, 후스파[36]도 억눌려 꺼졌다. …… 에스파냐, 이탈리아, 플랑드르, 오스트리아 제국에서 개신교는 뿌리가 뽑혔고, 메리 여왕[37]이 오래 살았거나 엘리자베스 여왕[38]이 일찍 죽었다면 영국에서도 거의 틀림없이 그랬을 것이다. …… 분별이 있는 사람이라면 누

(Albi)에 모여 살아서 붙여진 이름. 그들은 결혼과 출산과 육식에 반대하고 스스로 굶어죽는 자살을 권고했다. 가톨릭 교회에 의해 이단으로 선포되고 1209년부터 1229년까지 십자군의 공격을 받고 박멸되었다.

34) (옮긴이) 왈도파(Vaudois 또는 Waldenses, Waldensians): 청빈과 금욕을 주장하고 실천하는 기독교의 발본주의 일파. 카타리파와 마찬가지로 민중에 대한 설교를 강조하여 12~13세기에 세를 얻었다. 이단으로 몰려 13세기에는 종교재판에 의해 15세기에는 십자군에 의해 커다란 타격을 받았으나 일부의 명맥은 오늘날까지도 이어지고 있다. 12세기에 활약한 왈도(Pierre Waldo, 또는 Vaude)의 추종자에서 시작한 것으로 알려져 있으나, 본인들은 왈도가 이 종파의 이름을 자신의 이름으로 삼았다고 주장한다.

35) (옮긴이) 롤라드파(the Lollards): 위클리프(John Wycliffe, 1320년경~1384)의 추종자 무리를 가리키는 명칭. 교회 의식의 집전에는 경건이 필수 요소이므로 경건하다면 평신도도 집전할 수 있다고 주장하는 등, 교회의 조직적 요소를 부인하거나 개혁하라고 주장했다. 예정설을 믿고 화체설을 부인하며 사도의 청빈과 교회재산에 대한 과세를 주장했다. 15세기로 접어들어 박해가 심해지자 지하로 숨어 후일의 프로테스탄트 운동으로 흘러들어가 융합되었다.

36) (옮긴이) 후스파(the Hussites): 보헤미아의 종교개혁가 후스(Jan Hus, 1369~1415)가 화형당한 후 추종자들이 무리를 지음으로써 시작된 운동. 설교의 자유, 평신도의 성찬식 참여, 성직자의 세속적 권력 부인 등을 주장하였다. 교회와 국가의 탄압으로 결국은 소멸했지만, 탄압에 맞서는 과정에서 여러 가지 사회개혁의 요구와 체크 민족의식을 일깨웠다.

37) (옮긴이) 메리 1세(Mary I, 1516~1558, 재위 1553~1558): 헨리 8세와 아라곤의 캐서린 사이의 딸. 이복동생 에드워드 6세의 뒤를 이어 영국 여왕에 오른 후, 영국의 종교를 가톨릭으로 되돌리고 어머니를 왕비 자리에서 내쫓은 신교도들에게 잔혹하게 복수해서 "유혈의 메리(the bloody Mary)"라 불린다.

38) (옮긴이) 엘리자베스 1세(Elizabeth I, 1533~1603, 재위 1558~1603): 헨리 8세와 앤 불린의 딸. 이복 언니 메리의 치하에서 살아남고 왕위를 계승한 후 45년에 이르는 치세 동안 종교의 문제를 정치적 쟁점으로 비화시키지 않음으로써 갈등을 봉합 또는 유예하는 데에 성공했다. 그 불씨는 1603년 스튜어트 왕조의 왕위 계승으로 다시 타오르게 된다.

구도 로마 제국에서 기독교가 박멸될 수도 있었다는 사실에 의문을 제기할 수는 없다.[39]

이에 대하여, 우리가 과거에 실수했다는 이유만으로 다시 실수하게 될까 봐 겁나서 현재 눈앞에 보이는 악에게 타격을 주지 못한다는 것은 단순한 비겁함일 뿐이라거나, 표현을 바꾸어, 우리라고 실수를 하지 않는 것은 아니지만 그래도 살아가기 위해서는 결단을 내려야 하고 행동을 해야 하는 것이고, 그때에는 실수의 가능성을 무릅쓰고 우리가 가지고 있는 빛이 인도하는 대로 확률에 따라 결정할 수밖에 없다고, 결국 삶이라는 것이 실수를 포함할 따름인데 무슨 대안이 있느냐고 반박한다면? 밀의 대답은 "도전의 기회를 모두 허용했는데도 반증되지 않아서 어떤 의견이 맞다고 추정하는 것은 반증 시도 자체를 허용하지 않으려는 목적에서 그것을 맞다고 우기는 것과 더 이상 다를 수 없도록 다르다"[40]는 것이다. 그대는 "나쁜 자들"이 "틀리고 해로운" 견해를 가지고 사회를 뒤엎지 못하게 막을 수 있다.[41] 그렇지만 그것은 어디까지나 그대가 나쁘다거나 해롭다거나 본말전도라거나 틀렸다고 부르는 그것들이 사실은 그렇지 않다고 부인할 수 있는 자유를 사람들에게 부여했을 경우의 일일 뿐이다. 그렇지 않다면 그대의 확신은 단지 하나의 교조에서 나온 것일 뿐 합리적이지는 못하게 된다. 따라서 어떤 새로운 사실이나 생각이 출현하더라도 그 빛에 따라 분석되지도 변경되지도 못하는 것이다. 오류를 원천적으로 방지할 보장은 없는 터에, 토론을 통해서 말고 어떻게 진리가 출현할 수 있겠는가? 진리로 인도하는 선험적인 길은

---

39) L 2/238.
40) L 2/231.
41) Ibid.

없다. 새로운 경험, 새로운 논증만이 원칙적으로 우리의 견해를, 그 견해를 우리가 아무리 확고하게 견지하고 있더라도, 바꾸도록 만들 수 있다. 문을 닫는다는 것은 스스로 의도적으로 진리에 대해 장님이 되는 셈이며 수정할 수 없는 오류의 늪에 빠지라고 스스로 선고하는 셈이다.

밀은 강하고 섬세한 두뇌의 소유자여서 그의 논증 중에 무시해도 좋은 것은 없다. 그러나 이 대목에서는 그가 스스로 명시하지 않은 전제로부터 결론을 도출하고 있다는 사실이 너무나 뻔히 드러난다. 그는 경험주의자, 즉 관찰된 증거에 근거하지 않고는 어떤 진리도 합리적으로 확립될 수 없다고 믿었던 사람이다. 새로운 관찰은 종전의 증거를 바탕으로 내려진 결론을 원칙적으로 언제든 뒤집을 수 있다. 그는 이 규칙이 물리학의 법칙뿐만 아니라 논리학이나 수학의 법칙에도 적용된다고 믿었다. 그러므로 과학적 확실성이 풍미하지 못하고 다만 개연성이 통치하는 곳, 윤리학, 정치학, 종교, 역사를 비롯하여 인간의 일을 다루는 모든 "이데올로기적"인 분야에서는, 의견과 논증의 자유가 허용되지 않는다면 어떤 것도 합리적으로 확립될 수 없다는 것이다. 그러나 밀에게 반대하여 진리란 직관에 의해 발견 가능하므로 원칙적으로 경험에 의해 수정되는 것이 아니라고 믿는 사람들은 밀의 이와 같은 논증을 일축할 것이다. 밀의 입장에서는 그런 사람들을 무별주의자(無別主義者)라고, 교조주의자라고 비합리주의자라고 폄하할 수 있다. 그러나 그들의 견해, 밀이 살았던 시대보다 오히려 오늘날 더욱 강한 위세를 떨치고 있는 그들의 견해를 합리적으로 반박하기 위해서는 멸시 어린 일축 이상의 무언가가 필요하다. 다시 말하지만, 토론의 자유가 온전히 존재하지 않는다면 진리가 출현하지 않을 수도 있다. 그러나 그 정도로는 자유가 다만 진리의 발견을 위한 필요조건이지 충분조건은 아니라는 말이 된다. 우리의 모든 노력에도 불구하고 진리는 여전히 우물 바닥에 가라앉아 있고, 그 사이에 더 나쁜 요인들이 승리해서 인류에게 엄청난 피해를 줄지도 모른다. 밀턴이 전에 "설령 지구상에서 모든 신조의 바람들이 풀려나 떠돈다고 할지라도 …… 자유롭고 공개적인 대결에서 **진리**가 패배한 경우를 하나라도 아는 사람이 있"[42]느냐고 물었다고 해서, 이를테면 인종주의적 증오를 부추기는 의견도 자유롭게 발언될 수 있도록 허용해야 하는지가 그토록 명백한가? 이 주장이 용감하고 낙관적인 판단에서 나온다는 것은 맞지만, 그러나 오늘날 그 판단을 뒷받침하는 어떤 경험적인 증거가 있는가? 자유 사회에서는 선동가와 거짓말쟁이와 사기꾼과 맹목적인 광신자가 항상 너무 늦기 전에 스스로 멈추거나 아니면 결국에 가서는 틀렸다고 증명되는가? 토론의 자유라고 하는 커다란 혜택을 위해서 지불해도 되는 비용은 어디까지인가? 아주 많이 지불해도 좋다는 점은 의심할 나위가 없는데, 그것이 무한대까지인가? 무한대가 아니라면 어떤 희생은 너무 크고 어떤 희생은 지불해도 좋은지 누가 말할까? 밀은 이어서 말하기를 틀렸다고 믿어지는 의견도 부분적으로는 맞을 수 있다고, 절대적인 진리는 없기 때문에 진리로 가는 길은 여럿이라고, 오류로 보이는 것을 억압하다가는 그 안에 담겨 있는 진리도 억압하여 인류에게 손실을 주리라고 한다. 다시 말하지만, 한번 진리이면 영원한 진리인 절대적인 진리가 형이상학적이 아니면 신학적인 논증에 의해서 또는 어떤 직접적인 통찰에 의해서 또는 특정한 종류의 삶을 살아감으로써 또는 밀 자신의 스승들이 믿었듯이 과학적이거나 경험적인 방법에 의해서 발견될 수 있다고 믿는 사람들에게 이러

---

42) *Areopagitica*(1644), vol. 2, p.561, in *Complete Prose Works of John Milton* (New Haven and London, 1953–82).

한 논증은 설득력이 없다.

　인간의 지식은 원칙적으로 결코 완전할 수 없고 언제나 오류일 가능성을 담고 있다. 누구의 눈에도 보이는 단일한 진리란 없다. 각 사람, 민족, 문명은 각기 나름의 목표에 도달하기 위해 각기 나름의 길을 택할 수 있는데 그 목표나 길들이 반드시 서로 조화를 이루지는 않는다. 사람들은 새로운 경험과 자신의 행동에 따라서──밀의 표현을 빌리면 "삶을 통한 실험"[43]에 의해서──바뀌고 마찬가지로 그들이 믿는 진리도 바뀐다. 그러므로 아리스토텔레스주의자에서부터 수많은 기독교 스콜라 철학자를 거쳐 무신론적 유물론자까지 공유하는 확신, 겉모습은 변화하지만 그 저변에는 언제나 어느 곳에나 어떤 사람에게나 똑같이 하나인 기본적인 인간 본성이 있고 인간이 그것을 알 수 있다는 확신, 인간의 본성은 고정되고 불변적인 내용으로 이루어지고 모든 인류에게 똑같은 하나의 패턴 또는 목표에 의해 통솔되기 때문에 인간에게 무엇이 필요한지도 그처럼 영원히 보편적으로 하나라는 확신은 틀렸다. 이 확신과 결부되어, 자연법, 또는 신성한 책이 드러내는 계시, 또는 뛰어난 재능을 타고난 사람의 통찰, 또는 보통 사람들의 자연스러운 지혜, 또는 인류를 다스리도록 마련된 공리주의 과학 엘리트 집단의 계산 안에 모든 곳의 모든 사람들에게 구원을 가져다줄 하나의 단일한 진정한 신조가 있다는 발상도 마찬가지로 틀렸다. 이와 같은 추정들을 전제로 삼을 때에만 밀의 논증은 그럴듯한 것이 된다. 그리고 밀 자신이 스스로 자각했든지 못했든지, 그가 이런 추정들을 명시하지 않은 채 전제로 삼고 있다는 사실은 너무나 명명백백하다.

---

43) L 4/281에서는 "experiment in living"이라고, L 3/261에서는 "experiment of living"이라고 표현했다.

밀은 공리주의자로 자처한 사람치고는 용감하게 인문과학의 (즉 사회과학의) 분야들이 너무나 혼란스럽고 불확실해서 애당초 과학이라 일컫기에도 마땅치 않다고 보았다. 거기에는 타당성을 확보한 일반 명제도 없고 법칙도 없으며, 그러므로 어떤 예측이나 어떤 행동의 규칙을 어떤 법칙으로부터 마땅히 연역할 수도 없다. 그는 자기 아버지를 추앙했고 오귀스트 콩트를 존중했으며 허버트 스펜서와 협력했는데, 아버지의 철학은 송두리째 이와는 정반대의 추정 위에 기초하여 진행했고 콩트와 스펜서 역시 모두 다름 아닌 사회과학이라는 발상에 기초를 놓았다고 자임했던 사람들이다. 그러나 밀이 마음속에 절반 정도 뚜렷하게 간직하고 있던 추정은 그들의 생각과 모순되는 것이었다. 인간은 자발적이고, 선택의 자유가 있으며, 자신의 성격을 스스로 빚어내고, 인간이 자연 및 타인들과 교호한 결과로 무언가 새로운 것이 지속적으로 생성되며, 바로 그 새로움이야말로 사람 안에 내재하는 가장 인간다운 특질이라고 밀은 믿었다. 인간 본성에 관한 밀의 모든 견해는 동일한 패턴이 반복된다는 발상이 아니라, 영속적인 불완전성과 자기 변혁과 새로움에 따라 인간의 삶이 좌우된다고 보는 관점에 기초하고 있었기 때문에, 제임스 밀이나 버클이나 콩트나 스펜서의 작품들은 19세기 사상의 강물에 잠겨 있는 반쯤은 잊혀진 방대한 종이뭉치에 지나지 않는 반면에 밀의 말들은 오늘날에도 살아서 우리의 문제에 대한 적실성을 가지고 있다. 인간의 문제에 최종적인 해답을 주기 위하여, 또는 모든 중요한 쟁점에 관해 보편적인 동의를 확보하기 위하여 필요한 어떤 이상적인 조건을 요구하지도 예측하지도 않았다. 최종성이란 불가능하다고 추정했고 그런 것은 바람직하지도 않음을 시사했지만, 그런 점들을 증명하지는 않았다. 엄밀한 논증은 그의 업적에 속하지 않는다. 그래도 그의 믿음이 확고했던 만큼 그의 입장은 일리도 있으면서 인간적인 것이 될 수 있었고, 엘베시우스와 벤담과 제임스 밀이 구축한 체계적인 신조에 대해 그가 논증을 통해서 반박하지는 않았지만 그들이 기초로 삼았던 토대들은 그의 믿음으로 말미암아 무너져 내렸다.

그의 논증에서 나머지 부분은 더욱 취약하다. 반대 의견에 맞서 단련되지 않는다면 진리는 교조나 편견으로 타락하기 쉽고, 그렇게 되면 사람들이 더 이상 그것을 살아 있는 진리로 여기지 않을 것이기 때문에, 진리의 생명이 유지되기 위해서 반대가 필요하다고 말한다. "들판에서 적군이 사라지는 순간 가르치는 자도 배우는 자도 각자 자기 자리에 주저앉아 잠을 청하고, 이내 확정된 의견이라는 깊은 잠에 빠진다."[44] 만약에 진짜로 반대하는 사람이 하나도 없다면 지적으로 깨어 있는 상태를 유지하기 위해 우리 자신에게 반대하는 논거와 주장을 우리 스스로 발명할 의무가 있다고까지 선언할 정도로 이에 대한 밀의 믿음은 깊었다. 이는 인류로 하여금 정체에 빠지지 않도록 전쟁이 필요하다는 헤겔의 주장과 너무도 닮은꼴이다. 그러나 만약 인간사에 관한 진리가 이를테면 수학적 진리처럼 증명 가능한 것이라면, 단지 틀렸기 때문에 폐기된다는 점을 보여주기 위해 틀린 명제를 발명해야만 진리에 대한 우리의 이해가 유지된다고는 할 수 없을 것이다. 따라서 밀이 진정으로 요구하는 바는 의견의 다양성 그 자체라고 보아야 할 것 같다. "진리의 모든 측면을 공정하게 다룰"[45] 필요가 있다고 역설하는데, 이런 식의 문구는 초기의 공리주의

---

44) L 2/250.
　　(편집자) "확정된 의견이라는 깊은 잠(the deep slumber of a decided opinion)"
　　이라는 문구는 Arthur Helps, *Thoughts in the Cloister and the Crowd*(London,
　　1835), p. 2에서 따온 것이다.
45) L 2/254.

자들처럼 단순하고 완전한 진리가 있다고 믿는 사람이라면 사용할 리가 거의 없다. 이와 같은 회의주의적 면모를 (아마도 자기 자신에게까지) 숨기기 위해 엉성한 논거를 만들기도 한다——"인간 정신이 처한 불완전한 상태에서는 의견의 다양성이 진리에게 이익이 된다."[46] 그러고는 우리에게 "박해하는 자들의 논리를 수용하여 우리는 옳기 때문에 저들을 박해할 수 있지만 저들은 그르기 때문에 우리를 박해해서는 안 된다고 말할 용의"가 있느냐고 묻는다.[47] 가톨릭, 개신교, 유대인, 이슬람 할 것 없이 모두가 각자 득세했을 때에는 그런 논거를 가지고 박해를 정당화했다. 그들 나름의 전제 위에 서면 그들의 논리에 아무런 문제가 없을 수도 있는 것이다.

밀이 거부하는 것은 바로 그 전제이다. 그리고 내가 보기에 그가 그 전제를 거부하는 까닭은——내가 아는 한 이 점을 그가 명시적으로 인정한 적은 없지만——어떤 추론의 결과로서가 아니라, 어떤 경험으로도 수정될 수 없는 최종적인 진리는 적어도 오늘날 이념의 영역이라 일컬어지는 곳, 즉 가치판단이라든지 삶에 대한 전체적 시각과 태도에 관련되는 영역에는 없다고 믿었기 때문이다. 그러나 이와 같은 사유형식과 가치관 안에서 "삶을 통한 실험"과 그 실험을 통해 드러나는 결과의 가치를 그토록 강조하면서도, 밀은 무엇이 사람들에게 가장 깊고 가장 영원한 관심사인지에 관한 자신의 확신이 진리라는 데에 많은 것을 걸었다. 그가 생각한 이유들은 선험적인 지식이 아니라 경험에서 도출되었지만, 그 명제 자체는 전통적인 자연권 이론가들이 형이상학적인 근거 위에서 옹호했던 것과 매우 흡사하다. 개인적 삶에서 남에게 간섭받지 않고 자유로울 수 있는 어떤 최

---

46) L 2/257.
47) L 4/285.

소한의 일부가——그는 이를 불가침으로 여겼다(또는 불가침으로 만들고 싶어 했다)——허용되지 않는다면 어떤 사람도 온전한 인간으로 계발되고 성장하여 완성될 수 없다고 확신했기 때문에 그는 자유를, 즉 강제할 수 있는 권리에는 엄격한 제한이 따라야 함을 신봉했다. 인간이 무엇인지, 따라서 인간에게 기본이 되는 도덕적 지적 필요가 무엇인지에 관한 그의 견해가 여기 있다. 그는 그 결론을 기념비적인 격언의 형식으로 표현했다——"그 행동이 자기 말고 다른 사람의 이해득실에 상관이 없다면 개인의 행동은 사회에 대해 아무런 책임을 지지 않는다"[48] 그리고 "문명사회의 구성원에게 그 자신의 의지에 반하여 권력을 행사할 수 있는 정당한 목적은 오로지 다른 사람을 해치지 못하게 막는 경우뿐이다. 물리적으로든 도덕적으로든 그 사람을 위한다는 목적은 명분으로 충분하지 못하다. 타인이 보기에 그가 그렇게 하는 것이 현명하거나 심지어 옳다는 이유로, 그렇게 하도록 그 사람에게 강제한다는 것은 결코 옳은 일일 수 없다."[49] 이는 밀의 신앙 고백이며 정치적 자유주의의 궁극적인 기초이며, 따라서 그의 생전에 그리고 사후에——심리학적인 근거에서든 도덕적 (사회적) 근거에서든——반대하는 논적들이 공격할 때에 겨냥하는 과녁의 중심이다. 칼라일은 동생 알렉산더에게 보낸 편지에서 그답게 격노하면서 이에 반응했다. "인간 돼지들을 어떤 식으로든 통제하거나 더 나은 방식으로 살도록 강제하는 것이 마치 죄악이라도 된다는 양 …… 하느님 맙소사(Ach Gott im Himmel)!"[50]

좀 더 온유하고 합리적인 비판자들은 사적 영역과 공적 영역의 경

---

48) L 5/292.
49) L 1/223-4.
50) 1859년 5월 4일자 편지, *New Letters of Thomas Carlyle*, ed. Alexander Carlyle (London and New York, 1904), vol. 2, p.196(no. 287).

계선을 긋기가 어렵고, 원칙적으로 한 사람이 하는 일은 무엇이든 다른 사람에게 장애물이 될 수 있고, 사람은 어느 누구도 고립된 섬과 같은 존재는 아니며, 인간에게 사회적인 측면과 개인적인 측면은 실제 현실에서 대개 가려낼 수 없을 정도로 엉켜 있음을 지적한다. 남들이 수행하는 숭배의 형식에 대하여 단지 "혐오스럽다"[51]는 정도가 아니라 자신들 및 자기네 신에 대한 모독으로 받아들이는 사람들이 분명 있는데, 그런 사람들이 고집이 세거나 비합리적인지는 몰라도 반드시 거짓말을 하는 것은 아니라는 지적도 밀을 겨냥하여 제기되었다. 그리고 이슬람교도들은 진심으로 돼지고기를 보면 역겨움을 느끼는데 왜 그들이 모든 사람에게 돼지고기를 먹지 못하게 금지하면 안 되느냐고 밀이 설의법(設疑法)을 사용하여 물을 때, 공리주의의 전제 위에서 도출될 수 있는 답이 결코 자명하지는 않다는 지적도 있다. 밀이 제시하는 개인주의적인 질서보다 완전히 사회화되어 사생활이나 개인의 자유가 축소되어 사라질 지경에 이른 사회에서 대부분의 사람이 더 행복하지——가령 행복이 목표라고 치면——말아야 할 어떤 선험적인 이유도 없고, 실제로 그럴지 안 그럴지는 실험해 보아야 밝혀질 수 있는 문제라는 주장도 가능하다. 사회적 법적 규칙들이 너무나 자주 단지 "사회의 호불호"[52]에 따라서만 결정되는 현실에 밀은 지속적으로 항거하면서, 사회의 호불호란 대개 불합리하거나 무지에 기인하는 것이라고 바른 진단을 내렸다. 그러나 만약 타인에게 해를 끼치느냐 마느냐가 (밀 스스로 언명했듯이) 가장 중요한 문제라고 한다면, 이런저런 믿음에 대한 타인의 반응이 본능이나 직관에서 나오고 합리적 근거에 기초하지 못한다고 해서

---

51) L 4/283.
52) L 1/222.

그로 인한 고통이 줄어드는 것도 아니며, 따라서 타인에 대한 해로움이 줄어드는 것도 아니다. 왜 합리적인 사람들이 비합리적인 사람들에 비해 자기네 목적을 충족할 자격을 더 가져야 하는가? 최대 다수의 (최대 다수가 합리적인 경우는 거의 없다) 최대 행복이 유일하게 정당한 행동의 목적이라면서, 왜 비합리적인 사람들에게는 그런 자격이 주어지지 않는가? 특정 사회가 어떻게 해야 가장 행복해질 것인지는 오직 능력 있는 사회심리학자만이 답할 수 있다. 만약 행복이 유일한 기준이라면, 사람을 제물로 바치거나 마녀를 화형에 처하는 등의 행위도 강력한 대중의 정서가 뒷받침해 주던 그 나름의 시절에는 의심할 나위 없이 다수의 행복에 기여했다. 도덕에 행복 말고 다른 기준이 없다면, 무고한 (이런 행위가 사회에 받아들여질 수 있을 만큼 무지하고 편견으로 가득 차 있는) 늙은 여자 한 사람을 죽임으로써 행복의 수지타산이 더 나아지는지, 안락한 착각에서 벗어나 지식과 합리성을 증진함으로써 그처럼 혐오스러운 결과가 빚어지더라도 전체의 행복이 증진되는지와 같은 질문을 단지 회계장부 상의 계산만으로 대답해야 할 것이다.

밀은 이런 고려들에 대하여 눈길조차 주지 않았다. 그런 지적들보다 그의 모든 느낌과 믿음을 심하게 거스르는 것은 없었던 것이다. 밀의 사상과 느낌의 핵심에는 공리주의도 아니고, 계몽에 대한 관심도 아니고, 사적 영역과 공적 영역의 구분도 아니고 ── 교육이나 위생이나 사회의 안전이나 정의를 위해 국가가 사적 영역에 침입할 수 있다고 그 자신이 때로는 양보하기도 한다 ── 악을 선택할 때도 선을 선택할 때와 마찬가지로 사람은 선택의 능력으로써 사람이 된다는 열정적인 믿음이 자리한다. 오류의 가능성, 실수할 권리는 자기 향상의 능력과 논리적으로 같은 말이며 대칭성이나 최종성은 자유의 적으로 불신의 대상이다 ── 밀은 이런 원칙들을 한 번도 저버리

지 않았다. 진리의 다면성과 인생의 환원 불가능한 복잡성을 예민하
게 의식해서 어떤 간단한 해법이 가능하다든지 어떤 구체적 문제에
대하여 최종적인 정답을 찾겠다는 따위의 발상은 원천적으로 배제
된다고 보았다. 성장기의 환경이었던 엄격한 지적 청교주의를 다시
는 되돌아보지 않으면서, 서로——이를테면 콜리지의 신조와 벤담의
신조처럼 (자서전에서 그리고 그들에 관해 쓴 글에서 두 사람 모두를 이해
하고 그들로부터 배울 필요가 있다고 설파했다)——양립불가능한 신조들
을 이해하고 그로부터 한 단계 높은 안목의 빛을 얻어야 한다고 무
척이나 과감한 설교를 펼쳤다.

III

칸트는 "인간성이라는 뒤틀린 목재로 똑바른 것이 만들어진 적은
한 번도 없다"고 말한 적이 있다.[53] 밀은 이 말을 깊게 신봉했다. 이
믿음에 덧붙여 복잡하고 모순적이며 변화의 와중에 있는 현실의 상
황을 간단한 모델이나 명료하고 건조한 공식으로 포섭할 수 있다는
발상에 대한 거의 헤겔과 비슷하다 할 거부감으로 말미암아 밀은 조
직된 정당이나 강령에 대하여 확신하기는커녕 아주 마뜩찮게 생각
하면서 따라가는 사람이 되었다. 모든 사회악을 어떤 거창한 제도
변화를 통해 궁극적으로 해결할 수 있다고 아버지가 그토록 변론했
고 해리엇 테일러마저 (그녀가 믿은 해결책은 사회주의였다) 그토록 열
정적으로 믿었지만, 그는 사람들이 서로 다르고 끊임없이 진화하는
까닭은 자연적인 원인뿐만이 아니라 사람들 자신이 하는 일로 말미

---

53) *Kant's gesammelte Schriften*(Berlin, 1900-), vol. 8, p. 23, line 22.

암아 때로는 의도되지 않았던 방향으로까지 성격이 바뀌기 때문이라고 보아 어떤 명백하게 식별된 최종적 목표라는 발상 안에서 안주할 수가 없었다. 오로지 그 점 때문에 사람들의 행동은 예측할 수 없는 것이 되며, 기계에 대한 비유에서 영감을 받았든 생물체의 비유에서 영감을 받았든 어떤 법칙이나 이론도 집단은 고사하고 한 개인의 성격에 내재하는 복잡성과 질적인 속성들을 포섭해 낼 역량을 가질 수 없다. 그러므로 살아 있는 사회에 대하여 그런 식으로 구성된 설계도를 강요해 가지고는 그가 늘 즐겨 사용하던 표현대로 인간의 권능을 "왜소하게 만들고" "불구로 만들고" "경련이 일어나게 만들고" "피 말려 죽이는"[54] 결과밖에 남지 않는다는 것이다.

그로 하여금 아버지의 입장으로부터 가장 멀어지게 만든 것은 곤경은 하나하나 개별적으로 각기 나름의 특정한 처리 방식이 필요하고, 사회적 병리 현상 하나를 치료하기 위해 정확한 판단을 내려야 할 필요는 적어도 해부학이나 약학과 같은 분야에서 법칙에 관한 지식이 필요한 정도와 같다는 (공개적으로 천명한 적은 없지만) 믿음과 확신이었다. 그는 프랑스의 합리주의자도 독일의 형이상학자도 아닌 영국의 경험주의자였고, 발전으로 가는 위대한 노선(grandes lignes)에 관심을 집중했던 엘베시우스나 생시몽이나 피히테와는 달리 각 사례의 개별적인 본질과 "풍토"[55]의 차이와 나날이 바뀌는 상황의 작용에 민감했다. 그러므로 다양성을 유지하기 위해, 변화의 문이 닫히지 않도록, 사회적 압력의 위험에 항거하기 위해 그는 몽테스키외를 능가하여 토크빌만큼 염려하게 된 것이고, 한 사람을 먹이로 삼아 사회 전체가 달려드는 사태를 증오하게 된 것이고, 반대자와

---

54) L 3/265, "불구로 만들고(maim)"는 271.
55) L 3/270.

이단자 그 자체를 보호하기를 원하게 된 것이다. 사회의 의견이 "개인들에게 법칙이 되어야 한다"[56]고 선포하는 괴물 같은 원칙 그 자체를 공격하는 것이 아니라, 대개 이런저런 구도나 개혁책을 우호적으로 받아들이도록 사회의 의견을 바꾸려는 시도 이상이 되지 못한다는 것이 진보주의자를 (공리주의자 그리고 혹 사회주의자를 뜻할 수도 있다) 그가 비판한 요지였다. 본원적 가치로서 다양성과 개인성을 향한 밀의 압도적인 열망은 여러 모습으로 나타난다. "사람은 나머지 사람들에게 좋아 보이는 대로 살라고 강제당할 때보다 각자에게 좋아 보이는 대로 살면서 견딜 때 더 많은 것을 얻게 된다"――이 말은 분명히 "지당한 말씀"이지만 그런데도 "현존하는 의견과 관행이 흘러가는 일반적 경향과는 어긋난다"[57]고 그는 선언한다. 이보다 예리한 단어들로 표현한 대목도 있다. "공인된 표준"을 준봉하라고, 다시 말해 "어떤 것도 강하게 원하지 말라"고 강요하는 것이 그 시대의 습관처럼 되어 버렸음을 지적한다. "이 시대가 이상으로 여기는 특성은 두드러진 특성을 가지지 않는 것, 눈에 띄게 튀어나옴으로써 한 사람을 통상적인 인간형과는 윤곽에서부터 다르게 만들고야 말 인간 본성의 모든 부분을 중국 여인의 발처럼 위축시켜 불구로 만드는 것이다."[58] 그리고 "영국의 위대함은 이제 모두 집단적이다. 마치 개인은 작기 때문에 연합하는 버릇을 통해야만 무언가 위대한 일을 할 수 있는 것으로 여겨진다. 우리의 도덕적 종교적 인도주의자들은 완전히 여기에 만족하고 있다. 그러나 영국을 오늘과 같이 되도록 한 사람들은 그들과는 다른 종류였고, 영국이 쇠망하지 않으려면 그처럼 다른 종류의 사람들이 있어야 할 것이다."[59]

---

56) L 1/222.
57) L 1/226.
58) L 3/271-2.

내용은 접어두고 어조만으로도 벤담은 경악했을 것이다. 토크빌의 메아리에 해당하는 쓰라린 대목도 그랬을 것이다 —— "비교적으로 보아 사람들은 이제 같은 글을 읽고 같은 말을 듣고, 같은 것을 보고, 같은 곳에 가며, 같은 대상을 상대로 하여 희망과 공포를 느끼고, 같은 권리와 자유를 누리며, 같은 수단을 통해 권리와 자유를 주장한다 …… 이 시대의 정치적 변화는 모두가 낮은 것을 끌어올리고 높은 것을 끌어내리려는 것이기 때문에 〔이 같은 동화를〕 촉진한다. 교육은 모두 사람들을 공통된 영향력 아래로 쓸어 모으려는 것이기 때문에 이를 촉진한다.""의사소통 수단의 향상도 이를 촉진"하고, "공공 여론의 득세"도 이를 촉진한다. "개인성에 대해 적대적인 영향력의 덩어리가 워낙 커서",[60] "이 시대에는 순응하지 않은 하나의 사례만 되어도, 관습에 무릎을 꿇지 않겠다는 거부만으로도 그 자체가 공헌이다."[61] 이제는 단지 다르기만 해도, 저항을 위한 저항만으로도, 반발 그 자체만으로도 충분하다고 할 지경에 이른 것이다. 준봉주의, 그리고 공격과 수비를 위해 거기에 달린 팔에 해당하는 불관용은 밀에게 언제나 진저리나는 것으로, 스스로 개명되었다고 자처하는 시대, 그렇지만 무신론자라는 이유로 이십일 개월 동안 감옥살이를[62] 해야 하고 공인된 종교를 신봉하지 않는다는 이유로 배심원 자격이 박탈되고 외국인은 정의를 누리지 못하며, 관용이란 오직 기독교도에게만 바람직한 것이지 비신자에게는 해당되지 않는다고 선언함으로써 "멍청함을 과시"[63]한 한 차관의 발언 때문에 힌두교나

---

59) L 3/272.

60) L 3/274-5.

61) L 3/269.

62) (옮긴이) 리처드 칼라일 본인과, 아내, 여동생, 출판사의 직원 여덟 명, 그가 펴내던 무신론 개혁과 잡지 《공화주의자(*The Republican*)》의 남녀 판매원 150명 이상이 신성모독과 반역을 부추긴다는 죄목으로 줄줄이 감옥으로 갔다.

이슬람교 계열의 학교에는 공공 자금이 투여될 수 없는 등의 시대에는 특히나 끔찍한 것이었다. 노동조합의 회원 중에서 솜씨가 더 좋거나 더 근면하다는 이유로 그렇지 않은 조합원에 비해 더 높은 임금을 받는 일을 예방하고자 노동자들이 "도덕 순찰대(moral police)"[64]를 고용하는 것에 비해 하등 나을 것이 없다.

이런 행태들이 개인과 개인 사이의 사적인 관계에까지 간섭해 들어오게 되면 더더욱 가증스럽게 된다. "성관계에 관하여 사람들이 각자 어떻게 하든지 그것은 중요하지도 않고 그들 자신 말고는 아무에게도 상관없는 사적인 문제로 치부되어야 한다"고, 그리고 (그 결과로 아이가 태어나서 사회적으로 강제되어야 할 의무가 명백히 발생하였다는 따위의 이유에서가 아니라) "성관계라는 사실 자체만을 가지고 다른 사람이나 세상에 대하여 책임을 묻는 행위를 인류가 역사의 유아기에 저지른 미신과 야만으로 여기게 될 날이 올 것"이라고 밀은 선언했다.[65] 절제하라는 강요, 안식일을 지키라는 강요, 또는 "나서기 좋아하는 경건한 사회 구성원들"이 "자기 일에나 신경 쓰라"[66]고 충고해 주고 싶은 마음이 들게끔 끼어들어 참견하는 모든 문제들이 밀에게는 다 이 점에서 마찬가지로 보였다. 남의 아내이던 해리엇 테일러와 교제한 시기에 그 자신을 겨냥하여 나온——토머스 칼라일은 그들의 관계를 플라토닉 러브라고 부르며 조롱했다——뒷공론 때문에 밀이 이런 형태의 사회적 박해에 유난히 민감해졌다는 데에는 의심의 여지가 없다. 그러나 이 문제에 관한 그의 발언은 모두 가장 깊고 가장 영속적인 확신에서 나온 것이다.

---

63) L 2/240, 각주.
64) L 4/287.
65) *Diary*, 1854년 3월 26일. CW XXVII 664.
66) L 4/286.

가장 억압적일 수 있는 가능성이 잠복하고 있다는 점에서 과연 민주주의가 유일하게 정의로운 정부 형태인지에 관한 밀의 의혹 어린 시선도 같은 뿌리에서 연원한다. 권위가 집중되고 그에 따라 불가피하게 각 개인이 전체에게 의존하고 "각 개인이 전체에 의해 감시" 당하게 된다면, 결국 모든 것들이 "생각과 사무와 행동에서 길들여진 획일성"[67]에 따라 맞추어지고 "사람의 형태를 띤 자동인형"[68]들이 생산되며 "자유가 살해되는"[69] 결과로 귀결되지 않겠느냐고 물으면서 불편한 심기를 드러냈다. 그전에 토크빌은 미국에서 민주주의가 불러들이고 있던 도덕적 지적 효과에 관해 비관적인 글을 쓴 바 있다. 위에서 간접적으로 언급했던 대목을 인용하자면, "그러한 권력이 한 나라의 인민을 파괴하지 않는다면, 존립을 방해하고 …… 위축시키며 탈진시키고 무력화하며 얼을 빼버린다." 그리하여 "겁을 집어먹어 부지런하기만 한 동물로 만들어 버리고 정부더러 그 목동 노릇을 하게 만든다."[70] 밀도 같은 생각이었다. 하지만 이에 대한 유일한 치유책은 토크빌 본인이 (아마도 마음 한구석에서는 여전히 마뜩찮게 생각하면서) 주장했듯이, 충분한 숫자의 개인들을 교육하여 자립과 저항과 강건함으로 이끌어 갈 유일한 방도인 민주주의의 증진이다.[71] 사람들에게는 남에게 자기 의견을 강요하려는 성향이 워낙 강해서 권

---

67) *Principles of Political Economy*, book 2, chapter 1, CW II 209.

68) L 3/263.

69) 아내 해리엇에게 보낸 1855년 1월 15일자 편지, CW XIV 294. 밀은 liberticide라는 말을 만들어 사용하면서 강조체로 썼다.

70) *Democracy in America*, part 2(1840), book 4, chapter 6, "민주적인 나라가 두려워해야 할 전제의 종류": vol. 2, p.319, ed. Phillips Bradley, trans. Henry Reeve & Francis Bowen(New York, 1945).

71) 토크빌은 어쨌든 민주주의의 증진은 불가피하다고 보았고, 그리고 시공의 제약을 받은 자기 자신의 견해보다 넓은 안목에서 보면 아마도 궁극적으로 더욱 정의롭고 더욱 관대할지도 모른다고 생각했다.

력의 결핍만이 그 유일한 제약이다. 그런데 그 권력은 갈수록 커지고 있다. 그러므로 추가적인 방벽이 설치되지 않는다면 그 성향이 날로 증가해서 의견을 억누름으로써 "굽실대는 자", "시류에 영합하는 자",[72] 위선자들이 창조되어 확산되고,[73] 마침내 겁에 질린 소심함이 독자적인 사유를 죽여 버리고 사람들은 안전한 주제 안으로만 침잠하는 사회가 만들어질 것이다.

그러나 그 방벽이 너무 높게 설치된다면 그리하여 개인의 의견에 전혀 간섭하지 않는다면, 버크나 헤겔주의자들이 경고했던 것처럼 사회의 짜임새가 와해되고 단자화되어 무정부 상태가 빚어지지 않을까? 이에 대해 밀은 "공중(公衆)에 대한 어떤 의무도 위반하지 않고 본인 말고는 어떤 사람에게도 지각될 만한 해를 입히지 않은 행위"로 말미암아 발생하는 "불편함은 …… 인간의 자유라고 하는 더 큰 선을 위해 참고 견디더라도 사회에게 지장이 없다"고 답한다.[74] 견고한 사회 연대가 필요하기는 하지만 만약 사회가 시민들을 문명화된 사람으로 교육해 내지 못했다면, 남에게 귀찮거나 다수가 받아들이는 어떤 표준에 순응하지 않거나 남들과 잘 어울리지 못한다는 이유로 개인을 처벌할 권리는 사회에게 없다는 말과 같다. 매끄럽게 조화로운 사회가 어쩌면 적어도 일시적으로는 창조될 수 있겠다고 양보할 수는 있지만, 그래도 너무 높은 대가를 지불해야 할 것이다. 갈등 없는 사회가 출현한다면 시인들이 모두 추방되어야 하리라고 본 플라톤은 정확했다. 이런 방책에 반발하는 사람들을 질리게 만드는 것은 환상이나 쫓아다니는 시인들이 추방당한다는 점 자체라기보다는 다양성과 움직임과 모든 종류의 개인성을 끝장내려는 욕구,

72) L 2/242.

73) L 2/229.

74) L 4/282.

삶과 사고를 시공에 구애받지 않고 변하지 않으며 획일적인 어떤 고정된 패턴에 맞추려는 열망이 그 저변에 깔려 있기 때문이다. 저항할 권리와 반발할 역량이 없다면 정의도 없고 추구할 만한 목적도 없다고 밀은 생각했다. "모든 인류가 한 사람을 빼고 의견이 똑같고 오직 한 사람만이 반대 의견을 가졌다고 해도, 인류가 그 한 사람을 침묵시키는 것은 그 한 사람이 권력이 있어서 나머지 모두를 침묵시키는 것과 마찬가지로 정당하지 않다."[75]

앞에서 언급한 바와 같이 R. W. 리빙스턴은, 의심할 나위 없이 밀에게 공감하고 있으면서도, 이 기념 강연의 자리에서 인간에게 합리성을 너무나 많이 귀속했다는 혐의를 그에게 걸었다. 재갈 물리지 않은 자유란 타고난 권능을 완숙하게 계발한 사람들의 권리일 수는 있겠지만, 오늘날 또는 역사의 대부분에서 그런 경지에 도달한 사람이 얼마나 있느냐는 것이다. 밀의 요구와 낙관론은 적정선에서 한참이나 지나친 것이 아닌가?[76] 리빙스턴이 맞다고 말할 수 있는 중요한 의미는 분명히 있다—밀은 예언자가 아니었다. 사회현상의 진행 가운데 많은 것들이 그를 우울하게 만들었다. 그러나 비합리적인 힘들이 높이 치솟아 20세기 역사의 판형을 짜게 되리라는 기미는 전혀 눈치 채지 못했다. 부르크하르트와 마르크스, 파레토와 프로이트는 당대의 흐름 저변에 무엇이 있는지에 더욱 민감해서, 개인과 사회가 나타내는 행태의 원천을 훨씬 더 깊이 들여다 볼 수 있었다. 그러나 밀이 자기 시대의 개명되었음을 과장했다거나 당대 사람들 가운데 다수가 성숙하거나 합리적이거나 아니면 머지않아 그렇게 되리라고 생각했다는 증거는 내가 알기로 없다. 어떤 표준으로 보더라

---

75) L 2/229.
76) Sir Richard Livingstone, *Tolerance in Theory and in Practice*, 제1회 로버트 웨일리 코언(Robert Waley Cohen) 기념강연(London, 1954), pp.8-9.

도 문명인이라고 봐야 할 어떤 사람들을 편견과 어리석음과 "집단적 범용"[77]이 억누르고 차별하고 박해하는 광경을 그는 눈앞에서 목격하였던 것이고, 그들에게 가장 핵심적인 권리를 박탈당하고 있다고 여겨서 저항했던 것이다. 인간의 모든 진보, 모든 위대함과 덕과 자유는 주로 그런 사람들을 보호해 주고 그들의 앞길에서 장애물을 치워 주는 데에 달려 있다고 믿었다. 하지만 그 때문에 플라톤 식의 수호자를 임명하기를 원한 것은 아니다.[78] 그는 다른 사람들도 그들처럼 교육을 받을 수 있고, 교육을 받은 후에는 선택할 자격을 갖출 것이며, 그때 선택은 일정한 한계 안에서 타인에 의해 방해도 지시도 받지 말아야 한다고 생각했다. 교육을 옹호하는 한편으로 (공산주의자들이 그렇듯이) 피교육자의 권리인 자유를 망각하지도 않았고, 총체적인 자유를 위해 밀어붙이다가 (무정부주의자들이 그렇듯이) 적정 수준의 교육이 없이는 혼란에 빠지게 되고 그리하여 혼란에 대한 반동으로 새로운 형태의 노예제로 돌아가고 말리라는 점을 망각하지도 않았다. 그는 교육과 자유 둘 다를 요구했다. 그러나 이 과정이 금세 쉽게 보편적으로 이루어지리라고는 생각하지 않았다. 그는 전체적으로 비관적인 사람이라서, 민주주의를 옹호하면서도 동시에 불신했다. 이 때문에 받아야 했던 공격은 어찌 보면 당연한 것이었고, 아직도 예리한 비판의 대상이 되고 있다.

리빙스턴은 밀이 당대의 정황을 예민하게 의식하였지만 그 이상은 보지 못했다고 관찰했다. 내가 보기에 이는 온당한 평인 것 같다. 빅토리아 시대 영국은 폐쇄공포증을 앓고 있었다 —— 질식할 것 같은 느낌이 팽배해서 좌파와 우파를 막론하고 그 시대 최고로 재능 있는

---

77) L 3/268.
78) 생시몽이나 콩트와 같은 합리적 엘리트주의자, 그리고 웰즈(H. G. Wells)나 여타 테크노크라트들과 입장이 갈리는 지점이 바로 여기다.

인물이었던 밀, 칼라일, 니체, 입센과 같은 사람들이 더 많은 공기와 더 많은 조명을 요구했다. 오늘날의 대중이 느끼는 신경쇠약은 광장 공포증이다. 사람들은 지침이 너무 없고 해체되는 것처럼 보이는 현실 때문에 두려워한다. 그리하여 홉스의 자연 상태에서 사는 주인 없는 사람처럼, 자유가 너무 많아져서 광막한 진공관에 친구 하나 없이 버려질까 봐, 길도 이정표도 목표도 없이 사막에 홀로 남을까 봐 깜짝 놀라, 바다가 덮치지 못하게 막아 줄 방벽을 달라고, 질서와 안전과 조직, 명료하게 인식할 수 있는 권위가 필요하다고 요청한다. 우리는 19세기와는 다른 상황에 처해 있으므로 우리의 문제도 그때와는 다르다——비합리성이 차지하는 영역은 밀이 꿈속에서 상상이나마 해보았던 것보다도 더 넓고 복잡하다. 밀의 심리학은 이미 낡은 것이고, 새로운 발견이 이루어질 때마다 그만큼 더 낡아진다. 자유를 보람 있게 사용하지 못하게 되는 까닭으로 도덕적 지적 안목의 결여와 같은 순전히 정신적인 장애에만 주목하고 빈곤이나 질병 또는 그 둘의 공통된 원인 또는 상호작용에는 그다지 (그래도 그를 폄하하는 사람들이 주장하는 정도로 간과한 것은 아니다) 주의를 기울이지 않았기 때문에, 너무나 협소하게 사상과 표현의 자유에만 집중했다는 비판은 정당하다. 이는 모두 맞는 말이다. 그러나 이제 새로운 기술과 새로운 심리학에 관한 지식을 갖추고 대단한 새로운 힘도 보유하고 있건만, 에라스무스, 스피노자, 로크, 몽테스키외, 레싱, 디드로 등, 인문주의를 창시한 이들이 주장했던 고래의 처방 말고, 이성과 교육과 자아 이해와 책임 말고, 한마디로 줄이면 자아 이해 말고 무슨 새로운 해답이 우리에게 있는가? 그것 말고 인간에게 무슨 희망이 있는가? 그것 말고 다른 희망이 있었던 적이 한 번이라도 있었는가?

IV

　밀의 이상은 독창적인 것이 아니다. 그것은 합리주의와 낭만주의를 융합하려는 시도로, 괴테와 빌헬름 훔볼트의 목표와 같이 풍부하고 자발적이며 다면적이고 두려워하지 않는 자유롭지만 합리적이며 자아 지향적인 인간형을 향한 추구이다. 밀은 유럽인들이 "길이 여러 갈래" 있다는 사실에 크게 덕을 보고 있다고 지적한다.[79] 차이와 불일치 그 자체에서 관용과 다양성과 인간성이 샘솟는다. 문득 평등주의에 대한 반감이 치솟을 때면 사람들이 보다 개인적이었고 보다 책임감이 있었다는 이유로 중세를 찬양하기도 한다. 사람들이 사상을 위해 죽기도 했고 여자가 남자와 동등했다는 것이다. "불쌍한 중세시대, 교황 체제와 기사도와 봉건제는 누구의 손에 사멸했던가? 다름 아닌 변호사, 거짓 파산자, 주화 위조범"[80]이라고 한 미슐레의 한탄을 인용하며 동시에 승인한다. 이것은 버크나 칼라일이나 체스터턴[81]의 말이지 철학적 발본주의자[82]의 말이 아니다. 삶에 색깔과 질감이 있어야 한다는 열정에 사로잡혀서 밀은 자기편의 순교자 명단을 잊었고 아버지와 벤담과 콩도르세의 가르침을 망각했다. 그는 단지 콜리지만을 기억했고, 오직 가지런히 평준화된 중산층 사회, "자기가 해야 하는 것과 모든 점에서 똑같은 방식으로 남들도 모두 행

---

79) L 3/274.

80) Jules Michelet, *Histoire de France*, vols 1–5(Paris, 1833–41), book 5, chapter 3(vol. 3, p. 32). 이 책에 관해 쓴 논평에서 인용되는 대목이다. CW XX 252.

81) (옮긴이) 체스터턴(Gilbert Keith Chesterton, 1874~1936): 20세기 초반의 영국 작가. 역설적인 표현을 즐겨 지어냈고, 엄청난 다작으로 80권의 책, 수백 편의 시, 200여 편의 단편소설, 4000여 편의 수필 및 논설, 한 편의 희곡을 남겼다.

82) (옮긴이) 철학적 발본주의자(philosophical radical): 벤담, 고드윈, 메리 월스톤크래프트, 제임스 밀, 존 스튜어트 밀 등을 묶어서 부르는 표현. 합리성에 의해 인류의 역사가 진보한다는 생각을 공유했다.

동해야 한다는 것이 모든 개인의 절대적인 사회적 권리"[83]라고 하거나, 또는 한 술 더 떠서 "신은 불신자의 행위를 혐오할 뿐만 아니라 그런 자를 가만 놔두는 우리에게도 죄를 물을 것"이기 때문에 "다른 사람으로 하여금 종교적이게 만드는 것이 사람의 의무"[84]라고 천명하는 잔인한 원칙을 숭배하는 회색 빛 준봉주의자들의 집합이 얼마나 끔찍한지만을 뇌리에 새겼다. 빅토리아 시대의 영국 사회는 그런 것들을 가지고 동족인지 아닌지를 판별했다. 그런 것이 사회정의라면 그런 정의는 차라리 죽어 없어지는 편이 나을 것이다. 『자유론』의 출판보다 시기상 앞서는 비슷한 일화로, 가난한 사람들을 착취하면서도 자기가 옳은 양 변명을 일삼는 행태에 대해 격분한 밀은 정의가 목숨보다 소중하다고 하면서 혁명과 살육을 향한 바람을 표한 바 있다.[85] 이런 발언을 할 때 그는 스물다섯 살이었다. 그로부터 다시 스물다섯 해가 지난 후에도 그는 야만에 저항할 수 있는 힘을 내면에 갖추지 못한 문명은 차라리 소멸되는 것이 낫다고 선언했다.[86] 이런 표현은 칸트의 목소리는 아닐지 모르지만, 루소나 마치니의 목소리에 가깝지 공리주의자의 목소리는 아니다.

그러나 밀이 이런 식으로 말한 경우는 드물다. 혁명은 그의 해법이 아니다. 인간의 삶이 견딜 만하게 되려면 정보는 집중되어야 하고 권력은 분산되어 널리 퍼져야 한다. 모든 사람이 가능한 한 많이 알

---

83) L 4/289.

84) Ibid.

85) (편집자) 확언할 수는 없지만 존 스털링(John Sterling)에게 보낸 1831년 10월 20–22일자 편지에 적힌 내용을 가리키는 것으로 보인다. CW XII 84. 앞에 나온 "혁명이 나서 일 년에 오백 파운드 이상의 소득을 올리는 자를 모두 죽여 버리면 세상이 훨씬 더 좋아질지도 모른다"는 말은 이 편지에 나오는 말을 직접 인용한 것이다.

86) L 4/291.

고 동시에 어느 누구도 권력을 너무 많이 가지지 않는다면 "사람들을 왜소하게 만드는"[87] 국가, "모두 다 평등하지만 모두 다 노예인 서로 고립된 개인들로 만들어진 집합을 집행부의 우두머리가 절대적으로 통치하는"[88] 국가, "왜소한 사람들로는 어떤 위대한 일도 이룩할 수 없다는"[89] 국가를 피할 수 있을 것이다. 사람들을 "경련이 일어나게 만들고", "질리게 하고", "왜소하게 만드는"[90] 삶의 신조와 형식은 끔찍스러울 정도로 위험하다. 대중문화의 결과로 비인간화가 초래되며, 사람을 광고와 언론의 매체를 통해 착각에 빠뜨리고 조작할 수 있는 비합리적인 존재로 취급함으로써 개인이든 집단이든 진심에서 우러나는 목적이 파괴되고 만다고 하는 우리 시대에 뚜렷이 감지된 자각——인간의 무지, 악, 어리석음, 인습, 그리고 무엇보다도 자기기만과 맹목적인 제도와 같은 것들이 자연의 힘과 어울려 빚어내는 소용돌이에 속수무책으로 노출됨으로써 인간의 기본적인 목적에서 "소외"된다는 자각——이 모든 점들을 밀은 러스킨[91]이나 윌리엄 모리스[92]와 마찬가지로 깊게 느끼면서 괴로워했다. 이 점과 관련하여 밀이 그 두 사람과 다른 점은 개인의 자아 표현과 인간 공동

---

87) L 5/310.

88) *Autobiography*, chapter 6, CW I 201.

89) L 5/310.

90) "경련이 일어나게 만들고(cramp)", "왜소하게 만든다(dwarf)"는 표현은 L 3/266에 나온다. "질리게 한다(stunt)"는 *Autobiography*, chapter 7(CW I 260)과, *Considerations on Representative Government*, chapter 3(CW XIX 400)에 나온다.

91) (옮긴이) 러스킨(John Ruskin, 1819~1900): 영국의 작가, 시인, 예술 평론가, 사회 평론가. 그의 예술 평론은 빅토리아 시대를 대표하며, 그의 사회주의적 시각은 당대 노동조합 지도자들에게 영향을 주었다.

92) (옮긴이) 모리스(William Morris, 1834~1895): 영국 예술 공예 운동의 개척자이자 사회주의 이론가. 벽지와 무늬가 들어간 섬유를 고안했고, 마르크스주의를 영국에 전파했다.

체가 동시에 필요하다는 데서 오는 딜레마를 그들보다 명료하게 깨달았다는 점이다. 자유에 관한 그의 논고는 바로 이 문제에 관한 글이었다. 이 논고의 "가르침이 오랫동안 가치 있는 것이 될까 봐 두려워해야 한다"[93]고 밀은 암울한 어조로 덧붙였다.

철학자들에게 가장 깊은 확신이 공식적인 주장에 담겨서 표명된 경우는 매우 드물고, 근본적인 믿음이나 삶에 관한 포괄적인 견해는 적을 대비해서 경비해야 할 성채와도 같다고 버트런드 러셀은——밀의 대자(代子, godson)였다——말한 적이 있다.[94] 철학자들은 자기의 신조에 대해 실제로 가해지거나 가해질 수 있는 반론을 상대로 논증하는 데에 지력을 소비한다——그들이 찾아낸 이유나 그들이 사용하는 논리가 복잡하고 천재적이며 강력할 수는 있지만, 그것들은 방어용 무기인 것이다. 내면에 요새를 이루고 있는 인생관은——전투는 이것 때문에 일어난다——대개의 경우 상대적으로 간단하고 고도의 이론적 전개가 필요 없다. 자유에 관한 논고에서 자기 입장을 옹호하는 밀의 논리는 사람들이 흔히 지적하는 것처럼 지적으로 높은 경지에 있지는 않다. 그가 펼치는 논증의 대부분은 거꾸로 그 자신을 겨냥하는 칼이 될 수도 있고, 나름대로 확신을 가지고 그의 입장에 공감하지 않는 반대자라도 수긍하지 않을 수 없을 만큼 결정적인 주장은 하나도 없다. 밀이 사망한 해에 강력한 반론을 출판했던 제임스 스티븐[95]의 시대에서부터 우리 시대의 보수주의자, 사회주의자, 권위주의자, 전체주의자에 이르기까지 그를 옹호하는 사람보다는

---

93) *Autobiography*, chapter 7: CW I 260.

94) *History of Western Philosophy*(New York, 1945; London, 1946), p. 226.

95) (옮긴이) 제임스 스티븐(Sir James Fitzjames Stephen, 1829~1894): 영국의 법률가, 판사. 밀에 대한 비판은 벤담과 (또는 홉스와) 같은 공리주의자의 입장에서 밀과 같은 신종 공리주의에 반발한 것이다.

비판하는 사람의 수가 전체적으로 더 많다. 그럼에도 불구하고 내면의 성채는—주장의 요체는—시험을 견뎌냈다. 단서 조항들을 좀더 붙이고 표현을 정교하게 다듬을 필요가 있을지는 모르지만, 그 책은 여전히 개방되고 관용적인 사회를 원하는 사람의 견해를 가장 분명하고 가장 솔직하며 설득력 있게 개진한 감동적인 글이다. 그럴 수 있었던 까닭은 단순히 밀의 정직한 마음이라든지 도덕적, 지적으로 매력이 있는 문체 때문만이 아니라 인간에게 가장 근본적인 특성과 열망에 속하는 것들에 관해서 무언가 참되고 중요한 이야기를 하고 있기 때문이다.

일련의 명료한 (하나하나 따져 보면 그럴듯하기는 하지만 의심의 여지도 많이 있는) 명제들을 자기가 제공할 수 있는 최선의 논리적 고리로 엮은 결과를 토로한 데 불과한 것이 아니다. 그는 현대 사회에서 자기 향상을 위해 인간이 가장 성공적으로 노력한 결과로 파멸이 닥쳐오고야 만다든지, 현대 민주주의의 의도되지 않은 결과들, 그리고 그런 결과 중에서도 최악의 것들을 옹호하려고 했던 (아직도 옹호하고 있는) 이론에 담겨 있는 오류와 나아가 실제적인 위험과 같은 심오하고 본질적인 측면을 감지했다. 논증이 취약하고 결론의 끝이 느슨하게 열려 있고, 사례들이 시대에 뒤떨어졌고, 디즈레일리[96]가 심술궂게 비아냥거렸듯이 보모의 잔소리 같은 말투임에도 불구하고, 독창적인 천재들만이 보유하는 과감한 발상을 전혀 찾아볼 수 없음에도 불구하고, 그의 글이 당대인들을 교육하고 지금까지도 논쟁을 불러일으키는 것은 바로 그 때문이다. 밀의 핵심 명제들은 동어반복이

---

96) (옮긴이) 디즈레일리(Benjamin Disraeli, 1804~1881): 영국 정치인, 수상(1868, 1874~1880). 대중소설의 작가로 입신한 다음, 보수당에 들어가서 지도자로 성장했다. 자유당의 글래드스턴과 라이벌로 19세기 후반 영국 정치에서 한 축을 담당했다.

아니다. 그것들은 전혀 자명하지가 않다. 그것은 마르크스, 칼라일, 도스토예프스키, 뉴먼,[97] 콩트와 같이 당대에 가장 두드러진 사람들로부터 반발과 거부를 불러일으킨 한 입장을 언표화한 것으로, 지금에도 해당하는 이야기이므로 아직도 공격을 받고 있다. 『자유론』은 그 시대에 진짜로 골치 아픈 쟁점들을 함축하는 사례들을 통해서 특정한 사회적 문제를 다루는 글이다. 그 글에 담긴 원리와 결론이 생명력을 가지는 까닭은 부분적으로, 한 사람의 삶에서 발생한 예리한 도덕적 위기를 거쳐서, 그리고 그 후에는 구체적인 명분을 위해 그리고 진심에서 우러나는——그러므로 때로는 위험을 무릅쓴—— 결단을 내리는 데에 바쳐진 삶에서 샘솟은 것이기 때문이다. 밀은 자기에게 궁금했던 문제들을 다른 사람이 제공해 주는 어떤 정통의 안경을 통하지 않고 자기 눈으로 들여다보았다. 아버지에게 받은 교육에 대한 반항, 콜리지를 비롯한 낭만파의 가치에 대한 과감한 동조는 그런 안경을 땅바닥에 내동댕이쳐 버린 해방의 몸짓이었다. 그 뒤에는 절반밖에 맞지 않은 낭만주의에서도 스스로 해방되어 자기 나름대로 생각할 수 있게 되었다. 그랬기 때문에, 스펜서와 콩트, 테느와 버클, 심지어 칼라일과 러스킨까지 당대에는 아주 커다랗게 떠올랐던 인물들이 과거의 그늘 속으로 급속도로 물러났지만 (또는 묻혀 버렸지만) 밀은 여전히 실체를 유지하고 있다.

이처럼 삼차원적이고 원숙하며 진심을 보유한 성품에서 나타나는 징후 한 가지는 우리 시대의 문제에 관하여 그가 어떤 입장을 취했을지 짐작할 수 있다고 확신할 수 있다는 점이다. 드레퓌스 사건에서, 보어 전쟁에서, 파시즘 또는 공산주의에 관해 그가 어떤 입장을

---

97) (옮긴이) 뉴먼(John Henry Newman, 1801~1890): 영국의 추기경. 영국 교회 목사로 시작해서 영국 교회가 보다 가톨릭적인 체계와 신조를 가져야 한다고 주장하다가, 결국은 스스로 가톨릭으로 개종하였다.

취했을지 의심하는 사람이 있을 수 있을까? 이야기가 나온 김에 좀 더 하자면, 뮌헨 회담, 수에즈 운하를 둘러싼 갈등,[98] 부다페스트의 봉기와 학살, 남아프리카의 인종차별, 식민주의, 또는 울펜던 보고서[99]에 관해서는 의심할 사람이 있을까? 빅토리아 시대에 활약한 다른 도덕이론가, 칼라일이나 러스킨이나 디킨스, 또는 심지어 킹슬리[100]나 윌버포스[101]나 뉴먼의 경우에도 우리가 그처럼 확신할 수 있나? 이 점만으로도 밀이 다룬 쟁점들이 영속적이었으며 그 문제들을 다룰 때 그의 통찰력이 어느 정도였는지에 관한 상당한 증거가 된다.

V

밀은 보통 정의롭고 높은 영혼의 소유자로 존경할 만하고 민감하며 다정하지만 "냉철하고 언제나 꾸짖는 듯하며 음울한"[102] 빅토리

---

98) (옮긴이) 수에즈 위기(Suez Crisis): 1956년 이집트의 민족주의 사회주의자 나세르 대통령이 수에즈 운하를 국유화한 데에 영국과 프랑스와 이스라엘이 반발함으로써 발생한 분쟁. 소련이 이집트 편으로 개입하겠다고 위협하자 세계전쟁을 우려한 미국이 영국과 프랑스에게 양보를 종용해서 끝났다. 밀이라면 당연히 수에즈 운하는 이집트의 것이어야 한다고 말했을 것이다.

99) (옮긴이) 울펜던 보고서(Wolfenden Report): 영국에서 1957년에 동성애와 매춘에 관한 조사위원회에서 작성한 보고서. 도덕을 법률로 규제하려 하지 말아야 하고, 질서를 파괴하거나 공개적인 장소의 품위를 떨어뜨리는 경우가 아닌 한 성행위는 사생활에 맡겨져야 한다고 권고했다.

100) (옮긴이) 킹슬리(Charles Kingsley, 1819~1875): 영국의 작가. 역사소설을 많이 썼고, 당대에는 상당히 존경을 받았던 인물이다.

101) (옮긴이) 윌버포스(Samuel Wilberforce, 1805~1873): 영국 교회의 주교. 노예무역에 반대했던 윌리엄 윌버포스의 아들. 토머스 헉슬리와의 공개 논쟁에서 다윈의 진화론을 공격했다.

474

아 시대의 전형적인 교장 선생의 상으로 그려진다. 어떻게 보면 얼간이 같기도 하고 어떻게 보면 잘난 학자 같기도 하다. 착하고 고상한 사람이지만 침울하고 독선적이며 메말랐다. 진열장 안에 있는 여러 밀랍 인형 중의 하나처럼 이제는 죽고 없는 과거, 딱딱해진 인형 속에서나 존재하는 과거를 그리워한다는 식이다. 그러나 한 사람의 일생에 관하여 가장 감동적이라 할 수 있는 서술에 해당하는 그의 자서전을 보면 이와 같은 인상이 교정된다. 밀은 틀림없는 지성인으로서 자기가 그렇게 보인다는 사실을 잘 알고 있었고 그래도 전혀 부끄럽게 생각하지 않았다. 자기는 주로 일반적인 관념들에 관심을 기울였지만 자기가 속한 사회는 바로 그것을 대체로 불신했음을 알고 있었다. "영국인들은 가장 명백한 진리라 할지라도 그것을 주장하는 사람이 어떤 전체적인 일가견을 가지고 있다면 불신하는 습관이 있다"고 친구 다이히탈에게 쓴 편지에서 말한다.[103] 그는 어떤 생각이 떠오를 때 흥겨워했고, 그 생각을 가능한 한 다른 사람들에게도 흥미 있는 것으로 발전시키기를 원했다. 영국인과는 달리 지성인들을 존경한다는 점에서 프랑스인들을 찬양했다. 영국에서도 각 가정에서는 지성의 행진에 관해 많은 이야기들이 오간다고 지적하면서도 여전히 전체 풍조에 대해서는 회의적이었다. "우리의 경우 '지성의 행진'이라는 것이 결국 지성이 없이 지내보자는 방향, 모두들 단결하여 수많은 소인을 끊임없이 공급함으로써 거인의 부재를 보완하려는 방향으로 가는 행진이 아닌지" 의문시했다.[104]

---

102) Michael St John Packe, *The Life of John Stuart Mill*(London, 1954), p.504.

103) 1830년 2월 9일자 편지, CW XII 48.
　　(옮긴이) 다이히탈(Gustave d'Eichthal, 1804~1886): 프랑스의 작가, 생시몽주의자.

104) "On Genius"(1832), CW I 330.
　　(편집자) 이 글은 *Monthly Repository* NS 6(1832), 556-64, 627-34에 두 편으로

관념이 중요하다고 믿었기 때문에, 만약 자기가 가지고 있던 관념이 불충분하다는 점을 다른 사람이 수긍시켜 주거나 또는 콜리지나 생시몽 그리고 스스로 믿었듯이 해리엇 테일러의 선험적인 천재성을 통해서 새로운 시야가 눈앞에 펼쳐진다면 언제든지 생각을 바꿀 태세가 되어 있었다. 그는 비판 그 자체를 좋아했다. 자신의 작품에 대한 칭찬이더라도 아첨은 몹시 싫어했다. 다른 사람들에게서 나타나는 교조주의를 공격했고 그 자신은 진실로 교조에서 자유로웠다. 아버지와 스승들의 노력에도 불구하고 그는 비범하게 열린 마음을 유지했으며, "심지어 차가울 정도로 동요하지 않는 외모"와 "커다란 증기기관이 일하듯이 이치를 따지는 두뇌"가 (그의 친구 스털링의 표현을 인용하면) "따뜻하고 올곧고 진실로 고귀한 영혼"과 그리고 누구에게든지 어느 때라도 배우고 싶어 하는 감동적으로 순수한 마음 자세와 결합한 사람이었다.[105] 그에게는 허영심이 결핍되어 있었고, 평판에도 거의 신경을 쓰지 않았다. 그러므로 인간의 문제가 걸려 있는 한, 일관성만을 고집하지도 않았고 자신의 인간적 존엄성에 집착하지도 않았다. 일단 가담하면 운동이나 명분이나 정당에 충성을 다했지만, 스스로 맞지 않다고 여기는 것을 말하면서까지 그들을 지지하라는 압박에는 결코 굴하지 않았다.

　이 점을 보여주는 전형적인 사례는 종교에 대한 그의 태도이다. 가장 엄격하고 가장 편협한 무신론 교조를 아버지에게서 교육받았지

　　나뉘어 실린 저자 미상의 논설에 대한 응답이었다. 미상의 저자는 지성의 "행진이 진행 중"이라는 생각을 글 전체에 걸쳐서 표명하는데, 정확히 "지성의 행진(march of intellect)"이라는 표현은 쓰지 않았고 대신 "정신의 행진(march of mind)"이라는 표현은 나타난다(557쪽, 아울러 558쪽도 참조하라).
105) 존 스털링이 아들 에드워드에게 보낸 1844년 7월 29일자 편지로 Anne Kimball Tuell, *John Sterling: A Representative Victorian*(New York, 1941), p.69에 인용되어 있다.

만, 결국 그 교조에 항거하게 된다. 공인된 형태로는 어떤 신앙도 가지지 않았지만, 종교를 한 조각의 유치한 감상과 환각, 위안을 주는 착각, 알 수 없는 헛소리 아니면 고의적인 거짓말이라고 보았던 프랑스의 백과전서파나 벤담주의자들과는 달리 그는 종교를 일축하지 않았다. 신의 존재가 가능하다고, 실은 아마 존재할 것이라고, 다만 증명되지는 않았다고, 그러나 신은 악의 존재를 허용했기 때문에 만일 선한 존재라면 전능하지는 않다고 주장했다. 전적으로 선하면서 동시에 전적으로 전능한 존재에 관해서는, 인간의 논리적 규칙을 정면으로 부인하기 때문에, 그리고 신비주의적 믿음을 그는 단지 고통스러운 문제를 회피하려는 시도로 여겨 거부했기 때문에, 귀를 기울이지 않았다. 이해하지 못하는 일에 관해서 (그런 경우가 틀림없이 자주 있었을 수밖에 없다) 이해하는 척하지 않았다. 다른 사람들에 관해서는 논리와는 멀리 떨어진 신앙을 보유할 수 있는 권리를 위해 싸웠지만, 그 자신은 그런 신앙을 거부했다. 그리스도를 세상에 태어난 사람 중에서 최선의 인물로 경배했고, 유일신주의를 자기는 이해할 수 없지만 고상한 믿음 체계로 간주했다. 영생이라는 것이 불가능하다고는 말할 수 없겠지만 가능할 확률은 아주 낮다고 보았다. 무신론을 불편하게 여기고 종교를 순전히 개인적인 문제로 치부했던 그는 다름 아닌 빅토리아 시대의 전형적인 불가지론자였다. 하원의원에 입후보하게 되었을 때 (선거 결과 당선되었다) 그는 웨스트민스터의 유권자들이 묻는 질문에는 모두 대답하겠지만 종교적 견해는 밝히지 않겠노라고 선언했다. 이는 비겁해서가 아니다 ─ 선거 기간 내내 그가 보인 언행은 너무나 솔직하고 무모하다고 할 만큼 겁이 없어서, 어떤 사람이 평하기를 밀을 대신해서 신이 출마를 했더라도 당선되리라 기대할 수 없었으리라고 했을 정도였다. 다만 사람에게는 사생활을 아무에게도 알리지 않을 묵살할 수 없는 권리가 있고, 필요하다면 그 권리를 위해 싸워야 한다고 생각했기 때문이었다. 훗날 의붓딸 헬렌 테일러를 비롯한 여러 사람이 무신론에 더 확실하게 동조하지 않는다는 이유로 그를 공격하면서 입장을 정하지 못하고 시류에 편승한다고 비난했을 때에도 그는 동요하지 않고 침묵을 지켰다. 그 마음속의 의심도 그 자신의 자산이었다. 그의 침묵이 다른 사람에게 해롭다고 판명되지 않은 한, 그에게서 신앙 고백을 뽑아낼 권리는 아무에게도 없다. 그런 판명은 이루어진 적이 없으므로 자신의 입장을 공개적으로 밝힐 까닭이 전혀 없었던 것이다. 그의 뒤를 이어 액턴도 그랬듯이, 모든 참된 신앙에게는 자유와 종교적 관용이 필수불가결한 보호막이라 여겼고, 영혼의 왕국과 지상의 왕국을 교회가 구분한 덕택으로 의견의 자유가 가능하게 된 만큼을 기독교의 위대한 업적 중 하나로 꼽았다. 의견의 자유야말로 그가 무엇보다도 높게 가치를 매긴 것이었다. 브래들로[106]와 의견이 달랐지만, 바로 그랬기 때문에 그를 열정적으로 변호했다.

그는 한 세대와 한 나라에게 스승이었지만, 그저 스승이었을 뿐 창조자도 혁신가도 아니었다. 어떤 불멸의 발명이나 발견으로 알려진 사람이 아니다. 논리학, 철학, 경제학, 또는 정치사상에서 무슨 중요한 진보를 이룬 것도 거의 없다. 그렇지만 머릿속의 생각들을 각각 결실을 맺을 수 있는 분야로 연결시켜 적용한 능력과 안목의 넓이에서 그에게 필적할 만한 사람은 없었다. 독창적이지는 않았지만, 당

---

106) (옮긴이) 브래들로(Charles Bradlaugh, 1833~1891): 무신론과 피임과 표현의 자유를 주장한 발본파. 1880년에 하원의원에 당선되었지만 의원 선서에서 무신론자이므로 신에 대한 서약(oath)을 행할(take) 수는 없고 다만 승인(affirm)은 하겠다고 조건을 달았는데 받아들여지지 않아서 오 년 이상 의원 자격을 인정받지 못했다. 그러는 사이에 4선 의원이 되었고 1886년에는 조건이 받아들여져서 자격을 인정받았다. 의원으로서는 사회주의에 반대하고 매우 보수적인 행보를 보였다.

대 인간 지식의 구조를 변혁했던 것이다.

예외적이랄 만큼 정직하고 개방적이며 개명된 정신의 (그 정신은 맑고 훌륭한 산문을 통해 자연스럽게 표현되었다) 소유자였기 때문에, 진리를 향한 불굴의 추구를 진리가 사는 집은 여럿이어서 심지어 벤담처럼 "한쪽 눈으로만 보는" 사람도 정상적인 시력을 가진 사람이 못보는 것을 볼 수 있다는 믿음과 결합시켰기 때문에,[107] 감정을 억누르고 지성만이 과도하게 개발되었음에도, 유머라고는 없이 엄숙하게 이지적인 성격에도 불구하고, 공리주의 선배들보다 더 깊은 인간관과 더 폭넓고 더 복잡한 역사관과 인생관을 가졌기 때문에, 그는 우리 시대에도 여전히 중요한 정치사상가 중 한 사람이다. 인간의 본성은 결정되어 있어서 언제 어디서나 변하지 않는 똑같은 욕구와 감정과 동기를 가지고, 상황이나 자극이 다른 만큼만 다르게 반응하고, 모종의 불변하는 패턴에 따라서 진화한다고 하는, 고전 시대와 이성의 시대에서 공히 물려받은 사이비 과학의 모델과 그는 단호히 결별했다. 그 대신에 (반드시 의식하고 한 일은 아니지만) 인간을 창조적이고 자기 완성의 능력이 있고 따라서 결코 완전하게 예측할 수는 없는 존재, 실수를 저지르고 정반대의 속성들이 — 어떤 것들은 서로 화합이 가능하지만 결코 조화할 수 없는 것들도 있는데 — 복잡하게 결합되어 있는 존재, 진리와 행복과 새로움과 자유를 향한 탐색을 그칠 줄 모르고 계속하지만 신학적으로든 논리적으로든 과학적으로든 목표 지점에 도달할 보장은 없는 존재, 자유롭고 불완전한 존재, 자기 이성과 재능을 계발하기에 알맞은 환경에서는 자신의 운명을 결정할 능력이 있는 존재로 보았다. 그는 자유의지의 문제 때

---

107) "Bentham", CW X 94. "독창적이고 놀라운 발상으로 인도한 풍부한 사고의 맥은 거의 모두가 체계에 의존한 반쪽 사상가들에 의해 길이 열렸다"고 덧붙인다.

문에 고뇌에 빠져서, 간혹 자기가 그 문제를 풀었다고 생각한 적이 있기는 했지만, 결국 남보다 나은 해답은 찾지 못했다. 인간이 나머지 자연과 다른 점은 합리적 사고도 아니고 자연에 대한 지배도 아니라, 선택하고 실험하는 자유라고 믿었다. 바로 이 견해가 그에게 불후의 명성을 가져다주었다.[108] 자유라는 말로 그가 의미한 바는 각자가 숭배할 대상과 방식을 선택하는 데 방해받지 않는 상태였다. 그에게는 이런 상태가 실현된 사회만이 온전히 인간적이라는 일컬음을 받을 자격이 있었다. 그것을 실현하는 것을 밀은 삶 자체보다도 소중하다고 여겼다.

---

108) 정신이 올바른 지식인들이 세상을 이끌어야 한다는 발상을 밀이 옹호했다고 보고 싶어 하는 사람들과는 내가 다른 입장을 취하고 있음이 이 글의 주조를 통해서 분명하게 드러날 것이다. 내가 부각한 고려 사항들뿐만 아니라 정확히 그와 같은 위계질서를 꿈꿨던 콩트 식의 전제적 발상에 대한 밀 자신의 경고를 염두에 둘 때 어떻게 그런 해석이 가능한지 납득할 수가 없다. 아울러 그는 19세기 영국과 다른 지역의 수많은 자유주의자들과 마찬가지로 무비판적인 전통주의의 영향과 순전한 관성의 힘을 적대시했을 뿐만 아니라, 교육받지 못한 민주주의적 다수의 통치를 우려했다. 따라서 그는 고삐 풀린 민주주의의 폐해에 대비한 어떤 보장책을 자신의 체계 안에 마련해 넣으려고 했다. 무지와 비합리가 팽배한 상태일지라도 (교육을 통한 발전의 정도에 대해 그는 그다지 낙관적이지 못했다) 공동체 내에서 보다 합리적이고 정의롭고 지식을 갖춘 사람들이 권위를 행사할 수 있게 되기를 희망한 것이다. 그러나 밀이 다수결 자체에 대해 염려했다고 말하는 것과, 권위주의의 성향이 있었다거나 합리적 엘리트의 통치를 편들었다는—페이비언 협회 회원들이 밀을 인용하면서 무슨 이야기를 했거나 말거나—혐의를 거는 것은 서로 다른 일이다. 그를 추종한 사람들, 특히 그 자신이 택하지도 않았고 알지도 못했던 사람들의 견해에 대해 그가 책임질 일은 없다. 바쿠닌이 마르크스를 공격하면서 사용했던 표현인 "현학정(衒學政, pédantocratie)", 다시 말해 교수들에 의한 정치를 세상 모든 사람이 옹호하더라도 끝까지 옹호하지 않았을 사람이 밀이다. 그는 모든 형태의 전제정 중에서도 가장 억압적인 형태가 바로 그것이라고 생각했기 때문이다.
(편집자) 실은 "현학정"이라는 표현 자체가 콩트에게 쓴 1842년 2월 25일자 편지에서 밀이 만든 것이다. CW XIII 502. 콩트도 그 표현이 맘에 들어서 밀에게 허락을 받아(XIII 524) 예컨대 *Catéchisme positiviste*(Paris, 1852), p. 377과 같은

곳에서 사용했다. 밀은 나중에 L 5/308과 *Considerations on Representative Government*, chapter 6, CW XIX 439에서 그 단어를 영어로(pedantocracy) 바꾸어 다시 사용하고 있다. 바쿠닌이 그 말을 사용한 경우는 아직 찾지 못했다. 다만 *Gosudarstvennost' i anarkhiya*에 "현학자의 노예라니 — 인간의 운명이여!"라는 대목이 있다. *Archives Bakounine*, vol. 3, *Étatisme et anarchie*, 1873 (Leiden, 1967), p. 112, 그리고 Michael Bakunin, *Statism and Anarchy*, ed. and trans. Marshall Shatz(Cambridge etc, 1990), p. 134를 보라.

희망과 공포에서 해방

I

지식은 언제나 자유케 하는가? 고대 그리스 철학자들 그리고 모두
는 아니더라도 대부분 그들에게 동조한 기독교 신학자들의 견해는
그렇다는 것이다. "너희가 진리를 알지니, 진리가 너희를 자유케 하
리라."[1] 고대의 스토아학파 그리고 근대의 합리주의자 대다수도 이
점에 관해서는 기독교의 가르침과 일치한다. 이 견해에 따르면 자유
란 내 진정한 본성이 방해받지 않고—외부나 내면의 장애물에 의
해 방해받지 않고 실현되는 것이다. 방금 인용한 복음서의 구절이
가리키는 자유는 (이 점에 관해 나는 페스튀지에르[2]의 해석을 따른다) 죄

---

1) 「요한복음」 8장 32절.
2) (옮긴이) 페스튀지에르(André Festugière, 1898~1982): 프랑스 도미니크파 신부.
   고대 그리스 문헌들을 기독교의 시각에서, 예컨대 플라톤의 『국가』를, 알 수도 없

로부터의 자유, 다시 말해 내 오성(悟性)[3]을 훼방하는 신과 자연과 나 자신에 관한 잘못된 믿음으로부터의 자유이다. 자유란 자아 실현 또는 자아 지향의 자유——세계의 본질이 무엇이고 세계 안에서 자기의 위치가 어디인지에 관한 잘못된 생각 때문에 좌절당하는 각자의 본성에 따른 진정한 목적을 (그것이 과연 본성이고 목적인지에 관한 논란이 있든지 없든지 미리 결정되어 있다고 하는 본성과 목적을) 그 사람 본인의 활동을 통해서 실현하는 것을 말한다. 이 말과 논리적으로 등치인 내가 합리적이라는——다시 말해서, 내가 하고 있는 일을 왜 하는지 내가 이해하거나 안다, 또는 최소한 그 문제에 관해서 내가 믿고 있는 바가 맞다, 그러니까 행위와 (행위에는 선택과 의도의 형성과 목표의 추구가 수반된다) 단순한 행태를 (내가 알 수 없는 방식, 내 소원이나 태도에서 영향을 받지 않는 방식으로 작동하는 원인에 의해서 초래될 뿐인 육신의 동작을) 구분할 줄 안다는—— 명제가 여기에 첨가되면, 어떤 문제에 관해서든 그 경우에 필요한 만큼 사실에 관한 (외부 세계와 다른 사람과 나 자신의 본성에 관한) 지식이 있다면 내가 갈 길에 관해 무지나 착각에서 비롯되는 방해가 제거되리라는 결론이 도출된다.

철학자들은 (그리고 신학자들과 극작가들과 시인들은) 인간의 본성과 목적이 무엇인지, 그 본성과 목적을 온전히 또는 부분적으로라도 실현하려면 외부 세계를 어떻게 그리고 얼마나 통제할 수 있어야 하는지, 그런 일반적인 본성 또는 객관적인 목적이 애당초 있기나 한 것인지, 그리고 물질과 비합리적인 피조물로 이루어진 외부 세계와 능동적인 행위 주체를 가르는 경계가 어디에 있는지에 관해 크게 다른 견해들을 내놓았다. 어떤 사상가는 그런 실현이 지구상에서 가능하

고 이름을 붙일 수도 없는 신을 향한 동경이라는 식으로 해석했다.

3) (옮긴이) 복잡하고 논쟁적인 철학 용어로서가 아니라 단순히 understanding의 번역어로서 문맥상 "이해력"보다 낫다고 판단되어 "오성"을 쓴다.

다고 (또는 이루어진 적이 있다고, 또는 언젠가는 이루어질 것이라고) 보는 반면에 부인하는 사상가들도 있다. 인간의 목적이 객관적이며 특별한 탐색 방법에 의해서 발견될 수 있다고 주장하는 사람들 사이에서도 그 방법이 무엇인지, 경험적인지 선험적인지, 직관적인지 토론을 통해서 드러나는지, 과학적인지 아니면 순전히 사색에 의해 얻어지는 것인지, 공공적인지 아니면 사적인지, 특별한 재능을 타고난 사람 또는 운 좋은 탐험가에게만 허용되는 것인지 아니면 원칙적으로 모든 사람에게 열려 있는지에 관해 의견들이 갈린다. 한편에는 그 목적이 주관적이라거나, 사람에 따라서 광범위하게 서로 다른 물리적, 심리적, 사회적 요인에 따라 결정된다고 믿는 사람들도 있다. 예를 들어 아리스토텔레스는 외부의 여건이 너무나 척박하다면——프리아모스가 겪은 것처럼 불행한 처지라면——자아의 실현, 자기의 고유한 본성을 제대로 구현하기가 불가능하다고 생각했다. 반면에 스토아학파나 에피쿠로스학파에서는 사람에게 필요한 것은 인간 사회와 외부 세계로부터 충분히 초연하기만 하면 되는 것이기 때문에 외부의 여건과 상관없이 완전히 합리적인 자아 통제가 달성될 수 있다고 주장했다. 그리고 독립과 자율, 다시 말해서 자기로서는 통제할 수 없는 외부 세력에게 꼭두각시 노릇을 하지 않으려고 의식적으로 추구하는 사람이라면 누구든지 충분한 정도의 자아실현을 원칙적으로 완벽하게 달성할 수 있다고 덧붙였다.

이러한 견해는 모두 다음과 같은 공통 전제를 당연하다고 추정한다.

(a) 사물과 사람에게는 본성이 있다. 그것은 인간이 알든지 말든지에 상관없이 확정되어 있는 구조다.

(b) 본성 또는 구조는 보편적인 불변의 법칙에 의해 다스려진다.

(c) 구조 또는 법칙은 적어도 원칙적으로는 모두 알 수 있는 것이

다. 그것을 알게 되면 자동적으로 사람들은 어둠 속에서 넘어지지 않을 것이며, 사실이 그런 만큼——사물과 사람의 본질 및 그것을 다스리는 법칙이 그런 만큼——실패하기로 정해져 있는 정책에 노력을 낭비하지 않게 될 것이다.

　이 신조에 따르면 예컨대 존재하지 않는 대상에 대한 두려움이라든지 사태의 실상에 대한 합리적 인식이 아니라 착각이나 환상이나 무의식 속의 기억 또는 망각 속의 원한에서 비롯된 증오처럼 방향이 잘못 잡힌 감정으로 인해 움직일 때에 인간은 자아 지향적이 아니며 따라서 자유롭지 않다. 합리화나 이데올로기는 어떤 행태를 두고 그 연유를 모르거나 이해할 수 없거나 무시할 때에 대신 제시하는 틀린 설명으로서, 다시금 새로운 착각과 환상과 불합리하고 강박에 사로잡힌 행태들을 낳는다. 그러므로 진정한 자유는 자아를 향한 지향에 있다. 한 사람이 얼마나 자유로운지는 스스로 의식하는 의도와 동기로써 자신의 행동이 올바르게 설명될 수 있는 정도, 행동의 당사자가 자기 행동을 어떻게 설명하고 정당화하든지 상관없이 어떤 숨어 있는 심리적 또는 생리적 조건이 원인이었다고 하더라도 같은 결과 즉 (선택의 결과인 것처럼 보일 수도 있는) 같은 몸동작을 초래하였을 것이라는 식의 설명이 적용될 수 없는 정도와 비례한다. 합리적인 사람은 그의 몸동작이 기계적이지 않고 동기에서 비롯되고 그 자신의 의지로 의식하고 있는 (또는 의식할 수 있는) 목적을 달성하려는 의도를 가지고 있을 때 자유롭다. 따라서 그와 같은 의도와 목적이 그의 행동에 대하여 충분조건은 아닐지 몰라도 필요조건은 분명하다는 말이 성립하게 된다. 자유롭지 못한 사람은 약에 취했거나 최면에 빠진 사람과 비슷하다. 자신의 몸동작을 그 스스로 무슨 말로 설명하든지, 겉으로 분명히 드러난 동기나 정책이 바뀜에 따라 그의 몸동작도 바뀌게 되지는 않는다. 자기가 하고 있는 몸동작에 대하여 본인이 스스로 제시하는 이유가 무엇이든지 상관없이 그 몸동작은 마찬가지이리라고 쉽사리 예측할 수 있을 때, 우리는 그런 사람을 스스로 통제할 수 없는 힘에 사로잡혀 있다고, 자유롭지 않다고 간주한다.

이 주제에 관하여 이런 식으로 말한다는 것은 합리성과 자유를 동일시하는 셈이거나, 아니면 최소한 그러한 동일시를 향해 가는 길로 접어드는 셈이다. 합리적인 사고란 그 내용과 결론이 단지 인과의 사슬 또는 철저한 우연에 따르는 것이 아니라 규칙과 원칙에 복종하는 사고를 말한다. 합리적인 행태란 (적어도 원칙적으로는) 순전히 자연의 법칙으로만은—인과적이거나 통계적이거나 "유기체적"이거나 논리적으로 이와 비슷한 유형의 모든 법칙만으로는—설명할 수 없고 동기나 의도나 선택이나 이유나 규칙에 입각해서 행위자 본인이나 관찰자가 설명할 수 있는 행태를 말한다 (동기나 이유 등에 입각한 설명과 원인이나 확률 등에 입각한 설명이 "범주에서" 서로 다르므로 원칙적으로 서로 충돌할 수가 없는 것인지 아니면 사실은 서로 상관이 있는 것인지는 물론 결정적으로 중요한 질문이지만, 여기서 제기하여 논하고 싶지는 않다). 어떤 사람을 도둑으로 일컫는 것은 그에게서 합리성을 그만큼 인정하는 셈이며, 그를 절도 강박 환자로 일컫는 것은 합리성을 부인하는 셈이 된다. 만약 어떤 사람이 자기 행태의 뿌리가 어디에 있는지를 아는 정도에 따라 자유로운 정도가 직접적으로 좌우된다고 한다면, 스스로 절도 강박 환자임을 알고 있는 절도 강박 환자는 그만큼 자유롭다는 말이 된다. 도벽을 중단할 수도 없고 어쩌면 도벽을 중단하려고 시도할 수조차 없을지도 모른다. 그러나 자신의 상태를 알고 있다는 것만으로, 이제 그는—이 입장의 주장에 따르면—그러한 강박에 저항할지 (설령 실패하게끔 되어 있더라도) 아니면 될 대로 되라고 내버려둘지 사이에서 선택해야 할 처지이므로 더 합리적일 (이 점에 관해서는 논란의 여지가 없다는 듯이) 뿐만 아니라 더욱 자유롭다는 것이다.

그러나 항상 그런가? 내게 있는 어떤 성향이나 인과적인 특징을 내가 자각하고 있다는 것이 그 성향이나 특성을 조종하거나 변경할 힘과 같은가──자각이 그런 힘을 반드시 가져오는가? 지식은 모두 어떤 의미에서 자유를 증진한다고 말할 수 있는 분명하고도 당연한 의미는 물론 있다. 내게 간질 발작이 일어날 수 있다든지, 계급의식의 정서가 강하다든지, 어떤 음악을 들으면 주문에 걸린 것처럼 반응한다는 따위의 사실을 내가 알고 있다면 그에 맞추어 나는 삶을 계획할 수 있다──"할 수 있다"라는 말의 특별한 용례일 것이다. 그런 것을 모르고 있다면 그럴 수 없다. 그리하여 힘이 약간 늘어난 셈이고 그만큼 자유도 늘어난다. 그러나 다른 각도에서 보면 이런 지식 때문에 힘이 줄어들 수도 있다. 조금 후에 간질 발작이 일어날 것이 예상되거나, 어떤 고통스러운 감정이 (또는 즐거운 감정이라고 해도 마찬가지이다) 휘몰아칠 것을 안다면, 내가 가진 힘을 어떤 다른 방식으로 자유롭게 발휘하여 어떤 다른 경험을 하지 못하도록 배제되거나 억제될 수도 있다──시를 쓰던 일을 계속하지 못하거나 읽고 있던 그리스어 작품의 글자들이 눈에 들어오지 않거나 철학에 관해 계속 사색할 수 없게 되거나, 또는 의자에서 일어날 수 없게 될 수도 있다. 다른 말로 하면, 한 측면에서 힘과 자유가 늘어나는 데 따르는 대가로 다른 측면에서 힘과 자유가 줄어들 수 있다. (이 주제에 관해서는 아래의 대동소이한 맥락에서[4] 다시 다루기로 한다.) 내게 간질 발작이나 계급의식이나 인도 음악에 대한 중독증이 있다는 것을 내가 안다

---

4) 아래 520쪽 참조.

고 해서 내가 반드시 그런 것들을 통제할 수 있게 되는 것도 아니다. 지식이라는 것이 고전적 저자들이 뜻했던바, 즉 ("무엇을 해야 하는가"에 관한 지식은 무엇이 실제로 일어났는지에 관한 진술이 아니라 어떤 목적이나 가치를 숨겨 놓고 하는 말일 수도 있고, 일정한 방식으로 행동하려는 결심을 단순히 서술하는 것이 아니라 표명하는 것일 수 있으므로 배제하고) 사실에 관한 지식과 같다면, 다른 말로 바꾸어, 만일에 내가 나자신에 관해 아는 것이 다른 사람들에 관해 아는 것에 비해 자료에서 더 낫고 확실성은 더 높을지언정 같은 종류라면, 내가 보기에 자아에 관한 그런 지식은 내가 누리는 자유의 총량을 늘릴 수도 있지만 그렇지 않을 수도 있다. 그럴지 안 그럴지의 문제는 특정 상황에 따라 답이 달라지는 경험적인 문제이다. 지식이 늘어나면 언제나 어떤 점에서 내 자유가 증진된다는 사실에서 그로써 내가 누리는 자유의 총량이 반드시 증가한다는 결론은 위에서 논한 이유들 때문에 도출될 수 없다. 한 손으로 주는 만큼보다 다른 손으로 더 많이 뺏어가서 총량이 줄어들 수도 있는 것이다.

그러나 합리성과 자유를 동일시하는 견해에 대해서는 이보다 더욱 발본적인 비판이 가능하다. 자신을 이해하는 사람만이 (이것이 자유의 충분조건은 아닐지라도) 자유로울 수 있다는 말에는 우리에게 이해할 자아가 있다는——그 나름의 어떤 속성들을 지니고 나름의 어떤 법칙들에 복종하고 자연계에 관한 연구의 대상이 될 수 있으며 인간의 본성이라고 정확하게 지칭될 수 있는 어떤 구조가 있다는——전제가 들어 있다. 그러나 일부 실존주의 철학자들이 대표적으로 그랬듯이 이 전제 자체에 의문이 제기되어 왔다. 실존주의 철학자들은 인간의 선택이라는 문제는 흔히들 자만하면서 쉽게 생각하는 것보다 훨씬 크고 복잡한 문제라고 주장한다. 선택은 책임을 포함하고, 일부의 사람은 대부분의 경우 그리고 대부분의 사람은 때때로 그 짐을 피하고 싶어 하기 때문에, 구실과 변명 거리를 찾는 경향이 있다. 이 때문에 사람들은 너무나 많은 일의 원인을 자연적 또는 사회적 법칙의 불가피한 작동으로——예컨대 무의식적인 마음의 작동이라든지, 변경할 수 없는 심리적 반사라든지, 또는 사회진화의 법칙이라는 식으로——돌려 버리는 경향이 생긴다는 것이다. 이 학파에 속하는 (그리고 키르케고르에게도 헤겔과 마르크스에게도 많은 빚을 지고 있는) 비판자들은 자유에 대한 어떤 악명 높은 방해물은——이를테면 J. S. 밀이 그토록 강조하여 경계했던 사회적 압력과 같은 것은——인간의 소원이나 활동에 관계 없이 존재하여, 개별적으로 살아가는 개인들에게는 허용되지 않는 수단, 혁명이라든지 발본적인 개혁과 같이 개인의 의지에 따라 공작될 수 없는 수단을 통해서만 결과를 변경할 수 있는 그런 객관적인 힘이 아니라고 말한다. 그들은 오히려 정반대로 어느 누구도 남한테 위협을 당하거나 남들이 하는 대로 따르도록 교장선생이나 친구나 부모에 의해 압박을 받아야 할 필요가 없고, 본인의 통제 영역을 벗어나는 어떤 경로를 통해 사제나 동료나 비판자나 사회집단이나 계급이 하는 생각과 행동으로부터 영향을 받아야 할 필연성도 전혀 없다고 주장한다. 그 사람이 영향을 받기로 선택했을 때에만 영향을 받는다는 것이다. 누가 나더러 꼽추라고 유대인이라고 흑인이라고 놀려서 내가 모욕감을 느낀다면, 또는 배신자라는 혐의를 뒤집어써서 기가 죽는다면, 나를 꼽추나 특정 인종이나 배신자로 보는 바로 그 사람들의 의견과 가치평가를 내가 받아들이기로 선택했기 때문에 그들의 견해에 지배를 당하게 되는 것이다. 나는 언제나 그런 것에 반발하거나 무시하기로, 그런 견해나 규범이나 시각을 일축하기로 선택할 수 있다. 그러면 나는 자유롭다.

이는 다름 아닌 스토아학파 현인의 초상화를 그린 사람들이 가졌던 신조와——서로 다른 전제로부터 같은 결론이 도출된 경우지만——같다. 내가 공중(公衆)의 정서 또는 이런저런 집단이나 개인의 가치에 굴복한다면 그 책임은 내게 있지 외부의 힘에게——사람의 힘이든 몰인격적인 힘이든, 비난과 자책감을 피하려는 사람들이 자기 행동의 책임을 전가하기 위해 워낙 영향력이 커서 저항할 수 없었다고 하는 어떤 힘에게——있지 않다. 이렇게 비판하는 사람들에 따르면, 내 행동, 성격, 인간성은 신비스러운 실체도 아니고 가설적인 (인과관계에 관한) 일반 명제들로 이루어진 어떤 패턴의 함수도 아니라, 선택한 행위 또는 선택하지 않은 행위들로 (선택하지 않은 행위도 사태로 하여금 갈 대로 가라고 놔두고 나 자신을 능동적인 행위 주체로 내세우지 않았다는 점에서 일종의 선택이다) 이루어진 일정한 질서이다. 내가 나 자신을 엄격하게 비판하여 사실을 직시한다면 내 책임을 너무나 쉽게 문질러 없애 버렸음을 알 수 있을 것이다.

이는 이론의 영역과 실제 세상사에 공히 적용된다. 내가 만약에 역사가라면, 역사에서 의미 있는 요인에 관한 나의 견해는 어떤 개인이나 계급에 대한 평판을 추켜올리거나 깎아내리려는 나의 욕구에서——이른바 나의 자유로운 가치판단 행위에서——깊은 영향을 받는 것이 당연할 수도 있다. 일단 이 점을 의식하고 나면, 나는 내 의지대로 선별하고 판단할 수 있다. "사실"은 결코 아무것도 말하지 않는다. 오로지 선택하고 평가하고 판단한 주체, 나만이 그렇게 할 수 있다. 그리고 나는 내가 자유롭게 바라보고 검사하고 수용하고 거부하는 원칙과 규칙과 이상과 편견과 느낌에 따라서 내 자신의 아늑한 의지가 지향하는 대로 그렇게 한다. 과거이든 현재이든 미래이든 정치나 경제에 관한 어떤 특정 정책을 위해 인간이 지불해야 하는 비용을 내가 대단치 않게 여긴다면, 그것은 대개 그 정책을 추진하는 사람들에게 반대하거나 비판하는 자들에 대해 내가 반감이나 염증을 느끼고 있기 때문이다. 부끄러운 행동을 저질러 놓고서 무언가가—정치나 군대의 상황, 또는 내 감정이나 내면의 상태 따위—"내게는 너무 컸다"고 나 자신 또는 다른 사람에게 변명하려 한다면, 나 또는 다른 사람 또는 양자 모두를 속이는 짓이다. 행동이란 선택이고, 선택이란 이런 식 또는 저런 식으로 움직이고 살아가겠다고 하는 입장을 자유롭게 설정하는 것이다. 하거나 안 하거나, 되거나 안 되거나, 살거나 죽거나, 가능한 길이 둘보다 적어지는 경우는 결코 없다. 그러므로 사람의 행동을 불변적인 자연의 법칙에 귀속시키는 것은 현실에 대한 틀린 서술이자, 경험에도 어긋나고 틀렸음을 증명할 수도 있다. 그와 같은 오류를—철학자와 보통 사람을 막론하고 대부분 사람들이 과거부터 지금까지 끊임없이 해왔듯이—저지른다는 것은 선택을 내리거나 내리지 않는 데에 따르는 책임을 회피하려는 선택일 뿐이고, 공인된 의견의 물줄기에 휩쓸려 따라가면서 다분히 기계적으로 행동하는 것도 역시 일종의 선택임을 (자유로운 굴복 행위임을) 부인하려는 선택일 뿐이다. 내가 진정으로 믿고 원하고 가치 있게 여기는 바가 무엇인지, 내가 무엇을 위해 살고 무엇을 하고 있는지를 언제든지 물을 수 있고, 거기에 대해 내가 할 수 있는 만큼 답한 다음에 계속해서 주어진 그 길을 따라가거나 행동 경로를 바꾼다는 것이 언제나 가능하기 때문이다.

미래를 이미 구조가 짜인 것으로 미래의 사실들이 견고하게 정해져 있는 것으로 보는 발상이 개념에서부터 잘못되었고, 저항할 수 없을 정도로 강한 것처럼 여겨지는 힘에 입각하여 우리 자신과 타인들이 보이는 행태 전체를 해명한다는 것은 경험적으로 틀렸으며 사실들이 인증해 주는 범위를 넘어선다는 등, 이런 모든 지적들이 필요하다는 점은 부인하고 싶지 않다. 그러나 이 방향의 신조가 극단적으로 발전하면 모든 확정성을 일격에 무너뜨려 버린다. 나는 스스로 내린 선택에 의해서 결정되어 있다. 그렇지 않다는 믿음은——이를테면 그 대신에 결정론이나 운명론이나 우연을 믿는 것은——선택 치고는 특별히 움츠러든 것이기는 하지만 그 자체가 하나의 선택이라는 식이다. 그러나 이런 식으로 생각하는 경향 자체가 그 사람의 특정한 본성에서 나오는 징후라는 주장도 확실히 가능하다. 미래를 고정된 것으로——과거와 대칭적으로 닮은꼴이라고——본다든지, 책임을 벗어버리기 위해 변명 거리나 도피주의적 환상을 찾는 등의 경향은 그 자체가 심리학적 사실 자료라고 볼 수도 있다. 내가 나에게 기만당하는 사태를 예방하려 하지 않고 그런 결과를 초래할 확률이 높은 방향으로 행동하기를 선택할 수는 있겠지만, 내가 나를 속이기로 의식적으로 선택한다는 것은 논리적으로 불가능하다. 강박된 행동의 원인을 거슬러 올라가면 그 자체도 어떤 선택의 결과일 수는 있겠지만, 선택과 강박된 행동은 각기 다르다. 내가 겪고 있는 착각은 내게 허용된 선택의 범위를 결정한다. 자아를 이해하게 되면——그 착각이 부서지면——그 범위가 바뀔 것이고, 실은 그것이 나를 (말하자면) 선택했음에도 불구하고 내가 그것을 선택했다고 여기는 미망에서 벗어나 진짜 선택을 내릴 수 있는 가능성이 커질 것이다. 그러나 진짜 선택과 가짜 선택을 구분하는 와중에 (어떻게 그것을 구분하든, 내가 그동안 착각 속에서 보고 있었음을 어떻게 깨닫든) 나는 어떤 불가항력적인 본성이 내게 있음을 발견하게 된다. 나로서는 할 수 없는 일들이 있다. 모든 일반 명제를 믿지 않으면서 동시에 합리적이고 제정신이 되기엔 (논리적으로) 불가능하다. 일반적인 용어를 사용하지 않으면서 동시에 제정신일 수는 없다. 신체를 보유하면서 중력에 따르지 않을 수는 없다. 어쩌면 어떤 의미에서는 이런 일들조차 해보려고 시도할 수는 있을지 모르지만, 합리적이라는 말은 그런 시도가 실패하기 마련임을 안다는 뜻이다. 내 본성, 다른 사람과 사물, 그것들과 나를 규율하는 법칙을 안다면 정력을 잘못 쓰거나 낭비하지 않고 절약할 수 있다. 거짓된 요구와 변명을 백일하에 드러냄으로써, 진실로 무고한 사람에 대한 허위 혐의와 할 수 없어서 그랬다는 허위 호소 따위를 물리치고 책임이 있어야 할 곳에 있도록 자리를 정해 준다. 그렇지만 그렇다고 해서 진정으로 그리고 영원히 내 통제 범위 밖에 위치하는 요인들에 의해 결정된 경계 너머로 내 자유의 범위가 넓어지지는 않는다. 그런 요인들은 설명할 수 있게 되었다는 것으로 일축해도 괜찮아지는 것이 아니다. 지식이 증가하면 내 합리성도 증가할 것이다. 무한한 지식은 나를 무한히 합리적이게 만들 것이다. 그래서 내 힘과 자유도 아마 증가할 것이다. 그러나 내가 무한히 자유롭게 될 수는 없다.

원래의 주제로 돌아가자. 지식은 나를 얼마나 자유케 하는가? 전통적 입장을 다시 한 번 요약해 보자. 내가 지금 검토하고 있는 견해, 아리스토텔레스, 스토아학파, 기독교 신학의 대부분, 그리고 스피노자와 그를 추종한 독일 관념론 및 현대 심리학의 신조 등을 통해 우리에게 전승된 견해에 따르면, 지식은 내 행동에 영향을 주지만 종전까지 인지되지 못했고 따라서 통제되지도 않았던 힘의 존재를 밝혀냄으로써 그 힘의 전횡으로부터 나를 해방한다. 그 힘이 그동안 은닉되고 오해되어 왔었다면 지식에 힘입은 해방의 정도가 더욱 커진다고 한다. 왜 그런가? 일단 그 힘을 파헤쳐 알게 된 다음에는, 인도하거나 저항할 방도, 격랑이 일지 않는 운하로 흘러들어 오도록 순치해서 내 목적을 달성하는 데에 소용이 닿을 수 있도록 만들 방도를 찾게 될 터이기 때문이다. 자유란——정치에서나 개인의 삶에서나——스스로 다스리는 것이다. 외부의 힘에 대해 자아의 통제력을 늘릴 수 있다면 무엇이든 자유를 향한 공헌이다. 개인적인 도덕의 분야에서든 공공적인 사회의 분야에서든 자아 또는 인격과

"외부적" 힘을 가르는 경계선은 비록 여전히 모호한 상태로 남아 있고, 어쩌면 그럴 수밖에 없는지도 모르지만, 〔지식이 힘이라는〕 이 베이컨 식의 명제는 그 말 자체로는 충분히 타당하다. 그러나 그 말에서 파생하는 주장들은 너무 거창하다. 고전적인 형태에 머무르면 이는 자기결정의 신조로 일컬어진다. 이에 따르면 자유란 자신의 행동 경로에 관한 결정에서 역할을 맡는 데에 있다──그 역할이 클수록 자유도 커진다. 예종 또는 자유가 없는 상태란──물리적이든 심리적이든──"외부적" 힘이 결정하는 상태를 말한다. 그 힘이 담당하는 역할이 커질수록 개인의 자유는 작아진다. 여기까지는 특별히 문제가 없다. 그러나 내가──내 선택과 목적과 의도가──담당하는 역할 자체가 그렇게 되도록 "외부적" 힘으로 말미암아 결정되어 있는지 여부를 묻게 되면, 고전적인 입장에서는 그 문제가 그다지 중요하지 않다고 대답하는 것으로 보인다. 그저 내가 의도한 대로 할 수 있을 때, 오직 그때에만 자유롭다고 말할 뿐이다. 내 정신 상태 그 자체가 어떤 다른 일의──물리적이든 심리적이든, 기후나 혈압이나 내 성격에 기인하는── 인과적인 산물인지 아닌지에 대한 관심은 보이지 않는다. 그럴 수도 있고 안 그럴 수도 있고, 밝혀질 수도 있고 밝혀지지 않을 수도 있으리라는 식이다. 중요한 것은 오직, 한 사람의 행위가 자유로운지 아닌지 걱정하는 사람들이 알고자 하는 것은 오직, 내 몸동작에 하나의 필요조건으로 나 자신의 의식적인 선택이 들어 있느냐는 문제뿐이다. 들어 있다면 나는 합리적인 존재로서 바랄 수 있는 유일한 의미에서 자유롭다. 그 선택 자체에──나를 구성하는 나머지 요소들과 마찬가지로──원인이 있느냐 없느냐는 관건이 아니다. 설령 그 선택이 전적으로 자연적인 요인들에 의해 촉발되었다고 하더라도 나의 자유로움이 줄어들지는 않는다.

언필칭 "자아"가 나름의 역할을 수행하는 것은 사실이지만 그 자체가 속수무책으로 "결정되어 있다"는 말에 대해, 결정론에 반대하는 사람들은 당연히 그런 식의 이야기는 다만 문제를 한 걸음 뒤로 물리는 셈일 뿐이라고 반박한다. 대개 그렇듯이 초기의 판본이 가장 명료한 판본일 때가 많으므로, 이 논쟁의 기원으로 거슬러 올라갈 필요가 있는 것 같다. 내가 아는 한 이 논쟁은 그리스의 스토아학파 초기 구성원들이 처음에는 서로 연관되지 않았던 두 개의 관념에 동시에 관심을 기울인 데서 비롯하였다. 그 하나는 사건들 사이에 불가분의 사슬이 있어서 앞에 일어난 사건이 뒤에 일어난 사건에 대해 필요충분조건으로 작용한다고 하는 서기전 4세기에는 새로웠던 인과성이라는 관념이고, 다른 하나는 그보다 훨씬 오래된 개인의 도덕적 책임이라는 관념이다. 그 다음 세기가 시작할 무렵에 이르자 벌써, 사람의 행동뿐만 아니라 정신 상태와 느낌과 의지까지도 불가분의 인과적 사슬로 연결되어 있다고 하면서 동시에 사람들에게 책임이 있다고, 다시 말해서 실제로 행동한 것과 다르게 행동할 수도 있었다고, 주장하는 데에는 무언가 역설적인 것 또는 부정합이 있음이 감지되었다.

플라톤이나 아리스토텔레스도 간과한 것으로 보이는 이 문제를 처음으로 직시한 사람은 크뤼시포스였다.[5] 이 문제에 대하여 그는 자기결정(self-determination)이라는 용어로 알려진 답을 제시했다. 외부의 힘에 저항할 능력이 없이 그 힘의 작용에 따라 수동적으로 움직이기만 하는 것으로 여겨져야 하는 사람은 나무토막이나 돌멩이와 마찬가지로 자유롭지 못하며, 책임이라는 개념이 너무나 당연히

---

5) (옮긴이) 크뤼시포스(Chrysippus of Soli, BC 279~BC 207): 클레안테스(Cleanthes)의 제자로 그의 뒤를 이어 초기 스토아학파를 이끌었다.

그에 대해 적용될 수 없을 것이다. 그러나 어떤 목적을 위한 의지의 선회가 행태를 결정하는 요인들 가운데 하나로 들어가고, 그러한 의지 선회가 어떤 행동을 위하여 (충분조건이든지 말든지 또는 설사 충분조건은 아니더라도) 하나의 필요조건이라면, 그런 사람도 자유로운 것이 될 것이다. 왜냐하면 그 행동은 의지력의 발동에 의존하였고 그것이 없었다면 일어날 수 없었기 때문이다. 한 사람의 의지의 발동, 그리고 그 발동의 원천이 되는 성격과 성향은, 그 사람이 그렇게 생각하든 말든 그의 행동에서 본원적이다. 자유롭다는 것은 이를 의미한다.

　이 해법을 비판한 사람들, 에피쿠로스학파와 회의주의 학파는 이것이 반쪽 해법밖에 되지 않음을 금세 지적했다. 전하는 바에 따르면 그들은, 마땅히 행위라 칭할 수 있는 것에 대하여 의지의 작동이 비록 하나의 필요조건일 수는 있겠지만, 만약에 의지의 작동 자체가 인과의 사슬 안에 놓인 마디에 해당한다면, 따라서 그 자체가 선택이나 결심과 같은 것들의 "외부"에서 오는 원인에 의한 결과라면, 책임이라는 관념은 여전히 적용될 수 없다고 주장했다고 한다. 한 비평가는[6] 이처럼 수정된 형태의 결정론을 헤미둘리아(hemidoulia), 즉 "가웃 노예상태"라 불렀다. 내가 X를 선택하지 않았다면 내가 X를 행한 것은 아니라는 주장과 동시에 내가 달리 선택할 여지는 없었다는 말도 맞다면, 나는 절반만 자유롭다는 것이다. 내가 X를 하기로 결심했다고 하면 내 행동에는 단순한 원인만이 아니라 동기가 있다. 내 "의지"가 내 몸동작의 원인들——실은 필요조건들——가운데 포함되며, 나나 내 행동을 자유롭다고 부르는 데에 담기는 의미가 바로 그것이다. 그러나 만일 그 선택이나 결심 자체가 결정되어 있는

---

6) 퀴니코스 학파에 속하는 오에나마우스(Oenamaus)라는 인물로 전해진다.

것이고, 인과적으로 그렇지 않을 수 없는 것이라면, 인과성의 사슬은 여전히 깨지지 않은 상태이므로, 비판자들은 주장하기를 결정론의 추정들을 가장 엄밀하게 받아들이는 경우에 비해 진정한 자유로움이 전혀 더해질 수 없다는 것이다.

자유의지에 관한 문제가 최초에 제기된 이래 철학자들 사이에서 벌어진 엄청난 논란은 바로 이를 둘러싼 것이었다. 내가 이치에 어긋나지 않는 한도에서 요구할 수 있는 것은 오직 나 자신의 성격이 행태에 영향을 미치는 요인 가운데 들어 있어야 한다는 점뿐이라는 크뤼시포스의 대답은 자유를 자기결정으로 이해하는 고전적 신조의 핵심 알맹이에 해당한다. 그 신조를 주창한 사람들은 크뤼시포스에서 키케로를 거쳐 아퀴나스, 스피노자, 로크, 라이프니츠, 흄, 밀, 쇼펜하우어, 러셀, 슐릭,[7] 에어, 노웰-스미스,[8] 그리고 오늘날 그 주제에 관하여 한몫을 하고 있는 대다수 학자들로 이어진다. 그리하여 이 연대기의 연장선 위에 있는 최근의 저자 리처드 헤어[9]가 한 저술에서 내가 X를 할 자유가 있는지를 가름하는 표지는 "내가 X를 해야 하나?"와 같은 형태의 질문이 말이 되는지를 스스로 물어보면 된다는 말로써 자유로운 행동과 단순한 몸동작을 구분한 것도 단지 고전적인 명제의 반복에 불과하다. 바닷가에서 조난을 당한다거나 실수를 하는 일은 의식적인 선택 또는 목적이 될 수 없기 때문에—선택이나 목적과 같은 단어의 논리적 또는 개념적 의미에 비추어 그럴 수 없기 때문에—"내가 실수를 하게 될까?" 또는 "바닷가에서 조

---

7) (옮긴이) 슐릭(Moritz Schlick, 1882~1936): 독일의 철학자. 비엔나학파 및 논리실증주의의 창시자 중 한 사람.

8) (옮긴이) 노웰-스미스(Patrick Nowell-Smith, 1914~2006): 영국과 캐나다의 여러 대학에서 철학교수를 지낸 공리주의자.

9) Richard M. Hare, *Freedom and Reason* (Oxford, 1963), chapter 4.
(옮긴이) 헤어(1919~2002): 영국의 철학자. 옥스퍼드의 도덕철학 교수였다.

난당할까?"와 같은 질문은 말이 되지만 "내가 실수를 해야 하나?" 또는 "바닷가에서 조난당해야 하나?"는 말이 되지 않는다는 헤어의 지적은 맞다. 이로부터 헤어는 "저 산에 올라가야 하느냐?"고 묻는 것은 이해가능이지만 "당신을 오해해야 하느냐?"고 묻는 것은 이해가능이 될 수 없도록 만드는 그 어떤 요소가——그것이 무엇이든지——있는지 없는지에 따라서 자유로운 행태와 자유롭지 않은 행태를 구분할 수 있다고 결론을 짓는다. 그러나 내가 만일 카르네아데스[10] 식으로 "내가 '저 산에 올라가야 하느냐?'고 물을 수 있는 것은 사실이지만, 그러나 만약 그 답이——그리고 그 답에 따른 행동이——내가 통제할 수 없는 요인들에 의해서 결정된다면, 그렇다면 결단을 내리고 목적을 추구한다는 따위의 사실만으로 어떻게 내가 인과의 사슬에서 해방될 수 있느냐?"고 묻는다면, 스토아학파를 비롯한 고전 시대의 전통은 모두들 그 질문이 방향을 잘못 잡았다고 간주하고 말 것이다. 왜냐하면 어떤 특정한 결과가 발생하기 위해 만약 내 선택이 필수불가결하다면, 아무 목적도 없고 아무 선택도 내리지 않는 예컨대 돌멩이나 나무가 결정되어 있는 것과는 달리 나는 인과적으로 결정되어 있지 않은 것이며, 자유의지론자가 확립하고 싶어 하는 바는 그것으로 전부 충족되기 때문이다.

그렇지만 사실은 어떤 자유의지론자도 이를 받아들일 수 없다. 복수의 대안 가운데서 선택할 자유와 결정론 사이에 일견 존재하는 양립불가능성으로 말미암아 발생하는 문제에 진심으로 관심이 있는 사람이라면 어느 누구도 "내가 선택한 대로 나는 할 수 있다——그러나 나는 그렇게 말고는 선택할 수가 없다"는 말로써 문제가 해결된

---

10) (옮긴이) 카르네아데스(Carneades, BC 214년경~BC 129): 고대 회의주의 철학자. 스토아주의는 물론이고 에피쿠로스학파의 입장까지도 근거가 없다고 부인했다.

다고 보지는 않을 것이다. 자기 결정이란 분명히 기계적 결정과는 같은 것이 아니다. 만약 결정론자들의 말이 맞다고 (그들의 말이라고 반드시 틀려야 할 까닭은 없다) 가정해 보면, 그때 인간의 행태는 각각의 행태가 결정되어 있다는 식으로가 아니라 다름 아닌 크뤼시포스식의 헤미둘리아에 입각해서 서술되어야 할 것이다. 그러나 자유의지론자들이 원하는 빵은 반쪽짜리가 아니다. 만약 내 결심이 선행하는 원인들에 의해서 전적으로 결정되어 있다고 한다면, 그것이 내결심이고 내 행동에 선행 요인뿐만 아니라 동기도 있다는 사실만으로는 자유와 필연성, 또는 자유와 자유의 부재를 가르는 경계선, 책임이라고 하는 일상적인 관념에 (적어도 자유의지론자들이 보기에는) 확실하게 함축되어 있는 그 경계선이 마련될 수 없는 것이다. 베이컨 추종자들의 주장이 지나치다는 것은 바로 이런 의미에서다.

이 점은 다른 시각에서도 살펴볼 수 있는데, 그 시각은 또한 지식과 자유의 관계라고 하는 원래의 주제와도 밀접하게 연관된다. 지식의 성장은 예측할 수 있는 사건의 범위를 넓혀줄 텐데, 예측 가능성이란 귀납적이든 직관적이든 — 이에 반대하는 사람들이 펼치는 무수한 주장에도 불구하고 — 선택의 자유와는 양립가능한 것 같지 않다. "이런 상황에서 당신이 경이롭도록 용기 있는 행동을 보이리라고 항상 알고 있었다"고 내가 누군가에게 말하더라도, 칭찬받은 그 사람은 자기에게 자유롭게 선택할 자유가 없었다는 말로는 받아들이지 않을 것이다. 하지만 이는 단지 여기서 "안다"는 단어가 이를테면 과장된 방식으로 사용되고 있지만 그래도 관례에 어긋나지는 않기 때문이다. 한 사람이 다른 사람에게 "나는 너를 잘 안다 — 너는 그저 맘씨 좋게 행동하지 않을 수가 없는 사람이다. 안 그러려 해도 너로서는 도리가 없다"고 말한다면, "않을 수가 없는", "······해도 도리가 없다" 등의 표현에 칭찬을 과장하는 어법이 들어 있기 때문에

500

그 말을 듣는 사람은 기분 좋으라고 하는 소리로 여기게 될 것이다. 그러나 만약 그 말들이 문자 그대로 맞다는 의미라면, 기분 좋으라는 소리가 아니라 "늙고 못생기고 중국어가 아니라 영어로밖에 생각하지 않을 수가 없는 것이나 마찬가지로 맘씨 좋게 행동하지 않을 수가 없다"는 의미로 이해되어야 할 말이라면, 인간적 장점이라든지 칭찬받을 만하다는 의미는 날아가 버리고, 도덕적 칭찬이 아니라 미학적 칭찬 비슷한 것으로 바뀌고 말 것이다.

상대를 깎아내리는 사례를 들어보면 이 점이 더욱 명확해질 것 같다. 내가 X에 관해서 "X가 심술궂고 잔혹하지 않을 도리가 없는 것은 화산이 폭발하지 않을 도리가 없는 것과 같다——그런 사람은 비난할 대상이 아니라, 그 존재 자체를 한탄하거나 아니면 위험한 동물에게 하듯 길들이거나 재갈을 물려 놓아야 한다"고 말한다고 해보자. X 자신은 우리가 그에게 버릇을 고치라고 설교를——자기가 하고 있는 그 행동을 하느냐 마느냐 사이에서 선택할 자유, 꾸지람에 귀를 기울이거나 아니면 무시하거나 사이에서 선택할 자유가 그에게 있으리라 추정하여——했을 때보다 이런 말을 들었을 때 아마 더 큰 모욕감을 느낄지 모른다. 만약 내 성격 자체와 성격의 결과도 마찬가지로 어쩔 수 없는 원인에 기인하는 것이라면, 내 성격이 내 선택과 행동을 결정했다는 사실만으로——책임이라든지 도덕적 칭찬과 비난과 같은 관념을 위해 요청되는 바와 같은 의미에서——내가 자유롭게 되는 것은 아니다. 내 선택을 결정하는 원인과 조건에 관한 지식, 애초에 그런 원인과 조건이 존재한다는 지식, (이런 명제를 분석하지 않은 상태에서) 선택이 마냥 자유롭다고 말할 수는 없다는 지식, 도덕적 책임이라는 관념이 엄밀한 결정론과 완전히 양립가능임을 밝혀 주고 자유의지론은 무지와 실수에 기인한 혼동임을 폭로해 줄 지식——이와 같은 지식은 우리의 도덕적 견해를 미학적 견해와 같은 것으로 만들어, 지금 우리가 아름다움이나 친절이나 강한 체력이나 천재성을 대할 때와 마찬가지 방식으로 영웅이나 정직이나 정의도 대할 수 있게끔 인도할 것이다. 영웅 또는 정직하거나 정의로운 사람을 칭찬하고 경하하기는 하지만, 그가 다른 성품의 소유자이기를 선택할 수도 있었다는 함축은 완전히 배제될 것이다.

이와 같은 세계관이 만약에 일반적으로 수용된다면 우리가 사용하고 있는 기본적인 범주들이 뿌리에서부터 바뀌는 결과가 초래될 것이다. 언제일지 모르지만 그런 일이 일어나기만 한다면, 도덕과 법에 관한 현재와 같은 조망 방식 대부분 그리고 우리의 형법 체계 대부분을 무지로 인한 야만적인 결과로 간주하도록 우리의 생각이 바뀌고야 말 것이다. 인간의 행위에 대한 우리의 공감대는 폭과 깊이를 더할 것이고, 지금 우리가 책임을 묻고 있는 자리에 지식과 이해가 대신 들어앉게 될 것이다. 분개라든지 그 반대에 위치하는 상찬(賞讚)은 비합리적이고 낡아빠진 것으로 간주되며, 응분이나 업적이나 책임이나 후회, 그리고 옳음과 그름의 관념도 역시 앞뒤가 맞지 않든지 아니면 적어도 현실에 적용되지는 않는 것으로 판명날 것이다. 칭찬과 비난은 순전히 교육이나 훈육을 위한 도구 아니면 미학적인 승인이나 부인으로만 의미를 가지게 될 것이다. 만약 진실이 이런 세계관의 편이라면, 이 모든 결과로도 세상은 돌아갈 것이고 인류에게는 이익이 될 것이다. 그러나 자유의 범위가 이로써 확대되는 것은 아니다. 지식이 우리를 더 자유롭게 해주는 경우는 오직 선택의 자유가 실제로 있을 때──지식에 기초해서 그 지식이 없을 때와는 다른 방식으로 행동할 수 있을 때, "해야 한다"거나 실제로 "한다"는 말뿐만 아니라 다른 방식으로 "행동할 수 있다"는 말이 성립할 때, 다시 말해서 필요가 없으면 실제로는 전과 마찬가지로 행동하겠지만 어쨌든 새로운 지식에 기초해서 달리 행동할 수가 있을 때, 그리고 실제에서도 때때로 달리 행동할 때뿐이다. 그와 같은 선택의 자유가 선행하지 않는 상태라면——그리고 그런 가능성도 배제되는 상황이라면——지식으로 자유가 늘어나지는 않는다. 새로운 지식으로 합리성이 증가하고, 진리를 파악하여 우리의 이해력이 깊어지고, 우리의 힘과 내면의 조화와 지혜와 효율성이 커지겠지만, 우리의 자유가 반드시 커지지는 않는다. 우리에게 선택할 자유가 있다고 하면, 지식이 증가함에 따라 그 자유의 한계가 무엇인지, 그 자유를 확장하거나 축소할 요인은 무엇일지를 알게 될 수 있다. 그러나 내게는 변경할 능력이 없는 사실과 법칙이 있음을 아는 것만으로 내가 무언가를 변경할 수 있게 되지는 않는다——처음부터 내가 자유롭지 않다면 지식으로 자유가 증진될 길은 아예 없는 것이다. 모든 일이 자연의 법칙에 따라 규율된다고 하더라도, "할 수 있다"는 말이 선택을 "할 수 있다"는 뜻이——내가 저것 말고 이것을 택하도록 엄밀하게 결정되어 있는 것이 아니라 복수의 대안들 사이에서 선택할 수 있다는 문장이 서술문으로서 참인 경우에만 적용될 수 있는 "할 수 있다"가——아니라면, 지식을 기초로 자연의 법칙을 더 잘 "사용할" 수 있다는 말에 무슨 의미가 있을 수 있는지 이해하기 어렵다. 다른 말로 하면, 만약에 고전적인 결정론이 맞는 견해라고 하더라도 (그래서 우리의 현재 경험과 부합하지 않는다는 점으로는 결정론에 대한 반론이 될 수 없다고 하더라도) 결정론을 아는 것으로 우리 자유가 늘어나지는 않는다——자유라는 것이 없다면 그것이 없다는 사실을 아는 것으로 자유가 생겨날 수는 없다. 이는 결정론이 최대한 발현된 기계론적-행태주의적 형태에 못지않게 자기결정론에도 마찬가지로 해당하는 말이다.

고전적 자기결정론이 가장 명료하게 개진되는 예는 아마도 스피노자의 『윤리학』일 것이다. 스튜어트 햄프셔[11]는 스피노자의 주장을

(내가 보기에는 정확하게) 요약하기를, 목적이란 주어지는 것이기 때문에 온전히 합리적인 사람은 여러 목적 중에서 선택하지 않는다고 했다. 인간과 세계의 본질을 잘 이해하는 사람일수록 그 행동은 더욱 조화롭고 성공적이 된다. 그리고 참인 전제로부터 논리적으로 불가피한 결론을 올바르게 추론할 줄 아는 수학자에게 선택의 문제가 없듯이, 받아들일 만하다는 점에서 엇비슷한 대안들 가운데서 선택을 해야 하는 심각한 문제는 그에게 대두되지 않는다. 자기가 알지 못하는 사이에 존재하고 제대로 이해하지 못할 방식으로 영향력을 행사하는 원인에 따라 움직이는 수동적인 존재가 아니라는 데에 그의 자유가 있다. 그러나 그뿐, 그 이상은 아니다. 스피노자의——우주는 합리적인 질서이고, 합리적인 존재로서 어떤 명제나 행동이나 질서의 합리성을 이해한다는 것은 자기 자신을 그것과 (고대 스토아학파의 생각과 마찬가지로) 일치시키는 것과 같은 일이라는——전제를 받아들이면, 선택이라는 것은 그 발상 자체가 지식이 부족하여 무지한 정도를 보여주는 것이 된다. 이론에 관한 문제에 오직 하나의 정답이 있듯이, 행동 경로에 관한 모든 문제는 오직 하나의 정답이 있다. 정답이 일단 발견된 다음이면 합리적 인간은 그에 따라 행동하지 않을 도리가 없다——대안들 사이에서 자유롭게 선택한다는 생각은 설 자리가 없는 것이다. 무엇이든지 이해하는 사람은 그것이 왜 다름이 아니라 그렇게 생겼는지를 이해하는 것이고, 누군가가 합리적이라는 것은 그것이 지금과는 달리 생겼기를 원하지 못한다는 뜻이다. 이러한 경지가 도달할 수 없는 (아마도 깊게 따져보면 내부에 모순이 들어 있는) 이상인지도 모른다. 그러나 지식이 증가하면 바로 그 자체

---

11) Stuart Hampshire, "Spinoza and the Idea of Freedom", *Proceedings of the British Academy* 46(1960), pp. 195–215.

로써 언제나 자유도 증가한다, 즉 불가해한 무언가의 손바닥 위에서 벗어나게 된다는 생각 밑에 깔려 있는 이상이 그것이다. 이 견해에 따르면 무언가를 일단 이해하거나 알게 된 사람은 (그리고 오로지 그 사람만이) 그 무언가의 손아귀 안에 포로가 되었다는 서술 자체가 개념적으로 불가능하게 된다. 이처럼 합리주의를 최대한으로 확장한 전제들을 받아들이지 않는 한, 지식이 늘어나면 반드시 자유의 총량도 늘어난다는 결론이 나오지는 않는 것으로 내게는 보인다. 자유가 늘어날 수도 있고 그렇지 않을 수도 있을 것이기 때문에 이는 대체로 경험적인 문제임이 이 글을 통해 드러나기를 바란다. 한때 할 수 있다고 믿었던 바가 사실은 할 수 없는 것이었음을 알게 되면 나는 그만큼 — 돌담에 박치기는 하지 않게 되듯이 — 더 합리적으로 되겠지만 그로써 내가 반드시 더 자유로워지는 것은 아니다. 내가 바라보는 것이 어디이든 도처에 돌담은 있을 수가 있고, 심지어 나 자신이 그 돌담의 일부, 자유롭기를 꿈꾸고 있는 돌멩이일지도 모르는 것이다.

자유와 지식의 관계에 관해서 지적해야 할 점이 두 가지 더 있다.

(a) 주로 카를 포퍼를 통해 널리 알려지게 된 반론으로 총체적인 자기 이해라는 발상 자체가 부정합적이라는 지적이 있다. 미래에 무엇을 할지 내가 예측할 수 있다면, 그 지식 자체가 요인 중의 하나로 추가되어 그에 따라 내 행태를 바꾸는 원인이 될 수 있기 때문이다. 그리고 그것이 그렇게 될 수 있다는 지식 또한 요인으로 추가되어 행태를 바꾸는 원인이 될 수 있다. 그리하여 이는 무한히 계속될 수 있다. 그러므로 총체적인 자기 예측이란 논리적으로 불가능하다는 것이다. 이 지적은 맞을지도 모르지만, 어쨌든 결정론 그 자체에 대한 반박이라기보다는 (포퍼도 결정론 그 자체에 대한 반박으로 제시한 것은 아니다) 자기 예측에 대한 반박일 뿐이다. 만약 X가 Y의 행태 전체

를 예측하고 Y는 X의 행태 전체를 예측하는 (그리고 그들이 그 예측을 서로 알려주지 않는다는) 정도가 결정론에게 필요한 전부다. 내가 스스로 의식하는 것이라면 이미 마음에서 우러나는 자발성일 수 없다. 그러므로 만약 자발성이라는 것도 내 상태의 일부라고 보면, 내 모든 상태를 내가 의식할 수는 없다는 말이 된다. 물론 내가 결코 자발적일 수 없다는 말도 아니고, 내가 자발적인 상태에 있다는 사실을 내가 의식할 수 없다는 말일 뿐 나의 그러한 상태가 누구에게도 알려질 수 없다는 말도 아니다. 이와 같은 까닭에서 나는 포퍼의 주장이 결정론을 반박하지는 못한다고 (그런 의도에서 나온 것도 아니라고) 결론을 내린다.

(b) 스튜어트 햄프셔는 최근의 어떤 발언에서[12] 자기 예측이란 (논리적으로) 불가능하다는 견해를 내어놓았다. (예컨대 "나에게 X가 일어날 것이다"라든지 "너는 X를 하게 될 것이다"가 아니라) "내가 X를 하게 될 것을 나는 안다"는 말은, 다른 사람이나 동물의 행태에 관해서 예측할 때와 똑같이 나 자신에 관해 생각해 본 다음 내 미래 행동을 이러쿵저러쿵 말하는 것과는 다르다는 것이다. 왜냐하면 (만약 내가 햄프셔를 제대로 이해했다면) 그 말은 나 자신을 외부에서 바라보면서 나 자신의 행동이 마치 단순한 인과의 법칙에 따르는 결과인 것처럼 다루는 것과는 다르기 때문이다. 내가 X를 하게 될지 안다는 말은 햄프셔의 견해에 따르면 X를 하기로 결심했다는 말이다. 왜냐하면 어느 일정한 상황에서 내가 실제로 X를 하리라고 또는 그렇게 하기로 결심하게 되리라고 (내가 이미 그렇게 결심을 했든지 안 했든지 상관없이) 예측한다는 것은——마치 "비록 내가 X의 반대편으로 행동하기

---

12) Iris Murdoch, S. N. Hampshire, P. L. Gardiner and D. F. Pears, "Freedom and Knowledge", in D. F. Pears(ed.), *Freedom and the Will*(London, 1963), pp. 80–104.

로 결심한 것이 사실이지만 실제로는 X 쪽으로 행동하게 되리라고 지금 확언할 수 있다"는 소리처럼 —— 말이 안 된다는 것이다. "나 자신을 잘 알기에 내가 지금 어떻게 결심하든지 실제 상황이 벌어지면 나는 X 말고 달리 행동하게 되리라고는 믿을 수 없다"고 말하는 사람이 있다면, 햄프셔에 대한 내 해석이 옳다면, 사실 자기가 진짜로 (즉, 진지하게) X라는 행동에 반대하는 입장을 확립한 것은 아니며, 심지어 달리 행동해 보려는 시도조차 하지 않고 있으며, 사실을 말할 것 같으면 무슨 일이든 될 대로 되라고 내버려 두기로 결심했다는 말을 하는 셈이라는 것이다. 왜냐하면 X를 행하지 않으려고 진심으로 결심한 사람으로서 거짓말이 아니고서야 자기가 그 결심대로 행동하지 못하게 되리라고 예측할 수는 없기 때문이다. 물론 X를 피하려는 시도가 실패할 수는 있고, 그것을 예측할 수도 있다. 그렇지만 X를 하지 않으려는 결심과 X를 피해 보려고 시도조차 하지 않게 되리라는 예측을 동시에 할 수는 없다. 왜냐하면 시도는 언제든 할 수 있고, 누구나 그 사실을 —— 바로 그 점에서 사람이 자연 속에서 인간 아닌 다른 존재들과 구분됨을 —— 알기 때문이다. 자기가 어떤 일을 시도조차 할 수 없게 되리라는 말은 시도하지 않기로 결심했다는 말과 같다. 이러한 의미의 "나는 안다"는 "나는 결심했다"를 뜻하는 것이며, 따라서 원칙적으로 예측일 수가 없다.

내가 제대로 이해했다면 이것이 햄프셔의 입장이다. 그리고 어려운 결심이 필요한 상황에서 실은 사태를 방기하기로 결심해 놓고서는 마치 그것이 자신의 이른바 불변적인 본성에게 발생한 어떤 원인의 책임인 양 돌리는 책임전가용 말투에서 자기 예측이라는 용어가 종종 활용될 수 있다고 나는 보기 때문에, 햄프셔의 입장에 많이 공감한다. 그러나 그 입장을 둘러싼 토론에서는 비판하는 사람들과 생각이 같다. 내가 이해하기에 비판의 골자는 비록 햄프셔가 서술하는 것과 같은 상황이 종종 일어날 수는 있지만, 여전히 내가 이 순간 X를 하지 않기로 결심했다고 하면서 동시에 그렇지만 결국은 X를 하게 될 것이라고, 왜냐하면 막상 때가 닥치게 되면 심지어 X라는 행위에 저항할 시도만이라도 하게 되리라고 나 자신에게 기대할 수 없기 때문에, 예측하는 경우가 있을 수 있다는 것이다. 결국 "나는 나를 잘 안다. 위기가 닥쳤을 때 내가 그대를 도울 수 있으리라고 의지하지 말라. 비록 지금은 내가 비겁해지지 않겠다고 그리고 그대 편에서 할 수 있는 모든 일을 하겠다고 진심에서 맘먹고 있지만, 도망치게 될지도 모른다. 내 결심이 지켜지지 않으리라는 나의 예측은 현재 내 마음의 상태가 아니라 내 성격에 관한 지식에 기초한다──이 예측은 불성실하다는 징후가 아니라 (왜냐하면 예측하는 이 순간에 나는 왔다갔다하지 않고 있기 때문에), 오히려 성실하다는 징후, 사실을 직시하려는 소망의 징후이다. 지금은 용감하게 저항하려는 것이 내 뜻임을 어떤 점에서도 진심으로 그대에게 보증할 수 있다. 그렇지만 그 같은 현재의 내 결심에 그대가 너무나 많이 기대는 것은 위험 부담이 너무 클 것이다. 신경의 압박을 못 견디고 무너진 내 과거의 행적들을 그대에게 감춘다는 것은 공정하지 못할 것이다." 다른 사람에 관해서 이렇게 말할 수 있다──그가 아무리 진심으로 결심했다고 하더라도 그가 실제로 어떻게 행동하게 될지를 예견할 수 있는 것이다. 그리고 그들 역시 마찬가지로 나에 관해서 그렇게 할 수 있다. 햄프셔의 주장이 그럴듯하고 솔깃한 이야기이기는 하지만, 자신에 관해서 그처럼 객관적인 지식이 가능하고 실제에서도 발생한다고 나는 믿는다. 그러므로 그의 주장이 결정론적 명제에 담긴 위력을 줄이지는 못하는 것으로 내게는 보인다. 내가 항상은 아니더라도 때때로 어떤 외부적인 시각에서 마치 다른 사람을 바라보듯이 나 자신을 놓고 생각하면서, 내가 현재의 결심을 지킬 수 있는 가능성이 얼마나 될지를 다른 사람의 경우에 관하여 생각할 때 발휘할 수 있을 때와 마찬가지로 최대한의 불편부당과 초연함으로써 신빙성을 갖추고 계산하는 일이 내가 보기에는 가능하다. 만약 그렇다면, "내가 어떻게 행동할지 나는 안다"는 말은 반드시 결심의 표현만은 아니게 된다──순전히 서술적인 문장일 수도 있는 것이다. 이런 종류의 자기 예측이 지나치게 정확하다거나 틀릴 리 없다고 자처하지 않고 위에서 언급한 바와 같은 포퍼의 반론을 수용하여 자기 예측 그 자체로 말미암아 행동이 바뀔 수도 있음을 인정한다면, 그처럼 잠정적인 의미의 자기 예측은 가능하고 결정론과도 양립가능인 것으로 보인다.

다른 말로 하면, 선택 그 자체가 여타 현상들에 못지않게 결정되어 있는 것으로 간주되는 경우, 자기 자신의 행태에 관해서든 타인의 행태에 관해서든 결정론의 신조가 원칙적으로 부정합이라든지 또는 선택 행위와 양립할 수 없다고 보아야 할 까닭을 나는 알지 못한다. 그러한 지식 또는 근거를 갖춘 믿음은 내가 보기에 합리성과 효율성과 능력의 정도를 높여 준다. 그것이 필연적으로 이바지하게 되는 종류의 자유는 오직 착각으로부터의 자유이다. 그러나 스물두 세기 동안이나 논쟁을 들끓게 만든 자유라는 개념의 기본적인 의미는 이것이 아니다.

자유의지의 문제라고 하는 바닷물에 이미 발을 들여놓은 것 이상으로는 깊이 들어가고 싶지는 않다. 그러나 다른 글에서 말한 바 있고, 그 때문에 결정론자들로부터 심각한 도전을 받았던 내용은 여기서 반복해야 할 것 같다──정신생리학에서 커다란 진보가 이루어졌고, 가령 어떤 과학 전문가가 내게 봉인된 봉투 하나와 종이 한 장을 건네며 일정한 기간 (예컨대 반 시간) 동안 일어난 내 모든 경험을──내성(內省)까지 포함하여──가능한 한 정확하게 적어 보라고 했고,

내 능력이 닿는 한 최선을 다해 경험을 적은 다음 봉인된 봉투를 열어 그 안의 내용을 읽어 보니, 지난 반 시간 동안 내 경험을 적은 일지의 내용과 놀랄 만큼 일치한다면, 나는 크게 동요할 것이 틀림없고 다른 사람들도 그러리라고 생각한다. 그러한 경우 우리는 인간 행태의 양상 중에서 종전까지 행위 주체의 자유로운 선택 영역 안에 있다고 간주되어 왔던 부분들마저도 인과적 법칙에 따르며 그 법칙은 인간에 의해 발견될 수 있음을 맘에 들거나 말거나 인정해야 할 것이다. 이를 알게 된 결과로 우리의 행태는 바뀔 수 있다. 바뀐다면 아마도 더 행복하고 더 조화로운 쪽이기가 십상일 텐데, 그와 같은 반가운 결과 자체 역시 우리의 새로운 깨달음에서 연유하는 인과적 소산일 것이다. 그런 발견이 왜 불가능하다고 또는 특별히 가능성이 낮다고 간주되어야 하는지 나는 모르겠다. 그런 발견이 이루어진다면 심리학과 사회학에서 획기적인 변혁이 일어나게 될 터인데, 여하간에 우리 시대 과학의 여러 분야에서 대단한 혁명들이 발생한 것은 엄연한 사실이다.

그러나 종래의 혁명들에 비해 지금 논의되고 있는 가상적인 신천지는 경험적인 지식의 차원에서 많은 변화를 불러오는 데에 더하여 우리의 개념적인 인식틀 자체를 17, 18세기의 물리학적 발견이나 19세기의 생물학적 발견이 그랬던 것보다도 훨씬 더 크게 바꾸리라는 (나를 비판하는 사람들 대부분은 이 같은 추측에 동의하지 않는다) 점에서 다르다. 심리학만으로 생각하더라도 과거에 대해서 그처럼 각이 선 단절은 우리가 현재 사용하고 있는 개념들과 그 용례들을 크게 손상할 것이다. 인간관계에 관한 어휘 전체가 뿌리에서부터 바뀌어야 할 것이다. "X를 하지 말았어야 했다"든지, "어떻게 X 같은 행위를 택할 수 있느냐"는 식의 표현들, 나아가 사실 자기 자신 및 다른 사람의 행위를 비판하거나 평가하는 의미의 언어 전체가 급격하게 변혁되어야 할 것이고, 서술의 목적 및 실천적 ─ 교정하거나 억제하거나 칭찬하기 위한 (일관된 결정론자에게는 이런 목적들 말고 어떤 실제적 목적이 있을까?) ─ 목적에서 우리가 지금 사용하고 있는 언어 대신에 엄청나게 다른 표현들이 필요하게 될 것이다.

칭찬이나 비난, 사실관계의 서술이 아닌 수많은 명제들, 그리고 자유와 선택과 책임에 관한 개념들의 체계 전체가 현재 수행하고 있는 기능과 의미를 박탈당해 버렸을 때의 결과를 과소평가하는 것은 현명하지 못한 일로 보인다. 그러나 그 점과는 별도로, 그런 변혁이 일어날 수 있는 것이 ─ 또는 어느 정도로든 요청되는 것이 ─ 사실이라고 하더라도 결정론이 참인지 오류인지를 밝히는 데에는 일말의 도움도 되지 않는다는 점도 마찬가지로 중요하다 ─ 결정론이 참이라고 받아들이는 사람들은 이 점을 충분히 고려하지 않는 경향이 있다. 그리고 결정론이 참인지 아닌지의 문제가 경험적인 문제인지 여부 자체가 불분명하다는 점을 나는 덧붙이고 싶다. 정신생리학의 분야에서 그처럼 혁명적인 지식의 진보가 달성된다면, 그런 획기적인 지식을 형상화하기 위해 새로운 개념들이 필요하게 될 것이고, 따라서 여타 분야에서도 그에 상응하여 개념의 (최소한으로 말해서) 수정이 뒤따르게 되리라는 점만 보더라도 경험적인 영역과 개념적인 영역 사이의 경계라는 것이 상대적으로 모호할 수밖에 없음을 알 수 있다. 그와 같은 경험적인 발견이 이루어진다면 종전의 역사에서 유례를 찾을 수 없는 혁명이 인간의 사유에서 발생하였다는 표지가 될 것이다.

그런 분야에서 정확한 지식이 승리하는 날 언어에서 ─ 또는 관념에서 (이는 같은 뜻을 말하는 두 가지 표현일 뿐이다) ─ 어떤 변혁이 일어날지를 미리 그려보는 것은 부질없는 짓이다. 그러나 그것은 여하간에, 지식이 만약 그렇게 진보하면 자유의 총량도 반드시 증가할

까? 실수나 착각이나 환상이나 잘못된 감정의 분출 따위에 얽매이지 않는 자유로움은 분명히 증가할 것이다. 그렇지만 철학에서든 일상적인 언어에서든 우리가 자유를 말할 때 중심이 되는 의미가 그런 것인가?

II

어떤 사람을 두고 그가 자유롭다고 — 또는 전보다 자유로워졌다고 — 할 때, 우리가 도덕적 자유라든지 독립성이라든지 자기 결정을 가리키는 의미로 그 말을 사용하기도 한다는 점을 부인하고 싶은 생각은 물론 없다. 자유라는 개념은 자주 지적되어 왔듯이 명료와는 거리가 멀다. 의지, 의도, 작위와 같은 핵심 개념들과 양심, 후회, 가책, 내부의 강박 대 외부의 강제 등과 같은 연관 개념들이 분석되어야 하는데, 그것들을 분석하기 위해 필요한 도덕 심리학의 표준이 전혀 정립되어 있지 않은 것이다. 그러한 와중에서 도덕적 독립성이라는 관념 — 무엇이 무엇에 대해 독립적인지, 또는 독립적이어야 하는지, 그리고 그런 독립성이 어떻게 달성되는지 — 자체가 희미하기만 한 상태이다. 더구나 가령 어떤 사람의 행동에서 결코 변치 않는 규칙성이 나타나고, 그 규칙성이 그 자신의 생각과 느낌과 의지 작용에서 (이를 어떻게 가늠할 것인지는 접어두고) 나왔다고 한다면, 그리하여 우리더러 서술하라고 했을 때 그는 그렇게밖에는 행동할 수 없었다고 말하지 않을 도리가 없는 경우라면, 그런 사람을 자유롭다고 서술해야 하는지도 의문이다. 예측 가능성 자체는 결정론으로 통할 수도 있고 그렇지 않을 수도 있다. 그러나 만약에 어떤 사람의 성격과 반응과 관점을 우리가 너무나 잘 알고 있어서 어떤 특정한 상황이 주어졌을 때 그가 어떻게 행동할지를 어쩌면 그 자신보다 우리가 더 잘 예측할 수 있다고 확신할 수 있는 경우, 그런 사람을 도덕적으로—아니면 그 어떤 의미에서든지—자유로운 사람의 전형으로 여겨야 할 것인가? 그보다는 오히려 패트릭 가디너의 "자기 성격의 포로(prisoner of his personality)"[13]라는 표현이 그런 사람에게 더 잘 어울리는 것이 아닐까? 어떤 경우에는 그 자신조차 혹시 그 표현이 적절하다고—만족해서든 불편해하면서든—받아들이지 않을까? 자신의 습관과 관점 안에 그토록 매몰되어 빠져나올 줄 모르는 사람은 인간 자유의 본보기일 수가 없다.

내가 보기에 우리의 상식적인 생각과 어법의 핵심부에는 자유를 사람과 사람 아닌 모든 것을 가르는 주요 특징으로 추정하는 전제, 선택 행위에 대한 장애물이 얼마나 있느냐 또는 없느냐에 따라 자유의 정도가 달라지며, 선택이라는 것이 선행 조건들에 의해서 적어도 전적으로 결정되어 있지는 않다는 전제가 깔려 있다. 상식은 언제나 틀릴 수 있기 때문에, 이 경우에도 틀릴지 모른다. 그러나 입증할 책임은 틀렸다고 주장하려는 사람들에게 있다. 상식은 자유에 대한 장애물의 다양한 종류들에 관해—물리적이거나 정신적일 수 있고, "내면적"이거나 "외부적"일 수 있으며, 이처럼 서로 상반되는 두 요소들이 서로 섞여 있을 수도 있고, 사회적이거나 개인적인 요인들로 말미암아 명쾌하게 해명하기가 어렵거나 애당초 개념적으로 불가능할 수도 있음을—충분히 자각하지 못하고 있을 수도 있다. 상식적인 의견은 자유의 문제를 너무나 단순하게 생각한 결과일지도 모른다. 그렇지만 내가 보기에 그 핵심적인—자유란 행동에 대한 장애

---

13) Iris Murdoch, S. N. Hampshire, P. L. Gardiner and D. F. Pears, "Freedom and Knowledge", in D. F. Pears (ed.), *Freedom and the Will*(London, 1963), p. 92.

물을 없애는 일과 관련된다는——골자에 관해서는 상식이 맞는 것 같다. 지리적 조건이나 감옥의 벽, 무장한 사람, 또는 음식이나 주거나 기타 생활필수품을 박탈하겠다는 (일종의 무기로 사용하려는 의도를 가지고 있든 아니든) 위협과 같이 우리의 의도를 실현되지 못하도록 가로막는 자연적 인위적 물리력이 장애물일 수도 있고, 두려움이나 여러 가지 유형의 "콤플렉스", 무지, 실수, 편견, 착각, 환상, 강박관념, 신경쇠약, 정신이상, 기타 수많은 종류의 비합리적 요인들처럼 심리적인 장애물일 수도 있다. 도덕적 자유, 합리적 자기 통제, 다시 말해서 눈앞의 현안이 무엇이 걸린 문제인지를 알고, 자기 행동의 동기가 무엇인지를 알고, 다른 사람이나 자기 과거 역정이나 자기가 속한 집단이나 사회에서 나오는 눈에 띄지 않는 영향력에 휩쓸리지 않고, 합리적 검토 대상으로 삼아 자세히 따져보면 근거가 없는 것으로 밝혀질 희망이나 공포나 욕망이나 사랑이나 증오나 이상 따위를 부숨으로써 이루어질 도덕적 자유는——인간이 가는 길을 가로막는 가장 완강하고 가장 음험한 장애물, 그 결과로 무엇이 초래될지를 플라톤에서 마르크스를 거쳐 쇼펜하우어에 이르는 도덕이론가들이 여기저기 따로 떨어진 채 나름대로 날카로운 통찰력을 발휘하였지만 단지 금세기에 이르러 심리분석이 등장하고 그 철학적 함축이 지각된 다음에야 제대로 이해되기 시작한 그런 장애물로부터 해방을 진실로 가져다 줄 것이다. 이러한 의미의 자유 개념이 타당하지 않다고 보거나 이 점에서 자유가 합리성과 지식에 논리적으로 긴밀하게 의존한다는 점을 부인하는 것은 어불성설이다. 자유라는 것은 기본적으로 장애물의 제거와 같거나 아니면 장애물의 제거에 따라 좌우되는 것으로, 이 경우의 자유는 사람들 각자가 선택한 목적을 위해 자신의 능력을 온전히 활용하지 못하게 가로막는 심리적 장애의 제거와 관련을 맺는 셈이다. 하지만 심리적 장애물이 아무리 중요하고 지금까지 제대로 분석되지 못했다고 하더라도, 그것은 단지 장애물 가운데 한 가지 종류일 뿐이다. 다른 형태의 장애물들을 배제하고 따라서 더 잘 알려진 다른 형태의 자유를 외면하면서까지 이 장애물을 강조한다는 것은 왜곡이다. 그런데 스토아학파에서부터 스피노자와 브래들리와 스튜어트 햄프셔에 이르기까지 자유를 자기결정성에 국한하려는 사람들이 하고 있는 일이 내가 보기에는 다름 아닌 바로 그러한 왜곡이다.

자유롭다는 것은 강제당하지 않고 선택을 할 수 있다는 말이다. 그리고 선택이라면 당연히 서로 경합하는 여러 가지 가능성이——최소한 두 개의 방해받지 않고 "열려 있는" 대안이——있어야 한다. 그렇다면 이는 또한 어떤 길이 열려 있고 어떤 길이 닫혀 있느냐고 하는 외부 세계의 사정에 따라 달라진다. 한 사람 또는 한 사회가 누리는 자유의 정도에 관해 논할 때 우리는 그들에게 열려 있는 길들의 폭과 범위, 이를테면 열려 있는 문의 수, 그리고 열려 있는 정도에 관해 생각하는 것이다. 실제로는 "수"라든지 "폭"이 거기에 있는 것은 아니기 때문에 이는 불완전한 은유다. 어떤 문은 다른 문에 비해 훨씬 더 중요하다——그 문을 열고 나갔을 때 만나게 되는 이로움이 그 개인이나 사회의 삶에서 훨씬 더 핵심적이다. 어떤 문은 열려 있는 문으로 향하고 어떤 문은 닫혀 있는 문으로 향한다. 닫혀 있는 문이 실제로 또는 잠재적으로 허용된 물리적 정신적 자원으로써 얼마나 쉽게 열릴 수 있는지에 따라 실제적인 자유도 있고 잠재적인 자유도 있다. 한 가지 상황을 다른 상황과 어떻게 비교할까? 적절한 수준의 안전이나 물리적 필수품 또는 위안을 구하는 데에는 다른 사람에게도 외부 여건에게도 방해받지 않지만 자유로운 발언이나 회합은 할 수 없게 되어 있는 사람과 교육과 자유로운 소통과 타인들과 교제할 기회는 훨씬 많이 누리지만 정부의 경제정책 때문에 꼭 필요한 이상의 재화는 획득할 수 없는 처지에 있는 사람 중에서 누가 더 자유로 운지 어떻게 결정할 수 있을까? 이와 같은 형태의 문제는 언제나 발생한다——공리주의에 관한 문헌에서뿐만 아니라 사실은 전체주의를 제외하고 모든 형태의 현실 정치에서 이런 문제는 익히 알려져 있다. 이에 관해 신속하고 명확한 규칙은 없더라도, 한 사람이나 한 집단이 누리는 자유의 정도는 대체로 선택할 수 있는 가능성의 범위에 따라 결정된다고 보는 것이 맞을 것이다.

한 사람이 선택할 수 있는 "물리적" 또는 "정신적" 범위가 좁다면 그가 현 상태에 아무리 만족하고 있더라도, 그리고 합리적인 사람일수록 합리적인 인생의 경로가 하나로 좁혀져서 분명하게 떠오르고 따라서 대안들 사이에서 동요할 리가 줄어든다는 말이 (내 판단으로는 틀린 명제로 보이지만) 아무리 맞다고 하더라도, 이런 점들 가운데 어느 것도 더 넓은 선택의 범위를 보유하고 있는 사람보다 그를 더 자유롭게 만드는 데에 반드시 도움이 되지는 않는다. 장애물이 놓여 있는 길로 접어들려는 욕망 또는 그런 길이 있다는 사실에 대한 자각을 제거함으로써 장애물을 제거한다는 방책은 평정심이나 자족감이나 또는 아마 지혜에도 보탬이 될 수 있겠지만 자유에는 보탬이 되지 않는다. 맑은 정신, 완성된 개성, 건강, 내면의 조화 등, 정신의 독립은 매우 바람직한 상태이고, 그런 의미의 자유를 방해하는 많은 장애물들이 그러한 상태에 도달하는 와중에 제거되는 것도 사실이다. 그렇지만 이는 자유의 여러 종류 가운데 하나일 뿐이다. 이 자유에는 적어도 독특한 의의가 있다고, 다른 모든 종류의 자유를 위해서 이것이 필요조건이라고——왜냐하면 내가 무지하거나 강박관념에 빠져 있거나 비합리적이라면 바로 그러한 까닭 때문에 나는 사실을 제대로 보지 못할 것이며, 사실을 제대로 보지 못하는 사람은 자기에게 허용된 가능성들이 객관적으로 봉쇄된 셈이므로 결국 자유

롭지 못하다고──말할 사람도 있을 것이다. 그러나 내가 보기에 이
는 맞지 않는 말이다. 가령 내가 내 권리에 관해 무지하다면, 또는
신경쇠약이 너무 심해서 (아니면 너무 가난해서) 권리를 활용하지 못
한다면, 내게 권리는 아무 쓸모가 없는 것으로 된다. 그러나 그렇다
고 해서 권리가 없어지는 것은 아니다──열려 있는 다른 문들로 가
는 길목에서 문이 닫힌 것뿐이다. 자유를 위한 (지식이나 돈 같은) 조
건을 파괴하거나 없애는 것과 자유 그 자체를 파괴하는 것은 서로
다른 일이다. 왜냐하면 자유가 얼마나 접근 가능한지에 따라 자유의
가치는 달라지겠지만, 자유의 본질이 달라지지는 않기 때문이다. 사
람들이 지나다닐 수 있는 길이 많을수록, 넓을수록, 그리고 그 길 각
각이 다시 더 많은 길을 열리게 할수록 사람들은 자유롭다. 자기 앞
에 어떤 길이 있는지 그리고 그 길들이 얼마나 열려 있는지를 알면
알수록 사람들은 자기가 장차 얼마나 자유로워질지를 안다. 이를 모
르는 상태에서 자유만을 누리는 경우는 참담한 아이러니에 해당하
겠지만, 자기가 깨닫지 못하는 상태에서 이런저런 문들이 자기에게
열려 있었다는 사실을 나중에라도 알게 되는 날 그는 자유가 없었기
때문이 아니라 있는 자유를 깨닫지 못한 무지 때문에 참담한 심정이
될 것이다. 자유의 범위는 어떤 행동의 기회가 있는지에 달려 있지
그 사람이 그 기회를 아느냐 모르느냐──그러한 지식이 자유를
활용하기 위하여 없어서는 안 될 필요조건이며, 지식으로 가는 길에
대한 방해는 그 자체로 어떤 자유를 (즉 알 자유를) 빼앗는 것과 같을
수는 있지만──달려 있지 않다. 무지는 길들을 막히게 하고 지식은
열리게 한다. 그러나 이 점이 너무나 당연한 진리라고 해서 자유에
대한 자각이 자유에 포함된다거나 자유는 곧 자유롭다는 자각과 같
다는 결론이 도출될 수는 없다.

어떤 사람이 얼마나 자유로운지는 실제로 어떤 문들이 열려 있느

냐에 따라서 결정되지 그가 무엇을 선호하느냐에 따라 결정되지 않는다는 점에 주목할 필요가 있다. 자기가 원하는 바를 실현하는 데에 장애물이 없다는 것만으로, 즉 자기가 하고 싶은 대로 할 수 있다는 것만으로 사람이 심리적인 의미에서든 다른 의미에서든 자유로운 것은 아니다. 왜냐하면 만약에 그렇다면 행동의 기회에 관한 사정을 바꾸지 않고, 단지 그 사람의 욕망이나 성향을 바꾸는 것만으로도 그를 자유롭게 만들 수가 있게 될 터이기 때문이다. 노예로 하여금 발목에 채인 사슬을 사랑하게끔 길들이는 주인의 행위를 통해——노예의 만족감이 올라가고, 그리하여 노예의 처지가 덜 비참하게 될 수는 있을지 몰라도——노예의 자유가 늘어나는 것은 아님이 적어도 겉으로 보기에는 분명하다. 인류의 역사가 지나오는 동안, 사람들을 관리한 자들 중에는 종교적 가르침을 이용해서 사람들로 하여금 잔혹하고 악랄한 처우에 불만을 덜 느끼도록 만든 파렴치한 부류도 있었다. 그런 책략이 통한다면, 무슨 이유에서든 그런 자들은 줄곧 출현하리라는 생각이 맞다면, 그리고 그 피해자들이 (예컨대 에픽테토스처럼) 고통이나 치욕에 신경 쓰지 않고 살아가는 방법을 배운다면, 그렇다면 아마도 틀림없이 전제체제가 자유의 창조자라는 일컬음을 받을 수 있게 될 것이다. 왜냐하면 (이런 관점에 입각하여 바라보면) 개인적 또는 민주적 선택의 범위를 확장하는 제도들은 골치 아프게 선택해야 하고, 저 방향이 아니라 이 방향으로 가리라고 스스로 결심해야 할 필요를——앙바라뒤슈아[14]라고 하는 성가신 부담을 (합리주의의 전통에 속하는 사상가 중에는 이를 부담으로 느끼는 것 자체를 불합리의 징후로 여기기도 한다)——생성하는 데 비해, 전제체제

---

14) (옮긴이) 앙바라뒤슈아(embarras du choix): 고를 대상이 너무 많아서 어쩔 줄 모르는 상태. 벌린은 이 프랑스어 표현을 de choix라고 표기하고 있는데 이는 du choix의 오기라고 판단된다.

는 마음을 헷갈리게 만드는 유혹과 "우리를 노예로 부리는" 소원이나 열망을 제거함으로써 더 많은 자유를 창조하기 때문이다. 오래전부터 전해 오는 이 잘못된 생각은 이제 반박이 필요 없을 정도로 익숙해졌다. 이를 새삼스럽게 거론한 까닭은 다만 자유를 오직 자기가 하고 싶은 대로 하는 데 방해물이 없는 상태로 (이 상태는 가령 교육 또는 법, 친구 또는 원수, 종교적 스승 또는 부모 등, 어떤 사람이나 몰인격적인 힘에 의해서 아주 협소해진 삶의 형태, 또는 나 자신이 의식적으로 축소시킨 삶의 형태와 양립가능하다) 정의하는 것과 객관적으로 열려 있는 가능성의 폭으로 ─ 주체가 원하든 않든, 그 폭의 넓이를 측정하거나 비교하여 그것을 준거로 삼아 서로 다른 상황들을 평가할 기준을 구하기가 어렵거나 아니면 불가능할지라도 ─ 정의하는 것이 결정적으로 서로 다름을 강조하기 위함이다.

  물론 노예였던 에픽테토스가 그 주인 또는 심지어 그를 추방하여 죽게 만든 황제보다 자유로웠다는 말, 돌담만으로는 감옥이 되지 않는다는 말에는 도덕철학자라면 누구나 익히 아는 일리가 들어 있다. 그렇지만 그런 말들이 나름대로 수사적인 효과를 발휘할 수 있는 바탕은 노예란 사람 중에서 가장 자유롭지 않고, 돌담과 쇠창살은 자유에 대하여 가장 심각한 방해물이며, 도덕적 자유라는 표현과 물리적 또는 정치적 또는 법적 자유라는 표현이 단순한 동의어는 아니라는 말에 들어 있는 일리가 훨씬 크고 익숙하다는 사실에 있다. 이러한 의미들을 관통하여 공통되는 어떤 알맹이가 ─ 어떤 하나의 공통적 특징이든지 아니면 이른바 "가족 같은 유사성"이든지 ─ 확립되지 않는다면, 이 가운데 어떤 한 의미가 근본적이라는 지위로 격상되고 나머지는 억지로 거기에 꿰맞추어지든지 아니면 사소하다거나 피상적이라는 이유로 일축되고 말 위험이 있다. 이런 일이 실제로 발생한 악명 높은 사례로는 온갖 유형의 강압과 사상 통제를 저지르면서 "진정한" 자유를 위한 수단이며 필수 요소라고 핑계를 붙인 복잡한 어휘 체계, 그리고 역으로 자유주의 정치체제와 사법체제가 교육과 같은 정신 계발의 수단이 없어서 너무나 불합리하고 너무나 미숙한 상태에 머무르는 사람들에게 규칙과 법률을 이해하고 활용할 자유뿐만 아니라 그 자유를 행사할 기회까지도 보장해 줄 충분한 수단이라고 추켜세우는 복잡한 이론 따위를 들 수 있다. 그러므로 그 단어의 중심적 의미가 무엇인지를—만약 그런 것이 있기만 하다면—확립하는 일이 중요하다.

지식과 자유에 관해서 고찰해 볼 점이 하나 더 있는데, 이제부터 논의하기로 한다.[15] 지식이 언제나 반드시 어떤 문을 여는 것은 맞는데, 그렇다면 지식 때문에 닫히는 문은 없을까? 가령 내가 시인이라면, 어떤 종류의 지식으로 말미암아 내 힘의 일부와 따라서 내 자유의 일부가 차단될 수 있지 않을까? 상상력을 발휘하기 위해 자극제가 필요한데, 어린 시절 나를 둘러싼 종교적 환경 또는 나중에 개종한 종교에 속하는 신화나 환상이 그런 역할을 해준다고 해보자. 그리고 어떤 존경할 만한 합리주의자가 이런 믿음이 틀렸음을 밝히고 내 환상을 깨부수고 신화들을 해체한다고 하자. 이와 같은 경우 내 지식과 합리성은 틀림없이 증가했지만, 그 때문에 시인으로서 내 역량은 줄어들었거나 파괴되는 것이 아닌가? 이에 대해 내가 잃은 것은 단지 착각과 불합리한 상태나 태도에 기생하는 힘일 따름이고, 그것은 어차피 지식이 진보하면 무너지게 되어 있었다고, 힘 중에는 (자기 기만의 힘처럼) 바람직하지 못한 것도 있으며, 아무튼 힘은 힘일 뿐 자유는 아니라고 말하기는 쉽다. 지식의 증가가 내 자유를 축소하는 경우는 없다고 (내 생각에 이 말은 분석 명제, 즉 술어의 내용이 주

---

15) 488쪽 참조.

어 안에 포함되어 항상 참인 명제라는 주장도 가능할 것 같다) 말할 수도 있을지 모른다. 왜냐하면 내 행동의 뿌리를 안다는 것은 알지 못할 대상에 대한 예종에서—공포와 비합리적 행위를 조장하는 허상으로 가득 찬 어둠 속에서 발을 헛디디는 상태에서—구출되는 셈이기 때문이다. 더욱이 우상들을 파괴한 결과로 자기결정의 자유가 틀림없이 늘어난다는 말도 가능하다—왜냐하면 이제는 내 믿음을 합리적으로 정당화할 수 있고 내 행동의 동기도 내게 훨씬 뚜렷해질 테니까. 그러나 여태까지 능숙하게 쓰던 시를 쓰기가 이제는 덜 자유롭다면, 내 앞에 새로운 종류의 장애물이 생긴 것이 아닌가? 어떤 문들이 열리는 대가로 다른 문들이 닫힌 것 아닌가? 이와 같은 상황에서 무지가 축복일 수 있는지 아닌지를 논하려는 것이 아니다. 내가 묻고 싶은 질문은—그리고 나로서 답을 알 수 없는 질문은—그런 지식의 부재가 어떤 창조적인 노동에게 방해가 되지 않는 정신이나 감정의 상태를 위해 필요조건이 될 수 있느냐는 것이다. 이 질문은 경험적인 질문이지만, 이에 대해 어떻게 답하느냐에 따라 이보다 더 큰 문제에—지식이 인간 자유의 총량에 걸림돌이 되는 경우는 없고 언제나 증진하기만 하느냐는 문제에—대한 답이 달라지게된다.

다른 예로서 가령 내가 가수라면, 문화가 성장함에 따라 야성의 순진무구한 기쁨이 폐쇄된다고 루소와 같은 사람들이 생각했듯이 공연을 위한 필요조건인 자발적인 신명이 자의식으로—자의식이란 지식의 자식이다—말미암아 폐쇄될 수도 있다. 루소의 생각이 맞는지 그른지는 그다지 중요하지 않다. 문명 이전의 단순한 원시인들에게는 기쁨이 루소가 생각했던 것보다 훨씬 적었을 수도 있고, 애당초 야성이라는 것이 전혀 순진무구한 상태가 아닐지도 모른다. 요점은 지식 중에는 어떻게 보더라도 자유로운 활동이라고 보아야 할 자아표현을 심리적으로 가로막는 효과를 자아내는 종류도 있다는 데에 있다. 그림을 그리면서 생각을 너무 많이 하면 그림을 망칠 수도 있고, 어떤 불치병이 나 또는 내 친구를 죽음으로 몰아가고 있음을 알게 된 후로 모든 창조적 역량이 빠져나가서 이런 일 또는 저런 일을 전혀 할 수 없게 될 수도 있다. 그리고 못하게 된다는 것을——그 결과 장기적으로 무슨 이익이 따라올 수 있든지——더 자유로워진 것이라고 할 수는 없다. 이에 대하여, 만약 내가 어떤 병을 앓으면서도 그 사실을 모른다면, 그 사실을 알고 비록 그 병이 지금까지는 불치병으로 판명되었다고 할지라도 적어도 과연 그런지 확인하기 위한 조치들을 취할 수는 있는 사람보다 덜 자유롭다든지, 진단조차 받지 않는다는 것은 잘못된 방향으로 노력을 낭비하는 결과로 이어질 것이며, 결국 내가 모르기 때문에 합리적으로 예상하거나 대처할 수도 없는 자연적인 힘의 손아귀에 나를 방치함으로써 내 자유가 방해받게 된다는 반론이 있을 수 있다. 이 반론이 주장하는 내용은 실로 맞는 말이다. 그와 같은 지식은 합리적 존재인 나의 자유를 결코 줄일 수는 없을 것이다. 그러나 화가로서 나를 끝장내기에는 충분하다. 문이 하나 열린 결과로 다른 문 하나가 닫히게 되는 것이다.

예를 하나 더 들어보자. 한치 앞을 볼 수 없는 난관이 앞을 가로막고 있을 때 그에 대한 저항은 오로지 난관의 본질을 온전히 알 수 없는 한에서만 작동할 수 있다. 불가항력으로 확실하게 밝혀지지는 않았다고 하더라도 그럴 확률이 매우 높다고 믿어지는 대상에 맞서 싸운다는 것은 불합리한 일이기 때문이다. 나로 하여금 저항할 수밖에 없게 만들고 그리하여 결과적으로 성공을 거두게 하는 상황을 빚어낸 것은 어쩌면 내가 그 난관에 관해 몰랐기 때문일 수도 있다. 다윗이 골리앗에 대해 알았다면, 1940년에 영국인 대다수가 독일에 관해 더 잘 알았다면, 역사적 확률이 보다 명확하게 축약되어 믿을 만한 행동지침 비슷한 것으로 될 수 있다면, 역사상의 위업 중에서 몇몇은 결코 발생할 수 없었을 것이다. 가령 내게 치명적인 병이 있음을 알게 되었다고 하자. 이 앎으로 말미암아 이제 내가 치유책을 찾아 나서는 일이 가능하게 된다—내 몸 상태를 그렇게 만든 원인이 무엇인지 모르는 한 결코 불가능한 일이다. 그러나 확률의 무게는 해독제를 발견하기 어려우리라는 편으로 쏠려 있고, 일단 독이 우리 주변에 퍼진 다음이면 죽음이 뒤따르도록 되어 있고, 마치 핵무기가 폭발한 다음처럼 대기 오염을 정화할 수 없다고 생각하면서 내가 체념했다고 해보자. 이로써 내가 전보다 더 자유로워진 것은 무엇일까? 아마 나는 이미 벌어진 일들을 순순히 받아들이고, 가시에다 발길질을 하기보다는 주변을 정리하며, 유언장을 쓰면서, 불가피한 일에 대한 반응으로는 적절하지 못한 슬픔이나 개탄 따위의 감정을 드러내지 않도록 삼가게 될 것이다—역사가 지나는 동안 "스토아주의"라든가 "세상사를 철학적으로 받아들인다"는 등의 문구가 이와 같은 의미를 지니게 되었다. 그러나 내가 설령 실재란 합리적인 전체라고 (이 말의 의미가 무엇이든) 믿으며, 이에 어긋나는 견해, 예를 들어 서로 양립불가능인 여러 가지 가능성들이 실재 안에서 실현될 수 있다는 식의 견해는 모두 무지에 기인하는 실수라고 믿는다 할지라도, 그러므로 실재 안에 존재하는 모든 것은 이성에 의해 필연적이라고—전적으로 합리적인 존재인 나는 실재가 그럴 수밖에 없다고 반드시 의지(意志)해야 한다고—간주한다고 할지라도, 실재의 구조에 관한 이와 같은 발견으로써 내 선택의 자유가 늘어나지는 않는다. 그러한 발견은 단지 나를 희망과 공포에서—이것들은 무지와 환각의 징후이므로—벗어나도록, 그리고 선택이란 언제나 하느냐 마느냐 하는 적어도 두 가지 대안을 수반하기 때문에 선택에서도 벗어나도록 만들 수 있을 뿐이다. 스토아 철학자 포시도니오스는 자기를 괴롭히는 고통에게, "고통아, 네 한껏 해보아라. 어떻게 해도, 나로 하여금 너를 미워하게 만들지는 못하리라"고 말했다고 전해진다.[16] 그러나 포시도니오스는 합리주의 결정론자였다—진실로 존재하는 것은 모두 그래야 할 모습과 상태에 있다. 그렇지 않기를 바란다는 것은 불합리의 징표이다. 합리성이란 말에는 선택이—그리고 선택 가능성으로 정의되는 자유 역시—착각이므로 진정한 지식은 선택의 여지를 넓히는 것이 아니라 박멸해야 한다는 의미가 들어 있다.

칸트의 의미에서든 스피노자와 그 추종자들의 의미에서든 자율성을 지식은 증진한다. 나는 다시 한 번 묻는다. 모든 자유가 이것뿐인가? 지식이 진보하면 착각에서 비롯하는 기획을 위해 자원을 낭비하지 않게 된다. 지식의 진보 덕택으로 우리는 마녀를 화형하거나, 미친 사람을 매질하거나, 신탁(神託)이라든지 짐승 창자라든지 새가 나는 모습 따위에서 미래를 점치는 등의 일을 하지 않게 되었다. 과부를 화형하고 또는 없던 능력을 가져다준다는 믿음에서 적의 살을 먹는 등의 행태에 대하여 지금 우리가 생각하듯이, 지식이 더 진보하게 되면 우리 현재의—법률과 정치와 도덕과 사회의—많은 제도와 결정이 잔혹하거나 어리석거나 또는 정의나 이성이나 행복을 향한 추구에 부합하지 않는다고 판명되어 낡아 빠진 것으로 될지 모른다. 우리의 예견 능력, 즉 미래에 관한 지식이 결코 완전해지지는 않더라도 지금보다 훨씬 커지기만 하면, 인간과 인간의 행동과 선택이 무엇인지에 관한 우리의 견해가 뿌리째 바뀔지도 모르고 그에 따라 우리의 언어와 세계관도 바뀔 수 있다. 그리하여 그 결과 우리 행동

---

16) Cicero, *Tusculan Disputations* 2.61. "Nihil agis, dolor! quamvis sis molestus, numquam te esse confitebor malum."

이 더 합리적이고 아마 더 관용적이며 자비롭고 문명화될지도 모른다. 우리 행동이 여러 측면에서 향상될 수 있을 것이다. 그러나 그래서 자유로운 선택의 범위가 넓어지는가? 개인에게 아니면 집단에게? 상상의 영역 중에서 합리적이지 못한 믿음에 기초하는 부분을 지식은 틀림없이 죽여 버릴 것이고, 그 보상으로 우리네 목적 일부를 더 쉽고 더 조화롭게 달성할 수 있게 해줄 것이다. 그러나 얻은 것과 잃은 것을 상계하고 나면 남는 것은 반드시 자유의 증가 쪽이라고 말할 수 있는 사람이 누군가? 스피노자와 헤겔 그리고 그들을 추종하는 사람들이 바라는 대로 자유와 자기결정과 자아지식이 모두 논리적으로 동의어임이 확립되지 않은 한, 그 말이 맞다고 보아야 할 까닭이 무엇인가? 햄프셔와 캐릿(E. F. Carritt)은 이 주제를 다루면서, 어떤 상황에 처해 있든지 적어도 무언가를 하려고 시도하는 것과 될 대로 되라고 사태를 방치하는 것 사이에서는 언제나 선택이 가능하다고 주장했다. 언제나? 만약에 외부세계가 존재한다는 말이 성립한다면, 외부세계를 안다는—"알다"를 서술적인 의미로 사용하여—것은 그것을 바꾸지 않는 것이다. "알다"의 다른 의미, 즉 실용적 의미, 다시 말해서 "내가 무엇을 할지 안다"는 말이 "무엇을 해야 할지 안다"는 말과 비슷한 의미로서 어떤 정보 한 토막을 전하는 것이 아니라 사물을 일정한 방향으로 바꾸겠다는 결심의 표명인 경우에 관해서 말하자면, 정신생리학이 충분히 높은 수준으로 발전하게 되면 그런 의미는 말라죽게 되지 않을까? 그런 시대가 되면 행동을 한다든지 만다든지 하는 내 결심은 카누트[17] 왕의 조정 대신들이 발하던 조언과 비슷한 것이 되지 않겠는가?

---

17) (옮긴이) 카누트 대왕(Canute the Great, 994/995~1035): 데인(Dane) 족으로 영국에 침공하여 통치자로 되었다. 영국, 덴마크, 노르웨이의 왕이자 슐레스비히와 포메라니아의 대공.

지식이 자유의 영역을 넓힌다고들 하는데, 이는 선험적인 명제이다. 지식이 성장함에 따라 결정론의 명제가 마치 하나의 경험적 진리인 듯한 지위를 확보하여, 우리의 생각과 느낌과 소원과 결심 그리고 우리의 행동과 선택을 한결같이 규칙적인 자연적인 사건의 연속선 위에 있는 것으로 설명하며, 그 연속선을 바꾸려는 시도는 거의 논리적인 오류만큼이나 불합리한 것으로 간주되는 사태가 벌어질 수도 있다는 상상이 말도 안 되는 것이기만 할까? 스피노자, 돌바크, 쇼펜하우어, 콩트, 행태주의자들처럼 각자 서로 다른 관점에서 세상을 보았던 존경할 만한 많은 철학자들이 공유했던 강령과 믿음이 바로 이것이었다. 그처럼 지식이 절정에 이르면 자유가 확장될까? 그 자유는 어떤 의미의 자유인가? 오히려 자유라는 개념 자체가 대조의 상대가 없어져 버린 까닭으로 완전히 한가한 소리로 전락하여 전에 없이 새로운 상황이 전개되지 않을까? 자유 개념의 "해체"에 따라 뭔가를 안다는 의미 말고 무엇을 해야 할지 안다는 의미, 햄프셔와 하트[18]가 주의를 환기시켰던 그 의미의 "알다" 역시 붕괴되는 결과가 찾아올 것이다. 왜냐하면 모든 일이 결정되어 있다면 선택을 해야 할 복수의 대안 같은 것이 있을 수가 없게 되므로 결정해야 할 일도 없어지기 때문이다. 그렇게 된다면, 그 시대 사람들이 사용할 자유의 개념은 의식적인 선택과 결심에 입각하여 자유를 정의하는 사람들의 개념과 뿌리에서부터 다를 것이다.

　가치판단은 하고 싶지 않다 ── 다만 지식이 좋은 것이라는 말과 지식이 모든 상황에서 반드시 자유와 양립가능하다거나 또는 자유와 상호 원인이며 결과라고 (심지어 어떤 사람들이 생각하듯 자유와 지

---

18) Stuart Hampshire and H. L. A. Hart, "Decision, Intention and Certainty", *Mind* 67(1958), pp. 1–12.

식이 문자 그대로 똑같다고) 하는 말은 자유라는 단어가 사용되는 의미 가운데 극히 일부를 제외하면 서로 크게 다른 말임을 말하고 싶을 뿐이다. 아마도 뒤의 주장은 좋은 것들은 모두 틀림없이 서로 양립가능일 테니 자유와 질서와 지식과 행복과 닫혀 있는 미래 (열려 있는 미래도 여기에 낄 수 있을까?) 등이 적어도 서로 양립가능일 것이고, 나아가 아마도 심지어 어떤 체계적인 방식으로 서로가 서로를 촉발하는 관계일 것이라는 낙관론에—대부분의 형이상학적 합리주의에서 핵심부에 자리 잡고 있는 것과 같은 낙관론에—뿌리를 두고 있는 것 같다. 그러나 이 낙관적인 명제는 경험적인 근거만을 따져보더라도 자명한 진리는 아니다. 사실을 말하자면 그것은 심오하고 영향을 미친 사상가들 사이에서 유지된 적이 있는 믿음 중에서 가장 그럴듯하지 못한 부류에 속한다.

자유에 관한
다른 논문

자유

정치적 자유란 무엇인가. 고대 세계, 특히 그리스인들 사이에서 자유롭다는 것은 폴리스의 정치에 참여할 수 있다는 말이었다. 법률은 오직 법 적용의 대상이 되는 사람이 제정과 폐기 과정에 참여할 수 있는 권리를 보유할 때에만 타당할 수 있었다. 자유롭다는 것은 자기에 의해서가 아니라 자기를 위해서 다른 사람이 만든 법에 복종하도록 강제당하지 않는다는 말이었다. 이러한 민주주의의 결과로 정치와 법이 삶의 모든 부분과 측면에 침투해 들어갈 수가 있었다. 사람들이 그와 같은 감시 장치로부터 자유로웠던 것은 아니며, 그들이 그런 자유를 요구한 것도 아니다. 민주주의자들이 요구한 것은 모든 사람이 똑같이 비판과 조사의 도마 위에 올라야 하고, 필요하다면 법 또는 여타 규칙 — 시민이 참여하는 가운데 확립되고 유지되는 규칙 — 앞으로 소환되어야 한다는 것이 전부였다.

근대 세계에서는 새로운 — 방자맹 콩스탕이 가장 명확하게 형상화한──생각이 나타나 사람들의 느낌 안에 자리 잡았다. 삶의 영역 가운데에는 예외적인 상황이 아닌 한 공공의 권위가 침투해서는 아니 될 부면이──사생활의 부면이──있다는 생각이 그것이다. 고대 세계에서 제기되던 중심적인 문제는 "누가 나를 다스려야 하나?"였다. 혹자는 군주라고, 혹자는 가장 훌륭한 사람이라고, 또는 가장 부자, 또는 가장 용감한 자, 또는 다수, 또는 법정, 또는 모든 사람의 만장일치를 답으로 제시했다. 근대 세계에서는 "다스림이라는 것이 있어야 할 범위가 어디까지냐?"가 못지않게 중요한 질문이 되었다. 고대 세계에서는 삶은 한 가지고 법과 정치가 삶 전체를 포괄한다고, 삶의 한 구석을 그러한 감독으로부터 보호해야 할 까닭은 없다고 추정되었다. 역사적으로 세속의 국가가 침입하는 데에 저항한 교회의 투쟁 또는 교회에 대항한 국가의 투쟁에서 연유한 것이든지, 아니면 사적 기업, 산업, 상업 등이 성장하면서 국가의 간섭에서 보호받기를 원했기 때문이든지, 그밖에 무슨 이유에서 그렇게 되었든지, 근대 세계에서는 공적 생활과 사적 생활 사이에는 경계가 있고, 사적 영역의 범위가 아무리 좁더라도 적어도 그 안에서 나는 내가 하고 싶은 대로 할 수 있다고, 내가 누리는 것과 같은 타인의 권리를 침해하지 않는 한, 또는 이런 종류의 사회생활을 가능하게 만드는 기본 질서를 무너뜨리지 않는 한, 나 좋은 대로 살고 내 기분대로 원하는 대로 믿을 수 있다는 추정 위에서 우리는 움직인다. 이것이 바로 고전적인 자유주의의 견해로서, 미국과 프랑스 등지에서 선포된 여러 가지 인권 선언이나 로크, 볼테르, 토머스 페인, 콩스탕, 그리고 존 스튜어트 밀과 같은 사람들의 저술은 결국 그 일부 또는 전부를 표현한 셈이다. 시민의 권리라든지 문명사회의 가치 따위가 거론될 때에는 이런 의미가 내용의 일부로 포함된다.

　사람에게는 타인 및 정부로부터 보호받을 필요가 당연히 있다는 생각은 세상의 어떤 지역에서는 온전히 인정된 적이 없는 발상으로서, 고대 그리스 또는 고전적 견해에서는 다음과 같은 주장의 형태로 개진되었다——"개인에게는 자기가 선호하는 종류의 삶을 선택할 권리가 있다고 그대는 말한다. 그러나 이것이 모든 사람에게 적용되는가?" 가령 그 개인이 무지하거나 미숙하거나 교육을 받지 못했거나 정신적으로 장애가 있거나 건강이 좋지 못해서 충분한 자기 계발의 기회를 가질 수 없다면, 어떻게 선택해야 할지를 모를 것이다. 그런 사람은 자기가 진정으로 원하는 것이 무엇인지를 결코 알 수 없다. 인간 본성이 무엇이고, 그 본성이 무엇을 원하는지를 깨달은 사람들이 있어서, 그 무지한 개인이 만약에 더 현명하고 더 많이 알고 성숙하고 계발되었더라면 스스로 했을 일을 대신 해준다면, 그들은 이 개인의 자유를 저해하는 것일까? 현재 상태 그대로의 개인은 간섭을 받는 셈이지만, 만약에 그가 충분한 지식을 가지고 항상 최선의 상태였다면 비합리적인 동기에 휩쓸리거나 자기 본성의 동물적인 측면이 상황을 주도하지 못하도록 해서 유치한 행동을 저지르지 않고 행하였을 행동을 할 수 있게 만들기 위해서일 뿐이다. 그렇다고 할 때 이런 것도 애당초 간섭으로서 치부되어야 하나? 싫다고 버티는 어린아이에게 학교에 가서 공부를 열심히 하라고 부모나 선생이 강제하면서, 비록 그 아이 본인은 지금 알지 못하지만 모든 사람이 인간인 한 교육받기를 원하는 것이기 때문에 그 아이도 실은 진정으로 원하는 바가 그것이기 때문이라고 한다면, 아이의 자유는 저해되는 것일까? 그렇지 않음이 분명하다. 선생과 부모는 아이가 성숙한 다음에는 허물처럼 벗겨져서 없어질 피상적인 자아의 일시적인 요구 대신에 숨어 있는 진정한 자아를 발전시키려는 것이고 진정한 자아의 필요에 부응하고 있는 것이다.

부모의 역할을 교회나 당이나 국가가 대신할 수 있다고 보면 현대에 권위를 떨친 이론이 나오게 된다. 즉, 그러한 제도는 우리 자신의 가장 현명하고 최선인 상태가 형상화된 것으로 자기 억제는 제약이 아니며 자기 통제는 노예상태가 아니므로, 그 제도에 대한 복종은 곧 우리 자신에 대한 복종과 같아서 예종이 아니라는 이론이다.

이 두 가지 견해가 표현을 달리 해가면서 벌인 투쟁이 근대의 개막이래 정치적 쟁점의 핵심 가운데 하나였다. 한편에서는 술병을 알코올 중독자의 손이 닿지 않는 곳에 두는 것은 자유의 저해가 아니라고 말한다. 술을 강제를 통해서라도 못 마시게 되면 그 사람 본인이 더 건강해지고 따라서 한 사람으로서 한 시민으로서 역할을 수행할 능력이 커져서 독립된 개성을 확립할 수 있을 것이며, 그러므로 술을 마셔서 심신의 건강이 무너졌을 때보다 더 자유로우리라는 것이다. 그 자신이 만약 이를 모른다면, 그 자체가 병증이므로 자신의 진정한 소원을 모르고 있음을 보여줄 뿐이다. 반사회적 행태에는 제약이 있어야 하고, 자신이나 자기 자식이나 타인을 해치는 행위를 막아야 할 경우가 있다는 점은 다른 편에서도 부인하지 않는다. 다만 이들은 그러한 제약이 아무리 정당하다고 할지라도 자유는 아니라고 보는 것이다. 안전이나 평화나 건강 등, 여타 좋은 일에게 자리를 내주기 위해 자유가 차단되어야 할 경우도 있을 수 있다. 또는 내일의 자유가 가능해지도록 오늘의 자유가 차단되어야 할 수도 있다. 그러나 자유를 차단하는 것이 자유를 제공하는 것과 같은 일이 되지는 않는다. 강제는 아무리 훌륭한 명분으로 정당화되더라도 강제이지 자유는 아닌 것이다. 이들은 말하기를, 자유는 여러 가치 중에서 하나일 뿐으로, 그에 못지않게 중요한 다른 목적을 확보하는 데에 만약 장애가 되거나 다른 사람들이 그런 목적을 달성하는 데에 방해가 되는 경우라면 한발 물러나 비켜줘야 하리라고 한다.

이에 대해 반대편에서는 저들의 주장에는 삶을 공적 영역과 사적 영역으로 구분하는 전제가 깔려 있다고 응수한다. 사적인 삶에서 한 사람이 원하는 것을 다른 사람들이 싫어할 수도 있기 때문에 다른 사람들로부터 보호되어야 할 필요가 있다고 추정하는 것인데, 이러한 견해는 인간 본성에 관하여 근본적으로 잘못이라는 것이다. 인간은 모두 매한가지로, 모든 사람의 권능이 계발된 이상적인 사회라면 한 사람이 원하는 일을 다른 사람이 혐오하여 중지를 원하는 일이 생길 수 없기 때문이다. 개혁이나 혁명을 꿈꾸는 사람이라면 마땅히 사람들 사이에서 벽을 부수어 모든 일을 공개된 광장에 내놓고, 모든 사람이 아무런 구분 없이 함께 살며, 그리하여 모든 사람들이 원하는 바가 일치하는 상태를 목적으로 삼아야 한다. 혼자 떨어져 있으려는 욕구, 가족이나 고용주나 정당이나 정부나 혹은 사회 전체에 의해 이루어지는 심판정에서 해명해야 할 부담을 지지 않고 원하는 대로 행동할 수 있기를 바라는 따위의 욕구는 부적응의 증상일 뿐이다. 사회에서 자유롭기를 요구한다는 것은 자신으로부터 자유롭기를 요구하는 셈이다. 이에 대한 치유책으로서 사회주의자들은 재산 관계를 바꾸어야 한다고 했고 일부 종교 집단 또는 공산주의 및 파시스트 정권들은 비판적 이성을 말살하려고 했다.

한쪽 입장에서는——유기체론이라 일컬을 수 있다——분리는 모두 나쁜 것이므로, 어떤 경우에도 짓밟히면 아니 될 인권이라는 관념은 사람들이 서로서로 분리되기 위해 스스로 요구하는 장벽으로서, 나쁜 사회에서는 혹 필요할지도 모르나 인간의 모든 지류들이 큰 강으로 합류하여 나뉘지 않고 함께 흘러가는 정의로운 사회에서는 있을 곳이 없다는 것이다. 다른 쪽, 즉 자유주의 견해에서는 각 개인이 나름의 길을 따라 자아를 계발할 수 있으려면 반드시 확보해야 할 최소한의 독립성을 위해서 인권 또는 아무에게도 조사받을 일 없이 자유로운 사적 영역이라는 관념이 필수불가결하다고 본다. 인류에게 다양성이란 스쳐 지나가는 조건이 아니라 핵심적인 조건이기 때문이다. 이 견해를 옹호하는 사람들은 모든 사람이 하나로 똑같은 합리적 목표를 향해 일로 매진하는 보편적으로 자아 지향적인 사회를 건설하기 위해서 그러한 인권을 파괴한다는 것은 개인 선택의 영역을 파괴하는 셈으로, 아무리 작더라도 그 영역이 없다면 삶은 살아갈 가치가 없어질 것이라고 생각한다.

전체주의 및 권위주의 정권은 이 둘 중 한 입장을 조잡한 형태로, 보기에 따라서는 왜곡된 형태로 표방한 반면에 자유민주주의는 반대편 입장으로 기운다. 물론 두 입장 각각 내부에는 다양한 요소들이 있고 그 요소들이 결합하는 방식도 여러 가지이며, 두 입장을 넘나드는 타협도 가능하다. 이 두 가지 핵심 이념이 말하자면 르네상스 이래 서로 대립하면서 세상을 지배해 왔다.

그리스 개인주의의 탄생
─정치사상사의 첫 번째 전기(轉機)

I

예비 상식

내가 무엇을 전기(轉機)로 여기는지에서부터 이야기를 시작해야겠다. 물리학이나 생물학처럼 경험적인 분야든지 논리학이나 수학처럼 형식적인 분야든지 자연과학에서는 무엇을 전기로 여기는지 잘 모르겠다. 아마 거기서는 종래 이론 체계의 중심적인 신조에 부합하지 않는 새로운 사항이 발견되어 그것을 설명할 수 있는 새로운 가설과 법칙이 출현함으로써 과거의 가설이나 가설 체계가 무너지든지 박살나는 때가 혁명에 해당하는 것 같다. 이는 반박이 명쾌하게 이루어지는 방식이다. 갈릴레오, 뉴턴, 라부아지에, 다윈, 아인슈타인, 플랑크와 같은 (아마도 버트런드 러셀이나 프로이트까지도 포함하는)

사람들이 종전의 이론을 그야말로 반박하여 낡은 것으로 만들고 새로운 지식을 획득하는 방법을 변혁하여, 이제 물러간 이론이나 방법에 대한 관심은 대체로 역사 속의 일이 되었고, 아직도 거기에 집착하는 사람은 괴짜로 간주되어 공인된 전문가 사이의 진지한 모임에서는 고려 대상이 되지 못한다.

한편 역사, 철학, 학문 연구, 비평 등, 사람들의 기예와 삶에 관하여 아직 정밀한 지식에는 도달하지 못한 광범한 분야에서는 사정이 현저하게 다르다. 플라톤의 물리학이나 수학은 낡은 것일 수 있지만, 플라톤이나 아리스토텔레스의 도덕적 정치적 관념들은 아직도 사람들을 격렬한 편 가르기로 몰아갈 효력을 보유하고 있다. 플라톤의 사회 이론이 예컨대 태양과 항성에 관한 플라톤의 생각 또는 어떤 물체에게 무게가 있듯이 다른 물체에게는 가벼움이 있다고 했던 아리스토텔레스의 생각에 비해 더 많은 생명력을 가지지 못한다면 카를 포퍼가 그토록 분기탱천해서 공격하지 않았을 것이다. 우주의 모습이나 화학에 관한 중세의 관념이나 데카르트의 물리학이나 또는 플로지스톤[1] 이론 때문에 속이 뒤집힌 사람을 나는 듣도 보도 못했다. 그러나 이단이나 노예에 대한 취급을 다룬 아우구스티누스의 제안이나 정치적 권위에 관한 아퀴나스의 견해, 또는 루소나 헤겔의 신조 등은 같은 사상가들에 의한 것이라도 경험적이거나 논리적인 이론이었다면 비교적 평온하게 지켜보았을 사람들에게 격렬한 반응을 불러일으킨다.

진리와 허위, 지탱할 수 있는 이론과 없는 이론을 구분하는 기준이 어떤 분야에서는 작동하지만, 다른 분야에서는 그처럼 명쾌하게 작

---

1) (옮긴이) 플로지스톤(phlogiston): 산소가 발견되기 전 연소 현상을 설명하기 위해 고안된 이론상의 물질. 모든 가연성 물질에는 플로지스톤이 들어 있어서, 연소할 때 그것을 배출하고 나머지가 재로 남는다고 보았다.

동하지는 못하고 그처럼 보편적인 동의를 얻지도 못한다는 말에는 틀림없이 상당한 일리가 있다. 경험과학이나 수학이나 논리학과 같은 분야의 공부는 조상 시해를 통해, 즉 선조를 죽임으로써 모두가 만족하는 과정을 통해 진보하는 반면에, 다른 분야에서는 전혀 진보가 없거나 아니면 적어도 그와 같은 의미에서는 진보가 일어나지 않는다는 말, 그러므로 예컨대 철학적 명제나 체계 가운데 보편적인 동의를 통해 사멸하여 이제 기억도 되지 않는 사례도 없고 보편적인 동의를 통해 견고한 기초 위에 확립된 사례도 (일단 현대의 지식에만 국한해서 보면) 찾아볼 수 없다는 말에는 일리가 있다.

이러한 역설은 그 자체 아주 중요하면서도 모호하기 짝이 없는 주제로서, 여태까지 그랬던 것처럼 여기저기서 대충 한두 마디씩 거든 소리들은 넘칠 지경이지만 그보다는 훨씬 깊은 관심을 받아야 마땅하다──하지만 여기서는 이 주제를 더 이상 깊게 파고들어 갈 수 없다. 대신 이와 같이 정밀하지 못한 분야, 즉 특정한 명제나 그런 명제들로 이루어진 거창한 체계를 다루기보다는 이른바 이데올로기라 불리는 것, 달리 말하자면 어떤 태도, 또는 보다 정확하게 말하면 역사적인 시대 각각을 판단하는 수단과 기틀이 될 서로 긴밀하게 연관된 범주들로 구성되는 개념의 체계 또는 틀을 다룬다고 하는 분야에 관해 말해 보고자 한다. 이는 한 사상가가 어떤 분야에서 명확하고 정연한 모델을 발견하여 그보다는 덜 명확한 분야를 설명하고 조명하기 위해서 끌어다 사용하는 모델로서, 어쩌면 중심적 모델이라고 부르는 편이 최선일지도 모른다. 한 사상가를 이해하려면 그가 옹호하는 기본적인 사유 형식과 중심 개념을 이해하고 파악해야 한다고 버트런드 러셀은 갈파한 적이 있다.[2] 사상가는 중심 개념을 강화할

---

2) (편집자) *History of Western Philosophy* (New York, 1945; London, 1946), p. 226.

때, 또는 그보다도 더한 경우로는 공세를 물리치고 반론을 반박할 때에 영리한 재치를 발휘한다. 그러나 이런 데서 구사되는 논리가 아무리 기발하고 솔깃할지라도, 요새를 지키기 위한 현란한 변론을 뚫고 들어가 그가 진실로 옹호하는 바에——그의 사상을 지배하고 그가 보는 세계관의 형태를 주조한 근본적인 인식, 보통은 비교적 단순한 내면의 성채 자체에—— 접하지 못한다면 한 철학자나 역사가나 비평가의 사상을 파악하지는 못하리라는 것이다. 기하학의 패턴을 사회생활에, 다시 말해서 즉 직관을 통해서 얻어진 영원한 선험적 공리에서 모든 지식과 모든 삶의 규칙을 연역해 낼 수 있다고 본 플라톤, 모든 실체들이 각기의 완성과 내면의 목적을 향해 가기 때문에 그 목적에 입각해서만 실체를 정의하고 이해할 수 있다고 본 아리스토텔레스의 생물학적 모델, 신에서부터 가장 낮은 수준의 아메바에까지 이르는 중세의 거대한 피라미드, 홉스의 기계적 구조, 보댕과 버크와 서방 세계의 기독교 사회주의자들과 러시아의 슬라브 민족주의자가 꿈꾼 정치 구조를 관통하는 가족의 이미지와 그 안에 내재하는 자연적 관계, 19세기와 20세기 사회학의 여러 이론에서 핵심을 이루는 생물학적 물리학적 모델, 사회계약론에서 활용되고 있는 법률적 개념들 등등, 이러한 중심 모델들은 어떤 역사적 변화나 지적인 발견이 있을 때마다 바뀌는 경험에 따라서 마냥 바뀌지는 않는다. 새로운 모델이 나타나면 종전에 어둠 속에 남아 있던 부분에 빛을 뿌리고, 족쇄처럼 사유를 제약하던 과거의 인식틀에서 사람을 해방하며, 그에 따라 과거의 틀은 완전히 폐기되든지 아니면 새로운 패턴에 절반쯤은 융합된다. 새 모델은 또한 새로운 문젯거리들을 야기하고, 그렇게 스스로 야기한 문제에는 설명도 대답도 내놓지 못하게 된다. 인간을 원자로 파악한 관념은 그 이전의 선험적인 신정주의적(神政主義的) 모델의 사슬에서 사람을 해방시켰지만, 결국은 불충분한 것으로 판명났다. 유기체의 세포로, 창조자로, 생산자로, 자연과 합일을 추구하는 피조물로, 또는 프로메테우스적인 영웅으로──자연을 정복하려는 순교자로──인간을 파악하는 개념들은 모두 때때로 빛을 가리기도 하고 때때로 빛을 뿌리기도 하는 모델들이다.

II

　커다란 계기란 한 세계가 사멸하고 다른 세계가 그 자리를 이어받는 시기를 말한다. 이러한 계기의 징조는 중심적 모델의 변화로 나타난다. 예를 들어 그리스 사람들의 순환 법칙이 유대교와 기독교의 상승하는 직선, 즉 목적론적 역사관에게 자리를 내주었을 때, 그리고 목적론이 다시 17세기의 인과적 기계적 모델로 말미암아 무너졌을 때, 또는 선험적으로 구성된 이론들이 경험주의적 발견과 검증 방법에게 밀려났을 때가 커다란 변혁이 발생한 계기들이다. 콩도르세나 헤겔, 버클이나 마르크스, 슈펭글러나 토인비처럼 인간의 시각이 변화하는 흐름 가운데에서 한 갈래의 발전 패턴을 찾아낼 수 있다고 주장하는 사람들이 있다. 무척이나 다양할 수밖에 없는 의식을 가진 인간의 경험을 엄청난 하나의 지배적 패턴으로 환원하려는 야심적인 노력들이 반드시 실패할 수밖에 없도록 되어 있다고 주장하고 싶은 생각은 없다. 다만 지금부터 논의할 세 가지 거대한 위기들은 그와 같은 사상가 중 어느 누구의 가설로써도 만족스럽게 설명될 수 없으며, 따라서 내가 보기에는 당연히 그러한 가설의 가치가 축소된다는 말에서 그치기로 한다. 자기 나름의 문제에 대답하고 있는 사람들에게 내 문제에 대답 못한다는 죄를 묻고 싶지는 않다. 그러나 그들보다 훨씬 작은 문제를 풀려고 궁리하고, 그 때문이든지 아니든지 내가 보기에는 훨씬 많은 성과를 거두는 보다 수수하고 조심스러운 사람들 편으로 기우는 것만은 나로서 어쩔 수 없는 일이다. 역사란 마치 아무도 물어보지 않은 질문에 대답하는 귀머거리와 같다고 톨스토이가 갈파한 적이 있다. 역사 저술가에게 이 말이 맞는다고는 생각하지 않는다. 그러나 과학의 이름을 내걸고 무수한 현상들을 하나의 간단한 우주적 도식에 끼워 맞추려 드는 여러 역사철학자들에게는——이백 년도 더 전에 몽테스키외가 경고했던 이론과 실천에서 공히 나타나는 "끔찍한 요약꾼들"에게는—— 전적으로 부당한 이야기만은 아닐 것이다.[3]

III

서양 정치이론의 역사에서 적어도 하나의 중심적 범주가 돌이킬 수 없을 정도로 변경되어 그 결과 그 이후의 모든 사상이 바뀌게 된 세 번의 위기는 서기 전 4세기, 이탈리아의 르네상스, 그리고 18세기 말엽의 독일에서 일어났다.

서양의 고전 시대 정치이론은 삼각대에 비유할 수 있다——다시 말해 세 개의 중심적 추정에 기반을 두고 있었다. 물론 이것들이 고전 정치이론의 핵심적인 근간을 이루었던 믿음 전체를 대변하는 것은 아니다. 그래도 이것들은 가장 강력한 기둥의 일부였기 때문에 이 가운데 어느 것이 약해지거나 무너지면 고전의 전통에 영향을 미치지 않을 수 없었고, 그 전통을 실로 상당한 정도로 바꾸기 마련이

---

3) (편집자) *De l'esprit des lois*, book 24, chapter 18: 93쪽 각주 44번 참조.

었다.

1. 첫 번째의 추정은 가치와 목적과 품격에 관한 문제, 정치적 행동을 포함한 인간 행동에서 옳음과 바람직함에 관한 문제가 진짜 문제이며, 인간에게 알려졌든지 않든지 그 문제들에 대해 진짜 정답이 있다는 것이다. 정답이라는 관념에는 곧 객관적이며 보편적이며 영원히 타당하며 원칙적으로 알 수 있다는 의미가 들어 있다. 모든 진짜 문제에는 정답이 오직 하나만 있다. 따라서 그 밖의 답은 모두 반드시 틀린 것이다──진리에서 다양한 정도 다양한 거리로 떨어져 있어서 틀린 것도 있고 공인된 논리의 방침에 따라서 판단할 때 절대적으로 틀린 것도 있다. 진리로 가는 길은 역사적으로 사람들 사이에서 가장 깊은 불일치를 자아낸 주제였다. 혹자는 이성을 통해 해답을 구해야 한다고 믿는 반면에, 다른 사람들은 신앙이나 계시, 또는 경험적 관찰, 또는 형이상학적 직관을 통해야 한다고 믿기도 한다. 진리라는 것이 적어도 원칙적으로는 모든 사람에게, 올바른 방법을 추구하기만 한다면──성스러운 경전을 읽는다든지 자연과 교감한다든지 합리적인 계산을 통한다든지 사람들 내면 가장 깊은 곳의 마음을 들여다본다든지──개방되어 있다고 생각하는 사람도 있고, 오로지 전문가만이, 어떤 특권적인 정신 상태에 도달한 사람들만이, 특정 시점에 특정 지점에 위치한 사람들만이 답을 발견할 수 있다고 생각하는 사람도 있다. 이 세상에서 진리를 발견할 수 있다고 생각하는 사람도 있고, 오직 어떤 미래의 삶에서만 진리가 온전히 나타나리라고 생각하는 사람도 있다. 까마득한 과거의 황금 시대에는 사람들이 진리를 알았다는 생각도 있고 미래에 찾아올 황금 시대에나 그러리라는 생각도 있으며, 진리란 시간 밖에 있다는 생각도 있고, 조금씩 그러나 꾸준히 드러나고 있다는 생각도 있으며, 원칙적으로 사람이 알 수 있다는 생각도 있고 오직 신만이 알 수 있다

는 생각도 있다.

이와 같은 차이가 매우 깊고 때때로 격렬한 갈등의 진원이 되기도 하며 지적인 차이일 뿐만 아니라 정치적이며 사회적인 차이이기도 하지만, 쟁점이 되는 문제가 진짜이며 그 해답은 숨어 있는 보물처럼 발견되었든지 아직 안 되었든지 어디엔가 존재는 한다 ——따라서 관건은 정답의 존재 여부가 아니라 정답을 찾을 수 있는 최선의 방법이 무엇이냐는 데에 있다고 하는 일치된 믿음이 그 모든 차이들을 둘러싸고 있다. 아리스토텔레스나 교부철학자[4]들이나 흄이나 칸트나 밀이 생각했던 대로 가치는 사실과도 다르고 필연적인 진리와도 다를지 모른다. 그러나 가치를 주장하거나 서술하는 명제들은 사실에 관한—— 경험적이든 선험적이든 논리적이든—— 명제 또는 수학적 진리의 명제에 못지않게 객관적이며, 마찬가지로 정합적이고 엄밀한 논리적 구조를 따른다. 이것이 고전적 형태의 정치이론 저변에 깔려 있는 첫 번째 그리고 가장 깊은 추정이다.

2. 두 번째 추정은 정치이론에서 제기되는 여러 질문에 대한 답들은 정답이라면 서로 충돌하지 않는다는 것이다. 이는 진리끼리는 서로 모순될 수 없다는 단순한 논리의 규칙에서 파생한다. 정치의 문제를 탐구해 들어가다 보면 가치에 관한 많은 문제들이 발생할 수밖에 없다—— "정의란 무엇이며 어떻게 실현할 것인가?", "자유는 그 자체를 위해 추구되어야 할 목적인가?", "권리란 무엇인가? 어떤 여건이라면 권리가 무시될 수 있으며, 반대로 어떤 여건이라면 효용이나 안전이나 진리나 행복을 위한 명분들을 다 물리치고 권리가 지켜져야 하는가?" 이러한 질문에 대한 정답끼리는 서로 충돌할 수 없

---

4) (옮긴이) 교부철학자(教父, Fathers of the Church): 기독교의 초기에 교리 확립에 기여한 아타나시우스, 오리게네스, 아우구스티누스 등을 가리킨다.

다. 혹자는 정답들이 서로서로 조화를 이룬다고 하고 혹자는 상호 연관된 하나의 전체를 구성하여 서로가 서로에 대해 원인이자 동시에 결과이기 때문에 그 가운데 하나를 부인하면 체계 전체의 정합성이 무너지고 모순이 발생하게 된다고 한다. 이러한 견해 중에서 어떤 것이 옳든지, 공통되는 최소한의 추정은 한 진리가 다른 진리와 논리적으로 갈등을 일으킬 수 없다는 것이다. 그러므로 만일 우리의 모든 문제에 해답이 있다면, 정답들로 이루어지는 집합 또는 패턴 또는 논리적으로 상호 연관된 체계에는 가치에 관한 모든 문제에—무엇을 할 것인가, 어떻게 살 것인가, 무엇을 믿을 것인가에—대한 답 전부가 담겨 있으리라는 결론이 따라 나온다. 한마디로 줄이면, 현실 속의 모든 인간 조건이 단지 근사치로밖에 가까이 갈 수 없는 이상적인 상태의 모든 것이 그 정답들로써 묘사되리라는 것이다.

이와 같은 입장은 윤리와 정치와 미학을 조각그림 맞추기처럼 보는 견해라 일컬을 수 있다. 모든 정답이 서로서로 아귀가 맞기 때문에, 남은 문제는 오직 일상적인 경험이나 어떤 새로운 개안의 순간, 또는 힘들었지만 성공으로 끝난 지적 탐구를 끝냈을 때와 같은 경우에 한 조각씩 나타나는 그림들을 맞추기만 하면 된다—우리의 모든 소원과 당혹에 응답해 줄 수 있는 짜임새의 총체가 그로써 구성되도록 맞추면 된다.

아무나 이런 일을 할 수 있는지 아니면 오직 어떤 사람만이—전문가나 특별한 영혼을 타고난 사람이나 또는 조각그림 맞추기를 완성하도록 알맞은 때 알맞은 곳에 있게 된 사람만이 할 수 있는지가 다시금 문제이다. 정확한 방법을 사용하기만 하면 아무에게나 정답이 보장되어 있는가, 아니면 남달리 유리한 입장에 처한 특정 집단에게만—특정 교회나 문화나 계급에게만—허용되는가? 정답은 정태적이라서 언제 어디서 발견되든지 변함없이 똑같은가, 아니면 동태적이라서 진보와 완벽을 추구하는 진리 탐구자가 온갖 노력을 다한 끝에 일단 발견하게 되면, 비록 그가 발견한 모습 그대로 최종적인 형태는 아닐지라도 최종적인 해답을 찾아가는 후속 탐구자들이 이룩할 변혁 과정을 촉진하는 것일까? 여기에는 최종적인 해답이 있으며, 모든 문제에 대한 모든 답이 발견되어 상호간에 맺어야 할 관계를 맺게 된다면 (이는 그렇지 않을 수가 없기 때문에 당연히 가능한 일이다) 그것이 곧 총체적인 해답이라는——그것을 발견한 사람은 필연적으로 그것을 해답으로 받아들일 것이고 그리하여 이론에서나 실천에서나 모든 문제가 영구적으로 단번에 풀리리라는 추정이 있다. 이런 해답이 현세에서 발견될 수 있다고 보든지 말든지와는 상관없이, 여기서는 문제를 풀고자 하는 모든 시도는 바로 그 하나의 중심적인 총체성을 향해 가는 여러 갈래 길이라 여기고, 각각의 길이 얼마나 적당한지는 그 길로써 제시되는 답이 얼마나 포괄적이며 정합성을 갖추고 있는지에 달려 있다고 본다.

3. 세 번째 추정은 인간에게는 발견하여 서술할 수 있는 본성이 있고, 본성에는 사회성이 포함되는데, 이는 우연이 아니라 본성의 핵심적인 속성이라는 것이다. 예컨대 사고하고 소통하는 능력과 같은 속성은, 사고하지 않고 소통하지 않는 존재를 인간이라 부를 수는 없기 때문에 인간 본연의 속성이다. 소통이란 그 뜻 자체로 타인과 관계를 말하며, 그러므로 타인과의 관계로 이루어지는 어떤 체계는 인간에 관하여 우연히 발생한 사실이 아니라 인간이라는 말에 들어 있는 의미의 일부, 종으로서 인간에 대한 정의의 일부이다. 여기까지가 맞다고 보면, 사람들이 서로를 상대로 어떻게 행동해야 할지, 그리고 특히 왜 사람들이 각자 내키는 대로 행동하지 않고 다른 사람 누군가에게 복종해야 하는지에 (이는 곧 권위와 주권, 정부 형태, 의무의 근거에 관한 모든 문제로 이어진다. 이 문제들은 인간의 본성이나 목

적에 관한 질문이 거론될 때에 필연적으로 제기될 수밖에 없다) 관한 이론인 정치이론은 항해술에 관한 이론처럼 사람이 이용할 수도 있고 하지 않을 수도 있는 (어쨌거나 배를 타고 싶지 않은 사람은 배를 이용할 필요가 없다) 어떤 신조나 특정 기술이 아니라, 사유에 (인간이라면 사유하지 않을 도리가 없다) 관한 이론 또는 성장이나 역사처럼 인간에게서 결코 떼낼 수 없는 여타 속성을 다루는 이론에 더욱 가깝다는 말이 된다. 인간 삶에서 결코 제거될 수 없는 영구적인 특징들을 다루는 철학을 논리학, 형이상학, 인식론, 윤리학, 정치학, 미학으로 구분한 전통이 바로 이 때문이었던 것이다.

정치이론이 바탕으로 삼았던 기둥들은 모두 하나하나 공격을 받아 왔다. 그 기둥들은 역사적으로 중요도가 낮은 것에서부터, 위에서 내가 열거한 반대의 순서로 공격을 받아 왔다. 인간을 본원적으로 사회적인 존재라 보는 견해, 그리고 인간이 무엇인지 그 핵심과 관련되는 질문들로 정치이론이 구성된다는 견해에 대한 공격은 4세기 말에 시작되었다. 가치는 모두 서로서로 양립가능하며, 인간의 문제 모두에 대한 총체적인 해답이 원칙적으로 존재한다는——발견하기만 하면 되는 것으로서, 어떻게 발견하든 탐색을 위한 방법은 틀림없이 있다는——명제는 마키아벨리에 의해 의문시되어, 그때까지 이천 년 넘게 지속되던 오래된 자신감이 그 후 다시는 복구되지 못하는 결과를 낳았다. 인간의 문제에 대하여 원칙적으로 어쩌면 최종적인 해답 따위는 없을지도 모르고, 가치들 중에는 서로 양립불가능인 것도 있을지 모른다는 명제는 거의 모든 사람들이 속상하지 않고는 직시할 수 없을 고려 사항들로 이어질 수밖에 없다. 마지막으로 가치에 관한 문제는 진짜 문제이며 적어도 원칙적으로는 해결이 가능하고, 정치라는 것은 참 또는 허위로 분별이 가능한 명제들을 생성해 내는 지적인 탐구의 한 분야라는 주장은 18세기 말엽에 독일의 낭만주의와 뒤섞이면서 아주 격렬하고 혁명적인 결과를 낳았다. 아직도 그 여파는 우리와 함께 있다──과거의 믿음들이 그 때문에 파괴되었고, 그 여파가 원인이 되었든지 아니면 그 자체도 단지 보다 근본적인 원인에 말미암은 징후에 불과하든지 우리 시대 가장 격렬한 정치적 도덕적 지각변동이 그로써 각인되었다.

이 세 가지 거대한 위기들을 이제부터 하나씩 논하고자 한다.[5] 그 첫 번째, 인간이 사회적 존재인지에 관해서부터 시작한다.

IV

고전 시대의 그리스인, 특히 서기전 5세기의 아테네와 스파르타 사람들이 인간을 본질적으로 사회적인 개념들에 입각해서 파악했다는 사실은 이제 낡아 빠진 상식에 해당한다. 이에 관해서는 증거를 들먹일 필요조차 없을 정도다. 서기전 5세기 아테네의 비극과 희극, 헤로도토스와 투키디데스 같은 역사가들이 사람에게 자연스러운 삶은 폴리스를 통해서 제도화된 삶임을 당연한 전제로 받아들였다. 개인의 자유를 명분으로 이에 저항한다는 발상은 상상하기 어려웠고 심지어 시끄러운 시장에서 사적인 삶으로 조용히 물러나기만 하겠다는 정도의 생각도 거의 없었다. "사적인 시민"을 가리켜 이디오테스라는 단어가 있었지만,[6] 그 사람이 도시의 일을 희생하는 대신 자

---

5) (편집자) 이 글에서는 이 중 첫 번째 위기만이 논의된다. 위 「편집 과정의 사연」 45쪽을 참조.

6) (옮긴이) 이디오테스(idiōtēs): 폴리스와 대비되는 개인, 장군이 아닌 병졸, 전문지식을 갖추지 못한 사람, 시골 사람 등을 뜻하는 그리스어. 백치를 가리키는 영어 단어 idiot의 어원이다.

기의 사적인 일에만 관심을 기울이는 경우에는 그 단어를 어원으로 해서 생겨난 현대 영어 단어와 같이 경멸적인 의미로도 사용되었다. 통상적으로 수용된 생각 밑에 깔려 있는 전제들을 의식적으로 조사하고 삶의 목적에 대한 탐구를 업으로 삼는 철학자들의 경우——그리스 사상 및 그 후의 사상을 지배한 저작을 남긴 위대한 스승 두 사람, 즉 플라톤과 아리스토텔레스를 두고 말하자면——사회적 가치에 대한 강조는 압도적이다. 아리스토텔레스는 말한다——"한 시민이 그 사람 본인에게 속한다고 말해서는 안 된다. 개인이란 폴리스의 일부이기 때문에 모두가 폴리스에 속한다고 말해야 한다."[7]

고전 시대 아테네의 주요 사상가 모두가 공유했던 태도가 이 간단한 문장으로 집약된다고 할 수 있다. 아리스토텔레스는 획일성이 지나친 도시도 있을 수 있다는 식으로 이 명제에 조심스럽게 단서를 붙였다. 시민들이 짓밟히면 안 된다. 성격과 태도의 차이가 실현될 수 있도록 충분한 여지가 허용되어야 한다. 아리스토텔레스가 덕목이라고 거론하는 것들은 대체로 일정한 사회의 맥락 안에서 타인과 교류하는 사람들에게서 나타나는 특징과 같다. 널리 열린 안목과 높고도 폭넓은 기품을 갖추고 보통 중산계급 시민들의 머리 꼭대기에 앉아 있는 관후하고 돋보이며 부유하고 공공의 혼을 가진 이상적인 인간의 모습은 잘 짜이고 질서정연한 사회를 바탕으로 삼지 않으면 생각할 수 없다. "인간은 자연에 의해 폴리스 안에서 살도록 창조되었다."[8] 실전되지 않고 후세에 전해진 예술과 사상의 그리스 고전 저작에서 이러한 정서가 중심을 이룬다. 이는 제정신을 가진 사람이라면 누구나 의문 없이 받아들일 자명한 진리이고, 인간이 무엇

---

7) (편집자) *Politics*, 1337a27. 아울러 *Nicomachean Ethics*, 1180a24–9와 *Metaphysics*, 1075a19를 참조할 것.
8) (편집자) *Politics*, 1253a3.

인지에 관한 일반적인 관념의 일부이기 때문에, 이 명제를 확립하기 위한 논증 따위는 필요하지 않았던 것으로 보인다. 고독이란 신 아니면 동물만이 감내할 수 있다──그것은 인간 이하이거나 초인간적이다.

아테네의 민주주의를 마땅치 않게 생각했던 플라톤의 태도도 일반적으로 이와 같았다. 플라톤 해석자 가운데에는 사회적 또는 정치적 조직보다 개인 영혼 또는 정신의 바람직한 질서에 그가 관심을 더 많이 기울였다고 보는 사람들도 있다. 군데군데서 그는 "선한 사람에게는 생전이든 사후이든 악이 닥칠 수 없다"[9]는 의미의 언표를 남겼고, 결국은 『국가』[10]에서도 이를 반복한다. 플라톤과 아리스토텔레스는 공히 한 사람이 영위할 수 있는 최고의 삶은 명상적인 삶이라고 말한다. 그들은 세상의 모든 것들이 추구하는 궁극적인 목표에 시선을 맞추고, 삼라만상이 왜 지금의 그 모습을 띠고 지금 움직이는 방향으로 움직이느냐는 질문에 대답을 구한다──이론에서나 실천에서나 진리를 향한 탐구는 그 질문의 답을 구할 때 달성된다는 것이다. 착각으로 얼룩진 세상, 즉 동굴로 돌아가서 잘못된 목적을 추구하면서 안달이 나서 다투고 싸우는 등 어리석고 사악한 삶을 산다는 것은 지극히 혐오스러운 것으로 보아야 한다. 그렇지만 돌아가기는 해야 한다. 왜? 소크라테스 같은 현자를 사형시키지 않을 사회를 창조하기 위해? 아니면 사람들로 하여금 덕과 지혜라는 능력을 갖추도록 해줄, 도덕적 지적 안정과 만족을 위해 반드시 필요한 현실 인식의 능력을 갖추도록 해줄 교육을 오직 국가만이 제공할 수 있기 때문에? 플라톤과 아리스토텔레스가 각각 내놓은 이 두 종류의

---

9) (편집자) *Apology*, 41d1.
10) (편집자) *Republic*, 613a.

답은 서로 다르고 서로 부합하지 않는다. 그러나 인간이 국가 바깥에서는 살 수도 없고 살아서도 안 된다는 입장은 두 사람에게 공통된다.

소크라테스가 전반적으로 세상사를 멀리하고 휘말리지 않았다는 것은 사실이다. 법률에 복종하였고 군대에 복무할 때에는 예외적이라 할 만큼 뛰어난 군인이었다. 그러나 그에 관하여 기록된 저술들을 믿는다면, 아테네 민주정이 너무나 부패하여 진리가 어디에 있는지를 아는 사람이라면 그처럼 사악한 사회가 수여하는 *싸구려* 상을 누구도 원치 않을 터였기 때문에, 그는 정치를 멀리했다. 그렇지만 그에게 걸린 혐의 중에는 권력을 장악한 뒤 공포정치를 시행하여 민주정 옹호자들을 많이 살해했던 크리티아스[11]와 너무 가까웠다는 점도 있었다. 소크라테스는 시민적 삶에 등을 돌렸기 때문이 아니라 "청년들을 타락시키고"[12] 사회의 체제를 지탱해 주는 가치에 관한 의심의 씨앗을 뿌렸기 때문에, 아울러 배신자였던 알키비아데스를 비롯한 좋은 집안 출신 청년들, 아테네 유권자 대다수를 구성했던 식품상이나 무두장이를 깔봤던 명문 출신 청년들과 친구였기 때문에 기소당했다. 다른 말로 하면, 엘리트, 아마도 합리적인 엘리트, 보통 시민들보다 높게 고양된 우월한 사람들에 의한 통치, 평등이나 다수결을 믿지 않고 자기들에게 월등한 가치가 있다고 믿는 소수 권력자의 정치를 옹호하는 이론을 설파하고 다녔기 때문에 기소당했다.

이는 정치적으로 초연한 경우가 아니라 정치적 삶의 한 특정 형태

---

11) (옮긴이) 크리티아스(Critias, BC 460~BC 403): 플라톤의 외당숙(이설도 있다). 펠로폰네소스 전쟁에서 패한 후 아테네에 들어선 친(親)스파르타 정권("삼십 인의 폭정"으로 불린다)을 주도하였다.

12) (편집자) *Apology*, 24b-c.

를 적극적으로 전복시켜 바꾸려는 경우에 해당한다. 『크리톤』에는, 죽음을 앞둔 소크라테스에게 법이 말하기를 그가 법의 자식이자 노예라고 하는 대목이 나온다. 소크라테스 역시 아테네의 법을 통과시킨 사람들 가운데 하나가 아니었느냐는 것이다. 법이 일단 확립된 다음에는 법에 복종하는 것이 시민의 의무이다——그 의무에서 벗어날 여지 따위는 있을 수 없다. 시민은 자기 몸뚱이를 낳아 준 부모보다 법에게서 덕본 것이 더 많다.[13] 소크라테스도 이를 당연하게 여기고 쟁론하지 않는다. 도덕이 그대를 사회로 통합시키니, 무엇보다도 그대는 법이 부당하다든지 그 때문에 그대가 억울하게 고통을 받았다는 이유로 불복하여 법을 파괴해서는 안 된다. 사회 체제의 요구가 최우선이다. 진리를 발견하기에 충분한 재능을 타고난 소수가 진리 탐구에 정진할 수 있도록 환경을 조성하는 데에 플라톤이 오로지 또는 주로 관심을 기울였다는 명제는 사실 지탱되기 어렵다. 『국가』에 대해서는 아무리 다양한 해석이 가능하다고 양보하더라도, 『정치가론』은 수단이 아니라 목적에 관한——자기가 보기에 인간의 자질을 유지하면서 살아갈 수 있는 유일한 삶, 즉 도시의 삶을 책임감이 있는 사람이라면 어떻게 영위해야 할지에 관한 글이다. 플라톤에게 덕이란 국가가 지도하는 교육의 결실이다. 나쁜 국가는 개혁되거나 폐지되어야 하지만, 그 결과로 개인들끼리 느슨하게 모여 살기 위해서는 아니다. "각자 하고 싶은 대로 해도 되도록 허용된 사회"보다 플라톤이 더 신랄하게 반대한 것은 없다.[14] 이에 관한 가장 강렬한 표현은 『법률』에서 스파르타를 군국주의 국가라고——단지 하나의 "병영"에 지나지 않는다고[15]——비판한 뒤로 한참 여러 페이지 뒤에

---

13) (편집자) *Crito*, 50c–51c, 특히 51a.
14) (편집자) *Republic*, 557b5.
15) (편집자) *Laws*, 666e.

서 다음과 같이 선언하는 대목에 나온다.

> 남자든 여자든 각자를 감독할 관리가 위에 없이, 진지한 일이든 장난이
> 든 자기가 무슨 행보를 내딛든 순전히 혼자서 책임지면 그만이라는 식으
> 로 생각하는 습관을 가지지 못하게 하는 것이 가장 중요하다. 사람은 평
> 시든 전시든 언제나 상급 관리를 바라보면서 아무리 작은 일일지라도 그
> 가 인도하는 대로 따라가야 한다. …… 한마디로 말하면, 개인으로서 행
> 동한다는 생각 자체, 그렇게 행동할 줄 안다는 생각 자체를 하지 않도록
> 마음을 단련해야 한다.[16)]

시칠리아에서 정치적 실험이 실패로 끝나 가슴이 쓰리던 노년기,
인간의 이성에 대해 열정적으로 견지해 왔던 믿음이 인간의 사악함
과 어리석음을 겪은 결과로 어쩌면 약해졌을지도 모를 시기에 플라
톤이 이 글을 쓴 것은 물론이다. 그러나 플라톤은 사실 정치를 어떻
게 조직할 것이냐에 관한 문제가 대두할 때마다 어조는 이보다 부드
럽지만 같은 입장을 보였다. 논리 또는 수학에서 영감을 받은 하나
의 엄밀한 모범에 사회생활을 꿰맞춘다는 발상의 저변에는 인간 사
이의 결합 자체에 염증을 느끼고, 정치라고 하는 예술 또는 과학이
주제로 삼는바, 즉 다양한 사람 및 목적 사이에서 화해를 구한다든
지 또는 그러한 다양성을 융합하여 인간에게 어울리고 실천 가능한
어떤 한 가지 삶의 형태를 자아낸다는 과제를 혐오한다는 주장이 어
쩌면 깔려 있는지도 모른다. 아무튼 플라톤이 인간을 사회적 맥락
안에 두고 생각했다는 사실은 분명하다. 도덕이 정치에서 도출된다
고 생각했던 아리스토텔레스만큼은 아니지만, 그 역시 도덕이라 함

---

16) (편집자) *Laws*, 942a-c.

은 곧 사회적 도덕을 뜻했다. 자연은 사람을 일정한 패턴 안에서 일정한 기능을 수행하라고 고안한 만큼, 사람이 무엇을 해야 하는지는 무슨 기능을 하도록 창조되었는지 스스로 물어보면 찾을 수 있다. 그리스의 도시들은 그러한 패턴에 따라 생성되었다. 결합이 페르시아처럼 너무 커지거나 야만인들의 경우처럼 너무 조잡해지거나 아니면 결합이 아예 존재하지 않는다면 쇠망과 비정상이 결과한다. 도시 안에 구현된 다양한 세력들과 성질들 사이에 균형이 이루어지는 것이 정상적인 상태이다. 가장 나쁘고 가장 지독한 악은 이 균형을 뒤집어엎는 것이다──불의가 그것이다. 최선의 헌정질서는 만사의 균형을 잡고, 패턴을 유지하며, 사람들이 사회적으로──그러므로 도덕적으로 그리고 지적으로──자아를 실현할 수 있도록 틀을 마련하는 것이다. 사람의 성격은 자연이 각 사람을 어떤 사회를 위해 창조했느냐에 따라 정해진다. 어떤 사람은 민주적이고 어떤 사람은 과두적이며 어떤 사람은 금권정치에 알맞다는 식으로, 각 벽돌에게 태생적으로 알맞은 건물이 있어서 그 건물에 준거를 두고 정의되는 것과 같다. 이는 삶에 관한 그리스 사람들이 이상을 가장 명확한 언표로써 새긴 기념문이다.

이에 대해 반론은 없었나? 오빠의 시신을 묻어 주기 위해 국가의 법에 도전한 안티고네[17]의 경우는 어떤가? 그녀가 크레온의 법에 항거한 명분은 어떤 개인적인 확신이나 사적인 삶의 가치가 아니다. 사회 연대의 끈에 묶이지 않은 개인들이 아니라 모든 인간 사회에게 타당한 법, 시대나 상황의 변화에 관계없이 인류라면 모두 복종해야

---

17) (옮긴이) 안티고네(Antigone): 출생의 비밀을 알게 된 오이디푸스가 왕위를 버리고 떠난 후 장남과 차남이 왕위를 두고 싸우다 모두 죽자, 그들의 외삼촌 크레온(Creon)이 왕위에 올라 차남의 시신을 버리라고 명한다. 안티고네는 금지령을 어기고 둘째 오빠의 시신을 묻어 주고 옥에 갇힌 후 자살한다.

할 불문율에 호소했던 것이다. 그녀의 호소는 사회적 도덕을 버리고 개인적 도덕으로 가는 것이 아니라 한 가지 사회적 도덕을 버리고 다른 사회적 도덕으로 가는 것이었다.

그렇다면 소피스트는 어떤가? 여기서 우리는 중요하지만 불행히도 해결할 수는 없는 문제에 부닥치게 된다. 왜냐하면 소피스트들이 무엇을 설파하고 다녔는지에 관해 알 수 있는 것이 많지 않기 때문이다. 어쩌면 그들이 아예 책이 될 만한 분량으로는 어떤 글도 쓰지 않았는지도 모르고, 쓰기는 했지만──소크라테스와 플라톤의 적수들이 썼다는 책은 남아 있지 않지만 그 제목들만은 몇 개가 전해진다──실전되었는지도 모른다. 어쨌든 프로타고라스,[18] 프로디코스,[19] 히피아스,[20] 트라시마코스[21] 같은 사람들이 무슨 생각을 했는지에 관해 우리가 주로 의존하는 전거는 플라톤과 아리스토텔레스가 써놓은 글이다. 이 밖에, 예컨대 안티폰[22] 같은 인물에 관해서는 이보다는 조금 더 알 수는 있다. 그러나 우리가 아는 바의 대부분은 적대적인 기록, 아리스토파네스처럼 그들을 미워한──비록 아리스

---

18) (옮긴이) 프로타고라스(Protagoras, BC 481년경~BC 420년경): 고대 아테네의 소피스트. 만사가 보기 나름이라고 주장했던 상대주의자.

19) (옮긴이) 프로디코스(Prodicus, BC 465년 또는 BC 450~399년 이후): 삶의 슬픔과 같은 비관적인 측면을 부각하면서 윤리를 주제로 삼았던 소피스트.

20) (옮긴이) 히피아스(Hippias, BC 5세기 중반에 출생): 재정적 성공, 시, 문법, 역사, 정치, 고고학, 수학, 천문학 등 모든 분야에서 전문가로 자처했던 소피스트.

21) (옮긴이) 트라시마코스(Thrasymachus, BC 459년경~BC 400년경): "사나운 투사"라는 뜻의 이름으로 실제 인물에 관해서는 알려진 바가 거의 없고, 다만 플라톤의『국가』제1권에서 "정의란 강자의 이익"이라는 회의주의적 입장을 대변한다.

22) (옮긴이) 안티폰(Antiphon, BC 480~BC 403): 고대 그리스의 수사학자, 연설가, 정치인, 소피스트. 인간에게 필요한 것은 자연의 법칙이고, 인간의 법률은 단지 일반 대중이 지지해서 생긴 공연한 첨가물로서 자연의 법칙으로부터 오는 명령을 듣지 못하게 막을 뿐이라고 주장했다. 당대 안티폰이라는 동명이인이 사실은 둘, 또는 세 명이었다는 설도 있다.

토파네스는 소크라테스도 소피스트 중 하나로 쳐서 마찬가지로 미워하였지만——사람들이 천재를 비아냥거리는 자세로 그린 캐리커처에서 나온다. 그렇게 기록된 사람들에 관하여 진정한 사실은 영원히 묻혀 버렸다. 이 점은 내 전반적인 주장과 관련하여 아주 중요하기 때문에 나중에 다시 논하기로 하고, 우선은 당대의 웅변가나 극작가나 마찬가지로 소피스트들도 어떤 종류의 국가가 최선인지에 대해서는 예리하게 맞서는 이견들을 가지고 있었다는 증거가 있지만 사회제도가 우선한다는 점에 반대했다는 증거는 없음을 지적해야겠다.

리코프론[23]은 계급 구분이 인위적이라고, 자연의 작품이 아니라 인간의 의지 또는 편견에서 나온 것이라고 생각했다. 알키다마스[24]는 (그리고 에우리피데스도 어느 정도는) 자연이란 모든 사람에게 동일한 의미를 가지므로 노예제뿐만 아니라 그리스인과 야만인을 가르는 구분도 인위적이라고 생각했다. 안티폰은 "우리 모두 입과 콧구멍으로 숨쉬는 것은 마찬가지이기 때문에, 누구도 정의(定義)에 의하여 야만인이나 그리스인인 사람은 없다"고 말했다.[25] 야만인이라든지 그리스인이라는 구별은 사람이 정한 것으로, 따라서 미루어 짐작건대 사람의 의지로써 폐지될 수도 있다는 것이다. 아르켈라오스[26]는 올바름과 비뚤어짐의 구분도 인위적인 설정의 소산이지 자연의 결과가 아니라고 생각했다. 팔레아스(Phaleas)는 재산과 능력의 구분

---

23) (옮긴이) 리코프론(Lycophron): 칼키스 출신으로 이집트 왕 프톨레마이오스 필라델포스 시절(BC 281~BC 246)에 알렉산드리아에서 활동한 비극 시인.
24) (옮긴이) 알키다마스(Alcidamas): BC 4세기에 활동한 소피스트, 수사학자. 고르기아스의 제자 겸 계승자였다고 전해진다.
25) (편집자) Diels-Kranz, 6th ed., 87 B 44, B 2, 24-34 (ii 353).
26) (옮긴이) 아르켈라오스(Archelaus): BC 5세기의 그리스 철학자. 아낙사고라스의 제자로 일설에는 소크라테스를 가르쳤다고도 한다.

도 그렇다고 생각했다. 크리티아스는 신이라는 것이 사람들로 하여금 질서를 지키게 만들려고 고안된 발명품이라고 생각했다. 보는 사람이 아무도 없을지라도 항상 행동을 평가하고 반칙을 처벌할 태세를 갖추고서 항상 자기를 지켜보고 있는 어떤 눈이 있다고 가르쳐 놓아야, 보는 사람이 없더라도 사람들이 나쁜 행동을 삼가고 사회가 뒤집히지 않을 터이기 때문이다.

소피스트들은 상대주의자였고 평등주의자였고 실용주의자였고 무신론자였지만, 거의 모든 경우에, 특히 서기전 5세기 말로 접어들면서는 더욱, 개인주의자는 아니었다. 그들은 사회를 바꾸기를 원했지만 개인이나 개인의 성격이나 개인의 필요에 관심을 모으지는 않았다. 어떤 종류의 사회가 가장 합리적인지에 관해서는 그들 사이에서도 의견이 분분했다. 전통의 잔재에 불과한 것을 그들은 제거하기 원했다. 자기들이 보기에 아무 이유도 없는 제도들을 비판했지만 제도적인 삶 자체를 비판하지는 않았다. 그중에는 민주주의자처럼 보이는 사람도 있고 그렇지 않은 사람도 있다. 아테네 정치의 가장 큰 영광인 민주주의를 당대에 옹호한 사람이 그토록 적어서 지금까지 전해진 저술의 저자들은 거의 한결같이 어느 정도씩은 민주주의를 적대시했거나 비판하고 있다는 사실은 역사의 커다란 역설 가운데 하나이다. 소피스트들의 이상은 이소노미아(isonomia), 즉 법 앞에서 평등이든지——헤로도토스에 따르면 오타네스는 평등을 "모든 이름 중에서 가장 아름다운 이름"이라 불렀다고 한다[27]——아니면 에우노미아(eunomia), 즉 보수적인 구호인 좋은 질서였다. 평등은 전제와 자의적인 통치에 대한 대응책으로 옹호되었다. 아리스토텔레스는 다스리는 사람들이 동시에 다스림을 받기도 하는 곳이라면 만족스

27) (편집자) *Histories*, 3. 80. 위 119쪽 각주 71번 참조.

러운 국가라고 생각했고,[28] 냉소적인 안티폰은 타인에 의해 정의로
운 다스림을 받기보다 정의롭지 않게 스스로 다스리기를 더 원하지
않는 사람이 있겠는지 궁금해했다.

진정한 개인주의, 즉 즐거움이나 지식이나 우정이나 덕이나 예술
이나 삶을 통한 자아 표현과 같은 개인적인 가치가 원래 있고 정치
적 사회적 체제는 그러한 개인적 가치에 봉사해야 하며 개인적 가치
를 위한 발판이라는 신조, 정치사회 체제는 필수불가결인 수단이지
만 여전히 수단에 불과하다는 신조의 흔적은 여기서 찾아볼 수 없
다. 정반대로 그와 같은 가치들은 모두 오로지 그리스의 폴리스 안
에서만 그리고 폴리스 생활의 일부로서만 실현될 수 있다는 추정이
깔려 있다. 사회체제를 무시하거나 사회체제를 통해 이득을 얻는다
는 것은 정상적인 정신상태가 아니다. 심지어 정의를 강자의 이익이
라고 생각했던 트라시마코스조차 긴밀한 주종관계로 이루어진 사회
의 바깥에서 어떤 삶이 가능하리라고 생각하지 않았다. 플라톤의
『고르기아스』에서 칼리클레스(Callicles)는 도시의 제도들을 거미줄
걷듯이 쓸어버리고 짓밟아 자기 좋을 대로 행동하는 과감하고 파렴
치하며 자기밖에 모르는 이기주의자의 편에서 말한다. 즉, 힘이 곧
옳음이며 자연은 개인주의가 아니라 전제를 요구한다는 것이다. 트
라시마코스 또는 그 부류와 벌인 논쟁에서 소크라테스가 이기지 못
했다고 본 락탄티우스[29]의 생각은 맞다. 소크라테스가 트라시마코스
에 대한 반론으로 열거하는 상식적인 의견들은 그처럼 폭력적인 개
인주의를 물리치기에는 불충분하다. 그러나 플라톤은 자기밖에 모

---

28) (편집자) *Politics*, 1317b2.
29) (옮긴이) 락탄티우스(Lactantius, 240~320년경): 북아프리카 출신으로 라틴어로
    저술한 초기 기독교 변론가. 이교도의 철학에 맞서 기독교를 옹호하고 전파하고
    자 했다.

르는 인간들과 그들의 왜곡된 사실 인식을 자기가 충분히 반박했고 그들은 결국 비싼 대가를 치르게 되리라고 생각했음에 틀림없다.

이 지점에서 내가 혹시 정치적 신앙고백 가운데 가장 위대한 사례이자, 이런 종류의 표현 가운데 우리의 역사 전체를 통틀어 필적할 상대가 없는 (투키디데스가 기록한바) 페리클레스의 장례 연설을 잊어버리지 않았나 궁금한 사람도 있을지 모른다. "공적 생활에서나 일상생활의 사안과 관련되어 서로를 대하는 태도에서나 우리는 자유로운 시민으로서 살아간다. 이웃이 자기 좋은 대로 행동한다고 그에게 화를 내거나 언짢은 표정을 ― 그에게 해가 될 수는 없을지 몰라도 그래도 고통을 야기할 수는 있다 ― 짓지는 않는다"[30]는 점에서 아테네인은 스파르타인과 확실히 다르다고 페리클레스는 말한다. 서기전 416년 시칠리아에서 패배하여 풀이 죽은 아테네의 병사들에게 니키아스가 행한 연설에서도 표현의 장려함은 좀 떨어지지만 비슷한 내용이 나온다.[31] 에우리피데스도 목청을 높여 표현의 자유를 찬양하고,[32] 데모스테네스는 "스파르타에서는 아테네를 비롯한 다른 나라의 법에 대한 칭찬이 허용된다는 것은 까마득한 일이고 다만 스파르타의 헌법과 일치하는 것만을 칭찬해야 한다"[33]고 말한다. 반면에 아테네에서는 어떤 헌법에 대해서도 자유로운 비판이 허용되었다는 증거가 충분하다.

이것이 무슨 의미를 가질까? 페리클레스의 말은 흔히들 해석하듯이 아테네에서는 일정한 한도 안에서 각자 좋을 대로 말하고 좋을

---

30) Thucydides, *Peloponnesian War*, 2. 37.
31) *Peloponnesian War*, 7.69. 니키아스는 "위대한 자유로 충만하고 모든 사람들이 자신의 삶에 관하여 강요받지 않고 자유를 누리는 조국을 병사들에게 상기시켰다."
32) *Hippolytus*, 421-2; *Ion* 672-5; *Phoenissae* 390-3; *Temenidae* fr. 737 Nauck.
33) *Against Leptines*, 20.106.

대로 행할——자연에서 나온 것이든 국가에 의해 주어진 것이든——권리, 국가가 간섭할 수 없는 권리가 개인들에게 있다는 것이 아니라, 국가 가운데 더 자유로운 나라도 있고 덜 자유로운 나라도 있다는 것이었다. 권리가 있었다는 해석은 곰므(Gomme)가 내놓은 견해인데, 실수로 보인다. 개인에게 "사적 생활에서 풍부한 자유가 있었다"[34]는 점은 의문의 여지가 없다. "자기 좋은 대로 사는" 사람들에 대한——에우리피데스의 표현을 빌리자면 "각자의 환상에 따라 행하는" 사람들에 대한——아리스토텔레스의 비난, 또는 그토록 다양하고 외국인이 그토록 많고 여자와 노예들이 주제넘게 거의 시민이기라도 한 것처럼 행세하려 드는 도시에 대해 플라톤이 표한 역겨움 등에서 나타나듯이 보수주의자들이〔사적 자유에 대해〕반발했다는 데에도 의문의 여지가 없다. 크세노폰[35]의 이름을 도용하여 저자로 내건 위서『아테네의 헌법(*Constitution of Athens*)』은 아테네에 거주하는 외국인과 노예들을 맹비난한다. 이소크라테스[36]는 사생활에 대한 도덕적 통제가 충분치 않다고, 그런 문제에 관하여 아레오파고스[37]가 과거와 같은 권위를 다시 행사해야 한다고 불평한다. 이런 발언들을 볼 때, 전체주의 스파르타 또는 어쩌면 그보다도 더 빡빡하게 조직되고 더 군국주의적이었을지도 모르는 다른 국가들에 비해 아테네의 삶이 더 자유로웠고 더 많은 다양성이 허용되었음을 알 수 있다. 그러나 페리클레스의 말은 결국 자기 학교의 정신 상태에 긍지를 느끼는 교장 또는 자기 부대의 군기에 자부심을 가진 사령관이

---

34) Herbert J. Muller, *Freedom in the Ancient World*(London, 1962), p.168.
35) (옮긴이) 크세노폰(Xenophon, BC 427년경~355): 아테네의 군인, 상인, 저술가. 소크라테스의 제자 중 하나였다.
36) (옮긴이) 이소크라테스(Isocrates, BC 436~338): 아테네의 수사학자, 웅변가.
37) (옮긴이) 아레오파고스(Areopagus): "아레스(Ares)의 언덕"이라는 뜻으로 아크로폴리스의 북서쪽 구석을 가리킨다. 통상 살인범에 대한 재판이 열렸다.

흔히 하는 말과 같다——우리는 강제할 필요가 없다, 우리나라 시민들은 자발적인 충성심에서 진정으로 헌신하고 도시를 진심으로 믿고 자랑스럽게 느끼면서 각자의 삶이 도시와 긴밀하게 연결되어 있기 때문에 다른 나라에서는 시민들에게 강제로 시켜야 하는 일을 우리는 스스로 한다.

개인의 권리를 향한 주장은 여기서 한참을 더 가야 할 일이다. 학교의 아동들은 아무리 너그럽게 규제된다고 해도 선생에게 맞설 권리는 없다. 학생들을 협박하거나 겁주거나 벌주거나 위협할 필요가 없는 학교는 그 점에서 긍지를 느낄 수 있겠지만, 그때 상찬을 받는 대상은 학교의 단결심 또는 구성원들 사이의 연대감이다. 페리클레스의 말을 그대로 믿는다면 아테네에게는 그 나라 자체가 숭배 대상이었고 사람들은 그 나라의 제단 위에서 제물로 희생될 태세가 갖추어져 있던 셈이다. 그러나 스스로 하는 희생도 역시 희생이고 강제 당하지 않은 항복도 매한가지로 항복이다. 여전히 악이나 실수는 사람들이 자신의 개인적 본성을 충족시키기 위해 나름대로 행동하는 데서 나오는 것으로 규정된다. 투키디데스는 페리클레스를 좋아했고 클레온[38]을 싫어했다. 데모스테네스는 정치적 자유를 신봉했는데 그것은——예컨대 마케도니아와 같은——다른 나라에게 통치받지 않을 자유를 뜻한다. 이 자유는 페리클레스 그리고 위대한 아테네인이면 모두 신봉했다. 개중에는 좀 더 느슨한 체제를 바란 사람도 있고 좀 더 빡빡한 체제를 바란 사람도 있다. 그러나 개인주의의 곡조, 즉 구성원 개개인의 개인적 만족에 기여하는 정도를 곧 국가의 가치로 보는 견해는 여기에 없다. 개인들이 국가를 위해 삶을 설정해야

---

38) (옮긴이) 클레온(Cleon, BC 422년 사망): 아버지에게서 물려받은 무두질 공장을 소유했던 아테네 정치인. 아테네 정치인 중 상인 계급을 대변하는 최초의 인물이다. 페리클레스의 정적.

한다. 국가에게는 의무란 없고 오직 요구만 있을 뿐이고 개인들은 국가에게 요구할 권리는 없고 의무만 있다. 그러나 페리클레스가 그려내고자 했던 아테네와 같이 잘 조직되고 조화로운 나라에서는 요구가 제기할 필요도 없이 자발적으로 충족되고, 이웃이 자기와 다르다고 인상을 찌푸릴 일도 없다. 획일성 대 다양성, 강제 대 자발성, 전횡 대 충성, 공포 대신에 사랑, 이런 것들이 페리클레스의 이상이었다. 이런 이상이 아무리 매력적이라고 하더라도 개인주의와 같거나, (인류가 발전한 훨씬 나중 단계 식으로 표현하면) 국가의 침범에 맞설 권리가 개인에게 있다는 관념과는——신성불가침의 영역에 울타리를 치고 그 안에서 아무리 어리석든지 괴상망측하든지 역겹든지 다른 사람에게 신경 쓰지 않고 문자 그대로 자기 좋은 대로 행동할 수 있다는 관념과는——같을 수가 없다.

주요 저술가들의 증언은 이상과 같다. 이에 반대하는 극소수의 의견이 아주 드문드문 없지는 않은데, 그에 관해서는 나중에 언급할 것이다. 만년의 아리스토텔레스가 구식 보수주의자였을 수는 있지만, 그래도 사회의 본질에 관한 그의 견해는——사회의 다양한 구성소의 자연적 목적들 사이에 관계가 어떠한지, 그리고 어떻게 하면 그 구성소들로 하여금 각기의 자연적 기능을 가급적 풍성하고 효과 있게 수행하게 만들 수 있는지를 다룬 저술을 통해 설명한 바와 같이, 사회는 하나의 사회적 전체로서, 자연이 손수 그 안에 심어놓은 목적을 추구하고, 그 목적에 모든 구성 원소들이 복종해야 하며, 윤리와 정치는 전적으로 사회적이며 교육적이라고 본 견해——그 후로 고대 세계와 중세, 그리고 근대 사회의 상당수에게도 마력처럼 강력하게 작용한 고정관념이 되었다.

이 부근에 가장 놀라운 일 하나가 있다. 아리스토텔레스는 서기전 322년에 죽었다. 약 16년 후 에피쿠로스가 아테네에서 가르치기 시작했고, 그 뒤에는 키프로스의 키티온 출신 페니키아 사람 제논[39]이 가르쳤다. 불과 몇 년 사이에 그들은 아테네 철학계에서 지배적인 학파로 성장한다. 그리하여 마치 정치철학이 갑자기 소멸해 버린 것처럼 된 것이다. 〔그들의 철학에는〕 도시에 관한 이야기, 도시 안에서 과업을 수행하도록 시민을 교육한다는 이야기, 좋은 정치구조와 나쁜 정치구조에 관한 이야기가 전혀 없다.[40] 위계질서가 필요하다든지 위험하다는 이야기도 없고, 소규모로 조직된 공동체의 가치에 관한 이야기도 없고, 외향적인 사회생활이 인간 본성의 표지이자 기준이라는 이야기도 없고, 사람을 다스리는 일의 전문가를 어떻게 양성할 것인지 또는 삶을 어떻게 조직해야 개인마다 다른 재능이 적절한 급부를 받게 될지에 관한 이야기도 없고, 정치구조에 따라 서로 다른 유형의 재능과 성격에 강조하는 정도가 각각 달라진다는 설명도 없다. 개인 윤리는 더 이상 사회적 도덕에서 도출되지 않고, 윤리는 더 이상 정치의 한 지류가 아니며, 전체는 더 이상 부분보다 선행하지 않고, 필연적으로 사회적이며 공공적인 의미를 지니는 성취의 관념은 흔적도 없이 사라졌다. 위계 대신에 평등, 전문가의 우월성을 강조하는 대신에 적어도 원칙적으로는 누구나 자신에게 무엇이 진리인지 발견할 수 있고 다른 어느 누구와 마찬가지로 훌륭한 삶을 살아갈 수 있다는 신조가 자리 잡고, 지적 재능과 능력과 수완을 강조하는 대신에 의지와 도덕적 자질과 성품을 강조하며, 소규모 집

---

39) (옮긴이) 키티온의 제논(Zeno of Citium, BC 333~BC 264): 퀴니코스학파의 크라테스(Crates of Thebes)에게서 배우고 스토아학파를 창설한 고대 그리스 철학자.

40) (편집자) 이 주장에 대해서는 어쩌면 벌린이 나중에 약간의 단서를 달고, 플라톤의 저술과 같은 제목을 달아 응답하는 형식으로 쓴 제논의 『국가』를 어느 정도 고려해야 한다고 생각했을 수도 있다. Malcolm Schofield, *The Stoic Idea of the City* (Cambridge, 1991).

단, 전통과 기억을 통해 모습을 갖추는 집단을 하나로 묶어 줄 충성심 그리고 모든 부분과 기능들이 유기체와 같이 서로 꼭 들어맞는다는 생각 대신에 민족 또는 도시의 경계가 없는 세상이 들어서고, 외향적 삶 대신에 내면의 삶을 강조하며, 그 전 시대 주요 사상가 모두가 당연한 것으로 추정했던 정치적인 가담 대신에 전면적인 초연을 권고하는 설교가 등장하는 등의 변화를 불과 20년 남짓 사이에 목격하게 된 것이다. 장엄, 영광, 불후의 명성, 고상함, 공공 정신, 조화로운 사회활동을 통한 자아실현, 신사다운 이상 대신에 사람들은 이제 개인 차원의 자급자족, 소박함에 대한 찬양, 의무에 대한 청교도적 강조, 그리고 무엇보다도 영혼의 평화, 개인의 구원이 최고의 가치이며 이는 축적 가능한 종류의 지식이나 (아리스토텔레스가 가르친 것처럼) 과학적 정보가 점차로 증가하면 달성되는 것도 아니고 실제적인 제반사에 관해 분별력과 판단력을 발휘해서 되는 일도 아니라 문득 일어나는 대오각성, 환해지는 내면의 빛에 의해 얻어진다는 사실에 대한 지속적인 강조와 같은 방향으로 생각하게 되었다. 사람은 각성한 부류와 각성하지 않은 부류로 나뉜다. 중간에는 아무도 있을 수 없다──구원을 받았거나 받지 않았거나, 현명하거나 어리석거나, 둘 중 하나다. 어떻게 하면 자기 영혼을 구원할지 아는 사람이 있고 그렇지 않으면 모르는 사람이다. 깊은 물속에서나 마찬가지로 접시 물에도 사람이 빠져 죽을 수 있다고 스토아 철학자들은 말했다. 표준에 부합하든지 어긋나든지 둘 중 하나다. 표준에서 일 인치라도 벗어났다면 몇 마일을 벗어난 것과 마찬가지다──전부가 아니면 전무다. 엘리자베스 시대를 지나면서 갑자기 청교주의가 일어난 것과 비슷하다.

그 두 선생 중에서 선배였던 에피쿠로스에게 국가란 아예 존재하지도 않는 것이었다. 다치는 일을 피하고 참견을 피하는 것만이 문제였다. 실재는──자연은──철칙이 다스리기 때문에 사람이 바꾸기는 불가능하다. 자연을 파괴하거나 회피할 수는 없다. 그러나 불필요하게 자연과 충돌하는 것은 피할 수 있다. 무엇이 사람들을 불행하게 만드는가? 신에 대한 두려움, 미신, 죽음의 공포, 고통의 공포──이런 것들 때문에 지옥의 힘에 복종한다든가 속죄하는 따위의 의식들이 정교하게 고안되어 종교라는 이름으로 불린다. 그러나 신이 존재하는 것은 사실이라고 할지라도 만약 신들이 사람의 일에 관심이 없다면, 자기들끼리 사는 머나먼 세상에서 축복으로 가득 찬 삶을 누리면서 지상의 일에는 신경 쓰지 않는다고 해보면 어떨까? 신에 대한 두려움이 사라진다면 짐이 무척 가벼워질 것이다. 고통도 솜씨 좋게 처치한다면 나 자신에게나 내 이웃에게나 경감될 수 있다. 고통이 참을 수 없을 정도로 심한 상태는 오래 지속되지 않고 이내 죽음이 나를 거기서 풀어줄 것이다. 지속되는 고통이면 심할 수 없다. 조심스럽게 자연의 처방에 따라 산다면 병이나 고통을 피할 수 있다. 그러면 삶에서 남은 문제는 무엇인가? 행복과 평화와 내면의 조화다. 어떻게 하면 그것을 얻을까? 부나 권력이나 사회적 인정을 구하는 것으로는 안 된다. 왜냐하면 이런 것들은 경쟁판으로 몰고 가서 그 바닥이 요구하는 땀과 수고를 피할 수 없기 때문이다. 공적인 삶은 즐거움보다 고통이 더 많다. 그 결과로 얻어지는 보상이라는 것 역시 가질 만한 것이 못 된다. 그대의 근심만을 더할 뿐이기 때문이다. 고통을 받게 될 수밖에 없는 상황 자체를 피하라. 모든 사람은 취약하다. 그러므로 사람들이나 사물이나 사건에게서 상처를 입을 수 있는 취약한 부분의 면적을 줄여야 한다. 이는 어떤 것에도 가담하지 않아야만 이루어질 수 있다. 에피쿠로스는 고통과 말썽의 근원인 열정을 모두 철저히 억누르고자 했던 사람으로서, 정치와 관련하여 오늘날 앙가주망이라 불리는 것과 같은 태도에서 벗어나라고 열정적으로 설교했다. "라테 비오사스", [41] 즉 할 수 있는 한 남의 주목을 받지 않고 무명의 존재로서 살아가라는 것이다. 주목받지 않으려고 노력하면 다칠 일도 없을 것이다. 공적인 삶이 가져다주는 보상은 단지 고통스러운 환각일 뿐이다. 배우처럼 살아라. [42] 그대를 위해 마련된 배역을 연기하되 그대 자신과 동일시하지는 말라. 무엇보다도 중요한 것은 파 트로 드 젤(pas trop de zéle), 즉 열정에 사로잡히지 않는 것이다. 세금을 내고 투표도 하고 질서를 지켜라. 그러나 그대 자신으로 침잠하라. "인간은 본성에 의해 시민 공동체에서 사는 데 적합하지 않다." [43] "욕망이 솟구칠 때는 언제나 그것을 충족해서 내게 무슨 이득이 있고 그것을 억눌러서 잃을 것이 무엇인지를 자문하라." [44]

사람은 정의로워야 하는가? 그렇다. 왜냐하면 속였다가는 ─ 규칙을 어겼다가는 ─ 발각될지 모르고, 그렇게 되면 그대만큼 감정에서 초연한 현자가 아닌 다른 사람들이 그대를 처벌하거나 아니면 최소한 미워할 테니, 그대의 즐거움이 망가지리라. 정의 그 자체에는 아무런 가치가 없다. 정의란 단지 타인들과 마찰을 피하고 어울려 지내는 수단일 뿐이다. 정의로워야 할 까닭은 효용이다. 모든 사회는 모종의 사회계약을 바탕 삼아 그로부터 질서를 세움으로써, 사람들 각자가 타인에게 너무 많이 방해되지 않는 일이 가능해졌다.

그러면 지식은 무엇인가? 지식은 바람직한가? 틀림없이 그렇다. 왜냐하면 평화와 만족을 달성하려면 무엇을 하고 무엇을 피해야 하

---

41) 라테 비오사스(lathe biosas): "살아가는 동안 눈에 띄지 말라"는 뜻의 그리스어. Fr. 551 Usener.
42) Bion fr. 16A Kindstrand.
43) Epicurus fr. 551 Usener (p. 327, lines 9~10).
44) Epicurus fr. 6.71 Arrighetti.

는지를 지식이 있어야 알 수 있기 때문이다. "인간의 고통을 치유하지 못하는 철학자의 말은 공허하다."[45] 오늘날 록펠러 재단의 표어라고 해도 어울릴 법한 말이다. 지식은 그 자체로 목적이 아니다. 개인의 행복 말고는 어떤 것도 그 자체로 목적은 아니다. 그리고 개인의 행복은 친구에 대한 사랑이라든지 (이는 즐거움의 적극적인 원천이다) 사적인 삶의 기쁨처럼 신뢰할 수 있는 좋은 일들을 통해야 얻을 수 있다.

부를 추구해야 하는가? 그 자체로는 아니다. 왜냐하면 그랬다가는 두려움과 갈등에 접하게 될 테니까. 그러나 부가 저절로 찾아왔을 때 물리치는 것은 사리에 맞지 않다. 현명한 사람은 빵과 물만으로도 살 수 있다. 그러나 사치가 찾아왔을 때 받아들이지 말아야 할 까닭이 무엇인가? 공적인 삶은 올가미고 착각이다. 그러므로 필요할—고통을 피하기 위해—때에만, 아니면 워낙 수선스러운 체질이라 안 하고는 못 배기든지 그 일이 즐거운 경우에만, 다시 말해 다른 일에서는 찾을 수 없는 일종의 아편, 즉 진정제가 거기서 나올 때에만 참여해야 한다. 원하는 것 모두를 가질 수는 없다. 원하지만 얻지 못한다는 것은 그대 자신보다 더 강한 힘으로 말미암아 흔들린다는 뜻, 욕망에게 노예가 된다는 뜻이다. 원하는 것을 모두 가질 수는 없으니 가질 수 있는 것만을 원해야 한다—우주를 조종할 수는 없지만 그대 자신의 심리 상태는 어느 정도 조종할 수 있다. 쉽사리 빼앗길 수 있는 것은 원하지도 않도록 노력하라. "자유로 가는 길은 오직 하나뿐, 우리 힘이 미치지 못하는 것을 경멸하는 데 있다."[46] 가질 수 없는 것은 동경할 가치도 없다.

행복에 이르는 길은 두 갈래가 있다—욕망을 충족하든지 욕망을

---

45) Ibid., fr. 247.
46) *Encheiridion* 19.2.

제거하는 것이다. 충족의 길은 적당한 정도로만 달성할 수 있다. 우리는 전지전능하지 않고 세상의 일은 나름대로 굴러가고 바꿀 수 있는 여지가 적기 때문이다. 그러므로 제거의 길이 평화와 독립으로 가는 유일한 길이다. 결국 독립이 전부다. 에피쿠로스의 가장 위대한 두 단어는 아우타르케이아(autarkeia)와 아타락시아(ataraxia)—자급자족과 부동심이다. 그러면 사회생활은? 도시의 영광은? 용감하게 맞서 싸워야 할 커다란 위험의 경우는? 깃털 달린 투구를 쓰고 페르시아 왕의 노예들을 무찌른 알렉산드로스는? 이런 것들은 영속적인 행복으로 가는 길이 아니다. 그저 욕망을 자극하여 점점 더 많이 원하게 만듦으로써, 달성할 수 없이 거대한 야망에게 점점 더 속수무책으로 노예가 되도록 할 뿐이며, 휴식을 허용하지 않는 희망과 공포 앞에 그대 자신을 노출시킬 뿐이다. 한 사람에게 가장 위대한 성취는 신경 쓰지 않도록 스스로 교육하는 것이다. 바로 이 점이—형이상학적 진리로 인도하는 수학의 가치나 사회제도에 관한 이론이 아니라—소크라테스의 삶에서 도출되어야 할 교훈이다. 살 날은 길지 않으니 세상 한 구석 그대가 처한 곳에서 가능한 한 편안하게 지내도록 마련하는 것이 좋다. 다른 사람을 간섭하거나 부러워하거나 미워하거나 그들의 바람과는 다른 방향으로 그들의 삶을 바꾸려 하거나 권력을 추구하지 않는다면, 그럭저럭 지낼 수 있을 것이다.

이처럼 광신이나 근심에서 해방시키는 합리주의에다가 인생에서 가장 좋은 일은 개인적 관계라고 보는 생각과 공리주의를 합해서 섞은 신조는 탁월하고 민감한 사람들이 삶이 너무 무거워질 때 흔히 개발하는 신조다. 이 신조는 깊게는 누구도 침범할 수 없는 개인적 영혼이라는 내면의 성채로 물러나려는 은둔주의의 한 형태로, 그 성채는 결연한 인내와 이성으로 보호되기 때문에 어떤 것으로도 뒤집히거나 상처받거나 균형을 잃지 않는다는 것이다. 고드윈도 이와 비슷한 믿음을 가지고 있다가 셀리[47]에게 전했으니, 셀리의 플라톤주의 안에서 이 믿음은 할 일이 있었다. 우리가 살고 있는 이 시대에도 이 믿음은 상당수의 영국 지식인, 그리고 아마도 1914년을 전후한 프랑스와 미국의 지식인 몇몇 사람에게 도덕의 근간을 이룬다. 무엇보다도 개인적인 인간관계와 미학적 즐거움, 우정 그리고 아름다움을 생산하고 즐기는 일, 그리고 윤색되지 않은 진리의 추구만이 인간으로서 해볼 만한 가치가 있다고 믿으면서 평판이나 부의 추구를 경멸한 합리주의자, 종교조직에 반대하는 사람, 평화주의자들이다. 버지니아 울프, 로저 프라이, 철학자 G. E. 무어, 초년기의 메이너드 케인즈 등이 이런 종류의 믿음을 가졌다. 지난 전쟁〔제2차 세계대전〕 발발 직전에 "조국을 배신하든지 아니면 친구를 배신해야 하는 양자택일의 상황이 닥쳐 온다면 조국을 배신할 배짱이 내게 있기를 바란다"고 한 E. M. 포스터의 선언[48]은 에피쿠로스적 ── 그 이전까지 그리스를 풍미한 믿음을 송두리째 뒤집은 ── 신조가 전투적으로 표현된 사례이다. "자연의 법칙을 연구하다 보면 주변의 여건이 아니라 인간에게 알맞은 좋은 일에서〔idioi agathoi〕 자부심을 느끼는 도도하고〔sobroi〕 독립적인〔autarkeis〕 사람이 된다."[49] 공적인 삶은 주변 여건의 일부이지 개인의 일부가 아니다. 국가는 도구지 목적이 아니다. 개인의 구원이 문제의 전부다. 이는 자급자족을 통해 해방을 구하는 신조로서, 실로 모든 가치에 대한 재평가다.

　에피쿠로스학파보다 스토아학파가 영향력이 컸음은 물론이다. 서

---

47) (옮긴이) 셀리(Percy Bysshe Shelley, 1792~1822): 영국의 낭만파 시인. 첫 부인이 자살한 후 고드윈의 딸 메리(『프랑켄슈타인』의 저자)와 재혼했다.
48) *Two Cheers for Democracy*(London, 1951), "What I believe", p.78.
49) Epicurus fr. 6.45 Arrighetti.

기전 4세기가 저물어 가던 무렵에 아테네에 정착한 제논은 외국인, 즉 키프로스 출신의 페니키아인으로서 지혜란 곧 내면의 자유이며 각자의 정체성을 구성하는 원소 중에서 감정을 제거해야만 획득할 수 있다고 가르쳤다. 세계는 합리적인 구조와 질서이며 인간은 본성이 합리적인 피조물이기 때문에, 세계의 질서를 이해한다는 것은 곧 세계가 아름답고 필연적임을 인식하는 것과 같다. 이성의 법칙은 우리의 영구적인 이성 위에 지워지지 않을 글씨로 새겨져 있다.[50] 어리석음이나 무지 또는 나쁘고 타락한 환경 때문에 세계에 관하여 실수가 발생하는 만큼, 그대를 망치는 영향에서 벗어날 수만 있다면 사람을 사악하고 불행하게 만드는 요인들 때문에 휘둘리지 않을 수 있을 것이다. 세계를 진실로 이해한다는 것은 세상의 모든 일이 필연이며 악이라 불리는 것 역시 더 큰 조화 속에서는 필수불가결한 요소임을 깨닫는 것이다. 이러한 깨달음에 도달하기 위해서는 사람 사이에 흔한 욕망이나 공포나 희망을 느끼지 말고 이성 또는 자연에——자연은 곧 보편적 이성의 법칙이 구현된 것이라고 보았기 때문에 제논에게 이성은 곧 자연이었다—— 일치하는 삶에 몰두하여 매진해야 한다. 스토아 현자는 이성이 세계를 다스리고 있음을 목격한다. 고통이 설계의 일부라면 고통 역시 껴안아야 한다. 고통에 적응해야만 하고 적응하게 될 것이다. 스토아학파의 포시도니오스는 치명적인 병마에 시달리면서 "고통아, 네 한껏 해보아라. 어떻게 해도, 나로 하여금 너를 미워하게 만들지는 못하리라"[51]고 말했다.

일어나는 모든 일이 이성에 따라 필연임을 누구든지 알아차릴 수 있기 때문에, 행복을 위한 필수조건으로 아리스토텔레스가 인정한

---

50) *Stoicorum veterum fragmenta*(이후 SVF로 약칭함) iii 360.
51) (편집자) Cicero, *Tusculan Disputations*, 2,61. "Nihil agis, dolor! quamvis sis molestus, numquam te esse confitebor malum." = Edelstein-Kidd T38.

최소한의 물리적 건강과 부를 위해서 마음의 평화나 조화나 안정이 필요한 것은 아니다. 아리스토텔레스에 따르면 프리아모스 왕은 비록 선하고 용감했지만 너무나 불운해서 행복을 이룰 수 없었다. 그러나 스토아학파에 따르면 그래도 행복할 수 있었다. 실재하는 것은 오직 자연과 인간을 관통하여 저류로 흐르는 기본적인 이성이다. 모든 인간이 근본적으로 똑같고, 세계의 영원한 법칙을 포착할 수 있도록 우리 안의 이성을 훈련시키면 소요학파[52]가 선택한 불확실한 귀납의 길을 따라가지 않고도 우리 자신 사이에서 그리고 외부 세계를 상대로 조화를 이룩하려면 어떻게 해야 하는지를 선험적으로 찾아낼 수 있는데, 어떤 지방 어떤 기후 어떤 전통을 가진 어떤 종류의 인간에게는 무엇이 알맞은지를 알아내기 위해 257개국의 헌법을 수집해서 자세히 조사할 까닭이 무엇이란 말인가? 어떻게 해야 확실한 지식에 도달할 수 있는가? "우리 머리채를 잡아당기다시피 해서 …… 동의하지 않을 수 없게 만드는"[53] 일이 때때로 발생한다. 어떤 진리는 수정이 불가능하고 불가항력적이다. 상황에 따라서 조화를 이루고 평화를 유지하기가 더 쉽기도 하고 더 어렵기도 하다. 금이 채굴되지 않고 해외무역으로 사치품이 들어오지 않았다면 삶은 더 단순하고 더 평화로웠을 것이다. 그러나 서기전 3세기 초의 아테네처럼 번화하고 타락한 곳에서도 감정을 다스리는 역량은 기를 수 있고, 사람들의 악의나 운수의 타격에도 흔들리지 않도록 자신을 단련할 수 있다. 단 배에 물이 새지 않도록 모든 틈새를 완벽하게 막아야한다. 작은 구멍이 하나만 생겨도 감정이 침투하기 시작해서 결국

---

52) (옮긴이) 소요학파(逍遙學派, Peripatetics): 아리스토텔레스가 제자들과 산책하면서 토론하고 대화함으로써 지성의 계발을 추구했다는 데서 그 무리를 가리키는 명칭.

53) Sextus Empiricus, *Adversus mathematicos* 7(*Adversus logicos* 1), 257.

그대는 침몰하고 말 것이다.

아파테이아(apatheia), 즉 무감정의 상태가 이상이다. 스토아 현인은 감정이 없고 건조하며 초연하고 흔들리지 않는다. 그는 홀로 왕이자 사제이며 선생이자 신이다. 요세푸스가 바리새인과 비슷하다고 보았듯이, 스토아 현자들은 인정머리 없고 위선적이며 교만하고 남들을 경멸하면서 잘난 척했다는 비난을 받는다. 그 운동에도 순교자는 있었다. 불행이란 오로지 이성에서 벗어난 결과, 특정한 사람이나 사물에 너무나 집착한 결과이기 때문에, 만약 주변 여건이 너무 사악하고 전제자의 횡포가 너무 가혹하고 소름끼친다면 언제나 스스로 자유롭게 목숨을 끊음으로써 그러한 결과를 피할 길이 열려 있다. 스토아학파는 자살을 옹호하지는 않았지만 자살하지 말라고 설교하지도 않았다. 합리적인 사람은 이성에 따라 살기가 불가능해졌을 때, 능력이 너무 많이 쇠퇴했거나 아니면 삶을 계속하기 위해 지불해야 할 비용이 너무나 불합리할 때에 죽는다. 사람은 수레에 묶인 개와 같다. 현명한 사람은 수레를 끌고 달려갈 것이다. (합리적이면서 지혜로운 이와 같은 상태를 가리켜 자연에 따른다고 일컫는다.) 현명하지 못한 사람은 수레에 끌려간다. 그러니 원하든 원치 않든 결국 사람은 수레와 같이 가게 되는 것이다.

초기 스토아학파의 정치적 신조는 무엇인가? 현명한 사람만이 평화와 화합 속에서 살 수 있다. 현자는 어느 도시에서도 살 수 있다. 감정이 없기 때문에 특정한 인간 부류에게 특별히 매달리지 않으므로 어디인지는 중요하지 않은 것이다. 신을 모시는 사원도 없고, 신의 조각상도 없고, 법을 따지는 재판소도 없고, 무용(武勇)을 겨루는 연무장도 없고, 무기도 숭배도 돈도 없는 곳이, 현자에게는 그런 것들이 필요하지 않기 때문에 이상적인 거주지다. 그런 제도를 설립하게 만드는 갈등이나 공포나 희망은 이성의 빛에 따라 살기만 하면

녹아내리게 될 것이다. 제논은 전면적인 성의 자유를 옹호했다. 모든 아이들은 거주자 모두의 아이들이어야 한다. 제논에 따르면 인간에게 고유한 삶이라면 "도시나 부족처럼, 무엇이 올바른지에 관해 생각하는 바에 따라 여럿으로 나뉘어 사는 것이 아니라 모든 사람들이 다 한 부족이고 동료 시민이라고 여기면서, 같은 초원에서 함께 먹고 자라는 양떼처럼 하나의 세상에 하나의 삶이 있어야 한다고 생각할 것이다."[54] 이는 선한 사람들로 이루어진 세상이다. 그들만이 사랑과 우정과 안과 밖의 조화를 누릴 수 있다.

제논은 이렇게 가르쳤고, 플루타르코스는 마케도니아의 알렉산드로스가 이를 성취했다고 열띤 어조로 감탄했다. 탄[55]은 아리스토텔레스가 사람들을 자유인과 태생적인 노예로 구분한 것같이 제논도 선한 사람과 잔인한 자, 구원받은 사람과 죄인으로 구분했다고 불평했다. 그러나 이는 사실이 아니다. 아리스토텔레스가 말하는 것처럼 고정된 본성을 바꾸어 노예의 천성을 버리고 자유인의 천성을 가질 수 있는 사람은 없지만, 제논이 말하는 구원은 누구에게나 가능하다. 플라톤과 아리스토텔레스는 일정한 질서를 조직하고 창조하고 유지하기를 원했기 때문에, 플라톤의 공산주의는 주로 시민으로 알맞은 사람들을 길러내는 수단이라는 점이 쉽게 눈에 띈다. 반면에 제논은 그런 것을 철폐하고 싶어했다. 제논과 그 제자 클레안테스나 크뤼시포스는 가장 극단적인 종류의 — 상대를 가리지 않는 성관계, 동성애나 근친상간, 식인 등을 포함하는 — 사회적 자유를 옹호했다. 그런 것을 막는 규칙이나 전통이나 습관은 따져 보면 모두 인위적이며 불합리하기 때문에 자연이 금하지 않는다면 어떤 일

---

54) *SVF* i 262, 그리스어로 "초원(nomós)"이나 "법(nómos)"은 비슷한 형태이다.
55) (옮긴이) 탄(Sir William W. Tarn, 1869~1957): 고대 그리스와 페르시아를 전공한 영국의 역사가.

이라도 할 수 있게 허용되어야 한다는 생각이었다. 그대 자신을, 그리고 ── 그밖에는 들여다 볼 곳이 없으므로 (사회제도는 단지 삶에 대한 외부적이며 우발적인 보조에 불과하므로 볼 것이 없다) ── 그대 자신만을 들여다보면, 규칙 중에는 단지 사람들이 불합리한 목적을 지향하며 발명한 덧없는 것으로 현명한 사람에게는 아무것도 아닌 것도 있지만 자연이 손수 그대의 마음에 새겨놓은 규칙도 있음을 알게 될 것이다.

후기 스토아주의는 아리스토텔레스의 신조들을 훨씬 많이 받아들여 융합했고, 로마 제국의 필요에 맞추어 적응하느라 초기의 ── 스토아학파는 원칙적으로 에피쿠로스학파만큼이나 반정치적(反政治的)이었다 ── 예리한 반정치적 논조와 내용을 포기했다. 마케도니아에서 온 아테네의 통치자 안티고노스 고나타스(Antigonus Gonatas)에게 제논이 시민적 덕을 가르칠 스승으로서 깊은 인상을 남긴 것은 사실이다. 제논 본인은 그를 위해 일할 생각이 없었지만, 그가 기른 제자들은 헬레니즘 시대의 왕들에게 사제나 조언자로 봉사하기도 했고, (스파르타에서는) 장군이 되거나 현실 속의 사회개혁가가 되기도 했다. 그렇지만 스토아주의자에게 왕이란 피타고라스주의자 또는 심지어 아리스토텔레스주의자들에게 그랬듯이 신성한 존재는 아니었다. 왕은 그저 인간일 뿐이고, 스토아 현자는 삶이 가능한 한 합리적이어야 하기 때문에 왕에게 조언하여 바른 방향으로 영향을 미치려는 것이지 그런 역할이 가장 핵심적인 의무이기 때문은 아니었다. 스토아 현자에게 가장 중요한 의무는 오직 스스로 마음을 올바른 상태로 유지하는 것뿐이었고, 왕을 바른 길로 인도하면 스토아주의적인 자아 성찰, 이성이 사람들에게 부여한 과제인 자아 성찰을 통해 사람들이 보다 쉽게 자신을 구원할 수 있도록 환경이 조성될 터였다.

574

제논이 하나의 세계 국가를 꿈꿨다고 말하는 사람도 간혹 있다. 그러나 이것은 플루타르코스가 쓴 전기를 오해한 결과다. 제논은 어떤 국가에도 관심이 없었다. 플라톤이나 아리스토텔레스와는 정반대로 제논은 지혜란 이상적인 폴리스가 아니라 현명한 사람들로 가득 찬 세상에서 학습되고 실행되어야 한다고 믿었다. 사회란 기본적으로 자급자족에 대한 훼방꾼이다. 인간이 사회를 완전히 피할 수는 없으므로 사회로부터 최선의 결과를 빚어내야 하는 것은 틀림없이 맞지만, 윤리를 정치에서 도출할 수 없고 사적 영역을 공적 영역에서 도출할 수 없다는 것도 틀림없기는 마찬가지다. 오히려 그 반대 방향으로 사적인 도덕의 규칙에 맞추어 공공의 일을 다스리는 것이 바른 길이다. 유덕한 또는 현명한 사람은 공적 생활의 폭풍에 신경 쓰지 않고 자신의 내면으로 도피하여, 공공적이기 때문에 궁극적으로는 별로 중요하지 않은 일들을 무시할 수 있도록 배우고 익혀야 한다. 에피쿠로스학파의 아타락시아, 즉 부동심과 스토아학파의 아파테이아, 즉 무감정 사이의 거리는 멀지 않다. 즐거움 대 의무, 행복 대 합리적 자아실현은 헬레니즘 시대에 서로 반대되는 이상이었다. 그 차이가 무엇이든지, 플라톤과 아리스토텔레스와 주요 소피스트들이 당연시한 공적 세계에 반대했다는 점에서 이들은 하나이다. 이 단절은 엄청났고 그 결과는 대단했다. 정치라는 것이 현명하고 선한 사람에게는 어울리지 않는 치사한 직업이라는 생각이 처음으로 뿌리를 내리게 되었다. 윤리와 정치 사이에는 절대적인 구분이 생겼다. 사람은 개인적 속성에 입각하여 정의되고, 정치는 기껏해야 일정한 윤리적 원칙을 인간 집단에게 적용하는 일이 — 정치에서 윤리가 나오는 것이 아니라 — 되었다. 문제의 전부는 공공질서가 아니라 개인의 구원이다. 공공적 필요를 위해 구원을 희생한다는 것은 사람이 저지를 수 있는 가운데 가장 크고 치명적인 실수로서, 사람을 사람이게 만드는 모든 것, 사람에게 존엄성과 가치를 부여하는 유일한 원천인 이성에 대한 배신이다. 이와 같은 사고방식이 기독교 특히 아우구스티누스 및 정적주의의 전통에 미친 영향은 굳이 거론할 필요도 없다.

이것은 아주 이상한 일이다. 어떻게 불과 이십 년 사이에 그토록 예리한 단절이 일어날 수 있었을까? 한때는 주요 사상가라면 모두들 사회적, 정치적 문제를 논의하는 듯했다. 이십 년도 지나지 않아서 어느 누구도 그런 이야기는 하지 않게 되었다. 아리스토텔레스주의 자들은 식물을 채집하고 혹성과 동물과 지형의 형성에 관한 정보를 축적하며, 플라톤주의자들은 수학에 전념한다. 사회적, 정치적 문제는 아예 아무도 입에 담지 않는다. 주제 자체가 갑자기 진지한 사람들의 시선 밑으로 숨어 버린 것이다.

거의 모든 역사가들이 취하는 공식적인 설명은 물론 마케도니아의 필리포스와 알렉산드로스가 도시국가를 파괴했기 때문이라고 한다. 이 주제에 관해 거의 모든 역사가들은 (존중할 만한 예외도 없는 것은 아니다) 당대 주요 사상가들의 저술이 당시의 정치적 여건을 직접 투명하게 반영하고 있다고 보는 관습을 믿어 왔다. 소포클레스,[56] 투키디데스가 그린 페리클레스, 아이스킬로스,[57] 헤로도토스 등은 권력과 창조적인 업적에서 절정기에 도달했던 아테네의 대변자다. 플라톤, 이소크라테스, 투키디데스는 쇠락의 초기에 나타난 내부 불화

---

56) (옮긴이) 소포클레스(Sophocles, BC 497~BC 403): 아이스킬로스, 에우리피데스와 더불어 그리스 3대 비극 작가. 오이디푸스와 안티고네에 관한 3부작이 가장 유명하다.

57) (옮긴이) 아이스킬로스(Aeschylus, BC 525~BC 465): 그리스 비극 작가. 『포박당한 프로메테우스』는 오랫동안 아이스킬로스의 작품으로 믿어져 왔으나 학자들 사이에서는 4세기경 다른 사람(어쩌면 그의 아들 이온)의 솜씨라는 설이 점점 더 힘을 얻고, 1990년대 초반에는 2,000년 이상 실전되었던 그의 작품 『아킬레스』가 발견되었다.

와 갈등을 반영한다. 데모스테네스[58]는 독립된 민주주의를 처절하게 지키려 한 마지막 보루다. 그러고는 서기전 338년에 카이로네아 (Caeronea)의 전투가 있었고 마케도니아의 창병 부대에게 폴리스는 무너졌다. 헤겔이 말한 미네르바의 올빼미[59]처럼 아리스토텔레스는 미래가 아니라 과거의 편에 서서 말했고, 323년에 아테네에서 빠져 나올 즈음에는 이미 시대에 뒤진 인물이었다. 폴리스는 의미를 상실했다. 거대한 새로운 세계가 알렉산드로스의 군대에 의해 열리고 있었다. 평균적인 그리스인 또는 (저자가 선택하기에 따라서는) 아테네인은 소규모 자기 완결적인 도시의 방벽을 통해 제공되던 친밀함과 안정감을 잃어 버리고, 동방에까지 발을 뻗은 거대한 새로운 제국 안에서 자기가 얼마나 중요하지 않고 하잘 것 없는지를 느끼게 되었다. 안전을 위해 밀담을 나누고 충성을 바칠 자연적 통일체가 없어졌기 때문이다.

익숙한 이정표들이 사라져 황량하기만 한 새로운 풍토 아래서 사람들은 외로이 겁에 질려 자신의 개인적 구원에 관심을 기울이게 되었다. 공적인 삶은 쇠퇴했다. 공공적인 관심은 생뚱맞은 것처럼 보였다. 아테네인으로서 에피쿠로스와 같은 시대를 살았던 메난드로스[60]는 집안에서 일어나는 개인적인 문제를 소재로 삼아 희극을 썼다. 폴리스 전체에게 공통된 이상, 사회 전체가 숭배하고 찬양하고

---

58) (옮긴이) 데모스테네스(Demosthenes, BC 384~BC 322): 아테네 최고의 웅변가로 간주된다. 마케도니아의 필리포스를 경계하고 독립된 민주정을 지키기 위해 아테네에 공공의 혼을 회복하기 위해 분투했다. 알렉산드로스 사후 아테네 시민들이 독립의 기회를 모색하기는커녕 오히려 애국파에게 사형선고를 내리는 것을 보고 자살했다.

59) (편집자) 헤겔의 『법철학 강요(*Grundlinien der Philosophie des Rechts*)』 서문 말미에서 언급된다. Georg Wilhelm Friedrich Hegel, *Sämtliche Werke*, ed. Hermann Glockner(Stuttgart, 1927-51), vol. 7, p. 37.

본받고자 했던 고상한 대상들을 형상화하던 이상화된 그림이나 조각이 물러나고 자연주의가 등장했다. 국가의 종교가 사라지고 남은 빈 공간을 미신이 채웠다. 사람들은 자기 안으로 침잠했고 사회의 짜임새는 와해되었다. 저 멀리 펠라[61]나 알렉산드리아나 안티오코스[62]에 있는 전제자 앞에서 사람들은 모두 평등하다. 유기적 공동체는 분쇄되어 모래알처럼 서로 떨어진 원자들만이 남았다. 이런 상황에 처한 사람들에게 스토아주의와 에피쿠로스주의는 자연스러운 신앙의 형태였다.

이 설명에서 그럴듯하지 못한 부분은 세상을 뒤집어엎은—전혀 과장이 아니다—변화가 그토록 빨리 일어났다는 데에 있다. 카이로네아 전투 이전의 아테네는 대충 다루어지고, 서기전 337년 이후로도 한참 동안 아테네가 도시국가로 유지되었다는 사실은 간과된다. 아테네가 패배한 것은 맞지만, 그 전에 스파르타에게 패배한 적이 있었고, 그럼에도 불구하고 4세기 내내 도시국가로서 충분히 밀도 높은 삶을 영위했음은 웅변가들의 연설문만 보더라도 드러난다. 아크로폴리스에 마케도니아 군대가 주둔했지만 축출되었다. 마케도니아 군대가 돌아와서 반항한 도시를 무릎 꿇린 것은 사실이다. 그러나 공직에 취임할 사람을 뽑고 자유 시민 사이에서 공공 봉사를 분담하기 위해 투표하는 등, 시민 의식은 지속되었다. 폴리스들은 알렉산드로스나 그 후계자들에 의해 해체된 것이 아니라 오히려 반대로 새로운 폴리스들이 만들어졌다. 금석문을 보더라도 공공의 정신이 느슨해졌다고 보아야 할 근거는 없다. 로마인들이 나타나기 전

---

60) (옮긴이) 메난드로스(Menander, BC 342~BC 291): 그리스 극작가. 그의 희극은 아리스토파네스 등, 전대의 희극과 구분하여 신희극으로 불린다.
61) (옮긴이) 펠라(Pella): 필리포스와 알렉산드로스의 궁궐이 있던 마케도니아의 수도.
62) (옮긴이) 안티오코스(Antiochus): 시리아 셀레우키드 왕조의 수도.

578

까지 폴리스의 붕괴는 없었던 것이다. 도시들이 독립된 지위를 특히 외교정책과 관련해서 상실한 것은 의문의 여지가 없다. 알렉산드로스가 지중해 세계를 변혁했음을 부인한다는 것은 당연히 어불성설이다. 그러나 사회적 또는 경제적 토대의——이 경우는 정치적 조직의——변화를 이념적인 상부구조가 충실하게 따른다는 믿음이 현대인들 사이에서 아무리 확고하더라도, 정치적 관점이 그토록 급작스럽게 빨리 전면적으로 변혁된 원인이 될 만큼 예리한 단절은 폴리스의 역사에서 발생하지 않았던 것이 당대 시민들의 주관적 경험에 비추어 판단할 때 분명하다.

당시 역사의 전개에서 알렉산드로스의 정복이 매우 중요한 변수였음은 물론 사실이다. 그러나 그것만으로 모든 일을 설명하기에 충분하다고 생각하기는 어렵다. 그것은 마치 나폴레옹의 유럽 정복으로 사회정치사상이 전면적으로 뒤집혔다고 말하는 것과 비슷하다. 그렇게는 되지 않았다. 그 일로 말미암아 사회정치사상이 깊게 수정되기는 했지만, 예컨대 흄과 제임스 밀 사이에, 또는 칸트와 헤겔 사이에 아리스토텔레스와 제논 사이에 있는 것과 같은 간극은 존재하지 않는다. "낡은 세계는 무너지고 있다. 이제부터는 내 경험의 다른 측면에 주목해야겠다. 외부적 삶은 황량하고 무섭고 무미건조하게 되었다. 내면의 삶으로 방향을 돌릴 때가 왔다"고 자신에게 말하는 사람은 없다. (만약 무의식 안에서는 그렇게 말할 수도 있지 않겠느냐고 한다면, 내 대답은 무의식이 지하에서 그렇게 빨리 작동하지는 않는다는 것이다.) 사람은 그렇게 말하지 않는다. 특히 역사 변화의 형태가 오늘날처럼 급작스러운 천지개벽과는 거리가 멀었던 고대에는 그렇게 말했을 리 없다. 그러므로 스토아학파나 에피쿠로스학파의 개인주의가 전적으로 이미 패배하여 치욕을 경험한 아테네 사람들의 머리에서 처음부터 온전한 모습을 띠고 나오지는 않았으리라는 추정이

사리에 맞다. 사실을 보더라도 그들 새로운 사상가들에게는 고대 철학을 전공하는 역사가들에 의해 종종 거론되는 선배들이 있었다. 제논은 크라테스(Crates)의 학생이었고, 크라테스는 다시 디오게네스 (Diogenes) 학파, 즉 디오게네스가 서기전 4세기 중반에 번성시킨— 그의 독특한 삶에 견주어 "번성"이라는 말이 여기에 어울리는지는 모르겠지만— 퀴니코스학파의 일원이었다. 디오게네스 뒤에는 안티스테네스(Antisthenes)나 아리스티포스(Aristippus)와 같은 인물이 있음을 우리는 또한 알고 있다. 안티스테네스는 소크라테스에게서 직접 배운 제자로서 공적 생활 또는 국가에 관심을 두지 않았고, 독립성을 신봉했으며, 사람들에게 이익이 되는 일을 위해 수고를 아끼지 않고 업적을 이룬 헤라클레스를 추앙하면서 원칙을 지키는 좁은 길을 따라 살았다. 아리스티포스는 어디를 가든지 이방인임을 자처하면서 "다스리고 싶지도 다스림을 받고 싶지도 않다"[63]고 말함으로써, 소크라테스로부터는 너무 멀리 벗어나 버린 인물이다. 그의 모토는 에코 알 우크 에코마이(ekho all' oukh ekhomai), 즉 "내가 가지지 사로잡히지는 않는다"[64]는 것이다. 즐거움을 누리고 추구하지만 즐거움이 나를 노예로 만들 수는 없다. 나는 언제든 내 뜻대로 즐거움에서 초연할 수 있다. 안티스테네스도 어쨌든 자신에 대한 승리가 모든 승리 중에서 가장 어렵고 중요하다고 보았다는 점에서는 플라톤과 일치한다. 아리스티포스는 키레네 출신으로 아주 다른 풍토에서 자라다가 아테네로 왔다. 거기에 노예처럼 빠지지만 않는다면 즐거움이야말로 인간의 목적이라고 믿었을 수 있는 인물이다. 반면에 스토아학파에서는 즐거움이 감정을 혼탁하게 만들고 진리를 못 보

---

63) (편집자) 이는 아리스티포스의 입장을 소크라테스가 요약한 표현이다. Xenophon, *Memorabilia* 2.1.12.
64) (편집자) Diogenes Laertius 2.75.

게 눈을 가림으로써 사람으로 하여금 넘어지고 길을 잃게 해서 결국 사람의 통제력 밖에 있는 힘에게 노예가 되도록 만드는 인간의 적이라고 보았다. 그러나 두 학파는 똑같이 독립, 자존(自存), 개인의 자아 표현을 이상으로 여겼다. 대부분의 사람들이 맹목적이고 불합리한 감정에 사로잡힌 노예인 한, 현자는 인기가 없고 때로는 위험하기 마련이다. 그러므로 현자에게는 오직 그만큼만 통치자들을 가르칠 필요가 있다.

안티스테네스의 뒤, 또는 어쩌면 소크라테스의 뒤에는 안티폰(Antiphon)이라는 수수께끼 같은 인물이 있다. 안티폰은 5세기 말에 활약한 소피스트로서 파피루스에 적힌 고문서 가운데 그에 관한 언급이 있는 것으로 볼 때, 실존했던 인물로 보인다. 사람은 속일 수 있지만 자연은 속일 수 없다고 그는 믿었다. 독이 든 음식을 먹으면 죽지만, 소위 불의라 일컬어지는 일을 행했더라도 본 사람이 없다면 그 때문에 고통을 받지는 않을 것이다. 정의의 실천으로 보상을 받는 경우는 목격자가 있을 때뿐인데, 목격자는 사람이므로 그대가— 필요하다면 사실과 다르게— 심어 주는 인상에 영향을 받는다. 무정부 상태는 고통스럽기 때문에 아이들에게 복종을 가르칠 까닭은 있다. 그러나 특정인들이 설립한 인위적인 규칙이 금하는 일이라도 발각나지 않고 할 수 있다면 하지 말아야 할 까닭이 무엇인가? 법정에서 정의를 주장하게 되면 그대의 증언이 아무리 진실이라 하더라도 그 때문에 손해를 보는 사람은 적이 될 것이고, 그리하여 나중에 심각한 불이익을 당할 수 있으므로 송사는 피해야 한다. 우리로서 수집할 수 있는 증거의 조각들을 모아볼 때, 안티폰은 자기 보호의 필요를 가르친 염세적인 정적주의자였다. 무고한 사람에게 고통을 줄 준비가 되어 있는 폭력적이고 위험한 자들이 세상에 가득하다. 안티폰은 그 피해자들에게 말썽에 휘말리지 않는 방도를 충고한다.

그대에게 해를 끼칠 수 있는 사람들의 눈에 띄지 않도록 그대 스스로 선택하여 조성한 사적인 삶의 구석으로 기어 들어가야만 만족스러운 삶을 살 수 있고, 그런 삶에서만 인간에게 가장 깊은 필요가 충족될 수 있다는 생각이 ─ 몇 세기 뒤에 에피쿠로스와 그 추종자들을 통해서 메아리치게 되는 생각이 ─ 나타나는 예로는 고대 그리스에서 안티폰이 처음이다. 이는 정의나 공공적인 일에 참여하는 삶이 보상을 받기는커녕 상처와 불행과 야심의 좌절만을 낳게 된다는 입장으로서, 플라톤이 일생을 걸고 반박하려 했던 상대다. 그가 목표를 얼마나 이루었는지는 지금까지도 논쟁이 계속되는 쟁점이다.

디오게네스는 이보다 더 나아갔다. 그는 시대의 흐름을 바꾸겠다고, 종래의 가치를 부수고 새로운 가치로 대체하겠노라고 선언했다. "노동자에게는 조국이 없다" 그리고 "프롤레타리아에게는 사슬 말고는 잃을 것이 없다"[65]고 한 1847년의 『공산당선언』과 같은 의미로, 사해동포주의(四海同胞主義, cosmopolitanism)의 뜻이 바로 그와 같기 때문에 자기는 아무 도시에도 속하지 않는다고 큰소리쳤다. 독립된 사람만이 자유롭고, 자유로운 사람만이 아쉬울 것 없이 행복할 수 있다는 것이다. 알렉산드로스에게 무례하게 대하였듯이, 그는 온갖 기예와 학문과 외부적인 장점들을 모두 매도했다. 그렇게 거친 농지거리를 내뱉었다는 전설을 통해, 문명사회의 부질없는 허위와 관습적인 위선을 직시하도록 의도적으로 여론에 충격을 가하는 인물의 상이 그려진다. 모든 종류의 예절을 무시해야 한다고, 성교를 비롯한 내밀한 행위 그 어떤 것이라도 공공연히 행해질 수 있다고 주장한 것으로 전해진다. 그러지 말아야 할 까닭이 무엇인가? 남들이 충

---

65) (편집자) Karl Marx, Friedrich Engels, *Werke* (Berlin, 1956-83), vol. 4, pp. 479, 493; cf. eid., *Collected Works*(London, 1975-), vol. 2, pp. 502, 519.

격을 받을까 봐? 그래서 어쨌단 말인가? 바보나 위선자, 관습의 노예, 본성을 따를 때에만, 다시 말해서 본능이 시키는 방향과 어긋나기만 하는 인위적인 질서들을 무시할 때에만 행복과 존엄을 달성할 수 있음을 알지 못하는 사람들의 반응을 무엇 때문에 존중해 주어야 하는가? 이는 만개한 개인주의다. 그럼에도 주류 역사에서는 약간 정신이 이상한 기인 정도로 치부해 왔다.

크라테스는 부자였지만 부를 모두 버리고 몇 가지 필수품만을 바랑에 넣어 짊어진 다음, 본성에 따르는 삶을 실천하는 성인이자 전도사의 길로 나섰다. 공포와 시기와 증오 때문에 불행해진 가족들을 방문하고, 서로 적대하는 사람들을 화해시키고, 조화와 행복을 빚어냈다. 걸인에 꼽추였지만 아름다운 귀족 숙녀의 사랑을 얻어, 결국 그 여인으로 하여금 모든 반대를 무릅쓰고 그와 결혼하여 전도의 길에 함께 하도록 만들었다. 사람은 자유로워야 한다. 소유물은 어깨에 메고 다닐 바랑에——발길 닿는 대로 떠돌면서 설교한 퀴니코스 학파 전도사의 상징이 되다시피 한 이른바 페라(pera)에——충분히 들어갈 정도여야 한다. 크라테스는 이렇게 말한다.

이런 도시가 하나 있다. 그 이름은 배낭(Knapsack)으로 튀포스(Typhos, 착각)라는 포도주 색 바다 한가운데 있다. 아름답고 수확도 풍성하지만 가진 것은 아무것도 없이 무척이나 거지 같다. 향료와 마늘과 무화과와 빵이 나는 그곳으로 항해하는 사람은 바보도 식객도 매춘부에게 빠진 호색가도 아니다. 그들은 서로 싸우지 않고 소소한 이득이나 영광을 위해 무기를 들지도 않는다. …… 사람을 노예로 만드는 욕망으로부터 그들은 자유롭다. 욕망으로 뒤틀리는 대신 자유 안에서 영원히 왕으로 살면서 기꺼워한다.[66]

이렇게도 말한다.

  나는 무명과 가난이라는 이름을 가진 나라의 시민이다. 그곳은 운수가
  쳐들어갈 수 없이 난공불락으로, 시기가 꾸미는 모든 음모를 일축하여 무
  너뜨렸던 디오게네스도 거기 산다.[67]

  이들이야말로 선구자였다. 수는 많지 않았고 주류 역사에서는 그
리스 문화의 발전에서 약간 주변적인 인물로 간주해 왔지만, 4세기
에 새로이 나타난 개인주의는 그들을 이어받은 것이다. 그런데 그들
이 과연 주변적이었을까? 확답할 수는 없다. 가장 치명적이고 주된
이유는 당시 보통 그리스인들 그리고 그 사이에서 살아가던 사상가
들이 어떤 신조나 의견을 가지고 있었는지에 대해 아는 것이 없기
때문이다. 우리가 가지고 있는 정보의 대부분은 플라톤과 아리스토
텔레스의 저작을 바탕으로 삼은 것인데, 플라톤과 아리스토텔레스
는 자신들의 편향성을 굳이 감추려 애쓰지도 않았다. 어쩌면 플라톤
보다는 아리스토텔레스가 좀 더 한걸음 떨어져서 객관적인 학자의
태도를 유지하려고 했을지도 모른다. 그러나 그 역시 나름대로 매우
적극적인 견해를 가지고 있었고, 반대 의견에 대해 자선을 베풀지
않았다는 점에서는 철학이라는 활동이 시작된 이래 여타 철학자들
보다 특별히 못할 것도 없지만 나을 것도 없다. 서기전 5세기의 소피
스트들, 그리고 그 후의 퀴니코스학파나 회의학파 및 그밖의 이른바
"작은" 학파들에 관해 지금 우리가 알고 있는 바의 정확성이란 가령
버트런드 러셀이나 현대의 언어분석학파에 관한 유일한 자료가 소

---

66) Lloyd-Jones-Parsons, *Supplementum Hellenisticum*, frr. 351, 352.4-5.
67) Diogenes Laertius 6.93.

584

련 당국에서 출판한 철학사라든지, 또는 버트런드 러셀의『서양철학사』로써 중세 사상에 관한 유일한 전거를 삼아야 하는 경우와 비슷하다. 자기에게 반대하는 사람을 공정하게 대변한다는 것은 어려운 일이다. 그리고 플라톤은 파르메니데스처럼 또는 부분적인 경우에 국한되지만 프로타고라스처럼 자기에게 긍정적으로 공감하는 사람을 빼고는 다른 사람의 견해를 대변하려는 시도조차 하지 않았다. 반면에 지금 우리가 논하는 사람들은 플라톤에게는 무슨 수를 써서라도 진압해야 할 만큼 뼈에 사무친 적대 세력이었다.

내가 강조하고 싶은 점은 오직, 제논이나 에피쿠로스나 카르네아데스나 새로운 모습으로 바뀐 아카데미아가 쇠락한 아리스토텔레스주의자 또는 플라톤주의자들의 힘없는 손아귀에서 윤리와 정치를 빼앗아 와야겠다고 맹세하면서 출현했다고 보기는 근본적으로 어렵다는 것뿐이다. 학자들 중에는 이 점에 착안하여 스토아학파의 기원을 찾기 위해 적어도 동방까지는 시선을 넓혀야 한다고 용맹스럽게 노력한 사람들도 있다. 그리하여 그들은 조금이라도 두드러진 스토아학파 선생은 한결같이 아시아 아니면 아프리카 출신이라는 사실까지는 정확하게 밝혀냈다. 제논과 페르세오스(Perssaeus)는 키프로스의 페니키아 식민지 출신이고, 헤릴로스(Herillus)는 카르타고 출신, 아테노도로스(Athenodorus)는 타르소스(Tarsus) 출신, 클레안테스는 트로드(Troad) 출신, 크뤼시포스는 킬리키아(Cilicia) 출신, 스토아학파의 디오게네스는 바빌로니아 출신, 포시도니오스는 시리아 출신, 파나이티오스(Panaetius)는 로도스(Rhodes) 출신, 그리고 그 밖에 많은 사람들이 시돈(Sidon)과 셀레우키아(Seleucia)와 아스칼론(Ascalon)과 보스포러스(Bosphorus) 출신으로, 알고 보니 그리스 출신은 스토아학파에 단 한 명도 없었다는 사실이 결코 우연일 수는 없다고 그랜트(Grant)와 첼러(Zeller)와 폴렌츠(Pohlenz)와 베번(Bevan)을 비롯한 많은 학자들은 생각했다. 개인의 구원이라든지, 선과 악, 의무와 죄에 관한 흑백 이분법, 영원한 불에 녹아내리는 일의 바람직함, 자살의 매력과 같은 동방의 관념들을 이들이 가져왔다는 것이다. 나아가 이런 관념들이 아마도 모호하게나마 유대인의 성경에도 반영되어 있지 않을까, 즉 「예레미아」, 「에스겔」, 「시편」에서[68] 이미 신에 대하여 책임지는 주체가 공동체가 아니라 개인으로 나타나는 것이 그러한 흔적이 아니겠느냐는 뜻을 그들은 암시했다. 어찌 알겠는가? 플라톤이 모세의 가르침에 접한 바 있었다고 사람들에게 설득하려고 줄곧 애썼던 알렉산드리아의 필론[69]에게도 무언가 실질적인 내용이 있었는지 모를 일이다.

이런 이론들은 그 자체로 그럴듯해서라기보다는 이런 종류의 문제에는 풀리지 않는 측면이 있기 마련임을 보여준다는 점에서 흥미롭다. 스토아학파와 비슷한 목표를 추구했던 에피쿠로스는 사모스 섬에서 자라기는 했지만 혈통으로는 순수한 아테네 사람이었다. 디오게네스는 시노페[70] 출신이지만 크라테스는 엘리스[71] 출신이고 안티폰을 이방 출신이었다고 생각하는 사람은 아무도 없다. 제논의 신조에 본질적으로 비(非)그리스적인 것은 전혀 없다. 보편적 이성, 자연, 평화와 내면의 조화, 자제와 독립, 자유와 냉정한 달관 등은 히브리의 가치가 아니다. 그가 의무를 절대적인 규칙인 것처럼 말한 것은 사실이지만, 이러한 생각은 플라톤과 마찬가지로 이성이 — 정도의 차이를 허용하지 않는 엄밀한 범주로서 — 목적을 제공해 준다고 보았기 때문에 나온 것이다. 사람들에게 천둥처럼 울리는 목소리

---

68) 「예레미아」 31:29-34, 「에스겔」 18:20, 14:12-20, 「시편」 40, 50, 51.
69) (옮긴이) 필론(Philo of Alexandria, BC 20~AD 40): 유대인 헬레니즘 철학자.
70) (옮긴이) 시노페(Sinope): 아나톨리아 반도 북단, 흑해 연안의 도시.
71) (옮긴이) 엘리스(Elis): 남부 그리스, 펠로폰네소스 반도 안에 있는 지방.

따위도 없고, 경건한 사람이라면 마땅히 그 본질을 탐사해 들어가야 할 숭고하고 신비스럽고 무시무시한 성스러운 존재도 없다. 그는 정반대로 만사를 거의 지나치다 싶게 합리적으로 체계적으로 단정하게 정돈되어 있고 틀에 박힌 것으로, 지나칠 정도로 실증주의적으로 파악했다. 제논에게도 에피쿠로스에게도 신비주의의 요소는 전혀 보이지 않는다. 클레안테스의 깊은 곳에서 울리는 종교적인 찬송 역시 신비주의자의 것이 아니라 우주의 이성을 믿는 합리주의자의 것이다. 이 사람들의 출생과 습관과 외모가 실제로 이방의 것이었다고 한다면, 그들은 오히려 그리스의 본에 너무나 잘 동화된 사람들이라는 결론밖에 나오지 않는다. 로마 제국에서 많은 식민지 출신들이, 그리고 19세기에 수많은 레반트[72] 사람과 인도인들이 프랑스와 영국에서 그랬듯이 말이다. 그와 같은 운동은 처음부터 끝까지 그리스적이었다. 사실 도즈(Dodds)는 그들이 너무나 합리주의적이어서 그리스인들에게 그나마 남아 있던 비합리적인 충동을 불러일으켜 미신으로 돌아가게 만들었다고 불평했을 정도다.

그렇지만 그 혁명은 아주 컸고, 그것이—그 전에 활동한 사상가들의 이름 및 플라톤과 아리스토텔레스의 철학에 대한 반론의 내용이 묵살당했거나 잊혀졌다는 이유만으로—급작스럽지 않았다고 보는 것은 단지 일반적인 경우에 비추어 본 하나의 추측이지 어떤 뚜렷한 증거에 입각한 주장은 아니다.

그 혁명의 결과는 무엇인가? 요약해 보도록 하자.

(a) 정치와 윤리가 분리되었다. 자연적인 단위는 이제 더 이상 집단이 아니라 개인이다. 집단에 준거를 두고 개인을 유기체의 사지와

---

72) (옮긴이) 레반트(Levant): 서쪽은 지중해, 동쪽은 아라비아 사막과 메소포타미아를 경계로 삼는 중동의 지역을 가리키는 부정확하고 모호한 명칭. 코카서스 산맥이나 아라비아 반도, 아나톨리아 반도를 포함하지는 않는다.

비슷하게 보거나 아니면 적어도 집단의 자연적 구성원으로서 사람을 정의하는 것이 아니라, 개인의 필요와 목적과 해법과 운명이 가장 중요한 사항으로 여겨진 것이다. 사회제도는 개인의 필요를 충족하기 위하여 어쩌면 자연스러운 방도일 것이다. 그러나 그 자체로 목적은 아니고 다만 수단일 뿐이다. 그리고 그러한 제도의 본질과 목적을 다루는 정치는 실재의 본질과 목적을 따지는 철학적 탐구가 아니라, 사람에게 필요하거나 누릴 자격이 있는 것, 가져야 할 것, 만들어야 할 것, 되어야 할 목표를 어떻게 획득하고 달성할지 말해주는 기술적인 분야이다. 이런 질문들은 국가나 왕도에 관한 논고가 아니라 윤리적이나 심리적인 탐구로써 대답할 성질이다. 국가나 왕도에 관한 논고도 이 시대에 적지는 않았지만, 그것들은 헬레니즘 통치자를 위한 지침서이거나 길들여진 궁정 철학자들이 왕의 행위를 정당화하기 위해 지어 바친 충성스러운 찬사였다.

ⓑ 진정한 삶은 오직 내면의 삶뿐이다. 외부적인 것은 모두 소모품이다. 스스로 명하는 바에 따라 행동하지 않고 자기가 통제할 수 없는 외부의 전제자나 환경에게 강요되어 행동하는 것은 사람이 아니다. 한 사람에서 그 자신의 통제 아래 놓이는 유일한 부분은 내면의 의식이다. 의식을 훈련하여 스스로 통제할 수 없는 것을 무시하고 거부할 수 있게 되면 외부 세계로부터 독립하게 된다. 그처럼 독립한 사람만이 자유롭다. 그리고 자유로운 사람만이 욕구를 채울 수 있다, 즉 평화와 행복을 달성할 수 있다. 독립은 오직 실재의 본질을 이해함으로써만 얻을 수 있다. 플라톤과 아리스토텔레스에게 실재란 그 본원적인 일부로서 공공 생활, 즉 국가를 담고 있었던 반면에, 헬레니즘 철학자들에게는 그렇지 않았다. 그리하여 후일 로마의 필요와 로마의 현실로 말미암아 허울뿐으로나마 부활될 때까지 정치철학은 쇠퇴하게 되었다.

588

ⓒ 윤리는 개인의 윤리다. 그러나 이 점이 곧 개인의 권리나 사생활의 신성함을 뜻하는 것은 아니다——이를 분별하는 것도 꽤나 중요하다. 디오게네스는 자기가 사는 방식, 누더기, 더러움, 추잡스러움, 모욕적인 행태 때문에 남들이 역겨워하든 말든 개의치 않았지만, 사생활 그 자체를 추구한 것은 아니다. 그는 단지 진리를 아는 사람이라면 누구나 두려워하지 않고 자기처럼 살게 되리라는 믿음에서 사회적 관습을 무시했을 뿐이다. 에피쿠로스의 경우에는 사생활 쪽으로 좀 더 기울어지지만, 자신만의 한 구석을 확보하고 다른 사람을 범접 못하게 하는 개인, 즉 자신만의 공간에 대한 권리라는 발상은 그에게도 없었다. 이는 훨씬 나중의 관념으로서, 세이빈 (George Sabine)이나 특히 세이빈보다 훨씬 진정한 학자인 폴렌츠 (Pohlenz)[73]처럼 사생활이라는 새로운 가치가 출현했다거나, 세이빈의 경우 심지어 인간의 권리를 운위하는 데까지 나아가는 저자들은 고대 세계를 아주 근본적으로 오해한 것이다. 도시의 질서가 쳐들어오는 데에 원칙적으로 저항한 세력이——로마와 투쟁한 초기 기독교 교회, 그리고 아마도 그보다 앞서 안티오코스 에피파네스[74]의 세속화 정책에 맞서 싸웠던 정통 유대교도들처럼——등장하여 권위에 관한 갈등이 발생하기 전에는, 국가라도 감히 넘을 자격이 없는 경계선을 그어야 한다는 발상 자체가 생기지 않았다. 더구나 그 뒤로도 개인의 권리라는 관념, 방자맹 콩스탕이 그토록 열정적으로 옹호했던 바와 같이 사람에게는 다른 사람이 보기에 아무리 바보 같고 비

---

73) (옮긴이) 예컨대 Max Pohlenz, *Staatsgedanke und Staatslehre der Griechen*, Leipzig: Verlag von Quelle und Meyer, 1923.

74) (옮긴이) 안티오코스 에피파네스(Antiochus Epiphanes, BC 215~BC 163): 셀레우케이아 제국의 통치자. 원래 이름 미트라다테스(Mithradates)에서 지명을 따라 안티오코스로 개명했다.

난받을 짓이라도 자기 좋을 대로 할 수 있는 공간이 아무리 좁더라도 반드시 필요하다는 관념이 출현하는 데에는 여러 세기가 걸렸다. 콩스탕과 동시대를 산 훔볼트가 옹호하였고 존 스튜어트 밀이 가장 웅변적인 대변자가 되어 널리 퍼뜨린 국가의 통제로부터 자유로워야 한다는 관념은 고대 세계에서는 완전히 생소한 것이었다. 아테네의 민주주의로 인한 이기심과 탐욕과 무법 상태와 시민정신의 결여와 무책임을 개탄했던 플라톤이나 크세노폰이나 아리스토텔레스나 아리스토파네스에게도, "열린" 사회를 변호하고 지도했던 페리클레스에게도, 개인들의 자아 유지와 자기 만족밖에는 생각하지 않았던 스토아학파나 회의주의학파에게도, 이들 가운데 어느 누구에게도 인간의 권리, 간섭 없이 홀로 있을 권리, 구체적으로 구획된 경계 안에서 침범당하지 않을 권리라는 관념은 없었다. 그런 관념은 훨씬 나중에 찾아오는 것으로, 그리스든 유대든 고대 세계에서 그것을 찾는다는 것은 엄청난 시대착오다.

(d) 그러나 실제로 벌어진 일만으로도 극적이기에는 충분했다. 서양 정치철학을 지탱하던 세 기둥 가운데 둘이 무너졌거나, 아니면 무너지지는 않았다고 하더라도 적어도 금이 간 것이다. 개인의 구원, 개인의 행복, 개인의 입맛, 개인의 성격 등이 중심적인 목표로, 관심과 가치의 중심으로 등장했다. 국가란 더 이상 아리스토텔레스가 생각했던 것처럼 훌륭한 (즉 만족스러운) 삶이라고 하는 자연적인 추구를 위해 한데 뭉친 사람들의 자급자족적인 집단이 아니라, "함께 살면서 법으로 규율되는 사람들의 덩어리"[75]가 (3세기 초에 크뤼시포스는 국가를 이렇게 정의했다) 되었다. 사람은 "만약 아무것도 그를 막지 않는다면"[76] 국가에 봉사할 수도 있다. 그러나 그것이 삶의 중

---

75) *SVF* iii 329.

심적인 기능은 아니다.

　진실로 재능을 타고난 사람에게 정치는 알맞지 않고 진실로 선한 사람에게 정치는 고통스럽고 품위를 손상할 뿐이라는 생각이 태어난 순간이 바로 이때이다. 정치에 관하여 이와 같은 태도는 그 시대 이전에는── 비록 소크라테스의 삶이라든지 또는 우리로서는 자세히 알 수 없는 그 이전의 독창적이며 흥미로운 사상가들의 삶에서 표현되었을 수는 있겠지만── 거의 자취를 찾을 수 없다. 어쨌든 이 시대부터는 이제 이와 같은 새로운 가치 척도가 에피쿠로스학파의 마음에 자리 잡았다. 공공의 가치와 개인적 가치가 종전까지는 차별화되지 않았지만, 이제부터는 서로 다른 방향으로 가게 되면서 때때로 격렬하게 충돌하기도 한다. 로마가 공화정에서 제정으로 넘어가는 시기에 활약했던 스토아주의자들 중에는 이와 같은 상황을 봉합하려는 시도도 있었다. 파나이티오스[77]는 제논의 과격한 반정치적 태도에 유감을 느끼고, 그 모든 이야기는 "개의 꼬리"[78] 위에, 즉 제논이 아직 퀴니코스학파 크라테스의 영향 아래 있을 때 쓰인 것이라고 말했다. 그렇지만 공적 영역과 사적 영역이 구분되지 않던 도시국가의 흠 없는 전체가 일단 균열을 드러내자, 그것을 다시 흠 없는 상태로 되돌리기는 불가능했다. 르네상스의 시대 그리고 근대 시대로 접어든 이후 도덕적 가치와 정치적 가치가 다르다는 생각, 저항과 은둔과 개인적 책임의 윤리 대 인류에 봉사하는 윤리가 다르다는 생각은 가장 심오하고 가장 골치 아픈 쟁점 가운데 하나다. 그 쟁점

---

76) *SVF* iii 697. Zeno, *SVF* i 271 참조.

77) (옮긴이) 파나이티오스(Panaetius of Rhodes, BC 185/180년경~BC 110/108년경): 윤리학과 의무를 강조했던 스토아주의자. 세상사에 관심을 기울이지 않았던 초기 스토아주의가 현세에 적응하는 절제와 헌신의 신조로 탈바꿈하여 로마의 무사 문화와 어울리게 되는 계기를 마련했다. 포시도니오스의 스승.

78) Diogenes Laertius 7.4.

이 바로 그때에 탄생한 것이다.

　이러한 사고방식이 숙성되어 역사상 존재한 도시 가운데 지적으로 가장 큰 영향을 미친 도시의 정신을 사로잡기 시작한 시점은 아리스토텔레스의 사망에서부터 스토아학파 및 에피쿠로스학파의 등장 사이의 기간으로 보인다. 이 중간 시기에 관해서 우리가 아는 바는 별로 없다. 아리스토텔레스를 대신해서 뤼케이온(lykeion)[79]을 맡은 테오프라스토스(Theophrastus)는 오이케이오시스(oikeiosis), 즉 사람은 모두 서로 친족 관계라고 믿는 사람이었다. 이 발상에 따르면 사람과 사람을 서로 묶어 주는 자연적인 유대, 위대한 연대의 끈이 있는데, 공통된 대의를 위한 봉사라든지 공통 목적을 향한 매진이라든지 동일한 진리의 지각이라든지 상대의 상호 존중에 의해 정착된 관습이라든지 효용에 입각한 주장 따위가 아니라 인생이 하나로 묶여 있다는 느낌, 인간으로서 인간의 가치, 세계 전체의 경계 안에서 인류가 한 가족을 이룬다는 생각이 바로 그 끈이다. 이는 정치적인 관념이 아니고 생물학적이며 도덕적인 관념이다. 어디에서 나온 생각일까? 야만인이나 노예는 자유로운 사람에게 먼 친척뻘도 되지 않는다는 것이 아리스토텔레스의 생각이기 때문에 그에게서 나오지는 않았다. 제논과 에피쿠로스에 의해 메아리치게 되는 이 생각이 그렇다면 어디서 나온 것일까? 이는 어쩌면 결코 해답을 찾을 수 없는 질문인지도 모른다. 안티폰? 피타고라스? 알 수 없다. 플라톤과 아리스토텔레스가 만약에 답을 알고 있었더라도, 우리에게는 전해 주지 않기로 마음먹은 것이다.

　(e) 새로운 개인주의의 시대는 통상 타락한 시대로서 개탄의 대상

---

79) (옮긴이) 영어로는 Lyceum이라 표기하며, 벌린도 그렇게 썼다. 그리스어 발음을 로마자로 음역하면 lykeion이므로, 그리스어 음에 가깝도록 뤼케이온으로 음역한다.

이다. 콘포드(Cornford)는 아리스토텔레스 이후 "남은 것이라고는 오래전 옛날의 철학, 쾌락의 정원과 덕의 은둔지 위에서 공히 깊어만 가는 황혼의 은퇴뿐이었다"[80]고 말한다. 세이빈은 도시국가가 쇠퇴한 결과 "패배주의적 태도, 환멸의 분위기, 공적 관심이라고는 조금만 남겨 두거나 아니면 아예 부정적으로 취급하는 사적 생활로 물러나 침잠하려는 성향"[81]이 일어났다고 관찰하였다. 그런 다음에는 "불행하고 박탈당한 사람들"이 도시국가와 그 가치에 대해 전보다 훨씬 격렬한 목소리로 대들면서 "기존 사회질서의 더러운 이면을 강조"[82]했다고 시사하는 대목이 이어진다. 세이빈은 계속해서 "시민생활로써 제공되는 가치들은 플라톤과 아리스토텔레스에게 여전히 근본적으로 만족스러웠거나, 또는 적어도 만족스럽게 될 수 있는 것으로 보였지만, 그런 생각이 틀렸다고 보는 동시대인도 몇 사람 있었고 후대에는 그 수가 점점 더 많아졌다"[83]고 말한다. 몇 사람뿐이었는지를 그는 어떻게 알았을까? 당대에 민주주의가 풍미했음에도 그리스의 전적들은 오히려 민주주의에 대한 비판으로 가득 차 있는 형편인데, 사적인 가치나 사적인 구원을 향한 욕구가 팽배했다 한들 그런 사정을 왜 기록했겠는가? 당시의 일반적인 생각에 관해 프로디코스나 안티폰보다 플라톤이나 아리스토텔레스의 증언을 더 믿어야 할 까닭이 무엇인가? 버크나 헤겔이 더 천재라서 페인이나 벤담보다 그 시대에 관해 더 믿을 만한 증인인가? 가령 괴테와 콩트가 자기네 시대에 관해 쓴 글만이 살아남아 있다고 하면, 그 시대의 정치적 도

---

80) (편집자) Francis Macdonald Cornford, *Before and After Socrates*(Cambridge, 1932), p. 109.
81) (편집자) George H. Sabine, *A History of Political Theory*, 4th ed. (Fort Worth, 1973), p. 131.
82) (편집자) Ibid.
83) (편집자) Ibid., pp. 131-2.

덕적 관점을 우리가 얼마나 정확하게 연역해 낼 수 있을까? 콘포드와 세이빈이 연주하는 비관적인 곡조로 돌아가서, "유기체적" 공동체의 쇠퇴가 곧 순수한 재앙이기만 했다고 추정해야 할 까닭이 무엇이란 말인가? 오히려 그 덕분에 자유가 늘어나는 효과가 있었을 수도 있지 않을까? 종전보다 더 크고 더욱 중앙집권적인 체제에 살면서 개인들은 간섭을 덜 느끼고 독립심을 더 많이 느꼈을지도 모른다. 로스토브체프는 그리스 문화가 퍼져가던 시기 그 지역 사람들 사이에 "붕 떠 있는 듯한 낙관주의"[84]가 있었다고 말한다. 콘포드가 황혼으로 여기고 세이빈이나 바커(Barker)가 환멸과 패배주의로 점철되었다고 본 시기는 과학과 예술이 비약적으로 발전한 시기였다. 그들은 헬레니즘 시대의 개인주의를 새로이 등장한 대중 사회에서 사람들이 고독을 느낀 데서 기인한다고 보았다. 그러나 어쩌면 사람들이 느낀 것은 고독이 아니라 폴리스 체제 아래의 숨막힘이 아니었을까? 헤라클레이토스(Heraclitus)[85]와 같은 귀족에게서 숨막힌다는 불평이 나오기 시작하여 다른 사람들도 뒤를 따랐다. 그러므로 서서히 일어난 슬픈 쇠퇴가 아니라 지평을 확장하는 시기였던 것이다. 서기전 3세기는 새로운 가치, 삶에 관한 새로운 사고가 시작된 출발점이다. 아리스토텔레스 및 그를 따르는 현대의 추종자들이 그 시대에 대해 내린 단죄는 최소한으로만 말하더라도 자명하게 타당한 것으로는 보이지 않는다.

---

84) M. Rostovzeff, *The Social and Economic History of the Hellenistic World* (Oxford, 1941), p. 1095.

85) (옮긴이) 헤라클레이토스(Heraclitus of Ephesus, 대략 BC 535~BC 475): "만물은 유전한다(Panta rhei)"고 생각했던 소크라테스 이전 그리스 철학자.

마지막 회고[1]

결정론

정치적 자유는 내가 1950년대에 두 번의 강연에서 집중적으로 다룬 주제이다. 그 첫 번째 것은 「역사적 불가피성」이라는 제목이었다. 이 강연에서 나는 결정론이 수백 년 동안 철학자들 사이에서 아주 널리 수용된 신조라고 말했다. 모든 사건에는 원인이 있고, 만사는 그 원인으로부터 불가피하게 뒤따르는 결과라고 결정론은 선언한다. 이는 자연과학의 토대이다. 자연의 법칙 그리고 법칙이 적용된 모든 결과들, 즉 자연과학이라는 영역 전체가 영구적인 질서라는 관념 위에서 구축되며 그 질서를 찾아가는 작업이다. 그런데 만약 자연이 모두 그러한 법칙에 종속된다고 할 때, 유독 사람만이 예외일

---

1) (편집자) 이 글은 "나의 지적 여행기(My Intellectual Path)"에서 발췌한 내용이다.

수 있을까? 가령 방금 의자에서 일어난 어떤 사람이 반드시 그래야 할 필요는 없었지만 다만 일어나기로 스스로 선택했기 때문에 그랬다고, 자기가 그렇게 선택해야 했던 것은 아니었지만 그렇게 했다고, 대부분의 보통 사람들이 믿듯이 (비록 과학자와 철학자 대부분이 그렇게 믿지는 않지만) 믿는다면, 결정론자는 그가 착각에 빠져 있다고 지적한다. 심리학자들이 아직 필요한 모든 지식을 갖추고 있지는 못하지만 언젠가는 (또는 적어도 원칙적으로는) 갖추게 될 것이며, 그때가 되면 그 사람의 현재 상태 및 활동은 필연의 소산으로서 어떤 다른 경로도 가능하지 않았다는 사실을 그 사람 스스로 알게 되리라는 것이다. 나는 이 신조가 틀렸다고 믿는다. 그러나 이 글에서 결정론을 반박하거나 그것이 오류임을 증명하려는 것은 아니다. 사실, 그런 반박이나 증명이 가능한 일인지 나는 잘 모르겠다. 내 관심은 오로지 다음 두 가지 질문을 자문하는 데에 있다. 철학자이든 아니든 인간이 완전히 결정되어 있다고 생각하는 사람들은 왜 그렇게 생각하는 것일까? 그리고 만약 인간이 완전히 결정되어 있다면, 통상적으로 이해되는 보통의 도덕적 정서 또는 행태와 양립가능한가?

인간에 관한 결정론을 지지하는 데에는 두 가지 주된 이유가 있다는 것이 내 주장이다. 첫째는 자연과학은 아마도 인류의 역사 전체를 통틀어 가장 위대한 성공 사례일 터이므로, 과학자들이 발견한 자연의 법칙에 인간만이 종속되지 않는다고 생각하는 것은 말도 안 되는 소리로 들리기 쉽다는 점이다. (실제로 이는 18세기의 필로조프들이 내세운 주장이다.) 인간이 그런 법칙에서 완전히 자유로운지를 묻는 것은 물론 아니다──생물학적 또는 심리학적 구조나 환경, 그리고 자연의 법칙에 인간이 전혀 좌우되지 않는다고 주장할 사람은 미친 사람 말고는 없을 것이다. 질문의 초점은 인간의 자유가 그 법칙으로 말미암아 완전히 없어지느냐는 데에 있다. 선행하는 원인에 의해 그렇게 선택하도록 결정되어 있는 것이 아니라 스스로 선택하여 행동하는 여지는 전혀 없는가? 자연의 영토 안에서 이 여지는 아주 작은 한 귀퉁이일지도 모른다. 그러나 그것이 없다면 자유롭다고 느끼는 인간의 의식은——자신이 하는 행동 중에 일부는 기계적이나 일부는 자유 의지에 따른다고 모두가 믿는다고는 말할 수 없겠지만, 확실히 대부분의 사람들이 실제로 가지고 있는 믿음은——인류의 시초에 따먹지 말라는 사과를 따먹고서 "어쩔 수 없었습니다. 나 스스로 자유롭게 한 것이 아니라 이브가 강제로 시켜서 그랬습니다"라고 대답하지 않은 아담 이래로 계속된 엄청난 착각에 해당할 것이다.

결정론을 믿게 되는 두 번째 이유는 사람들이 하는 수많은 일들에 관해 책임을 몰인격적인 원인으로 돌릴 수가 있게 되므로, 자기들이 한 일에 대해 비난받지 않아도 되기 때문이다. 실수를 했거나 잘못이나 범죄를 저질러 놓고, 또는 나 자신이나 다른 사람들이 나쁘거나 불행한 일로 여기는 짓을 해놓고서, "그렇게 안 할 도리가 있나? 나는 그렇게 자랐어" 또는 "그게 내 천성이니, 자연의 법칙이 책임을 져야 해" 또는 "내가 속한 계급, 사회, 교회에서는 다들 그렇게 하고 아무도 그걸 잘못으로 비난하지 않아" 또는 "우리 부모님이 서로에 대하여 그리고 나에 대하여 행동한 방식에 따라서 그리고 내가 강제로 끼워 맞춰져 편입된 경제적 사회적 상황에 따라서 내 심리가 조건화되었기 때문에 달리 행동하기로 선택할 능력이 없다" 또는 "명령에 따랐을 뿐"이라는 식으로 대답할 수가 있게 된다.

사람은 누구나 적어도 두 가지 대안 사이에서 선택할 수가 있다고, 실현할 수 있는 두 가지 가능성이 있다고 보는 대다수 사람들의 믿음은 이와 같은 결정론과 어긋난다. "내가 유대인을 죽인 것은 명령을 받았기 때문이야. 그렇게 하지 않았다면 나 자신이 죽임을 당했을 것"이라는 아이히만(Eichmann)[2]의 말에 대해, "스스로 죽는 길을 당신이 선택할 가능성은 물론 거의 없었겠지. 하지만 원칙적으로 말해서 당신이 만약 그렇게 결심하기만 했다면 그 길을 선택할 수도 있었다. 자연의 법칙과 같은 어떤 필연성이 문자 그대로 있어서 당신으로 하여금 그렇게 행동하지 않을 수 없게 만든 것은 아니"라고 대답해 줄 수 있다. 커다란 위험에 봉착한 사람에게 그런 결심과 행동을 기대하기는 무리라고 말할 수 있다. 무리인 것이 사실이다. 그러나 그렇게 결심하고 행동할 확률이 아무리 낮더라도 단어의 뜻만을 문자 그대로 취해서 말하자면, 아이히만과 같은 인간도 그와 같은 결심과 행동을 할 수는 있었다. 사람들에게 순교를 기대할 수는 없다. 그러나 만난을 무릅쓰고 순교의 길을 받아들이는 경우는 가능하다. 사실 순교가 그토록 높이 존중되는 까닭이 바로 거기에 있는 것이다.

사람들이 역사에서 결정론을 껴안기로 선택하는 까닭에 대해서는 이 정도로 해두자. 그런데 결정론을 껴안게 되면 최소한으로 말해서 논리적 난관 하나가 뒤따르게 된다. "그렇게 해야 했어? 그렇게 할 필요가 뭐야?"라고는——이런 말의 뒤에는 그렇게 하지 않을 수도 있었고 달리 행동할 수도 있었다는 추정이 깔려 있다——아무에게도 물을 수 없다는 의미가 결정론에 함축되어 있기 때문이다. 의무나 도리, 옳음과 그름, 도덕적 칭찬과 비난을 논할 수 있게 해주는 우리의 공통적인 도덕 전체, 다르게 행동할 수도 있었고 누가 억지로 시

---

2) (옮긴이) 아이히만(Adolf Eichmann, 1906~1962): 나치 독일 친위대 고급 장교 (Oberstrumbannführer, 중령에 해당)로서 홀로코스트 희생자(특히 유대인)들의 신분 확인과 수용소 배정 등 실무를 총괄한 것으로 전해진다. 종전 후 아르헨티나에 숨어 살다가 1960년에 이스라엘 정보기관 모사드의 비밀 작전에 의해 체포되었고, 1962년까지 진행된 재판에서 "인간성에 대한 범죄"를 포함한 15가지 혐의 전부에 대한 유죄 판결을 받고 교수형에 처해졌다. 법정에서 그의 주된 변명은 "명령에 따랐을 뿐"이라는 것이었다.

킨 것도 아닌데 이렇게 또는 저렇게 행동한 사람에 대하여 칭찬하거나 단죄하고 상이나 벌을 주는 방식들, 내가 보기에는 현행 도덕이 모두 바탕으로 삼는 이와 같은 믿음과 실천의 짜임새는 책임이라는 관념을 전제한다. 그리고 책임이라는 관념에는 흑과 백, 옳음과 그름, 쾌락과 의무 사이, 나아가 서로 다른 생활방식이나 정치형태 사이, 그리고 대부분의 사람들이 실제로 살아가는 삶에서 스스로 의식하든 않든 준거로 작동하는 수많은 도덕적 가치 가운데에서 선택하는 능력이 함축된다.

만약에 결정론이 받아들여진다면 우리가 사용하는 어휘가 아주 뿌리째 뒤바뀌어야 할 것이다. 이런 일이 원칙적으로 불가능하다는 말이 아니라, 그 변화의 크기가 대부분의 사람들이 감당할 준비가 되어 있는 정도를 능가하리라는 말이다. 기껏 불행 중 다행이라고 해야, 도덕의 자리에 미학이 대신 들어서게 될 것이다. 즉, 잘생겼다고, 마음이 후하다고, 또는 음악적이라고 사람을 칭찬하고 숭앙하지만, 사람이 선택한 결과라서가 아니라 "그 사람들이 그렇게 만들어졌다는" 사실 자체가 칭찬과 숭앙의 과녁이다. 도덕적 칭찬이 똑같은 형태를 띠고 남아 있기는 할 것이다. 위험을 무릅쓰고 목숨을 구해 주었다고 내가 그대를 칭찬한다면, 그 칭찬의 의미는 그런 일을 하지 않을 수 없도록 그대가 만들어져 있으니 훌륭하고, 다른 방향으로 시선을 돌리게 되어 있는 사람 말고 그대처럼 내 목숨을 구해 주기로 문자 그대로 결정되어 있는 사람이 마침 그때 주위에 있어서 기쁘다는 것이 된다. 명예롭거나 창피한 행동, 쾌락 추구와 영웅적인 순교, 용기와 비겁, 가식과 진심, 유혹에 빠지지 않은 옳은 행동, 이 모든 일들이 얼굴이 잘생기거나 못생겼다거나, 키가 크거나 작다거나, 나이가 많거나 적다거나, 흑인이나 백인이라거나, 부모가 영국인 또는 이탈리아인이라는 등, 우리로서 변경할 방법이 없는 일들과 마찬가지가 된다. 모든 일이 결정되어 있기 때문이다. 우리가 원하는 대로 세상 일이 흘러가기를 바랄 수는 있지만, 그렇게 되도록 우리가 할 수 있는 일은 없다. 우리는 다만 특정한 방식으로 행동하지 않을 수 없게 만들어져 있을 따름이다. 사실 행동이라는 관념 자체가 선택이라는 의미를 함축하고 있다. 만약에 선택 자체가 결정되어 있다면 행동과 단순한 몸동작 사이에 다른 점으로 무엇이 있겠는가?

정치운동 가운데에는 결정론적인 신조를 가지고 있으면서도 사람들에게 희생을 요구하는 것이 있는데, 내가 보기에 이는 모순이다. 예를 들어, 모든 사회는 불가피한 단계들을 거쳐서 완벽한 상태에 도달한다는 역사적 결정론에 바탕을 두고 있는 마르크스주의는 고통과 위험을 무릅쓴 행동, 때로는 가해자와 피해자 모두에게 마찬가지로 고통스러운 강제와 살해를 명령한다. 그러나 만약 역사가 반드시 완벽한 사회를 가져다줄 것이라면, 자기가 돕지 않아도 어차피 마땅하고 행복한 목적지에 도달할 과정을 위해서 누군가 목숨을 바쳐야 할 까닭이 무엇인가? 그러나 사람들에게는 미묘한 정서가 있어서 하늘에서 각자 나름의 길을 따라 운행하는 별들이 사실은 그대를 위해 싸우고 있는 것이니 결국 그대가 승리할 것이지만, 그 과정을 단축하고 새로운 질서를 위한 출산의 고통을 좀 더 빨리 찾아오게끔 하기 위해 그대가 희생해야 한다는 마르크스의 말에 동조하는 사람도 있다. 그렇지만 자기들이 그렇게 하든지 말든지 어차피 행복하게 끝나게 될 과정을 단지 단축시키기 위해서 그토록 큰 위험을 감수하라는 말에 설득되어 그렇게 할 사람의 수가 그토록 많을까? 나에게는 그리고 나와 생각이 같은 다른 사람들에게는 이것이 언제나 수수께끼다.

위에서 언급한 그 강연에서 내가 논의한 것은 이것이 전부였다. 그리고 그 강연은 그 후 논쟁의 도마 위에 올라서 많은 사람들 사이에서 토론과 쟁론의 주제가 되었고, 지금도 그러하다.

자유

자유에 관한 내 두 번째 강연은 「자유의 두 개념」이라는 제목이었다. 이는 옥스퍼드 교수직 취임을 기념하는 강연이었는데, 소극적 자유와 적극적 자유라고 하는 자유의 두 개념을 구분하는 데에 골자가 있었다. 소극적 자유라는 표현으로 내가 뜻한 바는 인간의 행동을 가로막는 장애물이 없는 상태이다. 외부 세계나 생물학적, 생리적, 심리적으로 인간을 다스리는 자연의 법칙에 의해 창조된 장애물과는 달리, 인간이 의도적으로 또는 본의 아니게 만들어 놓은 장애물은 정치적 자유의 부재를 의미하는 것으로서, 그 문제가 내 강연의 핵심 주제였다. 소극적 자유의 정도는 그와 같은 인위적인 장애물이 얼마나 없는지, 다시 말해서 사람이 만든 제도나 기강 때문에 또는 특정인의 활동 때문에 방해받지 않으면서 이 길 또는 저 길을 얼마나 자유롭게 갈 수 있는지에 달려 있다. 소극적 자유는 그저 내가 좋아하는 일을 할 자유를 뜻한다고 해서는 충분하지 않다. 왜냐하면 만일 그렇다고 한다면, 고대의 스토아주의를 답습해서 욕망을 죽이는 것으로도 욕망의 달성에 대한 장애물로부터 해방되었다고 할 수 있기 때문이다. 장애물이 가로막을 수 있는 욕망 자체를 서서히 제거하는 길은 인간에게서 자연적인 생명의 활동을 점차로 박탈하는 결과를 낳을 것이다. 다른 말로 하면, 죽은 사람에게는 욕망이 없어서 장애물도 있을 수 없으므로, 죽은 사람이야말로 가장 완벽하게 자유로운 사람이라는 말이 되고 만다. 내가 생각했던 것은 이와 달리 한 사람이 실제로 선택을 어떻게 내리든지 걸어갈 수 있는 대안으로 고려할 수 있는 길이 얼마나 많으냐였다. 이것이 정치적 자유의 기본적인 의미 가운데 첫 번째다.

이에 대한 반론으로서 혹자는 자유를 삼각관계로 보아야 한다고 주장한 바 있다. 나는 오로지 무언가를 하기 위해서만, 예컨대 자유롭기 위해서 또는 어떤 행위나 행동을 수행하기 위해서 장애물을 제거하거나 극복하여 해방된다는 것이다.[3] 그러나 나는 이 견해를 수용하지 않는다. 감옥에 있는 사람이나 나무에 묶인 사람을 가리켜 자유롭지 못하다고 할 때의 의미가 부자유의 기본적인 의미다. 그런 상황에 처한 사람이 원하는 것은 사슬을 끊고 감방에서 나오는 것이 전부일 뿐, 해방된 다음에 해야 할 일에 반드시 목표를 두지는 않는다. 물론 더 넓은 의미에서 자유란 사회의 규칙이나 제도로부터, 도덕적이거나 물리적으로 너무 심한 힘의 행사로부터, 막지 않았다면 열려 있을 행동의 가능성을 닫아 버리는 것으로부터 자유를 뜻한다. 이를 나는 "……로부터의 자유(freedom from)"라 부른다.

자유의 중심적인 의미 중 두 번째는 ……로의 자유(freedom to)이다. 내가 말한 소극적 자유가 "내가 어느 정도로 통제되고 있는지"를 답해 봄으로써 측정될 수 있다면, 자유의 두 번째 의미에 관한 질문은 "누가 나를 통제하느냐"에 대한 답으로써 측정될 수 있다. 지금 논하는 장애물은 인위적인 종류이므로, "누가 내 행동을 결정하는가? 내 목숨? 내가 무엇을 선택하든 그 선택 행위를 나는 자유롭게 하는가? 아니면 모종의 통제 요인이 별도로 있어서 거기서 명령을 받는가? 내 활동은 부모나 교장이나 사제나 경찰에 의해 결정되는가? 일정한 사법체계, 자본주의적 질서, 노예소유자, (군주정이나 귀족정이나 민주정과 같은) 특정 정부가 정한 기율에 복속하고 있는가?

---

3) (옮긴이) 나, 장애물, 그리고 내가 하려는 일이 삼각을 이룬다.

나는 어떤 의미에서 내 운명의 주인인가? 내게 가능한 행동의 범위에는 아마 한계가 있을 텐데, 어디가 그 한계인가? 내 앞길을 가로막고 있는 사람은 누구며, 그들이 행사할 수 있는 힘은 얼마인가?

이것이 내가 탐구해 보려 했던 "자유"의 두 가지 중심적인 의미이다. 이 의미들은 서로 다르고, 각각 서로 다른 질문에 대한 답인데, 그러면서도 그 의미들은 동일한 종류로 묶일 수는 있지만 서로 충돌하지는 않음을—즉, 그중 하나에 대하여 어떤 답을 내놓는 것만으로 다른 것에 대한 입장이 결정되지는 않음을—나는 깨닫게 되었다. 두 의미의 자유는 공히 인간의 궁극적인 목적이며, 필연적으로 한계가 있을 수밖에 없고, 인류의 역사가 흘러오는 동안 두 개념 모두에 왜곡이 발생하였다. 소극적 자유는 경제학에서 말하는 자유방임(laissez-faire), 즉 자유라는 이름 아래 고용주들이 광산에서 아이들의 목숨을 망가뜨리고 공장에서 노동자의 건강과 성격을 파괴하도록 허용하는 것과 같다고 해석될 여지가 없지 않다. 그러나 이는 오해로서, 내가 보기에 그 개념이 인간에게 가지는 기본적인 의미가 아니다. 마찬가지로, 돈이 없는 사람에게 값비싼 호텔에 묵을 수 있는 완벽한 자유가 있다고 말하는 것은 일종의 조롱이라는 지적도 있다. 그러나 이 역시 혼동의 결과다. 그 방을 빌릴 자유가 그에게 있는 것은 사실이고, 다만 그에게는 그 자유를 사용할 수단이 없을 뿐이기 때문이다. 그에게 수단이 없는 이유는 어쩌면 인간이 만든 경제체제로 말미암아 지금보다 더 많이 벌 수 있는 길이 막혔기 때문일 수 있다. 그러나 그랬다고 하더라도 돈을 벌 자유가 박탈된 것이지 방을 빌릴 자유가 박탈된 것은 아니다. 이러한 구분이 현학적인 것처럼 들릴 수도 있겠지만, 경제적 자유 대 정치적 자유를 논할 때에는 핵심이 되는 구분이다.

역사적으로 볼 때, 적극적 자유의 관념은 이보다 훨씬 얼토당토않은 왜곡으로 이어졌다. 누가 내 삶을 인도하나? 내가 한다. 나라고? 무지하고, 혼동에 빠져 있고, 통제되지 않은 감정과 욕구에 휘말려 이리저리 끌려 다니는 내가 나의 전부일까? 내 안에 그보다 높고 더 합리적이라서 감정과 무지와 기타 결점들을 이해하여 지배할 능력을 가진 더 자유로운 자아가 있지는 않은가? 내가 도달할 수 있는 최선의 상태, 나의 진정하고 "실재하는" 가장 깊은 자아가 무엇인지 나로 하여금 인식할 수 있게 해줄 현명한 사람이 관리하는 교육과 깨달음의 과정을 거친다면 나도 거기에 도달할 수 있지 않을까? 이는 잘 알려진——플라톤에게까지 거슬러 올라가는——형이상학적 견해로서, 이에 따르면 오로지 진정으로 합리적일 때에만, 나는 진정으로 자유롭고 자제력을 가질 수 있다. 그리고 아마도 현재의 나는 충분히 합리적이지는 못하기 때문에, 진실로 합리적인 사람들, 다시 말해서 자기들에게 무엇이 최선인지뿐만 아니라 나에게 무엇이 최선인지도 알고 있는 사람들, 따라서 궁극적으로 나의 합리적인 진정한 자아를 일깨워서 진실로 있어야 할 곳에 세워 일을 맡기게 되는 방향으로 나를 인도해 줄 수 있는 사람들에게 복종해야 한다. 그들의 권위로 말미암아 속박당한다는——사실로 말하자면 파괴당한다는——느낌이 들 수도 있겠지만, 그것은 착각이다. 성장해서 온전히 성숙한 "진정한" 자아에 도달하게 되면, 저열한 나를 상대로 그들이 행했던 그 일들이란 그때 내가 좀 더 현명했더라면 나 자신이 스스로 했을 일들과 다르지 않음을 이해하게 될 것이다.

　요약하면, 그들은 나의 낮은 자아를 통제함으로써 나의 높은 자아를 위해 나를 대신해서 행동하고 있는 것이다. 그러므로 낮은 자아에게 진정한 자유란 그들, 즉 진리를 아는 현명한 사람들, 현자 엘리트에게 전면적으로 복종하는 데에 있다. 또는 인간의 운명이 어떻게 되어 있는지를 아는 사람들에게 복종해야 하는지도 모른다. 만약 마르크스가 맞다면 (역사의 합리적 목표를 오직 당만이 파악할 수 있으므로) 당이 그런 사람들일 것이다. 그러므로 나의 불쌍한 경험적 자아가 어디로 가고 싶어 하든지 상관없이, 당이 내 모습을 주조하고 나를 인도해야 한다. 그리고 당 자체는 멀리 내다보는 지도자들에 의해서 인도되어야 하는데, 그 지도자들은 다시 그중에서 가장 위대하고 가장 현명한 사람에 의해 인도되어야 한다.

이 세상의 독재자들이 이런 논증 방식을 사용하면 가장 야비한 억압이라도 정당화하지 못할 사람이 없을 것이다. 약간 잔혹하고 겉으로 보기에는 (낮은 경험적 자아의 눈에 겉으로 비치기에는) 도덕적으로 가증스러운 수단이기는 해도, 그러한 수단을 통해서 이상적인 자아를 숙성하려고 한다는 명분이 가능하기 때문이다. 스탈린의 문구를 사용한다면 "인간 영혼의 엔지니어"[4]가 가장 잘 아는 사람이다. 그가 하는 일은 자기 나라를 위해 최선을 다하는 정도를 넘어, 나라가 그러한 수준의 역사적 이해에 도달했다고 가정했을 때 지향할 그런 목표를 나라를 대신해서 수행하는 셈이 된다. 적극적 자유의 개념에서부터 파생된 엄청난 왜곡은 이와 같다. 전횡이 마르크스주의 지도자에서 나오든, 아니면 왕이나 파시스트 독재자나 권위주의적인 교회의 거물들이나 계급이나 국가에서 나오든, 그것은 사람들 안에 갇혀 있는 "진정한" 자아를 위해 그 자아를 "해방"함으로써, 그 자아가 명령을 내린 사람의 수준에 도달할 수 있도록 하기 위한 전횡이다.

이는 결국 모든 문제에 단 하나의 참된 해답이 있다는 순진한 발상으로 연결된다. 그 답을 나는 알고 그대는 모른다면, 그리하여 그대가 나와 의견이 다르다면, 그것은 그대가 무지하기 때문이다. 만약 그대도 답을 알았다면 그대 역시 내가 지금 믿고 있는 바와 같이 반

---

4) (편집자) 204쪽 각주 55번 참조.

드시 믿었을 것이다. 그대가 내게 불복하려 한다면, 그것은 오직 그대가 틀렸기 때문에, 진리가 나에게 드러난 것처럼 그대에게는 드러나지 않았기 때문에 생기는 일이다. 이러한 발상에서 인류 역사상 가장 끔찍한 형태의 억압과 노예제가 정당화되었다. 이처럼 이것은 특히 우리가 살고 있는 이 세기에 적극적 자유의 개념에 관한 가장 위험하고 가장 폭력적인 해석이다.

이와 같은 두 종류의 자유 그리고 그 왜곡은 그 후로 서방 세계 및 여타 지역의 대학에서 대단한 논의와 논쟁의 중심 주제가 되었고 지금도 그러하다.

자전적 부록

목적이 수단을 정당화한다

I

지금부터 하려는 이야기는 1919년 소련 법무장관 유리츠키가 살해된[1] 사건에 관한 것이다.

이미 1918년부터 러시아, 그중에서도 특히 수도 페트로그라드[2]의 인민은 사람들을 극도의 공포로 몰아넣었던 볼셰비키에게 억눌리고

---

1) (옮긴이) 유리츠키(Moisei Uritsky, 1873~1918)는 볼셰비키 혁명에 앞장서서 페트로그라드 비밀경찰의 책임자로 있던 중 카네가이저(Kanegeiser)에게 암살당한 인물로, 그의 암살은 볼셰비키 정권을 적색 공포정치로 이끈 원인 가운데 하나다. 이 글은 벌린이 12세 때 자신의 체험을 바탕으로 상상력을 발휘하여 지어낸 허구다.
2) (옮긴이) 페트로그라드(Petrograd): 표트르 대제가 1703년에 건설하여 수도로 삼은 도시로, 표트르는 성 베드로의 도시라는 의미를 독일어식으로 일컬어 상트-뻬쩨르부르크(St. Petersburg)라 했다. 1914년에 러시아어식인 페트로그라드로 개명되었다가 1924년 레닌이 죽자 레닌그라드가 되었고, 소련이 붕괴된 후 1991년부터 다시 처음 이름으로 돌아갔다.

있었다. 이바노프 가문은 페트로그라드에서 가장 유서 깊은 집안 중 하나였다. 예순네 살의 노인 안드레이 이바노프와 잘생기고 용감한 그의 아들 표트르 그리고 늙은 하인 바실리가 그 가족의 구성원이었다. 암울한 처지였지만 그들은 아늑한 작은 집에서 평화와 우애를 방해받지 않고 나누며 살고 있었다. 경악스러운 일이 느닷없이 찾아와 정성껏 가꾼 행복을 망가뜨리기 전까지는 그랬다.

밝고 추운 겨울날 아침이었다. 맑은 하늘 위에서 태양은 작은 빨강색 원반처럼 떠올랐다. 세상 만물이 눈부신 햇살에 안겨 행복을 느끼는 것 같았다. 갑자기 문을 두드리는 소리가 들렸고, 다음 순간 장교 한 사람과 병사 둘이 이바노프 가의 작은 현관으로 들어섰다.

"안드레이 이바노프가 여기 사는가?" 장교가 무뚝뚝한 어조로 물었다.

"내가 안드레이 이바노프요. 무슨 일인가요." 노인이 조용히 대답했다.

"잡아가라." 병사들에게 신호를 보내며 장교가 명령했다. "이 자는 법을 어기고 집에 다이아몬드를 숨겨둔 범죄자다. 즉시 집을 수색하고, 보석을 찾거든 내게 가져 와라."[3]

당황과 분노에 휩싸여 그 광경을 보고 있던 표트르가 갑자기 장교에게 한 방을 먹여서 바닥에 쓰러뜨렸다. 그러고는 번개처럼 빠르게 창문 밖으로 뛰어내려 순식간에 시야에서 사라졌다. 상관이 바닥에서 몸을 일으켜 표트르를 쫓아 나가자 병사들도 따라 나갔다. 그러나 머리에 한 방을 맞은 탓에 장교는 문 밖으로 나가자마자 첫 번째 돌부리에 걸려 넘어졌다. 넘어지면서 호주머니에서 종이 한 장이 떨

---

3) (편집자) 페트로그라드에 살던 시절 벌린 가족의 아파트가 수색당했을 때, 집에 있던 보석들을 가정부가 발코니에 쌓인 눈 밑에 감춰 위기를 모면한 일이 있었다.

어졌다. 늙은 바실리는 예순 살 노인으로서는 놀랍도록 재빨리 넘어진 장교에게 쫓아가 그 종이를 아무도 모르게 주워 챙겨 넣었다.

II

그 사이에 표트르는 사촌 레오니드에게 가기로 마음을 정했다. 다섯 살 위의 사촌 형은 표트르가 뛰어들어 왔을 때 저녁을 먹고 있었다. 이글거리는 검은 눈동자, 꿈틀거리는 짙은 머리카락, 그리고 얼굴의 당황한 표정은 레오니드로 하여금 깜짝 놀라 앉은 자리에 얼어붙게 만들었다.

"어디서 오는 길이야?" 겨우 숨을 돌리고 나서 물었다. "그 사나운 안색은 무슨 뜻이고?"

증오심으로 가득 찬 표트르가 모든 일을 짧게 레오니드에게 말해 주고 있을 때 문 두드리는 소리가 이야기를 가로막았다. "군인들이야!" 열쇠 구멍을 통해 내다본 표트르가 탄식했다.

"이쪽으로 숨어." 곧바로 레오니드가 식당의 벽찬장을 가리키면서 말했다.

표트르는 아무 소리도 내지 않고 벽찬장 안으로 뛰어 올랐다. 레오니드는 문을 열고 병사들을 들인 다음 놀란 듯이 물었다. "귀하신 분들이 내 조용한 집에 무슨 일로 오셨나요?"

속아 넘어간 병사들은 큰 소리로 대답했다. "레오니드 이바노프, 사촌동생이 여기 숨어 있다고 자백하시오. (당신에게 벌받아 마땅한 자질구레한 비행이 있음을 다 알고 있지만) 법정에 가서 유죄 선고를 받지 않게 해주겠소."

표트르는 벽찬장에서 이 말을 듣고 몸서리를 쳤다.

"귀하신 분들이여, 내 사촌 표트르가 여기 있다니요. 잘못 짚고 엉뚱한 곳으로 왔소이다. 표트르는 이 주일 전에 다녀간 뒤로 내 집에 오지 않았소." 레오니드의 연기가 하도 좋아서 병사들은 자기들이 실수한 것으로 여기게 되었다.

"표트르가 이 집에 들어오는 것을 봤는데……. 어쨌든 집을 금세 한번 둘러봐도 되겠소?"

"그렇지만 군인 여러분." 레오니드가 제지하며 말을 이었다. "시작하기 전에 포도주 한 잔 정도는 괜찮겠지요!"

"어이! 그레고리, 여기 귀한 군인 양반들께 최상의 포도주를 좀 갖다 드리게." 레오니드가 병사들의 대답을 기다리지도 않고 소리쳤다. "자 군인 여러분, 기분 좋게 마십시다."

레오니드는 계속해서 동무들의 잔을 채워 주면서 자기는 거의 마시지 않았다. 두 시간이 지나 술에 취한 병사들은 정신없이 골아떨어졌다. 아슬아슬한 순간을 넘기게 해준 데에 표트르가 레오니드에게 감사하고 있는 사이에 늙은 하인 바실리가 갑자기 찾아왔다.

"그 죽일 놈들이 부친을 살해하려 합니다." 그가 탄식했다. "유리츠키의 명령이랍니다. 여기 증거가 있습니다." 말을 하면서 바실리는 장교가 떨어뜨렸을 때 주워놓았던 서류를 서둘러 호주머니에서 꺼냈다. 거기에는 이렇게 적혀 있었다. "병사와 농민과 노동자를 위한 공화국의 법무장관 유리츠키의 이름으로 B 대위에게 안드레이 이바노프와 아울러 만약 필요하다면 표트르 이바노프를 체포하도록 허락한다. 유리츠키."

이것을 읽으면서 표트르는 반으로 접힌 서류 사이에서 종이 조각 하나를 발견했다. "안드레이 이바노프 고로호바야 3번지 오후 3:15 총살. 표트르 이바노프 같은 날 5:30 처형. 유리츠키."

표트르는 손목시계를 보았다. 오후 3:10이었다. 한마디 말을 남길

겨를도 없이 그는 집에서 나가 고로호바야 3번지를 향해 쏜살같이 뛰어갔다. 그가 입구에 닿은 것은 $3{:}14\frac{1}{2}$. 삼십 초 남았다. 앞을 보지 않고 뛰느라 미끄러져 넘어졌다. 일어났을 때 끔찍한 비명 소리가 들렸다. 비명 안에서 죽음과 삶이 싸우는 소리였다. "탕, 탕, 탕!" 열두 발의 총성이 울렸고, 표트르는 아버지가 어찌 되었는지 알았다.

그는 이곳저곳 길거리를 광인처럼 방황했다. 발걸음이 마침내 레오니드의 집으로 돌아왔을 때 그는 문 발치에서 정신을 잃었다. 레오니드는 무슨 일이 일어났는지 바로 감지했다. 자신을 추스르려 했지만 꼿꼿한 자세를 지키지 못하고 쓰라린 눈물을 내쏟지 않을 수 없었다.

표트르가 정신을 차리자 늙은 바실리가 말했다. "표트르! 그대의 원수 비열한 볼셰비키 놈들이 부친을 처형하고 말았소! 그러니 부친을 위해 복수하겠다고 맹세하시오."

바로 그 순간 창문 밖에서 총이 발사되었다. 병사들이 어떻게 하고 있는지 확인하러 온 장교가 한 방 맞은 데 보복 삼아 쏜 것이었다. 그 총알이 바실리의 등에 맞았다.

"맹세하고말고!" 표트르가 말했다. 노인의 눈은 잠깐 감겼다가 다시 열렸고, 마지막 순간에만 나타나는 투명한 광채를 뿜었다.

"복수를!" 이 말을 입속에서 겨우 내뱉고 나서 그는 의식을 잃어 표트르의 품에 묵직하게 안겼다. 일 분 정도 지나 그는 마지막으로 눈을 떴다. "이제 곧 만나 뵐 수 있겠습니다. 주인니……" 이승에서 역할을 죽음이 끊어 버리는 바람에 그는 말을 맺지 못했다.

"내가 살아 있는 한 유리츠키에게 복수할 것이다." 표트르가 큰 소리로 부르짖었다.

"나도 너와 함께 할 거야, 표트르!" 한 발을 내디디고 손을 들어 올리면서 레오니드가 외쳤다.

"유리츠키에게 죽음을!" 두 사람이 같이 외쳤다.

III

1919년 11월 어느 깜깜한 밤이었다. 창밖에는 바람이 불고, 타오르는 난로 앞 부드러운 안락의자는 무척 따뜻하고 편안해 보였다. 마흔 살가량의 한 남자가 의자 깊숙이 몸을 묻고 앉아 있었다. 길게 늘어진 머리카락 사이로 하얀 이마가 넓었고, 촘촘히 자란 긴 눈썹 아래 작고 검은 두 눈이 움푹 들어가 있었으며 (그래서 어딘지 엄한 인상을 주는 얼굴이었다), 날카로운 콧날, 육식 동물의 입, 그리고 뾰족한 턱 주위로 약간의 프랑스 식 구레나룻이 나 있었다. 바로 유명한 유리츠키였다.

그는 영리하면서도 잔혹한 외모의 소유자로서, 생김새에서부터 광신자라는 표지가 뚜렷했다. 그는 눈썹 하나 까딱하지 않고 사형 명령을 결재했다. "목적이 수단을 정당화한다"를 삶의 좌우명으로 삼았다. 자기 계획을 달성하기 위해서라면 어떤 일에 관해서도 망설이지 않았다.

좋은 첫인상을 받은 사람이라도, 그의 이글거리는 작은 눈을 살핀 다음에는 누구나 자신의 속마음을 유리츠키가 모두 읽고 있다고 느꼈다. 천 개의 작은 창이 뇌를 뚫고 들어오는 듯한 인상을 그의 눈초리가 풍기기 때문이다.

복종을 요구할 상대에게 그의 외모는 최면 효과를 지녔다. 이 사람이 바로 당시 유명했던 유리츠키 "동무", 볼셰비키 주요 인물 중 하나였던 추진력의 화신이었다.

그는 인간을 두 계급으로 나눴다. 첫째 계급은 자기 앞길에 방해가 되는 사람들이고 둘째 계급은 자기에게 복종해야 할 사람들이다. 유리츠키가 이해하기로 첫 번째 계급은 전혀 살아 있을 자격이 없었다.

"딩동! 딩동!" 유리츠키가 초인종을 울렸다. 잠시 후 젊은 비서가 나타났다. 그의 이름은 미하일 세레베예프였다. 검고 무성한 구레나룻과 물결 모양의 콧수염을 기르고 있었다. 자세히 들여다보면 가짜임을 알아볼 수 있었던 콧수염과 구레나룻이 없었다면, 여러분은 우리의 오랜 친구 표트르 이바노프를 보았을 것이다.

"여기 앉게 미하일." 유리츠키가 약한 어조로 말했다. 미하일로 변장한 표트르가 앉자 유리츠키가 말을 이었다. "이리 오게." 우울한 목소리로 말했다. "신경을 가라앉힐 만한 이야기를 좀 해주게. 미하일, 알다시피 오늘은 일 때문에 지쳐 버렸어. 자네가 어린아이일 때 유모가 해주던 이야기를 하나 해보게. 어리석은 이야기지만 곤두선 신경을 가라앉게는 할 거야. 어디 한 번 해봐."

"알겠습니다." 표트르가 대답하고 이야기를 시작했다.

"아주 오랜 옛날 아주 먼 나라에 착한 사람들이 살고 있었습니다. 사람들은 친절하고 고상하여, 커다란 재앙을 만나기 전까지 완전하게 삶을 즐기며 살았습니다. 형편없는 정부가 새로이 들어서더니 나라를 통치하고 파괴했습니다. 사람들을 피 흘리게 했습니다. 그 우두머리 자리에는 살인자 출신의 잔인하고 영리한 악당이 앉았습니다."

"많은 사람들이 처형되었고, 그중에는 가장 영예로운 시민에 해당하는 사람도 있었습니다. 그의 아들 또한 처형당할 뻔했습니다. 그러나 아들은 탈출했고, 사형 명령을 결재한 악당에게 아버지를 죽인 원수를 갚기로 맹세했습니다."

"그래서 이제." 표트르가 자동 권총을 꺼내며 큰 소리로 말을 맺었다. "그때가 왔다. 손 들어!" 권총으로 유리츠키의 이마를 조준하며 소리쳤다. "탕!" 권총이 소리를 냈고, 유리츠키는 신음도 내지 못하고 바닥으로 무겁게 거꾸러졌다.

"이런! 이봐! 경비병!" 표트르가 소리쳤다. 경비병들이 들어오자 그는 권총으로 그들을 겨눴다. 경비병들은 깜짝 놀라 뒤로 물러났다. "내가 너희 상관을 죽였다." 그가 외쳤다. "이승에서 내 임무는 이제 마쳤다. 내 아버지와 레오니드가 모두 재판도 없이 처형되었으니, 이제 내가 누구를 위해 살겠는가! 오 아버지, 저도 아버지를 따라 갑니다." "탕!" 방아쇠를 당긴 표트르는 죽은 원수의 몸뚱이 위로 육중하게 쓰러졌다.

경비병들이 가까이 가 보니 두 사람 모두 죽어 있었다.

조지 케넌[1]에게 보낸 편지

옥스퍼드 뉴 칼리지, 1951년 2월 13일.

경애하는 조지:

　지금까지 답신을 보내지 않았으니 귀하의 훌륭한 편지를 홀대하고 말았습니다. 학기가 끝날 무렵이 되면 나는 가르치고 채점하느라 그야말로 지친 솜뭉치가 되어 다른 일은 아무것도 할 수 없는 처지가 되지요. 그런 상태에서 받은 편지였지만 깊은 감동을 받았습니다. 그래서 이탈리아 여행길에도 가져가서 읽고 또 읽고, 날짜를 미뤄 가면서 받은 만큼에 알맞은 답을 쓰려고 했는데 제 답이 그렇게

---

1) (옮긴이) 조지 케넌(George Kennan, 1904~2005): 미국의 정치학자, 역사학자, 외교관, 정부 정책 고문. 제2차 세계대전 이후 공산권에 대한 봉쇄정책을 주장하여 냉전체제의 성립에 주도적인 역할을 했다.

될 수는 결코 없겠습니다. 답장을 시작하기는 여러 번이었지만, 번번이 천박했고 러시아 식으로 말하면 "수에틀리보"[2]였습니다 —— 성급한 문장들, 산만하게 모든 방향으로 한꺼번에 가려는 듯 우왕좌왕하고, 주제에 맞지 않든지 귀하의 말에 어울리지 않는 문장들로 가득 차 있었습니다. 그러나 내게 할 말이 얼마나 있는지를 확실히 모른다는 이유 때문에 아무 말도 하지 않는 것 역시 저 스스로 참을 수가 없습니다 (귀하의 편지로 말미암아 제 마음속에 일어난 느낌이 저를 그렇게 만들었는지도 모릅니다). 그러니 제 글이 형식뿐만 아니라 내용에서조차 혼란스럽더라도, 그리하여 귀하의 편지에 대해 부당하도록 어울리지 않는 답장이 되더라도 용서해 주시기 바랍니다. 저는 그저 최선을 바라면서 앞으로 나아가 볼 테니, 제가 만약 귀하의 시간을 낭비하더라도 혜량을 빕니다.

우선 말씀드리고 싶은 것은 귀하의 편지 내용은 제가 믿기에 만사와 결부되지 않을 수 없는 근본적인 도덕적 쟁점과 관련된 핵심 주제일 뿐만 아니라, 그 문제를 정면에서 다루기가 아마도 꺼림칙했던 까닭에 제가 말하지 못했던 바를 담고 있습니다. 그러나 일단 정면에서 다루지 않을 수 없게 된 이상, 내가 그랬던 것처럼 그 문제를 우회하는 것은 비겁이고, 나아가 그것이 실로 나 자신이 깊게 믿어 왔던 바일 뿐만 아니라, 더더군다나 귀하가 아주 쉽고도 (이렇게 말해도 된다면) 통렬하게 제기한 이 쟁점에 대하여 어떤 태도를 취하는지에 따라서 사람의 도덕적 시야 전체, 즉 그가 믿는 모든 일이 좌우된다는 점들을 깨닫게 됩니다.

그 문제가 무엇인지 제 생각을 말해 보겠습니다. 모든 사람에게는 취약점, 즉 아킬레스건이 있다고, 그리고 취약점을 활용함으로써 사

---

2) (편집자) suetlivo: 부산스럽게 호들갑을 떠는 상태를 가리키는 러시아어 부사.

람은 영웅이 될 수도 있고 순교자도 될 수 있고 쓰레기도 될 수 있다고 (인용부호는 생략합니다) 귀하는 말했습니다. 그리고 내가 제대로 이해했다면, 서양문명은 사람들에게 간섭해서 각자가 만약 자신이 하고 있는 일이 무엇인지 또는 무슨 결과를 낳기 쉬운지를 알기만 한다면 전율과 구역질을 느끼게 될 행동을 하게 만들려는 의도적인 행위야말로, 그밖에 어떤 것을 금지하든 허용하든 상관없이, 세상을 파멸시킬 극악한 짓이라는 원칙 위에 서 있다고도 말했습니다. 칸트의 도덕률 전체가 (그리고 가톨릭은 잘 모른다 쳐도, 개신교, 유대교, 이슬람교, 그리고 고상한 정신을 가졌다면 무신론자들까지도 그러한 원칙을 신봉합니다) 여기에 근거합니다. 인간이 "그 자체로 목적"이라는 신비로운 문구, 많은 사람들이 무슨 말인지 설명을 시도하지는 않으면서 다만 입에 발린 말로 써먹는 문구의 의미가 바로 이것 같습니다: 각자에게 허락된 선택의 폭이 아무리 좁더라도, 스스로 통제할 수 없는 외부 사정 때문에 받아야 하는 방해가 어느 정도이든지, 자기가 해야 할 일이 무엇인지, 또는 스스로 어떤 사람이 되어야 하는지를 선택할 역량을 보유하고 있다고 전제된다; 인간의 사랑이나 존경은 모두 이와 같은 의미의 의식적인 동기가 인간의 속성이라는 전제에 바탕을 둔다; 선, 악, 성실, 불성실, 존엄, 모욕하거나 착취해서는 안 될 사람에게 부여하는 존엄이나 존경, 정직, 순수한 동기, 용기, 진리를 감지하는 능력, 감수성, 공감, 정의, 그리고 반대편을 보자면 잔혹, 허위, 잔인, 무자비, 양심불량, 부패, 무감각, 허언 등과 같은 종류의 관념들 전체, 우리가 서로를 향해 생각하고 행동할 때, 사고와 행동의 틀로 작용하는 범주와 개념들 모두——우리가 우리 자신 및 다른 사람들에 관하여 생각하고 행동을 평가하고 목적을 채택할 때 틀이 되는 모든 관념들은 인간에게 의도적인 선택 행위를 통해서 자신을 위한 목적을 추구할 능력이 있다고 생각하지 않는 한 의미를 가지지 못한다; 고상함을 고상하게 만들고 희생을 희생으로 만드는 것은 오로지 그러한 의도적인 선택뿐이다.

　이러한 도덕 전체는 19세기, 특히 낭만주의 시대에 가장 두드러졌다고 하지만 기독교나 유대교의 저술 안에도 내포되어 있었고 비기독교 세계에도 정도는 덜하지만 내재했던 것으로, 한 인간이 세계를 상대로 한 판 붙어 보자는 자세를 가지고 결과 여하에 개의치 않고 어떤 이상을 위해 자신을 희생할 때, 설령 그의 이상을 우리가 헛것으로 간주하고 그 결과를 재앙이라 여길지라도 그러한 행동을 그 자체로 경이롭다고 보는 시각을 바탕으로 삼습니다. 어떤 사람이 진리로 믿는 바를 증언하기 위해서 물질적인 이득이나 평판 따위를 집어던질 때, 설령 그가 착각에 빠진 광신자라 할지라도, 그와 같이 순수한 동기를 우리는 찬양하고 훌륭하다고 ─ 아니면 적어도 아주 인상 깊은 일로, 적대하여 싸울 수는 있을지언정 절대로 멸시할 수는 없는 일로 생각합니다. 우리가 정열적인 자기 포기를 숭배한다거나 온건한 절제나 개명된 이익보다 처절한 광신주의를 선호한다는 말은 아닙니다. 그런 뜻은 당연히 아니지만, 우리는 설령 방향을 잘못 잡은 것이라 할지라도 실로 그러한 행위를 깊게 감동적이라고 여깁니다. 우리는 그런 행위를 언제나 타산보다 찬양합니다. 우리는 적어도 일부 사람들에게 ─ 칼라일, 니체, 레온티예프, 그리고 모든 종류의 파시스트에게 ─ 저항이 어떤 종류의 미학적 광휘를 뿜는지를 이해합니다. 자연이나 역사의 힘에 의해서 단지 수동적이기 때문이든 아니면 자신의 무능에서 영광을 보기 때문이든 이유야 여하간에 너무 멀리 밀려나지 않으려고 버티는 사람들만이 인간으로서 면목을 세운다고 우리는 생각합니다. 그리고 스스로 책임을 지면서 목적을 추구하는 사람들, 그 목적을 위해 무언가를 때로는 모든 것을 거는 사람들, 좋은 일, 다시 말해서 그것을 위해 살 만한 가치, 그리고 궁극적으로는 그것을 위해 죽을 만한 가치가 있다고 여겨지는 것을 위해서 의식적으로 용감하게 살아가는 사람들만을 이상시합니다.

이 모든 말은 엄청나게 당연한 소리로 들릴 수 있겠지만, 이 말이 맞다면 궁극적으로 공리주의가 자연히 반박되는 셈이며, 그것이 맞다고 보았기 때문에 헤겔과 마르크스는 우리 문명에 반역한 괴물이 되었습니다. 이반 카라마조프가 그 유명한 장면에서[3] 한 무고한 어린아이를 고문해서 죽이는 비용을 치름으로써 행복한 세상을 구매할 수 있다면 지금과 같은 세상을 버리겠다고 할 때, 공리주의자로서 설령 가장 개명되고 가장 인간적인 사람이라 할지라도 무슨 말을 할 수 있겠습니까? 인간에게 그토록 커다란 축복을 무고한 아이 하나, 아무리 끔찍한 방법에 의해서라고 하더라도 오직 한 아이만을 죽이면 되는 적은 비용에 살 수 있는 선택지를 그냥 버린다고 한다면, 무분별하다고 판정할 수 있는 여지가 어떻게 보더라도 없지는 않을 것입니다. 그토록 많은 사람의 행복에 견줄 때, 한 아이의 영혼이 도대체 무엇이란 말인가? 어쨌거나 이반이 차라리 입장권을 환불받겠다고 할 때, 도스토예프스키를 읽은 독자는 누구도 이 생각을[4] 냉혹하거나 미쳤거나 무책임하다고 생각하지 않습니다. 그리고 비록 벤담 또는 헤겔에게서 오래 수업을 받으면 종교재판을 지지하게 될 수도 있겠지만, 여전히 가책은 남습니다.

이반 카라마조프에게서 악령을 완전히 몰아낼 수는 없습니다. 이

---

3) (편집자) Dostoevsky, *The Brothers Karamazov*, book 5, chapter 4: vol. 1, p. 287, Penguin Classics edition, trans. David Magarshack(Harmondsworth, 1958): "조화를 위해 너무 많은 가격이 책정되었다. 입장료를 그렇게 많이 낼 여유는 우리에게 없다. 그러므로 나는 서둘러 내 입장권을 환불받고자 한다."

4) (옮긴이) 무고한 아이 하나를 죽이지 않아서 나머지 모든 사람이 지금처럼 일정량의 불행을 겪어야 하게 놔두는 선택.

것이 귀하가 말하려는 골자이자 귀하의 낙관론의 토대라고 나는 생각합니다. 제가 읽기로 귀하의 요지, 그리고 그만한 기지나 깊이만 있었더라면 제가 벌써 말했을 내용은 공리주의적 낙원이든지 모종의 거대한 유기체적 전체 안에서 영원한 조화를 이루면서 살게 되리라는 미래에 대한 약속이든지, 어떤 경우에도 우리는 인간을 단순한 수단으로 이용해서는—아무리 어리석든지 아무리 절박하든지 최소한 그들 자신이 가진 희망을 실현하기 위해서가 아니라, 그들 자신의 목적을 위해서가 아니라, 오직 우리의 목적을 위해 그들을 손쉽게 비틀고 조작하는 우리만이 이해할 수 있는 이유를 위해서 일하게 될 때까지 그들을 뜯어고치려고 해서는 안 된다는 것입니다. 소련이나 나치 아래에서 벌어지는 일에서 소름이 돋는 이유는 단순한 고통이나 잔인함이 아닙니다. 왜냐하면 비록 그것도 충분히 나쁜 일이지만, 역사 속에서 너무 자주 생긴 일이라서 그런 일이 명백히 불가피하다는 점을 무시하는 것이야말로 진정한 유토피아주의라고 보아야 할 터이기 때문입니다. 사람 속을 완전히 뒤집어 놓고 어이없게 만드는 것은 그것이 아니라, 한 부류의 사람들이 다른 사람들에게 참견하고 "머릿속으로 들어가서" 자기가 무슨 일을 하는지도 모르는 채 시키는 대로 하게 만들고, 그럼으로써 자유로운 인간은커녕 애당초 인간으로서의 지위조차 상실하게 만드는 일입니다.

한 군대가 다른 군대에 의해 도살당하는 장면을 역사에서 접하면 그 소름끼치는 살육과 참상에 하얗게 질리고, 그 때문에 평화주의자가 되기도 합니다. 그러나 나치스가 어린이들을, 아니면 성인남녀를 가스실로 가는 기차에 가득 태우고서는 어딘지 더 행복한 곳으로 이주하는 것이라고 말하는 이야기를 읽을 때 우리가 느끼는 전율은 차원이 다릅니다. 따지고 보면 그와 같은 기만 덕분에 희생자들이 걱정이라도 덜했을 수가 있는데, 우리 안에서는 말로 형언할 수 없는 종류의 전율이 일어나는 까닭은 무엇일까요? 이를테면, 가해자들의 웃고 있는 얼굴 사이로 자기 운명을 몰라서 행복한 피해자들이 행진하는 광경 때문일까요? 사람들이 마지막 권리 — 진실을 알고, 적어도 정죄당한 자의 자유라도 누리며 행동하고, 자신의 파멸에 대하여 각자의 기질에 따라 용감하게 아니면 두려움에 떨면서 대응하며, 어쨌든 적어도 인간으로서 선택의 권능을 갖추고 있을 권리를 박탈당하는 경우는 생각만으로도 견딜 수 없습니다. 이는 사람들에게 선택의 가능성을 부정하고, 자기 권력 안에 그들을 가두어 변덕이 나는 대로 이렇게 아니면 저렇게 비틀어대며, 간수와 피해자 사이에 불평등한 도덕적 관계를 설정함으로써 그들의 인간성을 파괴하는 짓입니다. 간수는 자기가 무엇을 왜 하는지 알면서 피해자를 가지고 노는 상태, 다시 말해서 피해자가 적실한 생각이나 견해를 가질 가능성 자체를 파괴함으로써 어떤 정도로든 본원적인 무게를 지니는 동기나 견해나 의도를 가진 주체가 아닌 단순한 대상으로 취급하는 상태 — 절대로 참을 수 없는 것은 바로 이것입니다.

양심을 따르지 않는 행위 중에서 이보다 끔찍한 일이 있을까요? 특별한 원한조차 없으면서 사람을 새끼손가락에 묶어 매달아놓고 비틀어 돌린다는 짐승 같은 (예를 들어 도스토예프스키의 『아저씨의 꿈(*Dyadyushkin Son*)』에서 모스크바 예술극장이 그토록 잔인한 일에 그토록 잘 이용되듯이) 생각이 어떻게 생길까요? 따지고 보면 노예가 노예상태에서 더 행복할 수도 있듯이, 그런 경우에 책임감을 느끼지 않는 편이 편할지도 모릅니다. 이런 식으로 자유가 파괴되는 경우를 두고, 단지 행동의 자유가 부인된다는 이유만으로 혐오감이 드는 것은 분명히 아닙니다. 사람에게서 자유의 능력 자체를 박탈하는 데에는 그보다 훨씬 끔찍한 무언가가 있습니다 — 그것이야말로 성령에 반하는 진짜 죄입니다. 사람들이 자유롭게 선택하고 다른 일에 신경 쓰지 않고 자신을 위한 목표를 추구하는 한, 그밖에 모든 일은 사람들을 아무리 큰 고통으로 밀어 넣더라도 아직 선의 가능성이 열려 있는 만큼 참기가 불가능한 것만은 아닙니다. 이런 가능성이 더 이상 열려 있지 않을 때에만 사람의 영혼은 파괴됩니다. 선택하려는 욕구가 부서져서 사람이 하는 모든 일이 일체 도덕적 가치를 상실하고, 행동이 행위자 스스로 보기에도 (선 또는 악의 견지에서) 모든 의미를 잃어 버릴 때가 그때입니다. 사람들의 자아 존중을 무너뜨린다는 말, 귀하의 표현으로 바꾸면 사람들을 넝마조각으로 전락시킨다는 말이 뜻하는 바가 바로 그것입니다. 그런 상황에서는 어떤 가치 있는 동기도 남아 있을 수 없기 때문에 전율의 궁극인 것입니다. 무슨 일을 해야 할 가치도 하지 말아야 할 가치도 전혀 없는 상황, 존재해야 할 모든 이유가 사라진 상태입니다. 가령 우리가 예를 들어 돈키호테를 찬미한다면 그 까닭은 선한 일을 하려는 순수한 욕망이 그에게 있기 때문이며, 그가 미쳤고 그의 시도들이 우스꽝스럽기 때문에 연민을 자아내는 것입니다.

헤겔이나 마르크스의 눈으로 보면 (벤담을 이들 옆자리에 앉히면 본인은 기겁을 했겠지만, 어쩌면 벤담의 눈으로도 마찬가지일 듯) 돈키호테는 단지 터무니없는 정도가 아니라 부도덕한 것으로 비칠 것입니다. 도덕이란 선한 일을 하는 것이고, 선은 자신의 본성을 만족시키는 것이다. 알게 모르게 사람 각자를 띄워 나르는 역사의 물줄기에 속한 것, 다시 말해서 "미래"가 어떤 방식으로든 미리 예비해 놓고 있는 것만이 그 사람의 본성을 충족할 수 있다. 어떤 궁극적인 의미에서 보면 실패란 곧 역사를 오해하여 성공이 예정되어 있는 일 대신에 파멸하도록 되어 있는 일을 선택했다는 증거인 셈이다. 하지만 후자를 선택한다는 것은 "비합리적"이고 도덕이란 합리적인 선택이기 때문에, 되지 못할 일을 추구하는 것은 부도덕이 된다. 도덕과 선은 곧 성공적인 것이며 실패는 불행할 뿐만 아니라 사악하기도 하다는 이 신조는 공리주의와 더불어 헤겔이나 마르크스 류의 "역사주의"에서 가장 소름끼치는 요소에 해당합니다. 장기적으로 사람을 행복하게 만드는 것 또는 모종의 신비스러운 역사의 계획에 부합하는 것이 가장 좋은 일이라고 한다면, "입장권을 환불받아야" 할 까닭은 없을 테니까요. 소련에서 만들어진 것과 같은 새로운 인간이 과거의 인간보다 아주 길게 본다면 더 행복하거나, 그렇지 않으면 우리에게 좋든 싫든 그 비슷한 인간을 역사가 언젠가는 만들어 내게 되어 있는 두 가지 가능성 중 하나일 확률이 농후하다고 한다면, 그런 신종 인간에게 항거하는 것은 단지 어리석은 낭만주의이고, "주관적"이며, "관념적"이며, 궁극적으로 무책임한 일일 것입니다. 그런 경우 러시아 인들에게 제기될 수 있는 비판이란 기껏해야 그들이 사실을 잘못 알고 있어서, 바람직하고 불가피한 유형의 인간을 생산하는 데 소련의 방식보다 더 좋은 방법이 있다는 주장밖에 할 수 없을 것입니다. 그러나 물론 우리가 격하게 거부하는 것은 이런 방법과 관련된 사실의 문제가 아니라, 무슨 일이 벌어지고 있는지를 알았다면 그들 스스로 거부했을 목적을 위해서 한 사람이 다른 사람들의 성격과 영혼을 주조하고 조종할 권리가 있을 수 있다는 발상 자체입니다.

우리는 이런 점에서, 즉 역사의 법칙에 관한 **진실이 무엇이든지** 상관없이 다른 사람에게 무제한으로 참견할 권리 따위는 거부한다는 점에서 사실판단과 가치판단을 구분합니다. 한 걸음 더 나아가 "역사"가 이 일 또는 저 일을 할 "권리"를 모종의 신비스러운 경로를 통해서 우리에게 "양여"한다는 발상을 거부할 수도 있겠습니다. 어떤 사람이나 집단이 특정한 의미의 "역사"가 선택한 도구이며, 약품이

자 채찍이고, 모종의 중요한 의미에서 "세계사적(Welthistorisch)"이라는 발상——위대하고 불가항력이며 미래의 파도를 타고 다니면서 옳고 그름에 관한 우리의 보잘것없고 주관적이며 합리적 근거를 갖추지 못한 생각을 초월하여 역사의 명령을 수행한다는 이유로 우리에게 복종을 요구할 권리가 있다는 발상 말입니다. 많은 독일 사람들, 그리고 감히 덧붙이건대 러시아와 몽골과 중국의 많은 사람들이 [부르주아식][5] 도덕 설교에 빠져서 칭찬하거나 비난하기보다는 세계를 흔들어 대는 거창한 사건들의 굉장함 그 자체를 인정하고 그 사건들에 자신을 내맡김으로써 역사에서 인간의 가치에 상응하는 역할을 수행하는 것이 보다 성숙한 태도라고 느낍니다. 역사는 그 자체로서 갈채를 받아야 한다는 발상은 도덕적 선택의 짐에서 벗어나려는 소름끼치는 독일식 방법이지요.

극단까지 밀고 가면 이 신조는 시나브로 교육도 모두 없애게 될 것입니다. 우리가 아이들을 학교에 보내는 등의 방식으로 우리가 시키는 일에 대하여 그들의 승인을 받지 않고 영향력을 행사할 때, 우리도 마찬가지로 그들에게 "참견해서" 그들 자신의 것이 아닌 목적에 따라 진흙덩어리 가지고 하듯 그들을 "빚어내는" 것 아닌가? 이에 대하여 우리는 만약에 인간이 태어날 때부터 선택의 능력과 세계를 이해할 수단을 가졌다면 모든 "빚어내기"는 틀림없이 악이고, 사람을 주조한다는 것은 범죄라고 대답해야 할 것입니다. 그런데 이 아이들은 그런 능력과 수단을 가지고 있지 않으므로, 우리가 일시적으로 그들을 노예로 만듭니다. 그렇게 하지 않는다면 자연과 다른 사람들로부터 더 나쁜 불운을 겪게 될 터이기 때문이지요. 이 "일시적인" 노예화는 그들이 스스로 선택할 능력이 생기는 날이 올

---

5) (편집자) 타자 과정에서 빠뜨린 단어를 편집자의 짐작으로 집어넣었다.

때까지는 필요악입니다. "노예화"의 목적은 복종심을 주입하는 것이 아니라 정반대로 자유로운 판단과 선택의 힘을 계발하기 위함입니다. 하지만 이것이 설령 필요하다고 할지라도 악인 것은 여전합니다.

공산주의자와 파시스트는 이런 종류의 "교육"이 어린이뿐만 아니라, 모든 민족 전체에게 오랜 기간 동안 필요하다고 주장합니다. 국가가 서서히 소멸하게 되어 있는 것과 마찬가지로 개인들의 삶에서 미숙함도 천천히 사라진다는 것입니다. 그러나 인민이나 민족은 개인이 아니고 하물며 어린이가 아니라는 점에서 이 비유는 허울만 갖추었을 뿐 내용이 없습니다. 더구나 성숙함을 약속한다지만 그들의 실제 행동은 약속과는 다릅니다. 다시 말해서, 그들은 거짓말을 하고 있을 뿐만 아니라, 대체로 그들 스스로 그것이 거짓말임을 알고 있습니다. 자립 능력이 없는 어린이를 교육하기 위한 필요악에 견줄 때, 이런 종류의 악은 훨씬 커다란 규모의 악으로서, 우리의 도덕적 가치를 잘못 대변하는 공리주의에 근거를 두고 있거나 아니면 우리가 선 또는 악이라 부르는 것, 세계의 본질, 사실들 그 자체 등을 모두 틀리게 서술하는 은유에 기인할 뿐 전혀 명분이 없습니다. 왜냐하면 우리, 즉 우리와 함께하는 사람들은 사람들을 행복하게 만드는 것보다 자유롭게 만드는 데에 더욱 관심이 많기 때문입니다. 우리는 사람들이 전혀 선택하지 않는 것보다는 차라리 잘못 선택하기를 바랍니다. 왜냐하면 선택을 하지 않는 한 행복이나 불행이라는 말에 담길 가치가 있는 어떤 의미로도 행복하거나 불행할 수가 없기 때문입니다. 여기서 "가치가 있는"이라는 개념 자체가 여러 목적 가운데 선택 다시 말해서 자유로운 선호의 체계를 전제합니다. 그리고 그런 것들을 무너뜨린다는 점이 우리를 가장 불의한 고통보다도 더 나쁘고 그토록 싸늘한 전율에 사로잡히게 만듭니다. 아무리 불의한 고통이라도 여전히 그것이 무엇인지를 알 수 있는 가능성, 그리하여 자유롭게 판단함으로써 그것에 대해 규탄할 수는 있게 만드는 가능성을 여전히 열린 상태로 남겨 두기 때문입니다.

이런 식으로 다른 사람의 삶을 무너뜨리는 인간들은 결국 자기 자신을 무너뜨리게 되리라, 그러므로 그 악랄한 체계는 전체가 붕괴하게끔 되어 있다고 귀하는 말합니다. 장기적으로 볼 때 귀하가 맞다고 저는 확신합니다. 왜냐하면 빈틈없는 냉소주의나 스스로 착취당하기는 회피하면서 다른 사람을 착취하는 태도는 인간으로서 아주 오랫동안 유지하기가 어려운 태도이기 때문입니다. 그와 같은 상호 증오와 불신의 풍토는 기강과 무시무시한 긴장이 너무나 많이 필요하기 때문에, 게다가 그런 풍토를 유지하는 데 도움이 될 수 있는 강한 도덕이나 무조건적 광신의 분위기도 거기에는 충분하지 않기 때문에 오래 유지될 수 없습니다. 그러나 끝나기 전까지는 꽤나 오랫동안 득세할 수 있으며, 내부로부터의 부식력도 아마도 귀하가 희망을 가지고 예상하는 정도로는 작동하지 않을 것입니다. 저는 우리가 역방향의 마르크스주의자가 되어서는 안 된다고 느낍니다. 마르크스와 헤겔은 생애 동안에 경제의 부식을 목격하였고, 그래서 그들의 눈에는 혁명이 저 모퉁이만 돌면 나올 것처럼 비쳤습니다. 그들은 혁명을 보지 못한 채 죽었고, 만약에 레닌이 역사에 충격을 주지 않았다면 혁명이 일어나기까지 수백 년이 걸렸을 것입니다. 그와 비슷한 충격이 없이 도덕의 힘만으로 소련의 송장벌레들을 매장하기에 충분할까요? 저는 고개를 젓습니다. 그러나 결국 그들 자신이 벌레의 먹이가 되리라는 점에는 귀하만큼이나 저도 의심하지 않습니다. 그러나 귀하는 이것이 하나의 독립된 악이라고, 다른 곳에서 벌어지고 있는 일과는 관련이 없이 우리를 시험하기 위해 보내진 괴기스러운 천벌이라고 말하는 반면에, 저는 극단적이고 왜곡되어 있기는 하지만 귀하의 나라나 저의 나라도 예외일 수는 없는 어떤 일반적인 정신상태가 보이는 너무나 전형적인 형태일 따름이라고 보지 않을 수가 없습니다.

이렇게 말한 것 때문에 카(E. H. Carr)는 지난 6월자 *TLS*에 기고한 글[6]에서 저를 약간 격하게 공격했습니다. 그 때문에 저는 제가 당초 생각했던 것보다 더 옳다고 믿게 되었습니다. 왜냐하면 그의 글은 내가 분석하려고 했던 징후를 누구보다도 명백하게 드러낸 사례로서, 자신이 신봉하는 것 전부를 제 글이 공격한다고 올바르게 해석했기 때문입니다. 그 전부는 러시아 혁명에 관한 그의 최근 저작에서 특히 잘 표명되어 있습니다. 반대파와 피해자들은 증언하도록 허용되지 않은 채로, 나약한 지스러기 인간들은 역사에 의해서 적절하게 처리되었다──그들은 추세에 거슬리는 만큼 바로 그 점만으로 청소되는 것이 마땅하다. 오직 승자의 목소리만 경청할 가치가 있다. 파스칼, 피에르 베주호프,[7] 체호프 작품의 모든 인물, 독일제국 또는 백인의 부담[8] 또는 미국의 세기[9] 또는 보통사람의 행진[10]을 비

---

6) (편집자) "The New Scepticism"(무기명), *The Times Literary Supplement*, 1950년 6월 9일, p. 357.

7) (옮긴이) 피에르 베주호프(Pierre Bezukhov): 톨스토이 『전쟁과 평화』의 주인공 중 하나, 소심한 인도주의자.

8) (옮긴이) 백인의 부담(White Man's Burdens): 키플링(Rudyard Kipling)이 1899년에 미국의 필리핀 영유를 소재로 발표한 시 제목으로 세계에 서구 문명을 전파하는 것이 백인의 의무라는 의미이다. 키플링의 의도는 제국주의 찬양이 아니라 풍자라는 해석도 있다.

9) (옮긴이) 미국의 세기(American Century): 1938년 《타임》지 발행인 헨리 루스가 사설에서 사용한 표현. 미국이 고립주의를 벗어던지고 세계에 민주주의를 전파하기 위해 나서야 한다고 주장했다. 이후 20세기 세계에서 미국의 패권을 가리키는 의미로 사용된다.

10) (옮긴이) 보통사람의 행진: 아마도 헨리 월러스의 표현을 인용한 듯(Henry Wallace, *The Century of the Common Man*, New York: Reynal and

판하는 자들이나 그 와중의 모든 희생자들은 모두 역사의 먼지에 불과하다. 역사의 버스를 놓친 잉여 인간들로서[11] 카틸리나[12] 또는 독재자로 될 수 있는 능력을 보유하고 있는 입센 류의 반항아들보다도 열등한 작고 불쌍한 들쥐 떼에 불과하다. 이런 식으로 생각하는 깡패들을 지금보다 더 존경한 시대는 분명히 전에는 없었습니다. 그리고 E. H. 카, 쾨슬러,[13] 버넘,[14] 라스키[15] 등을 한두 장만 펼쳐보면 알수 있듯이, 피해자가 약할수록 더 큰 소리로 (그리고 더 진심에서) 찬가를 부릅니다. 그러나 이제 귀하의 시간을 더 이상 허비하게 하지 말아야겠습니다.

소련 땅에서 벌어지고 있는 일에 관해 읽을 때 우리 마음속에서 일어나는 것이 무엇인지 명확하게 표현해 주어서 제가 얼마나 깊은 감동을 받았는지 다시 한 번 말씀드리고 싶습니다. 그리고 귀하가 보

Hitchcock, 1943). 월러스는 제2차 세계대전을 자유 사회와 노예 사회의 갈림길로 보고 자유를 위해 보통사람들이 나서서 행진해야 한다고 촉구했다.

11) (편집자) 잉여인간(lishnye lyudi, superfluous men): 이 표현은 투르게네프가 『어느 잉여인간의 일기(*Dnevnik lishnego cheloveka*, *Diary of a Superfluous Man*)』에서 사용하기 시작하였다. 1850년 3월 23일의 일기를 보라. 이 표현은 도스토예프스키의 『지하생활자의 수기(*Zapiski iz podpol' ya*, *Notes from Underground*)』(1864)에서도 하나의 캐치프레이즈로 사용되었다.

12) (옮긴이) 카틸리나(Lucius Sergius Catilina, BC 108년경~BC 62): 로마 공화정, 특히 원로원을 무너뜨리려다 실패하였다.

13) (옮긴이) 쾨슬러(Arthur Koestler, 1905~1983): 헝가리 태생 영국 작가, 언론인, 철학자, 정치운동가, 공상과학 소설가. 1930년대 소련의 숙청을 다룬 『정오의 어둠』이 가장 유명하다.

14) (옮긴이) 버넘(James Burnham, 1905~1987): 미국의 정치소설가. 『관리 혁명 (*Managerial Revolution*)』(1941)을 써서 능력에 따라 철저한 위계 서열로 짜인 사회를 그렸다. 오웰의 『1984년』에 커다란 영향을 미쳤다.

15) (옮긴이) 라스키(Harold Laski, 1893~1950): 영국의 정치학자, 경제학자, 저술가, 노동당 위원장(1945-46). 『공산주의(*Communism*)』(1927), 『위기의 민주주의(*Democracy in Crisis*)』(1933), 『신앙, 이성, 문명(*Faith, Reason and Civilisation*)』(1944) 등의 저술을 남겼다.

여준 통찰과 양심에 무한한 도덕적 존경과 찬미를 기록하고 싶습니다. 이런 자질들은 제가 보기에 현재에는 특별하다고 생각됩니다. 이 이상은 말할 수가 없습니다.

영원한 귀하의 종
(이사야—편집자)[16]

---

16) (편집자) 이 편지는 서명이 달리지 않은 묵지로 복사된 타자 원고에서 몇 군데 단락 나누기만이 추가되어 여기에 실렸다. 나로서는 원본을 찾을 길이 없다.

편견에 관한 초고

    개인 또는 집단이 (또는 종족 또는 국가 또는 민족 또는 교회가) 자기네만이 진리, 특히 어떻게 살아야 하는가, 무엇이 되어야 하며 무엇을 해야 하는지에 관한 진리의 유일한 보유자라는 믿음, 즉 자기네와 생각이 다른 사람은 착각하고 있을 뿐만 아니라 사악하고 미쳤기 때문에 규제와 억압을 받아야 한다고 생각하는 믿음만큼 해를 더 많이 끼친 것은 별로 없다. 자기 혼자만 옳고, 혼자만 진리를 보는 요술의 눈을 가졌기 때문에 자기에게 동의하지 않은 사람은 옳을 수가 없다고 믿는 것은 끔찍하고 위험한 거만이다. 이렇게 믿는 사람은 민족이나 교회나 인류 전체가 오직 하나의 목표만 있고, 그 목표를 달성할 수만 있다면 어떤 양의 고통이라도 (특히 다른 사람들의 고통) 치를 가치가 있다고 확신한다. "유혈의 바다를 통해 사랑의 왕국으로"라고 (아니면 이와 비슷하게) 로베스피에르는 말했다.[1] 히틀러, 레닌, 스탈린, 그리고 감히 말하건대 기독교와 이슬람 사이, 가톨릭과 개신교 사이에 벌어졌던 종교전쟁의 지도자들 역시 그렇게 믿었다. 인류를 고뇌에 빠뜨려 온 핵심 문제에 대하여 오로지 하나의 정답만이 있고, 자기 또는 자기가 따르는 지도자가 그 정답을 알고 있다는 믿음은 유혈의 바다에 대해 책임이 있다. 그러나 그로부터 어떤 사랑의 왕국도 태어나지 않았고 태어날 수도 없었다. 살고 믿고 행동하는 데에는 여러 길이 있다. 역사, 인류학, 문학, 예술, 법에서 얻을 수 있는 단순한 지식만으로도 문화나 성격상의 차이는 그 사이의 (사람들을 다 같이 인간으로 만드는) 유사성만큼이나 뿌리가 깊고, 이 풍부한 다양성과 관련하여 우리가 특별히 빈곤한 것은 아님이 분명해진다. 이 다양성에 관한 지식은 정신(그리고 영혼)의 창을 열어 사람을 더욱 현명하고 온유하고 더욱 개명되게 해준다. 그것이 없는 데서 불합리한 편견, 증오, 생각이 다른 사람을 이단으로 몰아 박멸하는 도깨비장난이 태어나 자란다. 두 차례의 세계대전에 더해서 히틀러의 인종 청소가 있었는데도 이를 깨닫지 못했다면 우리는 치유 불능이다.

영국의 전통에서 가장 가치 있는 요소는(또는 가장 가치 있는 요소 가운데 하나는) 바로 정치적, 인종적, 종교적 광신주의와 편집증에서 상대적으로 자유롭다는 점이다. 공감할 수 없거나 전혀 이해할 수 없는 사람과의 타협이 조금이라도 품위가 있는 사회라면 필수불가

---

1) (편집자) 어쩌면 로베스피에르가 이렇게 말한 대목을 가리키는 듯하다: "우리의 일에 피로 도장을 찍음으로써 적어도 보편적 행복의 밝은 여명을 볼 수 있을 것이다."『공화국의 내무행정에 관하여 국민공회를 인도해야 할 정치도덕의 원리에 관한 보고서』, *Rapport sur les principes de morale politique qui doivent guider la Convention nationale dans l'administration intérieure de la République* (Paris, 1794), p. 4.

결하다. 자기가 또는 자기네 민족이 틀릴 수 없다는 행복한 정서보다 파괴적인 것은 없다. 신의 (에스파냐의 종교재판소나 아야툴라 호메이니 등) 과업 또는 우월한 인종의 (히틀러) 과업 또는 역사의 (레닌-스탈린) 과업을 수행한다는 이유로 조용한 양심에 따라 살아가는 다른 사람들을 파괴하도록 만들기 때문이다. 유일한 치유책은 시간이나 공간적으로 다른 사회들이 어떻게 살고 있는지, 그리고 나와 다른 삶을 살면서도 완전히 인간적일 수 있고, 사랑과 존경 또는 최소한 호기심을 받을 자격도 있을 수 있다는 점을 이해하는 데에 있다. 예수, 소크라테스, 보헤미아의 얀 후스, 위대한 화학자 라부아지에, 러시아의 사회주의자와 자유주의자들 (그리고 보수주의자들), 독일의 유대인들, 이 모두가 "틀릴 수 없는" 이념을 신봉하는 자들의 손에 절명했다. 관찰과 실험에 기초하여 조심스럽게 검증된 경험적 지식과 사람들 사이의 자유로운 토론을 직관적 확실성이 대신할 수는 없다. 전체주의자들은 자유로운 정신으로 생각하는 사람들을 맨 먼저 부수거나 입을 막는다.

II

피할 수도 있는 갈등이 생기게 만드는 또 하나의 원천은 고정관념이다. 부족들은 이웃 종족이 위협한다고 느끼면서 증오한다. 그리고는 이웃 부족이 이런저런 이유로 사악하거나 열등하거나 터무니없거나 야비하다고 하면서 자신의 두려움을 합리화한다. 이러한 고정관념은 때로 아주 빨리 바뀌기도 한다. 19세기만 한번 보라. 이를테면 1840년에 프랑스인은 허세부리기 좋아하고, 씩씩하며, 부도덕하고, 군대식이며, 콧수염을 물결 모양으로 기르고, 여성에게 위험하며, 워털루를 설욕하기 위해 영국을 침략할 가능성이 높다고 간주되었다. 독일인은 맥주를 마시고, 약간 우스꽝스러운 촌놈이며, 음악을 좋아하고, 오리무중의 은유로 가득 차 있으며, 무해하지만 약간 터무니없다고 간주되었다. 1871년에 독일인은 모두 민족의 긍지에 불타 소름끼치는 비스마르크가 부추기는 대로 프랑스를 광풍처럼 휩쓴 프로이센의 무시무시한 군국주의 경기병이 되었다. 반면에 프랑스는 불쌍하게 짓밟혀 으깨진 문명의 나라로 그 예술과 문학이 끔찍한 침략자의 발 아래 짓밟히지 않도록 선량한 사람은 모두 나서 보호해 주어야 할 대상이 되었다.

19세기의 러시아인은 짓밟힌 농노＋어두운 표정으로 곰곰이 생각하면서 심오한 소설을 쓰는 반쯤 종교적인 슬라브족＋차르에게 충성스럽고 노래를 잘 부르는 굉장한 코사크 군단이다. 이 모두가 이제는 극적으로 바뀌어, 억압받는 것은 여전하지만 현대적 기술과 탱크와 신을 부인하는 유물론과 자본주의에 맞서는 십자군이 되었다. 영국인은 원주민들 위에서 주인 노릇하면서 기다란 코끝으로 세계를 내려다보는 비정한 제국주의자였다가 이내 가난해져서 적당히 복지 예산이나 타먹는 맹방이 필요한 자유주의자로 되었다. 이런 목록은 계속 늘일 수 있다. 외국인에 대한 개별적인 인상을 일반화하는 식으로 단순하거나 영구적일 수는 결코 없는 진정한 지식을 이모든 고정관념이 몰아내고 그 자리를 대신 차지한다. 그리고 민족적 자기 만족과 다른 민족에 대한 멸시를 자극한다. 이것이 민족주의의 지지대다.

III

    민족주의를 19세기에는 모두들 퇴조하고 있다고 생각했지만 오늘날에는 가장 강력하고 가장 위험한 힘이 되었다. 그것은 보통 한 민족이 다른 민족 때문에 긍지나 영토에서 받은 상처에서 생기는 소산이다. 국가 체제를 정비하여 정치와 전쟁과 예술과 철학과 과학 등에서 모든 사람에게 법과 규준을 부여했던 태양왕 루이 14세가 만약 독일인을 공격하고 유린하여 여러 해 동안 창피를 주지 않았다면, 이를테면 19세기 초에 나폴레옹이 쳐들어 왔을 때 독일인들이 그처럼 강렬한 민족주의로 무장하여 그렇게까지 전의에 불타지는 않았을 것이다. 비슷한 예로 러시아인들이 19세기에 서유럽에 의해 그처럼 야만적인 군중으로 취급당하지 않았다면, 중국인들이 아편전쟁을 비롯한 전반적인 착취로 수치를 겪지 않았다면, 누구도 막을 수 없는 역사의 힘에게서 도움을 받아 자본주의 불신자들을 모조리 쳐부순 다음 자기들이 지구를 상속받게 되리라 약속하는 교의에 두 나라 모두 그토록 쉽게 빠지지는 않았을 것이다. 만약 인도가 보호령으로 전락하지 않았다면…… 기타 등등. 정복, 인민의 노예화, 제국주의 등은 단지 탐욕 또는 영광을 향한 욕구를 먹고 자라는 것이 아니라 어떤 핵심적인 이념에 의해 스스로를 정당화할 수 있어야 한다──오로지 프랑스만이 진정한 문화라든지, 백인의 부담이라든지, 공산주의라든지, 다른 민족은 열등하거나 사악하다는 등이다. 오직 지식만이, 지름길을 취한 것 말고 조심스러운 지식만이 이것을 추방할 수 있다. (피부색, 문화, 종교에서) 다른 상대에 대한 인간의 공격성은 지식으로써도 추방할 수 없다. 그래도 역사와 인류학과 법에 관한 교육은 (특히 통상 그렇듯이 자기 나라의 것만이 아니라 여러 나라의 것들을 비교하는 교육이라면) 도움이 된다.

■ 옮긴이 해제

벌린의 『자유론』은 자유라는 주제를 명시적으로 다루고 있는 글들을 모아 한 권의 단행본으로 엮은 것이다. 따라서 여기에 모인 모든 글이 그가 자유를 어떻게 이해하고, 왜 소중하게 생각했으며, 현대 사회에서 무엇이 자유를 위협한다고 보았는지를 잘 드러내주고 있다. 그러나 그중에서도 「자유의 두 개념」과 「역사적 불가피성」이 그의 자유주의에서 밑바탕을 이루는 인식의 기본 틀을 표현하고 있다고 보아, 본 해제에서는 이 두 편의 논문을 중심으로 논의하기로 한다.

먼저 「자유의 두 개념」과 관련해서는 널리 퍼져 있는 오해 한 가지를 검토해 볼 필요가 있다. 흔히 「자유의 두 개념」에서 벌린이 적극적 자유보다는 소극적 자유를 옹호한 것처럼 해석되고 인용되고 있는데, 이는 아주 거친 감각으로만 일리를 가질 수 있을 뿐 세밀한 차원에서는 그 글에 담겨 있는 의미를 오도하는 셈이다. 왜냐하면 그 논문에서 벌린이 확립하려고 하는 일차적인 구분은 자유라는 개념이 일상적인 맥락에서——즉 특별한 이론적 배경의 뒷받침 없이도——담고 있는 의미와 특별한 이론의 뒷받침 안에서 지닐 수 있는 의미 사이의 구분이고, 그가 내놓는 일차적인 규범적인 주장은 여러 부류의 특정한 이론들과 결부될 때 자유라는 단어에 연결될 수 있는 의미들 가운데에는 어불성설에 해당하는 것들이 있어서 그런 것들이 정치체제로 실현될 때에는 지극히 위험한 결과를 낳는다는 것이기 때문이다.

그는 논의의 초점을 좁히기 위해서 주제를 정치적 자유, 즉 정치적 권위에 의해서 규제하느냐 마느냐의 대상이 될 수 있는 차원의 자유에 국한한다. 다시 말해서 다른 사람이나 집단 때문에 한 개인의 행동이 방해를 받았다고 말할 수 있는 경우에만 자기가 논하는 자유의 결핍을 운위할 수 있다는 것이다. 따라서 개인의 물리적 한계와 같은 자연적 원인, 기회가 있었지만 스스로 계발하지 않은 탓에 발생한 무능력, 어떤 욕구나 감정에 대하여 사람들이 흔히 빠지고 마는 무절제 등은 종종 "내 의지대로 행동하지 못하게 가로막는 장애물"에 해당한다고 서술될 수 있지만, 자유와는 무관하다. 단 돈이 없어서 어떤 행동을 하지 못하는 경우는 사회주의와 같은 특정한 이론에 의거한다면 "다른 사람 때문에" 생겨나는 장애물에 해당하는 것으로 서술할 수 있다.

이렇게 주제를 한정한 다음 벌린은 자유를 이해하는 여러 가지 방식 가운데 전형적인 몇 가지를 들어 자유가 그들 특정 시각에서 어떻게 이해되는지, 그리고 그러한 이해방식들이 정치적 자유라는 주제에 비추어 어떤 함의를 가지고 있는지를 검토한다. 이와 같은 자유에 관한 이해방식들 중에서 핵심에 해당하는 것이 소극적 자유와 적극적 자유의 시각이다.

소극적 자유의 시각에서는 자유를 외부적 장애물이 없는 상태로 이해한다. 물론 자유가 인간의 삶에서 유일하거나 최고의 가치인 것은 아니기 때문에, 소극적 자유의 이론가들도 어떤 다른 목적을 위해 자유가 규제될 수 있다는 점은 인정한다. 다만 이 이론에서 강조하는 것은 그 어떤 목적이나 명분을 위해서라도 국가나 사회의 권력이 결코 침범할 수 없는 최소한의 영역이 개인 자유를 위하여 반드시 확보되어야 한다는 점이다. 이 이론을 정립한 대변인 중 한 사람인 존 스튜어트 밀에 따르면 양심과 표현의 자유가 그와 같은 최소한에 해당한다.

그런데 소극적 자유에 관한 관심은 각 개인이 누리는 자유의 폭, 즉 외부에서 가해지는 규제의 정도가 어디까지인지에 주안점을 두기 때문에 그 폭과 정도를 누가 결정하느냐는 문제는 상대적으로 소홀하게 다루어지게 된다. 그리하여 벌린은 독재자나 군주 아래에서 소극적 자유의 폭이 더 넓을 수도 있음을 지적한다. 이처럼 자유와 관련되어 논의가 필요한 주제에는 개인이 누리는 자유의 폭이 얼마인지의 문제와는 별도로 그 폭의 경계를 누가 결정하느냐는 차원도 포함되어야 한다. 이 차원에 관한 관심이 적극적 자유라는 문구와 관련하여 벌린이 논의하는 주제이다. 이는 "내 인생 및 결정이 나 자신에 의하여 좌우되기를 바라지 외부의 힘에 의존하기를 바라지 않는다. 다른 사람이 나를 위해 해주는 대로 따라가고 싶지 않으며 외부 자연의 힘 또는 다른 사람의 행동에 수동적으로 영향만을 받고 싶지 않다"는 방향의 소원에 뿌리를 둔다.

이 방향의 관심은 콩도르세, 칸트, 밀과 같은 자유의 전도사들에게 소극적 자유를 향한 관심만큼이나 중요한 것이었고, 실제 인류의 역사가 전반적으로 민주화 및 사회화의 방향으로 흘러가도록 하는 데에 기여했다. 그런데 이로부터 한 가지 아주 기괴한 언어적 변환이 발생할 수 있고, 실제로 발생하기도 했다. 그것은 "내가 나의 주인이기를 원한다"고 할 때 "나"가 누구인지가 얼핏 보기보다는 복잡한 문제로서, 철학사를 장식한 결정적 난제 중의 하나라는 사실에서 연유하게 된다.

"내가 나의 주인이기를 원한다"는 언표의 형태만으로도 여기에 어떤 문제가 숨어 있는지는 쉽게 부각할 수 있다. 이 언표를 액면 그대로 놓고 따지면 적어도 여기에는 두 개의 "나"가 상정되고 있는 것처럼 보인다. 즉 첫째는 "나의 주인"이라고 할 때 소유격의 주체에 해당하는 "나"와 그런 "나"의 주인인 "나"가 그것이다. 물론 이 두 개의 나는 동일할 수 있다. 그러나 내가 나의 주인이기를 원한다는 일이 가능하다는 점으로부터, 내가 나의 주인과 다를 수 있다는 가능성이 논리적으로 따라 나오게 된다.

실제로 술이나 약물에 취했다가 깨어난 사람이 취한 상태에서 자기가 저지른 일을 두고 나중에 "그때는 제정신이 아니었다"는 식으로 말하는 경우는 아주 흔하다. 뿐만 아니라 어떤 욕구, 심리적 영향, 신조, 또는 혼동이나 착각이나 미망에 빠져서 저지른 행동에 대해서도 나중에 그와 같은 속박에서 벗어난 다음에 "제정신이 아니었다"고 말하는 경우도 흔하다. 그리하여 이를 소위 "저급한 자아"와 "최선의 자아" 또는 "경험적 자아"와 "진정한 자아" 따위의 이분법적 도식으로 일반화한다는 발상이 지적으로 상당히 매혹적일 수 있다. 이렇게 자아가 하나의 실체로서 각 개인의 실제 의지와 분리되면, 한 개인이 일정한 시점에서 원하는 바와 논리적으로 독립하여 "그 사람이 진정으로 원하는 바"라는 항목이 자리를 잡게 된다. 그와 같은 진정한 자아가 원하는 의지는 그 개인보다 개명한 다른 사람에 의해서 더 잘 대변될 수 있는 것이므로 당사자의 실제 의지를 묵살하면서 외부로부터 부과될 수도 있고, 그 당사자가 실제로 원하는 바와는 정반대의 방향으로 강제당하는 사람들이 "진정한 의지"에 따라 행동하는 것이므로 자유롭다고 말하는 어법도 가능하게 된다.

자유가 인간 사회에서 유일한 가치는 아니다. 자유 말고도 정의, 자비, 경제성장, 안전 등등과 같은 수많은 가치가 인간에게 필요하다. 따라서 때때로 필요하다면 여타 가치를 위해 자유는 유보될 수도 있고 제약될 수도 있음을 벌린은 인정한다. 그러나 정의를 위해서든 경제성장을 위해서든 안전을 위해서든 강제는 강제고 자유의 반대이지, 강제가 곧 자유일 수는 없다는 것이 벌린의 지적이다. 어떤 특별한 경우에나 성립할 수 있는 "진정한 자아"와 "경험적 자아"의 구분을 일반화하여 이데올로기, 교회, 국가, 민족, 당 등이 진정한 실체고 개인들이 실제로 느끼는 감정이나 소원을 저급하고 일시적인 덤터기 정도로 치부하면서, 개인들이 강제당하고 있는 바로 그 순간이 곧 자유라고 말하는 것은 언어의 왜곡일 뿐이라는 것이다.

이와 같은 벌린의 비판은 물론 전체주의에 대한 비판과 통한다. 그러나 벌린이 소극적 자유의 편에 서서 적극적 자유를 부인한 것은 아니다. 그는 분명히 적극적 자유라는 관념에 일리가 들어 있으며 정당하게 사용될 수 있다는 사실과, 소극적 자유라는 관념에 일정한 한계가 있다는 점을 인정하기 때문이다. 위에서도 언급한 바와 같이 독재 치하에서 소극적 자유가 더 많이 허용될 수 있음을 벌린이 지적한다는 사실은 곧 자유의 관념에는 단순히 각 개인들이 규제 없이 행동할 수 있는 영역이 얼마나 넓으냐는 차원뿐만 아니라 그 영역의 경계를 누가 획정하느냐는 차원도 아주 중요하다고 생각하고 있음을 말해 준다. 소극적 자유의 폭을 누가 정하느냐는 차원이야말로 적극적 자유라는 관념이 정당하게 적용될 수 있는 지점 중의 하나인 것이다. 뿐만 아니라 벌린은 소극적 자유를 소중하게 보는 관념이 근대의 소산이라는 점과 자유가 자동적으로 계몽과 진보로 연결되리라고 본 밀의 낙관은 근거가 없음을 잊지 않고 지적하고 있다.

벌린의 취지는 소극적 자유라는 발상에 일리가 있는 만큼 적극적 자유의 발상에도 일리가 있지만, 또한 이 주변에 수많은 언어적 왜곡과 혼동의 위험도 있음을 지적하는 데 있다. 소극적 자유, 즉 외부적 장애물이 없는 상태를 자유로 본다고 하더라도 만약에 나 자신의 욕구를 제거함으로써 어떤 것도 장애로 느끼지 않는 경지를 지향하는 방향으로 생각이 진행하게 되면, 에픽테투스처럼 노예지만 자유롭다는 말도 가능하게 되는 점 역시 벌린이 지적하는 혼동 중의 하나와 연결된다. 스토아주의적인 자유의 관념이 그 자체로는 불가능하지 않겠지만, 정치적 자유의 문제, 즉 개인의 행동에 공적 권위가 어떤 규제를 얼마나 할 것이냐는 문제에는 상관이 없다는 것이다.

물론 벌린의 강조는 소극적 자유보다는 적극적 자유의 관념과 관련되어 발생하는 왜곡과 혼동 쪽에 더 무게가 쏠린다. 그 까닭은 19세기까지만 해도 통상 넘을 수도 없고 넘어서도 안 된다고 여겨지던 한계를 넘어서까지도 정치적 권위가 개인들의 생활에 간섭하여 인간의 삶을 획일화할 수 있을 뿐만 아니라 그렇게 하는 것이 옳다는 신조가 20세기에는 널리 퍼져서 그런 발상에 입각한 체제가 만들어지기에 이르렀기 때문이다. 어쩌면 벌린에게 더욱 염려스러웠던 것은 전체주의 체제보다도 그 체제의 바탕을 이루는 발상이 전세계의 지식인에게 미친 엄청난 영향력이었을 것이다.

계몽주의 이래 인간이 세계의 전모를 합리적인 원리에 의해 파악하고 합리적인 목적을 설정한 후 합리적인 계획을 통해서 목적을 달성함으로써 역사의 진보를 인간이 주도할 수 있다는 발상은 인간이 존엄하다고 믿을 최고의 근거에 해당할 정도로 지성적 사유의 기본 틀이 되다시피 했다. 나아가 여기에 깔려 있는 기계론적 우주관을 인간과 역사에도 적용할 수 있을지 모른다는 생각의 가능성도 이로써 열리게 되었다. 이러한 추세에 대한 비판으로 이성보다 감성이 먼저라는 주장들이 흄과 루소에 의해 제기되었고, 마침내 칸트는 (벌린의 지성사 이해에 따르면) 유물론적 우주관에 대항하여 정신이라는 영역의 독립성을 확보하였다. 그런데 여기서 비롯하는 낭만주의는 민족을 위시하여 교회, 국가, 역사 등을 개인보다 위대한 실체로 상정하는 각종 이데올로기를 낳고야 말았다. 유물론적 과학주의뿐만 아니라 그에 대한 반대에서 시작했던 낭만주의까지가 합세해서 20세기에는 사회가 전체로서 하나의 실체이며 개인보다 우월하다는 인식의 틀을 빚어낸 것이다.

이러한 추세에 대한 우려는 오크쇼트나 포퍼, 하이에크, 탤몬, 세이빈 등이 표명한 바와 기본적으로 같은 방향이다.[1] 계몽주의 이래의 지성사 및 거기에 바탕한 정치사의 흐름에 대한 이와 같은 일반적인 우려와 경계를 벌린은 1954년에 쓴 「역사적 불가피성」에서 표명하였다. 그 논문에 대하여 "자유의 적들을 싹쓸이로 공격하려는 열정에 사로잡혀 과학과 형이상학과 신학을 일소해 버리고 나서 텅 빈 들판에 홀로 우뚝 서 있다"는 평이 나오자,[2] 1958년에 발표한 「자유의 두

---

1) Michael Oakeshott, *The Politics of Freedom and the Politics of Scepticism* (New Haven, 1966: Yale University Press); *On Human Conduct* (Oxford, 1975: Clarendon Press); Karl Popper, *The Open Society and Its Enemies* (London, 1945: Routeldge); *Poverty of Historicism* (London, 1961: Routledge); F. A. Hayek, *The Road to Serfdom* (London, 1944: Routledge); J. L. Talmon, *Origins of Totalitarian Democracy* (London, 1952: Secker and Warburg); George Sabine, "The Two Democratic Traditions", *Philosophical Review* 61 (1952), 451-474.

2) 「역사적 불가피성」에 대한 도슨(Christopher Dawson)의 평이다. *Harvard Law Journal* 70 (1957), 584-588. 인용된 표현은 585쪽에 있다. 영어본에는 해리스(Ian Harris)의 간결하면서도 포괄적이며 동시에 정확한 해설("Berlin and his critics")이 실려 있는데, 본 한국어본에서는 그 전체를 번역하는 대신에 옮긴이의 해제에서 일부 내용을 언급하기로 하였다. 도슨의 평과 「자유의 두 개념」 사이의

개념」에서는 모든 형이상학이 자신의 비판이 겨냥한 표적과 같은 형태를 띠어야 할 필요는 없다는 사실을 밝히고자 했던 것이다.

「역사적 불가피성」의 주제는 자연계의 사물들과 같이 역사도 인과의 법칙에 따라 결정되어 있다는 발상을 비판하는 데에 있다. 벌린은 경험주의자로서 일단 결정론이 옳은지 그른지를 판명하는 문제는 경험적 문제가 아니므로 자신으로서는 알 수 없는 일이라고 하면서 시작한다. 다만 우리 모두에게 익숙한 행동과 사유의 방식 가운데 한 가지가 결정론의 함축과는 정반대라는 점을 지적하고 싶을 뿐이라고 한다. 그것은 각자의 행동에 대한 칭찬과 비난의 언어들이다. 만약에 결정론이 옳다면 인간의 모든 행동은 단지 선행하는 원인에 의한 결과일 따름으로, 행위 주체의 자유로운 의지에 따른 선택이라는 의미를 모두 상실하게 되어 잘못에 대한 책임도 업적에 대한 공로도 없어져야 맞으리라는 것이다. 그런데 우리는 모두 실제 삶에서 우리 자신과 다른 사람의 행동에 대하여 잘잘못을 운위하고 책임 소재를 이야기한다. 심지어 결정론을 신봉하는 철학자들까지도 결정론을 주장하는 때를 제외하면 일상생활에서 마찬가지로 칭찬과 비난의 언어를 사용한다. 결정론에 대하여 정면으로 틀렸다고 주장하면서 근거를 대기는 쉽지 않은 일이지만, 인간의 삶에서 결정론과 상충하는 방향의 고려와 의미가 얼마나 깊게 뿌리내려 있는지, 그리고 칭찬과 비난과 선택과 책임이라는 의미들이 완전히 탈색된 종류의 삶이라는 것이 어떤 형태일지를 상상하기가 얼마나 어려울지를 염두에 두고 보면 결정론에 어떤 문제가 있는지가 드러난다는 것이다.

내 생각으로 결정론은 사후설명의 그럴듯함에서 파생하는 필연성의 그림자와 사전예측의 정확성까지 보장해 주는 법칙의 이미지를

연관은 *Liberty*(2002), 353쪽에 있다.

혼동한 데서 비롯되는 착시현상으로 보인다.[3] "역사에도 법칙이 있을 수 있다"는 진술은 그 말 안에서 언급되고 있는 법칙이 미지의 상태로 남아 있는 한 틀렸다고는 결정적으로 반증될 수 없는 상태에 머무를 수가 있다. 인과의 법칙은 어떤 사태가 발생한 결과를 두고 그 원인을 설명할 수 있게 해주는 역량과 어떤 일을 보고 그 결과를 예측할 수 있게 해주는 역량을 함께 갖추어야 한다. 그런데 우리는 일어난 사건에 대하여 사후적으로 설명할 뿐이면서도 설명이 그럴듯하면 법칙이라든지 필연성을 운위한다. 예컨대 프랑스 혁명에 대하여 제시될 수 있는 인과적 설명 가운데에는 너무나 설득력이 커서 듣는 사람으로 하여금 혁명의 발생이 불가피했겠다고 수긍하게 만드는 설명이 충분히 있을 수가 있다. 그러나 그러한 설명이 그야말로 혁명에 관한 인과법칙이 되려면 사후적 설명력을 넘어 어떤 정치적 갈등 상황을 두고 그것이 혁명으로 이어질지 여부, 나아가 혁명이 일어난다면 언제 일어날지까지를 예견할 수 있어야 한다. 물론 결정론자들은 이러한 요구에 대하여 역사법칙에 관한 인간의 이해가 아직은 그런 수준에 이르지 못했지만 언젠가는 그렇게 될 수 있으리라고 답변한다. 미지의 법칙은 틀렸음을 증명할 수 없다. 왜냐하면 증명의 대상이 인간의 지식 안에 존재하지 않기 때문이다. 결정론은 이처럼 오직 결정론에서 앙망하는 법칙이 미지로 남아 있는 만큼만 가능하다.

법칙이 기지(旣知)의 영역으로 포착되는 순간 사정은 질적으로 달라지게 된다. 기지의 것에 대해서 사람은 반응을 할 수 있다. 어떤 법칙이 어떤 이론가에 의해서 포착되고 그 법칙에 따라서 미래가 예

---

3) 이 점은 벌린이 「역사적 불가피성」과 「자유의 두 개념」을 발표하던 때와 비슷한 시기에 윈치에 의해서 아주 간결하고 분명하게 해명된 바 있다. Peter Winch, *The Idea of a Social Science* (London, 1958: Routledge), 특히 91–95쪽을 참조.

견되는 순간, 그 예견에 대해서 사람들은 어떤 식으로든 반응을 하게 된다. 이때 법칙 안에 그 법칙 자체에 대한 반응이 포함되어 있을 수는 없다. 가령 한 이론가가 A라는 예측을 제시하려다가 A에 대한 사람들의 반응을 고려한 결과 예측을 B로 바꾸고, 다시 B에 대한 사람들의 반응을 고려하여 예측을 C로 고치는 것은 가능하다. 사람들의 반응을 고려한 예측도 충분히 가능한 것이다. 그러나 A에 대한 반응이 A 안에 포함될 수는 없기 때문에, 결정론 이론가가 최종적으로 내놓는 법칙 안에는 그 법칙에 대한 사람들의 반응은 포함될 수가 없는 것이다. 즉, C에 대한 반응을 고려한 결과는 D로, D에 대한 반응을 고려한 결과는 E로 제시되어야 하는 식으로 무한회귀에 빠지고 마는 것이다. 자연과학에서 법칙적 설명이 지탱될 수 있는 까닭은 그 설명을 청취하는 대상과 설명에 의해서 행태가 분석되는 대상이 서로 완전히 다르기 때문이다. 이를테면 "지동설에 대한 지구의 반응" 따위의 개념은 그 자체로 어불성설인 것이다. 그에 비해 역사에 관한 법칙은 인간의 행태를 설명하려는 시도이면서 동시에 인간의 이해와 반응을 겨냥하여 제시되는 것이기 때문에 위와 같은 무한회귀가 발생하게 된다.

벌린은 「희망과 공포에서 해방」에서 이 논증에 대하여 잠깐 언급은 하지만 이것이 결정론에 대한 반박으로서 결정적이지는 못하다고 보고 있다. 그에게 이 논증이 충분한 설득력을 갖추지 못한 까닭 가운데에는 그가 기본적으로 경험주의자이지 논리학자가 아니라는 사실과 더불어 그가 포퍼를 통해서 이 논증에 접했다는 점도 작용한 것으로 보인다. 역사를 자연과학과 같은 방식으로 해명할 수 있다는 발상에 대한 포퍼의 비판은 역사를 법칙으로 규명할 수 있다는 발상 자체를 문제시한 것이 아니라, 역사에 대한 법칙은 자연과학의 법칙만큼 정확할 수는 없다는 정도에 그치기 때문이다. 어쨌든 이 주제

자체를 여기서 탐구해 들어갈 수는 없고, 결정론에 대한 벌린의 입장을 요약한다는 해제의 목적은 이 정도만으로 어느 정도 충족되었다고 볼 수 있을 것 같다.

이처럼 벌린은 역사에 관한 결정론이 논리적 착각에서 비롯된 것임을 밝히는 방향에 초점을 맞추는 대신에 우리 삶의 기본적인 형식에 해당하는 요소들과 결정론의 함축이 어울리지 않는다는 점을 집중적으로 부각하였다. 물론 벌린이 지적하는 측면 역시 결정론이 안고 있는 문제 중에서 핵심에 해당할 뿐만 아니라, 철학자들이 종종 이론의 추상적인 구조에 함몰하여 자기 자신의 모습을 망각한다는 점은 지식인이라면 누구나 명심하여 스스로 경계해야 할 일반적인 진실이기도 한다. 게다가 인류의 지성사와 관련되는 풍성한 주제들을 독특한 만연체 문체에 실어 표현하는 그의 능력으로 말미암아, 그의 주장에 대해 후속 논의가 활발하게 이루어졌다. 그의 비판이 적극적 자유의 개념이나 결정론을 오해한 결과라는 반론에서부터, 그가 지성사의 흐름을 잘못 파악했다든지, 서로 다른 항목들을 혼동하고 있다든지, 등에 이르는 많은 반론과 비평이 이어졌다. 관심이 있는 독자라면 영어본에 실려 있는 해리스의 해설 및 그가 정리해 놓은 문헌의 목록을 참조하기 바란다. 그 문헌 대부분은 한국어로 번역되어 있지 않기 때문에 그 목록을 여기에는 옮기지 않았다. 벌린의 저술 목록은 아래 연보 다음에 마련해 놓았다. 벌린의 저술 및 그에 관한 문헌들에 관한 더욱 체계적이고 더욱 상세한 목록은 이사야 벌린 가상도서관(http://berlin.wolf.ox.ac.uk)에서 찾아볼 수 있다.

본 한글 번역본은 1998년 대우재단의 학술 번역 과제로 선정되어 번역에 착수하게 되었다. 당초 번역 과제로 선정된 책은 1969년판 *Four Essays on Liberty*였다. 그런데 저작권과 관련된 협상이 진행되는 도중에 *Liberty*라는 제목의 증보판이 기획되는 바람에 저작권 협상의 대상도 2002년 판으로 바뀌게 되었다. 이런 곡절들을 거치는 사이에 번역 작업에 기울인 옮긴이의 집중력에서도 요동이 없지 않게 되어, 당초 과제 선정에서 무려 8년이 지난 뒤에야 책이 나오게 되었다. 헨리 하디가 「편집 과정의 사연」에 밝혀놓았듯이 1969년 판 *Four Essays On Liberty*가 출판되는 데에도 기획한 지 16년이라는 세월이 걸렸다는 사실에 기대어 슬그머니 넘어가고 싶은 유혹이 없지는 않으나, 번역본이 늦게 나오게 된 이유의 대부분은 옮긴이의 게으름 탓임을 자인하지 않을 수 없다. 아울러 자연스러운 한글 문장이 되지 못하고 생경한 번역투 문장에 그친 대목이 너무나 많다는 사실 역시 옮긴이의 능력 부족 탓이다. 더군다나 전문적인 학술서의 출판이 시장성과는 거리가 멀기만 한 이 땅의 문화적 풍토에서 번역 과제를 맡겨준 대우재단과 마침내 책의 출판을 성사시킨 아카넷의 정성과 인내에 경의를 표한다.

2006년 5월
옮긴이 박동천

이사야 벌린: 생애와 저술

<table>
<tr><td>1909</td><td>라트비아(당시에는 러시아 제국의 영토) 리가(Riga)에서 유대인 목재상 멘델(Mendel) 벌린과 마리(Marie, 친정 쪽 성은 Volshnok) 사이에서 출생하다(6월 6일).</td></tr>
<tr><td>1915</td><td>가족이 안드레아폴(Andreapol)로 이사하다.</td></tr>
<tr><td>1917</td><td>가족이 페트로그라드(Petrograd, 상트-뻬쩨르부르크의 당시 이름)로 이사하다. 그해 2월과 10월에 발생한 두 차례 혁명의 장면들을 목격하고 기억하다. 혁명 직후 집안에 박해가 가해지다.</td></tr>
<tr><td>1920</td><td>리가로 돌아갈 수 있도록 허용되다.</td></tr>
<tr><td>1921</td><td>가족이 영국으로 이민하다. 런던 또는 근교에 살면서 세인트 폴스 스쿨(St. Paul's School)을 거쳐 옥스퍼드 코퍼스 크리스티 칼리지(Corpus Christi College)에서 고전학(고전 문헌, 고대 역사와 철학) 및 PPE(정치학, 철학, 경제학)를 공부하다.</td></tr>
<tr><td>1932</td><td>옥스퍼드 뉴 칼리지(New College) 강사(Lecturer)가 되고, 유대인 최초로 올솔즈(All Souls) 칼리지의 펠로(Fellow)로 선임되다. 올솔즈 칼리지의 펠로라는 자리는 영국의 학계에서 최고의 영예로 간주되는 지위 가운데 하나로서, 이후 뉴 칼리지의 펠로를 지낸 시기(1938~50)와 울프선 칼리지 학장 시기(1966~75, 그러므로 울프선 칼리지의 펠로였던 시기)를 제외하고 사망시까지 올솔즈의 펠로를 지내다.
옥스퍼드에서 오스틴(J. L. Austin), 에어(A. J. Ayer), 햄프셔(Stuart Hampshire) 등, 분석철학의 거장들과 동료로서 활발한 토론을 펼치다.</td></tr>
<tr><td>1940~42</td><td>뉴욕의 영국 문화원(British Information Services)에서 복무하다.</td></tr>
<tr><td>1942~45</td><td>워싱턴의 영국 대사관에서 복무하다. 전쟁 기간 중 미국의 정치 상황에 대하여 매주 보고서를 작성하는 임무를 수행하였는데, 보고서를 읽은 처칠 수상이 거기에 담긴 통찰력에 주목하여 누가 쓴</td></tr>
</table>

글인지를 물어 확인하다.

1945~46 모스크바 영국 대사관에서 일하다. 안나 아흐마토바(Anna Akhmatova), 보리스 파스테르나크(Boris Pasternak) 등, 박해받고 있던 러시아 지식인들을 만나서 공산주의에 반대하는 신념이 더욱 굳어지다.

이후 옥스퍼드로 복귀. 철학보다는 사상사(그 자신이 표현하기를 "내가 이미 알고 있는 것 말고 배울 것이 있는 분야"), 특히 러시아 지성사, 마르크스주의 및 사회주의 이론의 역사 쪽으로 관심의 초점을 옮기다.

1950 올솔즈 칼리지 연구 펠로(Research Fellow)로 선임되어 역사와 정치와 문학에 대한 연구에 전념할 수 있게 되다.

1956 에일린 할반(Aline Halban, 친정 쪽 성은 de Gunzbourg)과 결혼하다(부인이 전남편과의 결혼에서 얻은 세 자녀만 있고, 둘 사이에서는 자식이 없음).

1957 사회정치이론 분야의 치첼리(Chichele) 교수직에 취임하다(1967년까지 재직). 이 직위는 올솔즈의 설립자 헨리 치첼리(Henry Chichele, 1364년경~1443)를 기념하는 것으로 벌린은 취임 강연에서 "자유의 두 개념"을 발표하다.

같은 해에 영국 학술원(British Academy) 회원이 되고, 국왕에 의해 기사(Knight)의 칭호를 받다.

1959 영국 학술원 부회장에 취임하다(1961년까지 재임).

1966 울프선(Wolfson) 칼리지를 사실상 설립하다시피 하고, 초대 학장에 취임하다(1975년까지 재직).

1966 뉴욕 시립대(City University of New York)의 인문학(Humanities) 방문 교수(Visiting Professor)를 겸하다(1971년까지). 옥스퍼드 철학의 주류인 일상언어파 분석철학의 중심에서는 떨어져 있었지

654

만, 그래도 미국을 자주 방문하면서 옥스퍼드 철학을 전파한 초창기 주요 인물 가운데 한 사람으로서 활동하다.

1971   영국 국왕으로부터 공로서훈(Order of Merit, 군사, 과학, 예술, 문학, 문화증진 등에서 공로를 기리는 것으로 작위가 수반되지는 않지만 생존한 사람 중에서는 서훈 받은 이의 수가 24명으로 제한되는 서훈)을 받다.

1974   영국 학술원 회장에 취임하다(1978년까지).

1997   옥스퍼드에서 사망하다(11월 5일).

저술

1937   「귀납과 가설」('Induction and Hypothesis'), *Proceedings of the Aristotelian Society*, supplementary vol. 16: 63–102.

1939   『카를 마르크스: 삶과 환경』(*Karl Marx: His Life and Environment*), London: Thornton Butterworth; Toronto: Nelson. 제4판, 1978, Oxford and New York: Oxford University Press.

1949   「민주주의, 공산주의, 그리고 개인」('Democracy, Communism and the Individual', in The Isaiah Berlin Virtual Library, Henry Hardy(ed.) PDF 파일로 온라인으로 받아볼 수 있음.)

1953   『고슴도치와 여우』(*The Hedgehog and the Fox: An Essay on Tolstoy's View of History*), London: Weidenfeld and Nicolson; New York: Simon and Schuster. 1951년에 쓴 논문 「레프 톨스토이의 역사적 회의주의」('Lev Tolstoy's Historical Scepticism', *Oxford Slavonic Papers*, 2, 1951: 17~54)의 증보판. Berlin(1978a)에 재수록)

1954 『역사적 불가피성』(*Historical Inevitability*), London: Oxford University Press. Berlin(1969)에 재수록.

1955 「철학과 믿음」('Philosophy and Beliefs'), *Twentieth Century*, 157: pp. 495~521. 스튜어트 햄프셔(Stuart Hampshire), 아이리스 머독(Iris Murdock), 앤서니 퀸튼(Anthony Quinton)과 공저.

1956 『계몽의 시대』(*The Age of Enlightenment: The Eighteenth-Century Philosophers*), Boston: Houghton Mifflin; New York: New American Library.

1958 『자유의 두 개념』(*Two Concept of Liberty*), Oxford: Clarendon Press. Berlin(1969)에 재수록.

1969 『자유에 관한 네 편의 논문』(*Four Essays on Liberty*), London and New York: Oxford University Press. Berlin(2002b)로 증보됨.

1972 「마키아벨리의 독창성」('The Originality of Machiavelli', 1953년에 강연으로써 발표한 논문의 수정본), in *Studies on Machiavelli*, M. Gilmore(ed.), Florence: Sansoni. Berlin(1979)에 재수록.

1978a 『러시아 사상가』(*Russian Thinkers*), Henry Hardy and Aileen Kelly(eds), London: Hogarth Press; New York: Viking.

1978b 『개념과 범주』(*Concepts and Categories: Philosophical Essays*), Henry Hardy(ed.), London: Hogarth Press; New York, 1979: Viking.

1979 『추세를 거슬러』(*Against the Current: Essays in the History of Ideas*), Henry Hardy(ed.), London: Hogarth Press; New York, 1980: Viking.

1990 『인간성이라는 뒤틀린 목재』(*The Crooked Timber of Humanity: Chapters in the History of Ideas*), Henry Hardy(ed.), London: John Murray; New York, 1991: Knopf.

1996   『현실 감각』(*The Sense of Reality: Studies in Ideas and their History*), Henry Hardy(ed.), London: Chatto and Windus; New York, 1997: Farrar, Straus and Giroux.

1997   『인간에 대한 올바른 연구』(*The Proper Study of Mankind: An Anthology of Essays*), Henry Hardy and Roger Hausheer(eds), London: Chatto and Windus; New York, 1998: Farrar, Straus and Giroux.

1998   『개인적 인상』(*Personal Impressions*), 2nd edn, Henry Hardy (ed.), London: Pimlico; Princeton, 2001: Princeton University Press.

1999a   『최초와 최후』(*The First and the Last*), New York: New York Review Books; London: Granta.

1999b   『낭만주의의 뿌리』(*The Roots of Romanticism*, 집필은 1965), Henry Hardy(ed.), London: Chatto and Windus; Princeton: Princeton University Press.

2000a   『관념의 힘』(*The Power of Ideas*), Henry Hardy(ed.), London: Chatto and Windus; Princeton: Princeton University Press.

2000b   『계몽주의를 비판한 세 사람: 비코, 하만, 헤르더』(*Three Critics of the Enlightenment: Vico, Hamann, Herder*, 집필은 1960~65), Henry Hardy(ed.), London: Pimlico; Princeton: Princeton University Press.

2002a   『자유와 배신』(*Freedom and its Betrayal: Six Enemies of Human Liberty*, 집필은 1952), Henry Hardy(ed.), London: Chatto and Windus; Princeton: Princeton University Press.

2002b   『이사야 벌린의 자유론』(*Liberty*), Henry Hardy(ed.), Oxford and New York: Oxford University Press.

2004a 『말의 꽃: 이사야 벌린 서간 모음』(*Flourishing: Letters 1928~1946*), Henry Hardy(ed.), London: Chatto and Windus. Published in the USA as *Letters 1928~1946*, New York: Cambridge University Press.

2004b 『소련식 생각: 공산주의 치하의 러시아 문화』(*The Soviet Mind: Russian Culture under Communism*), Henry Hardy(ed.), Washington: Brookings Institution Press.

2004c 「인간 본성에 관한 편지」('A Letter on Human Nature'), *New York Review of Books*, 23 September, p. 26. 비아타 폴라노프스카-시굴스카(Beata Polanowska-Sygulska)에게 보낸 편지 (1986).

2005 「안드레이 왈리키에게 보낸 편지」, in Andrzej Walicki, *Russia, Poland and Marxism: Isaiah Berlin to Andrzej Walicki 1962~1996*, 53~173.

2006a 『낭만주의 시대의 정치사상』(*Political Ideas in the Romantic Age: Their Rise and Influence on Modern Thought*), Henry Hardy (ed.), London: Chatto and Windus; Princeton: Princeton University Press.

2006b 『끝나지 않은 대화』(*Unfinished Dialogue*), New York: Prometheus. 비아타 폴라노프스카-시굴스카와의 대화.

박동천

미국 일리노이 대학(어버나–샴페인) 정치학 박사
현재 전북대학교 정치외교학과 교수
저서 『선거제도와 정치적 상상력』(2000),
『깨어 있는 시민을 위한 정치학 특강』(2010),
『플라톤 정치철학의 해체』(2012),
역서 『근대정치사상의 토대 I · II』(2004 · 2012),
『사회과학의 빈곤』(2011),
『인권, 인간이기 때문에 누려야 할 권리』(2013),
논문 「사회적 규칙과 사회 연대」,
「지적 개방성의 동과 서」,
「플라톤과 형상론의 관계에 대한 몇 가지 의문」 등이 있다.

이사야 벌린의 자유론

대우학술총서 581

1판 1쇄 펴냄 | 2006년 6월 5일
개정판 1쇄 펴냄 | 2014년 7월 15일
개정판 3쇄 펴냄 | 2023년 2월 6일

지은이 | 이사야 벌린
지은이 | 박동천
펴낸이 | 김정호

책임편집 | 박수용

펴낸곳 | 아카넷
출판등록 | 2000년 1월 24일(제406-2000-000012호)
주소 | 10881 경기도 파주시 회동길 445-3
전화 | 031-955-9511 (편집) · 031-955-9514 (주문)
팩시밀리 | 031-955-9519
www.acanet.co.kr

한국어판 © 아카넷, 2014

Printed in Paju, Korea.

ISBN 978-89-5733-369-3 93300

이 책은 대우재단의 지원을 받아 연구 및 출간되었습니다.